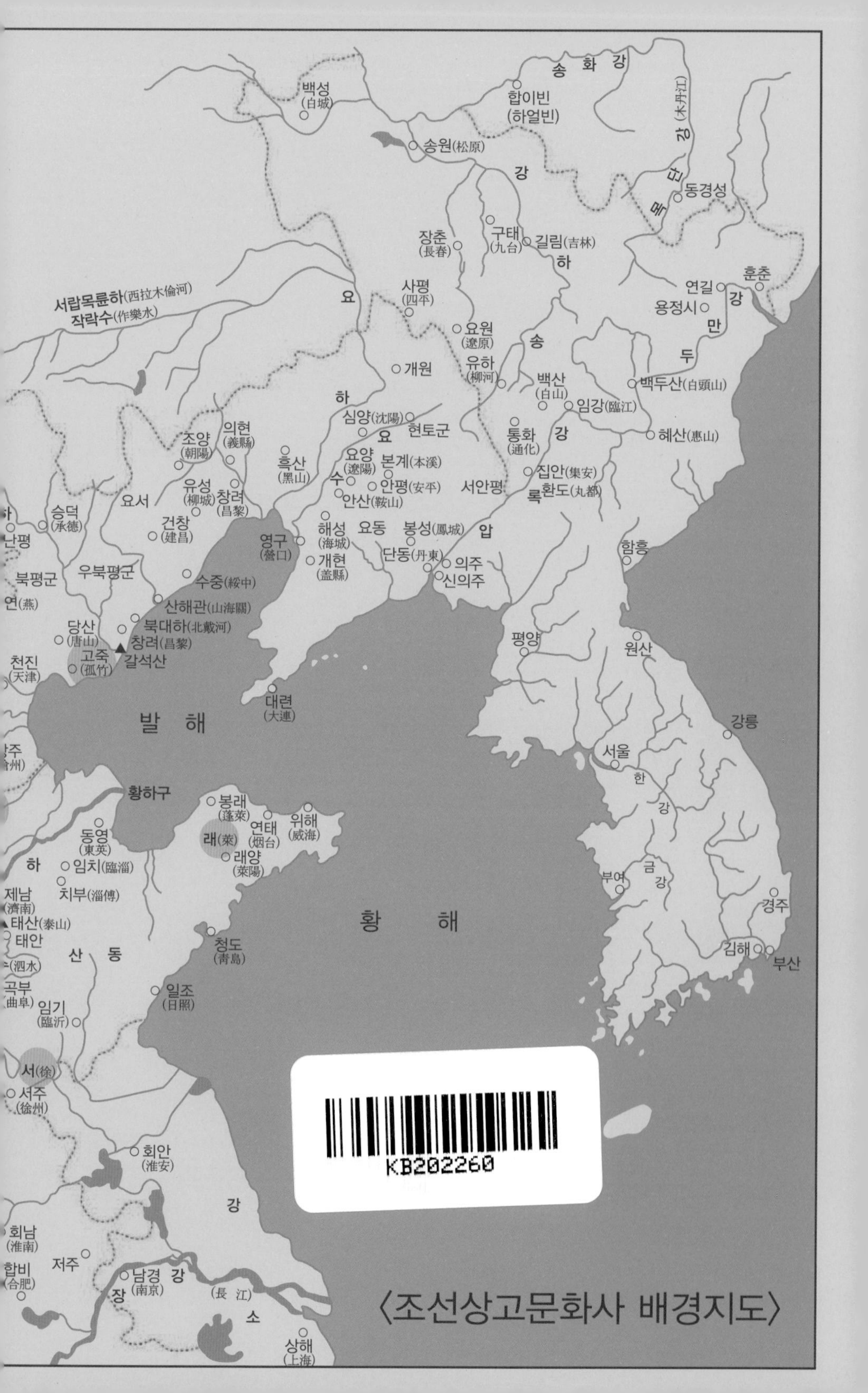

〈조선상고문화사 배경지도〉

조선상고 문화사 (외)

조선상고 문화사 (외)

독사신론, 조선사연구초(草), 사론(史論)

부록/ 삼국지 위서(魏書) 동이전

단재 신채호 원저

박 기 봉 옮김

비봉출판사

〈옮긴이 서문〉

— 역사를 잃는 것은 나라를 잃음보다 더 중대한 문제다 —

본서는 단재(丹齋) 신채호(申采浩) 선생의 조선 상고사 관련 저술들 중에서 〈조선상고사〉란 제목의 책으로 이미 출판된 부분을 제외한 나머지 상고사 관련 주요 저술들과 연구 논문들, 그리고 논설들을 거의 다 모아서 쉬운 현대문으로 옮긴 후 한 권의 책으로 엮은 것이다. 따라서 이 두 권의 책으로 단재 선생의 상고사 관련 주요 저술들은 거의 다 읽을 수 있게 하였다.

〈조선상고 문화사〉는 원래 〈조선일보〉(1931. 10. 15.~ 12. 3. 1932. 5. 27.~ 5. 31.)에 연재되었던 것이다. 그 목차를 보면 알 수 있듯이, 그 주제의 범위는 〈상고 문화사〉에 국한되지 않고 〈조선상고사〉에서 못다 다룬 상고사 관련 부분과 풍속, 문화 등을 다루고 있다.

이 부분에서 특기할 것은, 상고사의 역대(歷代) 구분을 이전에는 고조선(古朝鮮)—기자(箕子)조선—위만(衛滿)조선—삼국시대(三國時代)로 해왔던 것을, 기자와 위만은 비록 한때 조선의 영토를 점거한 사실이 있을지라도 그들은 어디까지나 외족(外族)에 불과하므로 이들을 조선사의 역대로 포함시켜서는 안 되고, 따라서 고조선—삼조선(三朝鮮)—부여(扶餘)—삼국시대(三國時代)로 해야 한다고 하면서 그에 대한 논리적인 설명과 고증을 하고 있는 것이다. 이것은 그간 우리 민족의 가슴속에 뭔가 목에 이물질이 걸려 있는 듯한 불쾌하고 답답하던 느낌을 시원하게 제거해 준 탁론(卓論)이다.

〈독사신론(讀史新論)〉은 저자가 28세이던 해(1908. 8. 27.)부터 그해 12월 13일까지 당시 〈대한매일신보(大韓每日申報)〉에 연재하였던 글들로서, 본서에 실린 글들 중에서 가장 이른 시기에 쓴 것들이다.
이 글들은 선생께서 아직 젊었을 때 쓴 것이므로 연구가 좀 미진하거나 고증이 미처 덜 된 부분도 있어 그 세부적인 면에서는 후의 논설들과 서로 어긋나는 사례(史例)가 보이기도 한다.
그러나 조선 상고사를 읽을 때의 시각과 문제의식, 방향 등에 대하여는 그의 사론(史論)은 이미 독창적이고 높은 수준에 도달해 있다. 따라서 이 글을 읽을 때 독자들은 세부적이고 구체적인 사례에 얽매이기보다 그의 정신과 지향을 보는 자세가 필요하다.

〈조선사연구초(研究草)〉는 처음에 〈동아일보〉(1924. 10. 20.~1925. 3. 16.)에 연재된 후, 1926년 봄에 벽초(碧初) 홍명희(洪命熹)의 주선으로 단행본 책자로 발행되었던 것이다. 이 〈연구초〉에서 특히 강조되고 있는 것은 상고사 연구방법론과 그 성과이다.
우리의 상고사 관련 사료들이 전부 한자로 기록되어 있는 현실에서 그것들을 올바로 해독하기 위해서는 당시의 문자인 이두문에 대한 이해가 필요하고, 그를 통하여 상고사의 주요 인명과 지명 등 명사들을 이해하게 되면 몇 가지 중대한 논쟁점들, 예컨대 평양(平壤)과 패수(浿水)의 관계, 낙랑국(樂浪國)과 낙랑군(樂浪郡)의 구분과 그 위치 문제, 한사군(漢四郡)의 위치 문제, 따라서 기자조선과 위만조선의 실체 등을 해결할 수 있는 비밀의 열쇠를 얻게 된다고 한 것은 그의 독창성과 천재성을 유감없이 보여주는 대목이다.
그리고 그 마지막 장(章) 〈조선역사상 1천 년 이래 최대의 사건〉은 우리의 역사가 왜곡되기 시작한 배경, 우리나라의 대표적인 사서(史書)로 인식되고 있는 〈삼국사기〉의 실체, 왜곡의 동기와 과정 등을 알 수 있게 해준다. 사료의 산망(散亡)이야 그 이전에도 있었던 일이지만, 본국의 사가(史家)에 의해 본국의 역사가 큰 규모로 왜곡된 원인과 실상을 알아야 장차 우리의 역사를 바로 쓸 수 있을 것이다.

끝으로 〈사론(史論)〉은 상고사에 관한 기타 주요 논설들을 모은 것으로, 이 글들의 정확한 집필 시기는 알 수 없으나 그 내용으로 보아 대략 1920년대에 써서 〈동아일보〉를 비롯한 여러 매체에 발표하였던 것들인 듯하다. 그러나 〈단재 신채호전집〉에도 그 집필 시기와 발표에 관하여는 상세한 기록이 없어서 이를 궐여(闕如)로 두었다.

맨 뒤에 첨부된 〈부록〉은 〈삼국지(三國志)〉 위서(魏書) 동이전(東夷傳)을 옮긴이가 번역하여 원문과 함께 수록한 것이다. 단재 선생이 〈조선사연구초(草)〉에서 교정한 내용을 역자 주(註)의 형태로 반영함으로써 독자들이 단재 선생의 지도에 따라 〈삼국지〉의 동이전을 강독하는 듯한 느낌을 가질 수 있도록 하였다.

작년 11월 중순 현대어로 옮긴 〈조선상고사〉가 발행된 후 많은 독자들은 비로소 단재 선생의 조선상고사 강의를 읽을 수 있게 되었다.
그러나 우리 역사에 관한 지식이라야 주로 중·고등학교에서의 수업을 통해 배운 것이 대부분이었던 독자들이 단재 선생의 〈조선상고사〉를 읽고는 큰 충격을 받거나, 또는 학교에서 배웠던 내용과 너무 많이 달라서 그 신뢰성에 의문을 갖기도 하는 것을 보았다.
따라서 현재 중·고등학교에서 가르치고 있는 국사교과서의 정체와 왜곡되게 된 배경을 이해하지 못하면 단재 선생의 주장을 이해하는데 어려움이 있을 것이라 생각하여, 이에 대하여 약간 설명해 두기로 한다.

1910년 8월 29일(國恥日), 한국을 무력으로 강탈한 일제는 그해 11월부터 1937년까지 조선의 관습과 제도를 조사하기 위해서라는 명분으로 전국의 경찰서를 다 동원하여 전국의 서점, 향교(書院), 양반가, 종가(宗家), 세도가 등의 집을 뒤져서 단군 및 조선사 관련 사료와 심지어 조선의 지리, 위인전, 열전류(列傳類) 등에 관한 것까지 20만여 권의 책을 압수하여 불태우고, 26만여 권의 책을 일본으로 가져가서 궁내부(宮內府) 도서관 등에 깊이 감추었다. 이때 남겨둔 책은 그들이 조선사를 왜곡하고 말살하는 데 도움이 될 것으로 여긴 책들로서 그 대표적인 것이 〈삼국사기〉와 〈삼국유사〉인데, 이런 사실만으로도 이 두 가지 사서(史書)의 본질과 의의(意義)를 짐작할 수 있다.

조선의 역사 관련 자료와 문헌을 대부분 압수하여 불살라버린 다음부터 조선총독(寺內正毅)은 〈조선반도사〉 편찬을 위하여 매국노인 이완용(李完用)·권중현(權重顯) 등을 고문으로 앉히고 일본인 학자를 지도감독자로 하여 조선사 왜곡작업을 본격적으로 추진하였다.
이때 총독부의 명령으로 작성된 〈조선반도사 편찬요지〉에서는, 조선반도사 편찬 목적은 조선의 인민들이 그 선조(先祖)를 경멸하게 만들고 조선인들을 일본에 동화(同化)되도록 만드는 것이 그 목적이라고 분명히 밝히고 있다. 그리고 그 지침으로서 조선민족의 기원과 그 발달에 관한 조선 고유의 사화(史話), 사설(史說) 등은 일체 무시하고 기록에 있는 사료만을 기준으로 한다고 하였다.

1919년의 3. 1 독립항쟁 이후에 부임한 제2대 총독(齋藤實)은 조선인을 반(半)일본인으로 만들기 위한 다음과 같은 내용의 〈조선인 교육시책〉을 발표하였다.

"첫째, 조선인들이 자신의 일, 역사, 전통을 알지 못하게 만듦으로써 민족혼, 민족문화를 상실하게 한다.

둘째, 그들의 선조(先祖)와 선인(先人)들의 무위(無爲), 무능(無能)과 악행, 폐풍(弊風) 등을 들추어내고 과장하여 그 후손들에게 가르침으로써 조선인 청소년들이 자신들의 조상(父祖)을 경멸하는 감정을 갖게 하고 그것을 하나의 기풍(氣風)으로 만든다.

셋째, 그런 후에 일본의 사적(事蹟), 인물, 문화를 소개하면 그 동화(同化)의 효과가 지대할 것이다.
이것이 조선인을 반(半)일본인으로 만드는 요결(要訣)이다."

이러한 내용의 조선인 동화(同化) 정책을 시행하기 위하여 1922년 12월 총독부 훈령(訓令) 64호로 〈조선사편찬위원회〉를 설치하고, 1925년 6월에는 〈조선사편찬위원회〉를 〈조선사편수회〉로 바꾸고 그 설치 근거를 일황칙령(日皇勅令) 21호로 승격시키고 독립관청으로 만들었다.
이때 일본인 사학자 금서룡(今西龍)을 조선사 왜곡의 실질 책임자로 하고, 그 아래에 매국의 대가로 4백만 환(현재 화폐가치로 쌀 60만 가마(약 1천억 원))을 받은 이완용(李完用)과 2백만 환을 받은 박영효(朴泳孝), 권중현(權重顯) 등이 고문으로 참여하고, 편수위원으로 매국노 이완용의 조카인 이병도(李丙燾), 신석호(申奭鎬), 이능화(李能和), 최남선(崔南善), 어윤적(魚允迪) 등이 참여하여 일본의 의도에 따라 조선 고대사를 잘라내고, 뒤틀고, 사실 관계를 뒤집어서 조선인들의 뇌리에 자학(自虐) 심리와 열등의식, 패배의식을 심어줄 〈거짓 조선사〉를 편수하였다.

이때 이들이 조선사 왜곡을 위하여 동원한 방법론이 곧 〈실증사학(實證史學)〉이란 것이다. 실증사학이란 어떤 것인가? 예를 들어 설명하면, 갑(甲)이란 사람의 종가(宗家)에 불이 나서 대대로 전해오던 족보(族譜)나 선조들의 문집 등이 모두 불타버리거나 도둑을 맞아 갑(甲)에게 자기 조상의 존재를 증명할 문서가 남아 있지 않음을 이유로, 갑(甲)에게는 원래 조상들이 없었다고 주장하는 것이다. 이것은 일본이 조선의 고대사를 삭제하고 왜곡하기 위하여 도입한 역사학 방법론이다.

일본인에게서 이것을 배운 이병도는 〈조선사편수회〉에 참여하여 신석호와 함께 일본인의 지도감독을 받으면서 이 방법론으로써 단군과 단군조선의 실재(實在)를 부정하고 한사군의 위치를 한반도 안으로 끌어오는 등 조선의 역사를 축소하고 왜곡하는 데 앞장섰던 것이다.

그런데 더욱 불행한 사실은, 1945년 해방이 되어 나라가 혼란스러운 틈을 타서 이병도와 신석호는 〈임시 중등국사 교원양성소〉란 것을 설치하여 우리 국사를 가르칠 교사들을 양성하기 시작하였다. 그리고 1946년부터 신석호는 지금의 〈국사편찬위원회〉의 전신인 〈국사관(國史館)〉을 만들어 그 초대 원장이 되고, 이병도는 국립서울대학교 국사학과 교수가 되어 실증사학과 식민사관으로써 우리나라 국사학자들을 길러내는 동시에 국사학계의 최고 권위자가 되어 우리나라 국사교육에 지대한 영향을 행사해 왔다. 그의 방법론을 추종하지 않는 사람은 국사학계에서 살아남을 수가 없었으며, 대부분 그의 제자들에 의하여 우리나라 역사 교과서가 집필되었던 것이다.

그 결과 우리나라 젊은이들은 일제가 식민지 지배를 위하여 왜곡시켜온 거짓 역사를 우리의 참 역사인 줄로 배우고 그리 알게 되었다. 매국노 이완용 등에 의해 일제에게 잃었던 땅은 되찾은 지 이미 60여 년이나 지난 오늘까지 말이다.

김부식(金富軾)의 〈삼국사기〉에 의한 우리의 고대사 왜곡에 관하여는 단재 선생께서 본서에서 이미 충분히 설명하였으므로 옮긴이의 췌언(贅言)은 생략하거니와, 사대주의 사관이든 식민사관이든 정체성 사관이든, 그것을 오늘날 우리가 심각하게 문제 삼는 이유는, 이들은 우리의 진실한 역사를 왜곡하고 거짓 역사를 조작해 내어 우리 국민들에게 끊임없이 〈우리는 본래 범의 종자가 아니라 개의 종자이며, 용의 새끼가 아니라 미꾸라지 새끼다〉라는 주문을 외우게 함으로써 민족정신을 퇴축(退縮)시키고 노예정신과 열등의식과 패배주의에 젖어들도록 하기 때문이다. 단재 선생께서 김부식을 그처럼 미워하고 필주(筆誅)한 이유도 바로 여기에 있었는바, 만약 선생께서 해방 후까지 살아계셨다면 그는 틀림없이 매국노 이완용이 아니라 이병도를 우리 역사상 두 번째 가는 큰 죄인으로 엄히 필주하셨을 것이다.

지금 중국에서는 소위 동북공정(東北工程)이라는 작업을 통하여 우리의 역사인 고구려사를 중국의 역사로 편입시키려 광분하고 있다. 그러나 사실 저들의 동북공정은 이미 오래전에 김부식과 이병도를 위시한 우리나라의 사대주의 사학자들과 식민사관 사학자들이 다 해놓은 것을 지금에 와서 공론화하고 있는 것에 불과하다.
그리고 일부 정신 나간 국어학자들에 의해 〈외래어 표기법〉이란 명칭 하에 우리의 조상들이 지어놓은 지명들까지 중국인들을 따라서 랴오뚱(遼東), 지안(集安), 옌뻬엔(延邊), 창바이샨(長白山) 등으로 읽게 함으로써 고구려사를 중국의 것으로 인정하고 우리의 의식 속에서 그것을 지워버리도록 해놓은 지 오래되었다.

따라서 중국에 대하여 우리의 고대사 왜곡 의도를 탓하기 전에 먼저 〈삼국사기〉의 실체를 제대로 교육시키고, 교과서를 왜곡하여 자라나는 학생들에게 열등의식과 패배주의를 심어주기 위해 큰 영향력을 행사해 온 이병도와 그를 추종한 식민사관 학자들에게 그 죄를 물어야 한다. 사실 이들이 저지른 죄에 비하면, 나라 없는 백성으로 태어나서 생존을 유지하기 위하여 일제에 부역한 행위는 그 죄가 극히 작을 뿐 아니라 어떤 면에서는 그들 역시 식민지 백성으로 태어난 죄밖에 없는 비극의 희생자들일지도 모른다.

그러나 자기 한 몸 호의호식(好衣好食) 영화를 누리는 대신에 자기 모국의 역사를 왜곡한 자들은 천추만대에 걸쳐 전 민족에게 죄를 지은 자들이므로 결코 용서해서는 안 된다. 따라서 우선 그들에게 엄히 그 죄를 묻고, 그런 연후에 그들에 의해 축소되고 왜곡된 우리의 역사를 바로잡는 것이 올바른 순서일 것이다.
이를 바로잡기 위한 방향과 방법은 단재 선생께서 〈조선상고사〉와 본서를 통해 이미 다 제시해 놓았다고 생각한다.

2007. 2. 10. 옮긴이

< 차 례 >

독사신론(讀史新論)

조선사연구초(朝鮮史研究草)

사 론(史 論)

〈부 록〉 삼국지(三國志) 위서(魏書) 동이전(東夷傳)

조선상고문화사

제1편

단군시대(壇君時代)

제1장 조선(朝鮮)이란 이름의 뜻

먼저 조선(朝鮮)이란 이름의 뜻을 설명하고자 한다.

그러나 조선의 역사는 언제나 왕실이 한 번 바뀌면 나라의 이름도 바뀌었고, 전국이 분열하여 몇몇 패왕(覇王)이 나오면 나라 이름도 그 패왕의 수대로 많아져서, 조선이란 이름 외에도 부여(扶餘)·진한(辰韓)·변한(卞韓)·마한(馬韓)·낙랑(樂浪)·대방(帶方)·진번(眞番)·임둔(臨屯)·신라(新羅)·가락(駕洛)·고구려(高句麗)·백제(百濟)·진(震)·발해(渤海)·마진(摩震)·태봉(泰封)·고려(高麗) 등의 이름들이 있었다. 따라서 이제 이 모든 이름들에 대하여 그 뜻을 말하고 난 다음에 조선이란 이름의 뜻을 말하고자 한다.

이상에 적은 부여(扶餘)·마한(馬韓) 등 10여 나라 이름의 연혁(沿革)을 찾으면 모두 단군 때부터 있었던 칭호(稱號)이다. 그러나 후세에 국학(國學)이 끊어져서 그 근원은 찾지 않고 다만 그 자취만을 따라서 이 이름은 이때에 나왔고, 저 이름은 저때에 났다고 하여 왔다.

그러므로 이 10여 국들이 후세에는 비록 나라의 이름이 되었으나, 단군(檀君) 때에는 혹은 부(部)의 이름이었던 것도 있고 혹은 방후국(方侯國)의 이름이었던 것도 있다. 그러므로 이제 이를 변별하여 바로잡으려면, 먼저 부(部)의 이름은 부(部)로 돌리고 방(方)의 이름은 방(方)으로 돌린 다음, 그러고 나서 조선이란 이름의 뜻을 말하고자 한다.

1. 고구려(高句麗)·고려(高麗) 등은 단군조선의 「중부(中部)」의 이름이다.

우리는 고려(高麗)라고 하면 이를 왕건(王建) 태조(太祖)가 처음 지은 이름으로 알고 있으나, 〈여지승람(輿地勝覽)〉에 의하면, "왕건이 국호를 후고구려(後高句麗)라 하였다"라고 하였고, 〈고려사(高麗史)〉 서희전(徐熙傳)에서는, "우리나라가 고구려의 옛 땅에서 일어났기 때문에 국호를 고려(高麗)라 하였다"라고 하였다. 그러므로 고려는 곧 고구려의 이름을 이은 것이다.

고구려라 하면 이를 고주몽(高朱蒙) 성제(聖帝)가 창조한 이름으로 알고 있으나, 〈삼국유사(三國遺事)〉에 보면, 북부여(北扶餘)의 왕을 「영고리왕(寧槀離王)」이라고 하였고, (〈위략(魏略)〉에는 「고리지국(槀離之國)」이라 하였다.-원주), 삼한(三韓) 70여 나라에는 「고리국(古離國)」이 있었으니, 이는 다 고주몽 이전의 일이며, 〈삼국사기(三國史記)〉에서는 고구려를 「구려(句麗)」 혹은 「고려(高麗)」라고 하였는데, 高麗(고려)·古離(고리)·槀離(고리)는 다 같은 음(同音)이다, 그러므로 고구려는 또한 古離(고리)·槀離(고리)의 이름을 이은 것이다.

그러면 槀離(고리)·古離(고리)·高句麗(고구려) 등의 이름은 무슨 뜻으로 지은 것인가. 부여나 고구려나 발해의 간략한 역사(略史)를 보면 모두 동·서·남·북·중 5부(部)를 두고, 그 중부(中部)를 「桂婁(계루)」(〈구당서(舊唐

書)〉 발해전에 "桂婁郡王 大武藝(계루군왕 대무예)"라 하였는데, 이는 발해의 중경(中京)을 「桂婁(계루)」라고 하였다는 증거이다.-원주)라고 하였는데, 고리(稾離)·고리(古離)·고구려(高句麗) 등은 모두 다 계루(桂婁)와 그 음(音)이 동일한 바, 이들은 다 중부(中部)란 뜻이다. 고구려가 중부(中部)로써 그 국호(國號)를 삼은 것은 곧 해모수(解慕漱)가 북경(北京: 북부여-원주)으로써 국호를 삼고, 백제 무왕(武王)이 남경(南京: 남부여-원주)으로써 국호를 삼은 것과 동일한 것이다.

계루(桂婁)의 뜻이 어찌하여 중부(中部)가 되는가?

대개 이두문(吏讀文)을 쓰던 시대에는 무슨 명사(名詞)든지 한자의 자의(字義)로써 그 뜻을 구할 것이 아니라 한자의 독음(字音)으로써 구해야 할 것이니, 무릇 한복판을 「가운데」라 하며, 8월 중순을 「가우」라 하고, 성책(城柵)을 「울」이라 하며, 강토의 회복을 「담울(多勿)」이라 하는 것은 우리의 고어(古語)인데, 중부는 곧 고어로 「가울」이다. 계루(桂婁)는 「가울」을 그 음(音)으로 쓴 것이고, 稾離(고리)·古離(고리)·高句麗(고구려) 등은 「가울이」의 음(音)을 쓴 것이다.

하나의 「가울이」를 한자로 쓰는데 왜 이렇게 서로 다른 게 많은가?

그 이유는, (一) 삼국 초엽까지는 아직 이두문이 성숙하지 못하여 신사(神師)를 「慈充(자충)」 혹은 「次次雄(차차웅)」이라 하고, 재상(宰相)을 「舒發邯(서발한)」 혹은 「舒發翰(서발한)」이라 하고, 부여(扶餘)를 「鳧臾(부유)」 혹은 「鳧釋(부석)」이라 하고, 가야(伽倻)를 「駕落(가락)」 혹은 「安羅(안라)」라고 하여, 한 나라 안에서도 하나의 명사를 쓰는데 서로 다르게 적은 것이 허다하던 때의 필법(筆法)이기 때문이다.

(二) 각국이 분립하여 저쪽 나라에서 쓰는 명사(名詞)를 가져다가 다른

글자로 쓰는 이가 많아서 고구려의 「舍利(사리)」를 백제에서는 「櫓魯(첨로)」(사리(舍利)와 첨로(櫓魯)는 모두 두 글자의 합음(合音), 곧 「살」이다—원주)라 하였고, 백제의 「夫里(부리)」 군(郡)을 신라에서는 「喙(훼)」(불이—원주)라고 하기도 하고 「火」(불—원주)이라고도 하여, 서로 다르게 쓰던 때의 명사이기 때문이다.

(三) 이밖에 중국에서 음역(音譯)한 한자를 김부식(金富軾)이 그대로 〈삼국사기〉에 옮겨 적은 것도 있기 때문이다.

여하간 桂婁(계루)·古離(고리)·槀離(고리)· 高麗(고려)·高句麗(고구려) 등은 다 「가울이」란 뜻이고, 「가울이」는 「중부(中部)」란 뜻인데, 「중부(中部)」는 곧 단군조선 삼경(三京) 5부(五部) 중의 한 부(部)이다. 그러므로 왕건의 고려나 고주몽의 고구려는 다 단군조선의 「중부(中部)」의 이름에서 내려온 것이라고 한 것이다.

2. 진번(眞番)·삼한(三韓) 등은 다 단군조선의 삼경(三京) 혹은 삼경 장관(長官)의 이름이다.

진번(眞番)은 후세 사람들이 언제나 한 무제(武帝) 유철(劉徹)의 한사군(漢四郡) 중의 한 군(郡)으로 알고 있으나, 〈사기색은(史記索隱)〉에서 "진(眞)과 번(番)은 두 나라이다(眞番二國)"라고 하였는바, 대개 진번(眞番)은 곧 「辰(진)·卞(변)」 양한(兩韓)의 연합국이다. 그런데 중국사에서 이를 잘못 번역하여 「眞番(진번)」이 된 것이다.

〈관자(管子)〉에서의 "秦夏(진하)"와 〈동국통감(東國通鑑)〉에서의 "秦韓(진한)"은 다 진한(辰韓)의 선대(先代)인데, 「진한(辰韓)」은 양국이 연합하기 이전의 독립적인 이름이고, 〈설문(說文)〉의 "樂浪潘國(낙랑반국)"과 〈한서(漢書)〉 지리지(地理誌)의 "遼東番汗縣(요동번한현)"과 〈신당서(新唐書)〉 발해전(渤海傳)의 "海北卞韓(해북변한)"은 다 卞韓(변한)의 옛터이니, 「변한(卞韓)」도 양국이 연합하기 이전의 독립적인 이름이다.

진한(辰韓)·변한(卞韓)이 다 수백 년 강국으로서 그 지위를 자랑해 오다가, 안으로는 기자(箕子)의 후손이 발흥하고, 밖으로는 중국과 흉노가 번갈아 침입하니, 이에 양국의 국력이 감퇴하여 드디어 공동으로 방어할 필요에서 연합하여 「辰卞國(진변국)」이라고 한 것이다.

그 위치는 직예성(直隸省: 지금의 하북성(河北省)－원주)과 접근하고 있었기 때문에, 〈한서〉 화식전(貨殖傳)에서 "연(燕)은…동(東)으로 진번(眞番)과 교역을 하였다(燕…東賈眞番之利)"고 하였고, 반고(班固: 〈한서〉의 저자)의 자서(自敍)에서도 "진번(眞番)은 연(燕)과 서로 접해 있다는 이점이 있다(眞番之利, 與燕相接)"고 하였는바, 변(卞)·진(辰) 양한을 마한(馬韓)과 병칭하여 옛 사서(前史)에서는 삼한(三韓)이라고 하였다.

삼한의 위치를 이전의 학자들은 한강 이남이라고 하였으나, 이는 남방의 삼한만 알고 북방의 삼한은 알지 못했기 때문이다. 북방의 진(辰)·변(卞)의 위치는 이미 설명하였거니와, 마한(馬韓)의 위치는 최치원(崔致遠)이 "마한(馬韓)이 고구려가 되었다"고 하였고, 발해의 정안국왕(定安國王) 오현명(烏玄明)은 스스로 "마한의 후예(馬韓遺黎)"라고 자칭하였으니, 고구려와 발해가 다 마한의 유지(遺址)이다.

〈북사(北史)〉와 〈진서(晋書)〉에 게재되어 있는 읍루(挹婁) 서북의 "寇漫汗(구만한)"은 곧 마한의 별명일 것이니, 마한에 복속되었던 「大莫盧(대막로)」는 마한전(馬韓傳)의 「莫盧(막로)」이며, 「庫婁(고루)」는 마한전의 「古離(고리)」이며, 「卑離(비리)」 10개국은 마한전의 「卑離(비리)」 여러 나라들이니, 남(南)삼한이 북(北)삼한에서 이식(利殖)된 것이므로, 그 군국(郡國)을 세울 때에 북삼한 여러 나라들의 이름을 많이 취하였을 것임은 자연스러운 이치이다.

이제 남·북 두 삼한의 다른 점을 들어 말한다면, 그 첫째는, 북쪽의 삼한은 원래 세 나라였는데 진(辰)·변(卞)이 연합함으로써 세 나라가 거의 두 나라 같이 되어 삼한(三韓)이 양한(兩韓)이 되었다고 해도 무방하지만, 남쪽의 삼한은 진변(辰卞: 가락(駕洛)의 선대(先代)-원주)이 한 나라가 된 것 이외에 또 진한(辰韓: 신라의 선대-원주)이 있어서, 여기에다 마한(馬韓)을 아울러서 삼한(三韓)이 된 것이므로, 이것이 첫 번째 서로 다른 점이다.

그 둘째는, 북의 삼한은 진변(辰卞)이 강하고 마한이 약하였는데, 남의 삼한은 마한이 강하고 진변(辰卞)이 약하였으니, 이것이 두 번째 다른 점이다.

남방의 진변(辰卞)은 〈후한서(後漢書)〉에서 변진(卞辰)이라고 하였고 진변(辰卞)이라 하지 않았으니 이 또한 서로 다른 점인 듯하나, 〈삼국사기〉 견훤전(甄萱傳)에서 "진한(辰韓)이 이를 따라서 일어났다(辰韓從之而興)." 고 한 것으로 보면, 대개 진변(辰卞)·변진(卞辰)을 서로 바꿔가며 쓴 것이라 할 것이다.

辰(진)·卞(변)·馬(마) 삼한(三韓)의 위치는 이러하거니와, 삼한의 이름은 어느 때 어디에서 비롯되었는가? 이전의 학자들은 「韓(한)」의 자의(字義: 글자의 뜻)를 풀이하여 이르기를, 우리말에서 첫째를 「한아」라 하고, 큰 것을 「한」이라 하니, 韓(한)은 곧 이에서 뜻을 취한 것이라고 하였다. 그러나 만일 「한」 또는 「한아」라고 한 형용사를 가지고 「韓」이라 하였다면, 「한밭(大田-원주)」·「한시울(큰 방(大室)-원주)」의 「한」과 같이 「韓」 자가 앞에 놓여서 韓辰(한진)·韓卞(한변)·韓馬(한마)가 되었어야 한다. 그런데 어찌하여 辰韓(진한)·卞韓(변한)·馬韓(마한)이 되었는가?

청(淸)의 건륭황제(乾隆皇帝)가 말하기를 "三韓(삼한)은 三汗(삼한)이요, 삼한 여러 나라의 卑離(비리)는 곧 貝勒(패륵: 패리)이니, 汗(한)이 패륵(貝勒)을 통솔하는 것은 동방 제국의 제도였다."고 하였으니, 이 풀이가 가장 이치에 합당하다고 생각한다.

신라에 「居西干(거서간)」·「角干(각간)」 등의 칭호가 있고, 고구려와 백제에 「可汗(가한)」등 신(神)에 대한 제례(祭禮)가 있으니, 이는 곧 우리 고대에 「汗(한)」이란 관직명이 있었던 증거이다. 고구려 때에는 전국을 삼경(三京)으로 나누고 각 경(京)마다 「汗(한)」(「丸都城干 朱理(환도성간 주리)」와 같은 종류-원주)을 두었으므로, 단군의 부소량(扶蘇樑)·오덕지(五德地)·백아강(百牙岡)의 삼경(三京)에도 삼한(三汗)이 있었을 것이다.

그러므로 진번(眞番)은 곧 진변(辰卞)이고, 삼한(三韓)은 곧 삼한(三汗)인데, 삼한(三汗)은 곧 삼경(三京) 장관(長官)의 이름이다. 이는 원(元) 태조(太祖) 성길사한(成吉思汗: 칭기즈칸의 한자 표기)이 분봉(分封)한 4한국(四汗國)의 4한(四汗)과 같은 것이고 후세에 와서 처음으로 만들어낸 나라 이름이 아니다.(삼한(三韓)에 대한 사실들은 제2편에 설명할 것이며, 삼한의 위치는 제5편에서 설명할 것이다. 여기서는 다만 삼한의 명칭의 최초 유래를 말할 뿐이다.-원주)

3. 부여(扶餘)·낙랑(樂浪) 등도 다 단군조선의 3경(三京) 9부(九部) 중의 하나였다 — 「서울」이란 명칭의 유래

부여·낙랑 등도 다 단군조선의 3경(三京) 9부(九部) 중의 성(城)이나 혹은 부(部)의 이름이다. 이전의 사서(前史)에서는 이르기를, "단군조선이

쇠(衰)하자 그 자손들이 북부여로 옮겨 왔다"고 하였으니, 부여의 이름이 있은 지 이미 오래되었다.

한치윤(韓致奫)씨가 말하기를 "부여는 곧 예(濊)이니, 천천히 읽으면 부여가 되고 급히 읽으면 예(濊)가 된다"고 하였으나, 그러나 이는 다만 "부여가 예(濊)의 옛 땅을 차지하였다"고 한 말로 인하여 억지로 이같이 풀이한 것이다. 부여를 아무리 빨리 읽더라도 예(濊)가 될 수 없으며, 아무리 천천히 읽더라도 예(濊)가 부여로 되지 못할 것이다. 또 예(濊)는 강 이름(水名)이니, 부여가 어찌 강 이름이 되겠는가.

백제의 남경(南京)은 「부여」이고, 남부여의 다른 이름은 「所夫里(소부리)」이고, 소부리는 곧 「솝울」이니, 「소」는 우리말 고어(古語)에서 남쪽(南)을 가리키는 명사이고, 「솝울」은 고어에 서울(京城)을 가리키는 명사이니, 부여는 「솝울」이다.

안정복(安鼎福)씨가 이르기를 "「서울」은 곧 신라 때 徐羅伐(서라벌)의 음(音)이다"고 하였으나, 이는 터무니없는 고증(妄證)이다.

신라사의 「斯盧(사로)」 「斯羅(사라)」 「徐羅(서라)」는 다 「새라」이고, 「伐(벌)」 「火(화: 불)」 「喙(훼: 부리)」는 다 「불」이니, 「새라불」이 어찌 「서울」이 되겠는가.

「서울」은 곧 「솝울」이니, 이는 「돕아」가 「도아」가 되고, 「눕어」가 「누어」가 됨과 같이, 「솝」의 꼬리음(尾音) 「ㅂ」이 소멸되어 없어져서 「소울」이 되었고, 「소」의 모음(母音) 「ㅗ」가 「ㅓ」로 변하여 「서울」이 된 것이다. 「소부리」는 백제의 남경(南京)이고, 한양(漢陽)은 고려의 남경이니, 한양을 「서울」이라고 한 것은 「솝울」 곧 남경이란 뜻이다.

그러므로 「부여」는 곧 서울(京城)의 명칭이다. 삼경(三京)은 곧 삼부여(三扶餘)이고, 삼한(三韓)은 곧 삼경의 장관(長官)이니, 한 곳에서 나온 이름으로 후세에 와서 분리되어 세워진 나라의 이름이 된 것이다.

진번(眞番)·임둔(臨屯)·낙랑(樂浪)·현토(玄菟)는 후세 사람들이 한(漢) 무제(武帝)가 세운 사군(四郡)으로 알고 있으나, 사군의 위설(僞設: 가공의 설립)은 다음의 글에서 따로 설명할 것이고, 진번(眞番)은 이미 앞에서 설명한 바와 같다.

이제 낙랑·임둔·현토의 연혁(沿革)을 자세히 연구해 보면, 〈동사강목(東史綱目)〉 강역고(疆域考)에서 「낙랑」은 「良夷(양이)」이고, 「현토」는 「玄夷(현이)」라고 하였다. 단군의 9부(九部)는 곧 靑(청)·赤(적)·白(백)·玄(현)·黃(황)·畎(견)·于(우)·方(방)·良(량)이므로 「良夷(양이)」는 곧 「良部(양부)」를 가리킨 것이고, 「玄夷(현이)」는 곧 「玄部(현부)」를 가리킨 것이다.

「玄部(현부)」는 부루(夫婁)가 玄部(현부)의 왕(王)으로 창해사자(滄海使者)를 겸하고, 진한(辰韓)이 강성할 때에 현부(玄部)를 서울로 삼고 현제(玄帝)라 칭하며 나라의 위광(威光)을 떨치던 부(部)이다.

「良部(양부)」 곧 낙랑은 먼저는 기씨(箕氏: 箕子)가 이를 차지하고 다음에는 최씨(崔氏)가 그 후에 국호로 삼았던 것이니, 이는 현토·낙랑 역사의 대개(大槪)이다. 그 최초에는 모두 9부(九部) 중의 부(部) 이름이고 나라 이름이 아니었다.

「임둔(臨屯)」은 강 이름으로서 대방국(帶方國)의 별명이다. 임진강(臨津江)의 옛 이름이 대수(帶水)이고, 대수는 대방(帶方) 앞에 가까이 있던 시내(川)이니, 임둔의 음(音)이 변하여 임진(臨津)이 된 것이다. 그런데도 이전의 학자들이 강릉(江陵)을 임둔이라고 한 것은 전혀 근거 없는 소리이다.

그러나 북대방(北帶方)은 대량하(大梁河) 부근이니, 북대방과 남대방은 둘 다 단군조선의 9부(九部) 내에 속한 분국(分國)들이다.

4. 신라·백제·가락(駕洛)·발해·태봉(泰封) 등도 다 단군 때부터 있었던 이름이다.

신라사에서는, 지증왕(智證王) 때에 "德業日新, 網羅四方)(덕업일신, 망라사방)" (→훌륭한 사업이 날로 새로워져 사방을 아우른다)으로써 신라의 이름을 정하였다고 하였다.

(*옮긴이 주: 〈삼국사기〉의 원문은 "신들의 생각에는 〈新〉자는 덕업(德業)이 날로 새로워진다는 뜻이고, 〈羅〉자는 사방을 아우른다는 뜻이므로, 이로써 나라 이름을 삼는 것이 좋을 줄로 압니다(臣等以爲, 新字德業日新, 羅字網羅四方之義, 則其爲國號宜矣)" 이다.)

백제사에서는, 온조왕(溫祚王) 때에 "百家濟海(백가제해)" (→백성들이 바다를 건너왔다)로써 백제의 이름을 정하였다고 하였다.

(*옮긴이 주: 〈삼국사기〉의 원문은 "후에 (위례로) 올 때에 백성들이 즐겨 따라왔다고 해서 국호를 백제(百濟)로 고쳤다(後以來時, 百姓樂從, 改號百濟)" 이다.)

그러나 이는 다 후세 사람들의 억설(臆說)일 따름이다.

신라는 삼한의 여러 나라들 가운데 있던 「斯羅(사라)」이고, 백제는 삼한의 여러 나라들 가운데 있던 「伯濟(백제)」이니, 신라와 백제는 둘 다 지증(智證)·온조(溫祚) 두 왕 이전에 이미 그 이름이 있었는데 어찌 두 왕이 지었다는 것인가. 지증왕이 「新(신)」 德(덕)으로써 신라를, 온조왕이 「百(백)」 家(가)로써 백제의 나라 이름을 지었다고 한 것은 참으로 허튼 소리이다. 신라·백제는 다 삼경(三京) 곧 삼한(三韓)의 속국으로서 고대부터 원래 있었던 이름이고 후세에 지은 것이 아니다.

발해(渤海)는 태조 대조영(大祚榮) 이전에 사책(史冊)에 보인 데가 없으

나. 그러나 부루(夫婁)가 단군 때에 「창수사자(蒼水使者)」가 되었었는데, 「창수(蒼水)」는 곧 창해(滄海)이고, 사자(使者)는 부여사·고구려사 가운데 대사자(大使者)·소사자(小使者)라고 한 등의 사자(使者)이니, 창해를 영해(領海)로 삼아서 사자를 둔 것이다.

그러다가 단군조 말엽에 따로 한 나라가 되었으니, 창해역사(滄海力士)는 창해국(滄海國)의 역사(力士)이며, 창해왕 남려(南閭)는 창해국의 왕(王)이었다. 따라서 동(東)의 창해에 사자를 둘 때에 서(西)의 발해에도 마찬가지로 사자가 있었을 것이며, 또한 사자가 주재(住在)한 곳이 있었을 것이니, 낙랑(樂浪)의 해명(海冥)이 곧 그 유지(遺址)일 것이다.

〈용비어천가(龍飛御天歌)〉에 바다를 「발알」이라 하였는데, 발해(渤海)는 곧 「발알」이다. 이는 그 음역(音譯)이 우연히 한자의 뜻(字義)과 맞은 것이지 당시에 그 뜻으로 번역(義譯)한 것은 아니다.

「발알」은 서해(西海)의 이름으로, 동해(東海) 곧 창해(滄海)의 이름은 지금으로서는 그 연혁을 자세히 고증할 수 없다.

하여간 창해·발해의 이름도 남려(南閭)나 대조영(大祚榮) 이전부터 있었던 이름이다. 그리고 또 발해는 일명 震國(진국)이니, 「震(진)」은 곧 辰韓(진한)의 「辰(진)」이다.

가락(駕洛)은 수로(首露)가 세운 나라이지만, 그러나 그 이름은 삼한의 여러 나라들 가운데 「狗邪(구야)」를 이은 것이다. 한치윤(韓致奫)씨가 말하기를 "狗邪(구야)는 일명 伽倻(가야)이니, 가야는 곧 「개」의 음(音)이며, 구야(狗邪)는 곧 「개」의 뜻이다"라고 하였는데, 이 풀이가 명백하다고 할 수 있다.

駕洛(가락)의 「洛(락)」은 「라」이니, 이두문에서는 매번 꼬리 음(尾音)을 버리고 머리 음(頭音)만 쓴다. 「迦瑟羅(가슬라)」를 「河西良(하서량)」이라고도 하는 것은 「良(량)」의 음(音)도 「라」이기 때문이며, 「平那(평나)」를 「平壤(평양)」이라고 하는 것은 「壤(양)」의 음도 「라」이기 때문이니, 「라」는 「나라」의 뜻이다.

박지원(朴趾源)·한치윤 등 여러 사람들이 다 「나라」를 「라라」라 하였는데, 지금의 음(音)에서는 초성(初聲)에 「라」가 없으나, 〈삼국사기〉에 나오는 「耨薩(루살)」·「魯婁(로루)」 등은 다 첫소리가 「라」이며, 만주어에 지방(地方)을 「라이」라 한 것도 첫소리가 「라」이니, 말과 소리(語音)는 반드시 옛날과 지금 사이에 변천도 있을 것이며, 혹 남북 사이에 다르거나 같은 것도 있을 것이니, 수천 년 이전 사방 1만여 리를 차지하였던 때에 어찌 첫소리에 「라」가 없었다고 단정할 수 있겠는가. 「良(량)」·「羅(라)」·「浪(랑)」·「壤(양)」 등 자(字)는 다 그 음이 「라」이며, 가락(駕洛)의 「洛(락)」도 「라」이니, 가락도 삼한 여러 나라의 속국이었다가 수로왕(首露王) 때에 자립한 것이다.

마진(摩震)과 태봉(泰封)은 다 궁예(弓裔)의 나라 이름이지만, 「摩震(마진)」은 「馬辰(마진)」이니 이는 馬韓(마한: 후에 백제-원주)·辰韓(진한: 후에 신라-원주)의 통일을 의미한 것이며, 「泰封(태봉)」은 「帶方(대방)」이니, 궁예의 서울 철원(鐵原)이 곧 대수(帶水)의 상류이자 대방(帶方)의 유지(遺址)이기 때문에 태봉(泰封)이라고 한 것이니, 이 또한 고대부터 있었던 이름이고 궁예가 지은 것은 아니다.

5. 조선(朝鮮)이란 이름의 뜻

앞에서 진술한 바와 같이, 역대 왕조가 쓰던 나라 이름들은 다 단군 때의 부(部) 이름이거나 관명(官名)이거나 지명(地名)들이고, 원래 나라 이름으로 정한 것이 아니다. 오직 「朝鮮(조선)」만이 단군이 정한 나라 이름이다.

그러므로 〈고기(古記)〉에도 "단군(壇君)이 국호(國號)를 조선(朝鮮)이라고 하였다"고 하였으며, 〈삼국유사〉에도 "단군이 국호를 조선이라고 하였다"고 하였으며, 외국인이 기록한 〈위서(魏書)〉에도 "2천년 이전에 단군왕검(壇君王儉)이 국호를 조선이라고 하였다"고 하였던 것이다. 그러나 「朝鮮(조선)」이란 뜻을 어디에서 취한 것일까? 이제 각 사가들의 해석을 토론해 보도록 하자.

(一) 〈여지승람(輿地勝覽)〉에는 "동쪽 땅 위로 해가 솟는다(東表日出)"라는 뜻을 취하여 「朝鮮(조선)」이라 하였다고 했으며, 김학봉(金鶴峰)은 "아침 해가 선명하다(朝日鮮明)"라는 뜻을 가지고 「朝鮮(조선)」이라고 이름을 지었다고 하였는데, 두 사람의 말이 거의 같다. 그러나 이는 "百家濟海, 德業日新(백가제해, 덕업일신)" 등으로 백제(百濟)와 신라(新羅)를 해석하는 것과 같은 억설이다.

「朝鮮」을 「해동(海東)」이라거나 「동국(東國)」이라고 한 것은 신라 말엽부터 생겨난 말이다. 단군 때에는 「三危太白(삼위태백)」을 세계의 중심으로 여기고 「가울」 곧 중부(中部)를 전국의 중심으로 잡았는데, 그런 때에 어찌 "東表日出(동표일출)"의 뜻으로 나라 이름을 지었겠는가. 후세 사람들의 터무니없는 고증(妄證)임이 명백하다.

(二) 순암(順庵) 안정복(安鼎福)은 말하기를 "朝(조)는 東(동)이요, 鮮(선)은 西(서)의 뜻으로 鮮卑(선비)를 가리키니, 선비산(鮮卑山) 동쪽에 나라를

세웠으므로 조선(朝鮮)이라 하였다"고 했는데, 선비(鮮卑)는 곧 단군 때부터 고구려 때까지 조선의 속국이었다. 속국인 선비가 종국(宗國)인 조선에서 가져다가 선비라는 이름을 지었다고 할 수는 있겠지만, 종국인 조선이 속국인 선비에게서 가져다가 조선이라고 하였다는 것은 천만 불가(不可)한 일이다.

뿐만 아니라, 하물며 조선의 「朝」를 동(東)의 뜻이라 하고, 게다가 「鮮卑山東(선비산동)」 네 자(字)를 덧보태어 주종(主從)을 전도해 가면서 조선의 뜻을 찾아 붙이려고 하는 것은 너무나 구차한 말이어서 취할 가치가 없다.

(三) 〈사기색은(史記索隱)〉에서는 "조수(潮水)·산수(汕水)·열수(洌水)의 세 강물(三水)이 합하여 열수(洌水)가 되는데, 「朝鮮(조선)」의 뜻은 이에서 취한 것이다"고 하였다.

무릇 조선 태고의 문명은 강가에서 일어나, 예수(濊水) 가에 예국(濊國)이 있었고, 대수(帶水) 가에 대방국(帶方國)이 있었고, 패수(浿水) 가에 패수국(浿水國)이 있었다. 하남위례(河南慰禮)가 온조(溫祚)의 서울이 되고, 졸본천(卒本川) 위가 고주몽(高朱蒙)의 나라가 되어, 수천 년 동안 유명한 도읍이나 큰 성읍(名都大邑)들로 강을 끼지 않은 것이 거의 없는데, 조(潮)·산(汕) 두 강가에 조선이 났다는 것은 일리가 있는 말이기는 하다.

그러나 5부(部)의 이름은 모두 청(靑)·적(赤)·백(白)·황(黃)·현(玄) 등의 형용사인데, 이제 5부를 관할하는 종주국(宗主國)만이 홀로 예(濊)·량(梁) 등 소국(小國)과 같이 강 이름에서 따온 이름이라 하는 것은 너무도 이상하며, 또 예(濊)·량(梁) 등의 이름은 다 한 강의 강 이름을 취하였거늘, 이제 조선은 두 개의 작은 강을 아울러서 그 이름을 지었다고 하는 것은 기이하고 괴상하니, 여전히 따를 수 없는 해석이다.

이전의 학자들 중에는 조(潮)·산(汕) 두 강을 한강(漢江)의 각기 다른 발원지인 회양(淮陽)·보은(報恩)이라 하고, 조선의 이름이 이로부터 생겼다고 한 사람도 있었는데, 이는 더욱 허무맹랑한 말이다. 삼경(三京)이 평양·요동 등지에 있는데 어찌 삼경으로부터 수 백리 떨어진 다른 곳에 있는 작은 강으로써 나라 이름을 삼았겠는가.

이전의 사서(史書)를 가지고 상고(詳考)해 보면, 「조선(朝鮮)」과 「숙신(肅愼)」은 대개 동일한 나라이다.

〈오월춘추(吳越春秋)〉에서 "안으로는 부산(釜山)에서의 주신(州愼)의 공을 칭송하였다(內美釜山(부산)州愼(주신)之功)"라고 한 「주신(州愼)」에 대하여 주(註)를 단 사람은 무슨 말인지 모르겠다고 하였으나, 그 앞뒤 문장의 뜻으로 보면, 부산은 복부산(覆釜山) 곧 도산(塗山)이고, 주신(州愼)은 곧 조선(朝鮮)이니, "州愼之功(주신지공)"이라고 한 것은 창수사자(蒼水使者)인 부루(夫婁)의 공(功)을 가리킨 것이다. 부루는 조선의 태자이고, 도산은 부루가 하(夏)의 우(禹)에게 치수법(治水法)을 전해준 곳이므로, 하(夏)의 우왕(禹王)이 후에 그 공을 잊지 못하여 이같이 감탄하고 흠모한 것이다.

조선을 주신(州愼)이라 하였으므로, 주신(州愼)과 동음(同音)인 숙신(肅愼)도 조선이 되는데, 이는 사실 조선·숙신이 한 나라였음을 말한 것이다.

〈좌전(左傳)〉에는 "숙신(肅愼)·연(燕)의 서울(亳)은 우리(周)의 북쪽에 있는 땅이다(肅愼·燕亳, 吾〈周〉北土也)"고 하였고,

〈사기〉에는 "연(燕)은 북쪽으로 부여와 이웃하고 있었다(燕北隣扶餘)"(*이것은 단군조선이 천도한 뒤의 일이다.-원주)고 하였으며,

〈산해경(山海經)〉에서는 "불함산(不咸山)에 숙신국(肅愼國)이 있다(不咸山, 有肅愼國)"고 하였으며,

〈사기〉 흉노전에서는 "흉노는…좌왕(左王)과 좌장(左將)들이 동방에 머

물렀는데, 상곡(上谷: 지금의 보정부(保定府)-원주)부터는 동으로 예맥 및 조선과 접하였다(匈奴…左方王將居東方, 直上谷以往者, 東接穢貉朝鮮)"고 하였으니, 당시에 중국 동북(東北)에서 중국과 서로 왕래하는 대국(大國)으로는 조선 하나뿐이었으니, 어디에 따로 숙신이 있었겠는가. 이것은 그 위치가 조선·숙신이 하나의 나라였음을 증명하고 있다.

〈만주원류고(滿洲源流考)〉에서 "청(淸) 초에 그 관할하는 지경(管境), 곧 영토를 「주신(珠申)」이라고 하였다. 주신은 「숙신(肅愼)」과 동음(同音)이다"라고 하였다.

대개 만주족은 고대 조선의 일부로서 삼림 속에서 생활하여 문화는 비록 본 조선에 미치지 못하였으나 고어(古語)와 고전(古典)을 그대로 전한 것은 많다. 삼한의 「卑離(비리)」로써 관명(官名: 즉 패리(貝勒)-원주)을 삼았고, 신라의 「弗矩內(불구내: 불그레)」로 존칭(尊稱: 높은 사람을 부르는 칭호. 발극렬(勃極烈: 발그래).-원주)을 삼았으며, 고구려의 「朱蒙(주몽)」으로써 활을 잘 쏘는 사람을 일컬었고, 백제의 「贊首流(찬수류)」로써 산호(珊瑚)를 일컬었다. 이처럼 수천 년 이전의 명칭을 많이 지녀 왔다.

따라서 주신(珠申)이 곧 숙신(肅愼)이며, 숙신이 곧 조선(朝鮮)임은 의심할 바가 아니니, 이는 사책이 조선·숙신이 하나의 나라였음을 보증하는 것이다. 중국의 한(漢)·당(唐) 시대의 여러 학자들은 언제나 「朝鮮肅愼(조선숙신)」 이외에 별도의 숙신이 있는 것처럼 말하였는데, 이는 한갓 터무니없는 구별이다.

〈대금국사(大金國史)〉에서, "金(금)의 본래 성(姓)은 「朱里眞(주리진)」이고, 주리진은 「愼(신)」의 음(音)이 바뀐 것이고, 그 뜻은 「金」이다"고 하였는데, 조선의 뜻도 혹시 이와 같은 것이 아닐까 생각한다.

〈운옥(韻玉)〉에서 이르기를 "신지(神誌)가 진단구변국도(震壇九變局圖)를 지어 후세의 일을 예언하였다"고 하였는데, 신지(神誌)는 단군 때의 사관(史官)이다. 이로써 보면, 조선이라고 한 외에 또 진단(震壇)이라고 부른 일도 있었던 것 같다.

震壇(진단)의 「震」은 辰韓(진한)의 「辰」과 같이 그 음(音)이 「신」이니, 고대에는 무릇 장엄한 자리나 신성한 땅이면 반드시 「신」이라 하였다. 「蘇塗(소도)」는 하늘에 제사지내는 땅이므로 「臣蘇塗國(신소도국)」(삼한전에 그 이름이 나온다.-원주)이라고 하였고, 재상(宰相)은 백관(百官)의 우두머리이므로 「臣智(신지)」(마찬가지로 삼한전에 나온다.-원주)라고 하였고, 삼경(三京)의 장관 중의 우두머리, 즉 大汗(대한)을 「辰韓(진한)」이라 하였고, 열국의 패왕(霸王)을 「辰王(진왕)」이라 하였다. 이 밖에도 「臣釁國(신흔국)」 「臣雲新國(신운신국)」 「臣濆活國(신분활국)」 등이 있었다.

壇(단)의 음(音)은 「단」이니, 「단」은 사람이나 물건 등의 한 단위(單位)를 가리키는 이름이다. 따라서 「震壇(진단)」은 대개 신(神)의 나라(神國) · 성스러운 나라(聖國)라는 뜻으로, 이것은 나라의 휘호(徽號)이지 나라 이름은 아니다. 나라 이름은 오직 「朝鮮(조선)」 하나뿐이다.

제2장 화(禍)를 당한 조선 역대의 문헌(文獻)

조선(朝鮮)이란 이름이 태어난 지 오늘까지 4260여년(기원 1927년), 거의 1만 년의 절반이나 되는 유구한 세월이다. 이 긴 세월 동안의 문화(文化)나 정치(政治)에 기록할 역사가 적지 않을 것이지만, 그러나 다만 울안의 싸움이나 외적의 침범 같은 뜻하지 않은 재난이나, 폭군의 불끈함이나, 어리석은 자의 장난 등 불시의 횡액(橫厄)을 당하여, 우리 눈에 보이는 역사의 재료는 거의 새벽 별을 세는 것과 매한 가지가 되고 말았다.

〈문헌비고(文獻備考)〉에 이르기를, "신라의 옛 전적(典籍)은 견훤(甄萱)의 난(亂)에 없어지고, 고구려의 문헌은 이적(李勣)의 난에 없어졌다"고 하였으나, 그러나 어찌 이뿐이겠는가.

삼한이나 열국이나 삼국이나 남북국(南北國: 신라와 발해 시대) 사이에 울안에서의 싸움만도 천 번 만 번 있었을 테니, 이때에 없어진 것도 적지 않을 것이다.

그리고 진개(秦開: 삼조선 분립시의 연(燕)나라의 장군-옮긴이)나, 모돈(冒頓: 신조선을 침범한 흉노의 선우(單于)-옮긴이)이나, 위만(衛滿: 기자조선을 멸하고 위만조선을 세운 자-옮긴이)이나, 유철(劉徹: 한 무제-원주)이나, 설인귀(薛仁貴)나 소정방(蘇定方: 둘 다 백제와 고구려를 멸망시킨 당(唐)나라의 장수-옮긴이) 같은 흉적(兇賊)들의 침범도 한두 번뿐이 아니니, 이때에 없어진 문헌들도 많을 것이다.

〈여지승람(輿地勝覽)〉에 이르기를 "양양(襄陽)에 사선비(四仙碑)가 있었는데, 호종단(胡宗旦)이 부수어서 다만 그 귀부(龜趺: 거북 모양으로 만든 비석의 받침돌—옮긴이)만 남았다" 고 하였고, 〈해상잡록(海上雜錄)〉에 이르기를 "선춘령(先春嶺) 아래에 고구려의 비석이 남아 있는데, 호종단이 부수고 오직 「皇帝(황제)」「相加(상가)」 등 10여 자(字)만 남았으니, 「皇帝(황제)」는 고구려왕을 일컫는 것이며, 「相加(상가)」는 고구려의 대신을 일컫는 것이다" 라고 하였으니, 호종단이 없애버린 고적(古蹟)도 아마 이것뿐만이 아닐 것이다.

무릇 사선(四仙)이란 수천 년 국수(國粹) 정신(精神)의 중심이었고, 무사(武士)의 혼(魂)이라고 할만한 신라의 선랑(仙郞)인 남랑(南郞)·술랑(述郞)·영랑(永郞)·안상랑(安詳郞) 등 네 사람이니, 〈고려사〉의 예종(睿宗)의 조칙(詔勅)에서 "사성(四聖)의 유적을 마땅히 더욱 영광되게 해야 할 것이다(四聖之跡, 所宜加榮)" 라고 한 말로 보면, 역대의 사성(四聖)에 대한 존경과 숭상이 지극하였음을 알 수 있다.

그런데도 〈삼국사기〉를 보면 사성(四聖)의 이름도 적어놓지 않았으니 참으로 기괴한 일이며, 호종단이 사선랑(四仙郞)의 유적을 깨뜨려 부순 것은 2천 년 이래의 가장 큰 사변이거늘, 〈고려사〉에 이런 이야기가 없는 것은 비(碑)를 깨뜨려 부순 일보다 더욱 놀라운 일이다.

그런데도 겨우 〈여지승람〉의 주군(州郡) 고적지(古蹟誌)와 〈해상잡록〉 같은 비공식 기록들을 통하여 우리가 호종단 같은 요물(妖物)이 있었다는 사실을 알게 되었으니, 이 밖에도 밝혀지지 않은 호종단의 죄악이 얼마나 많았을지 알 수 있다.

단군 삼경(三京)의 유지(遺址)며, 진국(辰國) 9한(九韓)의 유물(遺物)이며, 2백 화랑이 남긴 자취며, 3만 조의(皂衣)들이 남긴 흔적(遺痕)들은 거의 다 호종단(胡宗旦) 등이 예종(睿宗)과 인종(仁宗)을 홀려서 산천(山川)을 압승(壓勝: 미신에서 부적(符籍)이나 쇠꼬챙이 등을 사용하여 산천의 좋지 못한 기(氣)나 너무 강한 기(氣)를 억눌러서 흉함을 미리 제거하려는 미신행위)하고 다니던 길에 말살되어 버렸다.

김부식의 〈삼국사기〉를 보는 사람들이 늘 말하기를, 삼국시대의 문헌이 그의 때에는 이미 전해오지 않았기 때문에, 그가 〈삼국사기〉를 쓸 때에 참고할 재료가 없어서 이처럼 엉성하게 되었다고 하였으나, 사실은 그런 것도 아니다.

〈삼국사기〉는, 원래 중국인들이 말하는 「해동삼국(海東三國)」은 신라·고구려·백제 삼국이므로, 그 말을 표준으로 삼아서 지은 것이다. 가락국(駕洛國) 또한 신라와 대치하던 강성한 나라였고 산속에 있던 중(즉, 一然)이 지은 〈삼국유사〉에도 「가락국기(駕洛國記)」가 실려 있었으므로, 당시 조정의 대제학(大提學)으로서 천하의 유문(遺文: 남아 전해오는 글)들을 전부다 수집할 능력이 있었던 김부식이 어찌 「가락국기」를 몰랐겠는가. 그는 다만 삼국(三國)이란 이름에 맞추기 위하여 「가락국(駕洛國)」을 빼내 없애 버렸던 것이다.

부여는 단군의 종파(宗派)이자 고구려·백제의 부모의 나라이다. 뿐만 아니라 김부식보다 수백 년 이후의 사람인 권람(權擥)의 〈응제시주(應製詩註)〉에서도 오히려 부여의 약사(略史)를 말하고 있고, 중국(中國)의 진수(陳壽: 〈삼국지〉의 저자)나 범엽(范曄: 〈후한서〉의 저자) 등도 오히려 부여전을 지었거늘, 어찌 당시의 사람이자 본국 사람인 김부식이 부여를 몰랐겠는가. 이것도 그가 삼국(三國)이란 이름에 맞추기 위하여 부여를 빼내 없애 버린 것이다.

또 김부식이 발해(渤海)의 사실을 몰라서 〈삼국사기〉에서 발해사를 뺐다고 하는 것도 터무니없는 말이고 괴상한 소리이다.

당(唐)나라 사람도 〈발해행년기(渤海行年記)〉 10권과 〈발해국기(渤海國記)〉 3권을 지었고, 송(宋)나라 사람인 송기(宋祁)도 이를 근거로 (〈당서(唐書)〉) 발해전(渤海傳)을 지었거늘, 비록 본국에 발해사가(渤海史家)의 씨가 말랐다고 하더라도 김부식이 중국에 사신을 보내는 길에 구입해 올 수도 있었을 것이다.

더욱이 김부식이 살았던 당시는 발해가 망한 뒤 그 귀족과 유생(儒生)들이 고려에 귀화해 온 지 겨우 1백 수십 년밖에 안 된 때였으며, 그리고 대정림(大廷琳)이 발해를 중흥하여 그 사신들이 고려에 빈번히 왕래하던 때로부터 7, 80년밖에 안 된 때였으며, 고영창(高永昌)이 발해를 세 번째 일으켜 세우던 때는 곧 김부식과 동시대였으므로, 그가 발해의 일을 많이 듣고 많이 볼 때였으니, 어찌 발해를 전연 몰랐을 수 있겠는가. 그러므로 그가 발해사를 빼버린 것은 동압록(東鴨綠: 지금의 압록강-옮긴이) 동편 한 구석에 치우쳐 있는 한 작은 나라를 만들려는 작정이었던 것이다.

화랑(花郎)의 유적은 이조(李朝) 초엽까지도 민간에 전해져 왔으므로, 〈동방설원(東方說苑)〉에는 구담(瞿曇)의 계율을 어긴 이야기가 나오고, 〈필재집(畢齋集)〉에는 황창(黃昌)의 검무(劍舞) 이야기가 나오고, 〈대동운옥(大東韻玉)〉에는 남석행(南石行)의 혈서(血書) 이야기가 나오고, 〈여지승람〉에는 사성(四聖)들의 모든 고적이 설명되고 있거늘, 그보다 수백 년 전의 김부식이 어찌 이를 전연 몰랐겠는가.

민간의 전설(傳說)은, 김부식의 본래 의도가 이것들까지 수집하여 진정한 조선사를 만들려는 것이 아니었으므로, 그만두고라도, 곧 〈삼국사기〉 가운데도 명백히 〈선사(仙史)〉와 〈화랑세기(花郎世紀)〉가 있다고 하였으며, "모든 화랑의 방명미사(芳名美事: 향기로운 이름과 아름다운 사실들)는 다 전기에 보인다"라고 하고서도 이를 〈삼국사기〉에 싣지 않은 것은 무슨 까닭이며, 이미 본국인이 지은 2백 화랑의 사실이 구비되어 있는 〈화랑세기〉가 있는데도 그것은 버려두고 화랑을 이야기할 때마다 매번 당(唐)나라 사람이 지은 〈대중유사(大中遺事)〉를 인용한 것은 또 무슨 까닭인가?

「화랑」의 별명은 「국선(國仙)」·「선랑(仙郞)」이라 하였고, 고구려 「조의(皂衣)」의 별명은 「선인(仙人)」이라 하였으며, 〈삼국유사〉의 화랑을 「신선지사(神仙之事)」라고 하였으니, 신라의 화랑은 곧 고구려의 조의(皂衣)에서 나온 것이며, 고구려사의 "평양은 선인(仙人) 왕검이 자리 잡은 곳(平壤者, 仙人王儉之宅)"이란 말은 곧 선사(仙史)의 본문이니, 단군은 곧 선인의 시조(始祖)이며, 선인은 곧 우리의 국교(國敎)이고, 우리의 무사도(武士道)이고, 우리 민족의 넋이고 정신이며, 우리 국사(國史)의 꽃이거늘, 그 원류는 말하지 않고 다만 당나라 사람이 지은 〈신라국기(新羅國記)〉나 〈대중유사(大中遺事)〉의 본문을 인용하여 진흥대왕이 화랑을 세우던 일만 적은 것은 무슨 까닭인가?

아, 안타깝구나. 김부식이 호종단(胡宗旦)의 심리를 본받아서 외국의 문화로써 본국을 정복하고 유교로써 국교(國敎)를 대신하려고 하였기 때문에 그가 지은바 소위 〈삼국사기〉가 이 꼴이 되고 말았도다. 김부식이 고기(古記)를 깎아내서 없애버린 심리는 곧 호종단이 고적(古蹟)을 없애버리던 심술(心術)을 가졌기 때문이며, 화랑의 전기(傳記)를 찢어 없애버린 것은 호종단이 사성비(四聖碑)를 때려 부순 나쁜 버릇보다 더 심하다고 할 것이다.

좌군(左君)이 말하기를 "한(漢)·당(唐) 여러 나라에 「삼국(三國)」이란 말이 없었다면 김부식도 〈삼국사기〉를 짓지 않았을 것이며, 만일 〈대중유사(大中遺事)〉에 화랑의 일을 기록한 것이 없었다면 김부식도 틀림없이 신라사 가운데 화랑(花郞)이란 두 자(字)조차 적지 않았을 것이다"고 하였으니, 이 말이 너무 과격한 듯하다. 그러나 〈삼국사기〉를 지을 때의 김씨(金氏)의 마음은 그것을 독립된 조선사(朝鮮史)로 지으려 한 것이 아니라 중국의 역대사(歷代史) 가운데 있는 동이열전(東夷列傳)의 주석(註釋)을 쓰는 것으로 자처하였음이 명백하다.

그러나 오늘날 남아 있는 것이라고는 〈삼국사기〉뿐이다. 우리가 참고하고 근거로 삼을 재료가 〈삼국사기〉뿐인 것이다.

〈고려사(高麗史)〉의 경우에는, 당초에 그 재료를 자유로 채택하여 저작한 것이 아니라 몽고의 압박을 받던 때에 몽고 황제가 매번 고려 태조 이하의 기록을 가져다 본 일이 많았으므로, 그때에 어떤 구절(句節), 무슨 자(字)를 고쳤다는 말은 없으나, 그러나 〈고려사〉「팔관회(八關會)」에 몽고 군주의 지시에 따라 "일인(一人)이라거나, 해동천자(海東天子)라고 하는 이름을 폐지하였다"라고 하였으니, 그 밖의 일도 미루어 알 수 있다.

그러므로 〈고려사〉를 보면 흥성하던 때의 사적(事蹟)은 얼마 안 되고 쇠미(衰微)한 때의 일들만 많이 기록되어 있으며, 나라 안의 정사(政事)에 대한 기록보다도 나라 밖의 요(遼)·금(金)·원(元)과의 교섭에 관한 기록이 더 많다. 정인지(鄭麟趾)는 그 기록들을 순서대로 엮었을 뿐이고 특별한 역사의식이 있어서 가감(加減)한 것이 아니므로, 역사(史)라고 하기조차 어렵다

이조(李朝)의 문헌은, 금궤(金匱)와 석실(石室)에 감추어 놓아서 우리가

볼 수 없게 해놓은 이전의 것들 외에도, 조선 자체의 기록들도 적지 않아서, 전조(前朝: 고려) 때의 기록보다 잘 갖추어져 있다고 할 수도 있을 것이다. 그러나 5백 년 동안에는 기이하고 나쁜 풍습이 있었다.

태조(太祖)는 북벌론자(北伐論者) 최영(崔瑩)을 죽이고 고려의 왕통(王統)을 빼앗아 창업하였으므로 그 후세 자손들은 사대주의(事大主義)로 국시(國是)를 삼았으며, 태종(太宗)은 유교로써 건국의 정신을 삼으려고 〈해동비록(海東秘錄)〉을 불살라 없애버렸으며, 눌재(訥齋) 양성지(梁誠之)는 나라의 풍속을 보전하기를 주장하였으나 채택되지 못하였으며, 정여립(鄭汝立: 호는 竹島) 선생은 "백성이 중하고 임금은 가벼운 존재(民重君輕)"라고 주장하다가 역모로 몰려 사형을 당하였으며, 서산대사(西山大師)와 사명당(四溟堂)을 선과(禪科)에서 뽑아 불교의 중흥을 도모하였던 보우(普雨)는 요승(妖僧)으로 몰려서 목이 달아났으며, 옛 사람의 성규(成規: 이미 확립된 관행이나 규칙)를 지키지 않고 문로(門路: 학문의 계보)를 별도로 세우려 한 백호(白湖) 윤전(尹鐫)은 사문난적(斯文亂賊: 주자학을 위주로 한 유교의 교리를 어지럽히고 그 사상에 어긋나는 언행)으로 몰렸다.

고풍(古風)을 찾아보더라도, 화랑과 불교를 섞어서 만든 고려의 팔관회(八關會)와 같은 잡제(雜祭)도 없으며, 거인(巨人)을 찾아보더라도 "천강미륵(天降彌勒)"으로 자처한 궁예(弓裔)와 같은 광부(狂夫: 미친 사람)도 없으며, 중국의 주례(周禮)와 당제(唐制)는 천 번도 넘게 되풀이해서 읽었지만 단군조선의 제도인 삼경(三京)·오부(五部)는 어떤 것이었는지 꿈에서조차 생각해본 일이 없었으며, 주공(周公)이나 공자(孔子)는 아이들도 외웠지만 삼랑(三郎)이나 사성(四聖)은 그 이름이 무엇인지 알아보려고도 하지 않았으니, 아, 선현(先賢)들의 문집이 백 권 천 권 많다고 하나 그 모두가 〈주자대전(朱子大全)〉을 주해(註解)한 것들이며, 5백 년 문명의 전형(典型)은 전부 중국 사상(思想)의 번역에 불과하다.

조선사에서 쓸 만한 가치가 있는 것으로 무엇이 있는가? 비록 본조(本朝: 李朝)의 문헌이 비교적 넉넉하다고는 하나 인간의 힘으로 진화(進化)의 순로(順路)를 막고 이교(異敎)로써 조선인 본연의 면목(面目)을 가려서 감춘 것들이다. 비록 그 사이에 몇 가지 신발명(新發明)으로 조선인의 천재를 발휘한 일이 없지 않으나, 그 대세(大勢)는 사설(邪說)로 들어가는 때였던지라, 이때의 문헌이 얼마나 조선사(朝鮮史), 곧 정신적 조선사에 보탬이 될 수 있겠는가.

이상은 조선의 고적(故蹟)과 기록의 소멸 혹은 변개(變改)의 대강을 말한 것이다. 소멸한 것은 이미 소멸되어 자취가 없어졌으니 어디에서 그 소멸되기 전의 모습과 증거를 찾아내겠는가. 그러나 아주 찾아내지 못한다면 참 조선의 모습은 전혀 알 수 없을 것이며, 변개(變改)한 것은 이미 변개되어 전혀 딴판의 말이 되었으니 어디서 바로잡을 것인가. 그러나 아주 바로잡아 놓지 못한다면 원래 조선의 모습은 영원히 없어질 것이니 이제 어찌해야 좋을까. 불완전하나마 이를 찾아 바로잡을 몇 가지 방법이 있으니, 이제 이를 말하려고 한다.

(一) 類證(유증)

이를테면 단군은 3과 5(三·五)의 수(數)로써 새로 온갖 규칙을 정하였는데, 부여의 「五加(오가)」와 고구려의 「五部(오부)」와 백제의 「五方(오방)」과 발해·고려 내지 거란(契丹: 遼-원주)·여진(女眞: 金-원주)의 「五京(오경)」은 단군의 정치제도에서 나온 것이고, 신라의 「五戒(오계)」(事君以忠(사군이충)·事父以孝(사부이효)·交友以信(교우이신)·臨戰無退(임전무퇴)·殺生有擇

(살생유택)－원주)는 단군의 윤리를 전한 것이며, 기자(箕子)의 「五紀(오기)」(歲(세)·月(월)·日(일)·時(시)·曆(력)－원주)는 단군의 역법(曆法)을 전한 것이라 하였다.

이처럼 같은 종류(類)를 따라서 증명할 수 있는데, 이것이 유증(類證)이다.

(二) 互證(호증)

기자(箕子)의 〈홍범(洪範)〉을 〈상서(尙書)〉에서는 "하우씨(夏禹氏)가 전한 것"이라고 하였으며, 〈오월춘추(吳越春秋)〉에서는 "하우(夏禹)가 치수(治水)할 때에 도산(塗山)에서 현토사자(玄菟使者)로부터 〈중경(中經)〉을 받았다"고 하였으며, 〈고기(古記)〉에서는 "단군의 태자 부루(夫婁)가 하우(夏禹)를 도산(塗山)에서 보았다"고 하였다. 따라서 세 사서(史書)를 참조하면, 기자의 〈홍범〉은 곧 부루의 〈중경〉을 강술(講述)한 것임이 분명하다.

「五行(오행)」이 이미 〈홍범〉 곧 〈중경〉의 근거가 된 것이므로, 〈상서〉에서는 "유호씨(有扈氏)가 오행(五行)을 위력으로 모욕하므로 하우(夏禹)의 아들(啓)이 그를 토멸하였다"고 하였으니, 두 책을 참조하면 곧 조선의 사상이 중국에 들어가자 일시에 큰 논쟁이 벌어져 전쟁까지 일어났던 것임을 알 수 있다.

이와 같이 사실(事實)을 따라서 참조하여 증명할 수 있는데, 이것이 호증(互證)이다.

(三) 追證(추증)

〈삼국사기〉 고구려 영류왕기(榮留王紀)에 "당(唐) 황제가 사자를 보내어 경관(京觀)을 헐기를 청하였다"고 하였는데, 경관은 곧 전승(戰勝) 기념탑이다. 이로써 보면, 을지문덕(乙支文德)이 수(隋)를 이긴 뒤에 기념탑을 세운 일이 있고, 당 황제의 요청은 실행되지 않았으므로, 요양(遼陽)의 백탑(白塔)이 곧 그 유물일 것이다. (중국인들은 백탑(白塔)을 위지경덕(尉遲敬德)이 쌓은 것이라 하였으나, 〈당서〉에 의하면 위지경덕은 고구려가 망하기 전에 죽었으니, 그것은 곧 낭설(浪說)이다. -원주),

〈순천지(順天誌)〉〈영평부지(永平府誌)〉 등의 책 가운데는 당 태종이 고구려 군사를 유인하기 위하여 쌓은 것으로 「황량대(謊粮臺)」라는 것이 있다고 하였는데, 이로써 보면 천(연)개소문(泉(淵)蓋蘇文)이 당을 쳐서 직예성(直隷省: 지금의 북경시 일대-옮긴이) 일대를 유린하던 광경을 볼 수 있을 것이니, 요동의 「개소둔(蓋蘇屯)」은 곧 제 1차 침입시의 행영(行營)일 것이다.

이와 같이 이 사건(事件)이 있으므로 저 사건이 없을 수 없음을 증명하는 것이 추증(追證)이다.

(四) 反證(반증)

하우(夏禹)가 이미 부루(夫婁)의 제자이므로 조선에 와서 배울지언정 조선을 가르칠 스승은 될 수 없다. 그러므로 〈묵자(墨子)〉에서 "우(禹)가 동으로 구이(九夷)를 가르치러 가다가 회계(會稽)에서 죽었다"고 한 것은 곧 배우러 오던 사실을 뒤집어 말한 것이다. 기자(箕子)의 〈홍범〉은 〈중경〉으로부터 전해 받은 것이며, 그 사상은 조선에서 받은 것인데, 어떻게 도리어 조선에 전해 준단 말인가. 그러므로 이전 사서(前史)에서 기자가 예(禮)·악(樂)·복(卜)·서(筮)에 능한 5천 명을 데리고 와서 설교를 하였다고 한 것은 곧 기자의 무리 5천 명이 조선에 귀화해온 사실을 속여서 한 말이다.

패배한 것을 감추고 이긴 것을 과장하는 것은 중국인들의 공통된 특성이다. 그러므로 〈관자(管子)〉의 "秦夏(진하)" 운운(云云)한 것은 관중(管仲)이 진한(辰韓)과 싸운 제(齊) 환공(桓公)의 공로를 한껏 자랑한 것인데, 공자의 〈춘추(春秋)〉와 좌구명(左丘明)의 좌전(左傳)에는 이 일을 적어 놓지 않았으니, 그 까닭은 대개 제 환공과 관중이 겨우 진한(辰韓)을 막아 중국의 여러 나라들이 반(半) 자유를 회복하였을 뿐이고 그 실제의 전쟁과 교섭에서는 진한에 꿀린 일이 많았기 때문이다.

공씨(孔氏)와 좌씨(左氏)는 관중이 양이(攘夷: 외적을 물리침)한 공로를 찬미하여 "관중이 아니었더라면 우리는 동이족을 따라서 옷섶을 왼쪽으로 여미어 입고 있을 것이다(微管仲, 吾其爲左衽)"(이것은 〈논어〉 헌문(憲問)편에 나오는 말이다—옮긴이)라고까지 한 말을 보면 그 전쟁이 얼마나 위기에 처했었는지를 알 수 있다. 그런데도 〈춘추〉와 〈좌전〉에 그런 사실을 상세히 기록해 놓지 않은 것은 그것이 자기들의 수치이므로 빼고 쓰지 않은 것이다.

땅을 잃고는 그 일의 실상을 감추는 것도 중국사에서는 항상 있는 예(常例)이니, 〈사기〉와 〈한서〉에서 "창해군(滄海郡)을 파(罷)했다", "진번군(眞番郡)을 파했다"고 한 것은 반드시 조선과 싸우다가 대패(大敗)한 결과일 것이다. 이는 마치 당(唐)이 신라에 대패하여 패강(浿江: 대동강) 이남의 땅을 빼앗겼으면서도 〈당서(唐書)〉에 "패강 이남의 땅을 신라에 주었다"고 한 것과 같은 것이다.

이와 같이 반면(反面)에서 그 사실의 「참(眞)」을 발견할 수 있는데, 이것이 곧 반증(反證)이다.

(五) 辨證(변증)

시법(諡法)을 조선에서는 삼국시대 말엽에 비로소 쓰기 시작하였고 중국에서는 주(周)나라 이후에 썼다. 특히 「祖(조)」 「宗(종)」 등 자(字)로 된 시호(諡號)는 중국에서도 한(漢) 이후에야 쓰게 된 것이다. 그런데도 불구하고 〈한양기씨보(漢陽奇氏譜: 箕子를 시조로 모신다)〉나 선우씨(鮮于氏)의 〈선왕유사기(先王遺事記)〉에서는 기자(箕子)의 시호를 「太祖文聖王(태조문성왕)」이라고 적어 놓았으니 이 또한 이치에 맞지 않는 말이다. 그리고 그때에 기씨(箕氏)와 병립한 부여·삼한 열국이 적지 않았는데도 이들과 왕래하였다는 말은 없고 도리어 멀리 산동(山東)의 제(齊)와 하남(河南)의 주(周)와 교통하였다고 하였으니, 이 또한 어불성설이다.

그러므로 〈선왕유사기〉는 말할 것도 없이 위조품인데도, 다만 그 가운데 동서로 정벌을 행한 무공(武功)이 있으므로 나라에 영광이 된다고 해서 이를 빼지 않는다면, 이는 선조(先祖)의 사적(事蹟)을 속이는 것이 된다.

사찰(寺刹)은 불교가 수입된 뒤에 있게 된 명칭이다. 그리고 53불(佛)이 바다를 통해 조선에 건너온 것은, 비록 인도에서 중국을 통해 온 것보다 먼저라 하더라도, 이 또한 삼국 초대(初代)의 일이다. 그런데도 〈여지승람〉에서 이르기를 "마한(馬韓)의 무강왕(武康王) 기준(箕準)이 선화부인(善花夫人)과 미륵사(彌勒寺)에서 놀았다"고 하였고, "무강왕릉(武康王陵)은 속칭 말통대왕릉(末通大王陵)이라고도 한다"고 하였는데, 불교도 없는데 어디에 사찰, 즉 절이 있었다는 말인가.

〈삼국유사〉에 "백제 무왕(武王)은 이름이 서동(薯童)이고, 그 왕후는 선화부인(善花夫人)이다"고 하였으므로, 무강왕(武康王)은 곧 백제의 무왕(武王)이고, 서(薯)는 곧 「마」이니 말통(末通)은 곧 서동(薯童)이며, 마한(馬韓)은 곧 백제의 별명이다. 그런데도 여전히 백제의 왕을 기준(箕準)이라 하고, 백제의 왕후를 기준의 부인이라 하고 있는 것이다.

대개 기준이 위만(衛滿)에게 패하여 남방 마한의 한 작은 마을을 쳐서 깨뜨리고 일시 왕이라 칭하다가 곧 멸망하였으므로, 진수(陳壽)의 〈삼국지〉 삼한전에서도 "그 뒤에 멸절(滅絕)하였다"고 하였던 것이다. 그런데도 불구하고 아직도 사실(事實)을 위증하여 역대의 계통을 어지럽히고 있는 실정이다.

이와 같은 잘못된 기록들을 변론함으로써 그 정확한 것을 찾을 수 있는바, 이상의 다섯 가지 방법으로 4천 년 동안 이지러지고 빠져 없어진 것들을 채우고, 잘못 전해진 것들을 바로 잡고, 그리하여 그 가운데서 원인(因)과 결과(果)를 정밀하게 찾고, 공정하게 시비(是非)를 가린다면, 조선의 가치 있는 역사를 만에 하나 혹은 천에 하나라도 다물(多勿: 되찾음)할 수 있을 것이다.

이밖에 천하의 서적들을 수집하고, 땅속의 유물들을 발굴하여 참고 재료로 삼고, 온 나라의 문인(文人)과 학자들을 모아서 십 년 혹은 백 년 온 힘을 다하여 대규모로 진정한 조선사(朝鮮史)를 장만해야 할 것이니, 그러나 이 일은 재능(才)과 성의(誠)와 학력(學力)을 겸비한 사람에게 기대할 것이니라.

제2편
단군조(壇君朝)의 업적과 공덕(功德)

제1장 팽오와 부루의 치수(治水)와 중국과의 관계

〈동국사강(東國史綱)〉에 "단군이 팽오(彭吳)에게 명하여 국내 산천을 다스리도록 하였다"고 하였고, 〈서곽잡록(西郭雜錄)〉에 "팽오(彭吳)는 단군 때에 홍수를 다스린 사람이니, 이제까지 민간에서 그 유덕(遺德)을 생각하여 그를 숭사(崇祀: 산 고개마다 성황당(城隍堂)을 지어놓고 인민들이 왕래하며 치경(致敬)하는 것은 곧 팽오(彭吳)가 산천을 다스린 공덕을 감축하는 것인바, 이것을 팽오사(彭吳祠)라고 한다.-원주)한다"고 하였다.

그런데 유득공(柳得恭) 씨가 말하기를 "팽오는 한(漢)의 사신으로서 조선에 왕래한 자이거늘, 후세 사가(史家)들이 잘못 알고 단군 때에 팽오가 있었던 줄 알았다"고 하며 이를 삭제하자, 이 후 역사를 쓰는 자들은 늘 유씨의 말을 좇았다.

그러나 단군 때에 홍수가 있었음은 사실이고, 홍수가 있었으면 홍수를 다스린 사람이 있었을 것은 이치상 당연한 것이다. 어찌 한(漢)의 팽오(彭吳)와 그 이름이 같다고 해서 단군조의 팽오를 한나라 신하로 의심하는 터무니없는 주장을 믿겠는가.

저자가 일찍이 〈서곽잡록〉에 팽오를 숭사(崇祀: 숭배하여 제사지냄)한다는 말을 읽고 나서 민간에서 숭사하는 신(神)의 이름을 찾아보았더니, 팽오란 이름은 없고 다만 서북(西北) 등지에 「마울」(혹은 「조상 마울」이라고 함-원조)이란 신사(神祠)가 있었는데, 우리를 살리며 우리를 홍수에서 건진

이가 곧 「마울」이라고 하여 거의 삼신(三神)과 같이 존숭하여 떠받들고 있었다. 무릇 이두문자를 쓸 때에는 한자(漢子)가 본음(本音)대로 남아있지 않는다. 고어(古語)에 활을 잘 쏘는 자를 「듀물」이라 하였으나 한자로는 「주몽(朱蒙)」이라 썼고, 병마원수(兵馬元帥)는 「말치」였지만 한자로는 「막리지(莫離支)」라 썼다. 그러므로 「팽오」는 한자로 「마울」을 한자로 쓴 것이 아닌가 생각한다.

홍수는 고대(古代)에는 큰 재난이었고, 홍수를 다스린 것은 큰 공덕이니, 팽오의 공덕이 만세에 숭사(崇祀)받을 만한 것이다. 그러나 고사(古史)가 이지러지고 빠져 없어져서 겨우 그 몇 마디의 역사가 전설로 전해져 왔을 뿐이다. 그러나 다행히 외국의 사서(史書)에 조선의 홍수 다스린 법(法)으로 중국의 홍수를 다스렸던 사실을 기록한 것이 남아 있어서, 그 반면(反面)에서 팽오의 큰 재능(大才)과 큰 지혜(大智)를 발견할 수 있다. 이제 그 대강을 추려서 적는다.

우리 고사(古史)에는 다만 단군이 태자 부루(夫婁)를 중국의 도산(塗山)에 사신 보낸 일만 기록되어 있다. 그러나 〈오월춘추(吳越春秋)〉에는 이보다 비교적 자세한 기록이 있다. 그 기록은 이렇게 말하고 있다.

> 「하우씨(夏禹氏)가 홍수를 다스리다가 공을 이루지 못하여 근심하며 곰곰이 생각하다가 문득 〈황제중경(黃帝中經)〉이란 성인(聖人)이 지으신 책을 찾아내게 되었다. 그 책에서 말하기를, "구산(九山) 동남에 하늘 기둥(天柱)처럼 생긴 완위산(宛委山)이 있는데, 적제(赤帝)는 그 산 위의 궁궐에 살고 있다. 그 산의 정상에는 책 한 권이 있는데 무늬 있는 보옥(寶玉)으로 받침을 하고 넓고 두터운 돌(磐石)로 된 뚜껑을 덮어 놓았다. 그 책은 금간(金簡)에다 푸른색 옥 문자(玉字)로 써서 흰

색 은(白銀)으로 끈을 만들어 엮어 놓았으며, 옥 문자들은 모두 금간(金簡) 위에 볼록하게 붙여져 있다"고 하였다.

이에 우(禹)가 동으로 가서 형산(衡山)에 올라 백마(白馬)를 죽여 그 피로 산신(山神)에게 정성들여 제사를 지냈으나 그 책을 찾지 못하였다. 그래서 우(禹)는 산꼭대기로 올라가 하늘을 향하여 슬피 부르짖었다.

그때 갑자기 졸음이 쏟아지더니 잠에 빠져들었는데, 꿈속에서 붉은 비단에 수(繡)를 놓은 옷(赤繡衣)을 입은 남자가 나타나서 말했다. "나는 현이(玄夷)의 창수사자(蒼水使者)이다. 황제(舜)께서 문명(文命: 우(禹)의 자(字)—원주)을 이곳으로 보냈다는 말을 듣고 이곳에 와서 기다린 지 오래되었다. 그러나 아직은 그 신서(神書)를 볼 때가 되지 않았으니, 내가 너에게 그것을 볼 때를 말해 줄 것이다. 나의 말을 농담으로 생각지 말라."

그리고는 복부산(覆釜山)을 등지고 노래를 부르다가 동으로 돌아보며 우(禹)에게 이르기를, "우리 산의 신서(神書)를 얻으려거든 황제 바위 아래에서 석 달간 재계(齋戒)를 하고 경자일(庚子日)에 다시 산 위로 올라와 바위를 들어보라. 그곳에 금간(金簡)으로 된 책이 있을 것이다"라고 하였다.

우(禹)가 산에서 내려와서 석 달 동안 재계를 한 후 경자일에 다시 완위산(宛委山)에 올라가 바위를 열어 보니 그곳에 금간의 책이 있었다. 그는 금간 위에 옥(玉)으로 쓰인 문자를 통하여 오행치수(五行治水)의 원리를 알아내었다.……

이에 우(禹)가 나라 다스리는 도(道)를 크게 깨우치고, 안으로는 부산(釜山)에서 받은 주신(州愼)의 공덕을 찬미하고, 밖으로는 그 성덕(聖德)을 널리 폄으로써 천심(天心)에 응답하고, 모산(茅山)의 이름을 회계산(會稽山: 하늘의 뜻을 크게 깨달아 알게 된 산이란 뜻—옮긴이)이라 바꾸었다.……

우(禹)가 말하였다. "내가 듣기로는 '그 나무의 열매를 먹는 자는 그 나뭇가지를 상하게 해서는 안 되고(食其實者, 不傷其枝), 그 물을 먹는 자는 그 물의 원류를 흐리게 해서는 안 된다(飮其水者, 不濁其流)' 고 하였다. 내가 복부산(覆釜山)에서 신서(神書)를 얻어 천하의 큰 재앙을 구함으로써 인민들로 하여금 마을로 돌아가 살 수 있게 하였으며, 그로 인하여 그 덕이 이렇게 빛나고 있으니, 내가 어찌 그 덕을 잊을 수 있겠는가?"

이에 여러 사람들의 의견을 받아들이고 간관(諫官)의 말에 귀를 기울였으며, 백성들을 편하게 해주고 살 집들을 지어주었으며, 산의 나무들을 벌목하여 마을을 만들고, 인신(印信)을 만들고, 나무를 엮으로 걸쳐서 대문을 만들게 하였다. 그리고 저울(權衡)이나 되(斗)와 말(斛)을 조정하여 통일하고, 정전(井田)을 만들어 백성들에게 보여주고 만세의 법도(法度)로 삼게 하였다.……

이미 연로(年老)해지자 우(禹)가 탄식하며 말하였다. "내 나이 이미 늙었고, 나의 수(壽)도 곧 다해 가니, 머지않아 죽을 것이다." 그리고는 여러 신하들에게 명하기를, "내가 죽거든 회계산(會稽山)에 묻어 달라"고 하였다.」

(*옮긴이 주: 〈오월춘추〉 월왕무여외전(越王无余外傳)의 이 부분 원문은 다음과 같다.

「禹傷父功不成, 循江溯河, 盡濟甄淮, 乃勞身焦思以行, 七年, 聞樂不聽, 過門不入, 冠挂不顧, 履遺不躡, 功未及成. 愁然沈思, 乃案〈黃帝中經〉一蓋聖人所記, 曰: "在于九疑山東南天柱, 號日宛委, 赤帝在闕. 其巖之巓, 承以文玉, 覆以磐石, 其書金簡, 靑玉爲字, 編以白銀, 皆瑑其文."

禹乃東巡, 登衡山, 血白馬以祭, 不幸所求. 禹乃登山, 仰天而嘯, 忽然而臥, 因夢見赤繡衣男子, 自稱: "玄夷蒼水使者, 聞帝使文命于斯, 故來候之. 非厥歲月, 將告以期. 無爲戲吟." 故倚歌覆釜之山. 東顧謂禹曰: "欲得我山神書者, 齋于黃帝巖岳之下. 三月庚子, 登山發石, 金簡之書存矣." 禹退又齋, 三月庚子, 登宛委山, 發金簡之書, 案金簡玉字, 得通水之理.……

乃大會計治國之道, 內美釜山州愼之功, 外演聖德以應天心, 遂更名茅山曰會稽之山.……

言曰: "我聞, '食其實者, 不傷其枝; 飮其水者, 不濁其流.' 吾獲覆釜之書, 得以除天下之災, 令民歸于里閭, 其德彰彰若斯, 豈可忘乎?" 乃納言聽諫, 安民治室居, 隨山伐木作邑, 畵作印, 橫木爲門, 調權衡, 平斗斛, 造井示民, 以爲法度.……

遂已耆艾將老, 歎曰: "吾晏歲年暮, 壽將盡矣, 止絶斯矣." 命群臣曰: "吾百世之後, 葬我會稽之山."」)

이것은 하우(夏禹)가 곧 부루(夫婁)에게서 치수(治水)의 도(道)를 배운 재미있는 이야기이다.

완위산(宛委山)·복부산(覆釜山)·모산(茅山)·회계산(會稽山)은 다 「도산(塗山)」의 별명이니, 신서(神書)를 얻었기 때문에 「완위(宛委)」라 이름을 지었고, 부루(夫婁)를 만났으므로 「복부(覆釜)」라는 이름이 생겼다. 원래의 이름은 「모산(茅山)」인데, 이것은 도산(塗山)의 전음(轉音)이며, 「회계(會稽)」는 고친 이름으로 신도(神道)를 배워서 알게 된 것을 기념해서 지은 이름인 것이다.

「현(玄)」은 조선 5부 중의 현부(玄部)로서, 이는 곧 후세에 현토(玄菟)라고 일컫는 것이다. 「창수(蒼水)」는 창해(滄海)이니, 고대에 황해와 발해를 창해라 하였는데, 부루가 바다를 건너갔기 때문에 「창수사자(蒼水使

者)」라고 한 것이다. 「주신(州愼)」은 곧 조선(朝鮮)인데 그 음(音)을 잘못 번역한 것이다. 「적수의(赤繡衣)」는 외국에 가려면 반드시 수(繡)를 놓은 옷을 입는 것이 부여의 원래 풍속(〈후한서〉 부여전(扶餘傳)에 보임-원주)이며, 「꿈에서 만났다」고 한 것은 이 글의 신성함을 나타낸 것이니, 기자(箕子)가 말한바 하늘이 우(禹)에게 홍범(洪範)을 주었다고 한 것과 같은 것이다.

청조(淸朝)의 고증학자인 모기령(毛奇齡)씨가 말하기를 "오행(五行)·오음(五音)·오복(五福)·구가(九歌)·구공(九功)·구산(九山)·구주(九州) 등의 五·九 두 가지 수를 문물(文物)에 쓴 것은 하우(夏禹) 이전에는 없었던 것으로, 우(禹)가 처음으로 만들어 썼다"고 하였는데, 그 고거(考據)가 정밀하고 상세하다고 할 수 있다. 그러나 五·九 두 가지 수(數)로 지은 사물의 명칭이 조선에서 건너갔음을 말한 자는 없었다. 오행(五行)·오음(五音) 등만이 아니라 곧 오제(五帝)의 명칭도 〈황제중경(黃帝中經)〉과 함께 중국에 건너간 것이다.

조선 5부(五部)의 이름은 황(黃)·청(靑)·적(赤)·백(白)·현(玄)인데, 황부(黃部)의 대가(大加)는 곧 중앙의 황제이고, 청·적·백·현(靑赤白玄)은 곧 동서남북의 4제(帝)이다. 원래 신계(神界)에 오제(五帝)가 있어 오색(五色)·오행(五行)·오음(五音) 등을 분장(分掌)하였다고 하여 이것을 표준으로 인간세계의 치제(治制)를 정한 것이니(중국에서 헌원(軒轅)씨를 황제(黃帝)라 하고 태호(太皞)씨를 청제(靑帝)라 한 것 등은 하우(夏禹)씨가 오제(五帝)의 이름을 조선에서 수입한 뒤에 부회(傅會)한 것이다.-원주), 〈황제중경〉이라고 한 것은 곧 조선 황부(黃部)의 성경(聖經)이다.

본 〈오월춘추〉에는 "우(禹)가 중경(中經)을 얻어 치수(治水)하였다"고

하였고, 기자(箕子)는 "우(禹)가 〈홍범(洪範)〉을 얻어 치수하였다"고 하였으며, 본 〈오월춘추〉에서 또 이르기를 "〈중경(中經)〉을 얻어 오행치수(五行治水)의 도(道)를 얻었다"고 하였고, 기자 〈홍범〉에는 "初一曰, 五行(초일왈, 오행)"이라 하였으니, 〈중경〉과 〈홍범〉이 서로 다른 글이 아니다. 다만 〈홍범〉은 기자가 주(周) 무왕(武王)을 위하여 그 대의(大義)를 풀어서 설명한 것이고 〈중경〉의 전문(全文)은 아니다.

우리의 사서(史書)와 〈오월춘추〉를 참조하면, 대개 단군이 팽오(彭吳)를 시켜서 홍수를 다스리고, 다시 중국이 수재(水災)를 당하고 있는 것을 불쌍하게 여겨서 부루를 보내어 〈중경(中經)〉을 주고, 또 조선의 홍수를 다스릴 때 쓰던 「취국(橇梮: 진흙 위를 이동할 때 사용하는 썰매)」과 「거부(巨斧: 큰 도끼)」 등을 주어 드디어 우(禹)로 하여금 공을 이루게 하였기 때문에, 우(禹)도 곧 조선을 우러러 사모하여 조선의 제도를 본떠서 정전(井田)을 만들고, 되(斗)와 말(斗斛) 등 도량형과 인신(印信) 등을 고치고, 그가 죽을 때에도 회계의 인연을 잊지 못하여 자기 몸을 회계산에 묻도록 한 것이다.

그런데 〈묵자(墨子)〉는 "하우(夏禹)가 동으로 구이(九夷)를 가르치러 가다가 회계산에서 죽었다"고 하였으니, 이는 사실을 거꾸로 뒤집어서 배운 것을 가르쳤다고 한 것이다. 그리고 근래 장병린(章炳麟)·유사배(劉師培) 등(중국 현대학자 중 가장 저명한 사람들—원주)은 "하우(夏禹)의 오행(五行)은 곧 난교(亂敎)이며 반교(叛敎)이다"고 하였는데, 이는 조선의 은혜를 잊고 우(禹)의 공로를 저버린 것이다.

이에 대하여 덧붙여 논의하고자 하는 것은 곧 「우순(虞舜)」의 일이다.

우순(虞舜: 우리나라에서는 흔히 그냥 순(舜) 임금이라 부름-옮긴이)은 조선 우부(于部: 당시 산동(山東)의 조선 식민지-원주) 사람이므로 국호(國號)를 「虞(우)」라 하였으며, 조선이 「舜華(순화: 무궁화꽃)」의 산지이므로 이름을 「舜(순)」이라 하였다. 그러므로 중국 고서(古書)에서도 항상 순(舜)을 동이인(東夷人)이라고 하였다.

(*옮긴이 주: 〈孟子〉 이루하(離婁下) 편에서 "순은 제풍(諸馮)에서 나서 부하(負夏)로 옮겨가서 살았고 명조(鳴條)에서 생을 마쳤는데, 동이인(東夷人)이다(舜生於諸馮, 遷於負夏, 卒於鳴條, 東夷之人也)"라고 하였다.)

순(舜)이 요(堯)임금의 재상(宰相)이 되어 당시에 홍수를 잘 다스리지 못하는 「백곤(伯鯀)」을 내치고 「우(禹)」를 써서 홍수를 다스리도록 하였다.

(*옮긴이 주: 〈孟子〉 만장상(萬章上)에서 "순이 우(禹)의 아버지 곤(鯀)을 우산(羽山)으로 추방하였다(舜殛鯀於羽山)"고 하였다.),

그러므로 순(舜)이 아니었으면 우(禹)를 쓰지 못하였을 것이고, 부루(夫婁)가 아니었으면 우(禹)를 가르칠 사람이 없었을 것이다. 그러므로 홍수를 다스린 것은 처음부터 끝까지 조선의 공이었다.

송(宋)의 서천우(徐天祐)가 〈오월춘추〉의 설(說)을 논박하여 말하기를, "〈맹자〉에 '우(禹)가 8년간 밖에 나가 있었다' 고 하였고, 〈상서(尙書)〉 「우공(禹貢)」 편에는 '13년간 일하였다' 고 하여 두 가지 설(說)이 다르니, 대개 13년은 곧 곤(鯀)의 치수기간 9년을 합하여 말한 것이니, 어찌 7년이 되도록 공을 이루지 못하였겠는가?"라고 하였다.

그는 또 마융(馬融)의 말을 인용하여 말하기를, "우(禹)가 치수(治水) 3년에 8주(州)가 다스려졌다고 하였으니, 이는 대개 곤(鯀)이 치수하던 해부터 계산하여 12년 만에 8주(州)가 다스려졌고 13년 만에 연주(兗州)가 다스려졌음을 말한 것이다. 그러므로 우(禹)는 불과 4년 만에 성공한 것이거늘, 어찌 7년 만에 겨우 현토사자(玄菟使者)의 신서(神書)를 받고서야 통수(通水)의 이치를 알았다고 하겠는가?"라고 하였다.

그리고 또 말하기를 "우(禹)가 월(越)에 간 것은 치수(治水)를 한 다음이고 그가 치수할 때에는 월(越)에 가지 않았기 때문에 우공(禹貢)에 적혀 있는 것처럼 '남방의 산천이 금일(今日)과 같지 않다' 고 했던 것이다" 고 하였다.

이에 대하여 이 책의 저자는 다음과 같이 대답하는 바이다.

"서씨(徐氏)의 말은 아무 근거도 이유도 없는 것이다(武斷的). 곤(鯀)은 홍수를 막는다면서 (제방을 쌓아 물길을 막음으로써) 도리어 수해(水害)를 더 심하게 했을 뿐만 아니라, 「상서(尙書)의 우공(禹貢)」 편은 우(禹)의 공로를 기록한 글인데 어찌 치수에 실패한 곤(鯀)의 치수 기간까지 합산하였겠는가. 이것이 그의 설(說)이 무단적이라고 한 첫 번째 이유이다.

동한(東漢)의 마융(馬融)이 "3년에 8주(州)가 다스려졌다" 고 한 말은 더욱 근거가 없는 말이니, 우(禹)가 비록 신이(神異)한 인물이나 어찌 3년 동안에 홍수를 다스릴 수 있으며, 또 3, 4년 만에 성공하였다고 한다면 어찌하여 〈맹자〉가 "우(禹)가 8년간 밖에 나가 있었다" 고 하였겠는가. 그의 설(說)이 무단적이라고 한 두 번째 이유이다.

「우공(禹貢)」에 적혀 있는 "남방의 산천이 금일과 같지 않다" 고 한 말은 무엇을 가리킨 것인지 모르지만, 만일 산천의 명칭이 같지 않은 것으로 말하자면 북방의 산천도 그럴 것이며, 만일 물길(水道)과 구릉(丘陵)이 변경되었다는 것으로 말하자면 북방의 산천도 그럴 것이다. 이것이 우(禹)가 치수할 때에 월(越)에 가지 않았다고 한 그의 설(說)이 무단적이라고 한 세 번째 이유이다.

「우공(禹貢)」에는 명백히 우(禹)가 장강(江)과 회하(淮河) 등에 갔다(至)

고 하였음에도 불구하고 이것은 우(禹)가 직접 간 것이 아니라고 하였는데, 그렇다면 무엇에 근거하여 북방의 어느 산 어느 강(某山某水)에 갔다(至)고 한 것은 우(禹)가 직접 간 것이고, 남방의 어느 산 어느 강(某山某水)에 갔다(至)고 한 것은 우(禹)가 직접 간 것이 아니라고 구별할 수 있는가. 이것이 그의 설(說)이 무단적이라고 한 네 번째 이유이다.

서씨(徐氏)의 말은 다만 「중국이 남의 나라 사람의 도움을 받아서 치수(治水)를 하였다고 말하는 것은 수치(羞恥)이다」고 생각하여 이와 같이 사실관계를 거꾸로 뒤집어서 변명한 것이니, 이것이 이른바 존화양이적(尊華攘夷的: 중국을 높이고 외국을 얕보고 배척함)인 춘추필법(春秋筆法)을 가지고 이런 벽론(僻論: 편벽된 주장)을 취한 것이다.

제2장 삼랑(三郞)의 순유(巡遊)와 선교(仙敎)의 전포

강화(江華) 마니산(摩尼山)의 「삼랑성(三郞城)」은 전설에 의하면 단군의 세 아들이 쌓았다고 하며, 그 속의 제천단(祭天壇)은 단군이 하늘에 제사 지내시던 곳이라 한다. 조그만 한 조각 성(城)이 4천 년을 지내오며 그렇게 전해 온 것은 실로 기이한 일이다.

고려인 이숙첨(李叔詹)의 「삼랑성(三郞城)」이란 시(詩)에는 "어부와 초동(樵童)들은 아직도 옛 천경(天京)이라 말한다(漁樵猶說舊天京)"라고 하였으니, 이 적막하고 외진 곳을 「천경(天京)」이라고 하여 그같이 존경하고 흠모하였다는 것이 또한 기이한 일이다.

삼랑(三郞)의 역사로 남아있는 것은 오직 이 성(城) 하나 쌓은 것뿐인데 신라 때나 고려 때에 다 「삼랑사(三郞寺)」를 지어 놓고 삼랑을 숭배하였으니 이 또한 더욱 기이한 일이다.

그러나 무릇 삼랑의 이름은 성(城)으로 인하여 전해오는 것이 아니다. 만약 성으로 인하여 전해 왔다면 어찌 이와 같은 숭배와 떠받듦을 받을 수 있겠는가. 그러므로 이전 사서에 그런 말은 없지만, 이는 곧 신라의 「화랑(花郞)」이나 고구려의 「선인(仙人)」은 모두 「삼랑(三郞)」에 그 연원(淵源)을 둔 것이다.

근세 사람들로 조의(皂衣)의 연원을 아는 이도 없지만, 화랑의 사실은 오직 〈삼국사기〉에서(김흠운전(金歆運傳)의 저자평에서-옮긴이) "신라에서 인재를 알아볼 수 없을까봐 염려하여, 같은 부류끼리 모아서 무리지어 함께 놀도록 하고 그를 통하여 그들의 행동과 지향(志向)을 관찰한 뒤에 뽑아서 등용하려고 하였다. 그리하여 미모의 남자들을 뽑아 그들을 단장시키고 그 이름을 화랑(花郎)이라고 하였는데…이를 통하여 그들의 성품의 간사함과 정직함을 알았다(羅人患無以知人, 欲使類群遊, 以觀其行義, 然後擧用之. 遂取美貌男子, 粧飾之, 名花郎…因此知其邪正)"라고 한 말에 있기 때문에, 이를 통하여 화랑은 신라의 과거법(科擧法)이었다고 알 뿐인데, 이는 모두 우리가 김부식에게 속아서 화랑의 참모습을 모르기 때문이다.

대개 화랑은 단군 때부터 내려오던 종교의 혼(魂)이자 국수(國粹)의 중심이었음에도 불구하고, 다만 신라 말 고려 초에 유교도에게 잔멸(殘滅)당하여 그 역사조차 알 수 없게 되었다.

〈여지승람(輿地勝覽)〉에서 이르기를 "남호(南湖)에 있는 4랑(四郎)의 비(碑)가 호종단(胡宗旦)에 의해 파쇄(破碎)되어 오직 그 귀부(龜趺: 거북 머리 모양의 비석 받침대)만 남았다"고 하였는데, 이를 통하여 화랑이 유교도에 의해 잔멸당하였음을 그 정면(正面)에서 볼 수 있으며, 〈고려사〉에서 이르기를 "이지백(李知白)은 성종(成宗)이 중국풍(華風: 중국의 문물)을 좋아하고 숭배하는 것을 미워하여 화랑회(花郎會)를 중흥시키자고 하였다"고 하였는데, 이를 통하여 화랑이 유교도에 의해 잔멸당하였음을 그 반면(反面)에서 볼 수 있다.

〈삼국사기〉를 지은 김부식의 경우 그 한쪽으로 치우친 생각이 성종이나 호종단의 무리보다 더 심하였음을 알 수 있다.

그가 소위 〈삼국사기〉를 지을 때 화랑의 연원과 화랑에 관한 사실들을 모두 빼버리고 영랑(永郞)·안랑(安郞)·남랑(南郞)·술랑(述郞) 등 4랑(四郞)은 곧 〈고려사〉(김부식의 〈삼국사기〉보다 1백 년 후에 쓰여진 사서(史書)이다.-원주)에서까지 사성(四聖)으로 높이고 있음에도 김씨는 그 성명조차 전하지 않았으며, 화랑의 도(道)를 강론하는 곳에는 청중이 언제나 수천 명이나 되었다는 사실이 김씨보다 3백 년 후에 쓰여진 이조(李朝) 때의 〈점필제집(佔畢齋集)〉에도 나오고 있는데도 불구하고 김씨는 화랑이 끼친 영향에 대하여 전혀 적지 않았으며, 화랑의 연원이 기록되어 있는 〈선사(仙史)〉를 내던져 버리고는 겨우 최고운(崔孤雲: 최치원)의 「난랑비서(鸞郞碑序)」의 두어 마디를 인용하였을 뿐이며, 2백 화랑의 성적(聖蹟)들을 모두 빼버리고는 겨우 「사다함(斯多含)」 등 4, 5명 화랑의 전공(戰功)을 기술(記述)하였을 뿐이니, 그가 화랑에 대하여 통절히 미워하는 심사를 보기에 충분하다.

그러면 김씨가 어찌하여 다만 몇 줄이나마 화랑의 일을 〈삼국사기〉에 적었는가?

이는 다른 이유에서가 아니라, 당시에는 외국(중국) 사람들도 화랑에 관한 이야기를 잘 알아서 당(唐)나라 사람들이 〈대중유사(大中遺事)〉나 〈신라국기(新羅國記)〉에 적은 것이 있었으므로, 국내에 있는 화랑의 비(碑)는 깨뜨려 없애버릴 수 있었고 〈화랑세기(花郞世紀)〉나 〈선사(仙史)〉도 없애버릴 수 있었으나 외국에서 전해지고 있는 것은 김씨의 능력 밖의 것이었기 때문이거나, 또는 외국인이 기록한 화랑의 역사는 그 사실이 소략(疎略)하고 그 언사(言辭)가 조롱에 가까운 것이기 때문에 비록 전하더라도 유가(儒家)와 맞설 만한 것이 못 되도록 서술되어 있었으므로, 김씨가 이런 것은 어떻게 할 필요조차 없다고 생각하고는, 화랑에 관한 모든 사실들을 깎아 없애버렸던 것이다. 그런 이유로 국내에 있는 화랑의 역사는 기재하지 않고 외국에 있는 화랑의 역사만을 간략하게 기재하였던 것이니, 이는 우리가 오늘날 읽고 있는 바와 같다.

아, 슬프다. 화랑의 후신(後身)인 우리가 읽는 〈삼국사기〉 가운데 나오는 화랑의 이야기는 곧 중국인들이 깔보고 업신여기는 필법(筆法)으로 기록한 것이니, 어찌 이로부터 화랑의 참된 모습을 알 수 있겠는가.

고구려의 조의(皂衣)에 대하여는, 김부식이 〈수서(隋書)〉를 인용하여 고구려에 조의선인(皂衣仙人: 일명 예속선인(翳屬仙人)-원주)이 있다고 하였을 뿐이고, 명림답부전(明臨答夫傳)에서는 "연나조의 명림답부(椽那皂衣 明臨答夫)"라고 하였을 뿐 조의(皂衣)가 무엇인지는 말하지도 않았다.

그러나 〈고려도경(高麗圖經)〉(중국인 서긍(徐兢)이 사신으로 고려에 와서 보고 들은 고려의 풍속을 쓴 책-옮긴이)에서는 말하기를, "재가화상(在家和尙)은 가사(袈裟)도 입지 않고, 불계(佛戒)도 갖지 않고, 흰 모시(白紵)로 만든 옷에 검은 비단으로 허리를 두르고, 민간에 거주하며 처자를 두고 있는데, 언제나 공공(公共)의 일에 힘쓰고, 도로 청소와 도랑의 개통과 성곽의 수축(修築) 같은 일에 종사하며, 전쟁이 일어나면 스스로 양식을 가지고 동류(同類)들이 단결하여 출전하며, 모두 전쟁에 용감하여 싸울 때마다 선두에 서는데, 그들의 실상은 형(刑)을 받고 나온 자들로서 다만 머리를 깎은 것이 불교도와 같기 때문에 화상(和尙)이라고 한 것이다"라고 하였는데, 이것은 고구려 조의(皂衣)의 유풍(遺風)일 것이다. 검은 비단으로 허리를 둘렀기 때문에 이름을 「조의(皂衣)」라 하였는데, 중국 사서에서는 이들을 혹은 「백의(帛衣)」라고도 하였다. 그리고 「선인(仙人)」은 불교 이외의 다른 교(敎)를 신봉하므로 「재가화상(在家和尙)」이라고 하였던 것이다.

그러므로 고구려의 조의(皂衣)는 신라의 화랑 못지않은 무혼(武魂)으로서, 국가에 대한 굳은 신앙으로 생사(生死)를 가벼이 여겼으며, 세속의 일과 세상 인정에 구애받지 않고 몸을 공익(公益)에 잘 바쳤으며, 평일의 노고를 통하여 신체를 잘 단련하였는데, 몸을 기름에 있어서는 건강하고 용감함을 위주로 하였으므로 전란(戰亂)에 나아가는 데 용감하였다. 명림답부(明臨答夫)는 이들로 하여금 무리를 이루어 일하도록 지도하였기 때문에 지방적 혁명을 통하여 쉽게 성공할 수 있었던 것이다.

대개 서긍(徐兢: 〈고려도경〉의 작가)은 외국의 사신으로 와서 고려를 유람하던 중에 이런 것을 보고 들은 후 적었던 것인데, 당시 김부식이 어찌 화랑의 역사를 보고 듣지 못하여 알지 못했다고 할 수 있겠는가. 그는 다만 국민들에게 유교도의 색안경을 씌워놓기 위하여 신라의 화랑사(花郎史)는 겨우 외국인의 기록을 몇 줄 인용한 것 외에는 전부 빼버렸고, 조의(皂衣)에 대하여는 단지 〈수서(隋書)〉를 인용하여 그 명칭만 기록해 놓았을 뿐이다.

먼저 이에 대한 연구를 보자면, 「先人(선인)」은 고구려사에는 혹 「仙人(선인)」이라고도 기록되어 있는데, 先人(선인)이든 仙人(선인)이든 간에 다 우리말 「선비」의 음역(音譯)이다. 「화랑(花郎)」은 신라 악지(樂志)에서 「徒領(도령)」이라 한 것인데, 徒領(도령)은 곧 우리말 「도령」의 음역이다. 후세에 와서 「선인(先人)」이 천민 계급으로 전락함으로써 그 명칭 자체가 재가화상(在家和尙)으로 바뀌어 버렸고, 「선비」란 이름은 유교도들이 차지하는 바 되어버렸다.

그리고 후에 와서 화랑(花郎)은 모든 종류의 음악을 관장하는 벼슬아치가 되어서 가무(歌舞) 한 가지 기예(技藝: 가무 또한 학예(學藝)의 한 과(科)였다.-원주)만을 담당하게 되었고 「도령님」이란 이름은 양반들이 빼앗아 가 버렸다. 조의가 화랑보다 먼저 천인 계급으로 전락하였기 때문에 서긍(徐兢) 때에 와서는 벌써 그들을 형(刑)을 살고 나온 죄인에 비유하게 되었던 것이다.

오늘날 팔도에 남아 있는 화랑(花郎: 광대-원주)들과 함경북도에 남아 있는 재가화상들은, 남들이 저희 뿌리를 모를 뿐만 아니라, 저희도 자신들의 선대에는 국가의 중심이 되었었다는 사실조차 잊어버리고 있었는데, 이렇게 된 데에는 임금을 비롯한 지배계급과 사가(史家)들의 죄가 크다.

김부식보다 후세대인 우리들은 김부식이 기록해 놓지 않은 화랑과 조의의 사실(事實)들을 어디에서 발견하고 그 연원을 찾을 수 있을 것인가. 그러나 고기(古記)의 단편적인 기록들 중에 남아 있는 것들을 줍고 〈삼국사기〉의 반면(反面)에서 찾는다면 그 비슷한 것은 얻을 수 있을 것이다.

대개 고구려사에 나오는 "평양은 선인(仙人) 왕검(王儉)이 자리 잡은 곳이다(平壤者 仙人王儉之宅)"란 말은 곧 신라 〈선사(仙史)〉의 첫머리에 나오는 글이다. 부여와 고구려 때에는 한자의 음(音)을 취하여 이두문(吏讀文)이란 것을 처음으로 창시(創始)하였는데, 이때에는 언제나 한자 음(音)의 반절(反切: 한자의 음을 표시하는 방법으로, 다른 두 한자의 음을 반씩 따서 합치는 방법이다. 예컨대 「항(降)」이란 음을 표시하기 위하여 「戸(호)」와 「江(강)」으로 표기하는 것과 같은 식이다.-옮긴이)에서 그 머리를 떼어내거나 그 꼬리를 빼어 버려서 혹 두 자(字)가 한 음(音)이 되거나 혹 세 자가 한 음이 되게 하였다. 「先人(선인)」이나 「仙人(선인)」이라고 한 것은 다 두 자(字)가 합하여져서 「선비」란 말의 「선」의 음(音)이 되는 것이다.

신라에 와서는 이두문이 비교적 발달하였으나 그러나 그것이 완전하게 사용되게 된 것은 「爲尼(위니: → 하니)」「爲也(위야: → 하야. 하여)」 등의 토씨이고, 명사(名詞)의 경우에는 도리어 한자의 의역(義譯)을 더 사용하게 되었다. 그 결과 「사로(斯盧)」란 나라 이름을 고쳐서 「신라(新羅)」라 하고, 「居西干(거서간)」이나 「尼師今(니사금)」이란 왕호(王號)를 고쳐서 「大王(대왕)」이라고 하였다. 화랑은 곧 이때에 발달한 것이고 〈선사(仙史)〉는 이때에 저술된 것이다.

그러므로 후에 와서는 「先人(선인)」이란 명사는 폐지되고 다만 「仙人(선인)」이라고 하였던 것이니, 「仙人王儉(선인왕검)」은 곧 「先人王儉(선인왕검)」이고, 선인왕검(先人王儉)은 곧 단군(檀君)이시니, 이가 곧 조의선인(皂衣先人)의 시조(始祖)이다.

화랑이란 이름도 처음에는 「화랑」이라 하지 않고 다만 「先人(선인)」이라고 하였기 때문에 화랑의 연원사(淵源史)를 〈선사(仙史)〉라고 하였던 것이다. 그 결과 〈삼국유사〉의 화랑기(花郎記)에서도 진흥대왕(眞興大王)이 즉위한 후 신선(神仙)을 많이 숭배하여 화랑을 창설하였다고 하면서, 화랑 창설이 곧 신선 숭상(神仙崇尙)이라고 잘못 알았던 것이다.

그러나 후에 와서는 선인(仙人)·신선(神仙) 등의 문자가 중국의 선교(仙教: 道教)와 혼동될 우려가 있으므로 특별히 「국선(國仙)」 또는 「화랑(花郎)」이라고 하는 구별 명사를 만들어 사용하였는데, 국선(國仙)의 「仙(선)」은 선인(先人)의 「先(선)」을 음역(音譯)한 것이고, 화랑의 「郎(랑)」은 「선인(先人)」을 의역(義譯)한 것이다.

그러나 후대에 와서 역사를 읽는 자들은 매번 그 구별을 혼동하였다.

즉, 〈여지승람(輿地勝覽)〉에 소개된 강릉(江陵)·양양(襄陽) 등지의 화랑 사성(四聖)의 유적(遺蹟)을 보고 읊은 문인(文人)들의 시나 글을 보고는 그것을 천편일률적으로 모두 금단(金丹)과 시해(尸解) 등을 위주로 하는 선교(仙教: 道教)의 의미로 해석하고 국선(國仙)을 곧 중국 선교(仙教)의 한 유파(遺派)로 알아 왔다.

그런데 지금에 와서 비록 내가 선인왕검(仙人王儉)의 「仙(선)」은 국선(國仙)의 「仙」이고, 선비의 「선」이고, 우리 선교(仙教)의 「仙」이고, 중국 선교(仙教)의 「仙」이 아니라고 말하더라도 그 어느 누가 믿어주겠는가. 아, 국수(國粹)의 무너짐이 결국 이런 지경까지 이르렀구나.

삼랑(三郎)도 고구려 이전에는 반드시 「삼선(三仙)」이나 「삼선인(三仙人)」이라 부르고 「삼랑(三郎)」이라 부르지 않았을 터인데, 신라에서 「선인(先人)」을 「郎(랑)」이라 부르면서 드디어 「삼랑(三郎)」으로 고치고 「삼랑사(三郎寺)」를 지어서 받들어 섬겼던 것이다.

그러므로 단군(檀君)은 〈선사(仙史)〉 가운데 등장하는 첫 「선비」이고, 삼랑(三郎)은 〈선사〉 가운데 등장하는 첫 「도령」이다. 그리고 삼랑성(三郎城)은 고구려의 조의(皂衣)들이 국토 순례(巡禮)의 길에 국방의 요충지가 될 만한 곳이라고 생각하여 쌓았던 성곽이다.

제3장 신지(神誌)의 역사와 예언

신지(神誌)를 선배 학자들은 단군의 사관(史官)이라고 하였는데, 글자의 뜻(字義)으로 보면, 신지는 「신(神)의 기록」이므로, 아마 후세 사람이 단군 때의 역사를 존중하여 그 역사를 〈신지(神誌)〉라는 이름으로 부르고, 나아가 역사를 지은이까지 그 이름을 신지(神誌)라 하였던 것이다.

상고(上古)에는 언제나 그 사람의 재주(才)나 사업(事業)으로써 그 사람의 이름을 지은 일이 많으므로, 신지가 사람 이름이 되는 동시에 그가 지은 글의 이름이라고 보는 것도 무방하다.

혹자는, 신지(神誌)는 역사를 지었을 뿐만 아니라 곧 조선 상고에 문자를 만든 이라고 하였다. 그러나 「팔괘(八卦)」와 「서계(書契)」를 지은 풍부(風部)의 복희씨(伏羲氏)는 곧 중국의 문자를 만든 창힐(蒼頡)보다도 수백 년 전 사람이며, 「삼황내사문(三皇內思文)」을 전한 청구(靑丘: 조선)의 자부(紫府) 선생은 신지보다도 수백 년 전 사람이니, 조선에 글이 있은 지는 이처럼 오래되었다.

그러므로 신지와 동시대 사람인 부루(夫婁)가 〈황제중경(黃帝中經)〉을 하우(夏禹)에게 전할 때에 "금간옥자(金簡玉字)"의 백은(白銀)으로 엮어 장식한 책을 가졌던 것이니, 어찌 신지가 따로 문자까지 만들었겠는가. 〈신지〉의 역사는 곧 우리 글로 지어졌을 것이므로, 문자를 만든 시조는 신지가 아님이 분명하다.

〈신지(神誌)〉의 본문은 전부 다 병화(兵火)에 타서 없어지고 오직 그 가운데 10개 구(句)가 한문 번역본으로 전해져 왔는데, 〈고려사〉에는 신지비사(神誌秘詞)의 내용이라고 하면서 다음의 10개 구(句)가 기재되어 있다.

"如秤錘極器(여칭추극기), 秤幹扶疎樑(칭간부소량), 錘者五德地(추자오덕지), 極器百牙岡(극기백아강), 朝降七十國(조항칠십국), 賴德護神精(뢰덕호신정), 首尾均平位(수미균평위), 興邦保太平(흥방보태평), 若廢三諭地(약폐삼유지), 王業有衰傾(왕업유쇠경)."

제4구(句) 이상에서는「扶疎樑(부소량)」「五德地(오덕지)」「百牙岡(백아강)」, 곧 단군의 삼경(三京)을 저울의 몸(대)·달림(추)·머리(저울판)에 비유하여 삼경의 형세를 말하고, 제5구 이하에서는 단군이 70국을 정복하여 삼경으로 나누어 다스린 사실을 말하고, 제9구 이하는 삼경 중 하나만이라도 폐지되는 날에는 조선이 쇠약해질 것이라는 예시(豫示)를 말한 것이다.

(*옮긴이 주: 이상의 저자 주(註)를 바탕으로 상기 신지비사 원문을 번역하면 다음과 같다.

"마치 저울 대(幹), 저울 추(錘), 저울 판과 같은데, 저울대는 부소량(扶疎樑: 하얼빈), 저울추는 오덕지(五德地: 안시성), 저울판은 백아강(百牙岡: 평양)에 해당한다. 찾아와 항복한 나라가 70개국이었으니, 그 힘에 의지하여 단군의 정신(精神)을 지켜나갔다. 가장 앞선 자와 가장 뒤처진 자가 같은 위치에서 균형을 이루니, 나라가 흥성하여 태평을 누린다. 그러나 만약 이들 삼경(三京) 중에서 하나라도 폐지된다면 왕업은 쇠약해져 기울어질 것이다.")

또 〈서곽잡록(西郭雜錄)〉에는 신지비사의 내용이라고 하면서 "진사(辰巳)년에는 성인이 나셨고 오미(午未)년에는 당당(堂堂)에서 즐거운 일이 있었다(辰巳聖人出, 午未樂堂堂)"라고 하는 2개 구(句)가 기재되어 있다.

비록 〈서곽잡록〉은 신뢰할 만한 사서(史書)는 되지 못하지만, 그러나 단군이 「무진년(戊辰年)」에 즉위하여 「을미년(乙未年)」에 당장(唐藏)으로 도읍을 옮겼다는 말도 있으므로, 여기에 나오는 연대 「辰巳(진사)」, 「午未(오미)」가 맞을 것이다. 그리고 「堂堂(당당)」은, 〈여지승람〉에서 당장평(唐藏坪)을 일명 장장평(庄庄坪)이라 한다고 하였으니, 「堂堂(당당)」과 「庄庄(장장)」은 거의 동음(同音)이므로, 당장(唐藏)을 당당(堂堂)이라 하였을 것으로 추정되므로, 위의 2개 구(句) 또한 신지비사의 남아 있는 부분일 것으로 생각된다.

〈신지〉 이전에 조선에 문자가 있었다면, 조선의 문자로 지어진 신지의 역사를 조선 사람이 무슨 이유로 다시 한문으로 번역하였는가?

대개 조선족(朝鮮族: 퉁구스족 전체 포함—원주)은 그 사용하는 문자의 역사에 있어 번복(飜覆)이 심하였다.

〈양서(梁書)〉에서는 "신라는 각목(刻木)으로 서신(書信)을 삼는다"고 하였는데, 각목으로 만든 문자, 즉 각목자(刻木字) 또한 하나의 문자인데도 불구하고 그것이 후세에 전해지지 못하였으며, 삼국시대의 이두문(吏讀文)은, 비록 그것이 한자의 음절(音節)을 가져다가 만든 것이기는 하지만, 이 또한 「이집트」의 상형문자(象形文字)를 가져다가 소리글자(音文)인 「페니키아」 문자를 만든 것과 근사한 것이다. 그런데도 불구하고 이제 〈삼국유사〉에서 전해지는 신라 향가(鄕歌)를 읽으려 하더라도 입조차 벌릴 수 없는 곳이 많다.

그리고 발해와 여진(女眞) 또한 다 문자가 있었을 뿐만 아니라, 여진은 그 강성하던 시기에 여진문자로 시(詩)도 짓고 글(文)도 지었었다. 그러나 이들은 무슨 이유에서인지 다 없어져 버리고 후에 청조(淸朝)에 들어와서 다시 만주문자(滿洲文字)를 만들었던 것이다.

이처럼 문자의 번복(飜覆)이 심하였으므로, 우리가 오늘날 쓰고 있는 국문(國文)은 세 번째로 만든 글인지 네 번째로 만든 글인지, 아니면 다섯 번째, 여섯 번째로 만든 글인지 알 수가 없는 실정이다.

그 원인을 생각하건대, 그 첫째는 보수성(保守性)의 부족이고, 그 둘째는 중국·몽고·일본 등 방면에서 들어오는 대란(大亂)이 잦아서 그 문화를 제대로 잘 아껴 두지 못한 까닭이다.

특히나 상고 시대에 금간옥자(金簡玉字)로 만들어진 귀중한 책들은 민간에 널리 전포(傳布)되지 못하고 오직 상류사회에서만 알고 있었던 것이니, 후세에 중국의 진시황(秦始皇)·흉노의 모돈(冒頓: 선우(單于)—원주)·한 무제(武帝) 유철(劉徹)의 난(亂) 같은 것을 만나 왕궁이 불에 타고 국도(國都)가 깨어져 일체의 국보(國寶)가 다 부서져 없어질 때에, 이런 책을 돌볼 자가 어디 있었겠는가.

이것이 상대(上代)의 글이 없어진 원인이다. 그렇다면, 그런 가운데서 신지의 역사가 남아온 것은 어떻게 해서인가?

그것은, 인도 태고(太古)의 범경(梵經)이나 그리스 「호머」의 서사시(敍事詩)는 모두 민간에 암송되어 전해오던 것을 그 천 년 후의 문사(文士)가 수집해 놓은 것들이듯이, 그와 같이 삼국 말엽에 고흥(高興: 백제 근초고왕 때의 학자로 백제 최초의 박사가 되어 서기(書記)〉를 편찬하였다.—옮긴이)·이문진(李文眞: 고구려의 태학박사로 영양왕 11년에 사기 1백 권을 쓰고 이를 유기(留記)라 하였다.—옮긴이) 등이 구전되어 오던 것을 모아놓았기 때문이다. 그러나 당시에는 이미 조선 문자는 없어지고 한문이 성행하고 있었기 때문에 드디어 한문으로 번역, 기록해 놓았던 것이다.

그렇다면, 비록 한문으로 번역된 것이긴 하지만, 이미 단군의 역사라고 하여 나라 전체가 귀중하게 알아온 것이라면 어찌하여 겨우 그 10여 구만 남고 그 나머지 전부는 없어져 버렸는가?

대개 〈신지(神誌)〉의 본문은 줄글(글 토막이나 글자 수를 맞추는 등 문장의 형식에 구애받지 않고 내용의 전달에만 중점을 두고 죽 이어서 쓴 글-옮긴이)이 아니고 귀글(두 마디가 한 덩이씩 짝이 되도록 문장의 형식을 중시하여 쓴 글. 한문의 시부(詩賦) 따위-옮긴이)이었다. 〈삼국유사〉에 나오는 신라의 노래(鄕歌)와 같이, 다섯 자나 혹은 여덟 자가 하나의 구절이 되어 있었으므로, 고흥·이문진 등이 이에 근거하여 한문(漢文)으로 번역, 기술하지 않고 한시(漢詩)로 번역, 기술하였기 때문이다.

이미 번역, 기술한 뒤에도 그 형식이 너무 간결하고 내용이 심오한 글이어서 민간에 보급되지 못할까봐 염려하여 다시 신지사(神誌史)의 본래 뜻을 부연 설명하여 줄글로 〈삼한고기〉나 〈단군고기〉나 〈해동고기〉 등의 역사서를 지었으며, 신라의 거칠부(居柒夫)는 또 이들 속에서 뽑아서 〈선사(仙史)〉를 지었으며, 중국의 진수(陳壽: 〈삼국지〉)나 범엽(范曄: 〈후한서〉) 등은 또한 고기(古記)의 글을 얻어서 그 내용들을 〈삼국지〉나 〈후한서〉 가운데다 (동이전) 삼한열전(三韓列傳)으로 써놓았던 것이다.

혹자는 진수·범엽 등이 쓴 삼한열전은 조선의 기록에서 본 것을 근거로 쓴 것이 아니고 제 마음대로 조선(朝鮮)의 나라 이름들을 한자 음(音)에 맞추어 쓴 것인 줄로 알지만, 그러나 그렇지는 않다. 삼한 열국의 이름들 가운데 「斯盧(사로)」는 신라사에도 보이고, 「不斯(불사)」는 백제 동성대왕(東城大王)의 도서(圖書)에 보이는 것이니, 이들은 삼국 초 이두문자의 초기 단계의 형태임이 명백하다.

특히 가야국(伽倻國)의 경우, 「伽(가)」를 의역(義譯)하여 「狗(구)」라 하고 「倻(야)」를 음역(音譯)하여 「邪(야)」라 하여 狗邪國(구야국)이라 하였는데, 이는 마치 斯盧(사로)가 新羅(신라)로 된 것과 같으므로, 더욱 조선 사람의 손으로 기록된 것인 줄을 알 수 있다. 진수·범엽 등이 어찌 이와 같은 조선의 한역법(漢譯法)을 알 수 있었겠는가.

삼한의 연원에 대하여는 제4편에서 설명할 것이지만, 김부식이 그의 소위 〈삼국사기〉를 지으면서, 시대로는 삼국부터 시작하고 그 이전의 왕조는 고구려·백제의 선조인 부여까지도 빼내 버렸고, 강역(疆域)으로는 압록강을 경계로 하여 이동부터 시작하고 그 이서(以西)의 왕국은 고구려의 후예인 발해까지도 버렸고, 열전에서는 유교에 가까운 인물들로 한정하고 유교 이외의 종교는 국선(國仙)의 사성(四聖)이나 불교의 두 성인(聖人)에게조차 한 자리도 주지 않았으며(고려 예종(睿宗)의 조서에 영랑(永郞) 등을 사성(四聖)이라 하고, 고려 인종(仁宗)의 조서에 원효(元曉)와 의상(義湘) 등을 동방대성(東方大聖)이라 하였음—원주), 세기(世紀)로는 춘추필법의 노예가 되어 유화성모(柳花聖母: 고구려 시조인 주몽의 모친—옮긴이)의 수도(修道)나 동명성왕(東明聖王)의 유적(遺蹟)에 관한 것은 한 구(句)도 올리지 않았으니, 이는 곧 중국 사람의 심리로 지은 사기(史記)일 따름이다.

김부식은 그 자신이 지은 〈삼국사기〉를 전국에 배포하고 나서는 〈신지〉 〈삼한고기〉 〈해동고기〉 〈선사(仙史)〉 〈화랑세기〉 〈구삼국사(舊三國史)〉 〈신라고사(新羅古史)〉 등은 전부 몰아다가 궁중과 내각(內閣)에 감춰두어 민간에서 서로 전해지고 읽혀지는 것을 허용하지 않음으로써 영세

(永世)토록 금물(禁物)로 만들었다.

그러므로 김위제(金謂磾)가 「비사십구(秘詞十句)」를 전할 수 있었던 것도 그가 내각에서 신지사(神誌史)를 얻어 볼 수 있었기 때문이며, 이규보(李奎報)가 「동명성왕」이란 시(詩)를 지을 수 있었던 것도 그가 상국(相國)이 되어 내각의 〈구삼국사(舊三國史)〉를 볼 수 있었기 때문이다.

그 후 고려 말에 몽고가 쳐들어와서 핍박하자 더욱 상대(上代)의 전성기 때의 역사는 감추고 오직 김부식이 지은 〈삼국사기〉만을 외국인에게 보여줄 따름이었다.

본조(本朝: 李朝)에 들어와서도 김부식이 한 것과 같은 방법으로 내각에 감춰두는 비사(秘史)가 따로 있고 민간에 전포(傳布)하는 관사(官史: 국가에서 공식적으로 발표한 역사)가 따로 있었다. 이수광(李睟光) 씨가 내각에 들어가서 고려 이전의 비사를 많이 보았다고 한 것은 이러한 사정이 있었기 때문이다. 그러나 임진왜란 때 한양의 궁궐이 불타면서 내각에 감추어두었던 〈비사〉 등의 사서들도 모두 다 불타 없어지고 말았다.

그러나 우리가 오늘날 우리나라의 사서에 근거하여 말하는 단군조(壇君朝)의 역사나 외국사(중국사)에 근거하여 말하는 단군조의 역사는 모두 신지(神誌)에 기록되어 전해진 것들이니, 역사를 읽는 자들이 어찌 신지의 은혜를 잊을 수 있겠는가.

신지씨(神誌氏: 또는 〈신지〉 책 자체-옮긴이)는 그 역사를 지은 것 외에도 많은 예언을 남겼다. 그 중 하나는 〈진단구변국도(震壇九變局圖)〉이고, 그 다음은 〈조선비록(朝鮮秘錄)〉이다.

〈진단구변국도〉는 만세(萬世) 미래의 변화 국면을 그림으로 나타낸 것이고, 〈조선비록〉은 대강 그 그림을 풀이하여 설명한 것이다. 그 속에는 역대의 정국 변경뿐만 아니라 조대(朝代) 이름과 인명(人名)도 말하고 있으므로, 고려의 호두재상(虎頭宰相) 최영(崔瑩)도 〈조선비록〉 속의 기이한 증험(證驗)에 놀랐다고 하였으며, 〈용비어천가(龍飛御天歌)〉 주(註)에도 신지(神誌)가 이씨(李氏)가 나라를 얻을 것임을 예언한 것에 탄복하고 있다. 만일 예언이 있고 그 예언자가 있다고 한다면, 신지 같은 거장(巨匠)밖에는 달리 없을 것이다.

그러나 이조의 태종대왕(太宗大王)이 〈조선비록〉에 나오는 「李氏五百年(이씨오백년)」이란 말을 싫어하여 무학대사(無學大師)와 하륜(河崙) 등으로 하여금 〈한양 팔천세설(漢陽八千歲說)〉을 짓게 하고, 그 〈진단구변국도〉와 〈조선비록〉은 불살라 없애버렸다. 단군 2천 몇 백 년에 중국 진(秦)의 후생(候生) · 노생(盧生)이란 자가 삼신산(三神山)을 찾아서 해상(海上)으로 나갔다가 "진(秦)을 멸망시킬 자는 호(胡)이다(亡秦者胡)"란 비록(秘錄)을 얻어 진시황에게 올리자, 진시황이 이를 보고 만리장성을 쌓고 흉노를 쳤다. 그러나 결국 진(秦)나라는 호해(胡亥: 진 2세 황제) 때에 망하고 말았던 것이다.

(*옮긴이 주: 사기(史記)〉 진본기(秦本紀) 32년 조에 「燕人盧生使入海還, 以鬼神事, 因奏錄圖書, 日 "亡秦者胡也." 始皇乃使將軍蒙恬發兵三十萬人北擊胡, 略取河南地.」라는 기록이 있다.)

제4장 10월 · 3월 · 5월 등의 대회(大會)와 풍속 · 습관의 통일

10월 3일을 단군 탄일(誕日)이라 하여 이날에 제례를 올리는 것은 오늘날까지 민간에 유행하는 것이다. 10월 3일을 혹은 「태백(太白)의 날」이라 하고, 「향산(香山)의 날」이라 하는 것은 단군이 태백(太白)에서 내려오셨다고 하여서 일컫는 것이고, 향산(香山)은 〈여지승람〉에 "태백산(太白山)은 곧 묘향산(妙香山)이다"고 한 데서 와전(訛傳)된 것이다. 〈문헌비고(文獻備考)〉에도 "마한(馬韓)이나 예(濊)나 고구려나 가락(駕洛)이나 다 10월에 대제(大祭)를 지낸다"고 하였고, "고구려는 10월의 제사를 「동맹(東盟)」이라 부른다"고 하였으니, 10월의 단군 탄일에 제례를 행하였음은 곧 역사상 고사(故事)이다.

그러나 〈고려도경(高麗圖經)〉에 이르기를, 고려에서는 "전조(前朝), 곧 고구려의 10월 「동맹(東盟)」의 대제(大祭)를 「팔관재(八關齋)」라고 하여 10월 보름에 이를 행한다"고 하였고, 〈고려사〉에서는 이르기를, "매년 11월에 「팔관재(八關齋)」를 행한다"고 하였다.

무릇 단군 탄일의 동맹회(東盟會)에서 팔관재를 행한 것은 대개 삼국 말엽에 단교(壇敎)와 불교(佛敎) 두 교(敎)를 조화시키면서 언제나 양교(兩敎)의 의식을 혼합한 것이 많으므로, 불교의 팔관 재계(齋戒)의 의식을 단교(壇敎)에서도 썼다는 것은 의심할 여지가 없는 일이다.

그러나 〈고려도경〉에서는 동맹(東盟)을 10월 보름이라고 하여 그 날짜가 (10월) 3일과 틀리고, 〈고려사〉에서는 11월이라고 하여 달이 (10월과) 틀린다. 대제(大祭)의 달(月)과 날(日)을 후세 사람들이 마음대로 변경하지는 못하였을 것이고, 11월 팔관회는 열왕조(列王朝)에서 거의 해마다 행하였음이 〈고려사〉의 기록에 나오므로, 문자를 잘못 쓴 것도 아닐 것이다. 그렇다면 어찌하여 이와 같은 차이가 나는 것인가?

이르기를, 고려에 2개의 팔관회(八關會)가 있었는바, 그 (一)은 서경(西京) 팔관회로서, 〈고려사〉에 이르기를 "서경(西京)에 팔관회를 특별히 설치하고 원조(元祖)의 어의(御衣)를 두었다"고 하였는데, 이는 곧 고구려 동맹회(東盟會)의 달(月)과 날(日)을 따라서 단군을 제사하고 동명성왕과 원조(元祖: 주몽)로써 배향(配享)한 것이다.

그 (二)는 중경(中京) 팔관회로서, 〈고려사〉에 이르기를 "태조 원년 11월에 담당 관리가 청하여 전주(前主) 때부터 전해오는 제도를 좇아 팔관회를 행하였다"고 하였는데, 전주(前主)란 곧 궁예(弓裔)를 가리킨 것이다.

태조가 남긴 유훈(遺訓)에 이르기를 "팔관제(八關祭)로 하늘(天)을 섬기고, 연등제(燃燈祭)로 부처(佛)를 섬겨라"고 하였다. 대개 고대에는 하늘(天)과 단군을 똑같이 높였기 때문에, 〈삼국유사〉의 왕력편(王曆篇)에서는 고주몽(高朱蒙)을 단군의 아들이라 하고 또 천제(天帝)의 아들이라고 하였으며, 권람(權覽)의 〈응제시(應製詩) 주(註)〉에서는 해모수(解慕漱)를 천왕랑(天王郎)이라 하고 또 단군의 아들이라고 하였던 것이다. 따라서 중경팔관(中京八關)은 이미 하늘에 제사 드리는 의례(儀禮)이므로 이는 또한 단군에게 올리는 제례(祭禮)이기도 한 것이다.

이로부터, 서경(西京) 팔관회는 고구려의 단군 탄일제(誕日祭)이고, 중경

(中京) 팔관회는 곧 신라에서 받들던 단군 탄일제였음을 알 수 있다.

어찌하여 양 왕조에서 정한 단군 탄일제가 이처럼 서로 다른가?

대개 국조(國祖)에 대하여 두 가지 탄일제가 있게 된 것은 단군조 말엽에 열국이 분립하여 통일이 깨지면서 각국의 역법(曆法)이 서로 달라졌기 때문이다. 〈후한서〉에서는 이르기를, 부여는 "납월(臘月: 12월)에 하늘에 제사를 드린다"고 하였고, 〈삼국지〉에서는 "은(殷) 정월(正月)에 하늘에 제사를 드린다"고 하였다. 그러나 은(殷) 정월은 곧 납월(臘月)이니, 이는 부여가 12월을 세수(歲首: 한 해의 첫째 달. 즉 정월)로 삼았기 때문이다. 그러나 〈후한서〉에서는 이르기를 "백제는 인월(寅月: 음력 정월)로 세수(歲首)를 삼았다"고 하였다. 이로써 보면, 열국 가운데는 백제 이외에도 정월(正月)로써 세수를 삼지 않은 나라들이 많았음을 알 수 있다.

역법이 이처럼 달랐으므로 단군 탄일에 대하여도 부여는 12월로 하고, 백제와 신라는 11월로 하였으며, 마한과 고구려는 10월로 하여, 각국이 서로 달랐던 것이다. 그리고 고려가 신라를 대신하자 서경(西京)에서는 고구려가 정한 날로 하고, 중경(中京)에서는 신라에서 정한 날로 하였으므로 팔관제가 둘이 있게 된 것이다. 그리고 서긍(徐兢)은 서경의 팔관일(八關日)을 잘못 듣고 그 날짜를 〈고려도경〉에 기록하였던 것이다.

그러므로 신라와 고구려에서 단군에게 제사지내는 날이 서로 다른 것은 실제로 그 제사를 올리는 날짜가 서로 다른 것이 아니라 단지 역법이 달랐던 것인데도 불구하고, 고려에서 이것을 정확하게 교정하여 어느 한 달 한 날로 정하지 않고 문득 두 가지 제삿날을 만들었으니, 그 일 처리가 어찌 이보다 더 거칠고 엉성할 수 있겠는가.

그러나 본조(本朝: 李朝) 5백 년 사이에는 아주 폐지해 버렸으므로, 만일 민간의 습속(習俗)과 역사의 전설(傳說)이 아니었으면, 우리가 단군의 제일(祭日)을 이같이 명백하게 증명하지 못할 것이다.

10월 3일 이외에도 제일이 많은바, 〈문헌비고〉에서는 고구려·신라·마한·가락 등 여러 나라들이 다 중삼(重三: 3월 3일)·중오(重五: 5월 5일)·중구(重九: 9월 9일)·중원(重元: 8월 15일) 등의 날에 하늘과 조상신에게 제사를 지낸다고 하였고, 〈요사(遼史)〉〈금사(金史)〉〈북맹록(北盟錄)〉 등의 책에서도 그 나라들의 전례(典禮)를 적어 말하기를 "중삼(重三)·중오(重五)·중구(重九)·중원(重元) 등의 날에 하늘에 절하는 의식을 행한다"고 하였다. 무릇 후세에는 우리나라가 거란·여진 등과 풍속을 서로 통할 기회가 없었으므로, 이를 통하여 단군조의 대통일 시대에 그렇게 되었던 것임을 알 수 있다.

북만주(北滿洲)의 원주민들은 언제나 3월 15일에 대제(大祭)를 거행하면서 남으로 태백산(太白山)을 바라보고 눈물을 뿌리는데, 그 전설의 신화가 단군고기(壇君古記)에 적혀 있는 것과 같다. 이로써 보면, 혹시 10월 3일은 단군 탄일(誕日)이고 3월 15일은 단군 어천일(御天日: 돌아가신 날)일지 모르나, 그러나 이는 사서(史冊)에서 말한바 3월 3일과 다르니 어느 것이 옳은지 알 수 없다. 그리고 5월 5일(重五)·8월 15일(重元)·9월 9일(重九) 등의 하늘과 조상에 대한 제사는 또 무엇을 기념한 것인지 명백하지 않으나, 그러나 단군을 제사하는 데 어찌 탄일만을 좇아서 하였겠는가. 탄일(誕日)과 붕일(崩日)과 건국 기념일 등으로 춘하추동(春夏秋冬) 사계절에 제사지내는 날이 많았을 것이다.(이에 대하여는 더 조사해서 밝힐 필요가 있다.–원주)

〈고려사〉의 팔관회 의식이나 〈금사(金史)〉의 배천의례(拜天儀禮)는 그 형식이 거의 같은데, 구장(毬場: 격구장) 가운데 높은 계단을 쌓아 놓고(〈금사(金史)〉에서는 「축대(築臺)」라 하였음—원주) 임금과 신하와 백성들이 다 함께 모여서 제례를 행하는 것이다.

〈금사〉에서는 이 배천의례를 요(遼)의 옛 풍속이라고 하였으나, 〈요사(遼史)〉는 요(遼)가 망한 지 백 년 후에 옛 사실들을 수습하여 기록한 역사서인데도 이런 전례(典禮)의 유래를 상세히 기술한 것이 없다. 〈고려사〉에서는 팔관회가 신라의 고사(古事)라 하였고, 신라 팔관회는 고구려의 동맹회(東盟會)가 전해져온 것이고, 고구려 동맹회는 부여·마한의 제천(祭天) 의식이 전해진 것이니, 그 유래가 오래되었음을 알 수 있다.

〈고려사〉 팔관회 끝에 "신라의 고사(古事)대로 백기(百技)와 가무(歌舞)를 행한다"고 하였으나 백기(百技)의 종류는 말하지 않았다. 그러나 각 사서(史書)를 참조하면 그 몇 가지는 알아낼 수 있다.

(一)은 「한맹(寒盟)」이다. 한맹은 그 이름과 같이 겨울에 얼음을 깨고 물속에 들어가 좌우 양편으로 갈라서서 물과 돌로 서로 쳐서 승부를 가리는 것이다. 〈수서〉에는 고구려가 연초에 이런 기예를 전습(傳習)한다고 하였는데, 이는 고구려가 10월로 세수(歲首: 정월)를 삼았던 때이므로 연초라고 한 것이다.

(二)는 「수박(手搏)」이다. 이는 곧 무기를 갖지 않고 맨손과 맨몸으로 서로 후려치는 것이니, 후에 일본에 전해져서 「유술(柔術: 유도)」이 되었고, 중국에 전해져서 「털견」이 되었다. 조선에서는 수천 년 동안 이를 매우 숭상하여, 다만 10월 3일의 대제(大祭) 후뿐만 아니라 어느 명절에든지 매번 조정의 문무 신하들을 양편으로 갈라서 수박을 행하고 임금이 구경을 하였는데, 고려 의종(毅宗) 때에는 이로 말미암아 문무당(文武黨)

사이에 싸움이 일어났으므로 폐지하였다.

(三)은 「검술(劍術)」이다. 부여의 무사(武士)나 고구려의 선인(先人)이나 신라의 화랑이 가장 중시하였던 것이다.

(四)는 「궁시(弓矢)」이다. 태고에 중국인이 우리를 「夷(이)」라고 불렀던 것은 동방의 큰 활(大弓)을 멘 사람이라고 하여 동이(東夷)라고 하였던 것으로, 한자에서 「夷(이)」는 「大(대)」와 「弓(궁)」을 합한 자(字)라고 한다. 동이족은 활쏘기에 있어 그 재주가 뛰어나게 정확하고 세련되었다고 한다.

(五)는 「격구(擊毬)」이다. 대회 때 큰 구장(球場)을 설치하여 남녀노소가 국풍(國風)을 이룰 만큼 크게 즐겼는데, 현대의 동서양 사람들의 축구가 그것과 비슷할 것이다.

(六)은 「금환(金丸)」이다. 금환(金丸: 둥근 쇠뭉치)으로 사람을 치는 것이다. 최고운(崔孤雲: 최치원)의 시(詩) 「금환(金丸)」은 곧 대회 날에 금환 놀이를 하는 것을 두고 지은 시이다.

(七)은 「주마(走馬: 말 달리기)」이다.

(八)은 「사냥 시합(會獵)」이다.

이미 백희(百戲: 백 가지 놀이)라 하였으므로 이 밖에도 온갖 것이 더 많았을 것이다. 그러나 위의 여덟 가지가 가장 대표적인 것으로서 기희(技戲: 기예와 놀이)의 대종(大宗)을 이루었을 것이다.

팔관회의 의식도 역대(歷代)에 걸쳐 어느 정도 바뀌었을 것이며, 기예와 놀이도 가감이 많았을 것이다. 그러나 그 대부분은 단군 왕조 때 처음 시작된 것이다.

후세에 와서도 이날에 이런 모임을 열고 전국의 인민들이 크게 모여 각자의 장기(長技)로써 재주를 자랑하고, 승부를 걸고 명예를 날리려 하였던 광경이 매우 굉장하였는데, 단군조 때에는 사방이 수만 리나 되고, 5부(五部) 9족(九族)의 인원수가 수천 수백만이나 되었는데, 각 지방의 대표가 와서 장엄한 예식을 마친 후 드디어 큰 경기대회를 열어 수십 일간 서로 승부를 다투고, 승리하여 은으로 된 볏(銀幘: 은책)을 명예의 상으로 받아 돌아가는 자는 한 부(部)의 영광으로 간주되었으니, 그 성황이 어떠하였을는지 충분히 짐작할 수 있다.

조선사·요사(遼史)·금사(金史)·흉노사·몽고사 가운데 그 종교가 같고, 그 풍속이 같고, 언어가 같은 것 등이 많은 것은 대개 위의 각 명절의 경기대회에 힘입었음이 클 것이다. 아득히 3, 4천 년의 세월이 지났고 서로 멀리 떨어진 지방에 살고 있지만 오히려 이 여러 겨레의 뿌리가 같다는 것을 알 수 있으니, 성인(聖人)이 아니었다면 어찌 그 혜택이 이처럼 유구하게 미칠 수 있겠는가.

제5장 단군 이후 2천년 동안 5부(部) 정권의 순환

단군이 5부(部)에 대가(大加)를 두고, 중부대가(中部大加)가 정권을 맡되 3년에 한 번씩 갈리고, 동서남북 4부(部)의 여러 가(加)들이 번갈아 가면서 맡게 한 뒤로 거의 천 년 동안 아무런 투쟁 없이 내려옴으로써 이웃나라 학자들로 하여금 그 성덕대업(盛德大業)을 노래하고 꿈꾸게 하였다.

부루(夫婁)의 오행(五行)과 복희(伏羲)의 팔괘(八卦)가 중국에 수입된 것에 대하여는 이미 설명하였거니와, 무릇 이 후로 중국의 오행팔괘(五行八卦)를 설명할 때에는 늘 조선의 5부(部)의 치제(治制)를 예로 들어 설명한 것이 많다.

5부 대가(大加)의 별명을 「지」라고 하였으므로 후세의 고구려사에서는 마가(馬加)를 「莫離支(막리지)」라 하였고, 신라사에서는 5대신(大臣)을 「子賁旱支(자분한지)」「齊旱支(제한지)」「謁旱支(알한지)」「壹吉支(일길지)」「奇貝旱支(기패한지)」라 하였으며, 몽고사에서는 전마관(典馬官: 목마(牧馬)를 관장하는 관직)을 「마리지(摩哩支)」라 하였고, 전양관(典羊官: 목양(牧羊)을 관장하는 관직)을 「화로제(和老齊)」라 하였는데, 「支(지)」와 「齊(제: ji)」는 다 「지」의 음(音)이니, 이는 곧 단군조선의 오부 대가의 별명인 「지」에서 유전(流傳)된 것이다. 그리고 중국 상고(上古) 시대의 「帝(제: di)」도 「지」의 이름을 가져간 것이다.

「지」는 가(加)의 별명이라 하였으므로, 「지」는 모두 5도(道) 장관(長官)의 명칭에 불과하다. 그런데 상고(上古)의 중국이 아무리 조선의 문명을 수입하였다 하더라도 어찌 조선 5도 행정장관(行政長官)의 이름인 「지」를 가져다가 그 가장 높은 자리에 앉아서 만민을 호령하는 자의 존호(尊號)인 「帝(제)」를 만들었단 말인가?

대개 「黃帝(황제)」는 중앙 황부(黃部)의 대가(大加)를 가리킨 것이고, 「靑帝(청제)」는 동방 청부(靑部)의 마가(馬加)를 가리킨 것이며, 「赤帝(적제)」는 남방 적부(赤部)의 구가(狗加)를 가리킨 것이고, 「白帝(백제)」는 서방 백부(白部)의 우가(牛加)를 가리킨 것이며, 「玄帝(현제)」는 북방 현부(玄部)의 저가(猪加)를 가리킨 것이다. 「三年小變(삼년소변)」은 5부 정권이 3년에 한 번씩 돌아가는 것을 말한 것이고, 「十二年大變(십이년대변)」은 5부 정국이 12년마다 변경되는 것을 말한 것이다.

〈팔괘잡전(八卦雜傳)〉에서 "건(乾)은 마(馬)가 되고, 곤(坤)은 우(牛)가 되고, 리(離)는 구(狗)가 되고, 감(坎)은 저(猪)가 된다"고 하였다. 건(乾)은 동방이고, 곤(坤)은 서방이고, 리(離)는 남방이고, 감(坎)은 북방이므로, 건(乾)·곤(坤)·리(離)·감(坎)을 마(馬)·우(牛)·구(狗)·저(猪)에 분배한 것은 동서남북 4부(部)가 마(馬)·우(牛)·구(狗)·저(猪) 4가(加)로 나뉘어 속하였음을 가리킨 것이다.

또 "황제(帝)가 진(震)에서 나와서(出), 간(艮)에서 출현하고(見), 태(兌)에서 즐거워하며(說), 손(巽)에서 마친다(齊)"고 하였는데, 이는 곧 진(震)·간(艮)·태(兌)·손(巽)이 후천괘(後天卦)의 동·남·서·북이므로, 동부 마가(馬加)가 첫 번째로 정권을 잡기 때문에 제1의 청제(靑帝)가 진방(震)에서 나온다(出)고 한 것이고, 남부 구가(狗加)가 두 번째로 정권을 잡기 때문에 제2의 적제(赤帝)가 간방(艮)에서 출현한다(見)고 한 것이며, 서부 우가(牛加)가 세 번째로 정권을 잡기 때문에 제3의 백제(白帝)가 태방(兌)에서 즐거워한다(說)고 한 것이고, 북부 저가(猪加)가 네 번째로 정권을 잡기 때문에 제4의 현제(玄帝)가 손방(巽)에서 다스린다(齊)고 한 것이다.

〈오행대의(五行大義)〉에서 "청제(靑帝)는 봄(春)이고, 적제(赤帝)는 여름(夏)이고, 백제(白帝)는 가을(秋)이며, 현제(玄帝)는 겨울(冬)이다"고 한 것은 4부 정권이 춘·하·추·동 4계절처럼 순환하는 것을 가리킨 것이다.

또 중국을 「華夏(화하)」, 「諸夏(제하)」라고 한 것은, 당시 중국이 조선의 서남(西南)에 있어서 남부(南部: 南은 「赤」과 「夏」를 대표함) 대가(大加)의 지배하에 있었기 때문에 「夏(하)」란 이름을 가지게 된 것이니, 이는 당시의 중국은 한족(漢族)의 중국이 아니라 장강(江)·회하(淮) 연안과 산동(山東)·산서(山西)·직예(直隸: 북경) 등지가 다 조선의 식민지였고 그 나머지가 묘족(苗族)과 한족의 차지였기 때문이다.

오늘날에는 묘족(苗族)과 한족을 통틀어 지나족(支那族)이라고 부르지만 당시에는 큰 구별이 있었다. 헌원씨(軒轅氏)는 지나족 중에서도 한족으로서, 부여족의 힘을 빌려 묘족을 물리치고 비로소 한족이 살 땅을 마련하였기 때문에 후세 사람들이 그의 공로를 생각하여 조선 중부(中部) 장관의 칭호를 갖게 하고 황제(黃帝)라고 하였던 것이다. 이 밖에 제곡(帝嚳)·제요(帝堯)·제순(帝舜) 등의 「帝(제)」도 그 지위는 조선의 5부 장관에 불과하였으므로, 순(舜)은 부여족의 소민(小民)이었으면서도 제위(帝位)에 앉을 수 있었던 것이다.

이제 중국의 고서(古書)를 보면 분명히 알 수 있다. (〈주역(周易)〉) 「건괘(乾卦)」에 "한 무리의 용들이 나타나니, 우두머리가 없는 것이 길하다(見群龍 無首吉)"라고 한 것은, 5부 여러 가(加)들 중에 특별히 수령(首領)이 없고 선거 제도로 서로 돌아가면서 수령이 되는 것이 좋은 제도임을 가리킨 것이다.

순(舜)은 조선의 식민지 백성으로서 요(堯)의 대신(相)으로 일하다가 드디어 조국의 제도를 도입하여 중국의 세습제를 깨뜨리고 군(君)으로서 신하(臣)에게 제위(帝位)를 물려주었으나(제위(帝位)를 자식이 아니라 현명한 자에게 물려주는 것을 선수(禪授), 또는 선양(禪讓)이라고 한다.—옮긴이), 3년마다 순환하는 제도는 도입하지 못하였다.

우(禹)는 부루(夫婁)의 교훈을 받아서 동양 고대의 사회주의인 정전(井田) 제도를 도입하여 시행하고, 그가 죽을 때에는 정권을 백익(伯益)에게 물려주고자 하였으나, 결국 인민들의 덕(民德)과 인민들의 지적 수준(民智)이 그를 따르지 못하여 다시 세습제로 돌아가고 말았던 것이다.

단군 1천여 년경에 중국 열국의 몇몇 학자들이 조선 5부의 정치를 이상적인 것으로 생각하여 중국 전제정치의 광란(狂瀾)을 막으려고 혹은 직접적으로 5제(五帝)의 성치(聖治)를 설명하고, 혹은 간접적으로 요순(堯舜)의 선정(善政)을 칭찬하고 설명하여 세상에 전하였으나, 단군 2천여 년 후부터 진시황·한 무제(武帝)의 기염에 눌려서 감히 드러내 놓고 5가(五加) 제도를 찬양하지 못하였으며, 또 속 좁은 국수주의(國粹主義)가 횡행하는 바람에 조선을 존숭하는 학설이 행세하지 못하게 되었다.

그리하여 순열(荀悅) 등은 오직 (〈주역〉의) 「서괘(序卦)」「설괘(說卦)」에다 5제(五帝)의 순환과 마(馬)·우(牛)·구(狗)·저(猪)의 분할 통치를 은어(隱語)로 말할 뿐이었으며, 동방삭(東方朔) 등은 신선가(神仙家)의 말에 가탁(假託)하여 동방에 군자국(君子國)·대인국(大人國) 등이 있다고 하였을 뿐이며, 범엽(范曄: 〈후한서〉의 저자)은 곧 부루가 하우(夏禹)에게 전수(傳授)한 사실을 기재하면서 그 사의(辭意: 말의 뜻)를 은미(隱微)하게 하였으며, 그

밖에 서한(西漢)과 동한(東漢)의 여러 유자(儒者)들이 저술한 제자백가 책에서는 혹은 조선의 정체(政體)와 5제(五帝)의 이름과 칭호를 말한 것이 많으나 다 그 사실을 신계(神界)나 중국 고대의 일로 칭탁(稱託)하였던 것이다.

대개 단군 이후 천여 년 동안의 조선은, 그 정치체제가 고대에서 가장 훌륭하였으며, 문화의 발달도 이웃 여러 민족들이 모범으로 삼을 만하였으니, 만일 자손 된 자들이 무력으로 그 문화를 보호하거나 또는 확장하였더라면 조선은 진실로 동양 문명사에서 첫머리를 차지하였을 뿐만 아니라 지구 전체의 땅을 독점하였을 것이다.

「帝(제)」의 어원(語源)을 찾으면 이와 같이 곧 조선의 5가(加)에서 나온 것이고, 5가(加)는 곧 공화정부(共和政府)의 장관(長官)임에도 불구하고, 이것이 중국으로 건너가서는 독재군주(獨裁君主)의 칭호로 번역되었다. 요(堯)·순(舜)을 제(帝)라고 하는 것은 그래도 그 선양(禪位)의 형식이 거의 5가(加)가 서로 돌아가면서 수령을 하던 아름다운 풍속에 가깝기 때문이라고 할 수 있으나, 후세의 제(帝)들은 전국을 개인 재산으로 알고 보위(寶位)를 일가(一家)의 고유물(固有物)로 알아서 「지」의 본의(本意)와는 전혀 틀리게 변하고 말았다. 중국 고대사에서 제위(帝位)를 선양한 요(堯)·순(舜)은 「帝(제)」라고 하고, 세습으로 전한 하우(夏禹)는 「王(왕)」이라고 하는데, 이것은 오히려 그 본래의 뜻을 알았기 때문일 것이다.

조선에서는 「지」가 변하여 「치」가 된 후 천칭(賤稱: 천하게 여겨서 부르는 말)으로 쓰이고 있는데, 「남도치」 「북도치」 「서울치」 「시골치」와 같은 말들이 그런 유(類)이다. 〈계림유사(鷄林遺事)〉에서 이르기를 "고려인은 이를 닦는 것(漱齒)을 養支(양지)라고 한다" 고 하였는데(〈강희자전(康熙字典)〉에 보임–원주), 「養支(양지)」는 「양치」를 한자로 번역한 것이다. 막리지(莫離支) · 자한지(子旱支)의 「支(지)」도 음(音)이 「치」이고, 중국의 제(帝)도 「지」의 번역이 아니라 「치」의 번역이라고 하는 학자도 있다. 이 또한 혹 한 가지 설(說)로서 일리가 있다고 할 것이다.

제3편 아사달 왕조 시대와 단군 이후의 분열과 식민지의 성쇠

제1장 단군이 아사달(阿斯達)로 물러나 지키고 삼경(三京) 오부(五部)가 와해된 과정

상고(上古)의 역사가 아무리 잔결(殘缺)되었다고 하나, 그래도 단군 1천여 년 동안은 내외 각 사서(史書)에서 조각조각 주워 모아 보더라도 그 치제(治制)나 문화가 동양 각국 중에서 으뜸이 되어 이웃 나라들의 모범이 되어 왔음을 볼 수 있다. 이에 대하여는 이미 그 사실을 제2편에서 논술한 바 있다.

그러나 그러하던 치제(治制)와 문화를 가진 나라가 어찌하여 암흑에 빠져서 단군 1000년(기원전 1334년)부터 2100~2200년(기원전 234~134년)까지 무릇 1천 수백 년 동안이나 되는 사이에 하나도 자랑할만한 사람이나 자랑할만한 거리가 없어지고 말았는가?

〈삼국지〉 마한전(馬韓傳)에서 삼한 각 부족의 현상을 말하여 이르기를 "서로 잘 통제할 수 없었다(不能善相制御)"고 하였고, (예전(濊傳)에서는) "대군장(大君長)이 없었다(無大君長)"고 하였으며, 〈사기〉와 〈한서(漢書)〉의 흉노전에서는 흉노와 동방의 관계를 통하여 동방 각 족속의 역사를 말하기를, "백여 족속이 있었으나 … 어느 누구도 이들을 통일시킬 수 없었다(百有餘戎… 莫能相一)"라고 하였으니, 이 말들이 비록 중국 측의 기록이고 또 간단한 기록이지만, 이에서 곧 고대 조선이 쇠미(衰微)해진 원인이 불통일(不統一)에 있었음을 알 수 있다.

단군의 대(代)가 이미 먼 옛날의 일로 되었으나 다시 성덕(聖德)을 펴서 본족(本族)을 통일하고 외국을 감화시킬 제2의 단군이 나오지 못하였고, 위대한 공을 세워 천하가 두려워 복종케 할 제2의 팽오(彭吳)가 나오지 못하였고, 그 문교(文教)로써 외족까지 가르친 제2의 부루(夫婁)가 나오지 못하였으며, 또는 사상의 영웅이 되어 민족의 정신을 통일할만한 제2의 신지(神誌)도 나오지 못한 채 다만 동족(同族)끼리 서로 싸우기만 하였는데, 부(部)와 부(部)가 싸우고 분열되어 5부(五部)가 몇몇 5부로 갈라지고, 족(族)과 족(族)이 싸워 9족(九族)이 몇몇 9족으로 나뉘었다. 이처럼 수천 수백의 무수한 소국(小國)들로 나뉘어 있으면서 대단결된 지나족(支那族)이나 흉노들과 대치하게 되었으니 어찌 당해낼 수 있었겠는가. 이것이 쇠미해진 원인이다.

단군조의 정치통일 구역이 그처럼 넓어서, 북으로는 흑룡강을 지나고, 남으로는 현해(玄海)를 건너고, 서로는 중국의 연해안과 연(燕)과 동몽고(東蒙古)를 그 안에 포함시키고, 동으로는 태평양에 접(接)하여 조선의 문명을 건설하였었는데, 이러한 통일이 어느 때에 무너져서 외국인들로부터 통일을 이루지 못하는 민족이란 조롱을 받게 되었는가?

고사(古史)를 뒤져 보아도 어느 때에 단군조의 통일이 깨어졌다는 기록은 찾을 수 없고, 단지 〈고기(古記)〉에 이르기를, "단군 1048년에 서울을 아사달(阿斯達)로 옮겼다"고 하였는데, 대개 「아사달」로 서울을 옮긴 것이 곧 단군의 통일이 깨어지던 시초일 것이다.

아사달로 서울을 옮긴 것에 대하여 혹자들은 이를 단군조선이 기자(箕子)를 피하여 간 것이라고 하나, 기자가 병력(兵力)으로 조선에 쳐들어온 것도 아니고, 또 조선에 와서 대제왕(大帝王)이 되었던 일도 없을뿐더러, 또 아사달로 옮긴 것은 단군 1048년(기원전 1286년)이고 기자가 들어온 것은 단군 1212년(기원전 1122년)으로 그 사이가 190여 년이나 되니, 어찌 190여 년 전의 단군왕조가 190여 년 후에 조선으로 찾아올 기자를 위하여 미리 피하여 옮겨갔겠는가. 이에 대하여는 이미 서거정(徐居正)의 〈동국통감(東國通鑑)〉에나 안정복(安鼎福)의 〈동사강목(東史綱目)〉에서 다 변론하여 바로잡아 놓았으므로 더 말할 필요도 없으나, 다만 한 가지 의문은, 과연 아사달은 어느 곳인가 하는 것이다.

〈삼국유사〉에서 말하기를 "아사달은 백주(白州: 백천(白川)-원주)에 있다. 혹은 개성(開城)의 동쪽에 있다고도 한다"고 하였고, 또 말하기를 "단군(壇君: 그 자손-원주)은 당장경(唐藏京)으로 도읍을 옮겼다가 아사달에서 은퇴하였다"고 하였다.

그리고 〈고려사〉와 〈여지승람〉에서는 "아사달은 문화현(文化縣) 구월산(九月山)이고, 당장경은 그 산 아래 있는 장장평(庄庄坪)이다"고 하였다. 그리고 후세 사람들은 모두 이 말(說)을 좇아서, 「아사」는 아홉(九)이고, 「달」은 달(月)이니, 아사달(阿斯達)이 구월산(九月山)이라는 데에는 의심의 여지가 없다고 하였다.

그러나 또 고기(古記)에서는 말하기를 "단군의 후세에 부여로 옮겼다"고 하였다. 허미수(許眉叟)의 〈단군세기(檀君世紀)〉나 순암(順庵) 안정복의 〈동사고이(東史考異)〉에서는 이 말을 따르고 있다.

그러나 만일 아사달을 황해도 문화현에 있는 구월산이라고 한다면 이는 남북 두 개의 단군조가 있었다는 말이 되고, 그게 아니라면 아사달에 있던 단군조가 다시 부여로 옮겨갔다는 것이 된다.

그러나 문화(文化)에서 북으로 옮겨간 일은 사서(史冊)에 전혀 보이지 않을 뿐만 아니라, 문화에 있던 소수의 패국(敗國) 잔민(殘民)들이 강한 5부(五部) 부족들 사이를 뚫고 수천 리나 멀리 떨어진 부여까지 간다는 것은 이치상 있을 수 없는 일이다.

그러므로 아사달은 구월산이라고 주장하기보다는 차라리 부여는 단군의 후세에 옮겨간 곳이라고 주장하는 것이 더욱 사실에 부합된다.

그렇다면 구월산(九月山)은 곧 아사달이고, 그 산 아래에 당장경(唐藏京)이 있다고 한 주장은 어떻게 해서 나오게 된 것인가?

일찍이 역대의 사서(史冊)를 가지고 상고해 보면, 조선 북부의 지명이 남부로 옮겨오고, 그 지명이 옮겨옴에 따라 그 고적(古蹟)까지 옮아온 일이 많다. 그 원인을 캐 보면, (一) 원래 단군 5부(五部)의 제도에는 전국을 동·남·서·북·중 다섯 부(部)로 나누고, 5부 안에 있는 지명은 언제나 같이 똑같이 짓고, 그 머리에 동·남·서·북 등의 자(字)를 덧붙여 구별하였다.

이를테면 「압록강(鴨綠江)」이 셋 있었으니, 송화강(松花江)은 북압록(北鴨綠)이라 하고, 지금의 압록강은 동압록(東鴨綠)이라 한 것이 그와 같은 유(類)이다. 「개마산(蓋馬山)」이 둘 있었으니, 천산(千山)을 서개마(西蓋馬)라 하고, 백두산(白頭山)을 동개마산(東蓋馬山)이라 한 것이 그와 같은 유이다. 이와 같이 같은 지명이 많다가 후에 통일이 깨어지고 열국(列國)이 분립하여 나라마다 각기 그 지명은 그대로 두고 이전에 앞에 붙여서 구별하던 동·서·남·북 등을 없애자, 지명에 딸린 고적(古蹟)들이 많이 혼란해졌다.

(二) 신라 경덕왕(景德王)이 서북(西北) 등지를 모두 발해에게 잃고서는 서북의 산천(山川)과 주(州)·성(城)을 그 이름을 고쳐서 남방으로 옮길 때, 「가슬량(加瑟良)」은 본래 동부여의 고도(故都)인 혼춘(琿春) 등지에 있었는데 이를 강릉(江陵)이라 고쳐서 옮겼고, 「낙랑(樂浪)」은 본래 위만(衛滿)의 유허(遺墟)인 해성현(海城縣)에 있었는데 이를 평양이라 고쳐서 옮겼다. 수많은 지명들을 모두 이런 식으로 고쳐 옮겼기 때문에 북방의 고적들이 그 지명을 좇아서 많이 남방으로 이사하였다.

(三) 〈여지승람〉은 본조(本朝: 즉 李朝)의 편안시대(偏安時代), 즉 우리나라가 한편 구석에 치우쳐 있음을 편안히 여기던 시대에 지어진 책이므로, 경덕왕이 그려놓은 밑바탕 그림에다 색칠까지 더하여 졸본(卒本)은 성천(成川)이라 하고, 안시(安市)는 용강(龍岡)이라 하고, 동명성제의 고도(古都)는 평양이라고 하는 등 미친 붓을 마구 휘두른 결과 마침내 우리 선조의 고적들 대부분이 본래의 제자리를 떠나 혹은 백 리도 오고 혹은 천 리도 옮겨왔던 것이다.

문화(文化)의 구월산(九月山)이 아사달(阿斯達)로 둔갑한 것도 대개 이런 원인에서 나온 것이다.

그러므로 〈삼국유사〉에서 아사달을 백천(白川) 또는 개성(開城) 등지에서 찾은 것은 그래도 오히려 지명과 고적을 처음 옮기기 시작한 때였으므로 사가(史家)들이 아직 주저하고 조심스런 태도를 지녔기 때문에 확정하지 않고 말하였으나, 〈여지승람〉이 아사달을 문화의 구월산에서 찾은 것은 이미 당시의 시대 기풍이 편안(偏安: 한 편에 치우쳐 있음을 편히 여김)에 굳어지고, 인심이 북방의 옛 강토를 잊은 지 오래되었기 때문에, 이와 같이 용감하게 단안(斷案)을 내렸던 것이다.

더욱 이런 행태의 흔적을 볼 수 있는 것은, 삼위태백(三危太白)을 두고, 태백(太白)은 묘향산(妙香山)이라 하고 삼위(三危)는 구월산(九月山)이라 한 것이다. 태백은 백두(白頭)이지 묘향(妙香)이 아니라는 것은 이미 선배 학자들도 말한 바 있거니와, 삼위(三危) 역시 구월산이 아니다. 틀림없이 단군은 조선 전체의 강토 수만 리 가운데서 그 가장 큰 산을 가리켜서 신산(神山)으로 삼았을 것인데, 어찌 남방에서도 첫째가지 못하는 구월산을 가지고 백두산에 대칭(對稱)시켰겠는가.

이는 〈여지승람〉이 이미 묘향산을 태백이라 하고서는 그 비례로 구월산을 삼위라고 한 것이다. 그리고 삼위는 아사달의 별명이고, 당장(唐藏)은 아사달 산 아래에 건설된 서울이기 때문에, 이들 셋을 동시에 옮겼음이 분명하다.

「태백(太白)」은 백두산(白頭山)이고 「삼위(三危)」는 지금의 내·외 흥안령(興安嶺)이다.

북쪽에 있는 한 서울(京)이 부소량(扶蘇樑)이고, 태백의 서남에 있는 한 서울(京)이 오덕지(五德地)이며, 동남에 있는 한 서울(京)이 백아강(百牙岡)이다. 흥안령(興安嶺) 전체의 이름이 삼위(三危)이다.

하얼빈에 가까운 부분의 별명이 부소량(扶蘇樑)이므로, 그 서울도 「부소량(扶蘇樑)」이라 불렀다. 扶蘇(부소)의 음(音)이 「우스」였다는 것은 이미 앞에서 말한 바 있거니와, 「阿斯(아사)」의 음도 「우스」에 가까운바, 「阿斯(아사)」는 곧 「우스」의 음역(音譯)이다. 「達(달)」의 음은 「달」인데, 고어(古語)에서 다리, 즉 교량을 「돌」이라 하였고, 후세에 와서 「다리」라고 하였는데, 「돌」이나 「다리」의 음역이 곧 達(달)이 된 것이다.

따라서 부소량과 아사달은 둘 다 「우스달」이다.

「우스달」이란 말이 변하여 「아홉달」이 될 수 있고, 아사달(阿斯達)을 음역하면 구월(九月)이 될 수 있는가?

음(音)과 뜻(義)의 변천이 어떻게 되었든 간에, 단군 왕조가 제1기의 쇠약함으로 인하여 아사달로 쫓겨 가고, 제2기의 쇠약함으로 인하여 다시 하얼빈으로 쫓겨 갔다고 하는 말은 사서(史冊)에도 보이지 않을 뿐만 아니라 이치상으로도 말이 안 되는 것이다.

그러므로 부여(扶餘: 하얼빈-원주)가 곧 아사달, 아사달이 곧 부여이니, 동일한 한 곳이지 두 곳이 아니다.

무릇 삼경(三京)은 단군이 이를 두시고 신지(神誌)로 하여금 만세(萬世)에 예시적 훈계를 주시면서 "삼경은 곧 저울의 대(秤幹)와 추(錘)와 저울판(極器)과 같아서 하나라도 폐지되면 왕업이 기울어질 것이다"고 하셨던 것인데, 이제 남방의 두 서울(兩京)을 버리고 북방의 한 서울(一京)만을 가지고 한쪽 구석에 치우쳐서 편안히 있고자(偏安) 하였으니, 만약 양경(兩京)이 반란을 일으켜 단군조와 분립한 것이 아니라면, 곧 단군조에서 양경의 장관에게 너무 많은 권리를 준 결과 끝에 가서는 마침내 단군조의 명령조차 들으려 하지 않는 화근이 되었을 것이니, 이 어찌 분열의 시초가 아니겠는가.

한(韓)은 곧 한(汗)이며, 삼한(三韓)은 곧 삼한(三汗)이며, 삼한(三汗)은 곧 삼경(三京)의 장관(長官)이니, 삼한(三汗)이 분립하여 삼국(三國)이 되었다는 것은 이미 제1편에서 설명하였거니와, 대개 삼한(三汗)이 삼국(三國)으로 된 것은 이때이다.

〈삼한고기(三韓古記)〉가 없어졌으므로 후세 사람들은 다만 김부식의 〈삼국사기〉와 진수(陳壽: 〈삼국지〉의 저자)·범엽(范曄: 〈후한서〉의 저자) 등의 삼한전(三韓傳)만 가지고 삼한(三韓)의 사실을 찾기 때문에, 위만이 망한 뒤에야 삼한이 일어난 줄 알고 있다.

그러나 왕부(王符)의 〈잠부론(潛夫論)〉에서 "한서(韓西)가 위만(衛滿)에게 쫓겨서 달아났다"고 하였으니, 이는 삼한이 위만의 때에도 있었다는 증거이다. 그리고 사마천의 〈사기(史記)〉에서는 "眞番朝鮮(진번조선)은 이전에 燕(연)이 전성하던 때에 침략을 당하였다"고 하였고, 이에 대하여 서광(徐廣)이 주(註)를 달면서 "眞番(진번)을 한편으로는 眞莫(진막: 〈莫〉의 음은 〈말〉-원주)이라고도 한다"라고 하였고, 〈사기색은(史記索隱)〉에서는 "燕(연)이 眞番(진번) 두 나라를 쳤다"라고 하였다. 이로부터 「眞(진)」은 진한(辰韓)이고, 「番(번)」은 변한(卞韓)이며, 「莫(막)」은 마한(馬韓)임을 알 수 있다.

당시에는 조선의 나라 이름들을 한자로 음역하였기 때문에, 辰韓(진한)을 「秦韓(진한)」이라 하고, 卞韓(변한)을 「弁韓(변한)」이라 하고, 馬韓(마한)을 「慕韓(모한)」이라 한 책들이 많은데, "眞番(진번)"은 辰卞(진변)이고, "眞莫(진막)"은 辰馬(진마)이니, 곧 辰(진)·卞(변)·馬(마) 삼국을 가리킨 것이다.

이는 삼한(三韓)이 위만 이전 몇 백 년에 벌써 존재하였던 증거이며, 〈관자(管子)〉의 "秦夏(진하)"는 곧 辰韓(진한)이고, 〈상서대전(尙書大傳)〉의 "扶餘·馯·貊之屬(부여·간·맥지속)"의 馯(간)은 곧 삼한의 韓(한)이니, 이는 단군 1천 년경에 삼한이 벌써 그 자신의 명의(名義)로 중국과 교제하였다는 증거이다.

韓(한)의 명의로 외국과 교제하였다는 것은 곧 외교를 자유로이 하였다는 것이며, 외교를 자유로이 하였다는 것은 곧 왕조(王朝)와 분리되었다는 것이며, 삼한이 왕조와 분리되었다는 것은 곧 삼경(三京)의 분립(分立)을 의미하므로, 이것은 단군왕조의 통일이 끝나가고 있었음을 말하는 것이다.

삼경(三京)이 비록 분립하였다고는 해도 삼경의 하나인 아사달, 곧 부소량(扶蘇樑)은 여전히 단군왕조가 차지하고 있었으니, 그렇다면 삼한이 차지한 곳은 각각 어디어디인가.

〈사기〉에서는 "연(燕)은 동으로 요동(遼東)·진번(眞番)과 교역할 수 있는 이점이 있었다(燕東賈遼東眞番之利)"고 하였고, 〈한서(漢書)〉에서는 "진번(眞番)의 이점은 연(燕)과 인접해 있다는 것이다"고 하였으니, 요동 등지가 辰(진)·卞(변) 두 한(韓)의 땅이었음을 알 수 있다.

그리고 〈설문(說文)〉에서는 "樂浪潘國(낙랑반국)"이라 하였고, 〈한서〉에서는 "遼東 番汗縣(요동 번한현)"이라 하였는데, 番汗(번한)은 卞韓(변한)이고 潘國(반국)은 卞國(변국)이고 番汗縣(번한현)은 요양(遼陽)·해성(海城) 등지이므로, 卞韓(변한)은 곧 조선의 삼경 가운데 하나인 오덕지(五德地)에 세워진 나라이다.

〈한서〉에서는 "辰國(진국)이 한(漢)과 통하려다가 우거(右渠)에 의해 막힌바 되었다"고 하였으므로 진한(辰韓)은 위만의 동쪽에 있었다. 따라서 辰韓(진한)은 곧 조선의 삼경 가운데 하나인 백아강(百牙岡)에 세워진 나라이다.

馬韓(마한)은, 〈진서(晋書)〉에서 "읍루(挹婁)의 곁에 寇莫汗國(구막한국: 구만한국(寇漫汗國)이라고도 함 -원주)이 있다"라고 하였고, 〈위서(魏書)〉에서 "勿吉(물길)의 곁에 大莫盧(대막로: 두막로(豆莫盧)라고도 함-원주)가 있다"라고 하였는바, 莫汗(막한)은 馬韓(마한)이며, 莫盧(막로)는 마한의 50여 개국 가운데 하나인 막로(莫盧)이다. 그리고 "읍루(挹婁)는 勿吉(물길)의 별명으로, 읍루는 부여 동북 1천여 리에 있다"고 하였으니, 마한은 부소량(扶蘇樑)의 동북에 있었다.

〈사기〉〈한서〉〈진서〉 등이 비록 후대의 글이기는 하나, 그 가운데 적혀 있는 지명들은 대개 고대로부터 전해져온 것일 터이니, 이것은 구삼한(舊三韓)의 자취이다.

〈삼국사기〉에 기록되어 있는 삼한(三韓)은 옮겨간 삼한이고, 진수(陳壽)의 〈삼국지(三國志)〉 등에 기록되어 있는 삼한은 거의 모두 신·구 삼한의 일을 혼동하여 적은 것들인데, 이에 대하여는 뒤에 가서 따로 설명하고자 한다.

삼경(三京)이 이미 분립하자 이에 5부(五部) 9족(九族)들도 모두 어지럽게 나뉘어 서로 싸우는 판이 되어 황(黃)·청(靑)·적(赤)·백(白)·현(玄)·견(畎)·우(于)·낙랑(樂浪)·대방(帶方)·고구려(高句麗) 등 열국들의 이름이 사서(史冊)에 나타나기 시작하였다.

제2장 기자(箕子) 동래(東來)와 중국의 종교 전쟁

단군 1212년(기원전 1122년)에 중국의 기자(箕子)가 조선에 망명해 오자, 그 결과 중국 안에서는 조선의 식민지(殖民地)와 지나족(支那族) 사이에 종교 전쟁이 일어났으며, 이것은 그 후 수백 년간의 변란의 원인이 되었다. 그러나 구사(舊史)에서는 다만 기자가 조선에 들어왔다는 말만 기록해 놓고, 그가 들어오게 된 원인이나 그가 들어옴으로써 일어난 전쟁에 대해서는 말하지 않았다.

이제 그 대강을 설명하면, 하우(夏禹)가 단군의 신서(神書)와 오행(五行)을 부루로부터 받았다는 것은 이미 제2편에서 말하였다. 하우(夏禹)가 단군의 교(敎)를 중국에 전파하자 중국인들은, 간혹 우(禹)를 반대하는 자도 없지는 않았으나, 그러나 우(禹)가 홍수를 다스린 공로가 워낙 커서, 감히 그와 다투지 못하였다. 그리하여 마침내 우(禹)는 하왕(夏王)이 되어 중국을 통일하기에 이르렀다.

그 후 우(禹)가 죽고 태자 계(啓)가 왕위를 잇자 유호씨(有扈氏: 하남성(河南省) 등지의 나라-원주)가 군사를 거느리고 반기를 들고 우(禹)의 교(敎)를 받아들이려 하지 않았으므로, 이에 계(啓)가 감서(甘書: 〈상서(尙書)〉의 편명-원주)를 지어 유호씨의 죄를 성토하였는데, 이르기를 "삼정(三正)을 게을리 하여 폐기하였고, 오행(五行)을 깔보고 업신여겼다(감서(甘書)에 보임-

원주)"고 하였다.

「三正(삼정)」을 옛 주석(舊註)에서는 子(자)·丑(축)·寅(인) 三正(삼정)이라고 하였다. 그러나 자·축·인 삼정이란 夏正(하정)·殷正(은정)·周正(주정)을 일컫는 것이고, 그리고 계(啓)는 그보다 앞선 하(夏)의 왕(王)이었으며 또 이 일은 은(殷)·주(周) 이전에 있었던 일이니, 어찌 당시에 자·축·인 삼정(三正)이 있었을 수 있는가.

따라서 삼정(三正)은 곧 정덕(正德)·이용(利用)·후생(厚生)을 가리키는 것으로, 이는 대우모(大禹謨: 〈상서(尙書)〉의 편명-원주)에 보이는 것이다.

「正德(정덕)」은 삼신(三神)의 도(道)이다.

「利用(이용)」은 水(수)·火(화)·金(금)·木(목)·土(토) 五行(오행)의 용법을 말한다.

「厚生(후생)」은 정전(井田) 제도를 시행하여 인민의 생산을 풍부하게 하는 것이다.

「五行(오행)」은 곧 水(수)·火(화)·金(금)·木(목)·土(토)이므로 삼정(三正)의 하나이다. 그러나 이것을 五帝(오제)의 덕(德)에 분배하여 水德(수덕)·火德(화덕)·金德(금덕)·木德(목덕)·土德(토덕)이라 하고, 五部(오부)의 관직에 분장(分掌)시켜서 司水(사수)·司火(사화)·司金(사금)·司木(사목)·司土(사토)라고 하였던 것처럼 그 용법이 가장 많은 것이다. 또 하우(夏禹)씨가 오행(五行)으로써 홍수를 다스렸기 때문에 따로 조목(條目)을 세워 인민을 가르쳤던 것이다. 그런데 이제 유호씨가 이에 반대하므로 그를 쳤던 것이다.

유호씨가 계(啓)에게 패하자 중국 전체가 다 두려워 복종하고 모두 삼정(三正) 오행(五行)의 교(敎)를 받아들였다. 이에 중국 안에 있던 조선의 식민지 사람들은 종교적 동감(同感)으로 지나족과 친하게 지내게 되었고, 지나족들은 더욱 조선 사람들을 환영하여 중국 연해안에 조선 식민지가 날이 갈수록 증가하였다.

그러다가 단군 500년(기원전 1834년)경에 우(禹)의 후손인 걸(桀)이 포악한 정치를 하자 은왕(殷王) 탕(湯)이 조선 식민지의 원조를 받아(유향(劉向)의 〈설원(說苑)〉에 "구이(九夷)의 군사가 걸(桀)을 돕지 않으므로 탕(湯)이 이에 걸(桀)을 쳤다"고 하였다.-원주) 걸(桀)을 몰아내고 그를 대신하여 왕이 되었으며, 그 또한 부루와 하우(夏禹)의 유훈(遺訓)을 좇아 삼정(三正)과 오행을 높이 받들었다.

그 후 단군 왕조가 아사달로 옮겨가자 삼경(三京)이 분립하고 5부(五部)가 서로 우두머리 되기를 다투느라 중국 안에 있는 조선 식민지들에 대한 모국(母國)의 원조가 끊어졌다.

그러자 지나족 가운데는 유호씨처럼 삼정(三正) 오행(五行)을 반대하고 조선의 종교를 떠나 따로 한 파(派)를 세우고 전 중국 안에 조선 식민지의 자취를 끊어 없애 버리려는 효웅(梟雄)들이 나타났다. 그러나 여전히 은(殷) 왕조가 주권(主權)을 가지고 전적으로 조선과 친하게 지냈을 뿐만 아니라, 또한 은탕(殷湯) 뒤 6백 년 간 현명하고 어진 군왕(君王)들이 6, 7명이나 나와서 그 덕택이 민간에 젖어 있었기 때문에 강하고 사나운 제후들도 감히 배반할 마음을 내지 못하였던 것이다.

그러다가 단군 1180~90년(기원전 1154~1144년)경에 주후(周侯) 희창(姬昌: 문왕(文王))이 은(殷)의 주왕(紂王)을 쳐서 멸망시키고 그를 대신하여 주(周)가 전 중국에 군림하려고 하면서, 이에 복희씨(伏羲氏)의 「八卦(팔괘)」를 가져와서 은(殷)의 「五行(오행)」을 공격하였다.

대개 오행(五行)과 팔괘(八卦)는 조선으로부터 수입한 것으로서 오행을 실물(實物)에 응용하고 팔괘로써 이치(理致)를 설명하여 서로 조화시킨 것이 곧 하우(夏禹)의 「연산역(連山易)」과 은탕(殷湯)의 「귀장역(歸藏易)」이었는데, 이때 와서 주(周)의 희창(姬昌)이 오행을 빼 버리고 따로 팔괘를 부연하여 「육십사괘(六十四卦)」를 만들었다.

이것은 곧 첫째는 은(殷)의 종교(宗敎)를 공격한 것이며, 둘째는 조선의 사상(思想)을 반대한 것이다. 그러므로 은왕 주(紂)가 그 소리를 듣고 크게 겁을 내어 창(昌)을 잡아 유리(羑里)의 감옥에 가두었다. 그러나 창(昌)은 굴복하지 않고 옥중에서 다시 육십사괘의 괘사(卦辭)를 지었으며, 창의 가신(家臣) 산의생(散宜生)은 재물과 보화(寶貨)를 주(紂)에게 바쳐서 창을 감옥에서 빼내었다.

창(昌)이 주(周)로 돌아간 다음 날마다 은(殷)의 속국들을 쳤으나, 주(紂)는 음란하고 암혼하여 사태의 심각성을 깨닫지 못하고 다만 궁실(宮室)과 기물(器物)과 치례 등에만 신경을 쓰고, 요부(妖婦) 달기(妲己)를 사랑하여 정사(政事)에 마음을 두지 않았으므로 왕족 기자(箕子)·비간(比干) 등이 간하였더니, 주(紂)가 이를 듣기 싫어하여 비간의 가슴을 쪼개어 죽였다. 이를 본 기자는 주에게 죽임을 당하게 될까봐 거짓 미친 체하였으나, 마침내 옥에 갇히게 되었다.

그 후에 중국의 여러 나라들은 주(紂)를 버리고 희창(姬昌)과 결탁하였는데, 그런 나라들이 거의 삼분지 2나 되었다. 희창이 죽고 그 아들 발(發: 武王)이 그 자리를 이어 주후(周侯)가 되었는데, 발(發)은 창(昌)보다도 더 용맹하고 무예에 뛰어난 괴걸(怪傑)이었다. 그는 곧 희창(姬昌)을 높여서 문왕(文王)이라 하고, 육십사괘 교(六十四卦 敎)에 귀의한 8백 제후들을 거느리고 나무로 만든 우상(偶像)을 군중(軍中)에 세우고 그것을 문왕의 신위(神位)라 하며 은(殷)의 주(紂)를 치니, 주(紂)가 너무 잔인하고 포학하였던 탓에 오행(五行)을 신앙하던 나라들도 더는 은(殷)을 원조하지 않았다.

드디어 맹진(孟津)에서 싸워 크게 패하였는데, 피가 흘러 내(川)를 이룰 지경이었다. 주(紂)가 녹대(鹿臺)에 올라 자살하고, 희발(姬發: 무왕)이 은(殷)의 서울 조가(朝歌)에 들어와 죄인들에 대한 대사면(大赦免)을 행하니, 이에 기자(箕子)도 풀려나게 되었다.

희발(姬發)이 비록 육십사괘 교(敎)를 신봉하는 여러 나라들의 종주(宗主)가 되었으나, 그는 도리어 기자를 찾아가서 오행(五行) 전수(傳授)의 원류(源流)와 의리(義理)를 물었는데, 기자가 이에 간략하게 그 원류를 설명하여 이르기를 "곤(鯀)이 홍수를 다스릴 때 홍수의 물길을 막았는데, 이는 오행의 원리에 위반되므로 천제(天帝)가 노하시어 홍범구주(洪範九疇)를 주지 않으시고, 우(禹)가 나와서 홍범구주를 하늘(天)로부터 받았다" 고 하고는, 이에 「홍범구주(洪範九疇)」를 차례대로 설명해 주었다.

(一) 「五行(오행)」은 水(수)·火(화)·木(목)·金(금)·土(토)이다. (즉, 나라를 다스리는 데 있어서는 만물을 구성하는 다섯 가지 기본 물질, 곧 水·火·木·金·土 등의 본성이나 특성을 잘 이해하고 그 특성에 따라서 이용해야 한다는 뜻이다. 예컨대 물(水)은 아래로 스며들어 땅을 적심으로써 만물을 기를 뿐만 아니라, 차면 넘쳐서 도리어 주변을 해롭게 할 수 있음을 알고 이를 어기지 말고 잘 활용해야 하며, 불은 위로 타올라 가는 성질이 있음을 알고 이를 이용해야 한다. 이처럼 만물을 구성하는 다섯 가지 기본 물질들의 본성을 알고 이를 이용해야지 이를 거스르게 되면 화를 초래하게 된다는 뜻이다.—옮긴이).

(二) 「五事(오사)」는 貌(모: 올바른 자세와 태도)·言(언: 언어)·視(시: 관찰)·聽(청: 청문)·思(사: 사고)이다.(즉, 나라를 다스리는 자는 항상 그 태도는 공경하

는 자세를 지녀야 하고, 그 말은 항상 도리에 맞게 해야 하며, 사물을 관찰할 때는 분명히 해야 하고, 타인의 말을 들을 때에는 잘 이해하고 그 선악을 판별해야 하며, 그 사고는 지혜로워야 한다는 뜻이다.—옮긴이)

(三) 「八政(팔정: 여덟 가지의 정치 분야)」은 食(식: 농업생산)·貨(화: 상업과 교역)·祀(사: 신이나 조상에 대한 제사와 숭배)·司空(사공: 성곽이나 주택의 건축과 토목 사업)·司徒(사도: 교육과 행정)·司寇(사구: 사법. 법의 집행)·賓(빈: 외교)·師(사: 군사)이다.

(四) 「五紀(오기)」는 歲(세: 년)·日(일: 날)·月(월: 달)·星(성: 별의 운행)·曆(력: 역법과 절기)의 기록이다.(즉, 국정의 주요 사항에 관한 기록을 철저히 한다는 뜻이다.—옮긴이)

(五) 「皇極(황극)」은 (다스리는 자가 지녀야 할) 마음(心)이다.(〈尙書〉에 "皇極, 皇建其有極(황극, 황건기유극)"이라 하였는바, 곧 다스리는 위치에 있는 자가 스스로 항상 변하지 않을 하나의 원칙(原則)이 됨으로써 백성들은 그의 모든 면을 표준으로 삼을 수 있어야 한다는 뜻이다.—옮긴이),

(六) 「三德(삼덕)」은 (신민을 다스리는 세 가지 방법으로서) 正直(정직: 모든 사람들이 정직하도록 만들어야 한다.—옮긴이)·剛克(강극: 자신의 힘을 믿고 거역하려는 자는 강경한 수단을 써서 억누를 수 있어야 한다.—옮긴이)·柔克(유극: 덕(德)과 의(義)를 좋아하고 따르려는 자들은 유화적인 방법으로 다스릴 수 있어야 한다.—옮긴이)이다.

(七) 「稽疑(계의: 의문을 푸는 방법)」는 卜筮(복서: 卜은 거북의 등껍질로 점을 치는 것이고, 筮는 시초(蓍草), 곧 산가지로 점을 치는 것이다. —옮긴이)로써 한다.

(八) 「庶徵(서징: 여러 가지 현상)」은 雨(우: 비)·暘(양: 햇빛이 남)·燠(오: 따뜻함)·寒(한: 추위)·風(풍: 바람)이다. (이 다섯 가지 현상은 일정한 규율하에 발생한다. 따라서 이러한 현상들을 잘 관찰하면 그다음에 발생할 현상까지 미리 알 수 있는데, 초목의 생장이나 곡식의 풍흉(豊凶) 등은 모두 이러한 현상과 관계가 있기 때문이다. 이러한 현상의 다양한 변화를 잘 관측하여 미리 잘 예측하고 이에

대하여 잘 준비하면 백성들의 삶이 이로 인하여 해를 입지 않게 된다.—옮긴이).

(九) 「五福(오복)」은 壽(수: 장수)·富(부: 부귀)·康寧(강녕: 건강과 안녕)·修好德(수호덕: 훌륭한 덕을 닦음)·考終命(고종명: 천명을 다한 후 죽음—옮긴이)이다. (사람들에게 이러한 다섯 가지 복으로써 선을 행하도록 권유한다.—옮긴이)

「六極(육극)」은 (악을 행한 사람들에 대한 여섯 가지 징벌로서) 夭死(요사: 일찍 죽음. 요절)·疾(질: 질병)·憂(우: 근심과 걱정. 우환)·貧(빈: 가난. 빈궁)·惡(악: 추악한 용모. 또는 흉악한 일을 당함)·弱(약: 허약한 신체) 등이다.

이상의 아홉 가지 이치(義理)를 설명해 주면서 하늘과 사람이 서로 감응(感應)한다는 것을 말하였다.

「九疇(구주)」는 곧 九類(구류: 아홉 가지 종류)이고, 「洪範(홍범)」은 곧 大道(대도)이니, 「홍범구주(洪範九疇)」란 곧 아홉 가지 종류의 대도(大道: 나라를 다스리는 큰 원칙)이며, 천제(天帝)는 곧 단군(檀君)이요, 하늘(天)이 우(禹)에게 홍범구주를 주셨다고 한 것은 곧 부루를 천사(天使)로 말한 것이니, 이는 곧 〈오월춘추(吳越春秋)〉에서 이른바 우(禹)가 현토사자(玄菟使者)를 꿈에 보았다는 사실을 가리킨 것이다.

「洪範(홍범)」 전편이 모두 오행상응(五行相應)의 도리를 말하고 있으므로, 홍범(洪範)이란 글은 곧 부루가 주고 하우(夏禹)가 받은 오행을 기록한 〈황제중경(黃帝中經)〉의 금간옥자(金簡玉字)를 기자(箕子)가 번역, 해설한 것이니, 곧 〈중경(中經)〉의 일부분이고 그 전문(全文)은 아닐 것이다.

아, 슬프다. 비록 번역한 글이나마 단군의 경(經)이며 조선 5천 년의 고서(古書)이거늘, 평생을 홍범의 연구에 바친 박현석(朴玄石)·이성호(李星湖: 李瀷) 등 여러 선배들도 이러한 관계를 알지 못하였던 것이다.

기자가 홍범을 해설해 준 것은 희발(姬發: 周 武王)로 하여금 잘못을 뉘

우치고 오행에 귀의하도록 하여 은조(殷朝)를 회복할까 하는 기대에서였으나, 이는 은조(殷朝)의 한 유신(遺臣)의 애통함에서 나온 공상이었고 실제에서는 있을 수 없는 일이었다.

기자가 곧 희발(姬發)의 완고함과 패역(悖逆)함을 깨닫고는 이에 조선으로 향하니, 그의 뒤를 따르는 자가 5천여 명이나 되었다. 기자가 조선에 들어온 뜻은, (一) 종교적인 이유에서였으니, 고구려가 노자(老子)의 교(教: 道教)를 높이자 혜량선사(惠亮禪師)가 신라로 달아났고, 인도(印度)가 불교를 탄압하자 달마대성(達摩大聖)이 중국으로 쫓겨 갔듯이, 희발(姬發)이 삼정(三正) 오행(五行)의 가르침을 배척하므로 기자가 그 신앙의 조국인 조선으로 향했던 것이다. 고대에는 종교 감정이 언제나 정치보다 더 강하였다.

(二) 정치적인 이유에서였으니, 고려가 망하자 목은(牧隱) 이색(李穡)이 명(明)나라에 구원을 청하였으며, 주씨(朱氏: 명나라를 세운 주원장(朱元璋). 여기서는 명조(明朝)를 말함.-원주)가 망하자 여주(黎洲) 황종희(黃宗羲: 명(明)나라 말기의 대학자로 〈명이대방록(明夷待訪錄)〉의 저자—옮긴이)가 왜(倭)에 군사를 애걸하였듯이, 은(殷)나라가 주(周)에게 망하자 기자가 조선으로 들어온 것도 이와 같은 성격의 일이었다. 고대에는 군신(君臣)의 의리가 씨종(氏種)의 구별보다도 더 강하였으니, 기자가 조선으로 들어온 것도 그때의 형편으로는 오히려 당연하였다고 할 수 있다.

당시 조선이 기자를 환영하였음도 충분히 상상할 수 있다. 같은 교(教)를 신봉하는 나라의 사람이고, 이웃 나라의 스승이고, 은조(殷朝)의 충신이고, 망명해온 외로운 손님(孤客)이니, 이러한 우리 교(教)의 현사(賢師)로서 끝내 비극에 빠졌으니 어찌 동정의 느낌이 없었겠는가. 그러므로 평양 한 구석에 군읍(郡邑)을 주어서 제후로 삼았던 것이다.

사마천이 〈사기〉에서 "무왕이 기자를 봉(封)하였다(武王封箕子)"고 한 것은 조선을 무고(誣告)한 것일 뿐만 아니라 기자를 욕보인 것이다. 기자는 일찍이 미자계(微子啓)와 왕자 비간(比干)에게 "나는 (주(周) 무왕의) 신하가 되지 않을 것이다"고 하였는데, 어찌 무왕이 내려주는 봉작(封爵)을 받았겠는가. 그러므로 반고(班固)는 〈한서〉에서 이런 말을 빼고 다만 "기자가 조선으로 피하여 갔다"고 하였고, 본조(本朝: 李朝)의 장계곡(張谿谷)은 반고를 인용하여 증명하면서 사마천의 잘못을 책망하였으니, 그 소견(所見)이 지당하다고 할 것이다.

그러나 후세 사람들은 항상 기자가 제왕(帝王)이 되어 조선 전국을 차지하였던 것으로 아는데, 이는 잘못된 생각이다. 기자가 비록 성인(聖人)이라고 하나 어찌 외국의 나그네로서 들어오는 길에 곧 제왕(帝王)이 될 수 있었겠는가. 강토를 늘려서 제왕의 권력을 갖게 된 것은 후세 자손 때의 일이고, 기자는 오직 하나의 작은 제후(小諸侯)에 불과하였다.

당시의 제후는 인민의 선거로 되는 자도 있었고, 세습으로 되는 자도 있었으나, 그 결과는 언제나 단군 왕조의 책봉을 받아야만 되었다. 이때에 단군 왕조는 부여로 옮겨와서 그 명령이 전국적으로 행하여지지 못하였으므로, 기자의 봉작(封爵)은 왕조에서 받은 것이 아니고, 평양은 지금의 평양이 아니라 오덕지(五德地) 곧 북평양(北平壤) 부근인 광령현(廣寧縣)이었다. 광령은 당시 변한(卞韓)의 관할지역 안에 있었으므로, 기자가 조선에 들어오거나 나갈 때에는 반드시 변한과 관계가 있었을 것이다.

기자가 제왕(帝王)이 되었다고 하는 것은 이 또한 기자를 거짓 사실로써 욕하는 것이 된다. 기자가 이미 희발(姬發)과 깊은 원수 사이가 되어 있었는데, 조선의 제왕이 되고도 희발에게 그 죄를 묻지 못하였다고 한다면, 그를 어찌 기자라 할 수 있겠는가.

그렇다면, 기자가 제후가 되고서도 희발에게 죄를 묻지 못하였다고 하는 것은 있을 수 있는 일인가? 그렇다. 그때의 제후는 한 고을의 군수(郡守)에 불과하였으며, 기자는 곧 평양의 군수였다. 아무리 복수할 생각이 간절하였다고 하더라도 일개 평양 군수가 어찌 중국에 대하여 선전포고할 권리가 있었겠는가.

썩어빠진 유자(儒者)들이 언제나 말하기를 "희발(姬發)은 천명(天命)을 받았기 때문에 기자가 그를 원수로 삼을 수 없었다"고 하는데, 그 소위 천명(天命)이란 것은 무엇을 표준으로 한 것인가?

만약 성공한 자를 천명을 받은 자라고 한다면, 이는 강한 권력이 곧 천명이니 시비(是非)가 없을 것이다. 그리고 정의(正義)를 가진 자가 곧 천명을 가진 자라고 한다면, 정의란 것은 또 어떤 것인가?

민심을 따라서 행하는 자가 정의(正義)라고 한다면, 희발(姬發)이 은(殷)을 친 뒤에 인심이 은(殷)을 생각하여 은경(殷京)의 인심이 다 배반하였으니 희발의 정의는 어디에 있는가.

폭군을 벤 자가 정의라고 한다면, 주(紂)가 비록 잔포하기는 하나 현성(賢聖)한 임금이 여섯 일곱 대(代)나 되던 왕실을 없애버리는 것이 무슨 정의이며, 전대의 여섯 일곱 성군(聖君)의 덕정(德政)도 주(紂)의 잔악함과 포악함을 구할 수는 없었다고 한다면, 어찌하여 희발이 은 왕실의 대성(大聖)인 기자(箕子)·미자(微子)를 세워 성군의 유통(遺統)을 잇게 하지 않았는가.

민심(民心)이 곧 천심(天心)이라고 한다면, 당일에 주(紂)가 속히 죽고 기자 같은 대성(大聖)이 서기를 바란 것이 민심이니, 어찌하여 천심은 민심과 달리 주(紂)의 재위 기간은 20년, 30년이나 길게 하여 기어이 그 악

(惡)이 가득 차서 서주(西周)의 작은 추장(小酋: 곧 희발)에게 망하게 하였는가.

그러므로 천명(天命) 때문에 기자가 희발(姬發)을 원수로 여길 수 없었다고 하는 것은 우부(愚夫: 어리석은 사내)의 말일 뿐이며, 만일 희발이 무경(武庚)과 미자(微子)에게 봉작을 주어 은(殷)의 제사가 끊어지지 않게 했기 때문에 기자가 희발을 원수로 여길 수 없었다고 한다면, 곧 말세의 ……(38자 누락됨: 일제의 검열 과정에서 삭제된 듯함)…… 일도 무엇이 희발과 다르겠는가.

만일 전국이 이미 벌써 희발의 수중에 들어가서 기자가 그를 원수로 알아도 쓸데없었기 때문에 비록 원수일지라도 도(道)를 전하고 봉작(封爵)을 받았던 것이라고 한다면, 세력 아래에는 대절(大節: 큰 절개)이 있을 수 없다는 말이 되는데, 과연 그럴까?

어느 모로 보든지 간에, 기자가 희발을 원수로 알지 않았다고 하는 것은 천박한 유자(儒者)와 속객(俗客)의 말에 지나지 않는다.

그러므로 기자가 홍범을 희발에게 설명해준 것은 다만 자기가 신봉하는 교(敎)의 교리(敎理)가 이러하다는 것을 표시한 것에 불과하고, 그 내용으로 보면 혹시 백이(伯夷: 다음 장(章)에서 설명함—원주)가 희발을 간(諫)하던 심사(心事)의 한 부분도 가졌을지 모른다. 그리고 기자가 조선에 들어온 것은 조선에 구원을 청하려 했던 것이지만, 다만 당시 조선에 큰 사나이가 없어서 기자의 요청에 응하여 군사를 내어 희발을 베지 못하였던 것이다.

제3장 고죽국의 유신(遺臣) 백이·숙제의 아사(餓死)

〈수문비사(修文備史)〉에서 고죽(孤竹)은 구족(九族)의 하나라고 하였다. 고죽국(孤竹國)은 대개 조선의 서번(西藩: 서쪽 변경에 있는 나라)이고 단군 오부(五部)의 후손이다. 처음 고죽국(지금의 영평부(永平府) 등지에 있었던 나라—원주)을 세운 일에 관하여는 사서(史冊)에 보이지 않고, 오직 백이(伯夷)·숙제(叔齊) 형제의 일로 비로소 역사에 등장하였으니, 백이·숙제 또한 위인(偉人)이라 할 수 있다.

백이(伯夷)·숙제(叔齊)의 사당(祠堂)이 해주(海州)의 수양산(首陽山)에 있는데, 선배 학자들은 이를 근거로 백이·숙제가 아사(餓死)한 곳은 곧 해주의 수양산이라고 하였다.

그러나 해주의 수양산 또한 조선이 고대 강토를 잃고 나서 다시 고죽을 「다물(多勿)」하지 못하자 마침내 수양산이란 이름을 해주로 옮겨 와서 그 산에다 백이사(伯夷祠)를 지어놓고는 후세 사람들로 하여금 고죽의 이름이나마 잊지 말도록 한 소극적인 기념물에 불과하다. 그런데도 사가(史家)들은 수백 년 뒤에 앉아서, (一) 고죽의 본원(本源)을 모르고, (二) 수양산이 옮겨온 원인도 모르고, 이에 백이·숙제의 최후가 조선의 해주에 있었다고 한다.

중국의 사가들은 고죽이 조선의 구족(九族)의 하나인 줄 알았으나, 그러면서도 백이(伯夷)의 사실을 무욕(誣辱: 거짓말을 꾸며서 모욕함)하기를, 은(殷)의 유신(遺臣)이었기 때문에 은(殷)을 위하여 수절(守節)한 것이라고 하였다.

백이·숙제는 기자(箕子)와 동시대의 사람이다.

백이·숙제는 고죽국의 왕자였으므로 그 지위가 은(殷)의 기자와 같았으나, 기자는 선왕(先王)의 서자(庶子)였기 때문에 왕이 못 되었지만 백이·숙제는 선왕의 적자(嫡子)였으면서도 왕위를 버렸으니, 그 출신이 달랐다.

백이·숙제가 무왕(武王)이 은(殷)을 치는 것을 반대하였던 점에서 그 의견이 기자와 같았으나, 기자는 지나족(支那族)이었지만 백이·숙제는 조선족이었으니, 그 종족이 달랐다.

백이·숙제는 이족(異族)의 서주(西周)로 갔고 기자는 조선에 들어왔으므로 그 종적(蹤迹)이 같았으나, 기자는 조선에서 늙어 죽었지만 백이·숙제는 서주(西周)를 버렸으니, 그 말로(末路)가 달랐다.

종교(宗教)는 같았으나, 백이·숙제는 외롭게 죽어갔지만 기자는 거짓 미친 체하였다. 둘의 정절(貞節)은 같았으나 백이·숙제는 굶어 죽었지만 기자는 수종(壽終: 수명대로 살다가 죽음)하였다.

이처럼 양편의 처지(處地)와 행사(行事)의 같고 다름을 따라서 그 성질을 볼 수 있다.

이제 백이(伯夷)·숙제(叔齊)의 역사를 말하고자 한다.

백이는 고죽왕의 장자(長子)였고 숙제는 왕의 막내아들(季子)이었다. 형제가 다 천성(天性)이 순결하고 강직하여 뜻에 부합하지 않는 사람과 함께 앉으면 마치 조의조관(朝衣朝冠: 조정의 대신이 등청하기 위해 관복 차림의 정장을 함)을 한 사람이 도탄(塗炭: 진흙과 연탄) 위에 앉아 있는 것과 같이 여기고 곧 달아났다.

(*옮긴이 주: 맹자는 백이의 풍도(風度)를 〈맹자〉 공손추(公孫丑) 상(3.9)에서 이렇게 이야기하였다. "伯夷, 非其君不事; 非其友不友; 不立於惡人之朝, 不與惡人言. 立於惡人之朝, 與惡人言, 如以朝衣朝冠坐於塗炭. 推惡惡(오악)之心, 思與鄕人立, 其冠不正, 望望然去之, 若將浼焉."

그리고 만장(萬章) 하(10.1)편에서는 "伯夷, 目不視惡色, 耳不聽惡聲. 非其君, 不事, 非其民, 不使. 治則進, 亂則退. 橫政之所出, 橫民之所止, 不忍居也. 思與鄕人處, 如以朝衣朝冠坐於塗炭也. 當紂之時, 居北海之濱, 以待天下之淸也. 故聞伯夷之風者, 頑夫廉, 懦夫有立志."

옮긴이의 번역본 〈맹자〉(비봉출판사) 참조)

부왕(父王)이 죽을 때에 숙제(叔齊)를 사랑하여 유언으로 왕위를 이으라고 하였으나, 숙제가 말하기를 "형과 아우의 차례를 지키지 않을 수 없다"고 하여 백이에게 사양하였는데, 백이는 "부왕의 명(命)이 아니다"고 하면서 달아났고, 숙제도 또 백이를 따라서 달아났다. 고죽의 사람들이 할 수 없어서 선왕의 둘째 아들(中子)을 왕으로 세우자 백이·숙제는 함께 손을 잡고 북해(北海)로 가서 살다가, 주후(周侯) 희창(姬昌: 문왕)의 치적을 듣고 다시 서주(西周)로 향하였다.

(*옮긴이 주: 맹자(孟子)는 〈맹자〉 이루(離婁) 상(7.13)에서, 백이·숙제가 문왕의 치적을 듣고 주(周)로 찾아간 일을 다음과 같이 말하였다. "伯夷辟周, 居北海之濱, 聞文王作, 興曰, 盍歸乎來! 吾聞西伯善養老者."(→ 백이가 은왕(殷王) 주(紂)의 폭정을 피하여 북해의 바닷가에 살고 있다가, 주(周) 문왕이 선정을 하고 있다는 소문을 듣고는 떨쳐 일어나서 말하기를 '어찌 문왕에게로 돌아가지 않으리! 우리가 듣기로는 그는 노인들을 잘 봉양한다고 하던데.' 라고 하였다.

고죽국의 왕자인 백이와 숙제가 은왕(殷王) 주(紂)의 학정을 피하여 북해로

가서 살 이유가 없었음을 생각하면, 저자 신채호의 설명이 훨씬 사리에 부합한다고 할 수 있다. 〈맹자〉에는 이 밖에도 백이와 숙제에 관한 이야기가 많이 나온다. 옮긴이의 번역본 〈孟子〉 참조.)

백이·숙제가 이족(異族)으로서 당시 역심(逆心)을 품었던 주 문왕(文王)에게 돌아간 것은 하나의 의문이지만, 그러나 그들이 무왕(武王)을 배척한 것을 보면 단순히 양로(養老)의 은혜를 받으려고 그랬던 것이 아니고 무슨 다른 뜻을 품었던 것임을 알 수 있다.

주(周)에 이르니 문왕(文王) 희창(姬昌)은 이미 죽었는데 무왕(武王) 희발(姬發)이 즉위하여 문왕의 신주(神主)를 전차에 싣고 8백 제후들을 모아 은(殷)을 치러 가고 있었다. 이에 백이·숙제가 그 앞을 가로막고 희발을 꾸짖어 말하기를 "남의 신하가 되어서 자기 임금과 싸우려 하니 이를 충(忠)이라 할 수 있겠는가. 죽은 아비를 장사지내지도 않은 채 전쟁부터 먼저 하니 이를 효(孝)라 할 수 있겠는가." 하였다.

이 말이 끝나지도 않아 좌우가 칼을 들어 치려고 하자, 다행히 희발의 대장 강태공(姜太公)이 백이·숙제를 의사(義士)라 하여 보호하여 데리고 갔으므로 죽음을 면하였다.

(*옮긴이 주: 본서의 백이·숙제에 관한 고사(故事)는 그 기본 줄거리는 〈사기〉의 백이열전(伯夷列傳)에 나오는 것과 같고, 〈사기〉는 또 〈맹자〉에서 소개된 내용을 주로 참조하여 쓴 것이다.)

희발이 은(殷)을 멸망시키고 은(殷)의 서울을 차지하여 장사(壯士)들에게는 관작(官爵)과 포상을 내리고, 인민들에게는 대사면의 은전을 베풀고, 제후들에게는 땅을 더 주고, 학사(學士)들은 좋은 예우로 불러서 마치 우두머리 없는 도적떼들이 그 도적질하여 얻은 물건을 서로 나눠가지고 그 나머지를 남에게 던져주면서 그 은공을 자랑하려는 것과 한가지였다.

그런데도 은(殷)의 구신(舊臣)과 구민(舊民)들은 모두 네 무릎을 땅에 꿇고 그만두기를 빌고 있었으므로 백이·숙제의 눈에는 이것도 차마 봐줄 수 없는 일이었다. 게다가 희발이 방금 군사를 내어 연해안을 향하여 조선의 식민지 나라들을 치려고 하는 것을 알고, 백이·숙제 형제는 이때에 주(周)의 녹(祿)을 받는 것은 의(義)가 아니라고 생각하여, 마침내 고국으로 돌아와서 고죽(孤竹)의 수양산(首陽山)에 올라 고사리를 캐먹으며 노래를 지어 불렀다.

"수양의 뫼에 올라 고사리나 캐리로다.
모짐(暴力)으로 모짐을 대신하면서도
그른 일인 줄 모르는구나.
신농씨(神農氏)도 가시고 순(舜)도 우(禹)도 다 죽었으니
이제 그 누구를 의지하랴.
어하, 가리로다. 명(命)이 다했는가."

(이 시는 〈사기〉에서 역출(譯出)한 것이다.—원주).

노래를 마치고는 굶주림을 못 이기어 형제가 함께 수양산에서 죽었다. 백세 뒤에나 천세 뒤에라도 이 시를 읽어보면 백이·숙제의 목청이며 얼굴이 곁에 있는 듯 생생할 것이다. 위력(威力)에 꺾이지 않고, 부귀(富貴)에도 끌리지 않고 자신의 뜻을 이루었던 것이다.

(*옮긴이 주: 〈사기〉 백이열전(伯夷列傳)에 소개된 〈채미가(采薇歌)〉의 원문은 다음과 같다.
登彼西山兮(등피서산혜)
采其薇矣(채기미의).
以暴易暴兮(이폭역폭혜)
不知其非矣(부지기비의).
神農虞夏忽焉沒兮(신농우하홀언몰혜),
我安適歸矣(아안적귀의).

于嗟徂兮(우차조혜)
命之衰矣(명지쇠의))

그러나 후세인들이 늘 백이·숙제의 마음을 오해하여, 혹자는 은(殷)을 위해서 그랬던 것이라고 하고, 혹자는 주(周)를 싫어하였기 때문이라고 하였다. 그러나 백이·숙제는 은(殷)의 제후도 아니고 구신(舊臣)도 아니니 무슨 인연으로 은(殷)을 위하여 죽었단 말인가.

또 혹자는 주(周)가 은(殷)을 대신한 것이 불의(不義)라 하여 이를 싫어하였기 때문이라고 하는데, 그렇다면 부국(父國)인 고죽(孤竹)으로 돌아가거나 조국인 조선으로 돌아가면 될 텐데, 어찌 중국의 왕실을 위하여 죽었단 말인가.

또 인인(仁人)의 눈에는 피(彼)와 아(我)를 가리지 않기 때문에 중국을 위하여 죽었다고 한다면, 그렇다면 어찌하여 다시 고죽으로 돌아와서 죽었단 말인가.

대개 희발이 은(殷)을 멸망시킨 것은 종교 전쟁의 기원이고 조선 식민지의 위기였다. 희창(姬昌)이 이미 오행(五行)을 배척하고 육십사괘를 가지고 따로 중국의 교문(教門)을 세워 조선과 대치하려고 하였으며, 희발(姬發)은 그 아비의 뜻을 이어 군사를 일으켜 오행의 신앙을 가진 은(殷)을 쳐서 멸망시킨 것이니, 그 화(禍)가 장차 조선의 식민지에 미칠 것이란 점은 바보라도 알 수 있는 일이었다.

그러나 당시 조선은 본국이든 그 식민지든 가리지 않고 단군 왕조가 부여로 옮겨온 후 삼경(三京)이 이미 분립된 상태에서 내부로는 형제가 서로 쟁탈하고 외부로는 구족(九族)이 서로 분열하여 다시 오부(五部)의 고풍(古風)을 되돌릴 수 없었기 때문에, 백이·숙제 형제가 서로 왕위를 사양한 것은 그 순결한 성품이 그러하였을 뿐만 아니라, 또한 말세의 풍속을 경계하고 깨우쳐 주려 함이었다.

그리고 서주(西周)를 유랑한 것은 희창을 달래어 그 야심을 단념시키고 단속하려는 것이었는데, 희발이 군사를 동원하는 것을 보고는 시기가 너무 급박하여 조용히 담론할 겨를이 없었으므로 말 머리를 붙잡고 막으며 간했던 것이다. 그리고 은(殷)이 망하자 사세가 이미 어쩔 수 없으므로 고국으로 돌아왔던 것이다.

당시 고국이나 동족의 식민지들은 모두 사사로운 이해관계로 서로 싸우는 악습(惡習)에 젖어서 희발이 쳐들어올 줄 잊고 있었다.

그들이 부른 노래(즉, 采薇歌) 가운데서 신농씨(神農氏)를 생각한 것은, 복희씨(伏羲氏)가 팔괘를 지은 후 그가 처음으로 밭을 갈아 곡식을 재배하는 방법을 알아냈으며 조선의 선민(先民)으로서 첫 번째 중국으로 이주해 간 성인(聖人)이었기 때문이다. 그리고 순(舜)은 신농의 뒤에 조선의 식민지 백성으로서 중국에 들어가 살았던 두 번째 사람이었으므로, 순(舜)을 생각했던 것이며, 우(禹)는 부루로부터 경(經)을 받아 그것을 중국에 널리 전포하였던 현군(賢君)이었으므로, 우(禹)를 생각하였던 것이다.

이처럼 고인(故人)을 노래함으로써 절박한 시세(時勢)와 식민지 백성들을 깨우치려 하였던 것이니, 백이·숙제는 당시의 선각자(先覺者)였다. 그들이 죽은 후 얼마 되지 않아 조선과 지나(支那) 두 종족 간에 대 전쟁이 났다.

제4장 부여족 교민(僑民)과 중국과의 대전쟁

기자(箕子)의 「홍범(洪範)」 선언은 종교상으로 자극을 줄 만하였고, 백이·숙제의 「채미가(采薇歌)」는 종족상으로 분노를 느끼게 할 만하였으니, 만일 이 끝에 조선 열국이 중국 안에 있는 식민국들과 연합하여 주(周)를 쳤더라면 새로 수립되어 아직 기초가 튼튼하지 못한 나라로서는 능히 대적할 수 없었을 뿐만 아니라, 중국인들도 오행(五行)을 신앙하거나 또는 은(殷)을 생각하는 자들이라면 모두 머리를 돌려서 조선을 향하였을 것이므로, 그 승패의 결과는 싸움이 일어나기 전에 판단할 수 있는 일이었거늘, 딱하도다.

조선은 당시 이 같은 위대한 계획을 내놓지 못하여 선각자(先覺者)의 경고를 저버렸고, 적국의 발호(跋扈)를 그대로 방치함으로써 해외에 있는 식민국들로 하여금 홍수처럼 밀려드는 적국의 위협에 직면하게 하였던 것이다.

이때 중국 안에서 부여족이 가장 번성하였던 곳은 (一) 산동(山東), (二) 산서(山西), (三) 연계(燕薊: 하북(河北) 방면-원주)였으니, 이제 순서를 따라 먼저 산동부터 살펴보자.

산동에 있던 조선의 식민(殖民)들이 건설한 나라가 많지만, 그 가운데 가장 큰 왕국을 들면 래(萊)·엄(奄)·우(嵎) 세 나라이다. 「우국(嵎國: 嵎

夷)」은 단군 때에 설립되어 요(堯)의 신하 희중(羲仲)이 측후(測候: 기상과 천체의 운행을 관찰함—옮긴이)하던 곳과 근접한 곳이니, 지금의 연주부(兗州府) 등지가 그곳이고, 「래국(萊國: 萊夷)」도 단군 때에 설립되어 일찍이 하(夏)와 문자(文字)로 통상(通商)하였는데, 지금의 래주부(萊州府) 등지가 그곳이며, 「엄국(奄國: 奄)」은 그 기원이 사서(史册)에 보이지 않으나 대개 래(萊)와 우(嵎)와 동시대이고, 지금의 제남부(濟南府) 등지가 그곳이다.

희발이 이미 은(殷)을 멸하고는 곧 대장(大將) 강태공(姜太公)을 영구(營口: 후의 임치(臨菑). 지금의 산동성 치박시(淄博市) 동북—옮긴이)에 봉하여 제후(諸侯)의 신분으로 대병(大兵)을 거느리고 산동 전 지역의 조선족을 압박하려고 들어왔는데, 우(嵎)·엄(奄) 등의 나라들은 다 암매(闇昧)하여 그것을 깨닫지 못하였으나, 오직 래국(萊國)의 왕만은 영명(英明)하여 곧 태공이 오기 전에 영구를 차지하여 주(周)와 대항하려고 군사를 일으켜 빨리 영구로 향해 갔다.

영구의 이전 장관(長官)은 이미 떠나갔고 새 장관 강태공은 아직 도착하지 않아서 성 안이 텅 비어 있었으니 참으로 위기가 터럭 끝에 달려 있는 형편이었다. 강태공이 군사를 거느리고 오다가 중도의 여관에서 잠을 자고 있었는데, 여관 주인이 깨우쳐 주며 이르기를 "때(時)란 한 번 가면 오지 않는 법(時難得而易失). 손님의 모습을 보니 아무 일 없는(無事) 자가 아니거늘 어찌 이같이 편히 잠만 자는가. 자못 시세를 아는 자가 아닌 모양이군." 하였다.

강태공이 이내 길을 재촉하여 영구에 도착하였기 때문에 래국 왕이 이미 강태공이 온 것을 알고는 영구를 빼앗을 기회가 이미 없어진 줄 알고 이에 군사를 돌렸다. 래국 왕은 이와 같이 사태를 미리 짐작하는 데 빠르고 진취(進取)함에 빨라서, 만일 여관 주인이 강태공을 깨우쳐 주지 않았더라면 먼저 영구를 차지하여 큰 판 싸움에서 다퉈 볼 만하였으며, 또는 조선의 식민국들이 다 래국 왕과 뜻을 같이하여 일시에 연합하여 제(齊)를 쳤더라면, 비록 영구를 얻지 못하였을지라도 오히려 주(周) 무왕(武王) 희발의 야심을 꺾고 조선의 영광을 날리게 되었을 것이며, 설사 패망하였더라도 오히려 장렬한 조선혼(朝鮮魂)을 보여 주었을 것이거늘, 다만 래국 왕이 하나뿐이고 둘도 못 되었기 때문에 제국들이 앉아서 멸망을 당하였던 것이다.

(*옮긴이 주: 래국(萊國) 왕과 강태공(姜太公)과의 영구 선취(先取) 경쟁에 관한 기록은 〈사기〉 제태공세가(齊太公世家)에서는 다음과 같이 기록하고 있다.

"武王已平商而王天下, 封師尙父于齊營丘. 東就國, 道宿行遲, 逆旅之人曰: '吾聞時難得而易失. 客寢甚安, 殆非就國者也.' 太公聞之, 夜衣而行, 黎明至國, 萊侯來伐, 與之爭營丘. 營丘邊萊. 萊人夷也. 會紂之亂而周初定, 未能集遠方, 是以與太公爭國.")

그러나 희발과 강태공이 산동의 여러 나라들에 대하여 먼저 도모하고자 하였던 것은 엄국(奄國)이었다. 래국(萊國)은 비록 강고(强固)하고 국왕도 영명하였으나 원래 소국(小國)이어서 대세를 좌우할 수 없었으나, 엄국은 대국(大國)이었고 땅도 거의 사방 천 리나 되었기 때문에 희발이 강태공으로 하여금 래(萊)를 방비함으로써 엄국을 원조하지 못하게 하고, 그리고는 그 아우 주공(周公)으로 하여금 지나족(支那族) 제후의 대병(大兵)을 연합하여 엄국으로 쳐들어가게 하였는데, 엄국의 왕 또한 나라의 군사들을 모집하여 사면으로 막았다.

희발이 죽고 그 태자 성왕(成王)이 즉위하여서는 더욱 압박을 가해 왔으므로, 엄국이 3년간 혈전을 벌였으나 마침내 양식이 끊어지고 양식을 운반해 올 길도 막혀서, 더는 어찌할 수 없는 줄 알고 엄국 왕이 결사대와 함께 나아가 싸우다가 죽었다. 이때는 단군 1200여년(기원전 1134~년) 이었다.

(*옮긴이 주: 성왕(成王)이 엄국(奄國)을 멸망시킨 사실에 대한 〈사기〉 주본기(周本紀)의 기록은 다음과 같다.

"周公爲師, 東伐淮夷, 殘奄, 遷其君薄姑. 成王自奄歸.……旣絀殷命, 襲淮夷……成王旣伐東夷, 息愼(=肅愼)來賀, 王賜榮伯, 作〈賄息愼之命〉.")

엄국(奄國) 왕은 래국(萊國)을 비롯한 조선의 식민국들 가운데서 가장 맹주(盟主)가 될만한 대국이었으면서도 여러 나라를 연맹하여 지나족의 연합군을 막지 못하였고, 또 래국 왕처럼 자기의 관할 지경을 지켜내지도 못하고 적병이 성 밑에 이른 뒤에야 겨우 대적할 조처들을 취하였으니, 그 지략과 계책의 졸렬함은 감출 수 없다. 그러나 마침내 나라가 망하는 날에 포로가 되는 욕을 당하지 않고 싸우다가 칼날에 쓰러졌으니, 그의 죽음 또한 장렬하였다.

우국(嵎國)의 멸망은 어느 때인지 사서에 보이지 않는다. 그러나 여러 가지 사실로 그 연대를 미루어 보건대 엄국과 그 운명이 같았을 것이다. 엄국은 강태공의 소유가 되었고, 우국은 성왕(成王)이 주공(周公)의 아들 백금(伯禽)을 봉하였는데, 우국이 비록 망하였으나 조선 오부(五部)의 여속(餘俗: 남아서 전해오는 풍속)이 오히려 남았으므로, 후세에 그 옛 땅에서 공구(孔丘: 공자)·맹가(孟軻: 맹자) 등이 조선의 오행(五行)과 주역(周易)의 육십사괘를 좋아하여 새로운 철학을 조직하여 「계사(繫辭)」「문언(文言)」 등을 저술하게 되었다.

우(嵎)·엄(奄) 양국은 이미 망하였으나, 래국(萊國)은 수백 년 후까지 오히려 제(齊)와 서로 대치하였다.

위의 세 나라 외에도 전유(顓臾)·근모(根牟) 등 여러 소국들이 있었으나 그 성패(成敗)와 존망(存亡)이 당시의 대세와는 관계가 없었으므로 여기에 기록하지 않는다.

연계(燕薊)에 있었던 식민 나라들은, 영평부(永平府)에 서울을 둔 고죽국(孤竹國)이 사방 천 리의 땅을 가져서 가장 컸고, 그다음으로 컸던 나라는 순천부(順天府) 부근에 서울을 둔 영지(令支)와, 고죽의 동남에 있는 「영지(令支)」였고, 이 밖에도 여러 소국들이 있었다. 산서(山西)에는 부여족이 몽고 인종과 연합하여 건설한 적국(赤國: 赤狄)·백국(白國: 白狄) 등이 있었다.

산동 전쟁이 이미 끝나자 주(周)가 연계(燕薊)와 산서(山西)를 향하여 세력을 확장하려고 하였으나, 그때 마침 은(殷)의 옛 서울에서 주(紂)의 아들 무경(武庚)이 은의 유민들을 거느리고 반란을 일으키니, 당시에 무경과 그를 추종하는 유민들을 감독하고 다스리던 관숙(管叔)·채숙(蔡叔)은 곧 성왕의 숙부(叔父)이자 주공의 형제였으면서도 도리어 무경을 도와 주(周)를 치자, 주의 형세 또한 위급해졌다.

이에 주(周)는 내란으로 말미암아 산서·연계 등지에 대한 야심을 포기하고 은을 쳐서 무경과 관숙·채숙을 죽인 뒤에도 내부 정돈이 더욱 시급함을 깨닫고 다시 군사를 일으키지 않았다.

그러나 소공석(召公奭)을 연(燕)에 봉하고 당숙(唐叔)을 진(晋)에 봉하여 고죽·영지·적국·백국 등을 이웃하게 하니, 이에 일시의 전쟁은 그쳤으나, 이것이 양족 사이에 장래의 화근이 되어서 드디어 4, 5백 년 동안의 극렬한 혈전이 벌어지게 되었다.

독일의 사학자 「랑케(Leopld von Ranke; 1795~1886)」씨는 그가 지은 〈세계역사〉의 처음에서 상고(上古) 각 민족의 종교의 이동(異同)을 말하면서, "고대의 여러 민족들의 경쟁은 언제나 종교의 충돌이 그 중심이 되었다. 만일 동일한 신(神)을 받들지 않는 자를 보면 이 세상에 양립할 수 없는 원수로 알고 그를 괴롭히기도 하고 그를 죽이기도 하다가, 마침내 그 나라를 없애버리고 나서야 그쳤다. 그 원인은 곧 종교가 각 민족의 특성을 대표하기 때문인데, 종교가 다르면 그 민족들 사이에 반드시 풍속·주의(主義)·이익 등이 다 반대되어 협동이 되지 못한다"고 하였는데, 우리의 고대에는 더욱 그러하였음을 볼 수 있다.

처음에 부루(夫婁)가 서(西)로 건너가 삼신(三神)·오제(五帝)·삼정(三正)·오행(五行) 등을 중국에 전파하였는데, 이를 가장 먼저 받은 자가 하우(夏禹)였다. 하우가 이미 부루의 은혜를 입어 홍수를 다스리고는 이에 감복하여 힘을 다하여 부루가 가르쳐 준 신(神)에 대한 신앙으로 인민들을 가르치고, 그의 아들 계(啓)가 즉위하여서는 단군 교(敎)의 반대자인 유호씨(有扈氏)의 왕국을 쳐서 깨뜨리니, 중국의 제후들은 우(禹)와 계(啓)의 공로에 눌리어 다시는 반대하는 뜻을 갖는 이가 없었다.

그리고 백성들은 삼신(三神)과 오제(五帝)의 신앙에 감화되어 부여에 대한 감정이 서로 통하여 중국 안에 부여족 식민들이 혹은 지나족 부락과 섞여 살거나 혹은 이웃하여 한울타리 안에 두 집이 살림을 하는 것과 같았으나 아무런 악감정이나 충돌 없이 1천 년의 역사를 지냈는데, 이로써 단군·부루의 덕이 깊었음을 알 수 있다.

〈죽서기년(竹書紀年)〉에는 황(黃)·청(靑)·견(畎) 등의 부(部)가 자주 중국을 쳤고, 중국의 제왕들도 황·견 등의 부(部)를 좇았다는 이야기를 적고 있으나, 〈죽서기년〉은 중국에서도 전부터 위서(僞書)라고 하여 그 말을 역사에 올리는 이가 없으므로, 그 가운데 적혀 있는 조선과 중국이 서로 싸웠다는 말을 어찌 믿을 수 있겠는가.

그리고 단군 1200여년(기원전 1134~년)경에 이르러서는 주(周) 문왕(文王)·무왕(武王)이 복희(伏羲)의 팔괘를 근거로 육십사괘를 만들고, 또 오행(五行)과 나란히 같이 서술한 「연산역(連山易)」과 「귀장역(歸藏易)」의 괘설(卦說)을 배척하고 별파(別派)를 세워서 중국과 조선의 종교를 갈라놓고, 또 정치상으로는 은(殷)을 쳐서 중국 안에 있던 오제(五帝) 신앙의 종국(宗國)을 없애고, 연해안의 조선 식민국들을 쳐서 중국 안에 오제 신앙의 맹주였던 강국을 없앰으로써 조선과 중국의 종족을 갈라놓으니, 조선 민족이 중국 안에 송곳 하나 세울 땅이 없게 된 것은 이때부터이니, 희창(姬昌)·희발(姬發)은 참혹하고 독한 자들이었다.

그러나 조선의 여러 식민국들은 고단(孤單)한 객(客)의 처지여서 중국의 대국들과 싸우기에는 힘이 부쳤으므로, 혹은 이기고 혹은 패한 것만 해도 오히려 영광이라고 할 수도 있다. 그러나 당시에 북으로는 흑수(黑水)로부터 남으로는 조령(鳥嶺)까지, 동으로는 대해(大海)부터 서로는 고죽(孤竹)·영지(令支)까지, 넓고 넓은 당시 조선 천지에서 식민국을 원조하겠다고 나선 자가 한 사람도 없었던 것은 또 무슨 이유인가.

아, 슬프도다. 어찌 없었겠는가. 다만, 당시의 그 일을 묻는 자 없었으며, 후세에도 그 이름을 역사에 올리지 않았을 뿐이니라.

제5장 대서(大徐) 제국(帝國)의 흥망

조선 본토에도 사람이 없고 식민지에도 사람이 없어서 중국 북부에 이식하였던 백성들이 온갖 압박을 받고 있음에도 불구하고 단군 오부(五部)의 유민(遺民)들은 분열에 분열을 더하여 대세(大勢)를 돌아보는 눈도 가지지 못하였고, 외지(外地)의 동포에게 한 팔뚝을 내밀어 도와줄 생각도 하지 못하였다.

그러던 판에 중국의 남방, 곧 부루(夫婁)가 하우(夏禹)에게 〈중경(中經)〉을 전해주던 땅에서 얼마 안 되는 거리, 곧 회하(淮河) 부근에서 종교계의 위인(偉人)이라 할지 정치계의 위인이라 할지 이름 짓기 어려운 한 위인이 나와서 당시 조선 사람의 대표가 되어 중국 천지를 한 번 들었다 놓았으니, 이 또한 캄캄한 가운데 한 줄기 빛인지라, 역사를 읽는 자들이 깊이 환영할만한 사람이다.

그 사람은 누구인가? 곧 다음에서 말하고자 하는 서국(徐國)의 언왕(偃王)이다.

서(徐)·회(淮) 두 곳의 땅이 단군 구족(九族)의 식민지의 일부임은 전편(前編)에서 이미 말하였다. 삼경(三京)이 분립한 뒤로 조선 본부의 호령(號令)이 해외 식민지에 미치지 못하자 서민(徐民)·회민(淮民)들이 다 자립하여 「서국(徐國: 徐戎)」·「회국(淮國: 淮夷)」을 건설하니, 이것이 서국(徐國)

의 기원이다.

서국(徐國)은 겨우 5백 리의 땅으로 인구 또한 조밀하지 못하여 몇 만 호(戶)에 불과하였으므로, 해외의 식민부락들 가운데서도 손바닥만한 소국(小國)이었다. 언왕(偃王)은 이 소국의 위인으로서 단군 1330년(기원전 1004년)경에 나셨다. 그가 나실 때에 금란(金卵)에서 나왔다는 신화가 〈박물속지(博物續志)〉에 기재되어 있으나, 이는 미신(迷信) 시대에는 으레 하는 말로서, 마치 박혁거세(朴赫居世) · 고주몽(高朱蒙)의 외기(外紀: 본기(本紀)와는 달리 정사(正史)가 아닌 비사(秘史)와 같은 것)와 같은 종류이다.

그는 머리가 한쪽으로 굽었기 때문에 언왕(偃王)이라 하였다고 한다. 아홉 살 때 궁궐 앞 개천에서 놀다가 물에 떠내려 오는 붉은색 활(朱弓)과 붉은 화살(赤矢)을 얻고는 이를 하느님이 주신 것이라 생각하여 열심히 활쏘기를 익혀서, 마침내 백발백중의 뛰어난 활솜씨를 갖게 되었으므로 궁왕(弓王)이란 별명을 얻었고, 어릴 때부터 인덕(仁德)이 있어서 궁중 사람들의 경애(敬愛)를 받았다고 한다.

언왕이 전왕(前王)의 자리를 이어서 즉위하던 때에 하늘이 그에게 기회를 주셨다. 해외의 조선 식민들의 씨를 말리려 하던 주 무왕(武王: 姬發)의 자손들이 몇 대(代) 지나지 않아 목왕(穆王) 만(滿)이란 자가 나왔는데, 그는 정치에는 마음을 두지 않고 음탕한 일에만 몰두하여, 하루에 천리를 달리는 여덟 마리의 준마가 끄는 수레를 타고 곤륜산(崑崙山)을 지나 서왕모(西王母)라는 먼 나라의 여왕(女王)에게 가서 잔치판을 벌리고 놀면서 돌아오지 않았다.

근세의 사가(史家)들이 〈목천자전(穆天子傳)〉과 서양사(西洋史)를 참고한 결과, 서왕모는 곧 소아시아 「바빌론」이 강성하여 그 위세가 곧 동서양을 덮을 정도가 되자 주(周)나라를 향하여도 공물(貢物)을 바치라고 강요하였는데, 이 때문에 목왕의 이 행차가 있게 되었다고 하였다. 이 말이 근거가 있는지 없는지, 옳은지 틀린지는 알 수 없으나, 대개 목왕이 서유(西遊)한 것만은 사실이다.

목왕이 간 뒤에 돌아오지 않자 제후들이 다 주(周)를 배반할 마음을 먹었다. 이때 언왕(偃王)이 더욱 힘써서 인의(仁義)를 행하니, 부루와 하우(夏禹)가 지나간 곳이어서 〈중경(中經)〉의 윤리(倫理)와 가르침이 아직 인심에 배어 있었던 곳이므로, 모두들 언왕의 교화(敎化)에 기울어져 강(江)·회(淮)·한수(漢水) 사이에 있던 나라들로서 언왕에게 와서 조공을 바치는 제후가 36국이나 되었다.

목왕이 이 기별을 듣고 크게 놀라서 드디어 여덟 마리의 준마가 끄는 수레를 타고 빨리 돌아왔다. 그러나 언왕의 세력이 이미 어찌해볼 수 없을 정도로 커져 있음을 보고는, 언왕이 곧 주(周)를 쳐서 멸망시킬까봐 두려워서 사신(使臣)을 보내어 언왕에게 애걸하기를, 중국을 두 토막으로 나누어 섬(陝) 이서의 제후는 주(周)가 맡아 다스리고, 섬(陝) 이동의 제후는 서(徐)가 맡아서 다스리자고 하였다. 서 언왕이 그를 불쌍히 여기고 이에 허락하였다.

서(徐) 언왕(偃王)이 이를 허락한 것은 큰 실책이었다.

다른 종교를 세워서 천백 년이나 내려오던 조선과 중국 사람들 간의 좋은 감정을 파열시킨 것은 바로 주(周)가 아니었던가.

악(惡)은 용서해 주어서는 안 되는바, 단군·부루의 종교를 막아서 중국 안에서 그 자취가 끊어지게 한 것은 바로 주(周)가 아니었던가.

그 죄(罪)를 놓아주어서는 안 되는바, 산동에 수없이 많던 조선의 식민국을 멸망시키고, 그 인민을 죽이고, 그 종묘(宗廟)를 헐어버린 것은 주(周)가 아니었던가.

그 불의(不義)가 자라게 해서는 안 되는바, 산서·직예(直隸: 지금의 북경시) 등지에 진(晋)·연(燕) 등 주가(周家)의 동성(同姓)들을 봉하여 부여족 만세(萬世)에 화근을 심은 것은 주(周)가 아니었던가.

그 간사한 싹(奸萌)은 꺾지 않아서는 안 되는바, 비록 주(周)가 강성한 때라도 오히려 칼을 겨눌만한 원수이거늘, 하물며 이때에는 주 목왕(穆王)이 음탕하여 하늘이 노하고 사람이 미워하여 의지할 데가 없어진 판이었으므로 언왕의 한 번 호령이면 천하가 모여들어 주(周)를 베어 버릴 수 있는 날이었음에도 불구하고 이런 때에 그 애걸에 감동하고 그 간계(奸計)에 속아서 망하게 된 주(周)를 놓아주어 후일의 근심을 장만하였으니, 아, 이 또한 어리석도다.

래(萊)·엄(奄)의 장졸(將卒)들의 넋이 은(殷)을 위하여 울고, 서산(西山) 의사(義士: 즉, 백이와 숙제)의 뼈가 주(周) 때문에 뒹굴었나니, 언왕은 어찌 이를 보지 못하였는가.

곤(鯀: 하우(夏禹)의 부친)이 죽지 않으면 부루의 오행(五行)을 전할 곳이 없으며, 유호씨(有扈氏)가 망하지 않으면 조선의 식민들이 살지 못하였을 것이니, 언왕이 어찌 이것도 듣지 못하였는가.

또한 서(徐)와 주(周)는 양립하지 못할 줄을 누구라도 알 수 있었을 것이거늘, 언왕은 어찌 이를 몰랐는가.

인의(仁義)가 종교에 있어서는 가치가 있으나 정치에 있어서는 도리어 자살제(自殺劑)가 되기도 하는 법이거늘, 아, 슬프다. 언왕이여!

언왕이 목왕(穆王)의 애걸을 허락한 지 얼마 후, 목왕은 은밀히 사신을 초(楚)에 보내어 황금과 비단을 주면서 꾀어 이르기를, "초(楚)는 서(徐)의 뒤를 치고 주(周)는 그 앞을 친다면 서(徐)나라를 멸망시킬 수 있을 것이다. 서(徐)나라가 망한 뒤에 그 땅을 주(周)·초(楚) 양국이 나누어 갖자"고 하였다.

초(楚)나라는 당시 안휘(安徽)·강소(江蘇)의 수천 리 땅을 차지한 대국이었으므로 초왕은 서(徐)의 발흥을 싫어하였으나, 다만, 서(徐)에게 복종하는 제후들이 많은 것이 두려워서 거짓으로 서(徐)에게 칭신(稱臣: 스스로 신하라 일컬음)하였는데, 주 목왕의 꼬임을 듣고는 크게 기뻐하였다. 이리하여 주·초 양국의 대서(對徐) 동맹이 비밀리에 성립되었다.

참되고 바른 것(眞正)이 속임수와 거짓(詐僞)을 이기지 못하며, 도덕(道德)이 간악(奸惡)한 자를 변화시키지 못하는 것은 정치 세계의 유한(遺恨)이다.

상황이 이러하였음에도 불구하고 서 언왕은 오히려 주(周)·초(楚) 양국 사이에 밀약(密約)이 있음을 깨닫지 못하고 진심과 신의로 양국을 대접하였다. 마침내 초나라 군사들이 서(徐)가 깨닫지 못하고 있음을 틈타 서(徐)의 남으로 쳐들어오고, 주(周)의 군사들은 그 북으로 쳐들어와서 앞뒤로 덤비니, 인(仁)으로 집을 짓고 의(義)로써 문을 내어 천하를 불러 모으던 서 언왕이 어찌 칼과 활을 막을 만한 연장이 있었겠는가. 다만 죽거나 달아나거나 둘 중에 하나를 택할 수밖에 없게 되었다.

그러나 서(徐)의 백성들은 인의(仁義)에 젖은 지 오래되었기 때문에 차마 언왕을 버리지 못하였으며, 또 양 적(敵)의 간사한 속임수를 통분하게 여기어 모두 한 번 싸워 죽기를 청하였다. 그러나 언왕은 백성의 피와 살로 적국의 칼을 막지 못할 줄 알고, 또 자기 한 몸을 위하여 살육의 피비

린내를 역사에 남기지 않으려고 하여 말하기를, "내가 덕(德)으로 사람을 살리지 못할지언정 어찌 악(惡)으로써 사람을 죽일 수 있겠는가." 하고는 백성의 청을 허락하지 않고 팽성(彭城)의 깊은 산속으로 달아나니, 그를 좇는 자가 수만 가(家)나 되었다.

서 언왕은 이때도 잘못하였다.

무릇 언왕이 망하는 것은 한 사람이 망하는 것만이 아니라 곧 전체가 망하는 것이며, 서(徐) 전체뿐만 아니라 곧 해외 조선 식민지 전체의 망함이며, 식민지 전체뿐만 아니라 곧 조선의 위령(威靈)이 망함이니, 이미 망하는 자리에 놓여 있다면 혈육(血肉)은 망할지언정 정신(精神)은 망하지 말도록 해야 할 것이다. 만일 칼도 활도 없는 수만 백성이 다 싸움에 죽었다면 그래도 서국(徐國)의 정신만은 만세에 남아 전하였을 것이다. 그러나 서 언왕은 이 점을 생각지 못하였을 뿐만 아니라, 곧 자기가 가진 붉은 활(朱弓)과 붉은 화살(赤矢)도 한 번 써보지 못하였다.

서 언왕은 죽을 때 말하기를 "문사(文事)가 있으면 반드시 무비(武備)가 있어야 하거늘, 내가 인의(仁義)에만 힘쓰고 무비에는 뜻을 두지 않았으니, 이런 처지에 이른 것이 또한 마땅하다"고 하였다.

팽성(彭城) 등지에 철문관(鐵門關) · 주마당(走馬塘) 등의 지명이 있는데, 본토 사람들의 전설에 의하면, 이 두 곳은 다 서 언왕 말로(末路)의 유적(遺蹟)이라고 한다.

「철문관」은 명(明) 말부터 인민의 교통에 불편을 주고 있다고 하여 전체를 파고 뚫었기 때문에 그 유지(遺址)를 찾을 수 없으나, 고대에는 두 개의 돌이 좌우로 우뚝 서 있어서 철문(鐵門)과 같았으므로 철문관이라 불렀다고 한다.

그 안에는 사면이 꽉 막히고 수백 가구가 살만한 벌판이 있는데, 언왕은 이 속에서 초나라 병사들에게 포위되었다. 얼마 후 결사대(敢死隊) 수백 명이 그 포위망을 헤치고 언왕을 구하러 오자 왕이 크게 감동하여 반가워하고 그 결사대를 선봉으로 삼고 관문으로 나와서는 주마당(走馬塘)에 이르러 말을 타고 달렸기 때문에 「주마당(走馬塘)」이란 이름을 얻었다고 한다.

그러나 〈후한서〉 〈한창려집(韓昌黎集)〉 〈고금습유(古今拾遺)〉 〈박물속지(博物續誌)〉 등에는 전부 언왕이 팽성에서 죽었다고 하였는데, 이 전설과는 다르니 어떤 말이 옳다고 아직 단정할 수는 없다.

서(徐) 언왕의 역사를 보니 어찌 그리도 어질고 어찌 그리도 모질지 못함(不忍)이 많았는지. 처음에 주(周)의 간계(奸計)에 속아 그 화해 요구를 허락한 것은 말할 것도 없고, 곧 주(周)·초(楚) 양국의 군사가 도성에 닥쳤을 때에 성 안에는 죽음을 각오하고 싸우려는 인민이 많았으니, 이들을 거느리고 나아가 싸웠더라면 그 승패가 오히려 알 수 없는 판이었는데도, 언왕은 그렇게 하지 않고 기꺼이 자기 몸이 죽는 쪽을 택하였던 것이다.

만약 언왕이 「예수」와 같이 천민 계급 출신이거나, 그렇지 않으면 석가(釋迦)가 정반태자(淨飯太子)의 자리를 버리듯이 그 왕위에 앉지 않았더라면, 그의 재능과 덕(德)으로 만세의 신앙을 받는 대종교가(大宗教家)가 되어 인도(人道)에 빛을 남겼을 것이다.

〈박물속지〉에 이르기를 "언왕이 운하(運河)를 파서 장강(江)·회하(淮)를 서로 통하게 하였다"고 하였는데, 중국의 연혁 지도로 보건대 그 운하는 후세에 오왕(吳王) 부차(夫差)와 수(隋) 양제(煬帝)를 지나 세계사 가운데 가장 큰 운하가 되었는바, 그 운하의 완성은 수(隋)에 와서 되었지만 그 시조(始祖)는 서 언왕이다. 서 언왕의 공덕이 후세에 남아 전하는 것은 이것뿐이다.

언왕이 죽은 뒤 백여 년 만에 그 자손이 중흥하여 회국(淮國)과 연합하여 주(周)와 싸워 선조의 원수를 갚으려 하였는데, 이때 주(周)의 선왕(宣王)은 교활한 임금인지라, 중국의 제후들을 끌어들여 서(徐)를 치니, 끝내 서(徐)가 패하여 뜻을 이루지 못하였다.

(*옮긴이 주: 참고로 서(徐) 언왕(偃王)의 인의(仁義)의 정치에 대하여 〈한비자(韓非子)〉(오두(五蠹) 편)와 〈논형(論衡)〉(비한(非韓) 편)에서 이야기되고 있는 바를 소개한다.

한비자(韓非子)는 주(周) 문왕(文王)의 인의의 정치와 서(徐) 언왕의 인의의 정치가 상반되는 결과를 가져오게 된 이유를 이렇게 설명하고 있다.

"옛날 주 문왕은 풍(豊)과 호(鎬) 사이의 땅 사방 백 리로써 인의(仁義)의 정치를 행하고 서융(西戎)의 각 부락을 위무한 결과 마침내 천하의 왕이 되었다. 그리고 서 언왕은 한수(漢水) 동쪽의 땅 사방 오백 리를 가지고 인의(仁義)의 정치를 행한 결과 땅을 갈라 바치면서 찾아와 조공을 바치는 나라가 36개국이나 되었다. 초(楚)의 문왕(文王)은 서 언왕의 인의의 정치가 자기 나라에 위협이 된다고 생각하여 군사를 일으켜 서국을 쳐서 마침내 멸망시키고 말았다.

그러므로 문왕은 인의의 정치를 행하여 천하의 왕이 되었으나, 서 언왕은 인의의 정치를 행한 결과 자기 나라를 잃어버렸다. 이렇게 된 이유는, 인의의 정치는 옛날에는 적용될 수 있었지만 지금의 시대에는 적용될 수 없기 때문이다. 그래서 말하기를 「세상이 달라지면 그 일도 달라져야 한다(世異則事異)」고 한 것이다."

한비자의 이 주장에 대하여 왕충(王充)은 그의 저서 〈논형(論衡)〉에서 이렇게 반박하고 있다.

"나라를 다스리는 방법(治國之道)에는 두 가지 길러야 할 것이 있다. 그 하나는 덕(德)을 기르는 것이고(養德), 또 하나는 힘(力)을 기르는 것이다(養力). 덕(德)을 기른다는 것은 이름난 사람을 기름으로써 현자(賢者)를 존경함을 보여주는 것이고, 힘을 기른다는 것은 기력(氣力) 있는 사람을 기름으로써 용병(用兵)의 능력을 보여주는 것이다. 이것이 소위 문무(文武)를 겸전하고 덕과 힘을 함께 갖춘다는 것이다.
일에는 덕으로 품어 안아야 할 것도 있고 혹은 힘으로 꺾어야 할 것도 있다. 밖으로는 덕으로써 자립(自立)하고, 안으로는 힘으로써 자신을 방비함으로써 덕을 흠모하는 자는 싸우지 않고도 복종하게 하고, 덕을 무시하는 자는 무력이 겁나서 물러가게 해야 한다.
서(徐) 언왕은 인의(仁義)의 정치를 행함으로써 육지에서 인사하러 찾아오는 나라가 32개 나라나 되었는데, 강한 초(楚) 나라가 그 소식을 듣고 군사를 일으켜 서(徐) 나라를 멸망시키고 말았다. 이는 서 언왕이 덕(德)은 지켰으나 힘을 갖추지 않았기 때문이다.

무릇 덕(德)이란 그것만으로는 나라를 다스릴 수 없으며, 힘이란 그것만으로는 적을 막아낼 수 없다. 한비자의 방법은 덕을 기르지 않는 것이고, 서 언왕의 행동은 힘을 의지하지 않은 것이니, 두 가지 중 어느 하나에만 의지하는 것은 각각 부족한 바 있다. 서 언왕은 힘을 갖추지 않았다가 화를 당한 것이고(偃王有無力之禍), 한비자의 방식만을 알다가는 반드시 덕 없음의 화를 입을 것이다(知韓子必有無德之禍).")

제4편
진한(辰韓)의 전성(全盛)과 대외전쟁

제1장 진한(辰韓)의 발흥과 조선·중국 양족의 대전

래(萊), 엄(奄), 회(淮), 서(徐) 등 나라들의 중국에 대한 전쟁은 비록 조선 민족이 외족(外族)과 싸운 싸움이긴 하지만, 이는 다만 해외 식민국(殖民國)의 일이어서 본국에서는 몰랐으며, 본국이 몰랐을 뿐만 아니라, 래(萊)와 엄(奄)이 희발(姬發: 周 武王)과 싸울 때에는 서(徐)와 회(淮)가 몰랐으며, 서(徐)와 회(淮)가 희만(姬滿: 周 穆王)과 싸울 때에는 래(萊)와 엄(奄)이 몰랐으므로, 매번 조선 민족 일부분의 중국에 대한 싸움이 되었고, 조선 민족 전체의 중국에 대한 싸움은 아니었다.

그러다가 단군 1700년(기원전 634년)경에 조선에서는 「진한(辰韓)」이 맹주(盟主)가 되어 조선의 여러 왕들을 거느렸고, 중국에서는 「제(齊)」가 맹주가 되어 중국의 제후들을 거느렸다. 이들 양족(兩族)이 각기 자기편의 연합군을 결성하여 연경(燕京)에서 만나 민족적 대 전쟁을 개시하였는데, 이는 역사를 읽는 자들이 큰 흥미를 느낄 만한 역사적 사건이다.

이 전쟁이 일어난 원인을 찾아보면, (一) 기자(箕子)·무왕(武王) 이후의 양족의 종교가 갈라졌고, (二) 래(萊)-주(周), 엄(奄)-주(周), 서(徐)-주(周) 간의 세 번의 전쟁 이래로 양족 사이의 구원(仇怨)이 더욱 깊어졌는데, 이상 두 가지는 이 전쟁의 원인(遠因)이다. 그리고 (三) 조선은 아사달(阿斯達) 왕조부터 통일이 깨어져 열국이 갈려서 서로 싸웠으므로, 해외 식민국들이 타족(他族)으로부터 어떠한 고통을 당하든 간에 이를 구원해줄 겨를이 없었다. 그러다가 진한(辰韓)의 진왕(辰王)이 나서 무력으로써 조선 열국을 거느리게 되자 이에 해외(海外)를 경영할 야심도 생기고 능력도 있었다. 그리고 중국은 주(周) 목왕(穆王) 뒤로부터 주 왕실이 쇠약해져서 제후들이 왕실의 명령에 복종하지 않았는데, 이때 제(齊) 환공(桓公)이 나와서 현상(賢相) 관중(管仲)을 얻어 제(齊)를 부강하게 하고 중국 북부의 맹주(盟主)가 되고 나서 진한(辰韓)의 세력을 막아서 중국을 완전한 지나족(支那族)의 차지로 하려고 하였다. 이와 같이, 조선의 진한(辰韓)과 중국의 제(齊)의 발흥이 곧 이 전쟁의 근인(近因)이다.

원인(遠因) 두 가지와 근인(近因) 한 가지가 합해짐으로써 양족 사이에 전쟁은 피치 못할 사건이 되었다.

진한(辰韓)의 진왕(辰王)의 역사는 〈삼한고기(三韓古記)〉가 없어짐에 따라 다시는 인간 세상에 보이지 않고, 오직 삼국 시대와 남북국(南北國: 신라·고려와 발해) 시대에 진왕(辰王)의 공적을 흠모하는 제국(帝國)들이 「辰王(진왕)」이란 휘호(徽號: 삼한전(三韓傳)에서는 "마한 사람이 자립하여 辰王(진왕)이 되었다(馬韓人自立爲辰王)." "진한의 12국은 辰王(진왕)에게 복속하였다(辰韓十二國, 屬辰王)." "기준이 멸망한 후 마한인들은 다시 진왕(辰王)이 되었다(箕準滅後, 馬韓人復爲辰王)"고 하였으며, 발해사(渤海史)에서는 "대조영이 震國王(진국왕=辰王)이 되었다(大祚榮 爲震國王)"라고 한 것과 같은 종류-원주)를 갖기 좋아하고, 거의 대부분 「단군(壇君)」의 칭호(稱號: 〈삼국유사〉에서 해모수(解慕漱)·고주몽(高朱蒙)·해부루(解夫婁)는 단군 혹은 단군의 아들이라고 한 것과 같은 종류 -원주)와 같은 존칭(尊稱)을 사용하였는데, 壇君(단군)은 대개 문화(文化)와 인덕(仁德)에 힘쓴 분이었던지라, 단군 신조(神祖), 곧 왕검씨(王儉氏)를 우러러보며 흠모하는 자가 가졌던 이름이었으며, 辰王(진왕)은 삼한의 웅주(雄主), 곧 진한(辰韓)의 辰王(진왕)을 따라 배우려는 자들이 가졌던 이름이다.

辰王(진왕)에 대한 숭배가 이러하였음에도 불구하고 후세 국민들은 아무도 그 이름을 알지 못하니, 어찌 안타깝지 아니한가.

그러나 고죽(孤竹)·태항(太行) 양 대전(大戰)의 사실이 〈관자(管子)〉와 또 다른 중국 고서에 각각 적혀 있는데, 그 전쟁의 주동자를 찾아보면, 그 하나는 「秦夏(진하)」이고 또 하나는 「齊(제)」인데, 「齊(제)」는 곧 중국의 맹주(盟主: 곧 辰韓)였다.

중국사에서는 辰韓(진한)을 秦韓(진한: 삼한전(三韓傳)에 "辰韓(진한)을 또한 秦韓(진한)이라고 하였다(辰韓亦謂秦韓)." -원주)이라고 하였으니, 「秦夏(진하)」라고 한 것은 음역(音譯)이 와전(訛傳)된 것이다. 「玄帝(현제)」는 곧 辰韓(진한)의 辰王(진왕)에게 올린 존호(尊號)이다.

辰韓(진한)의 북부의 이름이 현부(玄部) 혹은 현토(玄菟)인데, 지금의 봉천(奉天), 흥경(興京) 등지이다. 그곳은 당시 진한의 서울이었기 때문에 현제(玄帝)라고 하였던 것이며(진한(辰韓)의 땅의 넓이가 단군조보다 좁았기 때문에 그 현부(玄部)가 흥경(興京) 등지에 있게 된 것이다.-원주), 중국사에서 말하는 「산융(山戎)」은 곧 진한과 진한의 동맹국인 고죽(孤竹)·동도(東屠: 퉁구스. 선비(鮮卑))·영지(令支)·부여 등이다. 「융(戎)」이란 말도 후세에서와는 달리 당시에는 추한 명사(名詞)가 아니었다. 그러므로 고대에는 대장(大將)을 원융(元戎)이라고도 하였다. 그러나 또한 일종의 천시하고 모욕하는 뜻으로 쓰기도 하였다.

(*옮긴이 주: 한자 「戎(융)」의 현재 자형은 「十」+「戈」로 되어 있으나, 「戎」의 갑골문자는 「甲」+「戈」로 되어서 「갑옷」과 「창」, 즉 공격과 방어에 사용되는 무기로써 「전쟁」을 나타내는 것이었다. 본래 여기에는 천시하거나 무시하는 뜻은 전혀 없었고, 오히려 싸움에 능한 자에 대한 일종의 무서움과 두려움을 나타내고 있다.)

대개 진한(辰韓) 진왕(辰王)이 단군조가 부여로 옮긴 뒤를 이어 일시에 무공(武功)으로 조선 열국을 합하여 그 동맹을 만들고, 단군 1628년(기원전 706년)에 연(燕)을 쳐서 항복을 받고 계속하여 남으로 내려가서 제(齊)를 치니(〈사기(史記)〉 제세가(齊世家)에 "산융이 제(齊)를 치니 제(齊)의 리공(釐公)이 서울 교외에서 맞아 싸웠다(山戎伐齊, 齊釐公, 戰于齊郊)"라고 하였다-원주), 제(齊)가 드디어 진왕(辰王)이게 굴복하여 세공(歲貢)을 바치고 현제(玄帝)의 존호(尊號)를 올렸다. 이에 진한의 세력이 중국을 뒤덮어 주(周)·노(魯)·위(衛)·조(曹)·송(宋)·허(許) 등의 열국들이 다 제(齊)의 뒤를 따라 상국(上國)으로 높이 받드니, 이는 진한(辰韓)이 가장 전성하던 시대이다.

고죽(孤竹)·태항(太行)의 양대 전쟁은 단군 1671년(기원전 663년)에 있었으니, 진왕(辰王)이 제(齊)를 친 지 44년 후의 일이다. 진왕이 이때까지 생존하였다고 보기는 어려우므로, 이 전쟁의 주인은 진왕 1세가 아니라 곧 그의 아들이나 손자인 진왕 2세 혹은 3세였을 것이다.

이 전쟁이 나기 전에 제 환공(桓公)이 관중(管仲)을 국상(國相: 재상)으로 삼아 제(齊)를 부강하게 하고, 중국의 제후들과 동맹하여 진한(辰韓)의 세력을 쫓아내려 할 때, 관중이 중국의 문물(文物)과 제도(制度)가 조선 열국에 미치지 못하여 대적할 수 없음을 깊이 인식하고, 이에 평양으로부터 "문피(文皮: 무늬 있는 가죽. 〈관자(管子)〉에서는 「발조선의 문피(發朝鮮之文皮)」라고 하였다.-원주)"를 사 와서 군사들의 옷(戎衣)을 만들고, 부여로부터 철기(鐵器)를 사 와서 병장기를 만들고, 조선의 오부(五部) 오군(五軍)의 법제를 본받아 여(閭)·리(里)·향(鄕)·정(井)과 군(軍)·오(伍)·사(師)·려(旅) 등을 개량하고, 또 조선의 징병제(徵兵制)를 도입하여 농민들도 모두 농한기에 전투 기술을 익히게 한 후 번갈아 변경으로 수자리 보내니, 이에 제(齊)의 강함이 중국 열국 중에서 으뜸이 되었다.

그러나 제(齊)는 여전히 진한(辰韓)의 위력을 두려워하여 그 동족인 중국의 제후들과 모여서 맹약(盟約)을 맺었는데, 그 맹서(盟書)의 제1조에서 "반드시 현제(玄帝)의 명령이 아니면 우리가 서로 싸우지 못한다"고 하여 진왕(辰王)을 삼가 섬기니 진왕도 제(齊)를 충실한 속국으로 보았다. 그 후 제 환공(桓公)이 흉계를 써서 래국(萊國)을 멸하자 진왕이 크게 노하여 곧 군사를 일으켜 중국을 치니, 이에 양족의 종족적 대 전쟁, 곧 중국과 고죽(孤竹)·태항(太行)과의 양 대전이 일어났다.

래국(萊國)은 비록 소국이었으나 제(齊)의 선조 강태공(姜太公)과 싸워서 물리치기도 한 나라였다. 그러므로 제의 군신(君臣)들이 언제나 래(萊)를 큰 원수로 여겼으나 어찌지 못하다가, 제 환공이 이미 정치를 개량하고 중국의 제후들을 모아 겉으로는 평화를 선포하였으나 속으로는 곧 조선 열국의 세력을 중국 안에서 물리치려는 비밀동맹을 맺었다. 그리고는 관중(管仲)에게 그 공격 순서를 묻자, 관중이 모책(謀策)을 내어 말하였다.

"우리 제나라의 가장 큰 걱정거리는 래국(萊國)이니, 래(萊)를 먼저 치는 것이 옳습니다. 그러나 래(萊)나라 사람들은 용감하고 래왕(萊王)은 암혼(暗昏)하니, 힘으로 이기기는 어렵고 꾀로 망하게 하기는 쉽습니다"고 하였다.

이에 제나라의 황금을 내어 래(萊)의 곡식과 나무를 사들이니, 래(萊)나라의 마지막 왕이 이런 음모를 깨닫지 못하고 말하였다. "황금은 나라의 보배이거늘, 제의 군신(君臣)들은 황금을 이와 같이 헤프게 쓰는구나."

그리고는 백성들을 모아 산에 가서 나무를 베고 창고에서 곡식을 내어 제(齊)에다 팔았다. 얼마 안 되어 래(萊)나라에는 먹을 곡식과 땔 나무가 다 떨어지고 오직 황금만 집집마다 가득하였다. 래(萊)나라가 다시 제(齊)나라로부터 나무와 곡식을 사려고 하자, 제(齊)는 바다나 뭍에서 나는 모든 물품의 수출을 금지하여 래(萊)나라 백성들이 크게 곤란해졌다. 이에 제나라가 군사를 일으켜 래(萊)를 쳐서 멸망시켰다.

래(萊)가 멸망하자 진한(辰韓)이 이에 제(齊)의 야심이 곧 조선 민족이 중국 안에 발붙이지 못하게 하려는 것인 줄 알고 조선 열국을 연합하여 제를 치려고 하면서, 한편으로는 도하(屠何: 사람 이름이다 —원주)로 하여금 동도(東屠: 퉁구스. 선비족(鮮卑族) —원주)·고죽·영지(令支)·무종(無終) 등 나라의 군사를 거느리고 고죽을 지나서 연(燕)을 치게 하고, 한편으로는 비리(卑離: 관직 명이다 —원주)로 하여금 산서(山西) 등지에 있는 적(赤)·백(白)·구주(句注)·대(代) 등 나라의 군사를 거느리고 태항산(太行山)을 넘어 진(晉)을 치게 하니, 연(燕)과 진(晉)이 위급하여 제(齊)의 구원을 청하였다.

제 환공(桓公)은 조(曹)·위(衛)·송(宋)·허(許) 등 열국의 군사를 규합하여 연과 진을 구원하였는데, 군사를 나누면 진한보다 적다고 하여 곧 첫 번째로는 진(晉)을 구원하고, 그런 다음에 다시 군사를 돌려서 연(燕)을 구원하기로 전략을 정하였다.

〈관자(管子)〉에서는 "북으로 고죽에 이르러 秦夏(진하)를 붙잡았다(北至孤竹, 拘秦夏)"고 하였고, 〈국어(國語)〉에서는 "태항산의 비이(卑耳) 계곡에 이르러 夏(하)를 붙잡았다(至太行卑耳之谿, 拘夏)"고 하였다. 위소(韋昭)의 〈국어주(國語註)〉에서 "拘夏(구하)는 지명이다"고 하였으나, 이는 주석이 틀렸다. 「拘夏(구하)」의 「夏(하)」 앞에 「秦(진)」 자가 탈락된 것으로, 秦夏(진하)는 곧 辰韓(진한)이다.

진한이 양쪽 길로 군사를 내보내면서 한 부대는 태항(太行)으로 나아가고 다른 한 부대는 고죽(孤竹)으로 나왔기 때문에, 제 환공이 먼저 태항산 남쪽으로 온 진한(辰韓)과 싸운 다음에 고죽으로 가서 진한과 싸운 것이니, 「拘(구)」는 붙잡다(拘捕)는 뜻이고, 방어(防禦)의 뜻이다.

이 전쟁의 결과 그 승패(勝敗)가 어떠하였는지는 분명하지 않다. 〈사기〉에나 〈관자〉에나 모두 진한(辰韓)이 패한 것으로 말하고 있으나, 제 환공이 싸운 전쟁터가 겨우 태항산과 고죽에 그쳤던 것으로 보아, 설령 그가 이겼다고 가정하더라도 그리 시원하게 이기지 못하였음이 분명하다.

유향(劉向)의 〈설원(說苑)〉에서는 "환공(桓公)이 고죽을 치고 요하(遼河)를 지났다"고 하였으나, 이는 후세의 패설(稗說: 민간에 떠도는 이야기)인지라 신뢰할 수 없을 뿐만 아니라, 또 환공의 군대가 요하까지 나아갔다면 〈관자〉에서 얼마큼이라도 자랑하였을 텐데, 〈관자〉에는 요하란 이름이 나오지 않는다.

또 설령 제 환공이 요하를 건너갔다고 하더라도, 후에 연(燕)의 전성시(盛時)에 고죽을 차지하고는 난하(灤河)의 동과 서를 갈라서 서쪽은 요서(遼西)라 하고 동쪽은 요동(遼東)이라 하였던 것으로 보아, 그때의 요하는 곧 난하(灤河)이지 지금의 요하(遼河)가 아니다. 지금의 요하는 환공으로서는 꿈도 꿔보지 못한 땅이다. 그러므로 〈설원〉의 기록을 근거로 제 환공이 전승(全勝)하여 요하까지 건너갔던 줄 아는 것은 큰 잘못이다.

이제 이 전쟁의 경과(經過)를 말하자면, 진(辰)·제(齊) 양국이 다 피곤하여 드디어 전쟁을 그쳤기 때문에 진한(辰韓)도 연(燕)을 지나가서 제(齊)를 쳐부수지 못하였고, 제(齊)도 적(赤)·백(白)·구주(句注)·고죽 등의 나라들을 멸망시키지 못하였던 것이다. 그런데도 공자(孔子)와 사마천(司馬遷)이 다 관중(管仲)의 공로를 자랑하여, 관중이 아니었더라면 중국이 중국으로 남아 있지 못하였을 것이라고 생각하였으니, 대개 이 전쟁 이후에 진한(辰韓)이 현제(玄帝)의 존호(尊號)를 버리고 중국으로부터 세공(歲貢) 받기를 포기함으로써 중국이 중국으로 남아있게 되었던 것은 사실일 것이다.

그 결과가 어찌 되었든지 간에, 이 전쟁은 종족적 대전쟁인지라, 양 민족이 거의 전체가 서로 편을 갈라 싸웠던 것이므로, 후세의 백제가 탁발씨(拓跋氏)와 싸운 일이나, 고구려가 수(隋) 양제(煬帝)와 싸운 일에 비하더라도, 그 규모가 더욱 큰 전쟁이었다.

그런데도 우리 후세 사람들로서 진왕(辰王)을 아는 자가 몇 명이나 되는가? 〈해동역사(海東繹史)〉를 보면, 서(徐) 언왕(偃王)의 자손들도 제 환공과 싸웠다고 하였으나, 그 싸움이 진한(辰韓)과 동맹이 되어 제(齊)와 싸운 것인지, 진한(辰韓)과는 관계없이 오직 독자적으로 제(齊)와 싸운 것인지는 알 수 없다. 그 사실을 분명히 밝힐 수 없으므로, 진(辰)·제(齊) 전쟁 부분에서 서(徐)를 같이 적지 못한 것이다.

제2장 기조(箕朝)의 발흥과 진(辰)·변(卞)의 연합

기자(箕子)가 단군이 남겨준 경(즉, 〈중경(中經)〉)을 받고, 주(周) 문왕(文王)의 육십사괘(六十四卦)를 반대한 중국의 노스승(老師)의 덕(德)으로써 조선에 들어왔기 때문에 평양의 땅을 하사받아 열국의 제후(諸侯)가 되었던 것이며, 그리고 그것을 자손에게 세습(世襲)하는 것이 허락되었던 것이다.

단군 1600~1700년(기원전 734~634년)경에 진한(辰韓)이 조선의 맹주(盟主)가 되어 중국과 전쟁을 벌여서도 서로 지지 않는 판에, 기씨(箕氏)는 홀로 백성들을 권면하여 농업과 양잠에 힘쓰고, 바다를 건너 제(齊)와 통상하고, 또 법령(法令)을 간단하고 지키기 쉽게 하여 「八條(팔조)」의 가르침(教)을 닦아 지경 내의 안정과 부강을 도모하였다.

후세 사가(史家)들은 「八條(팔조)」를 기자가 남긴 것이라고 하였으나, 이는 기자가 죽은 후 천 수백 년 뒤에 한인(漢人) 반고(班固)가 기조(箕朝)에서 전해오는 법령을 보고 기자가 제정한 것인 줄로 추측하여 단정한 것이니, 그 분명한 증거가 될 수 없다.

「八條(팔조)」는 기자 자신이 강술(講述)하였던 홍범(洪範)의 제 3조(條)의 「八政(팔정)」 가운데 나오는 司寇(사구: 사법 담당 장관)의 직무인데, 그 8조(條) 자체가 곧 단군의 유법(遺法)을 좇은 것이며, 〈단군고기(壇君古

記)〉에서 말한 "360여 가지 일(三百六十餘事)" 중에서 刑(형: 형벌에 관한 일)이 그 한 가지 일이므로, 8조는 곧 360여 가지 일 가운데 한 가지 일, 곧 형(刑)에 관한 조목(條目)인 것이다. 자신이 신앙하던 종국(宗國)을 찾아온 기자가 어찌 따로 윤리(倫理)와 형법(刑法) 등을 제정하였겠는가.

다만, 기이하다고 할 만한 것은, 기조(箕朝)가 말년까지 그 조문(條文)을 충실히 지키고 전혀 가감첨삭(加減添削)을 하지 않았다는 것이다. 그 원인은, (一) 신권시대(神權時代)에는 선조(先祖)의 법령을 신(神)이 제정한 것처럼 알았기 때문이며, (二) 상고의 순박한 시대에는 정치가 간단하였기 때문이다.

기조(箕朝)가 이와 같이 간단한 정치로 백성을 다스리고 농상주의(農商主義)로 국가의 정책을 삼아 무릇 수백 년을 지내오자, 사방의 열국들은 모두 전쟁에 시달려서 고대(古代)의 번영을 잃어버리고 백성들은 전쟁에 염증을 느껴서 기조(箕朝)로 돌아오는 자가 많았다.

그리고 단군 1900여 년(기원전 434년) 경에 기조(箕朝)의 35대 왕이 나와서 선대의 큰 축적과 전국의 부(富)를 가지고서도 여전히 소국의 위치에 있음을 부끄럽게 여기고 드디어 진(辰)·변(卞)의 군현(郡縣)들을 엄습하여 차지하고, 서쪽으로 나아가 선비(鮮卑)를 정복하고 고죽국을 멸망시키니, 이에 기조(箕朝)의 땅이 매우 넓어져 남으로는 한강을 경계로 하고, 북으로는 부여(扶餘: 아사달(阿斯達) 왕조 —원주)와 접하고, 서로는 연(燕)과 접하고, 동으로는 진한(辰韓)의 남부 산맥, 곧 단단대령(單單大嶺)으로 경계를 삼아 강국이 되니, 이에 진한·변한이 기조(箕朝)의 침공을 막기 위하여 양국이 연합하여 드디어 「辰卞(진변)」이라 부르게 되었다.

중국사에서는 진한(辰韓)·변한(卞韓)을 「眞番(진번)」이라고 하는데 이는 음역(音譯)이 틀린 것이고, 기조(箕朝)를 「朝鮮(조선)」이라 하는데 이는 나라 구별(國別)이 틀린 것이다.

진변(辰卞) 곧 진번(眞番)의 변정(辨正: 옳고 그름을 가리어 바로잡음)에 관하여는 이미 제1편 제1장 제2절에서 설명하였고, 조선(朝鮮) 곧 숙신(肅愼)의 변정에 관하여는 이미 제1편 제1장 제5절에서 설명하였다. 기조(箕朝)는 다만 조선의 서남부, 곧 단군(壇君)의 량부(良部)로서 후에 낙랑(樂浪)이라 일컬어지는 것이므로, 기조(箕朝)의 칭호는 다만 낙랑일 뿐이다. 그런데 어떻게 또 조선이란 이름을 가졌겠는가.

이렇게 된 원인을 연구해보면, 대개 조선은 단군의 옛 강토의 총칭(總稱)이기 때문에, 이 옛 강토 안에서 건설된 열국들은 모두 그 나라 이름 아래에다 언제나 「朝鮮(조선)」 두 자(字)를 덧붙여서, 진변(辰卞)은 「辰卞朝鮮(진변조선)」이라 하고(〈사기(史記)〉에서 "진번조선을 침략하였다(侵略眞番朝鮮)"라고 한 것과 같은 종류—원주), 낙랑(樂浪)은 「樂浪朝鮮(낙랑조선)」이라 하고(〈한서(漢書)〉에서 "낙랑조선의 백성들은 8조목의 금지 사항을 어겼다(樂浪朝鮮民犯禁八條)"라고 한 것과 같은 종류—원주), 예(穢)는 「穢朝鮮(예조선)」이라 하고(〈사기〉에서 "예·맥 조선으로 쳐들어갔다(穿穢·貊朝鮮)"라고 한 것과 같은 종류—원주), 이 밖에도 마한(馬韓)·옥저(沃沮) 등도 모두 마찬가지로 「馬韓朝鮮(마한조선)」 「沃沮朝鮮(옥저조선)」이라 하였을 것이 분명하나, 다만 사서(史冊)에 쓰이지 않았을 따름이다.

「朝鮮(조선)」이란 두 자(字)가 이처럼 나라의 보통 명칭으로 된 것은 마치 동부여·북부여·졸본부여·사비부여(泗沘扶餘) 등 「扶餘(부여)」란 두 자(字)가 서울(京)을 나타내는 보통 명칭으로 된 것과 같다.

그런데도 후세 사람들은 이를 모르고 부질없이 구분하여 예조선(穢朝鮮)이라 하면 예(穢)와 조선(朝鮮) 두 나라로 보고, 낙랑조선(樂浪朝鮮)이라 하면 낙랑(樂浪)과 조선(朝鮮)의 두 땅으로 보는데, 그 오해(誤解)함이 마치 조선(朝鮮)과 숙신(肅愼)을 서로 다른 민족, 서로 다른 나라로 보는 것과 같다. 이것도 조선사(朝鮮史)의 연구를 곤란하게 하는 한 가지 원인이 되고 있다.

기조(箕朝)의 「평양(平壤)」에 대하여, 혹은 광령현(廣寧縣)을 평양이라 하고, 혹은 해성현(海城縣)을 평양이라 하고, 혹은 개평현(蓋平縣)을 평양이라 하고, 혹은 봉황성(鳳凰城)을 평양이라 하고, 혹은 지금의 평양을 평양이라고 하는 등 그 변론이 분분하다. 그러나 사실은 기조(箕朝)도 단군조(壇君朝)와 같이 삼경(三京)을 두고 삼경의 이름을 모두 평양이라 하였던 것이다.

대개 해성 혹 광령현 등지에 한 서울(一京)을 두어 「북평양(北平壤)」이라 하였고, 봉황성 등지에 한 서울(一京)을 두어 「중평양(中平壤)」이라 하였으며, 지금의 평양 등에 한 서울(一京)을 두어 「남평양(南平壤)」이라 하였는데, 그 사이에 혹 도읍을 옮긴 때도 있었다.

그러나 한성(漢城)이 「남평양(南平壤)」이 되고 지금의 평양이 「중평양(中平壤)」이 된 것은 고구려의 삼경(三京) 때의 일이고 기조(箕朝) 때의 일은 아니다. 기자의 첫 서울은 광령현 곧 「북평양」이고, 중·남평양을 차지한 것은 후세의 왕이 변한(卞韓)을 쳐서 빼앗은 후의 일이다.

대개 「평양(平壤)」이라 할 때의 「壤(양)」의 옛날 음(古音)은 「라」이다. 〈훈민정음(訓民正音)〉에서 「「롸」(그 음(音)이 「야」와 비슷하나 「야」와는 다름 -원주)는 「穰(양)」의 처음 나는 소리(初發聲)이다」고 하였는데, 壤(양)은 穰(양)과 같은 음(同音)이므로, 壤(양)의 옛 음(古音)이 「롸」가 된다는 첫째 증거이다.

그리고 〈삼국사기〉에서는 "국천(國川: 나라의 강. 개천)을 한편으로 국양(國壤)이라 쓰기도 한다(國川 一作 國壤)"라고 하였다. 즉, 國川(국천)의 「川」(천: 고어에서 강(川)을 「라」라고 하였다—옮긴이)을 음역(音譯)하면 「壤(양: 「라」)」이 된다는 것이므로, 壤(양)의 고음이 「라」가 된다는 둘째 증거이다.

〈삼국유사〉에서 서경(西京)은 고대의 「弁那(변나)」라 하였는데, 那(나)·婁(루)·良(량)·羅(라)는 고음(古音)에서 다 같이 「라」이다. 그리하여 順那(순나)·涓那(연나)가 順婁(순루)·涓婁(연루)가 되고, 加瑟羅(가슬라)가 加瑟良(가슬량)으로 된 것과 같은 종류(類)이다. 따라서 변나(弁那)의 「那(나)」로 보더라도 壤(양)의 고음이 「라」가 된다는 셋째 증거이다.(*즉, 「那(나)」의 고음이 「라」이듯이 「壤(양: 즉 〈내(江. 川)〉)」의 고음도 「라」이다.—옮긴이)

또한 평양립(平壤笠: 평양 삿갓)을 「페랑이」라 하는데, 「라」는 「라」의 홑소리이므로, 고금(古今)의 어음(語音)이 변천하여 이러한 이동(異同)이 있게 된 것이다. 따라서 이 또한 壤(양)의 고음이 「라」가 된다는 넷째 증거이다.

평양(平壤)은 처음에 변한(卞韓)의 서울이었다. 그래서 김경숙(金敬叔)이 지은 〈주관육익(周官六翼)〉이란 책에서 "樂浪弁韓(낙랑변한)"이라고 하였는데, 낙랑은 곧 평양의 별명이다.

〈설문(說文)〉에 "樂浪潘國(낙랑반국)"이라 하였는데, 潘國(반국)은 곧 卞國(변국)이다. 그리고 〈한서〉 지리지에서 "遼東番汗縣(요동변한현)"이라 하였는데, 청(淸)나라 건륭제(乾隆帝)가 말하기를, 番汗(변한)은 弁韓(변한)이 잘못 전해진 것이라고 하였다.

이상의 여러 설(說)들을 종합하여 보면, 弁韓(변한)은 원래 요동(遼東)에 있던 나라이고, 평양은 곧 변한의 서울이다, 평양은 원래 하나뿐이었고 둘 혹은 셋 있었던 평양이 아닌데, 기조(箕朝)의 전성시에 변한(弁韓)의 서울 곧 평양을 쳐서 빼앗고는 드디어 삼경(三京)을 두면서 삼경의 이름을 모두 평양이라고 하였던 것이다.

평양을 빼앗긴 뒤의 변한(弁韓)은 자립할 수 없었으므로 드디어 진한(辰韓)에게 원조를 청하였다. 그러나 진한(辰韓)도 이때에는 세력이 꺾이어 혼자 힘으로는 기조(箕朝)를 막을 수 없었으므로 또한 변한(弁韓)을 끌어들이고자 하였다. 이리하여 마침내 진(辰)·변(弁) 연합국이 되어 기조(箕朝)와 대치하였다.

후에 와서 남방으로 옮겨온 뒤에도 서로 일족(一族)이 되어 혹 辰弁(진변)이라 일컬었던 것이며(〈삼국사기〉 견훤전(甄萱傳)에 "진변(辰卞)이 이로부터 일어났다(辰卞從之而興)"고 하였다.—원주), 혹 弁辰(변진)이라고 일컬었던 것이다(〈삼국지〉에 "변진십이국(弁辰十二國)"이라고 하였음—원주).

기조(箕朝)가 비록 대외경쟁에 있어서는 진왕(辰王)에 미치지 못하였으나 그 역내(域內)의 활동은 또한 적지 않았다.

고죽(孤竹)을 쳐서 멸망시킨 것에서 그 강성함을 볼 수 있고 그 웅대한 전략(雄略)을 우러러볼 만하나, 그러나 고죽은 수천 년간 이름난 나라였는지라 단군 때부터 조선의 서쪽 울타리가 되어 중국을 막았으며, 중간에 백이(伯夷)·숙제(叔齊) 같은 성인(聖人)의 맑은 기풍(淸風)과 곧은 절개(直節)가 만고(萬古)에 전하였고, 말엽에는 진왕(辰王)을 높이어 중국 열국을 쳤으며, 제(齊) 환공(桓公)을 막아서 조선족의 장성(長城)이 되어 모든 공덕을 가진 나라가 되었다. 그러나 이때 와서 기조(箕朝)에 의해 일조에 무너지고 말았다. 고죽 같은 큰 제후의 나라가 망한 것은 단군 이후 처음 있는 일이었다.

제3장 중국 열국의 정황과 대부(大夫) 예(禮)의 외교

단군 1600~1700년(기원전 734~634년)경부터 2000년(기원전 334년)경까지 조선과 중국의 양 민족의 역사의 추세를 보면 유사한 점이 허다하다.

조선의 종국(宗國)인 단군 왕조가 아사달(阿斯達)로 옮겨가서 부여조(扶餘朝)가 되고, 중국의 주(周)나라는 주 무왕(武王)의 후손 평왕(平王)이 낙양(洛陽)으로 옮겨가서 동주(東周)가 되었음이 같고,

부여나 주(周)나 세력이 약화되어 그 명령이 모든 제후들에게 다 시행되지 못하였음이 같으며,

조선은 진한(辰韓)이나 기자(箕子)가 다 제후로서 발흥하여 일시에 패국(覇國)이 되어 열국의 맹주(盟主)가 되었는데, 중국에도 제(齊) 환공(桓公)이 패국(覇國: 패자)의 이름을 가져서 중국 열국의 맹주가 된 것이 같으며,

조선에는 진한(辰韓)·변한(弁韓)·기조(箕朝) 등이 다 겸병정책(兼併政策)을 써서 고대부터 남아 오던 소국들이 스스로 존립할 수 없게 되었는데, 중국도 산동(山東)의 제(齊)와 산서(山西)·하남(河南)의 한(韓)·위(魏)·조(趙) 삼국(진(晋)이 망하여 이 세 나라로 됨-원주)과 섬서(陝西)의 진(秦)과 호남(湖南)·호북(湖北)의 초(楚)와, 직예(直隸: 지금의 북경시)의 연(燕)이 강성하여 소국들로서 계속 존립한 나라가 몇 되지 못하였음이 같고,

조선에는 부국강병(富國强兵)의 풍조가 지배하여 고대 정전법(井田法)을 파괴하고 개인적인 능력의 대소(大小)를 따라 빈부(貧富)가 나눠지고 상업

을 장려하여 풍속이 크게 변천하였는데, 중국에도 정전(井田)의 한계를 없애고 토지의 개간만을 장려하였다는 점이 같았다.

(평양·경주 등지의 정전(井田)이 고려 뒤까지도 그 자취가 남아 있었는바, 〈공양전(公羊傳)〉이나 〈맹자〉에도 맥국(貊國)의 20분지 1의 세법(稅法)을 조롱한 기록이 있다(맥(貊)은 중국인들이 부여나 고죽 등 나라의 여우나 오소리(狐狢) 등의 가죽으로 지은 옷을 보고 드디어 맥국(貊國 혹은 狢國)이라 하였음-원주).

대개 20분지 1의 세법은 곧 조선 정전의 세법이고 10분지 1의 세법은 중국 정전의 세법이므로, 후세까지 조선의 정전이 존재하였음을 볼 수 있다. 그러나 이는 다만 조선의 몇 부분뿐이고, 그 전체로 말하면 조선의 정전(井田)은 폐지된 지 오래였다.)

(*옮긴이 주: 조선의 20분지 1 세제에 대한 맹자의 비판에 대하여는 옮긴이 번역 〈맹자〉 고자(告子) 하(12.10) 참조.)

이와 같이 양국의 정세에는 마치 형제자매와 같은 관계가 있었다고 할 수도 있으나, 단군 2000년(기원전 334년)경에 이르러서는 양족의 역사에 큰 구별이 생겨, 중국은 옛 문명을 유지해 왔으나 조선은 옛 문명의 역사를 모두 병화(兵火)에 잃었으며, 중국은 중국 전체를 마침내 통일하였으나 조선은 고죽(孤竹)·선비(鮮卑) 등지를 잃어버리고 말았을 뿐만 아니라 또 압록강 남북으로 갈라서고 말았으니, 그 원인은 어디에 있는가?

그것은 (一) 지리(地理)와 관계된 것으로, 조선은 부여와 요동 이외에는 모두 산(山)으로 된 산국(山國)이어서 중국 평원(平原)의 넓은 들과는 달리 통일하기가 쉽지 않다는 점이 다르고,

(二) 천연(天然)과 관계된 것으로, 중국의 경우에는 가장 발흥하는 진(秦)나라가 위치한 섬서(陝西)는 뒤로 쳐들어올 외적이 없으므로 나아가 공격하고 물러나 지키기(進攻退守)에 편리하였으나, 조선은 그 패권을 잡

고 있던 진한(辰韓)과 기조(箕朝)가 모두 평안도와 요동에 있어서, 서쪽으로는 중국이 있고 서북으로는 흉노가 있어서 밖으로부터 침략을 받음이 잦고 또 거의 사면으로 적을 받는 위치에 있었음이 달랐으며,

(三) 인사(人事)와 관계된 것으로, 기조(箕朝)가 기자(箕子) 때부터 평화주의(平和主義)를 정책 목표로 택해 왔기 때문에 후세에 비록 영무(英武)한 임금이 나오더라도 매번 이 평화주의에 갇혀서 그 의견을 실행하지 못하여, 드디어 대외(對外) 진취성(進取性)이 중국만도 못하여 그 결과가 매우 다르게 되었던 것이다.

기조(箕朝)가 한창 강성하여 고죽과 선비를 차지하였던 때에는 곧 고죽의 접경에 있는 중국의 연(燕)이 발흥하여 연후(燕侯)가 왕(王)을 자칭하고 동으로 기조(箕朝)를 침범하려는 때였다. 기조 36대 왕이 이 소식을 듣고 먼저 연(燕)을 쳐서 그 교만한 기운을 꺾고 조선의 국위(國威)를 날리려 하였는데, 이때에 만일 전쟁이 일어났다고 가정하면 어느 쪽이 승리하였을까?

(一) 토지의 넓고 좁음(廣狹)을 비교하면, 연(燕)은 직예(直隸)의 서반부 토지만 가졌으나, 기조(箕朝)는 평안도부터 봉천(奉天) 남반(南半)을 지나 봉천 서북과 동몽고(東蒙古: 선비(鮮卑)-원주)와 직예의 동반(東半: 고죽-원주)을 가졌으니, 그 토지가 연(燕)보다 몇 갑절이나 되었으며,

(二) 인민의 많고 적음(多寡)을 비교하면, 비록 고대의 인구 통계가 후세에 전해오지 않으나, 첫째, 토지 면적의 비례가 기조(箕朝)가 연(燕)보다 컸으므로 인구도 더 많이 살았을 것이며, 둘째, 연(燕)은 날마다 제(齊)·조(趙)와 싸웠음에 비하여 기조(箕朝)는 편히 쉬면서 인구가 번식한 지가 1백여 년이나 되었으므로, 인구도 더 많이 늘어났을 것이다.

(三) 국가 세력의 강약(强弱)을 보면, 고죽과 선비가 다 기조(箕朝)의 뜰

아래 무릎을 꿇었던 때이므로 그 기세가 처음으로 일어나는 연(燕)보다 강하였을 것이며,

(四) 군사 제도의 좋고 나쁨(良否)으로 보면, 징병제도의 발달이 단군조부터 시작되어 진왕(辰王)과 열국의 연구 및 훈련을 거쳐서 기조(箕朝)에서는 그것을 모범으로 삼았을 터이므로, 제 환공(桓公) 때에 와서 겨우 조선에서 새로 가져다가 개량한 중국의 군사제도보다 나았을 것이니, 따라서 기조(箕朝)의 군사(軍事)는 연(燕)보다 뛰어났을 것이다.

이와 같이 우세(優勢)를 차지한 기조(箕朝)가 연(燕)과 전쟁을 하였다면 확실하게 승리하였을 터인데도, 불행히도 당시 조정의 신하 가운데 대부(大夫) 예(禮)란 자가 있어서 말하기를, "전쟁은 위태로운 일이니, 친목(親睦)으로써 서로 사귀는 것이 옳다"고 하여 왕의 뜻을 바꾸고, 여러 신하들의 의견을 꺾고, 드디어 외교의 책임을 지고 사명(使命)을 띠고 연(燕)으로 가서 평화와 우호관계를 닦으니, 연(燕)도 또한 대부 예(禮)의 외교적 설득에 생각을 바꾸어 동침(東侵)할 뜻을 버리고, 사신을 기조(箕朝)에 보내어 대부 예(禮)의 방문에 답하였다.

무릇 대부 예(禮)가 연(燕)으로 찾아간 것은 조선 외교사 가운데 부루(夫婁) 이후로는 첫 번째 사람이다. 부루는 우리 문명을 전파하였고, 대부 예는 당시의 전쟁을 막았으므로, 대부 예도 범용한 사람은 아니라고 할 수도 있겠지만, 그러나 조선의 정신(精神)을 죽이고 만세의 화근(禍根)을 심은 자가 곧 대부 예이다.

설령 조선의 실력이 연(燕)보다 약하였다고 할지라도 당시의 연과 기조(箕朝)는 서로 용납하지 못할 양웅(兩雄)이었고, 조선과 중국은 함께 살지 못할 양 민족이었으므로, 나라를 위하는 지사(志士)라면 마땅히 피를 흘리며 국민의 각성을 재촉하고, 흥망을 칼 날 위에서 결단함으로써 후세 자

손에게 모범을 세우는 편이 옳거늘, 더군다나 당시 조선은 크고 연(燕)은 작았으며, 조선은 강하고 연(燕)은 약하여, 연(燕)이 쳐들어오지 않더라도 조선이 쳐들어 갈만한 때였음에야 더 말할 게 있겠는가.

대부 예(禮)가 이것을 모르고 일시의 구차스런 안일을 좋아하여 전쟁을 피하고 평화를 구하여 적국의 형세가 스스로 자라나도록 하였으니, 후에 와서 고죽(孤竹)을 잃고, 선비(鮮卑)를 빼앗기고, 진시황(秦始皇)의 위협과 흉노 모돈(冒頓)의 포학과 위만(衛滿) 및 한(漢) 무제(武帝)의 침입은 모두 대부 예가 그렇게 되도록 이끈 것이라고 할 수도 있다. 그러므로 대부 예(禮)는 공신(功臣)이 아니라 죄인(罪人)이라 할 것이다. 기조(箕朝)의 죄인이고, 부루(夫婁)의 죄인이고, 조선 만세의 죄인이라 할 것이다.

후세의 용렬한 신하들은 대부 예(禮)와 같이 바로 눈앞의 전쟁을 막을 재주도 없으면서 언제나 국토(國土)를 팔고 국체(國體)를 낮추어 적국의 환심을 사려고 하면서도, 적국의 환심은 사지 못하고 도리어 경멸과 모욕과 치욕만 사고 말았는데, 이들은 또한 대부 예(禮)의 죄인들이다.

제4장 북부 인민(人民)의 대이동(大移動) 시대

1. 진개(秦開)의 침입과 고죽·선비 등지의 상실

대부 예(禮)의 외교정책은 겨우 일시적으로 구차스런 편안만을 유지하였을 뿐 영원한 평화는 가져오지 못하였다. 그러므로 중국과 몽고 방면으로부터 화란(禍亂)이 연달아 들어왔는데, 그 큰 것들을 보면, (一) 진개(秦開), (二) 진시황(秦始皇), (三) 진승(陳勝)·오광(吳廣)·유방(劉邦)·항적(項籍) 등, (四) 모돈(冒頓), (五) 위만(衛滿), (六) 한무(漢武: 한 무제)이니, 이들은 조선 상고사 말엽의 6대란(大亂)이다. 조선은 이 수백 년 동안에는 매번 주동자(主動者)가 되지 못하고 피동자(被動者)가 되고, 승리자가 되지 못하고 실패자가 되었다.

이제 진개(秦開)의 난(亂)부터 말해보도록 한다.

진개(秦開)가 쳐들어온 사실을 이야기하기 전에 먼저 진개에게 빼앗긴 지방을 변론하여 바로잡고자 한다. 이전 사서(前史)에서 매번 "진개가 기조(箕朝)와 싸워 2천 리 땅을 차지하고 만반한(滿潘汗)으로 경계를 정하였다"고 하였는데, 이는 어환(魚豢)의 〈위략(魏略)〉에서 나온 말이다. 어환의 〈위략〉은 중국에서도 정사(正史)로 치는 것이 아니라 다만 소설(小說) 종류일 뿐이며, 더군다나 소설로서도 더욱 자랑과 거짓 주장을 많이 하여, 자음(字音)만 같으면 문득 대진(大秦) 곧 로마(羅馬)의 백인종도 진(秦)의 자손이라 하고, 진한(辰韓)도 진(秦)나라 사람들이 동으로 옮겨와서 세운 나라라고 하여 본서(本書) 자체가 가치가 없는 글이다. 만반한(滿潘汗)은 곧 〈한서〉 지리지의 문(汶)·번한(番汗) 양 현(縣)의 음(音)을 취하여 "만반한(滿潘汗)"이란 지명을 위조하고, "二千里(이천리)"는 〈사기〉 연세가(燕世家)의 "진개(秦開)가 1천리의 땅을 개척하였다(秦開拓地千里)"는 문장을 취한 후 그 배수(倍數)를 더하여 2천리(二千里)라고 한 것이니, 그 억지로 끌어낸 자취가 분명히 드러나거늘, 어찌 이를 믿을 수 있겠는가.

만일 어환(魚豢)의 말을 믿는다면 서압록(西鴨綠: 지금의 대요하(大遼河)-원주) 이서(以西)가 다 연(燕)의 땅이 되었을 것이다. 그러나 〈사기〉에서는 "연(燕)은 땅이 사방 천리(燕 地方千里)"라고 하였으며, 또 연(燕)은 소국(小國)이라고 하였으니, 그런 연(燕)이 어찌 이 같은 광활한 지방을 차지한 적이 있단 것인가.

그리고 "汶番汗(문번한)"은 곧 요양(遼陽) 부근인데, 중국을 통일한 진시황조차 꿈에도 밟아보지 못한 땅이다. 그런데 연(燕)의 동쪽 경계가 어찌 진(秦)의 동쪽 경계보다 더 늘어난다는 것인가.

문번한(汶番汗)은 곧 기조(箕朝)와 위만(衛滿)이 서로 흥망(興亡)하던 땅인데, 만일 당시에 연(燕)의 땅이 되어 있었다면 어찌 후에 와서 위만의 근거지가 될 수 있었겠는가.

고대의 요하(遼河)는 곧 지금의 난하(灤河)이다. 그러므로 연(燕)의 말세에 요서(遼西)·요동(遼東) 군(郡)을 둘 때에 영평부(永平府)는 요서(遼西)가 되고 그 이동(以東)이 요동(遼東)이 된 것인즉, 요동도 요서와 같은 비례로 그 범위가 산해관(山海關)을 넘지 못하였을 것이다. 그런데 어찌 진개가 벌써 요양·해성(海城) 등지까지 차지하였다는 것인가.

그러므로 "만반한(滿潘汗)을 경계로 하였다," "이천리(二千里)를 차지하였다"고 한 것은 다 허황한 말이거늘, 후세 사람들이 조사도 해보지 않고 무턱대고 믿었던 것이다.

〈사기〉 연세가(燕世家)에서 이르기를, "진개(秦開)가 동호(東胡)에 가서 볼모가 되자, 동호의 왕이 그를 깊이 신임하였다. 진개가 돌아와서 연왕(燕王)을 설득하여 동호를 쳐서 천리(千里)를 개척하였다"고 하였는데, 동호(東胡)는 곧 「퉁구스」이다. 우리나라 역사에서는 동도(東屠)라 이르는 것이고, 곧 동몽고(東蒙古: 선비(鮮卑)—원주) 지방이다. 동도(東屠)나 동호(東胡)는 다 의역(意譯)이 아니고 「퉁구스」의 음역(音譯)이다. 중국인들이 남의 나라 이름(國名)을 쓸 때에는 매번 추한 문자(文字)로 기록하기 때문에 동호(東胡)라고 한 것으로, 이는 마치 「훈(Hun)」족(族)을 흉노(匈奴)라고 한 것과 같다.

「퉁구스」 곧 동도(東屠)가 단군(壇君)과 진한(辰韓)의 서쪽 울타리 나라로서 후에 와서는 기조(箕朝)에 복속하였다가 드디어 진개(秦開)에게 속아서 연(燕)에게 망했던 것이다. 그러나 이는 기조(箕朝)가 그 속지(屬地)를 잃은 것이지 그 본부(本部)를 잃은 것은 아니다.

비록 속지이긴 하나, 이 땅을 얻거나 잃는 것은 곧 조선의 성쇠(盛衰)에 적지 않게 관계가 있는 땅이다.

조선이 동도(東屠)의 땅을 차지하고 이곳으로 출병하여 서남으로 직예(直隷)와 산서(山西)를 압박하면 중국 전체가 놀라 떨면서 어찌할 바를 몰라 하였는데, 진왕(辰王)이 연(燕)을 지나 제(齊)를 치고 태항산(太行山)을 넘어 진(晋)을 쳤던 것도 이 땅을 가졌기 때문이며, 고구려 모본왕(慕本王)

이 산서(山西)를 치고 연개소문(淵蓋蘇文)이 설연타(薛延陁)와 통한 것도 이 땅을 차지하였기 때문이다. 그런데 이제 이 땅을 진개(秦開)에게 빼앗겼으니, 이는 곧 기조(箕朝)에게는 치명상(致命傷)이었다.

그러나 어찌 기조(箕朝)뿐이겠는가. 곧 조선의 부여 · 진한 · 변한 · 마한 등 열국의 쇠운(衰運)도 이로부터 짐작할 수 있다. 동도(東屠)를 잃은 후 몇 년이 못 되어 또 고죽을 연(燕)에게 잃음으로써 연(燕)이 난하(灤河)의 서편에 요서군(遼西郡)을 두고 동편에는 요동군(遼東郡)을 두었는데, 대개 선비(鮮卑)는 조선이 진취(進取)할 길이고 고죽은 방어할 곳인지라, 이 두 곳을 다 잃고 나서야 기조(箕朝)가 어찌 견딜 수 있었겠는가. 다만, 적국의 유린을 기다릴 뿐이었다.

선비(鮮卑)는 후에 와서 고구려 초년에 잠깐 다물(多勿: 옛 땅을 회복함)한 때가 있었으나, 고죽은 기조(箕朝)가 잃어버린 뒤로는 다시는 조선의 지리 안에 들어오지 못하였으니, 이것은 조선사에 있어서 큰 수치였다.

2. 중국 진시황의 난(亂)과 북진(北辰) 인민의 이동

조선에 속하였던 고죽과 선비를 연(燕)이 빼앗은 후 몇 년이 지나지 않아 이번에는 연(燕)이 또 멸망의 운(運)을 만났다.

중국의 연(燕) · 제(齊) · 한(韓) · 위(魏) · 조(趙) · 초(楚) · 진(秦) 등 열국이 경쟁한 것에 대하여는 이전에 이미 설명하였거니와, 단군 2080년(기원전 254년)경에 진시황이 나와서 진왕(秦王)의 자리에 올라 중국을 통일할 야심을 가지고 곧 황금을 뿌려 열국의 군신(君臣) 사이를 이간질하고, 자객(刺客)을 보내어 열국의 어진 임금과 훌륭한 재상들을 암살하고, 또 날마다 대병(大兵)을 일으켜 열국의 땅을 침략하여 한(韓)·위(魏)·조(趙)를 다 깨뜨리니, 초(楚)·제(齊)·연(燕)도 그 위기가 눈앞에 있는지라, 연(燕) 태자 단(丹)이 연(燕)의 멸망할 운명을 돌려 보려고 장사(壯士) 형가(荊軻)를 얻어 두터운 예의로써 대우해 주면서 진시황 죽이기를 도모하였다. 형가가 의분심에서 이를 허락하고, 세 자 길이의 비수(匕首)를 지니고 역수(易水)를 건너 진(秦)에 들어가, 거짓 사자(使者)가 되어 진시황 뵙기를 청하여, 진시황을 죽이려다가, 결국 공을 이루지 못하고 도리어 잡혀 죽었다.

형가는 죽었으나 진시황의 연(燕)에 대한 분노가 발끝부터 머리끝까지 차서 장수 몽오(蒙驁)·왕분(王賁) 등에게 명하여 빨리 연(燕)을 치도록 하니, 연(燕)의 태자 단(丹)이 궁지에 몰려 다급해지자 어찌할 바를 몰라 도망가서 연하(衍河: 강 이름이나, 어디인지 모름-원주) 가에 숨어 있었는데, 진나라 군대의 압박이 날로 더욱 심해지자 연왕(燕王)도 어쩔 수 없어서 드디어 사람을 보내어 태자 단(丹)의 목을 베어 진(秦)에 바치고 눈앞의 화를 모면하였다.

연하(衍河)는 후세 사람들이 혹 흥경(興京) 부근의 함창문(咸廠門: 유조변성(柳條邊城)의 문-원주)에서 발원(發源)하여 요하(遼河)로 들어가는 태자하(太子河)라고도 하였다. 그러나 이곳은 당시 연(燕)의 국경이 아니니 태자 단(丹)이 이곳으로 왔을 수가 없다. 태자하(太子河)의 별명은 대량하(大梁河)인데, 梁(량)은 良(량)·壤(양) 등 자(字)와 같이 고음이 「라」이니, 대량하(大梁河)는 고어(古語)의 「따라가람」이다. 「따라가람」을 태자하(太子河)라고 하는 것은 「아우가람」을 압자하(鴨子河)라고 하는 것과 같을 것이다.

「태자(太子)」 두 자를 보고 태자 단(丹)이 숨었던 곳이라고 하는 것은 마치 영평부(永平府)의 고소천(孤蘇泉)이 와전되어 부소천(扶蘇泉)이 되자 「부소(扶蘇)」 두 자를 근거로 진(秦)의 태자 부소(扶蘇)가 판 샘이라고 하는 것과 같은 것이다.

연(燕)과 진(秦)의 악전(惡戰)은 물론 조선 열국에 대하여는 이만큼 좋은 기회가 없었다고 할 것이다.

연(燕)은 조선에게는 세세대대로 원수였으니, 당시에 만약 부여나 진한(辰韓)이나 기조(箕朝)에 인물이 있었다고 한다면 연(燕)이 궁지에 몰려 다급한 때를 타서 군사를 일으켜 연(燕)을 쳐서 선비·고죽 등지를 다물(多勿)할 수도 있었을 것이며, 그렇지 않고, 장래의 진(秦)의 화가 연(燕)보다 더 클 것으로 여겼다면 후세의 걱정을 덜기 위하여 곧 연(燕)이 원수임을 잊어버리고 연과 손을 잡고 함께 진(秦)을 칠 수도 있었을 텐데, 이때에 이러지도 못하고 저러지도 못하여 다만 팔짱을 끼고 연(燕)이 망하는 것을 구경만 하였으니, 딱하도다, 조선에 사람 없음이여!

이로부터 몇 년이 지나지 않아 연(燕)도 망하고 제(齊)도 망하고 초(楚)도 망하여 중국 전체가 모두 진시황의 손안에 들어갔다.

진시황이 괴걸(怪傑)은 괴걸이었으나 진취성(進取性)보다는 보수성(保守性)이 강고한 중국식의 괴걸이었으므로, 그가 6국(六國)을 병탄한 끝에 그 병력을 가지고 외국 정벌에 힘쓰지 아니하고 도리어 만리장성(萬里長城)을 쌓아 국경을 단단하게 하려고 하였다.

장성을 쌓은 동기는 진(秦)나라 사람 후생(候生)이 조선의 변경에서 놀다가 조선의 예언가가 전하는 "진(秦)을 망하게 할 자는 호(胡)이다(亡秦者胡)"라는 비구(秘句)를 얻어다가 진시황에게 바치니, 진시황이 2세 호해(胡亥)에 의해 망할 줄은 알지 못하고 북쪽의 흉노(胡)에게 망한다는 말로 이해하고는 드디어 임조(臨洮)에서부터 갈석(碣石)까지 장성을 쌓아 동호(東胡)와 북호(北胡)를 막고, 장군 몽념(蒙恬)을 보내어 30만 명의 군대로써 수비하였던 것이다.

(*옮긴이 주: 〈사기〉 진시황 본기 32년 조에는 이 고사가 이렇게 기록되어 있다.
"燕人盧生使入海還, 以鬼神事, 因奏錄圖書, 曰, '亡秦者胡也.' 始皇乃使將軍蒙恬發兵三十萬人北擊胡, 略取河南地.")

우리 고사(古史)에서는 서방 중국에 대한 경계가 분명하지 못하게 매번 장성의 종단(終端)으로써 정계표(定界標)를 잡았으나, 장성의 기점(起點) 역시 분명하지 못하여 사가들에게 큰 고통을 주고 있다.

이제 장성(長城)에 대한 지지(地志)를 말하기 전에 장성에 대한 역사부터 알아야 본 문제를 해결할 수 있으리라 생각한다.

장성의 역사는 세 개의 기(期)로 나눌 수 있는데, (一)진시황 이전의 장성, (二)진시황의 장성, (三)진시황 이후의 장성이 그것이다.

세 기(期)의 장성이 모두 한 땅이 아닌데도 사가들은 항상 이를 모르고 진시황 이전에는 장성이 없었다고 하므로 장성의 기원(起源)이 분명하지 못하고, 진시황 이후에 쌓은 장성은 없다고 하므로 장성의 위치(位置)가 틀리게 된 것이다.

〈사기〉에 "연(燕)나라가 흉노를 막으려고 장성을 조양(造陽)부터 양평(襄平)까지 쌓았고, 그 안에 상곡(上谷)·어양(漁陽)·우북평(右北平)·요서(遼西)·요동군(遼東郡)을 두었다"고 하였으니(조(趙)나라도 장성을 쌓았지만 본서와는 관계가 없으므로 뺀다.-원주), 이는 진시황 이전의 장성이다.

장성은 조양(造陽)에서부터 시작하여 양평(襄平)에서 그치고, 장성 안의 군현(郡縣)들은 상곡(上谷)에서 시작하여 요동까지 와서 그쳤다고 하였으므로, 양평이 요동군 안에 있음은 자연스런 일이다. 그러나 후세에 와서 요하(遼河) 부근이 요동성(遼東城)이 된 것을 보고는 드디어 봉천(奉天)을 양평이라고 하였다. 그러나 상곡·어양·우북평·요서가 다 난하(灤河)의 서쪽에 있으므로 그 범위는 다 수백 리 밖에 안 된다. 그런데도 이제 난하에서부터 봉천까지 수천 리가 다 요동군이라고 하는 것은 말이 안 된다. 연(燕)의 개척지는 고죽과 선비까지이고 의무려산(醫巫閭山)을 지나서까지가 아니니, 양평과 요동이 어찌 봉천이 될 수 있겠는가.

진(秦)의 장성도 연(燕)과 같이 흉노를 막기 위한 것이므로, 연(燕)의 옛 장성 터에다 쌓았을 것이고, 따라서 연(燕)의 양평과 진(秦)의 갈석(碣石)은 당연히 동일한 지점이 될 것이다. 이에 대하여는 다음에서 변론할 것이다.

진시황 이후의 장성은 쌓은 자가 허다하니, 제(齊)나라 현조(顯祖) 천보(天保) 6년에 유주(幽州)에서부터 항주(恒州)까지 쌓은 9백 리의 장성이 있고, 후주(後周) 천통(天統) 원년에 고퇴수(庫堆戍)에서부터 거해(車海)까지 쌓은 장성도 있고, 주(周) 선제(宣帝) 대상(大象) 원년에 안문(雁門)에서부터 갈석(碣石)까지 쌓은 장성도 있고, 수(隋) 문제(文帝) 개황(開皇) 6년에 주(周)의 장성을 다시 수축하였는데, 이들은 다 사서에 기록되어 있는 장성들이다. 이 장성들은 진(秦)의 옛 성터가 아니고, 오늘날 남아 있는 장성은 또 명(明)나라 서달(徐達)이 쌓은 장성이므로, 그 기지(基址)가 또한 중국 역대의 유물(遺物)이 아니다.

그런데도 만리장성을 말하는 자들은 반드시 진시황의 장성이라 하면서 이에 의거하여 양국의 경계를 잡으려 하는데, 이것이 첫 번째 잘못이다.

또한, 이들은 〈진서(晋書)〉 태강지리지(太康地理志)(〈진서각주(晋書斠註)〉에 인용된 진(晋) 〈태강지기(太康地記)〉-원주) 중에 나오는 말, 즉 장성은 "낙랑(樂浪)의 갈석(碣石)"에서 시작되었다는 말에 근거하여, 낙랑을 평안도 혹은 봉천(奉天)으로 잡고, 그 안에서 갈석의 유지(遺址)를 찾음으로써 장성의 유지(遺址)를 보려고 하였다. 그러나 낙랑은 역대(歷代)의 변천이 많은 것인데 이로부터 갈석을 찾으려 하는 것은 잘못이다. 이것이 두 번째 잘못이다.

이제 「갈석(碣石)」이 있는 곳을 사서를 근거로 고찰하여 장성의 기점(起點)을 알아보고자 한다.

이제 「갈석」이 나오는 곳을 들어보면, 〈상서(尙書)〉 「우공(禹貢)」편에 "夾右碣石(협우갈석)"이라고 한 갈석(碣石)도 있고, 〈한서(漢書)〉 지리지에 "右北平 驪城 碣石山(우북평 려성 갈석산)"이라고 한 갈석도 있고, 〈수서(隋書)〉의 "盧龍碣石(노룡갈석)"이라고 한 곳도 있고, 〈신당서(新唐書)〉의 "平州石城(평주석성)"의 갈석도 있다.

갈석은 이와 같이 그 수는 많으나 대개 우북평·노룡·평주 등지는 다 영평부(永平府) 지경 내에 있으므로, 이들은 비록 지명은 다르지만 곧 동일한 곳으로서, 진(秦)의 만리장성의 기점이 된 갈석이다.

두씨(杜氏)의 〈통전(通典)〉에서 이르기를 "진(秦)의 장성은 고려와의 경계에 있는 갈석에서 시작되었고, 북평(北平)의 갈석에서 시작된 것이 아니다"라고 하였으나, 이는 다만 당인(唐人)의 강토 넓히려는 야심에서 쓴 글이지 사실이 아니다.

어떤 주석가(註釋家)는 또, 「우공(禹貢)」의 "夾右碣石(협우갈석)"이란 말은 "右碣(우갈)을 夾(협: 끼다)하는 돌(石)"이란 뜻이므로, 이는 우갈석(右碣石)이고, 진(秦)의 장성의 기점이 되는 것은 좌갈석(左碣石)이라고 하였다. 그러나 만약 그렇다면 그 아래의 문장(下文)에서 "太行 · 王屋 至于碣石(태항 · 왕옥 지우갈석)"은 또 어떻게 주석을 달 것인가?

만약 이를 고려 경계에 있는 좌갈석(左碣石)이라고 한다면, 이는 하우(夏禹)가 산서성(山西城)에서 조선까지 와보았다는 것이 되는데, 그럴 리는 없다. 또한, 그것이 아니라면 고려의 좌갈석(左碣石), 영평(永平)의 우갈석(右碣石) 이외에도 또 갈석이 있다는 것이 되는데, 그렇다면 그 갈석의 이름은 또 무엇인가?

도리어 공안국(孔安國) · 채침(蔡沈) 등의 「우공(禹貢)」편 주석조차 "夾右碣石(협우갈석)"을 "右(우: 오른쪽)으로 碣石(갈석)을 夾(협: 끼다)하였다"고 보는 것이 옳다고 하였으니, 이로부터 더욱 갈석은 영평부의 갈석 하나뿐이고 둘이 아니며, 장성은 영평부 밖으로 나오지 않았다고 보는 것이 옳다.

〈후한서〉에서는 공손도(公孫度)가 차지하였던 평주(平州)를 한(漢)의 양평(襄平)이라 하고 연(燕)의 양평(襄平)이라 하지 않았거늘, 후세 사람들이 한(漢)의 양평을 곧 연(燕)의 양평으로 아는데, 이렇게 되면 장성이 몇 백 리를 걸어서 요하(遼河)까지 나왔다는 것이 된다. 그리고 〈진서(晋書)〉의 갈석(碣石)은 곧 「우공(禹貢)」편의 갈석이거늘, 후세 사람들이 「우공(禹貢)」편의 갈석과 〈진서〉의 갈석을 둘로 나눔으로써 장성이 몇 천 리를 걸어서 조선까지 나오도록 하였던 것이다.

이처럼 지리(地理)의 연혁이 틀리게 되면 사실(事實)의 연불연(然不然: 그러함과 그러하지 않음)과 흥망의 인과(因果) 관계를 모두 알 수 없어서 역사가 역사로 되지 못하므로, 이는 깊이 착안해야 할 것이다.

장성의 기점(起點)은 이미 판정(辦正)하였거니와, 장성을 근세의 눈으로 본다면 그것은 아무 쓸데없는 하나의 큰 돌무더기에 지나지 않지만, 당시의 영향은 지극히 컸었다.

흉노(匈奴)의 남하하는 길을 막자 흉노족의 일부는 곧 천산산맥(天山山脈)을 넘어 서아시아를 지나 유럽으로 들어가 백인(白人)들이 놀라서 꿈을 깨게 하였고, 일부는 동방으로 나와서 조선의 서쪽 울타리 나라, 곧 동도(東屠: 퉁구스, 선비)의 땅을 들썩거리게 하였는바, 이는 장성의 간접적인 영향이다.

이 다음에 다시 서술하고자 하는 바이지만, 그 직접적인 영향도 작지 않았다. 대개 장성을 쌓을 때에는 그 역사(役事)가 엄청나게 커서 수 백만 명의 백성을 부렸는데, 연(燕)·조(趙)·제(齊)·고죽 등지에 있던 고조선의 식민지들도 이미 조선의 세력이 서방에서 끊어진 지 오래되었으므로 할 수 없이 진시황의 지배와 통제를 받고 그 채찍 밑에서 장성의 역부(役夫)가 되어 고역과 폭정에 거의 죽어가게 되었다.

이에 백 년 혹은 천 년 동안 조선을 잊고 중국을 내 집으로 알고 자식 낳고 손자 키우던 사람들이 어찌할 도리 없이 조국으로 머리를 돌려 도망쳐 오니, 이것이 지나족(支那族)으로 말미암아 일어난 조선 유민(遺民)의 제1차 대이동(大移動)이다.

그 이동한 길은, 요동은 기조(箕朝)와 진(秦)의 중립지대(中立地帶)였기 때문에(다음 글에서 보임-원주) 경과할 수 없었으므로, 매번 배를 타고 또 산과 내를 넘어 조선 남방으로 들어와 조령(鳥嶺) 이남으로 향한 자들이 많았다. 〈삼국사기〉에 신라를 "진한유민(辰韓遺民)"이라 하거나 "조선유민"이라고 한 것은 이를 두고 말한 것이다.

후세 사람들이 고죽(孤竹)과 연(燕) 등지가 진한(辰韓)과 조선의 옛 땅임을 잊고, 도리어 秦(진)과 辰(진)의 음(音)이 같다는 사실에 억지로 꿰어 맞추어, 辰韓(진한)을 "秦(진)나라 사람으로 동(東)으로 도망 나온 자들"이라고 하였으니, 그 터무니없고 망령됨이 〈위략〉에서 대진(大秦) 곧 로마를 중국의 지손(支孫)이라 한 것과 같다.

제5편
조선 열국 분쟁의 초기

제1장 창해역사(滄海力士)와 기왕(箕王) 부(否)

진시황(秦始皇)이 중국에서 함부로 설쳐대던 그때에 큰 재주(大才)와 큰 용기를 가지고 있었으나 다만 지위를 얻지 못하여, 혹은 시세(時勢)에 뒤처져서, 회포를 펴지 못한 조선의 양대 위인(偉人)이 있었으니, (一)은 창해역사(滄海力士)이고, (二)는 기조(箕朝) 40대 왕 부(否)이다.

창해역사의 성(姓)은 여씨이니, 〈순오지(旬五志)〉(이조 숙종 때 홍만종(洪萬宗)이 지은 잡록. 〈십오지(十五志)〉라고도 함. 보름 만에 완성되었다고 해서 붙여진 이름이다.-옮긴이)에서는 "그 얼굴이 검기 때문에 여(黎: 검다)라고 하였다"고 하였으나, 그러나 조선 고대에는 항상 그가 태어난 나라 이름이나 부(部)의 이름으로 성(姓)을 삼았는데(예컨대 금관가야의 성은 「김(金)」, 고구려의 성은 「고(高)」, 백제의 성은 「부여(扶餘)」인 것과 같은 종류이다. ―원주), 창해(滄海)는 곧 예국(濊國)이고, 여씨(黎氏)는 곧 예씨(濊氏)이다. 얼굴이 「검(黑)」었기 때문에 여씨(黎氏)가 되었다고 한 것은 억지로 갖다 붙인 것이라고 생각한다.

창해(滄海)를 또한 강릉(江陵)이라고 하기도 하나, 이는 신라 경덕왕(景德王)이 북방의 땅을 잃어버리고는 북명주(北溟州) 곧 강릉(江陵)이란 지명을 신라로 옮겨온 뒤의 일이다. 예(濊)는 본래 두만강 이북의 혼춘(琿春:

훈춘) 등지이니, 예국(濊國)이 창해국(滄海國)이란 별명을 가졌던 것은 마치 진국(震國)이 발해(渤海)라는 별명을 가졌던 것과 같은 것이다. 「창해」라는 명사가 외국 사서(史書)에 처음으로 보인 것은 여씨(黎氏)부터이다.

세상에서는 흔히 여씨를 한 사람의 역사(力士)로서 중국의 한(韓)나라 사람 장량(張良)의 심부름꾼이었던 줄로 알고 있을 뿐이지만, 〈진여(塵餘)〉라는 옛 소설책에 기록되어 있는 바로 써 보면, 그는 힘이 센 사람(力士)이었을 뿐만 아니라 곧 기이한 인사(奇士)였다. 그 책에서는 이렇게 적고 있다.

여씨(黎氏)가 처음에 연(燕)이 진(秦)에게 화(禍)를 당하는 것을 보고 문득 조선을 걱정하여, 천하에 동지(同志)를 구하여 함께 진(秦)의 화(禍)를 막기 위하여 힘썼으나 결국 그럴만한 동지를 얻지 못하였다. 그 후 연(燕)에 가서 놀다가 형가(荊軻)와 사귀어 죽음을 같이할 정도로 친한 벗 사이가 되었다.

여씨가 귀국한 뒤에 형가가 연(燕)의 태자 단(丹)의 은혜에 감읍(感泣)하여, 진시황을 죽이기 위하여 칼을 품고 역수(易水)를 건너려다가 문득 여씨를 생각하여 차마 떠나지 못하고 있었는데, 태자 단(丹)의 재촉에 어쩔 수 없어서 마침내 혼자서 길을 떠나 진(秦)에 갔으나, 진시황을 죽이는 데 성공하지 못하고 자신은 죽임을 당하였다.

이에 여씨가 역수에 와서 형가를 생각하여 울고, 연(燕)이 망하면 진(秦)의 야심이 더욱 끝날 날이 없을 것임을 깨닫고, 이에 제(齊)에 가서 즉묵대부(卽墨大夫)의 소개로 제왕(齊王)을 만나 계책을 드려 이르기를, "진(秦)이 몇 해 동안 제(齊)를 치지 않았던 것은 제(齊)를 사랑해서가 아니라 그 뜻이 일찍이 한(韓)·위(魏)·연(燕)·조(趙)·초(楚) 다섯 나라를 멸망시키려는 것이었으나 아직 멸망시키지 못했기 때문이었습니다. 그런데 이제 다섯 나라가 다 망하였으므로 결국에 가서는 반드시 제(齊)로 쳐들어올 것입니다.

그러니 제(齊)가 먼저 군사를 일으켜 한편으로는 진(秦)을 공격하고 또 한편으로는 삼진(三晉: 한(韓)·위(魏)·조(趙)－원주)을 공격하되, 삼진(三晉)의 호걸들이 망국의 눈물을 뿌리고 견(甄)·아(阿) 등지에 망명해 있는 자가 많으니 이들을 불러서 선봉으로 삼는다면, 삼진의 유민들이 모두 그 소리에 응하여 돌아올 것입니다. 이렇게 한다면 칼에 피를 묻히지 않고도 삼진을 다시 세울 수 있을 것인바, 그런 연후에 중국의 반을 갈라서 진(秦)과 다툴 만합니다."고 하였으나, 제왕(齊王)은 그의 말을 듣지 않았다.

그 후 얼마 만에 제(齊)가 망하자 여씨는 더욱 분개하여 혼자서 진시황의 궁에 들어가 그를 암살하려고 하였으나, 형가가 죽은 뒤로 진시황이 다른 나라에서 찾아온 인사들을 만나주지 않으므로 결국 뜻을 이루지 못하고 돌아왔다.

이때 중국의 옛 한(韓: 곧 삼진(三晉)의 하나－원주)나라 땅에 장량(張良: 留侯(유후). 후에 유방(劉邦)의 책사가 되어 한(漢)나라 건국에 큰 공을 세우게 됨－옮긴이)이란 자가 있어, 한(韓)나라의 원수를 갚고자 하여, 드디어 창해국까지 찾아와 창해왕(滄海王)을 만나보고, 왕의 소개로 여씨를 만나서 그 가슴에 품은 뜻을 말하였다. 진시황이 장차 봉선(封禪) 의식을 거행하기 위하여 산동으로 순행(巡行)하려고 하는데 그 기회를 이용하여 진시황을 암살하자고 말하니, 이에 여씨가 크게 기뻐하면서 120근이나 되는 철추(鐵椎)를 준비해 가지고 양무(陽武)의 박랑(博浪: 지금의 회경(懷慶) 부근－원주)의 모래 가운데 잠복해 있었다.

그러다가 진시황이 지나갈 때 그 수레를 내리쳤는데, 진시황은 원래 의심이 많아서 부차(副車)의 위의(威儀)가 도리어 정차(正車)보다 더하였으므로, 여씨가 부차(副車)를 진시황이 탄 수레로 잘못 알고 그것을 부수었던 것이다. 당시 진시황을 호위하는 맹장과 용사들이 좌우에 버티고 있었고 따르는 군사들도 구름같이 많았으나 감히 여씨를 쫓는 자가 없었다. 진시황이 크게 놀라서 중국 전역에 명령을 내려 10일 안으로 범인을 잡아들이라고 하였다.

(*옮긴이 주: 창해역사의 진시황 암살 미수사건에 관하여 〈사기〉 진시황 본기 29년(기원전 218년)의 내용은 다음과 같다.

"始皇東游. 至陽武博狼沙中, 爲盜所驚. 求不得, 乃令天下大索十日."

그리고 〈사기〉 유후세가(留侯世家)에 기록되어 있는 것은 다음과 같다.

"良嘗學禮淮陽, 東見倉海君. 得力士, 爲鐵椎重百二十斤. 秦皇帝東游, 良與客狙擊秦皇帝博浪沙中, 誤中副車. 秦皇帝大怒, 大索天下, 求賊甚急, 爲張良故也. 良乃更名姓, 亡匿下邳."

또한 〈자치통감(資治通鑑)〉에 기록되어 있는 내용은 다음과 같다.

"韓人張良, 其父祖以上五世相韓. 及韓亡, 良散千金之産, 欲爲韓報仇. 始皇東游, 至陽武博浪沙中, 張良令力士操鐵椎狙擊始皇, 誤中副車. 始皇驚, 求不得, 令天下大索十日."

〈사기〉 진시황 본기와 〈자치통감〉에서는 창해역사의 출신을 완전히 감추고 있음을 볼 수 있다.)

무릇 약자가 강자를 제재(制裁)하는 수단은……(45자 삭제됨. 원고의 사전 검열에 걸려서 삭제된 듯하다.)……. 창해 여씨의 쇠망치는 진(秦)을 망치는 제1성(聲)이로다. 여씨의 전에도 진시황을 암살하려던 형가(荊軻)의 칼도 있었으나, 이는 구중궁궐(九重宮闕)의 깊은 속에서 일어난 일이었던지라,……(검열에 걸려서 27자 삭제됨)……밖에 비치지 못하였고, 그 결과 마침내 되울림 없는 소리가 되고 말았다.

그러나 여씨의 망치는 양무(陽武) 박랑(博浪)의 넓은 벌, 천병만마(千兵萬馬)가 쌓인 곳, 청천백일(青天白日)처럼 억만 사람들이 우러러보는 가운데 번개같이 와서, 번개같이 치고, 번개같이 가니, 이로부터 6국의 유민들은 다시 눈을 뜨고, 하늘같이 보던 진시황을 갈부(褐夫: 거친 옷을 입은 천한 사람)같이 보게 되었다. 칼을 가진 자는 칼을 어루만지고, 활을 가진 자는 활을 잡아당기며 진(秦)을 향하게 되니, 수많은 원수를 가진 진(秦)이 사면으로 적을 받게 되었으니 어찌 망하지 않을 수 있겠는가.

그러므로 진시황은 사구(沙丘)의 평대(平臺: 진시황이 죽은 곳-원주)에서 죽기 이전에 벌써 박랑의 모래에서 죽었던 것이며, 진(秦)은 유방(劉邦)·항적(項籍)에게 망하기 전에 벌써 여씨에게 멸망했던 것이다.

이 일은 6국의 유민들을 일어나게 하였고 진(秦)의 위력을 꺾었으니 장량(張良)으로서는 득책(得策)이라 할 수 있다. 그러나 창해왕과 여씨에게 대하여는 무슨 의미가 있는 일이었는가?

(一) 만일 창해왕이나 여씨가 단지 장량의 뜻에 감동하여 이를 허락하였던 것이라고 한다면, 불행히도 이 음모가 진(秦)에 발각되어 진나라 군사가 창해에 쳐들어오는 날에는 무엇으로 이를 대적하겠는가. 이는 결국 필부(匹夫)의 의거(義擧)를 위하여 한 나라를 위기에 빠뜨림과 같을 것이다.

(二) 그렇지 않고, 만약 창해왕이나 여씨가 진(秦)이 장차 조선에 쳐들어올까봐 근심하여 늘 진시황을 암살하려는 뜻을 가지고 있다가 이제 장량의 말을 듣고 진시황이 동으로 순행(東巡)한다는 것을 알았기 때문에 드디어 응한 것이라고 한다면, 창해가 비록 소국이지만 또한 한 국가이니, 정치를 닦고 군사를 길러 실력을 쌓고 그리고 조선 가운데 부여·진한(辰韓)·기조(箕朝) 등을 연합하여 진(秦)을 칠 수도 있었을 터인데, 어찌

하여 그렇게 하지 않고 달리 행하였는가?

창해왕이 비록 어리석다고 하더라도 국가의 위험을 잊고 필부의 청에 응하여 줄 리는 없었을 것이다. 그러므로 당시에 반드시 진나라 군사가 동쪽을 침범하지 않을까 하는 근심이 있었으나, 그렇다고 해서 실력을 길러서 진(秦)의 침략을 막는다는 것은 조선 안에서도 하나의 소국에 지나지 못하는 창해국으로서는, 비록 힘을 다하여 애를 쓴다고 하더라도 강대한 진(秦)을 막을 수 없다는 것을 알고 있었을 것이다. 그리하여 당시 창해 안에는 반드시 조선 열국을 연합하여 진(秦)의 침공을 막아야 한다는 주장(아래에서 자세히 설명함-원주)이 있었을 것이다.

〈사기〉에는 장량(張良)이 창해 임금을 보고 역사(力士)를 청하여 박랑(博浪)에서 진시황을 쳤다고 하였는데, 이제 미덥지 못한 옛 소설 〈진여(塵餘)〉에서 여씨가 형가(荊軻)와 벗하여 놀고 제왕(齊王)을 설득하였다는 말을 인용해도 되는 것인가?

여씨의 신비스런 힘은 천고(千古)에 둘도 없고, 철추의 소리는 전 중국을 흔들어 8년간 전란을 일으켰으므로, 그 사람의 평생 동안의 사실에 관하여 전할 것이 많았을 터이다.

그러나 아깝도다, 조선의 당시 문헌은 다 불타 없어졌고, 이제 중국사로 보더라도, 창해역사(滄海力士)라는 네 글자의 별호(別號)와 박랑저격(博浪狙擊)이라는 두어 줄의 사실밖에 나아 있지 않으니, 이는 진(秦)·한(漢) 사이에 중국의 문사(文士)들이 호기심이 없어서 이런 사람의 역사를 수습하지 않았기 때문인가?

여씨와 같이 일을 한 장량이 입을 꼭 다물고 침묵을 지켜서 한(漢)나라 조정에 있는 친구들에게도 도무지 자신이 창해에 갔다 온 사실과 여씨의 위인(爲人)에 대하여 전혀 말을 하지 않았기 때문인가?

그렇지 않으면, 사마천이 남의 나라 인물을 차별하여 보았기 때문에 이같이 소략하게 쓴 것인가?

사마천이 형가의 일에 대하여는 몇 백 몇 천 마디로 이를 서술하면서, 겨우 6, 70년 전의 여씨의 일에 대하여는 이와 같이 소략(疏略)하게 기록하였음은 참으로 애석한 일이다.

〈진여〉가 비록 소설책이기는 하나 그러나 반드시 몇 가지 전설에 그 근거를 두었을 것인바, 〈진여〉에 적혀 있는 이야기도 다만 여씨가 중국 안에서 행한 일에 관한 것뿐이라는 점이 이를 뒷받침한다.

여씨는 조선 사람이고 창해왕의 신하이니, 그가 형가와 사귀고 제왕(齊王)을 설득하기 전에 반드시 먼저 본국에서 호걸들과 사귀었을 것이며, 조선 열국의 제왕(帝王)들을 설득하여 삼진(三晋)의 유민들을 수습하여 진(秦)을 치려고도 해보았을 것이다. 그러나 다 실행되지 못하였으므로 연(燕)·제(齊)에 가서 그런 행동을 하게 되었을 것이다.

아, 슬프다. 장사(壯士)는 장사이고 책사(策士)는 책사인지라, 두 부분을 아우르기가 어렵지만, 고대의 「先人(선인)」과 화랑의 종지(宗旨)는 언제나 곳을 따라 거기에 맞게 현신(現身)하여 명장도 되고, 용사도 되고, 충신도 되고, 정치가도 되는바, 여씨는 대개 「先人(선인)」의 도(道)를 이어받은 자였을 것이다.

기조(箕朝) 44대 왕 부(否)는 비록 여씨와 같이 열국을 연합하고 삼진(三晋)의 호걸들을 모집하여 진(秦)을 치려는 웅심(雄心)은 가지지 못하였으나, 군사를 단련하고 요새를 지켜서 진시황이 감히 침범할 생각을 하지 못하게 하였고, 요수(遼水: 지금의 요하(遼河)-원주)로부터 고죽의 동쪽 경계

(산해관 부근-원주)까지 중립지대(中立地帶)를 정하여 양국의 인민들이 들어와 살지 못하게 하기로 조약을 체결함으로써, 고국으로 돌아오던 진한(辰韓)의 유민들이 많이 귀의하여 이곳에서 살 곳을 얻었는바, 이 또한 조선의 현군(賢君)인지라 여씨와 나란히 칭송할 만하다.

제2장 중국 초(楚)·한(漢)의 난(亂)과 조선 열국의 관계

박랑(博浪)에서의 철추 소리가 중국의 군웅(群雄)들을 일어나게 하여 진(秦)을 멸망시켰으나, 진(秦)이 망한 뒤에는 오(吳)나라 사람 항적(項籍: 항우(項羽). 적(籍)은 이름이고, 자(字)는 우(羽)이다. 진(秦)나라 장수 왕전(王翦)에게 죽은 초(楚)나라 장수 항연(項燕)의 손자이다.-옮긴이)이 가장 강성하였다.

그는 서(徐) 언왕(偃王)의 옛 도성(팽성(彭城)-원주)을 서울로 정하고 스스로 서초(西楚) 패왕(霸王)이라 칭하고, 중국 전체를 나누어서 6국의 자손들을 다시 세우고, 진(秦)의 옛 땅은 자신의 여러 장수들로 하여금 지키게 하고, 패공(沛公) 유방(劉邦)이란 자를 한중(漢中: 사천(四川) 접경의 섬서(陝西) 한중(漢中)-원주)에 봉하였다.

그런데 6국의 호걸들 다수가 항우에게 불복하고 도리어 항적을 치자, 유방(劉邦)이 한중으로부터 나와서 항우(項羽)의 수장(守將)들을 쫓아내고 진(秦)의 옛 땅을 차지하여 그 세력이 거의 항우와 대등하였는데, 마침내 항우가 유방에게 망하고 중국이 통일되어 국호를 한(漢)이라 하였다.

이 전란이 단군 2125년(기원전 209년)에 시작하여 2132년(기원전 202년)에 끝났으므로 중국사에서는 이를 〈8년 전쟁〉이라 부른다.

이 8년 전란 동안에 산동·직예(直隸)·하남(河南)·산서의 중국 인민들이 전란에 견디지 못하여 조선의 중립지대로 돌아오는 자가 많았는데, 이때에는 기조(箕朝) 40대 왕 부(否)의 아들 41대 왕 준(準)이 왕위에 있으면서, 진(秦)이 이미 망하였으므로 더 이상 중립지대 설치의 조약을 지킬 필요가 없음을 알고 드디어 그 땅 안에 중국 유민들의 거주(居住)를 허락하여 낙랑의 서번(西藩: 서쪽 울타리. 위만이 처음 봉해진 곳이다. ―원주)이라 이름하였다. 부여는 중국 인민들이 전란에 고통을 당하고 있음을 불쌍하게 여겨서 단기 2132년(기원전 202년)에 날래고 용감한 기병들을 보내어 유방을 도와 항적(項籍: 項羽)을 멸망시키고 두 나라 사이에 평화우호 조약을 체결하였다.

기조(箕朝)는 스스로를 지키는 것으로써 장책(長策)을 삼아 중국 8년 전란 동안에 겨우 저절로 돌아온 중립지대를 차지하고 중국의 유민을 구제할 뿐이었고, 부여는 힘을 내서 남의 전란까지 토평(討平)해 주었으나, 이 기회를 이용하여 토지를 탐하지 않고 오직 양국 사이의 평화우호 유지만을 바랐었다. 중국의 〈24사(二十四史)〉 조선 열전에서는 매번 조선인의 천성(天性)이 인후(仁厚)함을 조롱하였는데, 대개 이 일을 두고 한 말이다.

만일 부여나 기조(箕朝)나 진변(辰弁)이 이 틈을 타서 진격하였더라면 산동·직예 등지를 차지하여 단군의 옛 강토를 다물(多勿)할 수도 있었을 것이고, 또 더 나아가서 강토를 더 확장할 수도 있었을 것이거늘, 이제 기조(箕朝)는 남의 유민을 살리는 데 그쳤고, 부여는 남의 국란(國亂)을 구원해 주는 데 그쳤으니, 그 인후(仁厚)함이 너무 지나쳤다고 할 수 있다. 국가주의자(國家主義者)의 눈으로 보면 도리어 섭섭하다고 할 것이다.

제3장 흉노 모돈(冒頓)의 난(亂)과 조선과의 관계

조선은 스스로를 지키는 것만을 일로 삼고 중국은 전란에 파묻혀 있는 동안 북방에 두 강국이 일어났다. 그 하나는 동도(東屠)였고, 다른 하나는 흉노(匈奴)였다.

「동도(東屠)」는 원래 단군조의 백부(白部)인데, 진한(辰韓)의 속국으로서 조선의 울타리 구실을 하는 변방 속국이 된 지 오래였다. 그러나 후에 진한이 연(燕)의 진개(秦開)에게 패한 뒤에 부락이 산산이 흩어져 나라꼴이 못 되었다가, 연(燕)이 망한 뒤부터 누번(樓煩)·오환(烏桓) 등의 부족(部族)이 강성해져 다른 부족들을 통일하여 수천 리의 대국이 되었다.

「흉노(匈奴)」는 옛 몽고 땅에서 목축을 하던 인종으로서 진한(辰韓)의 속국이 되었다가, 진한이 쇠하자 자립하여, 중국 전국시대 말에 이르러 강성해져서 자주 중국을 쳤다. 그러나 진시황이 장성을 쌓은 뒤로는 진(秦)의 위력에 놀라 멀리 달아났는데, 일부는 천산(天山)을 넘어 유럽으로 옮겨가거나 또는 유럽에 들어가 「게르만」 종족을 압박함으로써 서양사에 나오는 종족 대이동을 일으켰고, 다른 일부는 진병(秦兵)을 피하여 외몽고(外蒙古)로 들어갔다.

그러나 진(秦)이 망한 뒤에 외몽고로 들어갔던 일부는 다시 옛 땅으로 나와서 부락을 정돈하고 목축을 주업으로 삼았는데, 7, 8년 만에 부락이

다 정돈되었고 정예병만도 수만 명에 달하였다.

선우(單于: 흉노 선왕(單王)의 칭호-원주) 두만(頭曼)이 자기의 장자(長子) 모돈(冒頓)을 미워하여 그를 후계자에서 폐하고 작은 아들을 세우려 하자, 모돈이 이를 알고 크게 분개하여 곧 두만을 시역(弑逆)하고자 하였다. 이에 자기 부하들에게 명령을 내리기를, "내가 무엇이든 명적(鳴鏑: 날아갈 때 우는 소리가 나는 화살-옮긴이)으로 쏘거든, 너희들도 일제히 그것을 쏘아라!"고 하였다.

이처럼 약속을 정한 뒤에 하루는 명적으로 자신의 애마(愛馬)를 쏘았으나, 모돈의 부하들은 모돈이 그 애마를 쏜 뜻을 알지 못하여 따라 쏘지 않는 자들이 많았다. 모돈은 그 쏘지 않은 자들을 잡아 목을 베어 죽였다. 또 며칠 뒤에 모돈이 명적으로 자기 애첩(愛妾)을 쏘았는데, 부하들은 이번에도 모돈의 뜻을 알지 못하여 쏘지 않는 자들이 많았다. 모돈은 또 쏘지 않은 자들을 모조리 다 죽였다. 그 뒤부터는 명적이 나가는 곳이면 모돈의 부하들이 그 소리를 좇아 일제히 총사격을 하였다.

모돈이 이에 자기의 흉모(凶謀)가 성공할 수 있을 줄 알고 명적으로 자기 아비 두만(頭曼)을 쏘아 죽이고 선우(單于)가 되었다. 그리고 흉노를 통일하고 서쪽으로 월지국(月支國)을 깨뜨렸다.

모돈은 야심이 가득한 괴걸(怪傑)이었으므로 동도(東屠)가 강한 것을 매우 싫어하였다. 그러나 병력을 비교해 보니 쉽게 동도를 이길 수 없을 것 같았으므로, 이에 거짓 사자를 동도에 보내어 해마다 공물을 바치고 신하의 예를 갖추니, 동도가 크게 기뻐하고 또한 사자를 보내어 답례하였다.

모돈이 더욱 공손할수록 동도는 더욱 거만해져서 이에 모돈이 타는 명마(名馬)를 달라고 하였다. 모돈이 이에 여러 신하들을 모아 놓고 그것을 허락해야 할지 말아야 할지를 물어본즉, 모두들 말하기를, "선우(單于)의 명마를 어찌 남에게 줄 수 있습니까"라고 하였으나, 모돈은 말하기를 "말 같은 미물(微物)을 아끼어 좋은 이웃나라의 청을 저버리는 것은 안 될 일이다." 하고는 흔쾌히 내주었다.

그러자 동도(東屠)는 더욱 모돈을 비겁하고 나약한 자로 여기고 드디어 모돈의 미첩(美妾)을 달라고 요구하기에 이르렀다. 모돈이 또 여러 신하들에게 물어보니, 모든 신하들이 다 화를 내면서 동도가 너무 무례하다고 하였다. 그러나 모돈은 말하기를, "어찌 일개 아녀자 하나가 아까워서 이웃나라와의 우호관계에 틈이 벌어지게 할 수 있겠는가." 하고는 그 미첩을 동도에게 보내었다.

동도와 흉노 사이에는 양국 인민들이 살지 못하도록 되어 있는 중립공지(中立空地) 몇 백 리가 있었는데, 동도는 모돈이 명마와 미첩을 보내주는 것을 보고, 이 공지는 모돈이 아끼지 않을 것으로 생각하고 또 사자를 보내어 이 공지를 자기들에게 달라고 청하였다. 이에 모돈이 여러 신하들을 모아놓고 이 땅을 주어야 할지 말아야 할지를 물으니, 일부 신하들이 "거의 쓸모없는 땅이니 주는 것이 좋겠다."고 하였다.

모돈이 얼굴을 붉히며 화를 내어 말했다. "땅은 우리의 생명인데 어찌 이를 허락할 수 있단 말인가!" 하고는 칼을 빼서 땅을 내주자고 한 자들의 목을 베고, 빨리 군사를 동원하면서 영(令)을 내려 이르기를, "뒤에 오는 자는 목을 벨 것이다"고 하였다.

모돈이 나라 안의 군민(軍民) 수십만 명을 거느리고 동도를 엄습하니, 그가 언제나 공손하였음을 믿고 변경의 수비까지 철수시켰던 동도가 눈 깜짝할 사이에 큰 외적을 만나게 되었으니 어찌 막아낼 수 있겠는가. 마침내 동도가 크게 패하여 흉노의 속국이 되니, 흉노의 땅이 이에 부여와 기조(箕朝)의 변경에 접하게 되었다(〈사기〉 흉노전에서 "흉노 좌방왕(左方王)의 상곡(上谷)에 사는 자들은 동으로 예(濊)와 조선(朝鮮)에 접하였다"고 하였다.-원주). 조선과 중국은 이후부터 싸움이 잦아졌다.

한(漢) 고조(高祖) 유방(劉邦)이 이미 부여의 원조를 받아 중국을 통일하고는 그 공신(功臣)과 명장들을 시기하여 혹은 내쫓고 혹은 목을 베어 죽였는데, 이때에 모돈은 동도(東屠)와 월지국(月支國)을 깨뜨리고 나서 이에 중국과 자웅을 겨루고자 하여 정예병 10만 명을 거느리고 태원(太原: 산서성 대동부(大同府)-원주)으로 내려왔다.

유방이 이 소식을 듣고 스스로 30만 대병(大兵)을 거느리고 장사(壯士) 번쾌(樊噲)를 상장군(上將軍)으로 삼아 태원 부근의 백등(白登)에 이르렀는데, 이때 모돈의 복병을 만나서 한나라 군대가 크게 패하여 그 시체가 산처럼 높이 쌓였다.

모돈이 드디어 유방을 포위하자, 유방의 무리는 7일 동안 아무것도 먹지 못하고 어찌할 바를 모르다가, 마침내 진평(陳平)의 기계(奇計)를 써서 모돈을 설득하여 포위망을 풀게 하여 돌아왔다.

진평의 기계(奇計)란, 〈사기〉에서 말하기를, "비밀한 일이므로 세상에 전해지지 못하였다"고 하였으나, 근세에 연암(燕岩) 박지원(朴趾原)이 말하기를, "그 소위 기계(奇計)란 칭신봉공(稱臣奉貢: 스스로 신하라고 칭하면서 조공을 바치는 것)을 하겠다고 맹세한 조약이고, 세상에 전해지지 못하였다고 한 것은 중국의 사관들이 국치(國恥)를 감춘 것이다"고 하였는데, 대개 정확한 단안(斷案)이라 할 수 있다.

모돈이 이미 유방을 굴복시키고 제1 강국의 자리에 오르자 문득 우주를 삼킬 기개가 있어 스스로 일컫기를 "천지소생 대선우(天地所生大單于)"라 하면서 심심하면 군대를 몰아 태원(太原)·상곡(上谷) 등지로 쳐내려 와서 한(漢)나라 사람들을 죽이고 재물을 빼앗았으며, 또 한(漢)에서 망명해온 강도와 반란자들을 받아들여 길 안내자를 삼았다.

당시 연왕(燕王) 노관(盧綰)은 유방이 총애하던 신하였는데, 유방은 그를 연왕(燕王)에 봉하면서 모돈의 침략을 막으라고 하였다. 그런데 유방이 모돈에게 백등(白登)에서 깨어지는 것을 보고는 자신은 모돈을 막아낼 수 없을 것으로 생각하고, 또 유방이 자주 공신들을 죽이는 것을 보아 왔으므로, 자신도 죽임을 당하게 될까봐 두려워서 처자를 거느리고 흉노로 망명하였다.

그러자 흉노는 노관(盧綰)을 동도왕(東屠王)으로 봉하여 동도를 다스리게 하였다. 이때 노관과 같은 무리였던 위만(衛滿)은 낙랑(樂浪)으로 들어와서 기조(箕朝)를 치고, 그 밖에 여러 조선의 모든 소국의 제후들을 쳐서 그 땅을 차지하였는데, 그 결과 조선 열국이 크게 이동하였다. 위만이 이처럼 발호할 수 있었던 것은 틀림없이 노관과 같이 흉노의 원조를 받았기 때문일 것이다. 이 일은 비록 사서(史册)에는 기록되어 있지 않으나, 실제로는 틀림없이 그랬을 것이다. 이에 대하여는 다음에서 상세히 논술할 것이다.

(*옮긴이 주: 연왕 노관(盧綰)이 흉노로 도망간 사실과 위만이 조선에 들어온 사실에 관한 기록은, 〈사기〉 고조본기에서 "노관은 고조 유방이 죽었다는 소식을 듣고 드디어 흉노로 도망쳤다(盧綰聞高祖崩, 遂亡入匈奴)."고 하였고, 조선열전에서 "연왕 노관이 배반하여 흉노로 들어갔다. 위만은 망명하여 동으로 국경을 나가 진(秦)의 옛 공지(空地)에 거처하였다(燕王盧綰反, 入匈奴. 滿亡命, 聚黨千餘人, 東走出塞, 居秦故空地)."고 하였다.)

제4장 위만(衛滿)의 난(亂)과 열국(列國)의 이동

이전 사서(史書)에서 위만(衛滿)에 대한 기록은 그 주지(主旨)와 형식, 그리고 사실(事實)들이 모두 잘못되어 있어서 개정해야 할 것이 한두 가지만이 아니다.

(一) 삼조선(三朝鮮)은 부여조선(扶餘朝鮮)·진변조선(辰弁朝鮮)·낙랑조선(樂浪朝鮮)이거늘, 정인지(鄭麟趾: 조선 초기의 학자로 〈고려사〉를 편찬하였다.-옮긴이)가 처음으로 단군조선(壇君朝鮮)·기자조선(箕子朝鮮)·위만조선(衛滿朝鮮)이라 하여, 반란을 일으킨 도적 위만이 문득 조선 역대의 한 자리를 차지하게 하였으며,

(二) 위만이 처음에 기준(箕準)의 봉작을 받고 서압록(西鴨綠), 곧 지금의 요하(遼河) 이서(以西)에서 열국의 망명해온 죄인들을 수습하여 수령(首領)이 되었다가 마침내 기준을 엄습하여 서압록·동압록, 곧 두 압록 사이만을 차지하였는데도 불구하고 매번 그 강역(疆域)의 위치를 고조선 중부까지인 것으로 잡았으며,

(三) 위만은 연왕(燕王) 노관(盧綰)과 한패의 무리로서 흉노의 원조를 받아, 노관은 조선의 동도(東屠)를 차지하고, 위만은 조선의 낙랑을 차지하였는데도 불구하고, 이제 위만 혼자의 힘으로 기조(箕朝)를 쫓아내고 땅을 개척한 줄로 알았으며,

(四) 모돈(冒頓)·위만 등의 난(亂)에 봉천(奉天) 등지에 있던 조선 열국들

이 많이 이동하였거늘, 이제 이런 관계를 말한 사람이 없었다.

〈위략(魏略)〉에서 말하기를, "진승(陳勝)과 항우(項羽)의 난(亂)이 일어나서 연(燕)·제(齊)·조(趙)의 백성들이 고통을 당하다가 동으로 옮겨오니, 기준(箕準)이 이들을 서방(西方)에 두었다"고 하였고, 〈사기(史記)〉에서는 "위만이 동으로 나와서 옛 진(秦)나라의 공지(秦空地)에 거하며 진번조선(眞番朝鮮)과 연(燕)·제(齊)의 망명자들을 불러 모았다"고 하였다. 대개 진(秦)이 이미 망하자 기준이 그 부왕(父王) 기부(箕否)가 진시황과 체결한 조약을 더 이상 지킬 필요가 없어졌으므로, 드디어 그 중립공지(中立空地)에 사방의 유민들을 받아서 서번(西藩: 서쪽 울타리)으로 삼았는데, 위만이 처음에 도망 나와서 이곳에서 거(居)하였다.

(*옮긴이 주: 이 부분의 〈사기〉 조선열전 기록은 다음과 같다. "滿東走出塞, 居秦故空地, 稍役屬眞番朝鮮, 及故燕齊亡命者, 王之. 都王險."
여기서 〈秦空地(진공지)〉는 일명 〈中立空地(중립공지)〉라고도 하는데, 전국말기에 연(燕)이 조선(箕朝)의 서쪽 변경을 공격하여 천여 리의 땅을 차지하였다. 후에 진(秦)이 연(燕)을 공격할 때, 조선이 이전의 원수를 갚기 위하여 진(秦)과 연합하여 연(燕)을 멸망시켜서 진(秦)이 천하를 통일하는 것을 도와주었는데, 진(秦)이 그 후 장군 몽념(蒙恬)을 요동에 파견, 만리장성을 쌓을 때 진(秦)과 조선의 경계를 확정하면서 패수(浿水)에서 산해관(山海關) 사이의 수백 리 토지를 양국간의 중립공지로 정하여 양국의 인민들이 들어가 살지 못하도록 하였다. 이것이 중립공지이다.(이에 대하여는 본서 제1장 끝에서 이미 설명하였다.)

그리고 위만이 도읍하였다는 왕험(王險)을 흔히 지금의 평양이라고 해석하고 있으나, 〈사기〉 색은(索隱)에서는, "응소는 〈지리지〉에 주(注)를 달면서 말하기를「요동의 험독현(險瀆縣)은 조선왕의 구도(舊都)이다(應劭注地理志: 「遼東險瀆縣, 朝鮮王舊都」)"라고 하였고, 〈자치통감〉의 주(注)에서는 응소(應劭)의 주를 인용하여 "요동에는 험독현(險瀆縣)이 있는데, 곧 위만이 도읍한 곳이다. 강이 험하기 때문에 험독(險瀆)이라 하였다(遼東有險瀆縣, 卽滿所都. 因水險, 故曰險瀆)"고 하였다.

중국인들도 위만이 도읍한 왕험(王險: 王儉)을 평양(平壤)이라 하지 않고 요동에 있는 험독현(險瀆縣)이라 하였는데, 우리나라 역사서에서는 위만이 도읍한 왕험(王險)을 왕검성(王儉城), 곧 지금의 평양이라고 해석하는 것은 한심한 일이 아닐 수 없다. 신채호 선생도 왕험(王險)을 왕검(王儉)으로 읽고 있으나, 그는 왕검이 지금의 평양이 아닌 요동의 북평양(北平壤: 지금의 광녕현)이며, 그곳조차 위만의 도읍지가 아니었음을 고증해 놓았다.)

〈사기〉에서는 위만이 처음 나와서 곧바로 왕검(王儉)에 도읍을 정한 것으로 말하였으나, 이는 〈사기〉가 잘못 안 것이다. 왕검은 곧 기조(箕朝)의 북평양(北平壤: 지금의 광녕현(廣寧縣)-원주)이고 기조(箕朝)의 서울이니, 어찌 위만이 바로 이곳을 차지하였겠는가.

〈위략〉에서는 말하기를 "위만이 기준(箕準)에게 항복하니, 기준이 그를 믿고 박사(博士)의 칭호를 주고 서방(西方)에 두어 조선의 울타리로 삼았다. 그런데 위만이 한(漢)나라 군사가 쳐들어온다고 기준을 속이고는 왕궁에 들어와서 수비를 하겠노라고 핑계를 대고는 기준을 엄습하여 그 땅을 차지하였다"고 하였다. 대개 위만이 일개 망명객으로서 남의 서울을 빼앗으려면 하루 이틀 만에 할 수 있는 일이 아닐 것이니, 〈위략〉의 말이 도리어 믿을 만하다.

그러나 위만은 노관(盧綰)과 한패의 무리인지라, 노관이 이미 흉노의 힘으로 동도왕(東屠王)이 되었는데도 위만이 노관과 인접한 땅에 앉아서 서로 통하지 않았을 리가 없다. 유흠(劉歆)이 말하기를, "한(漢)이 조선을 친 것은 흉노의 오른쪽 팔을 끊은 것이다"고 하였는데, 이 조선은 곧 위씨(衛氏: 衛滿)를 가리킨 것이므로, 흉노·노관·위만이 한통속이 되었음은 더욱 의심할 나위가 없다.

위만이 기준(箕準)을 엄습할 때에 흉노의 군사를 가졌었는지는 알 수 없으나 그 성세(聲勢)는 빌렸을 것이며, 이미 기준을 쫓아낸 후에는 더욱 흉노의 도움을 받았을 것이다.

아, 낙랑도 천 년이나 오래된 나라이고 수많은 전쟁을 치른 경험이 있는 유민(遺民)들이니, 만일 위만의 뒤에 모돈(冒頓)이 없었다면 어찌 이같이 일개 망명해온 도적에게 쫓겨났을 것인가.

위만의 난(亂)에 기준이 남쪽으로 옮겨간 사실은 여러 사서(史書)에 다 보인 바이고, 〈잠부론(潛夫論)〉에서는 이르기를, "한서(韓西)도 성(姓)이 한(韓)이니, 위만에게 쫓겨서 바다 가운데로 옮겨가 살았다"고 하였고, 〈사기〉에서는 이르기를 "위만이 부근의 소국들을 침략하여 항복시켰다(滿…侵降其旁小邑.)"고 하였을 뿐, 다 당시의 정황을 자세히 적지 아니하였으나, 위만의 난으로 인하여 수다한 왕국들이 이동하였음을 알 수 있다.

흉노의 땅이 조선과 접하고, 노관의 무리들이 위만과 통하여 세 적들이 조선을 도모하였기 때문에 소국은 물론이고 대국도 많이 이동하였으니, 대개 남방에도 진(辰)·변(卞)·마(馬) 삼한(三韓)이 있게 된 것은 북방으로부터 옮겨온 것이다.

그런데도 후세 사람들은 이런 관계를 생각지 않고 오직 한 곳에서 삼한을 찾으므로, 만주의 삼한을 주장하는 이는 한강 이남은 다만 삼한의 변경이라고 하며(〈만주원류고(滿洲源流考)〉 등의 책-원주), 한강 이남의 삼한을 주장하는 이는 만주의 삼한을 부인하니(〈아방강역고(我邦疆域考: 조선 순조때인 1811년 정약용 저)〉 등의 책-원주), 만일 만주의 삼한을 부인하면 고구려의 마한기병(馬韓騎兵: 〈후한서〉 효안기(孝安紀)-원주)과, 안정왕(安定王)의 자칭 마한유민(馬韓遺民: 〈송사(宋史)〉 정안국전(定安國傳)-원주)과, 발해사의 해북변한(海北弁韓: 〈신당서〉 발해전-원주)과, 태봉사(泰封史)의 숙신·변한(肅愼·弁韓: 〈고려사〉 태조세가-원주)과, 〈후한서〉(〈후한서〉가 아니라 〈삼국지〉 마한전-옮긴이)의 진한팔국(辰韓八國) 등, 무릇 내외(內外) 사서에서 말한 삼한은 모두 낭설이 되고 말 것이니 이 어찌 터무니없는 말이 아니겠는가.

위씨(衛氏: 소위 위만 조선)의 강역에 관한 약론(略論)은 편의를 위해 제6장에서 다시 서술하고자 하는바, 이 약론을 보면 위만이 침략해온 순서를 더욱 쉽게 상상할 수 있을 것이다.

제5장 조선 열국과 한(漢)의 교통

위만(衛滿)이 흉노의 세력을 빌려 동·서 양 압록(鴨綠) 사이에서 발호하는 동안, 조선 열국이 다 미약하여 그와 겨루지 못하다가, 단군 2180년(기원전 154년)경에 노관(盧綰)의 손자 타지(佗之)가 동도(東屠)의 왕위에 올랐다가 동도를 들어 한(漢) 경제(景帝: 유방의 손자—원주)에게 항복하니, 이에 흉노와 위만과의 연락이 끊어져서 위씨도 크게 두려움을 느꼈다.

이에 조선의 열국들이 다시 위만과 전쟁을 선언하는 자가 많았으며, 진(辰)·변(卞)은 더욱 한(漢)과 교통하여 한(漢)으로 하여금 위씨의 후면을 치게 하고, 조선 열국은 위씨의 전면을 쳐서 위씨를 멸망시키고 옛 강토를 다물(多勿)할 계획을 가졌다. 그러나 위만이 길을 막아 진(辰)·변(卞)의 사자가 한(漢)과 왕래하는 것을 허락지 않고 또한 한(漢)도 또한 북으로 흉노에게 눌리고 남으로 오(吳)·초(楚) 등지에 난(亂)이 발생하여 원대한 계략(遠略)을 생각지 못하였으므로, 매번 위만에게 폐백을 바쳐서 안심시키고, 산해관 부근에 요동태수(遼東太守)를 두어 조선 열국과 흉노의 동정을 살필 뿐이었다.

단군 2200년(기원전 134년) 경에 위만의 손자 우거(右渠)가 낙랑왕(樂浪王)이 되어 더욱 교만해져 조선 열국을 침략하였다. 이에 창해왕(滄海王) 남려(南閭)가 몸소 군민(軍民) 28만 명을 거느리고 요동으로 나와서 위씨를 징토(懲討)하면서 한(漢)에 사자를 보내어 동맹을 구하니, 한 무제(武帝) 유철(劉徹)이 바야흐로 위만과 흉노를 치려다가 창해의 사자를 만나보고는 크게 기뻐하여 창오가(彰吳賈)를 보내어 양식과 돈과 비단을 싣고 가서 남려의 군사들을 먹이고 포상하게 하니, 연(燕)·제(齊)의 인민들이 그 고역을 견뎌내지 못하였다.

그러나 유철이 곧 창해를 신하의 예(禮)로 접대하려 하므로 창해왕이 그 사신을 쫓아 보내니, 이에 동맹의 희망이 깨어지고 서로 싸우는 적국(敵國)이 되어, 한(漢)은 위씨와 한편이 되고 창해는 홀로 고립하여 수년 동안 싸웠다. 그러다가 유철이 흉노의 난(亂)을 계기로 신하의 간언(諫言)을 받아들여 창해와의 전쟁을 중단하고 북방(朔方)의 일에만 전념하니, 이에 창해·낙랑(위만)·중국 사이의 전쟁이 종국(終局)되었다.

제6장 위씨(衛氏)의 멸망과 그 강역(疆域) 약론(略論)

단군 2225년(기원전 109년)에 한 무제 유철(劉徹)이 사자 섭하(涉何)를 보내어 위(衛) 우거(右渠)에게 한(漢)에 대하여 신하로서의 예를 갖추라고 요구하니, 우거가 이를 수치스럽게 여기고 듣지 않았다.

섭하(涉何)가 돌아가다가 패수(浿水)에 임하여 송별하러 나온 위 우거의 사자를 죽이고 빨리 패수를 건너 한(漢)의 진영으로 들어가서 조선의 장군을 죽였다고 한 무제 유철에게 거짓 보고를 하니, 한 무제가 크게 기뻐하여 섭하를 요동 동부도위(東部都尉)로 임명하여 요동으로 들어가게 하였다. 이에 우거가 섭하의 간사하고 속임수 많음과 무례함에 화를 내어 군사를 일으켜 섭하를 쳐 죽이니, 이에 양국 사이에 전단(戰端)이 생겨났다.

이해 가을에 한(漢)에서는 누선장군(樓船將軍: 해군 장수) 양복(楊僕)으로 하여금 해군 7천 명을 거느리고 산동에서 내려 발해(渤海)로 향하게 하고, 우장군(右將軍) 순체(荀彘)로 하여금 육군 5만 명을 거느리고 요동으로 들어가 좌우로 우거(右渠)를 치도록 하였다.

양복(楊僕)이 먼저 열구(洌口)로부터 상륙하였는데, 우거(右渠)가 양복의 군사가 적은 것을 알고 빨리 쳐서 크게 깨뜨리고 대병(大兵)을 내어 패수(浿水)를 건너가 진(陣)을 쳤다. 순체(荀彘)가 패수 서쪽에서 우거의 군사와 싸우다가 또 패하고, 양복은 산 속으로 도망가서 흩어진 군졸들을 거두어 스스로를 지키고 있을 따름이었다.

한 무제 유철이 양복과 순체가 패하였음을 듣고 다시 크게 군사를 내어 위산(衛山)으로 하여금 거느리고 가서 우거를 달래려 하자, 우거가 한나라 군대가 쳐들어오는 것을 보고 "양마(良馬) 5천 필을 공물(貢物)로 바치겠다"고 하고, 또 "군량을 내어 순체 · 양복의 군사들을 먹이겠다"고 하니, 위산이 이를 허락하였다.

우거(右渠)의 태자가 정예병 1만여 명을 거느리고 군량을 싣고 패수(浿水)를 건너려 할 때, 위산(衛山)이 태자가 한(漢)나라 군사를 엄습할까봐 두려워서 태자에게 "그 군사들의 무장을 해제하고 건너오라"고 하니, 태자가 건너가지 않고 돌아왔다.

위산이 한(漢)에 돌아가니, 한 무제가 위산이 일을 그르쳤다고 하여 그의 목을 베어 죽이고 제남태수(濟南太守) 공손수(公孫遂)를 보냈다. 공손수가 오기 전에 순체(荀彘)가 이미 패수 서쪽의 위씨 군사를 깨치고 패수를 건너 성(城) 서북을 포위하고, 양복(楊僕)은 성 남쪽을 포위하였으나, 우거도 굳게 지켰으므로 성을 빼앗지 못하였다.

그때 순체가 공손수가 온 것을 보고, 성을 빼앗지 못한 것은 양복이 같이 힘껏 싸우지 않았기 때문이라고 보고하고, 공손수와 더불어 모의하여 군령(軍令)으로 양복을 불러서 죽이고, 양복의 군사를 합하여 위씨(衛氏: 위만 조선)의 성을 급히 쳤다.

이때 위씨(衛氏: 위만 조선)의 정승인 로인(路人) · 한음(韓陰)과 장군 왕겹(王唊)은 함께 의논하여 도망가서 한(漢)에 투항하고, 예(濊)의 대신인 삼

(參)은 자객을 시켜서 우거(右渠)를 죽이고 성을 넘어가서 한(漢)에 항복하였다. 그러나 성 안은 아직도 굳게 지키고 있었는데, 우거의 대신 성기(成已)는 군사를 내보내어 한(漢)나라 군사들을 쳤다.

이에 순체가 사람을 보내어 우거의 아들 장(長)을 꾀이니, 그가 성기(成已)를 베어 죽이고 항복하였다. 위씨는 망명해온 죄인의 단체로 조직된 나라였는데, 세운 지 86년 만에 망하였다.

위씨(衛氏: 위만 조선)가 우리 역사상 차지한 위치는 고구려 때 공손도(公孫度)의 3대와 같은데, 우선 한인(漢人)이라는 점이 같고, 우리의 변경을 훔쳐서 점거한 것이 같고, 3대 동안 서로 전해온 것이 같다. 그런데 이전 사서(史書)에서는 공손도를 우리 역대에 포함시킬 수 없다는 것은 알면서도 위만은 우리 역대에 포함시키고 있으니, 참으로 딱한 소견(所見)이다.

어떤 이가 말하기를 "위만이 동압록강(東鴨綠江) 이동(以東)까지 차지하였으므로 우리 역대에 넣은 것이다"라고 하나, 그러나 동압록은 그만두고 설사 한강 이남까지 위씨가 차지하였더라도, 이는 우리가 영입한 기자(箕子)와 같은 것이 아니라 곧 이족(異族)으로서 쳐들어온 도적에 불과한데, 이런 자를 어찌 우리 역대에 포함시킬 수 있단 말인가. 하물며 위씨가 동압록 이동까지 차지하였다는 것은 이전 사서에서 잘못 기록한 것이니, 이제 위씨 강역(疆域)의 범위를 약론(略論)할 것이다.

위씨의 강역은 〈사기(史記)〉에서 말한 패수(浿水)와 왕검(王儉: 〈사기〉에는 왕검(王儉)이 아니라 왕험(王險)으로 되어 있고, 〈사기색은(史記索隱)〉에서 왕험은 요동성 험독현(險瀆縣)이라 하였다는 것은 이미 앞 제4장의 옮긴이 주(註)에서 말하였다.-옮긴이)의 위치로 가릴 뿐인데, 당시의 패수를 대동강(大同江)이라 하고 왕검(王儉)을 평양(平壤)이라 하는 이도 있지만, 이는 엄청난 망발이다.

〈사기〉에 패수(浿水)·왕검(王儉)을 말한 곳을 열거해 보면,

(一) 위만이 처음 나오던 패수(浿水)를 적어 이르기를 "위만이……동으로 달아나 국경을 벗어나 패수(浿水)를 건넌 다음 진(秦)의 옛 공지(空地)에 거주하면서 점차 진번조선(眞番朝鮮)의 이족(夷族)들과 연(燕)·제(齊)의 망명자들을 복속시켜 그 왕이 되었으며, 왕검(험)(王儉(險))에 도읍하였다(滿……東走出塞, 渡浿水, 居秦故空地上下障, 稍役屬眞番朝鮮蠻夷, 及燕齊亡命者, 王之, 都王(儉)險)."(사기의 본문은 王儉(왕검)이 아니라 王險(왕험)으로 되어 있다.-옮긴이)라고 하였는데, 만약 패수(浿水)가 대동강(大同江)이고 왕검(王儉)이 평양이라면, 어찌하여 패수를 건넌 뒤에 왕검으로 갔다고 말한 것인가. 패수(浿水)와 왕검(王儉)이 각각 대동강·평양을 가리킨 것이라고 주장할 수 없는 첫째 이유이다.(평양성은 대동강 북쪽에 있으므로, 중국에서 오는 경우 대동강을 건너기 전에 평양에 이르는데, 패수를 건너 평양에 이른다는 것은 있을 수 없는 일이다.-옮긴이)

(二) 만약 대동강 이동(以東)까지가 진(秦)의 공지라 한다면, 기준(箕準)은 위만이 들어오기도 전에 이미 왕검(王儉)을 떠나 남쪽으로 옮겨갔다는 말이 되는데(기준(箕準)이 진(秦)과 중립공지를 설정하는 조약을 체결할 당시 이미 그는 그 중립공지 밖에 있었다는 말이다.-옮긴이), 그렇다면 누가 위만을 봉(封)하고 또 위만에게 패주(敗走)하였다는 것인가. 이 주장이 틀렸다고 하는 두 번째 이유이다.

(三) 우거(右渠)와 한(漢)이 서로 교섭할 때, 패수(浿水)를 가리켜 말하기를 "섭하(涉何)가… 패수(浿水)가에까지 와서 자기 마부로 하여금 자신을 바래다 준 조선의 장(長: 사람 이름)이란 비왕(裨王: 왕을 보좌하는 대신 또는 부왕)을 찔러 죽이게 하고 곧 패수를 건너 말을 달려 국경 안으로 들어갔다(涉何…臨浿水, 使御刺殺送何者朝鮮裨王長, 卽度馳入塞)"고 하였다. 여

기서 국경(塞)이란 한(漢)의 국경을 말한다. 패수를 건너서 급히 말을 달려 한의 국경 안으로 들어갔다는 것이니, 따라서 패수를 대동강이라 하는 것이 불가한 세 번째 이유이다.

(四) 순체(荀彘)의 전황을 적어 이르기를 "좌장군이 패수(浿水)의 서쪽에 있는 군사를 쳤다(左將軍 擊浿水西軍)"라고 하였고, 또 "좌장군이 패수(浿水) 상에서 (위만의) 군사를 깨뜨리고 계속 앞으로 나아가 성(王儉城) 밑에 이르렀다(左將軍 破浿水上軍, 乃前至城下)"라고 하였다. 성(城)은 곧 왕검성(王儉城)이니, 우거가 한(漢)을 막을 때에는 왕검성에서 출병하여 서쪽으로 패수를 건너가고, 순체가 왕검성을 칠 때에는 패수 서쪽의 우거 군사를 깨뜨리고 계속 나아가 왕검성 밑에 이르렀으니, 패수(浿水)는 곧 왕검성의 서쪽에 있음이 분명하다. 그러나 지금의 평양은 대동강의 서쪽에 있으므로, 패수-대동강, 왕검-평양을 주장하는 것은 불가하다는 네 번째 이유이다.

이에 대하여는 더 이상 변론할 것이 없거니와, 남구만(南九萬: 조선 후기 숙종 때의 사람. 경사(經史)에 밝았으며, 시조 "동창이 밝았느냐, 노고지리 우지진다"는 시조로 유명하다-옮긴이)씨는, 패수(浿水)는 취수(溴水)를 잘못 쓴 것이고 취수(溴水)는 곧 압록강(鴨綠江: 동압록-원주)이라고 하였다. 그러나 우거의 태자가 패수를 건너가려고 하다가 다시 왕검으로 돌아갔고, 순체(荀彘)가 패수의 서쪽에 있는 군사를 격파하고 나서 곧 왕검을 포위하였으므로, 패수·왕검은 지척(咫尺)간에 있는 땅이니, 패수를 취수(溴水) 곧 압록강이라고 하는 것도 맞지 않는 말이다.

안정복(安鼎福)·한진서(韓鎭書) 두 사람은 패수가 대동강이란 말은 인정하면서 남구만씨의 말은 인정하지 않았다.

제7장 위씨(衛氏)의 멸망과 한사군(漢四郡)의 설치

1. 서언(緖言)

동부여(東扶餘)·고구려·위씨(衛氏: 소위 위만 조선)·한(漢) 4개국의 삭감된 연대를 발견하고 보니, 동북에서는 동부여와 고구려가 격전을 하여 고구려가 동부여를 정복하는 동안에, 서남에서는 한 무제(武帝)가 위씨(衛氏)와 격전을 벌여서 이를 멸망시키니, 조선 천하에 양대 사건이 동시에 진행되었던 것이다.

말하자면, 전자(前者)는 조선족(朝鮮族) 사이에서 일어난 싸움이고, 후자(後者)는 한족(漢族)들 사이의 싸움이었다. 그 싸움이 동일한 시대, 동일한 강토 안에서 일어났던 싸움이므로 피차에 복잡한 관계가 없지 않을 것이다. 그러나 전해오는 기록이 적어서 그 관계의 상황을 분명히 말할 수 없으므로, 이제 한(漢)의 침입과 위씨(衛氏)의 멸망을 서술하는 동안에 앞에서 설명한 동부여와 고구려가 전쟁한 연대를 대조하여, 그 한두 가지 관계된 사실을 논술할 따름이다.

2. 예(濊)의 반란과 한(漢)의 구원

동부여(東扶餘)가 예(濊)를 정복하고 가슬라(加瑟羅)에 도읍을 정하였다는 것은 이미 앞에서 설명하였거니와, 단군 2206년(기원전 128년)에 예왕(濊王) 남려(南閭)가 반기를 들고 한(漢)에 구원을 애걸하였다. 한 무제(武帝)는 중국 제왕들 중에서도 침략주의(侵略主義)를 가졌던 자였다. 남려의 구원 요청에 응하여 팽오가(彭吳賈)를 파견하고 제(齊)·노(魯)의 병졸들과 양식을 보내주며 "예(濊)의 땅으로써 창해군(滄海郡)을 만들라"는 조서를 내리고 동부여를 쳤는데, 동부여가 혈전을 벌인 지 3년 만에 마침내 한나라 군사를 대파하여 쫓아내었다.

〈후한서〉에는 예군(濊君) 남려(南閭)가 우거(右渠)에게 반기를 든 것이라고 하였으나, 예(濊)는 동부여의 속민(屬民)으로 우거와는 관계가 없으므로, 〈후한서〉에 적힌 것은 명백한 망설(妄說)이다.

3. 한 무제의 우거(右渠) 침멸(侵滅)과 사군(四郡) 설치

한(漢)나라 군사가 동부여에서 패퇴한 후 곧바로 다시 군사를 일으키려 하였으나, 남방의 민월(閩越)과 북방의 흉노에 대한 전쟁이 급하여 다른 것은 돌아볼 겨를이 없었다. 그러다가 단기 2225년(기원전 109년)에 이르러서는 남방의 전쟁이 대략 종결되었기 때문에 이에 또 다시 조선을 침략하려고 하였다. 그러나 동부여가 강하고 사납고 지형이 험하고 멀어서 하루아침에 성공하지 못할 줄 알고, 또 위씨(衛氏)의 지경을 지나가서 동부여를 친다는 것은 좋은 계책이 아닌 줄 깨닫고, 이에 먼저 위씨부터 치기로 결정하였다.

그러나 이때 위씨의 제3세 우거(右渠)가 왕이 되어 한(漢)에 대한 조공(朝貢)의 예를 빠뜨리지 않았으므로 핑계거리가 없었다. 이에 사자 섭하(涉何)를 왕검성으로 보내어, 우거를 방문하여 한(漢)에 대하여 스스로 신하라고 칭하기를 권하고 돌아오는 길에 국경 패수(浿水)에서 우거의 사자를 죽임으로써 일부러 위씨의 노여움을 촉발시켰다. 그런 다음 한 무제는 섭하를 요동의 동부도위(東部都尉)로 임명하였다.

그러자 우거는 한(漢)의 속임수와 섭하의 무례함을 증오하여 마침내 군사를 일으켜 섭하를 쳐서 죽였다. 한 무제가 이를 천재일우(千載一遇)의 좋은 핑계거리로 잡고는 군사를 일으켜 우거를 쳤는데, 좌장군 순체(荀彘)는 요동병 5만 명을, 누선장군(樓船將軍: 해군 장수) 양복(楊僕)은 연(燕)·제(齊)의 군사 7천 명을 거느리고 침입하였다.

처음에는 우거가 여러 차례 싸워서 이겼으나, 다만 위씨의 부하들은 거의 대부분 조선과 중국의 떠돌이 도적들의 집단이었으므로 한(漢)의 황금과 비단을 뇌물로 받아먹고 우거를 베어 죽이고 한에 투항하였다.

우거의 대신 성기(成己)가 홀로 반항하다가 우거의 아들 장(長)에게 피살된 후 위씨가 드디어 망하니, 한 무제가 그 땅을 나누어 진번(眞番)·임둔(臨屯)·현토(玄菟)·낙랑(樂浪) 4군을 설치하였다.

4군의 위치와 범위에 관하여는 역사학자들 간에 논쟁이 극히 분분하다. 그 시비(是非)에 대하여는 별도로 논의할 터이지만, 이제 그 개략을 말하자면, 한 무제의 4군 군현(郡縣)은 원래 흥경(興京) 이동(以東)이나 압록강 이남의 조선 열국을 점령하여 설치한 것이 아니고 다만 요동반도에 있던 위씨(衛氏)를 멸하고 그 땅에 조선 열국의 이름을 가져다가 군현(郡縣)의 이름으로 나누어 설치한 것이다.

이를테면 4군 내에 고구려·개마현(蓋馬縣) 등이 있지만, 흥경 이동에 고구려·개마국(蓋馬國) 등이 전부터 있었으며, 4군 내에 화려현(華麗縣)·불내현(不耐縣)·낙랑군(樂浪郡)이 있지만, 압록강 이남에 화려국(華麗國)·

불내국(不耐國)·낙랑국(樂浪國)이 여전히 존재하고 있었다는 것이 이를 증명한다.

4. 위씨(衛氏) 멸망시 동부여·고구려 기타 열국의 참전 여부

〈사기(史記)〉에 "진번(眞番) 주위의 여러 소국들은 글을 올려 천자를 만나고자 하였으나, (우거가) 또 막아서 통할 수 없었다(眞番旁衆國, 欲上書見天子, (右渠)又雍閼不通)"라고 하여, 우거가 망하기 전에 조선 열국이 모두 한(漢)과 손잡고 우거를 치려고 하였다는 의미의 기사를 게재하였는데, 이는 혹 사실인 듯하다.

무릇 위씨(衛氏)는 일개 흘러들어온 도적의 집단으로서 일시 조선 삼경(三京)의 하나인 왕검성(王儉城: 지금의 해성(海城)-원주)을 함락시켰던 것에 불과하였는데도 조선 열국의 힘으로 이 일개 흘러들어온 도적의 집단조차 구축하지 못하고 외국의 지원을 받으려고 하였던 이유는 무엇일까?

중국사에 의하면, 위만은 한(漢)을 배반한 노관(盧綰)과 한패의 무리로서, 노관은 흉노로 들어가 동호노왕(東胡盧王)이라 칭하고 열하(熱河)·요서 등지를 점거하였고, 위만은 왕검성으로 들어와 조선(朝鮮: 箕朝)의 왕위를 빼앗아 차지하였다. 그렇다면, 흉노는 노관의 비호자(庇護者)였을 뿐만 아니라 또한 위만의 성원자(聲援者)였을 것이니, 위만이 흉노와 손을 잡으므로 조선 열국은 한(漢)과 손을 잡을 수밖에 없었으며, 한(漢)은 흉노와 한패인 위만을 치려고 하면서 동시에 조선 열국과 손을 잡을 수밖에 없었다.

〈한서(漢書)〉 위현성전(韋玄成傳)에서는 "동으로 예맥과 조선을 쳐서 흉노의 오른쪽 팔을 끊었다(東伐濊貊朝鮮, 以斷匈奴右臂)"라고 하였다. 그러나 위씨는 예(濊)도 아니고 조선도 아닐 뿐만 아니라, 이때에 한 무제의 위씨 정벌은 흉노와 한패인 위씨 왕국을 쳐서 조선 열국을 지원한 것인데도, 한대(漢代)의 사관들이 남의 나라의 사실을 기록함에 있어 너무도 무책임하여 위만을 조선왕으로 기록하는 동시에 위씨 정벌을 조선 정벌로 잘못 기록한 것이다.

맨 처음에는 조선 열국과 한 무제가 한편이었는데, 어찌하여 위씨 멸망의 전쟁에 조선 열국의 연합군이 없었던가? 대개 우리나라 역사는 잔결(殘缺)하여 당시의 사실을 전하지 않고, 오직 이를 전하고 있는 중국사인 〈사기〉는 조선왕 만전(滿傳)에서 그 전쟁의 대략만을 기록하였을 뿐이다.

그러나 중국사는 매번 주관적 편견이 심하여, 예를 들면, 고구려를 멸망시킨 전쟁에서 신라의 힘이 당(唐) 이상으로 월등하였음에도 불구하고, 〈신·구 당서(唐書)〉 모두에서 그 전쟁을 기록하면서, 오직 당(唐)의 출병과 전략과 전황을 기록하였을 뿐이고 신라인의 작전에 관한 말은 단 한 마디도 하지 않았다.

위씨 멸망의 전쟁 역시 반드시 이와 같이 한(漢)의 단독 출전이 아니라 동부여나 북부여, 고구려, 혹 기타 조선 열국의 연합전쟁이었을 터이지만, 다만 이를 빠뜨리고 기록하지 않았을 뿐인 것이다.

한(漢)이 위씨를 멸망시키고는 그 토지를 조선에 돌려주지 않고 스스로 군현(郡縣)을 설치하고, 또한 그 군현의 이름을 조선 열국의 나라 이름을 가져와서 지음으로써 조선 열국을 모욕하였으므로, 조선 열국이 무리지어 일어나 이에 반항할 때, 그 중에서도 고구려가 가장 현저하게 큰 공을 이루었으니, 이에 대하여는 다음에서 서술할 것이다.

제8장 고구려의 선비(鮮卑) 정복과 한족(漢族) 격퇴

1. 고구려 · 흉노 · 선비의 삼각관계

선비(鮮卑)는 본래 조선에 복속되어 있던 족속으로서 동몽고(東蒙古) 등지에 거주하다가 흉노 모돈(冒頓)에게 패하여 노룡새(盧龍塞) 밖의 장성(長城) 내외로 흩어져 달아났다. 그러나 마침내 흉노의 속민(屬民)이 되어서는 도리어 자주 조선 열국을 침략하였다.

고구려 유리왕(琉璃王)이 부분노(扶芬奴)의 계책을 써서 선비를 치면서 군사를 갑(甲)과 을(乙) 두 부(部)로 나누어, 갑(甲)은 영병(羸兵: 잉여 군사로 편성된 부대. 예비병)으로 왕이 거느리고, 을(乙)은 정예병으로 부분노가 거느리고, 선비국에 이르러서, 부분노는 산림에 정예병을 숨겨 두고 왕의 영병(羸兵)으로 나아가 싸우다가 거짓 패주하자 선비 군사들이 성을 비우고 쫓아왔다. 그때 부분노가 몰래 성을 공격하여 점령한 다음 앞뒤로 협격(挾擊)하여 대파하니, 이 뒤로부터 선비가 다시 쳐들어오지 못하였다. 위의 선비 정복은 유리왕 4년의 일이니, 곧 단군 2210여 년(기원전 124여 년)경이다.

이때의 흉노는 선비(鮮卑: 〈사기〉에서는 동호(東胡)라 부름—원주)와 손을 잡고 있었고, 한 무제는 흉노를 쳤으므로, 아마도 고구려와 한(漢)은 공수동맹(攻守同盟)을 맺고 있었을 것이다.

2. 고구려의 한(漢) 진번군(眞番郡) 정복

한 무제가 위씨(衛氏)를 멸망시킨 후 조선 열국의 나라 이름을 가져다가 4군(四郡)과 현(縣)의 이름으로 하는 동시에, 한(漢) 진번군(眞番郡)의 한 현(縣)의 이름을 고구려현(高句麗縣)이라 지어서 고구려의 나라 이름을 모욕하고 겸하여 자주 국경을 침략하니, 고구려가 비록 새로 세운 나라로서 토지가 아직 협소하였으나 부득불 선전포고를 하는 외에 다른 방책이 없게 되었다.

그래서 유리왕 32년(기원 13년)에 왕자 무휼(無恤)이 동부여의 대병(大兵)을 격파한 여세를 몰아 그 다음해에 오이(烏伊)·마리(摩離)를 양 대장(大將: 동명성제(東明聖帝) 때부터의 노련한 장수들임-원주)으로 임명하여 병사 2만 명을 거느리고 양수(梁水: 지금의 태자하(太子河)-원주) 부근의 양맥(梁貊: 한(漢)에 부속된 종족-원주)을 쳐서 항복시키고, 나아가 한(漢) 진번군(眞番郡)의 수부(首府)인 고구려현을 점령하였다.

대무신왕(大武神王) 4년(기원 21년)에 동부여를 쳐서 대소왕(帶素王)을 죽였으나, 고구려 군사도 많이 죽고 부상을 당하여 패하여 돌아왔다. 31년에 또 진번군에 접근한 개마(蓋馬)·구차(句茶) 등의 나라들을 정복하여 군현(郡縣)으로 만든 다음 더욱 나아가 진번(眞番)·현토(玄菟) 등의 군(郡)을 정벌하였다.

〈한서〉에서 소제(昭帝) 시원(始元) 5년, 곧 단군 2252년(기원전 82년)에 "진번군(眞番郡)을 파하였다(罷眞番郡)"(이때 임둔군(臨屯郡)도 파하였음이 명백함-원주)고 하였고, 원봉(元鳳) 6년, 곧 단군 2259년(기원전 75년)에 "요동에 현토성(玄菟城)을 쌓았다(築遼東玄菟城)"고 하였는데, 이는 한(漢)이 고구려 군사에게 쫓겨 가서 진번·현토 양 군(郡)을 철폐하고는 현토군을 그곳으로 옮겨 세운 것이니, 이것이 서너 자(字) 혹 십여 자(字)에 불과한 두 사건의 기록 기사이지만, 그 이면에는 양국 인민들의 두개골을 전장(戰場)에 던져가면서 강토의 권리를 다투던 대참극(大慘劇)이 그 속에 숨어 있음을 알아야 한다.

〈한서〉 본기(本紀) 원봉(元鳳) 3년에 「眞番·臨屯(진번·임둔)」 주(註)에서, 〈무릉서(茂陵書)〉를 인용하여 이르기를 "진번군의 치소(治所: 군청 소재지)는 삽현(霅縣)으로, 장안에서 7,640리 떨어져 있고, 모두 15개 현이 있다(眞番郡治, 霅縣, 去長安七千六百四十里, 十五縣)"라고 하였다.

후세 사람들이 이것에 근거하여, 동이(東暆)를 낙랑군 도위(都尉) 소속 일곱 개 현(縣)의 하나인 동이(東暆)라고 하고, 그리고 동이(東暆)를 강릉(江陵)이라고 하였다. 그러나 〈무릉서(茂陵書)〉는 세상 사람들이 한(漢)의 사마상여(司馬相如)가 쓴 책이라고 하나, 〈사기〉 사마상여전과 봉선서(封禪書)를 함께 참고하면, 사마상여는 한 4군 설치 이전 10여 년에 이미 죽었던 자이니, 어찌 10여 년 후에야 비로소 설치될 진번·임둔 양 군(郡)의 위치를 예언하였겠는가.

대개 임둔(臨屯)은 지금의 임진강(臨津江)의 옛 이름이지만, 한(漢)의 임둔군(臨屯郡)은 여기에 설치되었던 것이 아니고 현토·진번과 같이 흥경(興京) 부근에 설치되었는데, 이때에 와서 고구려와의 전쟁에서 패한 결과 이곳을 전부 고구려에 내어주고, 진번과 임둔은 완전히 없애 버리고 현토만을 다른 곳으로 옮겨서 설치하였던 것이다.

그렇다면, 옮겨서 설치한 현토(玄菟) 땅은 어느 곳이냐? 〈자치통감(資治通鑑)〉에서 "현토는 요동군에서 2백 리 떨어져 있다(玄菟去遼東郡(공손연

(公孫淵)의 요동으로, 지금의 요양(遼陽)-원주) 二百里)" 라고 하였으니, 곧 지금의 봉천성성(奉天省城)이다.

3. 요동태수(遼東太守)의 침입

대무신왕(大武神王) 11년(기원 28년)에 한(漢)의 요동태수가 쳐들어왔는데, 왕이 여러 신하들에게 나가서 싸우는 것과 지키는 것의 가부(可否)를 묻자, 우보(右輔: 패자(沛者)-원주) 송옥구(松屋句)는 나아가서 싸우자고 하고, 좌보(左輔: 대로(對盧)-원주) 을두지(乙豆智)는 굳게 지키자고 주장하였다.

왕이 을두지의 말을 좇아 위나암(尉那巖) 성(城)에 들어가 막아 지켰는데, 수십 일이 지나도록 한(漢)나라 군사들이 포위 공격하였다. 이에 을두지가 잉어와 맛있는 술들을 가지고 가서 한나라 장수와 그 휘하 전 군사들에게 먹여 주었더니, 성 안에 물도 있고 또 양식도 충분하다는 것을 알고는 군사를 물리어 돌아갔다.

〈삼국사기〉 고구려 본기에 기록된 이 사건의 기사를 보면, 앞뒤 말들 간에 모순되는 것들이 많아서 실록(實錄)으로 인정할 수 없지만, 이때는 고구려와 한(漢)이 강토 문제로 서로 다투던 때였은즉 피차 서로 침벌(侵伐)한 일이 많았을 것은 말할 나위도 없으므로, 여기에 그 본문의 개략을 추려서 적을 뿐이다.

(*옮긴이 주: 이 부분의 고구려 본기에 기록되어 있는 것은 그 말들이 앞뒤가 서로 모순되는 것이 많아서 실록으로 인정할 수 없다고 한 저자 신채호의 말뜻을 헤아려 보는 것은 〈삼국사기〉를 읽는 방법을 아는 한 가지 길이라 생

각되어, 〈삼국사기〉에 나오는 그 전문을 소개한다.

「한(漢)의 요동태수가 군사를 거느리고 공격해 왔다. 왕이 여러 신하들을 모아놓고 나아가 싸우는 것과 방어하는 것에 대한 계책을 물었다. 우보(右輔) 송옥구(松屋句)가 말하였다.

"신이 듣기로는, 덕(德)에 의지하는 자는 번창하고 무력에 의지하는 자는 망한다고 하였습니다. 지금 중국은 흉년이 들어 도적들이 벌 떼처럼 일어나고 있는데도 군사를 끌고 나온 것은 명분(名分)이 없는 일입니다. 이것은 임금과 신하들이 결정한 정책이 아니라 틀림없이 변방의 장수가 자기 이익을 위하여 제멋대로 우리나라를 침범해온 것입니다. 이는 하늘을 거역하고 인간의 도리를 위배한 것이므로 적의 군사는 반드시 성공하지 못할 것입니다. 우리가 험한 지세에 의거하여 불의에 습격한다면 틀림없이 적들을 격파할 수 있습니다."

좌보(左輔) 을두지(乙豆智)는 말하였다. "적은 군사는 비록 강하다고 하더라도 많은 군사에게 사로잡힙니다. 신은 대왕의 군사와 한(漢)나라 군사 중 어느 쪽이 많은지 헤아려 보았는데, 비록 꾀로써 칠 수는 있어도 힘으로 이길 수는 없습니다."

왕이 물었다. "꾀로써 치려면 어떻게 해야 하는가?"

을두지가 대답하였다. "지금 한나라 군사는 멀리서 와서 싸우므로 저들의 칼끝을 당해낼 수 없습니다. 대왕께서는 성문을 굳게 닫고 스스로 지키다가 적의 군사가 피로해지기를 기다려서 나아가 치는 것이 옳습니다."

왕이 그 말을 옳게 여겨 위나암(尉那巖) 성에 들어가 수십일 동안 굳게 지켰으나, 한나라 군사의 포위가 풀리지 않았다. 왕은 아군의 힘이 다 떨어지고 군사들이 지쳐 있으므로, 을두지에게 물었다.

"형세가 더 이상 지킬 수 없을 것 같으니 어떻게 해야 하겠는가?"

을두지가 말했다. "한나라 사람들은 우리 땅이 암석으로 되어 있어서 물이 날 샘이 없다고 생각하여 오랫동안 포위하고서 우리들이 곤란해지기를 기다리고 있습니다. 연못 안의 잉어를 잡아 물풀로 싸고 또 맛좋은 술을 좀 구하여 한나라 군사들에게 먹이는 것이 좋겠습니다."

왕이 을두지의 말을 좇아 편지를 보내며 말하기를 "과인이 우매하여 상국(上國)에 죄를 지어 장군으로 하여금 백만의 군사를 거느리고 우리의 경내에서 이슬을 맞게 하였소. 장군의 후의(厚意)에 보답할 길이 없어 이에 보잘것없는 물건이나마 장군에게 보내는 바이오."

이에 한나라 장수가 성 안에 물이 있으니 빨리 함락시킬 수는 없겠다고 생각하고는, 이에 회답하여 말하기를 "우리 황제께서 나의 우둔함을 생각지 않으시고 나로 하여금 군사를 출동시켜 대왕의 죄를 추궁하도록 하였소. 그래서 고구려 국경에 와서 열흘이 넘도록 어찌할 바를 몰랐는데, 이제 보내온 편지를 받아보니 그대의 언사(言辭)가 순하고 또 공경을 다한지라, 내가 이 말대로 황제에게 아뢰지 않을 수 없소."

그리고는 마침내 군사를 물러서 돌아갔다.」)

4. 고구려의 낙랑 정복과 한(漢)과의 관계

한(漢) 사군(四郡)의 하나인 낙랑군(樂浪郡), 즉 요동(遼東)의 낙랑은 낙랑국(樂浪國)의 이름을 가져다 지은 것이라는 것은 이미 앞에서 설명하였다. 그런데 낙랑(樂浪)은 대동강(大同江)의 옛 이름인 「펴라」를 평양·백아강(百牙岡) 등과 같이 이두자로 쓴 것이다.

「펴라」는 원래 「말」조선의 서울이었는데, 「말」조선이 지금의 익산(益山)으로 남천(南遷)한 뒤에 최씨(崔氏)가 새로 세운 나라이다. 최씨의 건국 연대는 대개 위만(衛滿)이 스스로 왕이라 칭하던 전후, 곧 단군 2130년(기원전 204년) 경이 될 것이고, 그 강역은 지금의 평안도 전부와 황해도 북반과 강원도 대부분을 가진, 남한(諵邯)·점선(黏蟬)·대방(帶方)·열수(列水)·함자(含資) 등 십여 개 나라로 조직된 연맹국(聯盟國)으로서, 낙랑은 그 종주국(宗主國)이었다.

대무신왕(大武神王)이 이미 동부여를 항복시키고, 진번군(眞番郡)을 점령하고, 이에 동남으로 낙랑국(樂浪國)을 병탄하려 하였다. 그런데 그의 왕자 호동(好童)은 그 이름과 같이 용모가 아름다운 동자(童子)로서 낙랑국 부근의 옥저(沃沮)로 놀러 나갔는데, 그때 마침 낙랑국의 최리(崔理)가 순행을 하다가 그를 보고는 "네 용모를 보니 보통 사람이 아니다. 너는 틀림없이 북국 신왕(神王)의 아들일 것이다." 하고는 그를 데리고 같이 돌아와서 자기 딸을 그의 아내로 주었다.

이미 결혼한 후에 호동이 자기 처를 꼬여서 낙랑 군기고(軍器庫)의 고각(鼓角: 북과 나팔)을 찢어버리게 하고는 돌아가서 대무신왕에게 보고하여 낙랑을 치니, 낙랑에 난(亂)이 있으면 고각을 울리어 각지의 병사들을 모집해 왔었는데, 고구려병은 성 아래 이르렀으나 고각은 찢어져서 구원병을 부를 수 없었다. 이에 최리가 자기 딸을 죽이고 나가서 항복하였다.

낙랑이 이미 망하자 낙랑에 속한 여러 소국들이 고구려의 행위를 그르게 여겨서 사자를 한(漢)에 보내어 원병을 청하니, 한 무제가 군사를 보내어 응원하였다. 이리하여 낙랑국은 고구려와 한(漢)이 서로 차지하려고 다투는 땅으로 되었다.

〈한서〉 지리지에 보면, 낙랑 18현(縣)은 곧 낙랑 18국(國)의 나라 이름들이다. 한 무제(武帝)가 낙랑 사자의 요청에 응하여 원병을 보냈으므로, 그로 인하여 낙랑 여러 나라들의 명칭과 숫자와 위치를 상세히 물어서 들었을 것이고, 그리하여 한대(漢代)의 사가들이 낙랑의 지리를 알 수 있었을 것이므로 낙랑에 관한 기록들은 거의 틀림이 없다. 그러나 그 밖의 열국(列國)에 대하여는, 관구검(毌丘儉)이 쳐들어온 이후에는 그 위치는 고사하고 그 이름도 잘 듣지 못했던 것들이다.

〈삼국사기〉 고구려본기 대무신왕 27년(기원 44년)에 "한(漢) 광무제(光武帝)가 군사를 파견하여 바다를 건너 낙랑을 치고 그 땅을 빼앗아 군현(郡縣)으로 삼았다(漢光武帝遣兵渡海, 伐樂浪, 取其地, 爲郡縣. 薩水以南爲屬漢)"라고 하였는데, 이는 후세 사람이 고구려의 연대를 삭감하여 개찬(改竄)한 것이므로 "漢光武帝(한광무제)"는 "漢武帝(한무제)"로 고쳐야 하고, "군현(郡縣)으로 삼았다"고 한 말 이하(즉, 살수(薩水) 이남이 한(漢)에 속하게 되었다.)는 삭제해 버려야 한다.

(*저자의 원고는 참으로 애석하게도 미완인 채로 여기서 멈추었다. -옮긴이)

— 조선 상고문화사 終(종) —

독 사 신 론(讀史新論)

(＊이 〈독사신론〉은 본래 〈大韓每日申報〉(1908. 8. 27.~12. 13.)에 연재되었던 글이다.)

제1편 서 론(敍論)

제2편 상 세(上世)

제 1 편
서 론(敍論)

1. 인종(人種)
2. 지리(地理)

한 국가의 역사는 그 민족의 소장(消長)과 성쇠(盛衰)의 상태를 살펴서 서술한 것이므로 민족을 버리고는 역사가 없을 것이며, 역사를 버리고는 한 민족의 자기 국가에 대한 관념이 크지 못할 것이니, 오호라, 역사가의 책임 또한 무겁도다.

그러나 고대의 역사는 동서(東西)를 막론하고 일반적으로 유치하여 중국의 역사, 곧 사마천(司馬遷: 〈사기〉의 저자)과 반고(班固: 〈한서(漢書)〉의 저자)의 저술은 모두 한 성씨(姓氏)의 전래하는 족보(家譜)에 불과하고, 서구의 역사, 곧 로마와 이집트의 역사 기록들은 모두 한 편의 재이기(災異記: 재난과 이변을 기록한 것) 아닌 것이 없다. 그러니 우리나라의 고사(古史)인들 어찌 오늘날의 새로운 시각으로만 보고 가혹하게 논의할 수 있겠는가.

그렇지만, 다만 현재 이렇게 늦도록 새로운 역사서 한 편 출현하지 않고 있으니, 나도 몰래 가슴이 답답해지는구나.

국가가 이미 민족정신으로 구성된 유기체이므로 단순한 혈족(血族)으로 전해져온 국가는 말할 것도 없고 혼잡한 여러 민족으로 결집된 국가일지라도 반드시 그중에 항상 주동(主動)이 되는 특별한 종족이 있어야만 비로소 그 나라가 나라로 될 것이다. 만일 쟁반 위에 모래를 뿌려 놓은 듯이 동(東)에서 온 한 종족도 이곳에 모여 살고, 서(西)에서 온 한 종족도 이곳에 모여 살고, 남북에서 온 한 종족도 이곳에 모여 살면서 너도 장부(丈夫), 나도 장부(丈夫)하는 식으로 서로 다른 생각을 갖고 있다면, 이는 일개 추장정치(酋長政治)조차 튼튼하게 실행할 수 없을 것이며, 일개 부락단체(部落團體)도 완전히 세울 수 없을 것이니, 하물며 나라를 건설하는 문제야 어찌 더불어 논할 수 있겠는가.

내가 현재 각 학교에서 사용되고 있는 역사 교과서를 보았더니 가치 있는 역사는 거의 없었다. 제1장을 보면, 우리 민족은 지나족(支那族: 漢族)의 일부분인 듯하고, 제2장을 보면 우리 민족은 선비족(鮮卑族)의 일부분인 듯하며, 끝내 전편을 다 읽고 나면, 때로는 말갈족(靺鞨族)의 일부분인 듯하다가, 때로는 몽고족(蒙古族)의 일부분인 듯하고, 때로는 여진족(女眞族)의 일부분인 듯하다가, 때로는 일본족의 일부분인 듯하니, 아, 과연 이러하다면 우리나라의 수만 평방 리(里)의 토지는 남만북적(南蠻北狄: 사방의 모든 오랑캐족들)의 수라장(修羅場)이 되며, 우리나라가 4천여 년 동안 이룩해 놓은 산업은 조양모초(朝梁暮楚: 아침에는 양(梁)나라의 것이다가 저녁에는 초(楚)나라의 것이 됨. 일정한 주인 없이 이리저리 굴러다니는 물건.—옮긴이)의 경매물(競賣物)이라 할 것이니, 과연 그럴까? 어찌 그럴 수 있는가.

비록 불완전한 우리의 고대사이지만 이를 자세히 고찰해 보면 동국(東國)의 주족(主族)인 단군(檀君)의 후예들의 발달해 온 실제 자취가 훤히 드러난다. 그런데 무슨 까닭으로 우리 선민(先民)들을 속임이 이 지경에 이르렀는가. 오늘날 민족주의(民族主義)로써 전 국민의 완고한 꿈을 불러 깨우고, 청년들의 새 두뇌에다 국가 관념을 불어넣어 우존열망(優存劣亡: 우수한 자는 살아남고 열등한 자는 망함)의 시대적 갈림길에서 한 가닥 아직도 남아있는 국맥(國脈)이라도 계속 유지하고자 한다면 역사 말고는 다른 방법이 없다고 하겠지만, 이따위 역사를 가지고 역사라고 할진대 차라리 역사가 없는 것만도 못하다.

역사를 쓰는 자는 반드시 그 나라의 주인 되는 한 종족(種族)을 먼저 찾아내어 이로써 주제(主題)를 삼은 후에, 그 정치는 여하히 펼쳐지고 오므라들었으며, 그 실업(實業)은 여하히 번창하고 쇠락하였으며, 그 무공(武功)은 여하히 나아가고 물러났으며, 그 습속(習俗)은 여하히 변하고 바뀌어 왔으며, 외래 각 족속들을 여하히 흡입(吸入)하였으며, 다른 지방의 이국(異國)들과 여하히 교섭하였는지를 서술하여야만 이에 비로소 역사라 말할 수 있을 것이니, 만일 그렇지 못하다면 이는 정신(精神) 없는 역사이다. 정신 없는 역사는 정신 없는 민족을 낳고, 정신 없는 국가를 만들 것이니, 이 어찌 두려운 일이 아니겠는가.

대저 우리나라의 옛 역사는 잔결(殘缺)된 것이 허다하고, 터무니없이 멋대로 서술된 것이 허다하니, 이들을 일제히 깎아내 버리고 새로운 역사서를 펴내려 한다면, 첫째, 본국의 문헌에 속한 정사(朝史)와 야사(野乘)들을 모두 수집하여 한 조각의 남아 있는 재료들까지 다 채집하여야 하며, 둘째, 횃불과 같은 안광(眼光)을 켜들고 고금의 정치 풍속의 각 방면을 정밀하고 세세하게 관찰한 후에야 붓을 잡고 써야 할 것이다. 그러나 이 일은 역사학을 전공한 재주 많고 배운 게 많은 자일지라도 십여 년의 오랜 세월이 걸려야만 될 일이니, 아, 참으로 어려운 일이로다.

내가 우리나라 역사의 엉성하고 조잡함을 슬피 탄식하여 나의 재주와 배움 얕음을 돌보지 않고 저술에 온 정신을 다 기울였으나 세상살이에 골몰하느라 틈이 너무도 나지 않을 뿐더러, 옛 전적(故籍)이나 남아 전해지는 글(遺文)의 수집이 너무나 어려워서 한 자루의 짧은 붓을 잡고 주저하면서 마음만 앞설 뿐이었는데, 날마다 시국(時局) 풍조(風潮)의 변천을 따라 나의 뇌리(腦裏)를 아프게 찌름이 더욱 심하였도다. 그런즉, 내가 비록 말 많은 것을 좋아하는 것은 아니나, 또한 어찌 말 많다는 소리 듣는 것을 피하겠는가.

그러나 지금 사소한 견문(見聞)과 사소한 연구로 문득 역사 저술가로 자처할 수 없을뿐더러, 또한 그 시비(是非)와 득실(得失)도 스스로 판단하기 어려워서, 역사를 읽는 여가에 그때그때 느낀 대로 기록해둔 것들을 들어서 국내의 동지들에게 보여주고자 하는 것이다.

이것은 정연하게 조직한 하나의 학설(學說)도 아니고, 찬란하게 재단하여 만든 역사(歷史)도 아니고, 다만 내가 느낀 바대로 복잡하게 써낸 것에 불과하다. 그러나 여기서 논(論)한 주제의 범위는 우리 민족 발달의 상태에서 벗어나지 않았고, 우리 민족에게 큰 화복(禍福)을 가져온 큰 사건이 아니면 거론하지 않았으며, 우리 민족에게 큰 이해(利害)를 가져다 준 인물이 아니면 논하지 않았으니, 일정한 조리(條理)는 없으나 일관된 정신(精神)은 있다.

아, 독자 제군(諸君)은 혹 의리(義理)에 어긋나는 바가 있거든 척정(斥正: 내치거나 바로잡아 줌)해 주기 바라며, 논단(論斷)에 틀린 것이 있거든 비평(批評)해 주고, 또 혹 연구하는 데 근거로 삼기에 합당한 진귀한 책(珍書)이 있으면 참고할 수 있도록 해준다면, 이 글을 완성시키는 일만 쉬워질 뿐 아니라 여러 사람의 지식과 여러 사람의 힘을 합하여 조국 역사의 매몰된 광명(光明)을 다시 빛나게 할 수 있을 것이니, 이는 저자가 간절히 바라는 바이로다.

1. 인종(人種)

동국(東國) 민족을 대략 여섯 종류로 나눌 수 있으니, (一)은 선비족(鮮

卑族)이고, (二)는 부여족(扶餘族)이고, (三)은 지나족(支那族)이고, (四)는 말갈족(靺鞨族)이고, (五)는 여진족(女眞族)이고, (六)은 토족(土族)이다.

선비족(鮮卑族)은 최초에는 요동과 만주 등지에서 우리 민족과 병립(竝立)하여 상호 혈전(血戰)을 계속하던 종족으로, 그 후에 크게 내쳐지고 쫓겨나서 그 터전을 상실한 후 지금의 시베리아 등지에서 남은 목숨을 보존해 가고 있는 종족이다.

부여족(扶餘族)은 곧 우리 신성(神聖)한 종족인 단군(檀君)의 자손들로서, 지난 4천 년 동안 이 땅의 주인공이 된 종족이다.

지나족(支那族)은 한(韓)·중(漢) 양국의 토지가 붙어 있기 때문에, 기자(箕子)가 동(東)으로 건너오던 때부터 고려조에 이르기까지, 중국이 한 차례 혁명(革命)을 거치면 그 전조(前朝)의 충신들과 피란 인민들이 속속 우리나라로 넘어왔기 때문에, 부여족 이외에 가장 많은 수를 점하고 있는 종족이다.

말갈족(靺鞨族)과 여진족(女眞族)은 본래 고구려의 속부(屬部)로서 함경도·황해도 등지에 살던 자들인데, 고구려가 신라에 병탄되자 고구려 유신(遺臣)들이 이들을 거느리고 요동·심양(瀋陽) 등지로 옮겨가서 발해국을 창설하였는데, 중국의 대금(大金)·대청(大淸) 두 차례의 제국(帝國)도 다 이들 종족이 건설한 것이다.

토족(土族)은 고대 남북한 지방 모두에 있었던 자들이니, 삼한(三韓)의 각종 부락과 동쪽 지방의 예맥(濊貊) 등 종족이 모두 이에 속하였는데, 우존열망(優存劣亡: 우수한 자는 살아남고 열등한 자는 멸망함)의 결과 누대(累代)에 걸쳐 도태되어 아메리카의 인디언과 아프리카의 토인(土人)들과 같이 점차 사라져간 종족이다.

이 밖에 몽고족(蒙古族)·일본족(日本族) 두 종족이 있는데, 일본족은 우리 민족의 4천 년 간 대외 적국(敵國)들 중에 교류와 경쟁이 가장 극렬하여 접촉하면 할수록 더욱 악독한 모습을 보였으나, 그러나 이전의 역사는 풍신수길(豊臣秀吉)의 임진왜란 한 차례 전쟁을 제외하고는 다만 변경의 연해(沿海) 지방에 문득 찾아왔다가 문득 돌아갔을 뿐, 내지(內地)에 섞여 살면서 창칼을 잡고 서로 싸운 일은 없었다.

몽고족은 고려조 중엽과 말엽에 교류가 가장 많았으나, 단지 정치상으로만 밀접한 관계를 가졌을 뿐 우리 국민의 경제생활에는 사실 영향이 별로 없었다. 그러므로 우리나라 역사상의 대부분 사건들은 사실 위의 여섯 종족과 관련된 것에 불과하였다.

(*원주: 참고로 저 몽고·일본 양 종족이 고려 말 탐라(耽羅: 제주도)에서 말을 기르던 몽고인들과 세종조(世宗朝)에 삼포(三浦)의 왜인들이 항복하여 내지에 섞여서 산 특별한 예도 간혹 있으나, 그들은 그 후에 모두 배반함으로써 주멸(誅滅)을 당하였고, 호공(瓠公)·김충선(金忠善: 이들의 경우는 일본에 대하여만 해당함-원주) 등처럼 귀화(歸化)한 자들도 때로는 있었으나, 그런 사람들은 수백 년간 한두 사람에 불과하였다.
또한 참고로, 신라 때 임나부(任那部)를 두었다는 설(說)은 우리 역사에는 보이지 않는 것이니, 저들(日本)의 역사에서 운운한 것을 경솔하게 믿고 근거 자료로 삼아서는 안 된다.

이들 여섯 종족 중에서 형질상(形質上), 정신상(精神上)으로 다른 다섯 종족을 정복하고 다른 다섯 종족을 흡수하여 동국(東國) 민족을 지배하는 지위에 있었던 자는 실로 부여족 한 종족에 불과하니, 대개 4천 년 간의 동국 역사는 곧 부여족의 소장(消長)과 성쇠(盛衰)의 역사이다.

지금은 제항(梯航: 험한 산을 오르는 데 사용되는 사다리(여기서는 비행기)와 바다를 건너는 데 이용되는 배. 제산항해(梯山航海)의 준말이다-옮긴이)이 사방으로 이르러 동서(東西)가 크게 통하여 저 푸른 하늘의 뜻이 우리 민족으로 하여금 바다 한 귀퉁이에 오랫동안 칩거하는 것을 허락하시지 않기 때문에, 결국 이 20세기에는 세계무대로 나가서 오대양(五大洋) 육대주(六大洲)의 여러 민족들과 전투복을 입고 서로 마주보게 될 것이니, 차후 우리 부여족이 웅시활보(雄視闊步: 영웅의 마음으로 남들을 내려다보고 큰 걸음으로 힘차고 당당하게 걸어감)하고 용약전진(踊躍前進: 기뻐 날뛰면서 전진함)하여 만국(萬國)의 역사에서 우승의 자리를 차지하게 될는지도 알 수 없는 일이고, 혹은 어리석고 사리에 어두워 남에게 굴복하여 엎드려 있다가 날마다 한 걸음씩 퇴보하여 조상 전래의 유업(遺業)까지 비둘기가 사는 집(곧 폐허)으로 양보하고 말는지도 알 수 없는 일이다.

그러나 이왕(已往)의 우리 동국(東國)의 역사는 곧 우리 부여족의 역사이니, 이를 알지 못하고 역사를 좌담(坐談)하는 자는 실로 헛소리를 지껄이는(譫語) 역사가라 할 것이다.)

2. 지리(地理)

역사와 밀접한 관계가 있는 것은 곧 지리(地理)이다. 지리를 버려두고 역사를 말하는 것은 마치 혈맥(血脈)에 어두운 사람이 기혈(氣血)을 논하는 것과 다를 바 없으니, 어찌 그것이 가(可)하겠는가. 어찌 가(可)하겠는가.

그러므로 지지(地志)라 하는 것은 역사를 저술하는 자와 역사를 읽는 자가 다 같이 착안해야 할 바이거늘, 아, 슬프다, 우리나라는 조상의 발상지(發祥地)를 역외(域外)로 돌려버렸기 때문에 그 연혁(沿革)이 전해지지 않고 거기에 대한 갑론을박(甲論乙駁)만 분분하니, 실로 어디서부터 붓을 대야 할지 알 수 없어 서글픈 생각만 드는구나.

그러나 그 대세를 관찰하여 간단히 한마디로 평할 것이니, 대개 우리 부여족의 시조(始祖)가 백두산 언덕의 고원(高原)에서 일어나 압록강의 흐름을 따라 아래로 내려와서 부근의 평원에 흩어져 거주하니, 압록강 이서(以西)는 요동(遼東)이고 압록강 이동(以東)은 조선(朝鮮: 여기서 말하는 조선은 단지 평안도와 황해도만 가리킴-원주)으로, 초민(初民) 시대의 문명은 압록강 유역에서 출발하였다.

그 자손들이 점차 번성하자, 한 파(派)는 요동 및 만주 각지에 분포하였고, 또 한 파(派)는 조선 및 삼한 각지에 분포하여, 각기 본족(本族)을 결집하여 토착의 미개한 이족(異族)들을 정복 혹은 흡수하여 모으니, 이는 우리 민족 발달의 제1기에 해당한다.

그 후 허다한 미개 종족들이 모두 부여족의 세력하에 엎드리고 복종하여, 혹은 멸족을 당하고 혹은 동화(同化)되었는데, 이때 와서는 본족 내에서 또한 경쟁이 이루어져서 삼국(三國)이 대립하고 전투가 그치지 않았으니, 이는 우리 민족 발달의 제2기에 해당한다.

이미 북방에 터전을 잡고 있던 민족은, 안으로는 동족(同族)의 침입을 당하고 밖으로는 여러 외족(外族)들의 끊임없는 침입을 당하여 앞뒤로 적을 맞는 고통을 결국 견뎌내지 못하여, 고구려가 먼저 쓰러지고, 발해가 후에 망하여, 안에서의 경쟁이 이미 사라지고 외구(外寇)의 위협 또한 멀어지자, 효웅(梟雄: 사납고 용맹한 영웅)과 한적(悍賊: 사나운 도적)들이 이 기회를 이용하여 여러 강한 자들을 제거하고는 홀로 높은 자리에 앉아 백성들의 기를 꺾고 조정의 권력을 확장하여 이 삼천리 산하(山河)를 일대 쇠로 만든 옹기(鐵甕)처럼 틀어막고는 한 나라 전체 인민들을 그 안에 가두어 놓고 한 걸음도 밖으로 나가지 못하도록 하였다.

대개 고려조 이래의 역사를 읽어보면, 영웅이라면 소매 가득히 눈물을 흘리지 않을 수 없을 것이니, 이는 제3기의 발달 시대를 당하여 외세에 저항하던 힘이 너무 오랜 세월을 지나면서 그 기력이 쇠잔해져 버렸기 때문이다.

이 세 시기를 나누어 우리 민족이 활동하던 무대를 살펴보면, 그 소장(消長)과 성쇠(盛衰)의 정세가 칼로 자른 듯이 저절로 나타나는데, 대저 모든 나라들의 문명이 압록강 이외에서 발원(發源)한 것은 무슨 까닭인가?

내가 듣기로는, 초민(初民) 시대의 문명은 항상 평원(平原)·대하(大河)·바닷가에서 일어난다고 하였는데, 지금 본국의 내지(內地)에는, 비록 삼면으로 큰 바다가 둘러싸고 있으나, 처처에 산령(山嶺)이 중첩하여 통상(通商)과 행군(行軍)에 큰 장애가 되고, 요동이나 심양(瀋陽) 등지와 같은 큰 평원이 없으며, 또한 내지의 하천들은 그 크기가 요하·압록에 비할 만한 것이 적기 때문이다.

우리 민족이 서북(西北)으로부터 동남(東南)으로 옮겨오게 된 것은 무슨 까닭인가?

그것은, 서토(西土: 서쪽의 땅. 즉 요하 이서의 중국 쪽 땅)는 몹시 추워서 초민들이 거주하기에 부적합하기 때문이다.

단군 이후로부터 고려 초엽에 이르기까지, 서(西)와 남(南)이 항상 분립하여 거의 수천 년을 지내온 것은 무슨 까닭인가?

그것은 지기(地氣)의 춥고 따뜻함이 이미 서로 다르므로 민족의 특성 또한 달라져서 서로 합치기가 언제나 어려웠을 뿐만 아니라, 크고 작은 산봉우리들과 높은 재(嶺)와 큰 산악(嶽)들로 도처가 다 험준하여 교통이 불편하였기 때문이다.

서(西)와 남(南)이 분립한 시대에 서방이 언제나 승리하고 남방이 언제나 약하였던 것은 무슨 까닭인가?

그것은 남방은 온난(溫暖)하여 사람들의 성질이 문약(文弱)하였기 때문이다.

그처럼 강한 국력을 가졌던 고구려와 발해가 끝에 가서는 멸망당할 수밖에 없었던 것은 무슨 까닭인가?

저 대륙의 강국(中國)과 북지(北地)의 여러 오랑캐들은 우리 민족이 이웃에 가까이 있음을 싫어하여 참담한 피의 비(血雨)가 갤 날이 없었는데, 남방의 민족은 매번 이 기회를 이용하여 동(東)과 서(西)에서 협공을 시도하였기 때문이다.

우리 민족의 실력이 압록강 밖으로 넘어가 조상의 발상지(發祥地)를 되찾지 못하는 것은 무슨 까닭인가?

내지(內地)의 천연 생산물이 풍부하여 수요에 자족(自足)하니, 득롱망촉(得隴望蜀: 한(漢)의 광무제(光武帝)가 농(隴)을 점령한 뒤에 또 촉(蜀)을 공격하려고 한 고사에서, 사람의 탐욕이란 채우면 채울수록 더 커지는 것이란 뜻이다.—옮긴이)의 큰 생각이 나지 않았기 때문이다.

우리나라의 지형이 그리스나 이태리 등과 유사한 반도인데도, 그 인민들은 쇄국(鎖國)을 편안히 여기며 항해·원정(遠征)의 사상(思想)이 일어나지 않았음은 무슨 까닭인가?

이 역시 천연 생산물이 풍부하여 역외통상(域外通商)이 없더라도 생업이 자족하였기 때문이다.

인민들의 가족 관념은 강하고 국가 관념은 엷으며, 단결력이 환산(渙散: 뿔뿔이 흩어짐)하여 고립을 즐기는 것은 무슨 까닭인가?

산골짜기가 깊고 외져서 각지가 서로 멀리 떨어져 있으므로 중앙정부의 간섭이 두루 미치기 어려워, 인민이 조정의 기쁨과 근심을 자신과는 직접 관계없는 일로 생각하며, 저 청학동(靑鶴洞: 푸른 학이 산다는 동네. 즉 지리산 계곡 깊숙이 있는 마을—옮긴이)·우복동(牛腹洞: 경북 상주와 충북 보은 사이에 있다고 하는, 외적이 침입하지 못한다는 신비한 마을—옮긴이)과 같은 깊은 산속의 동네에서 숨어 살며 가장정치(家長政治)만 발달하였기 때문이다.

대개 지리란 것은 그 민족의 특질(特質)을 부여하고, 습관을 부여하여, 무릇 인심·풍속·정치·실업(實業)과 일일이 밀접한 관계를 갖는 것이니, 국민 된 자라면 마땅히 이를 연구하여 자가(自家)의 특성은 발휘하고 부족한 곳은 보충하는 것이 또한 그 천직(天職)이니라.

제2편

상 세(上世)

제1장 단군시대(檀君時代)

아, 우리 동국(東國)을 개창(開創)하신 시조(始祖)는 단군(檀君)이 아니신가. 그러나 우리가 오늘날 앉아서 단군시대를 우러러 생각하면 그것이 너무도 멀고 아득하여 긴가민가하게(疑信相半) 되는 것이 마치 한 편의 창세기를 읽는 것과 다를 바 없으니, 아, 우리의 단군시대는 과연 까마득한 태고(太古)의 불가사의(不可思議)의 시대에 속하는가?

당시에 건축한 평양성(平壤城) · 삼랑성(三郎城)의 옛 터를 살펴보면 그 공예(工藝)의 발달을 알 수 있으며, 이웃나라(中國)의 사서(史書)에서 찬미한 단군조선의 활(檀君弓)과 숙신국의 노(肅愼弩)에 대한 단평(短評)을 읽어보면 그 무기의 정교하고 아름다움을 알 수 있으며, 또 그 강역(疆域)이 북으로는 흑룡강(黑龍江), 남으로는 조령(鳥嶺), 동으로는 대해(大海), 서로는 요동(遼東)이라고 하였으니 그 문화(文化)와 무공(武功)이 탁월하였음을 알 수 있거늘, 그런데 후대의 역사 편찬자들이 그 유적(遺跡)을 말하면서 너무 아득하여 고구(考究: 깊이 살펴 연구함)할 수 없다고 탄식한 것은 무슨 까닭인가?

어, 내가 우리나라 역사를 읽다가 고구려가 멸망하던 때에 이르러서는 우리 역사의 일대 액운(厄運)을 애도(哀悼)하였는데, 대개 우리 단군이 창업하여 대를 이어온 지 2천여 년에 그 왕조가 두 파로 분립하였는데, 그 하나는 동부여(東扶餘)이고 다른 하나는 북부여(北扶餘)이니, 북부여는 곧 고구려(高句麗)이다.

동부여가 미약해지자 그 강토와 문물(文物)을 다 같이 들어 고구려에 투항하였으니, 단군 즉위 초년과 고구려 말년까지의 시간상 거리를 계산하면 비록 3천 년에 가까우나, 단군이 이미 고구려 왕조의 혈통상 직계 조상이므로 고구려의 유문(遺文)과 고사(故史)에는 단군의 성적(聖蹟)이 자세히 기록되어 있었을 것이며, 또한 단군뿐만 아니라 그전의 태고 시대의 역사도 혹시 있었을 것이다. 그러나 아, 슬프다. 서고(文舘: 문서를 보관하는 건물.)의 전고(典故)들이 적의 병화에 모두 불타버려 동국 역사를 펴보면 그 제1장(章)에 이와 같은 홍황지탄(鴻荒之嘆: 고대사에 관한 기록이 텅 비어 있음에 대한 탄식)을 남겨 두었도다.

그러나 고구려가 멸망한 이후에도 여전히 발해국(渤海國)이 남아 있었으니, 발해국은 고구려의 유신(遺臣) 대조영(大祚榮)이 종국(宗國) 고구려의 멸망을 슬퍼하고 분개하여 휘하 장졸들을 거느리고 읍루산(挹婁山) 동쪽을 지키다가 나중에 가서는 말갈(靺鞨)의 무리들을 휘몰고 가서 이 나라를 건설하였던 것이므로 고구려의 문헌들이 이곳에 수입(收入)되었을 것이거늘, 아, 저 고려조의 역사 편찬 담당 신하들의 노망이 너무 심하여 본국의 문헌들이 발해와 같이 망하도록 내버려 두었도다.

그러므로 순암(順庵) 안정복(安鼎福)씨가 이를 탄식하여 말하기를, "문열(文烈) 김부식(金富軾)이 역사를 지으면서 그가 요동의 나라들과 서로 교류하고 왕래하는 길에 유적을 찾아 증험(證驗)할 길이 어찌 없었겠는가마는, 애석하구나, 그가 하지 못하였음이여." 운운(云云)하였던 것이다.

또한 고구려사·발해사뿐만 아니라 신라·백제의 역사도 전부 병화(兵火)

를 겪게 됨으로써, 즉 문명(文明) 시대에 진입한 지 이미 오랜 부여 중엽과 삼국시대의 일들에 대해서조차 여전히 홍황지탄(鴻荒之嘆: 당시의 기록이 텅 비어 있는 데 대한 탄식)이 있는데, 하물며 그 연대가 망망한 단군의 역사야 말할 나위가 있겠는가.

그러나 내가 역사상 관찰한 바에 근거하여 단군시대를 내 맘대로 논해 보고자 하노라.

대저 단군시대는 추장정치(酋長政治)가 가장 성했던 시대라 하는데, 그 까닭은 무엇인가.

삼국(三國) 초기는 추장정치의 운명이 이미 말기에 처하여 군현(郡縣) 제도가 도입되기 시작하였다. 그러나 여전히 무수한 소국(小國)들이 병립(竝立)하여 고구려가 통솔하는 나라가 17개국이었고, 신라가 통솔하던 나라가 32개국이었고, 백제가 통솔하던 나라가 45국이나 되었으니(삼국이 통솔한 작은 나라들(小邦)은 이뿐만이 아니었으나, 역사상 전해오는 나라 이름들을 들어보면 그 숫자가 이와 같다.—원주), 이로써 단군시대를 미루어 생각해 보면, 이는 바로 10리 안에 10개국, 100리 안에 100개국(十里十國, 百里百國)이 있었던 시대이다.

당시에는 수많은 추장들이 서로 자웅(雌雄)을 겨루고, 지추덕제(地醜德齊: 지동덕등(地同德等). 〈맹자〉 공손추(公孫丑) 하(下)에 나오는 말로, 땅의 크기나 정치상의 덕(德)이 같다. 즉, 나라 규모나 정치 역량이 모두 서로 고만고만한 나라들이란 뜻이다.—옮긴이)하여 서로 굽히려 하지 않고 아웅다웅 하였는데, 이때 성인(聖人: 단군)이 나오셔서 신공(神功)과 성덕(盛德)으로 각기 따로 놀던 무수한 나라들을 통일하여 이들을 신복(臣服)시키니, 그 처음 일어나신 땅은 바로 장백산(長白山: 백두산) 아래였으며, 그 정치의 중심은 졸본부여(卒本扶餘)였다(제2장에서 자세히 논함—원주).

(*원주: 생각해 보건대, 동국의 역사가들은 단군이 처음 일어나신 땅을 평안도 영변(寧邊)의 묘향산(妙香山)이라 하고, 호령을 내리고 정치를 펴신 곳을 평양 왕검성(王儉城)이라고 하나, 이는 후세의 사가들이 단지 고기(古記)에서 말한바 "신인(神人)께서 태백산 박달나무 아래로 내려왔다(神人降于太白山檀木下)"는 한 구절에 근거하여, 태백산을 서북(西北) 일대에서 널리 찾다가 묘향산에 이르러서 향단목(香檀木)이 울창한 것을 보고는 곧바로 이곳이 태백산(太白山)이라고 멋대로 단정하였는데, 장백산(長白山)의 옛 이름이 태백산인 줄은 몰랐던 것이다.

지금 내가 역사적 지리적으로 미루어 판단하건대, 대개 단군이 졸본부여에 도읍을 세우고 그곳을 자손의 탕목읍(湯沐邑: 그곳에서 거두어들인 세금을 목욕비에 충당하는 읍(邑)이란 뜻으로, 천자나 제후의 직할지(直割地), 곧 채지(采地)를 말한다-옮긴이)으로 삼고, 압록강 이동(以東)의 열국들은 단지 은덕(恩德)으로 포용하고 무력으로 위협하여 신하로서 복종하도록 내속시켰고, 평양성·삼랑성(三郎城) 등을 건축한 것은 틀림없이 강하고 사나운 야만족들로서 찾아와 복종하지 않는 자들을 원정(遠征)하다가 그때 수레를 멈추고 머물렀던 곳을 기념하고자 세웠던 성과 궁궐이었을 것으로 생각한다.(상세한 논의는 제2장에서 보임-원주)

또한, 생각건대, 강동현(江東縣) 대박산(大朴山)에 단군릉(檀君陵)이 있다고 하는데, 이는 또 무슨 이야기인가?

(중국의) 순(舜)임금은 묘족(苗族)을 정벌하다가 창오(蒼梧)에서 돌아갔으며, 알렉산더 대왕은 페르시아를 치다가 중도에서 돌아갔는데, 이처럼 상고(上古) 시대에 처음 나오신 성인(聖人)이 수많은 종족들을 정복하여 자가(自家) 자손만대의 기업(基業)을 정하고자 하는 경우, 하루라도 한 곳에서 편히 쉬면서 머물러 있으면 그 공이 다 없어질 것이니, 생각건대 강동의 단군릉은 원정의 수레(車駕)가 이곳에 이르러서 돌아가셨기 때문

에 이곳에다 장사지낸 것이 아닌가 생각한다.)

어떤 사람들은 단군이 다만 남면(南面)하고 조용히 팔짱을 끼고 편안히 앉아서 저 숙신족(肅愼族)·조선족(朝鮮族)·예맥족(濊貊族)·삼한족(三韓族) 등을 다스렸을 것으로 알지만, 아, 정말로 그렇게 했을까? 어찌 그렇게 할 수 있었겠는가.

종교가(宗教家)가 한 교문(教門)을 창립하려고 해도 무수한 마귀의 장난을 만나며, 철학가(哲學家)가 한 학파(學派)를 세우려 해도 무수한 장애를 거치게 되는데, 하물며 한 국가를 창립하여 한 민족이 터 잡고 살도록 하려는 성인(聖人)이 어찌 편안히 앉아서 그 일을 완수할 수 있겠는가. 사막에서의 방황과 탁록(涿鹿)에서의 전투는 모세와 황제(黃帝)에게만 있었던 일이 아닐 것이다.

단군이 정복한 성적(聖跡)이 있다면, 그렇다면 그 정복은 어느 곳에서부터 시작하였는가?

그 처음 터를 잡은 곳이 곧 졸본부여이므로, 그 최초의 시작은 심양(瀋陽: 즉 지금의 길림성(吉林省)―원주)이고, 그 다음은 요동(遼東: 즉 지금의 봉천성(奉天省)―원주)이며, 또 그 다음은 조선 본부이다.

무공(武功)이 이미 널리 뻗치고 문덕(文德)이 이미 두루 미치게 되자 이때에 구이(九夷)와 팔만(八蠻), 즉 지나족을 제외한 모든 종족들이 연달아 찾아와서 항복하고, 멀리 있던 다른 나라들이 그 교화를 바라고 귀화하였다. 그러나 어찌 단군 제1세 만이 그러하였겠는가. 그 자손들도 그 뜻을 이어갔고 그 일을 이어받아 따름으로써 그 조상을 닮은 자들이 계속 이어졌기 때문에 우리 부여족이 이 삼천리 낙토(樂土)를 차지할 수 있었던 것이다. 만약 그렇지 않았다면 이 수많은 종족들과 수많은 나라들이 서로 경쟁하는 마당에서 어찌 생존하고 우승할 수 있었겠는가.

추강(秋江) 남효온(南孝溫: 조선 세조 때의 생육신의 한 사람-옮긴이)은 자신이 지은 시에서 "단군께서는 패수 가에서 우리 조선의 인민들을 낳으시고 우리에게 훌륭한 도덕을 가르쳐 주시었네(檀君生我靑邱衆, 教我彝倫浿水邊)"라고 노래하였는데, 아득히 멀도다, 성인(聖人)의 공덕(功德)이여.

태자 부루(夫婁)는 그 덕을 보필하고, 현신(賢臣) 팽오(彭吳)는 그 공적을 이루기에 힘써 인민들에게 농사짓는 법을 가르치고, 배와 수레를 만들어 통할 수 없던 곳이 서로 통하게 하였다.

(*원주: 생각하건대, 단군이 팽오(彭吳)에게 명하여 국내의 산천을 다스려 안정시켰다고 한 것은 고사(古史)에서 서로 전하는 바이거늘, 근대 사가들이 말하기를, 팽오는 한(漢) 무제(武帝)의 신하로서 조선을 왕래하였던 자이니, 어찌 단군 시대에 이 사람이 있었겠는가 하면서, 일필로 팽오라는 이름 두 자를 지워 버렸는데, 아, 그 우활(迂闊)하고 고루함이 어찌 이런 지경에까지 이르렀는가. 만일 한 무제의 신하 중에 팽오가 있다고 해서 단군의 신하 팽오가 없다고 한다면, 조(趙)나라에 양자(襄子) 무휼(無恤)이 있었으므로 고구려의 태자 무휼은 없다고 할 수 있는가?

같은 시기, 같은 지방에도 성명(姓名)이 서로 같은 자들이 있는데, 하물며 그 땅이 수천 리 서로 멀리 떨어져 있고 시기 또한 수천 년이나 서로 다른데, 전후로 같은 성, 같은 이름을 가진 두 사람이 있었다고 해서 무엇이 의심스럽다는 것인가. 단군의 후예들 가운데 두 사람의 부루(夫婁)가 있었다고 해도 역사를 읽는 자들은 아무런 다른 말 하지 않으면서, 왜 유독 팽오에 대하여는 의심하는가?

또한, 어떤 사람은 고대에 선인(仙人) 왕검(王儉)이 있었다는 이유로 단군(檀君)의 이름 왕검(王儉)을 의심하는데, 이는 모두 일소(一笑)에 부칠 것들이다.)

제2장 부여왕조와 기자(箕子)

심하구나, 우리나라 사가(史家)들의 무식함이여. 우리나라 문헌이 빠지고 없어진 것이 비록 심하기는 하나, 단군의 적통(嫡統)이 대대로 전해져 온 부여왕조(扶餘王朝)가 훤히 있으니, 설령 당시 우리 조선에 열 개 나라가 있었을지라도 그 주족(主族)은 부여이며, 백 개의 나라가 있었을지라도 그 주족은 부여이며, 천 개의 나라, 억만 개의 나라가 있었을지라도 그 주족은 부여일 따름이다. 부여는 당당히 단군(檀君)의 정통(正統)을 이어받은 나라이거늘, 부여는 한 자(字) 한 마디(句)도 언급하지 않고 기자(箕子)만 구가(謳歌)하고 있으니, 아, 그 무식함이 어찌 이 지경까지 이르렀는고.

소위 민족주의(民族主義)는 물론이고, 저 이전 학자들의 〈춘추(春秋)〉와 〈강목(綱目)〉의 의리(義理)로 말하더라도, 부여 왕조는 중국으로 말하면 그 수도를 동으로 옮겼던 주(周)나라에 해당하고 남(南)으로 도읍을 옮긴 진(晋)에 해당하거늘, 만약 선왕(先王)의 후예들인 희씨(姬氏: 주(周) 왕실의 성(姓))·사마씨(司馬氏: 진(晋)을 세운 사마의(司馬懿)의 성)의 자손들을 버려두고 위씨(魏氏)·한씨(韓氏)·탁발씨(拓跋氏)·모용씨(慕容氏)에게 정통을 부여하는 것이 옳은 일이겠는가?

저들은 틀림없이 "기자(箕子)는 성인(聖人)인지라, 그를 칠웅(七雄: 춘추

전국시대의 7개 나라)·5호(五胡: 5호 16국 시대의 다섯 비(非) 한족이 세운 나라)와 비교할 수는 없다"고 말할 테지만, 내가 또 한 마디로 반문하노니 "걸(桀: 하(夏)의 마지막 왕)이 죽지 않았다면 성탕(成湯: 은(殷)나라를 세운 왕)이 비록 성인이었다고 하더라도 하(夏)의 왕통을 대신하지 못하였을 것이며, 주(紂: 은(殷)의 마지막 왕)가 망하지 않았다면 무왕(武王: 은(殷)을 멸망시킨 주(周)의 왕)이 아무리 현군(賢君)이었다 하더라도 은(殷)의 왕통을 대신하지 못하였을 것이다. 폭군이었던 걸(桀)·주(紂)의 경우에도 그러하거늘, 하물며 그 덕(德)을 잃지 않았던 부여왕조의 정통을 어찌 기자가 문득 대신할 수 있단 말인가?"

그러나 나의 설명 또한 너무 길어졌다. 왕통의 정윤(正閏: 정통과 비(非) 정통)을 다툼은 세상 물정 모르는 어리석은 선비들의 완고한 꿈이고, 왕조의 진위(眞僞)를 구별함은 노예들의 헛소리이다.

지금에는 학술 이론이 크게 발달하여 국가란 것은 한 성씨(姓氏)의 사유물이 아니라 만민(萬民)의 공통의 재산임을 밝혀냈기 때문에, 역사를 쓰는 자들은 신라기(新羅紀)·고려기(高麗紀) 등의 고루한 예(例)를 버리고 국가가 발달해온 방면의 관찰을 상(上)·중(中)·근(近) 세 시대로 구별하여, (각 왕들마다 만들어 사용하던 연호(年號)인) 용삭원년(龍朔元年: 기원 661년. 당 고종(高宗) 때의 연호-옮긴이)·개요원년(開耀元年: 기원 681년. 당 고종 때의 연호-옮긴이) 등의 어지러운 연호(年號)들을 없애버리고 국민 사상계(思想界)를 지배할 교주(敎主) 혹은 나라의 시조로써 기원(紀元)을 삼아 이들 완고하고 비루한 자들이 왈가왈부하지 못하도록 하였다.

그런데도 지금 내가 붓을 들어 누구는 정통(正統)이고 누구는 비정통(非正統)이라 하면서 〈춘추(春秋)〉의 의리(義理)가 어떻고, 〈강목(綱目)〉의 의리가 어떻다고 변론하고 있으니, 나 또한 말 많은 자가 되어버렸는지도 모른다. 그러나 주권상(主權上)의 주족(主族)과 객족(客族)의 경계는 역사가들이 어쩔 수 없이 엄격하게 논변(論辯)하여야만 하기 때문에 부득이 고문(古文)·금문(今文)의 대의(大義)를 함께 들어 한 차례 자세히 말하지 않을 수 없다.

그러나 이 논의는 잠시 미뤄두고, 우선 부여왕조의 성쇠(盛衰)와 기자(箕子)가 조선으로 오게 된 정황부터 설명하고자 한다.

단군(檀君)이 졸본부여에 도읍을 세우고 동으로 옮겨간 사실이 없다는 것은 제1장에서 이미 논(論)한 바 있다.

그런데 고기(古記)에서 말하기를, "단군의 아들 해부루(解夫婁)가 기자를 피하여 부여에 나라를 세웠다"고 하였는데, 후세의 사가들은 이 말을 맹신(盲信)하여 이르기를 "단군은 정말로 평양에 도읍을 세웠다"고 하며, "그 후손이 정말로 북으로 옮겨갔다"고 하는데, 이 설(說)을 깨뜨리지 않으면 우리나라 역사의 의심의 구름(疑雲)을 깨끗이 청소할 날이 없을 것이다.

대개 기자(箕子)가 멸망한 은(殷)의 한 나그네로서 백마를 타고 동쪽으로 올 때, 그가 가슴속에 품었던 것은 강태공(姜太公)의 응양도략(鷹揚韜略: 매가 하늘을 날아오르듯이 장차 크게 세력을 떨칠 육도삼략(六韜三略)의 병법이란 뜻으로, 즉 나라를 건국하려는 야심을 말함)이 아니라 하우(夏禹)가 전한 홍범구주(洪範九疇)였으며, 그를 따라온 자들은 은(殷)을 치기 위하여 새벽에 목야(牧野)에 집결해 있던 주(周) 무왕(武王)의 군사들이 아니라 점대를 잡고 하늘에 운명을 물어보던 무당과 박수(巫覡)들이었다.

그들은 백이(伯夷)·숙제(叔齊)가 고사리를 캐어 먹던 곧은 마음으로(이때의 심정은 백이·숙제가 고사리를 캐어 먹으면서 지은 노래 〈채미가(采薇歌)〉에 잘 나타나 있는데, 〈채미가〉의 원문과 번역은 본서 〈조선상고문화사〉의 제3편 제3장에 나와 있다-옮긴이), 주(周)나라 사람들과 함께 주(周)의 하늘과 해와 달을 같이 이고 주(周)나라에서 사는 것을 수치스런 일로 여겨서 서둘러 행장(行裝)을 꾸려 동방의 군자의 나라로 찾아온 자들이니, 이때 기자의 충정(衷情)을 생각해 보건대, 그는 부귀(富貴)도 원치 않았고, 빈천(貧賤)도 불사하였고, 오직 주(周)의 신하가 되지 않겠다는 초지(初志)만 변치 않으려 할 따름이었다.

따라서 만일 그에게 한 뙈기밭을 주고 조선의 농부가 되라고 하여도 고맙다고 두 번 절을 하였을 것이며, 바위굴 속에 들어가 해동(海東)의 은자(隱者)가 되라고 하여도 고맙다고 두 번 절을 하였을 것이며, 옛날처럼 머리를 풀어헤친 거짓 미치광이 모습을 하고 이집 저집 대문을 찾아다니며 걸식(乞食)을 하라고 하여도 고맙다고 두 번 절을 하였을 것이니, 나라 망하여 도망 나온 신하가 한 번 죽음이 오히려 느려서 은(殷)나라의 옛 도성이 폐허로 변하여 보리밭으로 바뀐 것을 보고 맥수비가(麥穗悲歌)를 지으며 눈물을 흘렸는데, 어느 겨를에 한 나라의 임금이 될 몽상(夢想)이나마 하였겠는가.

(*옮긴이 주: 이에 관한 〈사기(史記)〉 송미자세가(宋微子世家)의 기사를 소개하면 다음과 같다.

「(기자(箕子)가 주(周) 무왕(武王)에게 홍범구주(洪範九疇)의 내용을 설명해 준 후에) 무왕이 기자를 조선에 봉하였으나, 그를 신하로 대우하지는 않았다. 후에 기자가 주왕(周王)을 만나보러 오는 길에(이 부분을 이전의 중국 사가들은 기자가 조선의 왕이 된 후 나중에 다시 주 무왕을 만나보러 온 것이라고 왜곡하고 있는데, 당시의 제반 사정을 생각하면 터무니없는 주장이다. 조선으로 떠나기 전에 찾아간 것이 맞을 것이다.) 은(殷)의 도성(都城)을 지나면서 성(城)과 궁실이 파괴되어 있고 도처에는 보리가 자라고 있는 것을 보고 슬퍼서 곡(哭)을 하고자 하였으나 그럴 수도 없고, 눈물을 흘리며 울고 싶었으나 그렇게 하면 부녀자처럼 보일 테니 그럴 수도 없고 하여, 이에 〈맥수(麥秀)〉라는 시를 지어 읊었는데, 그 시에서 말하기를 "보리 이삭 패었고, 다른 곡식들 잎

이 무성하다. 그 교활하던 아이(殷의 紂王을 가리킴)는 나와 사이가 좋지 않았지(麥秀漸漸兮, 禾黍油油. 彼狡童兮, 不與我好兮)." 라고 하였다.
〈사기〉의 이 기사를 자세히 분석해 보면 종래의 기자조선설(箕子朝鮮說)에 관한 많은 오류를 찾을 수 있다.)」

그런 일은 그가 몽상만 하지 못했을 뿐 더러 그럴 능력도 없었던 것이다. 사정이 이러하였음에도 그 후에 기자의 자손들이 천여 년 동안이나 평양을 차지하여 제후(諸侯)라 칭하고 왕(王)이라 칭하였으니, 이는 과연 어찌된 까닭인가?

이리하여 천 년 후에 역사가들이 그것을 설명하려다가 할 수 없게 되자 억지로 한마디 말을 지어내어 덧붙여 말하기를, "단군의 후예가 기자를 피하여 북부여로 옮겨가자, 나라 사람들이 기자를 받들어 왕으로 삼았다"고 하였는데, 이게 도대체 무슨 말인가. 이 무슨 말이란 말인가.

단군이 이 땅을 근거로 삼아 그 자손들이 천여 년을 서로 전해 왔는데, 비록 아무리 미약하고 또 미약해졌다 할지라도 일개 도망쳐온 신하(기자)의 행차에 놀라서 겁을 먹고 멀리 도주할 리는 없을 것이다.

또한, 혹시 임금의 덕(德)이 불인(不仁)하여 인민들이 함께 힘을 합쳐 쫓아냈다고 한다면, 신하와 인민들이 이반(離叛)한 후에 그가 북방으로 혼자 가서 나라를 세울 능력도 없었을 것이다.

또는 혹 기자(箕子)의 어진 인품과 성덕(聖德)에 감격하여 그 자리를 양보하였다고 할지도 모르나, 이 또한 그럴 수 없는 것이, 단군의 후예가 바보가 아닌 이상 조상 전래의 천년 사직(社稷)과 나라와 인민을 다 들어 다른 종족(他族)에게 넘겨줄 리가 없으며, 아무리 못났다 할지라도 그 귀한 제왕의 자리를 포기하고 남에게 줄 리가 없을 것이다.

또는 혹 나라 사람들이 기자를 찬양하고 송사(訟事)가 생기면 그 해결을 기자에게 의뢰하였기 때문에 단군의 후예가 부득이하여 그를 피해 떠나갔다고 할지도 모르나(〈맹자〉에 나오는 이야기로, 요(堯)의 사후 순(舜)이 제위를 이어받는 과정이나, 하우(夏禹)의 사후 계(啓)가 제위를 이어받는 과정을 설명하면서 맹자가 한 이야기이다. 〈맹자〉 만장 상(9·5) 참조-옮긴이), 이 또한 그럴 수는 없는 것이, 저 순(舜)임금의 성덕(聖德)도 기자보다 못하지 않았으나 그럼에도 불구하고 오히려 사방의 성문에서 찾아오는 외래객들을 맞아들이는 일을 맡기는 등 온갖 가지 방법으로 그의 능력을 시험하기를 여러 해 동안 한 다음에야 비로소 그 백성들이 그를 믿었거늘, 하물며 조선인이 기자를 갑자기 만났을 때에는 그 언어도 통하지 않고 풍속도 같지 않거늘 어찌 한 번 보자마자 감복하여 천여 년 받들어 섬기던 자기 임금의 자손을 버리고 알지도 못하던 외국인에게 귀의하였겠는가.

그러므로 단군의 후예가 기자를 피하여 북으로 옮겨갔다고 하는 것은 어불성설(語不成說)의 말이니라.

또는 혹 기자가 동으로 온 것은 주 무왕(武王)의 힘을 빌려서일 것이라고 하나, 이 역시 그럴 수 없으니, 대저 주(周)나라의 국토와 인민의 수가 한(漢)나라 무제(武帝) 때에 미치지 못하였을 것이며, 주 나라의 국력이 한 무제 때에 미치지 못하였을 것이며, 기타 병력과 군사의 수 또한 한 무제 때에 미치지 못하였을 것이다. 당시 한 무제는 그 굉장한 위세가 사방 이웃 나라들을 두려워 떨게 만든 적국의 영웅 군주였다. 이에 반하여 위(衛)의 우거(右渠)는 창업한 지 얼마 되지도 않는 객족(客族)의 유손(遺孫)으로서 또 민심도 따르지 않고 나라의 기반 역시 공고하지 못하였다. 그런 중에도 오히려 그는 찾아온 한(漢)의 사신의 목을 베어 그 오만한 말에 대답하고 그 후 몇 년 동안 혈전을 벌였다.

그런데 천년 왕조의 후예인 단군의 후예로서, 비록 그 쇠약함이 극도에 달하였다 할지라도, 그 강경(强勁)한 기력이 어찌 저 위씨(衛氏: 위만)의 작은 야만인에도 미치지 못하였겠는가.

그 임금이 혹 불인(不仁)하였을지라도 그 신하들이 있었을 것이며, 그 신하들이 모두 현명하지 못하였다 할지라도 그 백성들이 있었을 것이니, 한 나라 안의 상하 신민(臣民)들이 모여서 선왕(先王)의 종묘(宗廟)를 모진 마음으로 방치하고, 그 선왕의 능묘(陵墓)를 모진 마음으로 버리고, 선왕의 천년 도읍지였던 국도(國都)를 모진 마음을 먹고 이별하려 하면서 나라 망한 자들의 행장(行裝)으로 멀리 떠나가려 할 때, 비록 지극히 수치를 모르는 국민들이라 할지라도 한 차례는 분한 생각이 들었을 터이니, 만일 백 번 싸워 힘이 다하여 나라 전체가 북쪽으로 달아났다고 한다면 오히려 그럴 수도 있겠으나, 어찌 악공(樂工)과 무녀(巫女) 5천 명이 오는 것을 보고는 삼십육계(三十六計) 중의 상책(上策)이라는 줄행랑치는 쪽을 택하였겠는가.

만약 단군왕조 말에 와서는 그 못나고 약함이 정말로 이런 지경에 이르렀다고 한다면, 이때 북방에 있던 숙신족(肅愼族)도 무예에 뛰어난 민족이었고, 서방에 있던 선비족(鮮卑族)도 전투에 능한 민족이었고, 기타 각 방면에 열립한 옥저(沃沮)·예맥(濊貊) 등의 종족들도 물과 풀을 좇아다니며 목축을 하면서 생존을 경쟁하던 민족이었으니, 단군 왕조가 이처럼 못나고 약해진 것을 보고 어찌 가만히 앉아서 보기만 하고 취하려 하지 않았을 리가 있겠는가.

그런즉, 기자가 동쪽으로 오기를 기다릴 것도 없이 단군의 후예들은 벌써 오래 전에 멸망하여 조선 지방은 다른 민족들이 이미 점거하고 있었을 것이다.

그러므로 기자가 무왕의 힘을 빌려 단군왕조를 대신하였다고 하는 것은 촌사람의 입에서 나온 이야기에 불과하다고 하는 것이다.

기자가 단군의 후예를 대신하였던 것도 아니고, 나라 사람들이 기자를 받들어 왕으로 세웠던 것도 아니고, 기자가 주 무왕의 힘을 빌렸던 것도 아니라고 한다면, 그렇다면 기자가 동으로 왔다는 문제는 장차 어떻게 논단(論斷)하고자 하는가?

나는 생각하기를, 기자가 동(東)으로 찾아왔던 때에는 부여왕조의 광영(光榮)이 여전히 조선 각 부(部)에 훤히 비추고 있던 때인지라, 기자가 나와서는 그 봉작(封爵)을 받고, 조선(朝鮮: 평양의 옛 이름—원주)에 거주하면서 정교(政敎)를 베풀었으니, 부여왕은 임금이었고 기자는 그 신하였으며, 부여 본부는 왕도(王都)였고 평양(平壤)은 그 속읍(屬邑)이었다. 기자가 처음 찾아왔을 때 그 봉지(封地)는 백 리에 불과하였으며, 그 직위는 수위(守尉)에 불과하였으니, 〈기씨보(奇氏譜)〉(기자를 조상으로 모신 성씨가 기씨(奇氏)이다.)에 적혀 있는 「太祖文聖王(태조문성왕)」 다섯 자(字)는 후세 사람의 두찬(杜撰: 전거와 출처가 확실하지 못하거나 틀린 곳이 많은 저술)이며, 〈동사강목(東史綱目)〉에 기재되어 있는 "요동 땅의 태반은 모두 기자의 봉지(封地)였다(遼地太半, 皆箕子提封)"란 말은 저자의 억측에 불과하다.

부여의 역사는 부루(夫婁)·대소(帶素) 양대(兩代)에 관한 것만 잠시 보이고, 기자의 실제 행적도 텅 비어 있고 겨우 몇 개 조항에 불과하거늘, 지금 무슨 책에 근거하여 이런 단안을 내리는 것인가?

위만이 투항해 오자 기준(箕準)이 그를 서북(西北)의 백 리 땅에 봉하였으며, 진(秦)의 망명자들이 처음 투항해 왔을 때 마한(馬韓)이 진한(辰韓) 6

부(部)를 세웠으며, 온조(溫祚)가 남쪽으로 건너오자 한왕(韓王)이 그에게 땅을 잘라 주었으니, 중국인 혹은 타부(他部) 사람들로 재주와 덕(德)이 있는 자가 와서 귀의하면 봉작(封爵)을 주어 변경을 지키게 하였던 것은 우리나라 역사상 여러 번 나타나는 예들이니, 또 어찌하여 유독 기자가 봉지를 받았다는 사실만을 의심할 수 있겠는가. 한 번 잘 생각해 보라.

기자가 당시 은(殷)나라 유민(遺民) 5천 명을 데리고 눈물을 뿌리면서 동(東)으로 나올 때, 조선의 산천(山川)이 아무리 아름다워도 자기 고국(故國)의 땅이 아니며, 조선의 풍물(風物)이 아무리 좋아도 자기 고국의 경치가 아니며, 좌우에 둘러싸고 있는 것들은 모두 토착 추장(酋長)의 부락들이며, 눈앞에서 접촉하게 되는 것은 생소한 지방의 민속이니, 고상한 홍범(洪範)의 도(道)로써 그곳 백성들을 교화시키고자 하더라도 그게 가능한 일이었을까? 전혀 다른 예악(禮樂)으로써 가르쳐 그곳 백성들을 복종시키고자 하더라도 그것이 가능하였겠는가.

그럼에도 불구하고 이처럼 거칠고 적응하기 어려운 땅에 와서 그가 많은 인민들을 관리하고 8조목(八條目)의 정치를 시행하였으니, 이는 천여 년 조선을 통치하던 단군의 후예인 부여왕조의 명령을 받들었기 때문임이 분명하고, 이에 대하여는 의심할 여지가 없다.

비록 그러하나, 제후들이 받은 봉지(封地)의 크기가 사방 백 리도 되지 못한 것은 우리나라 고대의 통례(通例)였기 때문에, 정전(井田) 제도가 시행되고 8조(八條)의 법이 실시되었던 지역은 평양에 국한되었고 그 외의 지역에서는 그 유적이 발견되지 않는 것이다.

기자가 죽고 나서는 그 자손들이 이어받아 평양 일부만 다스렸을 뿐이었는데, 그 후세에 이르러 부여왕조가 골육(骨肉)간에 상잔(相殘: 동·북 부여가 분립한 것이 그 한 예이다.-원주)하여 그 위세와 영광이 점차 미약해지고, 선비·말갈 등이 각각 발호하자, 이때 기자의 자손들이 그 틈을 타서 부근의 작은 나라들을 삼키고는 왕위(王位)에 올라 해내(海內)를 호령하고 전쟁에서 이겨 땅을 빼앗아 강토를 크게 개척하여 서(西)로는 요하(遼河)에 이르고, 남으로는 한수(漢水)에 이르니, 이에 단군조선에 속하였던 옛 강토 3분지 2를 차지하게 되었던 것이다.

이때 부여 왕조는 북방의 한 구석 외진 곳으로 피하여 그 세력이 크게 추락하였으나, 그런데도 왕실에서는 다만 집안 형제간의 정치상 투쟁에만 골몰하고, 단군이 손수 정해 놓으신 조선의 강토가 외인(外人)들이 서로 차지하려고 다투는 싸움터로 변하도록 맡겨 놓았었다.

그럼에도 불구하고 우리 민족의 정신만은 갈수록 더욱 팽창하는 방향으로 나아갔던 것이다.

부 론(附論)

우리나라 사람들로 역사를 읽는 사람들이 한 가지 크게 헷갈리고 있는 것이 있는데, 그것은 무엇일까? 그것은 토지의 역사가 있는 줄은 알고 민족의 역사가 있는 줄은 모른다는 것이다.

이곳 동국의 토지를 점거하였던 자라면, 그들이 어떤 종족이었는지를 불문(不問)하고 모두 다 우리 조상으로 인정하고, 이곳 동국의 토지를 관할하였던 자라면, 그들이 어떤 나라 사람인지 조사해 보지도 않고 모두 다 우리 역대(歷代)에 포함시키고 있으니, 아, 그 우매(愚昧)함이 어찌 이런 지경에까지 이르렀는가.

혹자는 말하기를, "다른 선비족·몽고족 등은 우리 조상으로 인정하지 않더라도 최초에 남북한(南北韓)의 토족(土族)과 후에 온 다수 혼잡한 지나족(支那族)은 어쩔 수 없이 우리 조상으로 인정해야 할 것이며, 위만(衛滿: 소위 위만조선)·최리(崔理: 낙랑) 등은 우리 역대에 포함시키지 않더라도 천 년 동안 지속된 기씨(箕氏) 왕조는 부득이 우리 역사에 편입시켜야 할 것이다"고 하였다.

그러나 이에 대하여 저자는 말한다. "아니다, 아니다. 그렇지 않다. 저 토족·지나족 등을 우리 조상으로 인정하다가는 곧바로 선비족·몽고족도 우리 조상으로 인정해야 할 것이고, 저 기씨(箕氏) 왕조를 우리 역대에 들여놓다가는 곧바로 위만·최리 등도 다 우리 역대에 들여놓아야 할 것이니, 아, 이들은 모두 우리와는 다른 인종, 다른 민족이거늘 누구는 올려주고 누구는 내친단 말인가."

만일 최초에 이 땅에 뿌리박고 살았던 토족(土族)이라 하여 이를 우리 민족의 조상으로 인정한다면, 이는 마치 미국인들이 인디언(紅人)을 조상으로 모시고 사당을 세워 제사지내는 것과 같고, 수다한 종족들이 뒤섞여 있다는 이유로 이들을 우리 민족의 조상으로 아울러 인정한다면, 러시아인들이 몽고인을 조상으로 모시고 제사지내는 것과 같을 터인데, 이것이 가능한 일인가?

이는 동서(東西) 역사에서 도무지 그 예가 없는 일이므로 두말할 필요도 없다. 기씨(箕氏: 소위 기자조선)가 이 나라에 와서 주인처럼 권력을 행사했다고 하여 우리나라 역대사(歷代史)의 한 부분으로 포함시킬 수는 없는 것이다. 왜냐하면, 비록 이것은 어느 한 민족(甲族)이 다른 민족(乙族)

을 정복하고 나서 그대로 그 땅을 통치한 예와는 같지 않으나, 그 후에 위만·최리(崔理: 낙랑국 왕)·장통(張統: 낙랑의 도독(都督). 요동(遼東) 사람. 기원 313년 고구려 미천왕 13년에 낙랑·대방의 두 군에 거점을 두고 있던 그가 고구려 미천왕(美川王: 乙弗利)과 해마다 공방전을 벌이다가 낙랑왕의 설득에 따라 1천여 가(家)의 사람들을 데리고 모용외(慕容廆)에게 귀의하자, 모용외는 그를 위해 요서(遼西)에 낙랑군을 설치하고 그를 낙랑태수로 삼았다는 기록이 〈자치통감〉에 나온다-옮긴이) 등 객족(客族)의 번식과 사군(四郡)과 2부(府: 안동도호부와 요동도호부-옮긴이) 등의 건설이 그때부터 시작되었기 때문이다.

그러므로 나는 우리 부여족이 발달해온 실제 자취로써 우리 역사의 주안(主眼)을 삼고, 그 밖의 각 민족은 비록 아무리 우리 동국의 토지를 점거하고 주도권을 다툰 일이 있을지라도 모두 적국(敵國), 외구(外寇)의 한 예에 불과하다고 보는 바이다.

우리 부여족의 역사와 왕통(王統)이 소멸되었다 하더라도 다른 민족을 우리 역사에 집어넣을 수는 없는 일이거늘, 하물며 이 부여의 역사와 왕통이 그대로 있던 시대에야 더 말할 게 있겠느냐.

제3장 부여족 대 발달의 시대

이 장(章)에서는 삼부여(三扶餘) 분립시대로부터 시작하여 삼국(三國)이 처음 일어나던 시대에 이르기까지 우리 부여족이 어떻게 성쇠(盛衰)를 거듭하였고, 우리 부여족이 타민족과 어떻게 관계를 맺어왔는지를 일일이 상세히 서술함으로써, (一)민족주의를 천명(闡明)하고, (二)국가정신을 발휘하며, (三)우리 고대사의 빠지고 없어진 부분을 보충하며, (四)수천 년의 동양 역사상 우리 민족이 처했던 지위(地位)를 말하고자 한다.

아, 한 민족의 성쇠(盛衰)와 창락(漲落: 팽창과 쇠락)은 정말로 은미(隱微)한 천운(天運)에 달려 있는가, 아니면 순전히 인간에 의해 만들어지는 것인가?

나는 부루(夫婁) 이후의 역사를 읽으면서, 어찌하여 나라의 운세(運勢)가 그리도 소침(消沈)하여 천 년간이나 지속되었고, 삼국 초기 시대에 이르러서는 또 어찌 그 발달의 힘이 하루아침에 급속히 증대하였는지 이해할 수 없었다.

대개 단군 이후 2천여 년 동안 부여족의 족적(足跡)이 압록강 이동(以東)으로 한 발자국이라도 건너온 일이 있었는가? 대동강 · 청천강(淸川江) 유역은 단지 기씨(箕氏) · 위씨(衛氏: 위만) · 유씨(劉氏: 한 무제(武帝)-원주) 등 지나족(支那族)의 수라장으로 만들어 놓았으며, 강원도·함경도 지방은 다만 저 말갈·예맥(濊貊) 등 각 야만족의 무대로 만들어 놓았으며, 한강 이남에는 또 그 토착 추장과 야만족이 사나운 위세를 떨치도록 방임해 놓았다. 그리하여, 대개 삼국(三國) 이전의 동국사(東國史)를 읽어보면, 이 삼천리 역내(域內)에 살았던 종족 중에는 부여족의 성색(聲色)과 취미(臭味)를 지닌 자가 전혀 없었다는 것이다.

(*원주: 근래에 어떤 사람이 〈대한지지(大韓地誌)〉를 저술하면서, 고사(古史)에서 말한 바 부여왕 해부루(解夫婁)가 동해 바닷가(東海濱)로 천거(遷居: 도읍을 옮김)하였다는 구절의 말을 근거로 멋대로 단정하여 말하기를, 동해 바닷가는 곧 강원도(江原道)이고, 강원도는 곧 후에 예맥(濊貊)의 땅이니, 그러므로 예맥은 모두 단군의 후예라고 하였다.

그리고 또 말하기를, 한(漢) 무제(武帝)에게 투항한 예(濊)의 군장(君長) 남려(南閭)는 곧 해부루(解夫婁)의 아들 약손(若孫)이라고 하였는데, 그 망령됨이 너무나도 심하였다.

만일 이 동해 바닷가를 강원도라고 한다면, 해부루가 옮겨올 때 그가 어느 곳에서 출발하여 어떤 경로를 따라서 왔다는 것인가?

만약 평안도(平安道)를 거쳐서 왔다고 한다면, 그때 평안도에는 지나족(支那族)이 바야흐로 강성하였으며, 함경도를 거쳐 왔다고 한다면, 이때 함경도에는 말갈족이 바야흐로 강대하였으니, 그가 전 국민들을 몰고 멀리 옮겨갈 때에 어찌 적국의 중심을 뚫고 이곳 땅에 도달할 수 있었겠는가. 아, 이들 설(說)은 공박을 기다릴 것도 없이 스스로 깨지고 말 것이다.)

아, 단군이 각 부락을 정복한 이후 2천 년이 넘는 오랜 세월을 지나도록 우리 부여족의 광명(光明)이 한쪽 구석에 오래도록 감춰져 있었던 이유가 무엇인지, 지금에 와서는 그 원인을 알아낼 길이 없다.

그러나 삼국(三國)이 처음 일어나던 시대의 전후 1백여 년간에 부여족의 성세(聲勢)가 갑자기 동서 1만여 리 사이에 날아올랐으니, 이는 고대부여족이 제1차로 발달한 시대이다.

해부루(解夫婁)도 이때에 났고, 해모수(解慕漱)도 이때에 났으며, 고주몽(高朱蒙)·유리왕(琉璃王)도 이때에 났고, 대무신왕(大武神王)·비류(沸流)·온조(溫祚)도 이때에 났으며, 박혁거세(朴赫居世)·김알지(金閼知)·석탈해(昔脫解)·김수로(金首露)도 이때에 났고, 부분노(扶芬奴: 고구려 유리왕 때의 지장(智將)-옮긴이)·부위염(扶尉猒: 다음 장(章)에 나옴-옮긴이)도 이때에 났으며, 을음(乙音: 백제 초기의 왕족. 온조의 족숙(族叔)으로 지식과 담략이 있어 우보(右輔)로서 군사 관련 일을 맡았음-옮긴이)도 이때에 났고, 기타 어질고 현명한 위인(偉人)들이 배출되어 부여족의 성세(聲勢)와 광영(光榮)을 드높이고, 우수리강(烏蘇里江) 유역에 양 대국(大國)을 건설하였으니 곧 동부여·북부여이고, 압록강 유역에 한 대국을 건설하였으니 곧 고구려이며, 한강 유역에 한 대국을 건설하였으니 곧 백제이며, 낙동강 유역에 양 대국을 세웠으니 곧 가락(駕洛)·신라이다.

혹자가 말하기를, "이상에 열거한 여러 어질고 현명한 위인(偉人)들이 모두 부여족이란 것은 사적(史籍)에서도 찾아볼 수 있지만, 다만 신라와 가락의 시조까지 부여에서 나왔다고 하는 것은 혹시 억지 단정에 가깝지 않은가?" 하였다.

그러나 그렇지 않다. 이를 의심하는 자들도 간혹 있으나, 내가 연구한 바에 의하면, 신라도 부여에서 나왔음은 의심의 여지가 없다. 이제 그 증거를 들어보면 다음과 같다.

대저 삼국(三國) 시대 이전에는 우리 동국민족은 여전히 신정시대(神政時代)의 상태에 있었다. 그러므로 당시 영명한 철인(哲人)들은 모두 다 신화(神話)에 의지하여 인민들을 불러 모으고 단합시켰던 것이다. 신라·고구려·가락 삼국에는 거의 똑같은 신화가 매우 많은데, 고주몽도 알(卵)에서 나왔다고 하고, 혁거세·김수로도 알에서 나왔다고 하고, 석탈해도 알에서 나왔다고 하였다.

고주몽이 송양(松讓)과 기이한 기술을 겨룰 때 위응(爲鷹: 무술 시합이나 싸울 때 매의 자세를 취하는 것—옮긴이)·위취(爲鷲: 수리의 자세를 취하는 것—옮긴이)·위작(爲鵲: 까치의 자세를 취하는 것—옮긴이)을 하였다고 했는데, 석탈해가 수로왕(首露王)과 기이한 기술을 겨룰 때에도 역시 위응(爲鷹)·위취(爲鷲)·위작(爲鵲)을 하였다고 하였다.

해모수(解慕漱)가 천제(天帝)의 자식이라 자칭하였는데, 가락국(駕洛國)의 신정(神政)도 천신(天神)이 낳은 바라고 하였으니, 같은 땅 같은 종족에게서 난 것이 아니라면 어찌 신화가 이와 같이 똑같을 수 있겠는가. 이것이 그 하나이다.

또 신라의 지명(地名)에는 고구려의 지명과 똑같은 것이 많은데. 고구려에도 태백산(太白山)이 있고 신라에도 태백산이 있으며, 고구려에도 계룡산(鷄龍山)이 있고 신라에도 계룡산이 있으며, 고구려에도 묘원산(妙遠山)이 있고 신라에도 묘원산이 있으며, 기타 같은 이름의 소소한 산천(山川)들이 매우 많은데, 이는 한 쪽이 다른 쪽에서 쓰던 것을 가지고 그대로 쓴 것이 분명한지라, 이것이 그 둘이다.

또 삼국의 관제(官制)를 살펴보면, 이쪽(고구려)에는 태대형(太大兄)이 있는데 저쪽(신라)에는 태대각간(太大角干)이 있으며, 이쪽에는 서불한(舒弗邯)이 있는데 저쪽에는 서발한(舒發邯)이 있으며, 이쪽에는 구사자(九使者)가 있는데 저쪽에는 구간(九干)이 있으며, 이쪽에는 주주(州主)·군주(郡主)

가 있는데 저쪽에는 군주(軍主)·동주(洞主)가 있으니, 이것이 그 셋이다.

또 이 외에도 성곽(城郭)·가옥·음식·풍속 등에 있는 서로 같은 것들은 일일이 다 열거하기 어려울 지경이다. 이 몇 가지로 미루어 보더라도 고구려·백제만 부여에서 나온 종족이 아니라 신라 또한 부여에서 나온 종족임이 명백하다.

(*원주: 혹자는 신라가 지나족(支那族)의 일부라고 하나, 그러나 실제(實際)에 근거하여 미루어 볼 때, 신라가 가진 것 중에 지나족의 취미와 서로 같은 것이 무엇 한 가지라도 있는가? 그러므로 辰韓(진한) 6부(部)가 秦漢(진한)의 유민(遺民)이라고 하는 말은 고사(古史)에서 억측하여 단정한 말일 뿐이고, 설령 혹 몇 명의 진한(秦漢) 유민들이 이곳으로 물러나 왔을지라도 그 전부를 지배한 것은 여전히 부여족이었음은 의심의 여지가 없다.)

혹은 전쟁, 혹은 은덕(恩德), 혹은 계책(計策)으로 서로 손을 마주잡고 도와가며 동쪽 땅에 터전을 닦을 때, 지나족을 몰아내 쫓고, 선비족을 정복하고, 숙신국(肅愼國)·예맥국을 토벌하여 북방에서 웅비(雄飛)하였던 자는 고구려였고, 마한·진한의 각 부락을 집어삼키고 남방에 우뚝 섰던 자는 신라·백제였다. 불과 1백여 년 동안에 우리 부여족의 세력을 부식하여 타족(他族)들이 감히 넘겨다보지 못하게 하였으니, 참으로 힘차게 쑥쑥 자랐도다, 이때 우리 선민(先民)들의 광영(光榮)이여.

이후에도 저 객족(客族) 등이 계속해서 항복하여 우리에게 붙었으나, 우리의 우승(優勝)과 저들의 열패(劣敗)는 대체로 이때에 판연히 갈라졌던 것이다. 그러므로 내가 늘 말하기를, 동국(東國)이 부여족의 동국이 된 것을 정신상(精神上)으로 보면 단군 시대에 이미 시작되었으나, 그러나 실질상(實質上)으로 말하면 삼국(三國) 초에 와서 비로소 분명해졌다고 하였던 것이다.

제4장 동명성왕(東明聖王)의 공덕(功德)

대개 이때에 해부루(解夫婁)·해모수(解慕漱)·온조(溫祚)·박혁거세(朴赫居世) 등 여러 성철(聖哲)들 중 그 어느 누군들 우리 동국의 만세기업(萬世基業)을 열었던 분이 아니겠는가마는, 단 그 중에서도 공덕(功德)이 가장 풍성하고, 가장 크고, 굉장하였던 분은 아마도 동명성왕(東明聖王) 고주몽(高朱蒙)일 것이다.

동명성왕이 해모수 측실의 아들로서 동부여에 붙어살다가 금와(金蛙)왕의 여러 자식들의 시기를 받아 단신으로 멀리 달아날 때, 가는 길에 험난한 고비를 만날 때마다 부분노(扶芬奴)·부위염(扶尉猒)·오이(烏伊)·마리(摩離)·협보(陜父)·극재사(克再思)·중실무골(仲室武骨)·소실묵거(少室默居) 등 여러 영웅호걸들을 만나 그들과 뜻을 같이하여 손잡고 험한 땅을 개척하고 풀밭을 헤쳐 구려산(句驪山)에 도읍을 세웠다.

그리고는 말갈족을 물리치고, 송양(松讓)을 항복시키고, 행인국(荇人國)·숙신국(肅愼國) 등을 멸망시키고, 부분노를 보내어 선비족을 몰아내고, 부위염을 시켜 옥저를 굴복시켰다. 이리하여 동(東)으로는 삼한을 위협하고 서(西)로는 중국과 대항하니, 이때 와서 단군의 옛 강토가 다물(多勿: 고구려 말에 강토 회복을 가리킴-원주)되는 영광을 드러내고, 부여민족의 뽑히지 않을 튼튼한 기초를 놓았다.

당시 빽빽이 들어선 여러 민족들 사이에서 한 줄기 외로운 뿌리로 단출하게 서 있던 부여족이 하루아침에 웅비하게 된 것은 모두 동명성왕의 공덕이다. 온조와 혁거세가 비록 남한(南韓)의 기초를 놓은 공이 있으나, 그들이 지배한 것은 모두 토착 추장들이 다스리던 부락에 불과하였으니, 그 후 역대 조정이 모두 동명성제를 모시는 사당(東明聖帝廟)을 세워 존경하고 사모하는 뜻을 표하는 것은 참으로 당연한 일이다.

(*원주: 참고로, 고주몽을 어떤 때는 성왕(聖王)이라 부르다가 또 어떤 때는 성제(聖帝)라 부르는 것은 무슨 까닭인가? 고대 동국의 군주 및 관직의 명칭을 단지 우리말로 하고 국문(國文)으로 쓰다가 후에 와서 한자로 번역하면서 제(帝)·왕(王) 두 자(字)를 통용하게 되었으므로, 단군(檀君)을 단왕(檀王)·단제(檀帝) 두 가지로 불렀고(고려인의 시에서 "단제(檀帝)보다 앞서 무진(戊辰)년에 나셨다(生先檀帝戊辰歲)" 라고 한 것과 같은 종류-원주), 알영(閼英)을 제부인(帝夫人)·왕비(王妃) 두 가지로 불렀는데, 동명(東明)을 어떤 때는 제(帝), 어떤 때는 왕(王)이라 부르는 것 또한 이와 같은 예이다.)

그러나 하늘이 그의 장수(長壽)함을 허락지 않으셨기 때문에(동명성왕의 수(壽)는 40년이다-원주) 그 공덕이 다만 이 정도에서 그쳤던 것이다. 그 후에 아들 유리왕(琉璃王)이 (漢나라) 왕망(王莽)의 군사를 물리쳐서 한(漢)의 땅을 잠식하고, 그 손자 대무신왕(大武神王)이 낙랑(樂浪)을 멸(滅)하여 중국의 세력을 꺾었으니, 유리왕·대무신왕 역시 영웅들이었다.

(*원주: 참고로, 고구려가 강대해지기 시작한 것은 대무신왕(大武神王) 이후부터이므로, 비록 동명성왕의 공적이 멀리 미치어 허다한 부락들을 통일하였다고 하나, 신왕(神王) 이전에는 그 토지와 병력이 여전히 동부여만 못하였으므로, 유리왕 27년에 동부여왕 대소(帶素)가 사자를 보내어 작은 나라는 큰 나라를 섬겨야 한다(以小事大)는 의리(義理)로 나무라

자, 왕이 주저하고 두려워하여 어찌 대답해야 할지 몰랐는데, 이것이 그 증거이다. 후에 대무신왕이 동부여를 병탄하자 고구려의 웅대한 이름(雄名)이 비로소 동서에 떨쳤던 것이다.)

제5장 신 라(新羅)

삼국이 처음 일어날 때에는 전부 다 작은 것들을 쌓아서 큰 것을 이루고(積小成大) 약한 상태를 지나서 강한 상태에 이르렀다(由弱致强)는 것은 다 마찬가지였던 일이지만, 그 중에서도 국가의 성립(成立)이 가장 힘들었고 그 발달(發達)이 가장 지지부진하였던 나라는 신라였다. 그 강토는 가락(駕洛)과 서로 엇비슷할 뿐이었고, 그 병력은 바닷가의 여덟 나라(浦上八國)들과 서로 대등한 정도에 불과하였다.

그러하였기에 저 고구려의 한 속부(屬部)에 불과한 말갈이 쳐들어오자 겁을 먹고 주저하면서 군신(君臣)들이 아무런 계책도 내지 못하였다. 그러다가 백제의 원병(援兵)을 얻어서야 겨우 스스로를 지켜낼 수 있었으니 그 약하고 작았음을 알 수 있다(이것은 신라 지마왕(祗摩王) 14년(기원 125년)의 일이다—원주).

(*옮긴이 주: 〈삼국사기〉 신라 지마왕(祗摩王) 14년(기원 125년)의 기사에서는 "말갈이 북쪽 변경으로 대부대로 몰려와서 관리와 백성들을 죽이고 노략질하였다. 7월에는 또 대령책(大嶺柵)을 습격하고 니하(泥河)를 넘었다. 왕이 백제에 글을 보내어 구원을 청하니 백제가 5명의 장군을 보내어 돕자 적들은 소문을 듣고 물러갔다(靺鞨大入北境, 殺掠吏民. 秋七月, 又襲大嶺柵, 過於泥河. 王移書百濟請救, 百濟遣五將軍助之, 賊聞而退)"고 하였다.)

내가 그 원인을 추구(推究)해 보건대, 대개 삼한(三韓) 및 삼한이 처음 일어날 때에 조령(鳥嶺)의 왼쪽 한 구역은 황량한 미개척의 땅이었으므로, 마한(馬韓)이 한창 강성할 때 본토의 거민(居民)과 진한(秦漢)의 유민들로서 중국의 난을 피하여 찾아오는 자들을 이곳에 살게 하여 그들을 여러 부(部)로 나누고, 그들을 지배하는 권력은 마한이 장악하였는데, 그 진한(辰韓)·변한(弁韓)의 대소 12개 나라의 인구수를 다 계산하여도 4, 5만 명에 불과하였다. 신라가 이런 곳에 터를 잡았으니 애당초 그 의지할 바가 이미 엷었는데, 이것이 그 첫째 원인이다.

주몽·온조·혁거세 세 왕이 모두 나그네의 걸음으로 다른 지방으로 떠돌아다니다가 나라를 창업(創業)하였던 점은 동일하나, 주몽은 그 신궁(神弓)이라는 명성에 의지하여 멀고 가까운 지방들이 겁을 먹고 항복해 왔으므로, 그리고 또 동부여에서 도망 나올 때에 부여의 영웅과 호걸들로서 그에게 돌아와 붙은 자들이 이미 많았기 때문에, 첫 번째 거사(擧事)에서 송양(松讓)을 멸하고, 두 번째 거사에서 유리(琉璃)를 항복시키고, 세 번째 거사에서 읍루(挹婁)·옥저(沃沮)를 평정하여, 대업을 이루기가 마치 손바닥에 침을 뱉는 것처럼 쉬웠던 것이다.

온조는 마한(馬韓)에 들어와서 그 나누어 받은 백여 리의 땅을 이용하여 인민들을 모아서 군사를 양성함으로써 동서를 정벌할 밑천으로 삼았기 때문에, 불쑥 일어나기가 역시 좀 쉬웠던 것이다.

그러나 혁거세의 경우는, 주몽과 같이 백발백중의 정교한 활솜씨도 없었고, 온조와 같이 근거로 삼을 백여 리의 땅도 없었으며, 단지 구차하게 신화(神話)에 의지하여 고허(高墟) 한 부(部)만을 점유하였으나, 그 정도의 토지와 군사의 힘으로 각 부(部)들을 정복하기는 어려웠으니, 이것이 그 둘째 원인이다.

요동과 만주 등지에서는 동부여(東扶餘)가 수천 리의 토지를 차지한 대국이었고, 한강 이남에서는 마한(馬韓)이 50개 부(部)를 통합하여 가진 대국이었는데, 주몽과 온조 두 왕은 모두 이런 땅에서 일어났으므로, 다만 동부여 및 마한만 쓰러뜨리면 그 나머지 소소한 부락들은 모두 나의 세력권 안에 저절로 들어올 것이었다. 그러나 저 조령(鳥嶺)의 왼쪽 일대는 그렇지 않았다. 그곳에는 허다한 부락들이 서로 땅도 고만고만하고 능력도 고만고만하여 어느 누가 남보다 더 낫다고 할 수 없는 그런 경우에 처해 있었으므로, 혹시 누가 어느 한두 부(部)를 병탄하면 그 다음에는 각 부(部)가 서로 연대하여 충분히 반항할 수 있었다(다섯 가야(伽倻)와 바닷가 여덟 나라(浦上八國)가 결합한 것과 같은 예-원주). 이것이 그 셋째 원인이다.

이런 상태에 있던 신라가 그 미약한 힘으로 열강 사이에 놓여 있었으므로, 신라가 처음부터 끝까지 단련하여 얻은 것은 곧 외교(外交)였다. 그러므로 신라가 발전한 원인의 절반 이상은 외교에 있었다고 할 것인바, 이에 대하여는 다음의 각 장(章)에서 상세히 논할 것이다.

그렇다면, 신라가 강대해진 것은 어느 시대였는가?

그것은 아달라왕(阿達羅王)·벌휴왕(伐休王) 때이니, 이때는 이미 혁거세왕 원년으로부터 2백 4~5십 년이나 후이므로, 그 흥(興)하기가 참으로 어렵고 벅찼었음을 짐작할 수 있다. 그러므로 백제가 신라 벌휴왕 6년에 처음으로 신라에 쳐들어왔는데, 이때에 와서 비로소 신라·백제의 국경이 겨우 맞닿게 되었기 때문이다. (〈삼국사기〉 신라본기 벌휴왕 5년(기원 188년)에, "봄 2월에 백제가 와서 모산성(母山城)을 쳤다. 파진찬(波珍飡) 구도(仇道)에게 군사를 내어 가서 막도록 하였다."고 하였다.-옮긴이) 그리고 고구려가 처음으로 신라에 쳐들어온 것은 조분왕(助賁王) 15년(기원 244년)인데, 이때에 와서 비로소 신라·고구려의 국경이 겨우 맞닿게 되었기 때문이다.

제6장 신라·백제와 일본의 관계

신라가 발흥(勃興)하던 시대부터 동해(東海) 밖에 한 사나운 종족(種族)이 출현하였으니, 곧 일본(日本)이 그것이다. 일본이 바다 가운데 있는 고도(孤島)에 고립하여 큰 바다가 천혜의 해자를 이루고 있으므로 다른 나라가 그 나라로 쳐들어간 일도 없었고, 그 나라가 다른 나라로 쳐들어간 일도 없었으나, 유독 우리나라와는 지세(地勢)가 자못 가깝기 때문에 고대부터 서로 교류하고 서로 침벌(侵伐)한 일들이 자주 있었는데, 그것이 가장 심했던 시대는 신라·백제 시대였다.

그러나 백제는 일본의 동맹국이었고 신라는 일본의 원수의 나라였다. 그러므로 우리 고대사를 보면, 신라에는 거의 해마다 왜구(倭寇)의 침략이 있었으나 백제는 그와 통신(通信)이 빈번하였는데, 이는 무슨 까닭에서인가?

그것은, 고대 일본은 역시 추장(酋長)들이 분립하여 자웅을 결정하지 못했을 때인데, 그중에 바다를 접한 부락이 바다를 건너와서 우리나라와 교류를 하면서, 백제를 바라본즉 이는 높이 우러러 보이는 큰 나라(巍巍大國)인지라 감히 야심을 품어볼 여지가 없었으나, 신라를 엿본즉 이는 해동(海東)에서 가장 약한 나라인지라, 이에 그 칼끝을 자주 시험하였던 것이다.

그렇다면, 신라가 이미 커진 후에도 저들이 자주 쳐들어왔던 것은 무슨 까닭인가?

그것은, 이때 와서는 일본 또한 이미 여러 부락들을 통합하여 하나의 대국(大國)이 되었기 때문이다.

일본이 이미 대국이 된 후에도 백제를 침입한 일이 없었던 것은 무슨 까닭인가?

그것은, 일본의 정종모발(頂踵毛髮: 정수리에서 발꿈치까지와 터럭. 곧 신체 전부)이 다 백제에서 나온 것이었기 때문이다. 문자(文字)도 백제에서 수입하였으며, 미술(美術)도 백제에서 수입하였을 뿐만 아니라, 또 그 인종(人種) 자체도 수많은 백제인들로 이루어져 있었던 것이다. 그러므로 백제와 일본은 서로 사이가 나빠질 여지가 없었던 것이다. 즉, 백제와 일본은 서로 혼인관계를 맺어 통하였고, 무령왕(武寧王) 이후에는 여러 박사(博士)들을 자주 파견하였던 것이 모두 그 증거이다.

이런 까닭으로 옛날 임진왜란 때 강수은(姜睡隱: 임진왜란 때 일본에 포로로 잡혀 가서 보고 들은 일본의 사정을 적은 책인 간양록(看羊錄)의 저자. 이름은 강항(姜沆), 호(號)는 수은(睡隱)이다.-옮긴이)이 일본에 포로로 붙잡혀 가 있을 때 그곳 토민들이 스스로 백제의 후예라고 말하는 자가 많았다고 하였으니, 그들이 어찌 공연히 자신의 족보를 속여서 말하였겠는가.

이런 이유로 신라 태종대왕(太宗大王)이 백제를 도모하고자 하면서 먼저 경병(輕兵)으로 대판(大阪)으로 곧장 쳐들어가서 그 소굴을 뒤엎어 버리고 성하지맹(城下之盟: 전쟁에 진 후 적군과 맺는 굴욕적인 강화조약)을 맺은 후에야 남방(南方: 곧 백제-원주)으로 쳐들어갔으니, 아, 영웅의 보는 바가 이런 점까지 미치는 것은 당연하도다.

고사(古史)에 근거하여 연구해 보면, 당시 신라·백제와 일본의 관계는 이러하였을 뿐이거늘, 근래에 이르러서 왜 그리도 이설(異說)들이 백출(百出)하는지, 이제 그 대략을 들어 여기에서 변론하여 해명해 두는 바이다.

(一) 일본 여황(女皇) 비미호(卑彌乎: 즉, 일본의 역사에서 말하는 소위 신공황후(神功皇后)-원주)가 신라를 침범한 일은 우리 역사에 기재되어 있지 않을 뿐만 아니라, 즉 저들의 역사를 보더라도 "큰 물고기들이 배를 양쪽에서 끼자 물결이 넘쳐나서 나라에까지 미쳤다(大魚挾舟, 潮溢及國)" 등의 말은 역시 일종의 근거 없는 허황한 말에 지나지 않음에도 불구하고, 근래 역사를 편찬하는 자들은 저들의 "신공황후가 침범해왔다(神功皇后來犯)"고 한 한 구절의 주장을 정신없이 수입하고 있다.

(二) 더욱 가소로운 것은, 미사흔(未斯欣)이 일본에 인질로 간 것은, 신라의 실성왕(實聖王)이 형제간에 오랜 원한을 품고 있다가 자신이 왕위에 오른 것을 기회로 전왕의 어린 아들 미사흔을 이국(異國)으로 쫓아 보낸 것인데도 불구하고, 이제 와서 비미호(卑彌乎)의 침입과 신라의 굴복을 억지로 증명하기 위하여 말하기를, 신공황후가 신라를 치자 신라왕이 그 아우 미사흔을 일본에 인질로 보냈다고 주장하고 있다.

(*옮긴이 주: 이 부분에 관한 〈삼국사기〉의 기록은 다음과 같다.
"실성(實聖) 니사금(尼師今)이 왕위에 올랐다(기원 402년).… 나물(奈勿) 니사금(尼師今)이 죽고 그 아들이 어리므로 나라 사람들이 (고구려에 볼모로 가 있다가 돌아온) 실성(實聖)을 세워 왕위를 계승하게 한 것이다.
원년(元年) 3월에 왜국과 우호관계를 정하고 나물왕의 어린 아들 미사흔(未斯欣)을 인질로 보냈다(與倭國通好, 以奈勿王子未斯欣爲質).")

(三) 고대에는 일본이 우리나라의 땅을 한 치도 점거한 일이 없었음에도 불구하고, 말하기를, 일본이 대가야(大伽耶)를 멸망시키고 임나부(任那

府)를 설치하였다고 하면서, 마치 일본이 우리 국토를 점거한 것은 역사상 흔히 있었던 일처럼 보고 있다.

아, 그 근거 없는 거짓말들의 대략은 이러하고, 그 밖의 세세한 착오(錯誤)들은 일일이 열거하기조차 어려운 실정이다.

어떤 자들은 이런 말을 교과서에까지 집어넣어 가르치고 있으니, 그것을 읽는 청년들의 뇌(腦)를 헷갈리게 하고 어지럽힘에 끝이 보이지 않는다.

우리나라 중세 경에 한 역사가(즉, 김부식-옮긴이)가 중국을 숭배하면서 중국인들의 자존자오(自尊自傲: 스스로를 높이고 오만함)하는 특성으로 자존폄외(自尊貶外: 스스로를 높이고 외국을 깎아내림)한 사적(史蹟)들을 우리나라 역사에 맹목적으로 집어넣어 전체적으로 비열한 역사를 편성하였기 때문에 인민들의 기운을 추락시킴으로써 수백 년 동안 국치(國恥)를 배양하더니, 근래의 역사가들은 일본을 숭배하는 노예근성이 또 자라나서 우리의 신성한 역사를 속이고 욕보이고 있으니, 아, 이 나라가 장차 어느 지경에 빠지고 말는지.

여러분, 여러분들이여, 역사를 편찬하는 여러분들이여, 여러분들이 나의 이 말을 듣는다면 틀림없이 말하기를 '일본인들이 비록 망령된 짓을 한다고 하더라도 어찌 자기 나라 사기(史記)까지 날조(捏造)하였겠는가. 틀림없이 실제로 그런 일이 있었을 것인즉, 우리 역사 속에 그것을 거두어 넣지 않을 수 없을 것이다.' 라고.

그러나 저들을 맹신하는 것은 곧 우리의 역사를 기만하는 것이로다.

여러분은 한 번 생각해 보라. 옛날에도 우리나라의 학식 있는 관리(學士)로서 일본에 건너가 그들의 풍속과 역사를 탐구한 자가 없지 않았으나, 강수은(姜睡隱: 강항(姜沆). 간양록(看羊錄)의 저자 –옮긴이)은 10년 동안 일본에 억류되어 있는 동안 모리휘원(毛利輝元)이 백제의 후예라는 말만 들었지 신공여주(神功女主: 신공황후)가 신라를 정복하였다는 일은 들어보지 못하였으며, 김동명(金東溟)은 8개월 동안 일본에 사신으로 가 있으면서 신라 태종(太宗)이 대판(大阪)을 정복한 일만 기록하였고(김세렴(金世濂)의 〈승사록(乘槎錄)〉에서 말하기를, 일본연대기(日本年代紀)에 의거한 것이라 하였다–원주), 저 신공황후(神功皇后) 운운(云云)한 일은 당초부터 없었는데, 무슨 까닭으로 이전에 우리나라 사람으로서 일본사(日本史)를 읽는 자들은 저들의 말만 듣고 이런 일들은 듣지 못하였는가?

만약 일본사에 나온 것은 모조리 다 맹신(盲信)한다면, 저들의 요즈음 붓끝은 갈수록 더욱 괴이해져서 단군(檀君)을 소전명존(素戔嗚尊)의 아우라고 하고 고려는 원래 일본의 속국이었다고 하는 등 마담호설(魔談狐說: 마귀의 이야기와 여우의 말. 곧 사설(邪說)과 교설(巧說)이란 뜻이다–옮긴이)이 마치 눈 내리듯 분분한데도 저들의 말을 다 믿는다면, 우리나라의 4천 년 역사는 곧 일본사(日本史)의 부속품이 되고 말 것이다.

아, 저 맹신자들이여! 아, 내가 공연히 기우(杞憂)로 이러는 것이 아니라 요즈음 역사 집필의 추세를 보니 실로 꿈속의 넋까지 자주 깜짝깜짝 놀라게 되는구나. 그러나 내가 이 일을 언급하게 되니 나의 뇌리(腦裏)를 계속 찌르는 한 가지 감정이 또 있도다.

대저 전혀 없었던 일도 입으로 말하면 확실한 일처럼 되는 법이다. 〈삼국지〉나 〈수호지(水滸志)〉 등을 어느 누군들 소설인 줄 모르겠는가마는, 한 번 읽고 두 번 읽으며 한 번 전하고 두 번 전하는 사이에 수많은 바보들은 꿈을 설명하며 이르기를, 제갈공명(諸葛孔明)의 금낭삼계(錦囊三

計: 비단 주머니 속에 든 세 가지 계책)가 여차여차 하다고 하고, 무송(武松)이 경양강(景陽岡)에서 호랑이를 때려잡은 일이 이러이러 하였다고 하면서, 곧바로 실제 있었던 일로 서로 인정하는 실정이다.

그런데 하물며 저 일본인들은 그들의 모든 사책(史冊)에 이런 말(즉, 고려가 원래 일본의 속국이었다는 류(類)의 말-원주)을 기재하여 서로 전하고, 큰 소리로 읽는데, 학교에서 강의함에 아동들이 환호작약(歡呼雀躍)하고, 한가하게 독서함에 어른들(丈夫)의 기(氣)가 살아 용솟음쳐서, 옛날부터 한국을 자기들의 소유물로 인정하게 함으로써 일반 국민들의 외경사상(外競思想: 외국과 경쟁하려는 사상)을 고취하니, 그 사실의 유무(有無)야 여하튼지간에, 국민의 정신을 진작(振作)하는 데는 이 또한 한 가지 방도가 될는지도 모른다.

그러나 역사를 날조함이 어찌 이런 지경에까지 이르렀는가! 저들은 날마다 속이고 우리는 날마다 바보처럼 되어가니, 이런 것들 역시 작은 일로 볼 수 없도다.

대저 삼국이 모두 하나의 동맹국을 가졌던바, 고구려는 말갈(靺鞨)을 동맹국으로 가졌고, 백제는 일본(日本)을 가졌고, 신라는 중국을 가졌었다. 그러나 말갈은 고구려에 대하여 전적으로 속국(屬國)으로서의 성격이었던 데 반해, 중국 측은 당초부터 신라의 동맹국이었던 것이 아니라 단지 후에 김춘추(金春秋)·김유신(金庾信) 등이 일시적으로 외교적 수단에 의지하여 고구려와 백제를 병탄하고자 하면서 비사(卑辭: 자신을 낮추어 하는 말)와 후폐(厚幣: 후한 예물)로써 저들과 손을 잡았던 것에 불과하다.

그렇다면 백제와 일본의 관계는 고구려와 말갈의 관계와 같았는가, 아니면 신라와 중국의 관계와 같았는가?

내가 생각하기로는, 백제가 일본을 대우한 것은 비록 고구려가 말갈을 부린 것과는 조금 다르지만, 일본이 백제를 우러러 바라본 것은 말갈이 고구려를 숭배한 것과 흡사하였을 것이다.

만약 그렇지 않았다면 백제가 어떻게 늘 저들을 끌어와서 수백여 년 동안 신라를 침범하였으며, 그렇지 않다면 백제가 어떻게 저들을 수비병으로 썼겠는가(광개토왕이 백제를 칠 때 성 안에 왜병(倭兵)이 가득 있었던 것과 같은 것-원주). 대개 저들이 문화·병법·상공(商工) 등의 기예(技藝)를 전부 백제로부터 배웠으므로 자연히 백제에 부림을 당하게 되었는바, 이와 같은 일은 고대 미개 야인(野人)들의 경우에는 흔히 있었던 예들이다.

후에 백제가 장차 망하려 할 때 왕자 복신(福信)이 일본에 볼모로 들어가서 저들에게 구원병(救援兵)을 청하였는데, 이때에 이르러서는 어쩌면 일본의 문치(文治)와 무력(武力)이 이미 왕성한 이후인 듯하다.

다만 그때 우리나라 사람을 볼모(質子)라고 말한 것은 곧 저 중국 고대에 약국이 강국에 볼모를 보내던 예와는 다르고, 단지 이웃나라에 여행하거나 혹은 사신으로 찾아간 일을 모두 볼모를 보냈다고 말한 것이다.

즉, 황룡국(黃龍國)은 고구려의 속국이었는데도 고구려의 왕자 해명(解明)을 볼모로 보냈다고 하였으며, 낙랑은 고구려보다 약국이었는데도 고구려의 왕자 호동(好童)이 볼모가 되었다(爲質)고 하였으니, 이런 예들로 미루어 보건대, 당시 우리나라 사람들이 볼모라 말한 것은 중국의 전국시대에 소위 말한바 인질(質子)과는 같지 않았음을 알 수 있다. 따라서 백제의 왕자 복신이 볼모가 된 것 역시 약국이 강국에 도움을 청하고자 하여 왕자로서 볼모가 되었던 것과 같은 예로 보아서는 안 된다.

그러므로 백제·일본의 관계는 시종(始終) 고구려·말갈과 거의 비슷하였다고 할 것이다.

제7장 선비족(鮮卑族)·지나족(支那族)과 고구려

우리 부여족이 삼국 초엽부터 동국(東國)에 분포하였으나, 큰 재(鳥嶺) 왼쪽으로 향해 가서 신라가 된 자와, 한강 남쪽으로 향해 가서 백제가 된 자는 그 위치가 한쪽 구석에 치우쳐 있었으므로 외부의 강국과 관계를 가진 일이 많지 못하였고, 그들이 서로 대항한 것은 본토의 작은 부락(部落) 및 말갈·일본 등 작은 외적에 불과하였다. 따라서 당시 남방의 민족 중에는 우리나라 역사에 광영(光榮)을 드리우기에 족한 자가 없었고, 오직 고구려가 열강 사이에 처해 있으면서 덩실덩실 춤을 추고 펄쩍펄쩍 뛰는(曲踊距踊) 기개(氣概)로 동(東)과 서(西)를 정벌할 수 있는 무력을 휘둘렀으므로, 내가 우리의 고대사(古代史)를 엮음에 있어서 부여족의 주인공은 어디까지나 고구려라고 인정하지 않을 수 없는 것이다. 그러므로 내가 이 한 장(章)에서 특히 고구려의 대외역사(對外歷史)를 연구하고자 하는 것이다.

고구려와 맞붙어 싸웠던 여러 나라들 중에 저 읍루족(挹婁族)·말갈족·예맥족·양맥족(梁貊族) 등은 불과 한두 차례의 공격으로 즉시 창칼을 버리고 고구려에 구속되는바 되었으며, 고구려가 왼쪽으로 가면 그들도 따라서 왼쪽으로 가고, 오른쪽으로 가면 그들도 따라서 오른쪽으로 가고, 고구려가 동으로 가거나 서로 가면 그들도 따라서 동이나 서로 갔다. 고구려가 신라를 치고 백제를 치고 중국을 치는 전쟁에서 항상 예맥의 군사·말갈의 군사들을 썼던 것은 바로 이 때문이다.

그러나 선비족·지나족은 모두 고구려의 국경 밖에 바짝 붙어 있어서 잠시 항복했다가는 다시 배반하고, 잠시 달아났다가는 다시 쳐들어와서 수백 년 동안 혈전을 계속하였던 자들이다. 우리나라 역사가 대부분 빠지고 없어져서 당시의 정황을 철저하고 상세하게 설명하기는 곤란하지만, 지금에 와서 이를 대략 미루어 생각하건대, 그때의 파란만장함은 우리나라 역사의 광채를 더해 주기에 충분하다. 그러므로 내가 이 한 장(章)에서 특히 고구려가 선비족·지나족과 관계된 역사를 연구하고자 하는 것이다.

1. 선비족(鮮卑族)

선비(鮮卑)는 고대의 한 야만족이었다. 그러나 그 강하고 싸움 잘하고 용감하고 사나움이 다른 민족보다 훨씬 뛰어났던 자들이다. 그러므로 우리 동명성제(東明聖帝)께서 처음 나라를 세우던 초년에 저들 선비를 대적하기 어려워서 근심하시다가 여러 신하들을 모아놓고 선비를 제어할 방도를 물었던 것이다. 그러나 다행히 우리의 절대명장(絕代名將) 부분노(扶芬奴)가 기묘한 계책을 내어 저들의 소굴을 뒤엎고 저들을 항복시켜 우리의 속국으로 만들었다. 그런데 그 후에 꺼졌던 재가 다시 살아나고 남아 있던 불씨가 다시 타올라서 우리 부여족에게 큰 근심거리가 되었던 것이다.

제1차로, 저들 족속 중에 모용(慕容)이란 자가 일어나 우선 고구려의 형제국인 북부여를 쳐서 깨뜨렸는데, 이때 저들 종족은 처음으로 강성하여 우리의 구속에서 벗어났다.

제2차로, 고구려 미천왕(美川王) 11년에 우리 군사가 요동 서안평(西安平)을 습격하여 빼앗자 저들 족속과 그 강역이 처음으로 우리와 서로 맞붙게 되었다.

제3차로, 낙랑(이때에 낙랑은 진(晋)에 속하였음-원주) 도독(都督) 장통(張統: 제2장 부론에 자세한 소개가 있었다-옮긴이)이 고구려와 싸워서 패하고는 두 군(郡) 사람들을 거느리고 모용씨(慕容氏: 慕容廆)에게 귀의하자 이때 그 인민들을 우리가 얻었다. 그리고 또 얼마 지나지 않아 진(晋)의 평주자사(平州刺史) 최비(崔毖)가 모용씨를 미워하여 고구려로 도망왔는데, 이번에는 그 토지와 인민들을 모두 저들이 가졌는지라, 이때 비로소 저들과 우리 사이에 틈이 벌어졌다.

제4차로, 모용황(慕容皝)이 속임수를 써서 환도(丸都)를 습격하자 고구려의 대병(大兵)이 패하고 고구려 왕은 파천하였다. 비록 우리 북도 인사(人士)의 충성과 용기 덕분에 저들의 예봉을 꺾기는 하였으나 도읍이 잔파되고 선왕들의 능(陵)이 파여져 우리 역사상 일대 오점을 남겼다.

또 그 후 3년에 모용황이 중국 동부의 땅을 전부 차지하고 연(燕) 황제로 즉위하였다. 그리고는 그 국상(國相) 모용각(慕容恪)을 보내어 우리의 남소성(南蘇城)을 함락시키니, 저들 족속의 세력이 하늘을 찔렀다. 그러나 후에 저들이 부진(苻秦: 씨족 이름-원주)에게 멸망당하여 그 성세가 점점 약해져 갔다.

제5차로, 모용수(慕容垂)가 벌떡 일어나 부진(苻秦)을 반대로 멸망시키고 옛 땅을 전부 회복하고, 불꽃이 훨훨 일어나듯 혁혁한 기세로 요동을 호령하자 우리 부여족의 명(命)이 실오라기 하나에 달려 있었는데, 그때 다행히 신무(神武)가 절세한 고국양왕(故國壤王)이 일어나서 이들을 몰아내고 요동 땅 전부를 회복하니, 이로써 우리 민족이 다시 살아나게 되었다.

제6차로, 광개토왕(廣開土王)이 계속하여 일어나시어 그 선왕의 뜻을 이어받아 연(燕)의 평주(平州)를 쳐서 깨뜨리고 현토(玄菟)를 수복하여 저희 족속의 세력을 크게 죽이자 이후부터 선비의 우환이 수백 년 동안 끊어졌다.

제7차로, 선비족의 별부(別部)인 우문씨(宇文氏)가 서위(西魏)의 왕위를 빼앗고 북제(北齊)를 병탄하여 중국 강북(江北) 수만 리를 장악함으로써 일시에 그 사나운 세력을 떨치니, 저 소위 후주(後周)의 무제(武帝: 우문각(宇文覺)-원주)는 역시 그 명성이 한 세상을 뒤덮은 영명한 군주였는지라, 모용씨(慕容氏)의 기업(基業)을 회복하고자 하여 스스로 대병(大兵)을 거느리고 고구려의 요동을 침범하다가 고구려의 대형(大兄) 바보 온달(溫達)의 용무(勇武)를 만나 끝내 물러간 다음부터는 그 세력이 위축되었다.

(*옮긴이 주: 〈삼국사기〉 고구려 본기(本紀)에서는 평원왕(平原王: 일명 平岡王) 즉위(기원 559년) 후부터 죽기까지(기원 590년)의 32년 동안 중국의 북제(北齊), 진(陳), 수(隋)에게 차례로 조공을 바쳤다는 기록밖에 없고, 〈바보 온달〉에 관한 기록은 전혀 없다. 〈온달〉이란 이름조차 언급하지 않았다. 그러다가 열전(列傳)에 가서야 평원왕 32년(기원 590년), 곧 평원왕이 죽고 영양왕(嬰陽王: 일명 陽岡王)이 즉위한 원년에 온달이 신라와의 싸움에서 죽었다는 말과 함께, 그 전해오는 이야기를 소개하면서, 후주(後周)의 무제(武帝)가 군사를 보내어 요동을 침략하자 평원왕이 군사를 거느리고 배산(拜山)의 들판에서 맞이해 싸웠는데, 이때 온달이 선봉에 나서서 적병 수십 명의 목을 베어 큰 공을 세우고 전쟁을 승리로 이끌자, 드디어 왕이 그를 자신의 사위로 인정하고 대형(大兄)이란 관직을 내렸다는 이야기를 전하고 있다.)

제8차로, 수(隋) 양씨(楊氏: 본래의 성은 보육여씨(普六茹氏)이다-원주)가 후주(後周)를 빼앗아 중국의 강남·강북을 전부 통일하고 나서는 그 부강하고 성대한 세력을 믿고 고구려와 자웅을 겨루고자 하였는데, 저 소위 문제(文帝: 양견(楊堅)-원주)·양제(煬帝: 양광(楊廣)-원주)가 각각 온 정신을 다 쏟아 고구려를 도모하다가, 한왕(漢王) 양량(楊諒)의 30만 병사들은 고구려군의 칼날에 맞아 비참하게 죽었고, 우문술(宇文述)의 2백만 군사들은 (살수의) 물고기 뱃속에 처참하게 매장당하여 공연히 우리나라의 위인 을지문덕(乙支文德)에게 명예로운 역사만을 양보해 주었도다.

(*참고로, 수(隋)의 양씨(楊氏)는 중국의 땅을 근거로 중국 사람들을 써서 고구려와 전쟁한 것이므로 이를 단순히 고구려와 선비족과의 관계로만 보기는 어렵다. 그러나 그 주권자(主權者: 군주)가 이미 선비족이고, 그 장사(將士)에 우문술(宇文述)·맥철장(麥鐵杖) 등 선비족의 종자(種子)가 태반이나 있었기 때문에, 고구려와 수(隋)의 전쟁을 고구려와 선비족간의 전쟁으로 볼 수도 있는 것이다.)

(*옮긴이 주: 수(隋) 문제(文帝)·양제(煬帝)가 고구려와 전쟁을 하게 되는 과정과, 그 전쟁에서 패하여 결국 수나라가 망하게 되는 과정에 대한 자세한 이야기는 〈을지문덕전〉(단재 신채호 원저, 박기봉 편역)에 자세히 나온다.)

대개 이때에 이르러 우리 민족이 선비족과 싸운 것이 이미 수천 번도 넘었으므로, 그동안에 비록 일승일패(一勝一敗)한 일이 있었으나, 결국 끝에 가서는 우존열망(優存劣亡: 우세한 자는 살아남고 열등한 자는 멸망함)의 공례(公例)를 벗어나지 못하여, 이후로부터 선비족의 광영(光榮)이 동양 역사상 보이지 않게 되었다.

2. 지나족(支那族)

고대의 지나족(支那族)은 고대에 우리 민족과 대치하여 서로 싸우기를 멈추지 않았던 나라이다.

어떤 사람은 말하기를, 지나족은 원래 우리 민족과 그 뿌리가 같다고 하나, 비록 같은 종족이라 하더라도 이미 각각의 나라를 창립한 경우에는 그를 부득불 남으로 보게 될 터인데, 하물며 그 언어(言語)가 이미 다르고, 풍속과 취향이 이미 서로 달라서 동족관념(同族觀念)이 이미 막막하니, 어찌 교전국 간에 그런 이상(理想)이 용납될 수 있겠는가.

아, 내가 우리 역사를 보건대, 우리 민족이 4천 년 동안 저 지나족과 가장 치열하게 경쟁하던 시대는 곧 고구려 시대이다. 우리 후세 사람들은 노래 부르고 춤을 추면서 고구려와 중국 간 경쟁의 성패(成敗)의 유적(遺蹟)들을 구경할지어다.

나는 순서상 먼저 지나족 사람들이 우리나라에서 늘어난 역사를 말하면서, 그 시기를 3단계로 나누어 살펴볼 것이다.

단군 왕조 중엽에 기자(箕子)가 자기 무리 5천 명을 거느리고 동쪽으로 와서 조선의 봉작(封爵)을 받고 평양(平壤) 일부를 다스렸으니, 이것이 지나족 동천(東遷)의 제1기(期)이다.

그 후예들이 점차 커져서 요동을 아우르고 각 종족 사이에서 호시(虎視: 큰 뜻을 품고 좌우를 둘러봄)하여, 그 성세(聲勢: 성망과 위세)가 우리 부여 왕조를 능가하였으니, 이것이 지나족이 강성해진 제2기(期)이다.

그 후 위만(衛滿)이 기씨(箕氏)를 쫓아내자 기씨는 달아나서 남한(南韓)으로 들어갔는데, 그 후에 다시 한 무제(武帝) 유철(劉徹)이 위씨(衛氏)를 쫓아내고 사군(四郡)을 세웠는데, 이것이 지나족이 우리 땅에서 가장 왕성하게 불어나 퍼지게 된 제3기(期)이다.

이 3기(期) 동안 저들과 우리 양 민족의 관계는 앞의 각 장(章)에서 이미 설명하였으므로 여기서 덧붙여 말할 것은 없다.

그러므로 이제 다시 우리 부여족이 발흥하고 저 지나족이 쇠퇴한 역사를 말하려 하는데, 이를 다섯 시기로 나누어 살펴볼 것이다.

위만과 유철(劉徹)이 서로 싸운 후 백여 년에 우리 부여족의 성세(聲勢)가 점점 커져서 동명성왕(東明聖王)이 사군(四郡)을 정복하고, 대무신왕(大武神王)이 한(漢)의 고구려현(高句驪縣)을 공격하여 빼앗자, 한(漢) 광무(光武) 유수(劉秀)가 쳐들어 왔다가 결국 패하여 물러갔으니, 이것이 제1기(期)이다.

그 후부터 저들과 우리 민족은 수백 년 동안 서로 다투었으나 이렇다 할 큰 승패가 없었는데, 조(曹)·위(魏) 말에 이르러서는 저들이 그 장수 관구검(毌丘儉)을 보내어 우리의 환도성(丸都城)을 습격하여 깨뜨렸으나, 그 후 뉴유(紐由)·밀우(密友)가 그 충의를 떨쳐 구도(舊都)를 회복하고 우리의 무위를 자랑하였으니, 이것이 그 제2기(期)이다.

그 후부터 저들 지나족의 세력이 갑자기 추락하여 그 대륙 전체를 흉노·말갈·저(氐)·강(羌)·선비 등 각 종족에게 넘겨주고 다만 강남(江南) 한쪽 구석에 엎드려 있었기 때문에 우리 민족이 이후 저들과 3백여 년 동안 전쟁터에서 마주친 일이 없었는데, 그 후 당(唐) 태종 이세민(李世民)이 일어나서 저 5호(五胡: 흉노·말갈 등-원주)를 쫓아내고 중국을 통일한 후 그 야심이 갑자기 발발하여 우리의 동토(東土)를 노려보았다. 제1차는 스스로 군사를 이끌고 쳐들어왔으며, 제2차, 제3차는 장수들을 보내어 쳐들어왔으나 매번 우리의 막리지(莫離支) 연개소문(淵蓋蘇文)에게 패하여 물러가고, 또 때때로 우리의 침략을 받아 놀랐으니, 이것이 제3기(期)이다.

(*원주: 참고로, 연개소문(淵蓋蘇文)은 우리나라 4천 년 이래로 첫손가락에 꼽을 영웅이다. 소년 시절에 중국을 유람하여 이세민(李世民)의 인물됨을 엿보았고, 영웅들과 사귀었으며, 험조간난(險阻艱難: 험한 일과 어려운 일)을 일찍이 맛보았으며, 외국 문물(文物)과 풍토(風土)를 살펴보았던 것은 저 (제정 러시아의) 피터 대제(Peter The Great)와 같았으며, 각 귀족이 그가 아직 나이 어리다고 해서 속이고 그의 부친이 돌아간 후 그 지위의 상속을 허락하지 않기에 돌연히 벽력(霹靂: 벼락)과 같은 수완을 발휘하여 각 귀족들을 죽이고 평정하여 그 병권(兵權)을 완전히 장악하고, 하늘을 놀라게 하고 땅을 녹일 듯한(震天鑠地) 병위(兵威)로 동(東)과 서(西)를 정벌하여 그가 향하는 곳에 대항할 적이 없었던 것은 (프랑스의 황제) 나폴레옹(Napoleon)과 같았다.

그 군주(영류왕: 榮留王)는 적국의 위세를 두려워하여 비열한 정책으로 일시나마 구차하게 지내고자 하는 자였다. 공(公)이 한편으로 간(諫)하고 한편으로 위협하였으므로 중지하였으나, 끝내는 약속을 뒤엎고는 몇몇 간신들과 같이 모의하여 비사후폐(卑辭厚幣: 말을 낮추어 하고 후한 예물을 바침)로 적과 통한 후에 도리어 공을 해치고자 하였다. 국가는 중요하고 인군(人君)은 가벼운지라, 그는 한 때의 늠름한 분기(憤氣)를 타고 눈처럼 흰 긴 칼을 뽑아 왕의 머리를 베어 장대 위에 높이 매달고 나라 안에 호령하였던 것은 저 영국의 크롬웰(Cromwell: 영국사에서 명예혁명을 일으킨 장군—옮긴이)과 같았다.

아, 연개공(淵蓋公)은 곧 우리 광개토대왕의 초손(肖孫: 닮은 후손)이고 을지문덕의 현제(賢弟: 현명한 아우)이며, 우리 만세 후인의 모범이거늘, 지금의 삼국사(三國史)를 읽어보면 어떤 곳에서는 흉인(凶人)이라 하였고, 또 어떤 곳에서는 역적이라 하면서, 자구(字句)마다 우리의 연개소문을 저주하고 욕한 말들뿐이다.

이는 무슨 까닭인가? 아, 내가 이 때문에 후세 역사가들은 어리석은 눈먼 장님들이라고 나무라는 것이다.

당시 이세민이 우리 강역을 침범하려 할 때 그의 구적(仇敵)은 바로 연개소문이었으니, 그가 선전포고문을 전국에 내리며 연개소문을 마구 욕하였을 것은 뻔한 일이며, 마구 욕을 하고자 할진대 때를 씻어내 가면서 그 흉터(잘못 한 것, 죄)를 찾아내려 하고 없는 죄도 만들어 내었을 것이 뻔한 일이거늘, 이전 고려조의 사가(史氏: 즉, 김부식(金富軾)—옮긴이)가 고구려의 옛 역사가 빠지고 없음을 틈타서 그 자료의 거의 대부분을 당사(唐史)에서 취하였으니, 〈삼국사기〉의 연개소문전(淵蓋蘇文傳)은 전부 이세민(李世民)의 선전포고문(宣傳布告文) 안에 있는 말들만을 뽑아서 기록한 것이다.

그리하여, 이세민이 천개소문(泉蓋蘇文)은 흉악한 놈이라고 말하면 고개를 끄덕이면서 예, 예, 라고 하였으며, 이세민이 천개소문은 역적이라고 말하면 손바닥을 비비면서 맞습니다, 맞습니다, 라고 하여, 저 이세민의 구적(仇敵)으로서 연개소문의 역사를 쓰면서 오직 저 이세민이 뱉은 침을 주워 모아 놓았으니, 연개소문이 어찌 흉인이 되고 역적이 되는 것을 면할 수 있었겠는가.

아, 저 눈먼 사가가 깜깜하고 흐리멍덩한 필법(筆法)으로 우리의 절세의 영웅을 파묻어 죽임으로써 우리 수천 년 후세 사람들로 하여금 그 진상을 볼 수 없게 하였도다.

저 중국인들은 연개소문의 한 차례 벼락같은 수완(手腕)에 깜짝 놀란 이후로 수천 년 동안 뛰던 가슴을 진정시키지 못하고, 얘기 끝마다, 글을 쓰는 중간 중간에, 연개소문의 역사를 서로 전하면서 그 모습을 마치 천인(天人)처럼 우러러보고, 그 병략(兵略)이 귀신같았다고 놀랐다. 그리하여 그의 3척 구레나룻의 풍채는 당(唐)나라 사람이 쓴 〈태평광기(太平廣記)〉에서 묘사되었으며, 비상한 영웅의 공덕(功德)은 송(宋)나라 사람 왕안석(王安石)의 경연(經筵) 강론에서 찬미되었으며, 정기(旌旗) 펄럭이며 사십 리에 걸쳐 뻗쳐 있던 병영(兵營)의 기세는 유공권(柳公權)의 〈잡저(雜著)〉란 책에 기록되었으며, "고구려 대장 연개소문이 와서 장안을 순식간에 도륙할 것이다. 금년에 만약 공격해 오지 않는다면, 내년 8월에는 반드시 군사를 일으킬 것이다(句麗大將蓋蘇文, 去屠長安一瞬息, 今年若不來進攻, 明年八月就興兵)"라고 한 유쾌한 시는 여련거사(如蓮居士)의 〈비담(碑談)〉에 기록되어 있으니, 이들 이야기가 우리 연개소문의 실제 자취인지 아닌지는 함부로 단언할 수 없지만, 그러나 역시 중국이 당시 천개공(泉蓋公: 연개소문)에게 놀라 넘어졌던 하나의 얼룩임을 미루어 짐작할 수 있다.

저 이세민의 눈앞에서 아첨하던 당(唐)의 사관(史官)들이, 비록 그 한 손으로 만인들의 눈을 가리어 국치(國恥)를 감추려 하였으나, 그러나 끝내 그렇게 할 수 없었던 것이다.)

(*또한 참고로, 지금 사람들로서 역사를 읽는 자들은 왕왕 말하기를, 당 태종(太宗)이 양만춘(楊萬春)과 싸우다가 이기지 못하였으므로 군사를 이끌고 돌아갔고 연개소문과는 싸운 일이 없었다고 하나, 이는 단지 당사(唐史)의 거짓말만 믿기 때문이다. 그가 발발한 야심으로 10만 대군을 몰고 와서 우리 동국을 노려보다가 어찌 안시성(安市城) 하나가 잘 지켜지고 있음을 보고는 갑자기 군사를 끌고 돌아갔겠는가. 이는 반드시 한 차례 큰 패배가 있었기 때문임을 미루어 알 수 있다.

그리고 또 그가 과연 패하여 물러갔다고 한다면, 양만춘이 비록 잘 지켜내기는 하였으나, 그 총알처럼 외따로 떨어진 성 안의 수백 명 잔병(殘兵)으로 큰 적을 패퇴시켰노라고 보고하지는 못하였을 것이니, 이로써 틀림없이 연개소문과의 일대 전투가 있었음을 추측할 수 있는 일이다.

그리고 우리나라의 정조대왕(正祖大王) 재위 연간에 이계(耳溪) 홍량호(洪良浩)가 북경에 가다가 안시성을 지날 때, 안시성에서 백여 리 떨어진 곳인 계관산(鷄冠山) 위에 계명사(鷄鳴寺)라는 절이 있는데, 그곳에 사는 사람이 전하기를, 이는 당 태종이 고구려군에게 대패하여 단기(單騎)로 혼자 달아나다가 이 산 위의 풀과 바위 사이에 숨어서 밤을 보냈던 유허(遺墟)라고 하였다고 하니, 이 또한 연개소문 전사(戰史)의 빠진 한 부분을 보충할 수 있는 것이다.)

이후에 당나라 사람들이 그 숙치(宿恥: 오랫동안 품어온 수치)를 견디지 못하여 재침을 시도하였으나 고구려의 강함을 두려워하여 주저하는 중에, 우리 남방 민족 신라가 고구려와 오랜 원수 사이임을 탐지하고는 즉시 사신을 자주 파견하여 서로 손을 잡았는데, 아, 저 신라가 만년의 원대한 계책을 생각지 않고 반대로 구적(寇賊)을 도와서 형제를 쳤으니, 이 또한 우리 민족 역사상 일대 수치이다. 이로 인하여 고구려가 피폐해지고 저들은 패퇴하던 중에 다시 강성해질 기회를 갑자기 잡게 되었으니, 이것이 제4기(期)이다.

그 후 연개소문의 불초(不肖: 자식이 훌륭한 그 부모를 닮지 못하였다는 뜻) 자식 남생(男生) 형제가 서로 불화하여 내정(內政)이 결렬되고, 또 신라의 명장 김유신(金庾信)이 그 기회를 틈타 쳐들어오자 남방의 우환이 바야흐로 커졌는데, 이때 당나라가 신라와 협력하여 백제를 멸망시키고 그 여봉(餘鋒: 나머지 칼끝. 즉 승리한 기세를 몰아서 계속 쳐들어 옴)이 고구려에 미치자, 이에 동명왕조(東明王朝)는 끝내 기울어져 넘어지기에 이르렀던 것이다.

이리하여 북방 일대를 저 지나족이 거의 다 쪼개어 차지하게 되었는데, 다행히 이때에 하늘이 내려 보내주신 우리의 위인 대중상(大仲象) 부자(父子: 즉, 대중상(大仲象)과 대조영(大祚榮))가 일어나서 얼마 되지 않는 일족(一族)들을 이끌고 백두산 동쪽을 점거하고, 말갈의 나머지 무리를 부리어 고구려의 옛 강토를 모조리 거두어 모으고, 다시 북진(北進)하여 흑룡강 부근의 땅을 병탄하고, 중국의 남은 적들을 격퇴하고, 저 등주자사(登州刺史) 이해고(李楷固)를 쳐서 그 목을 베니, 아, 단군·부루(夫婁)의 유령(遺靈)이 사라지지 않고 을지(乙支)·연개(泉蓋)의 옛 자취가 다시 이어졌음이 어찌 대씨(大氏) 부자의 공덕이 아니겠는가. 이것이 그 제5기(期)이다.

이 다섯 기(期)를 경과한 이후에는 저 지나족이 우리 민족을 향하여 화살 하나도 쏜 자가 없었으니, 대개 우리 민족과 지나족의 관계가 이 시기에 이르러 일단락되었다.

(*원주: 참고로, 이 후 6백 년이 지나서 명(明)나라 주씨(朱氏: 명 태조 주원장(朱元璋)—옮긴이)가 발흥하자, 본조(本朝: 이조(李朝)—옮긴이)가 저들에 대하여 거의 조공(朝貢)을 바치는 나라의 관계로 되었으나, 이는 저들의 정복을 받았기 때문이 아니었다. 또 저들의 위세를 두려워해서도 아니었다. 단지 그 내용이 복잡한 원인으로 인하여 이런 괴상한 모습을 만들어 내었던 것이니, 이에 대하여는 후편(後篇)에서 상세히 설명하고자 한다.)

제8장 서로 다른 삼국 흥망의 과정

삼국 초엽에는 신라가 가장 약하였으나 중엽에 이르러서는 곧바로 강해지기 시작하였다. 그러나 그 성세(聲勢)는 여전히 고구려와 백제보다는 못하였다.

그러나 삼국 말엽에 이르러서는 광영(光榮)이 혁혁하던 고구려가 먼저 기울어졌고, 무열(武烈)이 쩌렁쩌렁하던 백제는 후에 쓰러지고, 유독 신라만 홀로 흥하였는데, 이는 무슨 까닭에서인가?

대저 이때에 와서 외족의 세력이 한창 강성하여 우리를 끊임없이 침입하였는데, 마침 이때 고구려는 남생(男生) 형제가 불화하였고, 백제는 의자왕(義慈王)과 그 신하들이 교만하였으나, 신라는 상하가 합심하였고 외교에 신중하였는데, 이것이 그 원인이다.

고구려는 비록 망하였으나 대조영(大祚榮)이 곧 다시 일어나 옛 강토를 전부 회복하였으니, 망한 것은 그 왕통(王統)뿐이고 인민과 토지는 무양(無恙: 무사함. 병이나 탈이 없음)하였지만, 백제는 의자왕이 북쪽으로 끌려간 후에 기타 의병(義兵)이 벌 떼처럼 일어나 여러 해 동안 신라·당(唐) 연합군에 반항하였으나 결국 재건할 힘이 없었는데, 그 까닭은 무엇인가?

대저 고구려는 사방으로 적국들이 있는 가운데 처하여 그 국민들이 항상 전쟁터에서 생활한 결과 백절불굴(百折不屈)의 용기를 지니게 되었으며, 또 7백여 년을 동맹국 하나 없이 지내왔으므로 그 국민들은 명예심과 독립심이 매우 강하였기 때문에, 당나라 장수 이적(李勣)이 평양을 함락시킨 바로 그 다음날에 읍루산(挹婁山) 동쪽에서 적을 몰아내기 위한 군사를 일으켜 옛 땅과 문물을 광복하였던 것이다.

그러나 백제는, 비록 남으로 신라가 있었지만 약하다고 하여 이를 무시하였으며, 북으로 고구려가 있었으나 멀리 떨어져 있다고 하여 이에 대해 방비하지 않았고, 항상 해외에 있는 변변치 못한 섬나라 일본의 지원에 의지한 결과 그 마음이 항상 교만하고 그 기(氣)가 쉽게 시들어 버렸던 것이다.

그리하여 탄현(炭峴)·백강(白江)의 천험(天險)을 지키지 않아서 성충(成忠)의 유한(遺恨)이 공연히 갈팡질팡 헤매도록 하였으며(백제의 충신 성충은 모함을 당하여 죽기 전에 유언을 남기면서, 신라군은 탄현을 넘어 쳐들어올 것이므로 탄현에서 막고, 당나라 군사들은 백강 입구에서 막아야 한다는 상소를 올렸었다.—옮긴이), 소정방(蘇定方)·유인원(劉仁願) 등의 마귀 떼들이 살아서 돌아가도록 한 것은 역사의 유치(遺恥: 남긴 치욕)이거늘 그것을 지워버리지 못하였으니, 고구려·백제가 하나는 부흥하고 하나는 영원히 망하게 된 원인이 어찌 이에 있지 않겠는가.

아, 비록 고대에 민권(民權)이 없던 시대에도 그 백성들의 기(民氣)가 죽지 않은 나라이면 반드시 그 남은 싹이 다시 자라난다는 것은 속일 수 없는 정해진 이치이다.

혹자가 말하기를, 외부 원조에 의지하여 이웃의 적을 막았다는 점에 있어서는 신라와 백제가 같건마는, 신라는 이로써 흥하고 백제는 이로써 망하였으니, 이는 또 무슨 까닭인가?

내가 이르기를, 신라는 중국의 지원이 있었으나 이에 전적으로 의지하지 않고 오직 그 스스로 강해지기 위해 애쓴 연후에 이를 이용하였을 뿐이다. 그러므로 법흥(法興)·진흥(眞興) 두 왕의 제위 중에 중국에 원병을 청하는 사신 개(盖)가 끊임없이 수(隋)나라를 오갔으나 그 국경의 경비를 게을리하지 않았기 때문에 고구려의 백전의 명장 우대형(愚大兄: 온달)과 같은 인물이 있었어도 남한산주(南漢山州)를 수복하지 못하였으며, 선덕(善德)·진덕(眞德) 두 여왕 재위 중에 밀약(密約)의 국서(國書)를 당(唐)나라 조정에 빈번하게 보냈으나 나라 안 다스리기를 잊지 않았기 때문에 연개대인(淵蓋大人: 연개소문)과 같은 절대 웅략(雄略)으로도 빼앗긴 5백리 땅을 되찾지 못하였던 것이다.

그리고 급기야 신라와 당 두 나라가 병력을 합하여 백제를 멸망시킨 후에는, 한편으로는 동맹의 뜻을 표하면서 다른 한편으로는 방비와 경계를 심히 엄하게 하여 소정방(蘇定方)의 흉측한 음모를 중지하게 하였으니, 이로써 보건대, 신라의 외교는 단지 일시적으로 이용하려는 것에서 나온 것임이 명백하다.

그러나 백제는 그렇지 않았다. 백제는 항상 외부의 도움을 얻어서 나라를 방비하고자 하면서, 저희가 일본을 가르치고 이끌어준 공덕을 믿고 항상 일본의 군사를 이용하여 이웃의 적을 막으려고 하였으니, 참으로 어리석었도다, 그 나라 경영의 모책(謀策)이여.

개로왕(蓋鹵王)이 이 때문에 패하였으나 그 패한 까닭을 깨닫지 못하였고, 전지왕(腆支王)이 이 때문에 다시 패하였어도 역시 깨닫지 못하였고, 의자왕(義慈王) 때에 이르러서는 일본의 피폐해짐이 이미 극심해진 이후였다.

신라의 태종대왕(太宗大王)이 대병을 일으켜 대판(大阪)을 곧장 두들겨서 뚝뚝 떨어지는 백마(白馬)의 피로써 성하지맹(城下之盟: 싸움에 진 후 적에게 하는 항복의 맹세)을 받은 후에, 패가대(覇家臺)로 돌아와 일본에 사신으로 갔다가 죽임을 당한 신라의 신하 박제상(朴堤上)의 충혼(忠魂)을 달래고, 월산성(月山城)을 향하여 석우로(昔于老)의 분노한 혼(憤魂)을 위로하고, 일본 전국 내의 용사(勇士)·역사(力士)·모사(謀士)·책사(策士)의 간담과 뼈를 깨부수고, 저들의 군신(君臣) 상하를 몰아서 신라 군주의 동정(東征)의 깃발 아래 무릎 꿇고 기어가게 하였으니, 이때 일본의 무력이 추락하였음을 알 수 있다.

(*옮긴이 주: **朴堤上(박제상)**: 신라 실성왕(實聖王) 때 선왕인 나물왕(奈勿王)의 아들 미사흔(未斯欣)이 왜국에 볼모로 가 있었는데, 후에 그를 신라로 데려올 책임을 띠고 당시 삽량주(歃良州)의 간(干)으로 있던 박제상이 왜국으로 건너가서 미사흔을 성공적으로 신라로 귀환시킨 후 그 자신은 체포되어 장작불에 태워진 후 목이 베어 죽은 사건이 있었다.

昔于老(석우로): 나해왕(奈解 尼師今)의 아들. 조분왕(助賁 尼師今)의 사위, 흘해왕(訖解 尼師今)의 아버지. 기원 231년 태자의 신분으로 대장군이 되어 가야를 쳐서 이기고, 기원 233년 왜적을 쳐서 이기고, 244년 쇠뿔한(舒弗邯)이 되어 전쟁에서 많은 공을 쌓았으나 점해 니사금 3년(기원 249년) 왜인들에 의해 죽었다.)

그리고 또 저들이 신라의 군사 위력에 넋을 잃었음을 알 수 있거늘, 백제 사람들은 이때까지도 귀를 막고 있었던지, 신라 군사들이 북으로 쳐들어가고 당(唐)나라 병사들이 동으로 쳐들어와서 자기 나라가 위기일발의 순간에 처해 있음에도, 그 전에 충성심과 지략을 겸비한 상신(相臣: 재상급 신하) 부여성충(扶餘成忠)을 감옥에 가두고, 계백(階伯)에게 겨우 5천여 잔병(殘兵)을 주어 나가서 싸우게 하고, 포위된 성 안에서 왕(王)이란 자는 궁녀들이 바치는 술잔을 앞에 두고 취하여 넘어지고, 시인묵객(詩人墨客)들이 읊조리는 노래 가사를 들으며 한가하게 앉아서 놀고 있는 모습은 마치 태평무사한 자와 흡사하였으니, 저들은 과연 무엇을 믿고 그러하였던가? 저들은 일본을 믿었기 때문이다.

아, 스스로 강해질 방도(自强之術)를 닦지 않고 남의 도움만 기대하는 자는 반드시 망하게 되어 있는 것이다.

혹자는 근거 없이 함부로 말하기를, 신라는 강대한 중국의 지원에 의지하였기 때문에 흥하였고 백제는 약소한 일본의 지원에 의지하였기 때문에 망하였다고 하는데, 과연 그러하였을까? 어찌 그러하였겠는가.

나는, 백제는 설령 중국의 지원에 의지하였더라도 반드시 망하였을 것이라고 생각한다. 그 이유는 무엇인가?

외부의 도움을 이용하는 것은 괜찮으나, 외부의 원조를 믿고 의지하는 것은 안 될 일이다. 저 신라도 만일 중국을 믿고 의지하였더라면 결코 고구려를 뒤엎고 백제를 멸망시키는 큰 공을 이루지 못하였을 것이며, 설령 그 공을 이루었다 하더라도 후일에 소정방(蘇定方)의 음모에 떨어져 사직이 폐허로 변하는 지경에 이르렀을 것이고, 또 설혹 이 음모에 떨어지지 않았을지라도 백제의 옛 땅은 끝내 당(唐)에 양보하고 영남 한 구석에서 약국(弱國)으로 남아 있음을 면치 못하였을 것이다.

(*옮긴이 주: 당나라는 원래 신라와 힘을 합하여 백제와 고구려를 멸망시킨 후 신라까지 쳐서 빼앗을 계획을 하였으나, 그 음모가 김유신에게 간파되어 실패로 돌아갔다.)

아, 외국과 도움을 주고받는 나라들은 서로 이익으로 결합되는 법인지라, 이익이 다하면 반드시 흩어지고 반드시 서로 해치게 된다는 것은 뻔한 정리(定理)이다. 그러므로 말하기를, 외국의 도움을 이용하는 것은 괜찮으나 그것을 믿고 의지하면 반드시 망한다고 한 것이다.

제9장 김춘추(金春秋)의 공(功)과 죄(罪)

다른 종족(種族)을 불러들여 동족(同族)을 멸망시키는 것은 도적을 끌어들여 형제를 죽이는 것과 다를 바 없다. 이는 매우 분명한 이치여서 삼척동자도 알 수 있는 것이거늘, 애석하구나, 우리나라 역사가들이여, 이런 의리(義理)를 아는 자가 매우 적구나.

앞의 각 장에서 이미 말한 것처럼, 신라 역대의 모든 왕들은 항상 외국의 도움을 이용하여 고구려와 백제를 멸하고자 하였거니와, 그러나 혹 그 마음은 있었으나 그렇게 한 일은 없었으며, 또는 혹 그렇게 한 일은 있었으나 그것을 이루지는 못하였으니, 이들은 오히려 모살미수(謀殺未遂)에 속하는 자들이므로 그 죄를 한 등급 감해 줄 수 있다.

그러나 태종대왕 김춘추(金春秋)에 이르러서는 그가 이 일을 위하여 온 마음과 온 힘을 다 쏟았고, 온갖 수완을 다 사용하였으며, 그리고 끝내 이 일을 성취한 후에 득의양양해 마지않았던 자이다.

혈기가 반 푼(半分)이라도 남아 있는 자라면 그에게 침을 뱉으며 욕을 해 줄 수도 있고, 그를 배척하거나 주벌(誅伐)할 수도 있거늘, 지금 본말(本末)을 따져보지도 않고 말하기를, 동국(東國) 통일의 서막을 연 인군(人君)이라고 하니, 그가 동국뿐 아니라 중국도 통일하고, 일본도 통일하고, 기타 동서 여러 나라들을 하나도 남김없이 다 통일하였을지라도 그 공

(功)으로 그 죄(罪)를 덮지 못할 터인데, 하물며 이 동국을 통일한 공으로 그 죄를 덮을 수 있겠는가.

그리고 동국은 단군 이후에는 한 사람도 통일할 수 있었던 자가 없었다고 할 수 있는데, 그 까닭은 무엇인가.

그것은, 부여 중엽에 왕강(王綱: 제왕이 나라를 다스리는 기강)이 점차 쇠미해진 이후로 북한(北韓) 일대에는 기씨(箕氏)·위씨(衛氏) 및 말갈·예맥 등이 그 세력을 떨쳤고, 남한 일대에는 허다한 토착 추장들이 자립하였으니, 이는 단군의 옛 강역이 분열되어 십 수 나라가 서로 세력을 다투었던 시대이다.

그 다음에는 고구려가 한수(漢水) 이북에서 건국하고 신라·백제는 한수 이남에서 병립하였으니, 이는 십 수 나라가 합쳐져서 삼국으로 된 시대이며, 또 그 다음에는 고구려가 망하여 발해가 되고, 백제가 망하여 신라에 합쳐졌으니, 이는 삼국(三國)이 합쳐져 양국(兩國)이 된 시대이다.

그 다음에는 발해가 망하고 나자 압록 이서(以西)의 토지는 드디어 거란(契丹)·몽고 등 다른 종족에게 양보하고 우리 단군의 옛 강토의 반은 지금까지 9백여 년간 잃어버린 상태에 있으니, 아, 고려 태조(太祖: 王建)가 우리 동국을 통일했다 하였고, 본조(本朝: 李朝) 개국 때에도 역시 우리 동국을 통일했다고 하였으나, 이는 반쪽짜리 통일이지 전체적인 통일이 아니다.

만약 이들 반쪽짜리 통일을 가지고 통일이라고 한다면, 동명성왕도 역시 통일을 하였고, 온조·혁거세도 역시 통일을 하였다고 할 것이니, 하필이면 김춘추 이후에야 처음으로 통일하였다고 하는가. 그러나 만약 전체적 통일을 찾으려 한다면, 단군 이후에는 그것이 다시 보이지 않으니, 어찌 김춘추를 통일한 자라고 하겠는가.

그러므로 김춘추의 일생에는 죄(罪)만 있고 공(功)은 없거늘, 이전의 우리 역사가들은 부분노(扶芬奴)가 있었음도 알지 못하고, 바보 온달(愚溫達)이 있었음도 알지 못하고, 을지문덕(乙支文德)이 있었음도 알지 못하고, 하나도 김춘추라 하고, 둘도 김춘추라 하면서 그를 불세출의 임금이라 하고, 그가 큰 뜻을 지녔던 자인 것처럼 말하니, 아, 슬프다. 그 망령되고 사리에 어그러짐이 어찌 이런 지경에까지 이르렀는가.

오직 김춘추를 찬미하고 김춘추를 숭배하였기 때문에 한 나라의 인심이 곧바로 마경(魔境: 마귀의 지경)에 빠져서 도적을 끌어들여 형제를 죽여 없애는 것을 흔히 있을 수 있는 일로 생각하였다.

그리하여 신라가 당나라 군대의 후원이 되어 발해 침벌하기를 사양하지 않았고, 왕건(王建)과 견훤(甄萱)이 서로 싸울 때 저 중국 강남에서 스스로를 지키기에도 여념이 없는 자인 오월왕(吳越王) 전목(錢木: 이름은 전무(錢繆), 자(字)가 목(木)이다. 당나라 말기 진해 절도사로 있던 전무가 지금의 강소성 남부, 절강성 전체와 복건성 동북부를 판도로 하여 건립한 나라가 오월국이다.－옮긴이)을 자기편이라 선전하면서 그 허세와 거짓 위력으로 서로 위협하였으며, 최영(崔瑩)이 북벌 군사를 일으켰을 때 그 병사들이 채 반도 가지 못하여 조준(趙浚)·정도전(鄭道傳) 등이 창을 거꾸로 잡고 고려왕조를 전복하고는 개국원훈(開國元勳: 나라 세우는 데 있어 제 1등 공로자)의 자리를 차지하였으니, 나라가 깎이고 쇠약해진 원인을 추측하건대, 어찌 이 동족상구(同族相仇: 동족끼리 서로 원수처럼 여김)에 있지 않다고 하겠는가.

"콩을 삶는데 콩깍지를 태우니, 콩은 솥 안에서 울고 있네. 콩과 콩깍지는 본래 같은 뿌리에서 난 것인데, 서로 삶기를 왜 그리 급히 하는가(煮豆燃豆萁자두연두기, 豆在釜中泣두재부중읍. 本是同根生본시동근생, 相煎何太急상전하태급)."라고 한 이 4구(句)의 시는 위(魏)나라 사람 조식(曹植: 조조

(曹操)의 셋째 아들-옮긴이)이 자기 가정의 불행을 스스로 울면서 읊었던 말이다. 그러나 내가 우리 조국의 역사를 읽을 때마다 곧바로 이와 같은 느낌이 나의 뇌를 아프게 찔러온다.

그러나 작용자가 누구냐 하면 김춘추가 곧 그이며, 이 나쁜 선례를 일부러 널리 퍼뜨리는 자가 누구냐 하면 곧 여러 역사가들이다.

(*옮긴이 주: 作俑者(작용자): 용(俑)을 만든(作) 사람(者). 용(俑)은 사람 모습의 인형으로, 고대에는 권력을 가진 자나 노예 주인이 죽으면 살아있는 노예들을 같이 매장하였는데(이를 순장(殉葬)이라 한다), 후에 와서는 인형을 만들어서 사람 대신에 썼다. 그런데 공자가 이런 인형을 처음 만들어서 순장에 쓰도록 한 사람을 매우 불인(不仁)한 사람이라고 저주하였으므로(始作俑者, 其無後乎: 〈맹자〉 양혜왕(1·4) 편에 나옴), 이로부터 〈좋지 못한 전례(前例)를 처음으로 만든 사람〉을 가리키는 뜻의 말이 되었다.)

아, 이따위 망상(妄想)을 지어내어 이족(異族)으로 하여금 동족(同族)을 멸망시키도록 한 김춘추여! 이따위 주의(主義)를 고취하여 우리나라를 깎여나가고 약하게 만든 역사가들이여!

제10장 발해(渤海)의 존망(存亡)

우리나라가 압록강 이서(以西)의 땅을 포기하고 그것을 적국(敵國)에 넘겨준 것은 어느 때부터인가?

그것은 김문열(金文烈: 김부식(金富軾)의 시호(諡號)-옮긴이)이 〈삼국사기〉를 편찬하던 때부터이다.

그렇게 말하는 이유가 무엇인가?

발해 대씨(大氏: 대중상(大仲象)과 대조영(大祚榮)-옮긴이)의 내려온 혈통을 미루어 보면 우리 단군(檀君)의 자손이며, 그가 다스렸던 인민들이 누구냐 하면 우리 부여(扶餘)의 종족(種族)이며, 그가 점거하였던 토지가 어디냐 하면 곧 고구려의 옛 땅이니, 대씨(大氏)를 우리나라 역사에서 적지 않는다면 그 누구를 적을 것이며, 우리나라 역사에서 대씨를 적지 않는다면 그 어느 나라 역사에서 적겠는가.

아, 슬프다. 저 한 군주(君主), 한 조정(朝廷)을 위하였다는 변변찮은 공로로 역사에 한 소절(小節) 적힌 자들도 행인(行人)들의 입에서 요란하게 얘기되고 역사가들의 찬미가 떠들썩하여 수천 년 이후 사람들의 숭배를 받고 있거늘, 우리 발해의 선왕(先王)은 고구려가 망한 후에 남아 있던 수백의 병졸(兵卒)들로 백두산 동편에 우뚝 서서 동으로는 신라를 대적하고, 서로는 중국을 대적하며, 그밖에 또 흑수말갈(黑水靺鞨)·거란(契丹)·유연

(柔然) 등을 대적하여 혈전을 벌인 지 10여 년에 결국 수많은 적국들을 물리치고, 독립의 공을 이루고, 3백 년간 면면히 지속된 역사를 전하였으니, 대중상(大仲象)·대조영(大祚榮)·대무예(大武藝)의 그 인격과 그 역사가 과연 어떠하였던가.

그런데 우리나라의 역대(歷代)를 계산하는 자들은 발해의 역대를 계산하지 않고, 문헌(文獻)을 전하는 자들은 발해의 문헌을 전하지 않으며, 발해국이라 말하면 마치 흉노·거란·선비·몽고와 동류(同類)로 보며, 대중상·대조영이라 부르면 흉노족의 추장들인 모돈(冒頓)·아보기(阿保機: 요(遼) 태조의 자(字). 성(姓)은 야율(耶律), 이름은 억(億)-옮긴이)·모용수(冒容垂)·칭기즈칸과 동렬(同列)로 봄으로써 밝고 밝은 우리 단군 후예의 한 영물(英物)을 저 야만족의 영웅들과 함께 비웃으니, 아, 애석하도다.

저 대씨(大氏) 여러 왕들이 당시 조국의 고통을 해결하기 위하여 헌신한 것이 어찌 그 사후의 명예를 얻기 위해서였겠는가마는, 다만 발해의 역사가 전하지 못하므로, 첫째 국민의 영웅 숭배하는 마음을 감쇄(減殺)하였고, 둘째 후세 사람들이 조상 전래의 강토를 망각함으로써 이로부터 대국(大國)이 소국(小國) 되고, 대국민(大國民)이 소국민(小國民)으로 되었도다.

안정복(安鼎福)씨가 우리나라 역사를 읽다가 우리 태조(太祖: 이성계)가 동령부(東寧府)를 공격하여 빼앗을 때 더 달려 나가서 요동과 만주를 병탄하지 못하고, 그 후에 원(元)의 평장사(平章事) 유익(劉益)이 요양(遼陽) 13주(州)를 가지고 우리나라에 귀부(歸附)하였으나 이를 받아들이지 않아서 명(明)나라에 귀부하도록 만들었기 때문에 압록강이 끝내 하나의 큰 쇠로 만들어 세운 경계(鐵界限)처럼 되어버려 천하에 약국(弱國)으로 됨을 면치 못하였다고 탄식하였는데, 이는 그 하나만 알고 그 둘은 알지 못한 것이다.

대저 한 나라의 성쇠(盛衰)와 존망(存亡)은 일조일석(一朝一夕)에 이루어지는 것이 아니고 그 유래(由來)한 바가 반드시 먼 법이다. 따라서 그 결과만 보고 그 원인을 거슬러 올라가 찾지 않아서는 안 된다.

우리 태조 고황제(高皇帝: 이성계) 때에 유익(劉益)의 귀부(歸附)를 받아들이지 않음으로써 후일에 압록강 이서(以西)를 잃게 되는 결과를 가져왔거니와, "이런 결과를 맺도록 씨앗을 뿌린 원인이 무엇인가?" 하면, 그것은 곧 김문열(金文烈: 김부식)이 역사를 편찬하면서 발해국을 우리 역사에 기재하지 않았던 것이 그 원인이다.

당당한 고구려의 유민(遺民)으로 고구려의 옛 땅에 자립한 발해국을 우리 동국 역사에 기재하지 않고 압록강 이서(以西)의 천지는 어떤 사람들이 점유하든 우리가 불문(不問)하였기 때문에, 수백 년 이래 동국인의 마음과 눈에는 자기 나라의 강토(疆土)는 오직 이 압록강 이동의 강토가 그것이고, 자기 민족도 오직 이 압록강 이동의 민족이 그것이고, 자기의 역사도 오직 이 압록강 이동의 역사가 그것이라 하고, 사업(事業)도 오직 이 압록강 이동의 사업이 그것이라 하였다. 그리고 이때의 사상은 압록강 밖으로 한 걸음이라도 넘어 건너가는 것을 경계하였으며, 꿈속에서라도 압록강 밖으로 한 걸음이라도 넘어갈까봐 겁을 내었던 것이다.

그리하여 우리의 선조(先祖)이신 단군·부루·동명성제(東明聖帝)·대무신왕(大武神王)·부분노(扶芬奴)·광개토왕·장수왕·을지문덕·연개소문·대중상(大仲象)·대조영(大祚榮) 등 여러 성인(聖人)·여러 철인(哲人)·여러 영웅·여러 호걸들이 마음을 다하여 피를 뿌려가며 만대에 전할 기업(基業)으로 우리 자손에게 남겨주신 큰 땅을 남의 나라 소유물로 여기고는 그곳 땅의 고통과 가려움(痛痒)에 대하여는 전혀 상관하지 않았던 것이다.

그리하여 고려 혜종(惠宗) 때에 거란이 대씨(大氏: 발해)를 격파하여 만주 전체를 차지하자 우리 단군의 발상지(發祥地)가 꼼짝없이 외족에게 들어가니, 대저 이때는 우리 부여민족이라면 한 사람도 남김없이 모두 칼을 빼어들고 펄쩍 뛰어 일어나 달려갔어야 할 시대이거늘, 이때에도 여전히 압록강 이동만 지키고 앉아서 조종(祖宗)의 원수에 대하여 상관하지 않고, 민족의 분함도 생각하지 않았으니, 이렇게 된 원인이 어디에 있는가 하면, 즉 문열(文烈) 김부식이 발해를 우리 역사에 기재하지 않아서 이 땅이 우리 민족의 소유임을 알지 못하였기 때문이다.

그 후 강감찬(姜邯贊)·강민첨(姜民瞻)이 거란과 싸워 그 20만 대병을 격파하고 추격하여 압록강에 이르렀을 때, 발해 유민들이 이 소식을 듣고는 일제히 분발하여 말하기를 "우리 조국의 병력이 이와 같으니, 우리가 마땅히 이때를 이용하여 우리 조국의 마지막 불꽃에 의지하여 거란을 격파하고 대씨(大氏)의 사직을 재건할 때가 바로 이때로다. 바로 이때로다." 하고는 즉시 발해의 동경(東京)을 회복하고 국호(國號)를 재건하였다. 그리고는 전후로 수십 번이나 사자를 보내어 고려에 도움을 요청하였으니, 이야말로 우리 부여민족이 승승장구(乘勝長驅)하고 내외가 하나로 단합하여 단군의 옛 강토를 회복할 시대였거늘, 이때에도 여전히 압록강 이동만 지키고 앉아서 앞으로 나아갈 사상(思想)이 없었으니, 그 원인이 무엇인가 하면, 즉 김문열(金文烈)이 발해를 우리의 역사에 기재하지 않아서 압록강 밖의 민족 역시 우리의 동족인 줄을 알지 못하였기 때문이다.

또 고려 말년에 이르러 우리의 수륙군 도통제(水陸軍都統制) 최영(崔瑩)이 백전백승의 영웅(英雄)의 위세로 대병(大兵)을 이끌고 요동(遼東)과 심양(瀋陽)을 다 같이 되찾고자 할 때가 또한 우리 부여민족이 수백 년 동안 잃었던 옛 강토를 회복할 시대였거늘, 이때에는 또 담장 안(國內)의 권력을 서로 차지하려 다투느라 정신이 없어서 압록강 이외의 땅을 한 걸음도 되찾지 못하였으니, 그 원인이 무엇인가 하면, 곧 김부식이 발해(渤海)를 우리의 역사에 기록하지 않아서 압록강 밖의 수십만 리 토지가 본래 우리의 토지인 줄을 알지 못하였기 때문이다.

김부식은 원래 역사에 대한 지식도, 사가(史家)로서의 재능도 전혀 없어서 지리(地理)가 어떤지도 알지 못하였고, 역사를 어떻게 써야 하는지도 알지 못하였고, 자기 나라를 높일 줄도 몰랐으며, 영웅을 귀하게 여길 줄도 몰랐으며, 단지 터무니없고 망령되고(誕妄), 비천하고 열등하고(卑劣), 찢어지고 문드러지고(斷爛), 근거 없는 말들만을 주워 모아서 몇 권의 책을 이루어 놓고는 그것을 일러 역사라 하고, 그것을 일러 삼국사(三國史)라 한 자이니, 아 역사여, 역사여. 이따위 역사도 역사인가.

그러나 김부식이 우리나라 역사를 지으면서 발해를 없애버린 것은 과연 무슨 까닭인가?

나는 이르기를, 이는 다른 게 아니라, 그가 중국의 역사 저술의 예(例)를 모방하여 우리나라의 정통(正統)과 윤통(閏統: 비(非) 정통의 왕조)을 구별하면서, 그가 살았던 때가 마침 고려 중엽이었던지라, 당시 압록강 이서(以西) 부여의 옛 땅은 모두 거란이 차지하고 있었으므로, 만일 부여의 옛 땅을 전부 차지한 자를 정통으로 인정한다면 고려는 윤통(閏統)에 불과하게 되므로, 그래서 압록강 밖의 땅은 우리 민족이 차지하고 있든 다른 민족이 차지하고 있든 간에 이를 전부 이국(異國)으로 보고, 다만 압록강 이동(以東)만 전유(專有)하였다면 이를 정통군주(正統君主)로 보고 높임으로써 당시의 임금에게 잘 보이려고 하였던 것이니, 아, 애석하구나, 애석하구나.

그렇다면 고구려(高句麗)도 우리 역사에서 배척하고 기재하지 않아도 될 터인데 무슨 이유로 삼국(三國)이라 병칭(竝稱)하였는가?

나는 이르기를, 이에는 또 그럴만한 이유가 있으니, 고구려가 평양에 도읍(都邑)하였기 때문이다.

그렇다면 발해(渤海)도 일찍이 우리나라의 서북 일대를 점유하였으니, 만일 그 도읍만 그곳 서북 등 지방으로 옮겼더라면 우리나라 역사에 같이 들어올 수 있었을까?

나는 이르기를, 그것은 또 그렇지 않으니, 저 김씨(金富軾)의 마음은 오로지 자기 조정(朝廷: 즉, 고려)에 정통(正統)을 부여하는 데 있었으니, 만일 발해의 도읍이 압록강 이동에 있었더라면 그는 또 고구려까지 함께 우리 역사에 기재하지 않았을 것이다.

그러나 또한 어찌 김씨(金氏) 한 사람만 책망할 수 있겠는가. 내가 나도 몰래 탄식하는 바는, 수백 년 이래 우리나라 역사가들이 전부 다 김씨의 오류(誤謬)를 그대로 답습하였기 때문에 발해의 역대(歷代)가 우리 역사에 보이지 않게 되었다는 것이다.

—(未完)—

조선사연구초(朝鮮史研究草)

〈머리말(序)〉

이 〈조선사 연구초(朝鮮史研究草)〉는 나의 친구 단재(丹齋) 신채호(申采浩)의 연구적 사론(史論) 약간 편을 수집한 것으로, 모두 한 번씩은 신문지상에서 세상에 발표된 것들이다.

이역(異域)에서 정처 없이 떠돌아다니는 단재(丹齋)가 이것을 고국의 신문에 발표하게 된 데에는 간혹 친구들이 편지로 권하였기 때문이기도 하지만, 대개는 약간의 원고료를 얻어서 그의 네 살 난 한 점 혈육(血肉)인 어린 아들 수범(秀凡)의 양육비(養育費)를 보태 주려고 한 것이다.

내가 이것을 수집하여 간행하겠다고 기별하고 출판할 준비를 하였더니, 「평양패수고(平壤浿水考)」에 불만인 점이 많으니 다시 수정하겠다는 단재의 편지가 왔다. 그러나 그 편지가 온 것은 받기 어려운 출판허가를 받은 뒤였기 때문에, 원고를 멀리 보내어 수정해서 다시 허가를 받아 간행하려고 하면 시일이 많이 허비될 뿐만 아니라 또한 다른 사단(事端)이나 곡절(曲折)이 없지 않을 것이므로(출판허가가 취소될 수도 있으므로—옮긴이), 판(版)을 거듭할 때나 기다리라고 핑계를 대어 회답(回答)하였더니, 그 뒤에 온 편지에는 한 걸음 더 나아가 출판을 중지할 수 있으면 좋겠다는 말까지 있었다.

지금 저자 단재의 의사를 밝혀 보이기 위하여 뒤의 편지 한 구절(句節)을 옮겨 적는다.

> "소위 사초(史草: 朝鮮史研究草)는 보내던 당시에 수범(秀凡)의 일을 위하여 스스로의 마음에도 불만인 것이 많음을 돌아보지 않고 적어

서 보내기 시작하였던 것이며, 그 뒤에는 작년 가을에 형(兄)의 편지가 오기 전에 이곳에서 어느 한 친구의 약속을 받아 한 편의 x사(史)를 쓰겠다고 경솔하게 허락하였다가, 불의에 형의 편지가 와서 좌우 관계를 다 모른다고 할 수 없어서 양편에 다 응답하여, 이것저것이 다 불성실하게 된 것이올시다.
그 간행 문제는 중지시킬 수 있으면 중지하는 것이 좋겠습니다만, 여기서 지금 원고를 다시 쓰는 것도 이제 와서는 매우 어려운 일이라 생각됩니다. 자료도 부족하고 평일의 연구도 너무 거칠고 경솔하였음이 자꾸 자각(自覺)됩니다. 더욱이 전날에 부분적 논문이나마 경솔하게 쓴 것이 후회됩니다. 이 일에 대하여 아뢰고 싶은 말씀이 많으나 이만 그칩니다."

단재는 자기가 고심(苦心)하여 연구한 것을 초(草: 원고를 작성)하다가 갑자기 없애버리는 버릇이 있으니, 이것은 다름이 아니라 초(草)한 것을 다시 살펴보고 불만을 느끼는 까닭일 것이다. 그가 불만스러워하는 모양으로 보면, 그의 역사 연구는 자칫 암중(暗中)에 매몰되고 말는지도 모를 일이다.

주옥(珠玉)이 매몰되는 것을 아까워하는 것은 인지상정(人之常情)이니, 나는 단지 나의 친구를 위하여 모충(謀忠: 남을 위하여 일을 도모함)하는 것이 아니라, 예사로운 주옥(珠玉)과는 비교도 할 수 없이 귀중한 단재의 연구를 그 일단(一端)이라도 매몰되지 않게 하려고 한 것이다.

그러므로 나는 다시 편지로 단재에게 권하기를 "불만을 참으라. 원고 쓰기를 중지하지 말라."고 하였다.

중지하지 말라고 한 것은 다음 어느 기회에 이 사초(史草)처럼 간행하게 되기를 깊이 바라기 때문이다. 끝으로, 무한한 호의(好意)로 출판을 맡아 힘써준 친구 홍석하(洪石下)에게 감사한 뜻을 표한다.

병인(丙寅: 1926)년 소춘(小春)
홍 명 희(洪命憙)

제1편 고사상(古史上) 이두문의 명사(名詞) 해석법
-고사상의 국명(國名)·관명(官名)·지명(地名) 등-

1. 서 론(緖論)

혹자는 이를 비웃을 것이다, 번잡하고 자잘하며 무익(無益)한 일이라고. 그러나 많은 착오(錯誤)가 이를 통하여 교정(校正)되고, 잘못 알려진 많은 것들이 이를 통하여 그 진상이 밝혀지며(歸眞), 각 시대의 본색(本色)이 이를 통하여 드러나게 된다. 이미 산실(散失)된 조선 역사상의 대사건(大事件)들이 이를 통하여 발견된다. 그러므로 이것은 곧 땅속의 옛 유적(古蹟)을 발굴하는 것에 비길만한 조선사 연구의 비밀 자물쇠(秘鑰)인 것이다.

자고로 알지 못하는 자들이 이 비밀 자물쇠를 마구 침해함으로써 도리어 본래의 뜻을 어지럽힌 일이 많다.

예를 들면, 무명씨(無名氏)의 〈동언고략(東言考略)〉에서는 신라가 「부여(扶餘)」를 미워하여 「부여 죽인다」는 말이 생겼다고 하였으며, 이아정(李雅亭)은, 고구려는 「깨고리(=개구리)」의 뜻을 취한 것이라고 하였으며, 정다산(丁茶山: 丁若鏞)은, 위례성(慰禮城)은 위리(圍籬: 울. 울타리)의 뜻을 취한 것이라고 하였다.

심지어 근래 일본의 어떤 학자는, 「弁(변)」은 그 음(音)이 「배」로서 뱀의 「배」이니 巳韓(사한)의 뜻이고(참고로, 巳(사)는 12지(支)에서 뱀(蛇)을 나타내고, 방위로는 동남을 나타낸다—옮긴이), 馬韓(마한)은 午韓(오한)의 뜻이니(참고로, 午(오)는 12지(支)에서 말(馬)을 나타내고, 방위로는 정남을 나타낸다—옮긴이), 따라서 진한(辰韓)·마한·변한은 다 12지(支)에서 그 뜻을 취하여 각각 있었던 방위(方位)를 증명한 것이라고 하였는데, 이처럼 아무런 증거도 없이 비슷한 음(音)을 취하여 제멋대로 단안(斷案)을 내린다면. 구태여 「부여죽인다」는 말만 부여(扶餘) 때문에 생겼겠느냐. 부엿다(空:=비었다), 부옇다(白:=뿌옇다) 등의 말도 다 부여(扶餘) 때문에 생긴 말일 것이며, 고구려란 이름이 구태여 「깨고리(=개구리)」에서만 생겨났겠느냐. 꾀꼬리(鶯), 개 꼬리(狗尾), 게 꼬리(蟹尾) 등이 모두 고구려란 이름이 생겨나온 바(所自出)가 될 것이다.

백제 초기에 병산(瓶山)·마수(馬首)·고목(高木)·우곡(牛谷) 등의 성책(城柵)들은 다 그 소재지의 지명을 가져다가 이름을 지은 것들인데, 홀로 그 수도인 위례성(慰禮城)만을 한강의 옛 이름 「아리」에서 취하지 않고 「위리(圍籬: 울)」의 뜻으로 이름을 지었다고 하는 것은 무슨 말이며, 변한(弁韓)의 「弁(변)」을 뱀의 「배」에서 그 뜻을 취하였다고 한 것은 더욱 반박할 가치조차 없지만, 삼한(三韓)의 위치가 명백히 진한(辰韓)은 동(東)이고, 마한(馬韓)은 서(西)이고, 변한(弁韓)은 남(南)이거늘, 이제 마한은 오방(午方: 正南)이라 하고 변한은 사방(巳方: 東南)이라 하였는데, 이는 무엇을 근거로 한 소리인가.

무릇 고사상(古史上)에 이두문으로 쓴 명사(名詞)의 해석에는 허다한 어려움이 있으니, 대개 이두문은 한자의 전음(全音)·전의(全義) 혹은 반음(半音)·반의(半義)로 만든 일종의 문자이기 때문이다.

그러나 이두문이 구결문(口訣文: 한문의 글 뜻을 명백히 하거나 읽기 쉽게 하기 위하여 한문 중간 중간에 끼워 넣는 우리말 요소. 예건대 "萬物之中厓(애) 唯人是(이) 最貴爲尼(하니)"에서 「厓(애)」, 「是(이)」, 「爲尼(하니)」와 같은 것들-옮긴이)으로 변하기 전에는 자모(子母)만 발견되지 않을 뿐 아니라 일정한 법칙도 없었다.

예컨대 다 같은 「白(백)」자인데도 「上白是」(「샹살이」. 「상사리」라 읽고, 그 뜻은 웃어른에게 올리는 편지의 첫머리나 끝에 사용되어 「살외어(사뢰어) 올립니다」이다-옮긴이)의 「白」은 그 전체 뜻(全義)을 취하여 「살(: 「살외다」. 「사뢰다」의 어간(語幹)이다-옮긴이)」이라고 읽으면서, 「白良」(「바라」라 읽고, 그 뜻은 「~는 바이다」이다-옮긴이)의 「白」은 왜 그 반음(半音)만을 취하여 「바」라고 읽느냐고 묻는다면, 대답할 말이 없으니, 그 곤란함이 하나(一)이다.

주(州)·군(郡)·현(縣)의 명칭을 한자로 짓기 시작한 것은 신라 경덕왕(景德王) 때부터이다. 이두문을 한자로 번역할 때에, 「推火(추화)」(밀불)가 밀성(密城)이 되고 「今勿奴(금물노)」(거물라)가 흑양(黑壤)이 된 것과 같이 옛 명칭의 음(音)이나 뜻(義)을 한자로 번역해서 쓴 것도 있지만, 「退火(퇴화)」가 의창(義昌)이 되고 「比火(비화)」가 안강(安康)이 된 것처럼 옛 명칭의 본래 음이나 뜻을 아주 버리고 전혀 새로운 한자로 지은 지명이 더 많다.

중국의 관명(官名)을 모방하기 시작한 것은 궁예왕(弓裔王) 때부터인데 고려 광종(光宗) 때에 이르러 완성되었다. 그러나 이 또한 옛 명칭의 음이나 뜻을 한자로 번역하여 사용한 것은 한 개도 없으므로, 그 명의(名義)의 원류를 찾는 동시에 매번 전후 관계를 살펴보아야만 한다는 번거로움도 없지 않으니, 그 곤란함이 둘(二)이다.

〈삼국사기〉나 기타 사서(史册)에서는 이두문으로 쓰던 당시의 본래 이름(本名)으로 실록에 기록하지 않고 후에 와서 번역한 한자 이름으로 기록하였다.

예를 들면, 백제가 쓰던 한강(漢江)의 당시 이두문 명칭은 「郁里河(욱리하)」인데, 이것은 겨우 개로왕(蓋鹵王) 본기(本紀)에 한 번 보였을 뿐이고(개로왕 21년, 기원 475년-옮긴이), 그 외에는 신라가 한자어로 고친 명칭인 한강(漢江)이 온조왕(溫祚王) 첫 해부터 보이며, 고구려가 쓰던 요동성(遼東城)의 당시 이두문 명칭은 「烏列忽(오열홀)」인데, 이것은 〈삼국사기〉에서 지리지(地理志)에 겨우 한 번 보였을 뿐이고 그 외에는 모두 수(隋)·당(唐) 사람들이 불렀던 요동성이란 명칭으로 적었다. 그리하여 본래 이름을 아주 찾을 수 없게 된 것들도 허다할 뿐 아니라, 어떤 것은 당시의 본래 이름인지 후에 와서 한자로 번역한 이름인지 알 수 없게 된 것도 적지 아니할 것이니, 그 곤란함이 셋(三)이다.

조선의 역사책(史册)은 옛날부터 저자(著者)만 있고 독자(讀者)는 없는 서적이다. 무슨 역사책이든 와자(訛字)·오자(誤字)·첩자(疊字)·탈자(脫字)들이 지면에 가득한 가운데 더욱 옛 지명과 옛 관명 같은 것은 오랑캐의 말(夷言)이라 하여 배척하고 그 와자·오자·첩자·탈자를 거의 등사자(謄寫者: 베껴 쓰는 사람)나 인판자(印板者: 인쇄를 위하여 조판을 하는 사람)의 자유에 방임하고 이를 정정(訂正)하는 자가 없었다.

중국의 24사(二十四史) 중에 이른바 조선열전(朝鮮列傳) 혹은 동이열전

(東夷列傳)에 적혀 있는 명사(名詞)들은 전해들은 대로 음역(音譯)한 것도 있지만 당시 이두문(吏讀文)으로 된 본래 명사들을 직접 그대로 가져다가 쓴 것도 적지 않다.

그러나 수백 년 이래로 고서(古書) 고증(考證)에 늙은 중국의 문사(文士)들이 남의 나라 역사에는 멀리 떨어져 있어서 그 사정도 잘 모를 뿐 아니라 노력도 좀 아꼈기 때문에, 모든 사실의 오류나 문구의 와전(訛傳)도 발견한 이가 없었는데, 하물며 그들의 눈에 서투른 일반명사(一般名詞)이겠는가. 그러므로 그 조선열전 등에는 와(訛)·오(誤)·첩(疊)·탈(脫) 등이 또한 대단히 많아서 신용하기 위험한 기록들이 되었으니, 그 곤란함이 넷(四)이다.

언어는 사판적(死板的: 고정되어 변경 불가한 상태)이 아니라 활판적(活板的: 언제든지 변경 가능한 상태)인 것이므로 시대를 따라서 생멸(生滅)하고 변하기 때문에, 〈훈몽자회(訓蒙字會)〉나 〈용비어천가(龍飛御天歌)〉나 〈처용가(處容歌)〉 같은 것에 의하면, 「코(鼻)」는 「고」이고, 「가랑(脚)」은 「가랄」이고, 「잇기(苔)」는 「잇」이고, 「강(江)」은 「가람」이고, 「바다(海)」는 「바랄」이다.

〈삼국사기〉나 〈만주원류고(滿洲源流考)〉 등에 의하면, 「鐵(철: 쇠)」은 「물」이고, 「森林(삼림: 숲)」은 「와지」이고, 「관할지(管境)」는 「주선」이다. 그렇다면, 이밖에도 소멸되거나 혹은 개변(改變)된 말들이 얼마나 될지 모를 것이니, 그 곤란함이 다섯(五)이다.

그러나 조선사를 연구하지 않으려면 몰라도 연구하려면 여기에 힘을 쓰지 않을 수 없으므로, 이제 이하에서 나의 천려일득(千慮一得: 천 번 생각하여 한 가지 얻은 것)을 진술하여 역사를 읽는 일반 독자의 척정(斥正: 배척하거나 바로잡음)을 구하는 바이다.

2. 해석 방법

(一) 본문(本文) 자체의 증명(自證)이다.

이를테면 〈삼국사기〉 직관지(職官志)에 「角干(각간)」이란 하나의 명사를 「舒弗邯(서불한)」 또는 「舒發翰(서발한)」이라 하였는데, 角(각)은 「쇠뿔」의 뜻이고, 舒弗(서불)·舒發(서발)은 「쇠뿔」의 음이다.

무관(武官)은 쇠뿔로 만든 활을 사용하였으므로 이로써 관명(官名)을 지은 것으로, 근세까지도 영남(嶺南) 사람들이 무관을 「쇠뿔에기」라 하는 것은 그 유풍(遺風)이며, 干(간)·邯(한)·翰(한)은 모두 「한」의 음이니, 그러므로 角干(각간)·舒弗邯(서불한)·舒發翰(서발한)은 다 「쇠뿔한」으로 읽어야 할 것이다.

〈삼국사기〉 열전에 "異斯夫 一名 苔宗(이사부 일명 태종)"이라 하였고, "居柒夫 一名 荒宗(거칠부 일명 황종)"이라 하였는데, 異斯(이사)는 苔(태: 이끼)의 뜻이므로 「잇(=이끼)」이고, 居柒(거칠)은 荒(황: 거칠다)의 뜻이므로 「거칠(=거칠다)」이다. 夫(부)는, 경서언해(經書諺解)에서 士大夫(사대부)를 「사태우」로 풀이한 것에 의하여 그 고음(古音)이 「우」임을 알 수 있고, 그 뜻은 宗(종: 마루)이다. 따라서 異斯夫(이사부)는 「잇우」로, 居柒夫(거칠부)는 「거칠우」로 읽은 것이다.

본기(本紀)에서 "炤智 一名 毗處(소지 일명 비처)"라 하였고, "伐暉 一作 發暉(벌휘 일작 발휘)"라 하였다. 炤智(소지)의 「炤(소: 비추다. 밝다.)」에서 그 뜻(=비추다)의 반(半)을 취하여 「비」로 읽고, 「智(지)」는 전체 음을 취하여 「치」로 읽은 것이니, 炤智(소지)와 毗處(비처)는 동일한 「비치」이다. 그리고 이두문에서는 언제나 弗(불)·發(발)·伐(벌)이 서로 통하므로 伐暉(벌휘)와 發暉(발휘)는 동일한 「뿔휘」이니, 뿔휘는 〈용비어천가〉에 의하면 지금의 말 「뿌리(根)」이다.

〈삼국사기〉 지리지(地理志)에서 "三陟郡 本 悉直國(삼척군 본 실직국)"이라 하였고, "金壤郡 本 休壤郡(금양군 본 휴양군)"이라고 하였다. 「세치」를 음으로 쓰면 「悉直(실직)」이 되는데, 「세치」의 「세(=셋. 三)」는 뜻으로 쓰고 「세치」의 「치」는 음으로 써서 三陟(삼척)이 된 것이다. 그리고 「쇠라」를 음으로 쓰면 「休壤(휴양)」(참고로, 「休(휴)」를 중국에서는 「xiu(쉬)」라고 발음한다. 그리고 이두문에서 「壤(양)」을 「라」라고 읽는다는 것은 이미 앞에서 설명하였다—옮긴이)이 되는데, 「쇠라」의 「쇠」를 뜻으로 쓰면 金壤(금양)이 되는 것이다.

이와 같은 종류는 이루 다 셀 수 없을 정도로 많으므로 그만 생략하거니와, 이상은 곧 달리 먼 곳에서 그 증거를 찾으려 할 것 없이 본문 자체에서 그 해석을 얻을 수 있는 것들이다.

(二) 같은 종류(同類)의 방증(旁證)이다.

이를테면 고사(古史)를 읽다가 지명의 꼬리에 달린 忽(홀)·波衣(파의)·忽次(홀차)·彌知(미지) 같은 것을 만난다고 하자. 「忽(홀)」은 곧 「골」이 아닐까 하는 의문이 있지만, 의문을 가지고 확실한 설(說)인 것처럼 말할 수는 없으므로, 반드시 彌鄒忽(미추홀)·述爾忽(술이홀)·比列忽(비열홀)·冬比忽(동비홀) 등 「忽」이 들어있는 명사의 모든 동류(同類)를 얻을 수 있어야 확실한 설(確說)이 될 것이다.

그리고 「波衣(파의)」가 「바위」가 아닐까 하는 가정(假定)이 생기지만, 가정을 가지고 단정할 수는 없으므로, 반드시 租波衣(조파의)·仇斯波衣(구사파의)·別史波衣(별사파의) 등 「波衣(파의)」가 들어있는 명사의 모든 동류를 얻어야 「波衣(파의)」는 곧 「바위(岩)」라는 단안을 내릴 수 있다.

또한 甲比忽次(갑비홀차)·要隱忽次(요은홀차)·古斯也忽次(고사야홀차) 등 「忽次(홀차)」가 들어있는 명사의 모든 동류를 얻으면 忽次(홀차)가 곧 「고지(=곶. 半島)」인 줄을 알 수 있다.

그리고 松彌知(송미지)·古馬彌知(고마미지)·武冬彌知(무동미지) 등 「彌知(미지)」가 들어있는 명사의 모든 동류를 얻으면 彌知(미지)가 곧 「미지(灣: 만)」인 줄을 알 수 있다.

한양(漢陽)의 남산(南山)도 목멱(木覓)이고 평양의 남산도 목멱이므로, 남산과 목멱이 서로 떨어지지 않는 관계로 인하여 「木覓(목멱)」은 「마메」, 곧 남산(南山)의 이두문인 줄 알 수 있다.

그리고 松山(송산)의 옛 이름이 扶斯達(부사달: 「達」의 음은 「대」이다—원주)이고, 松峴(송현)의 옛 이름은 夫斯波衣(부사파의: 부사 바위)이고, 松嶽(송악)의 옛 이름은 扶斯岬(부사갑)이므로, 松(송)과 夫斯(부사)가 서로 따라다닌다는 사실로부터 松(송: 솔)의 옛 말이 「부스」 곧 「夫斯(부사)」인 줄 알 수 있다.

(三) 이전의 명칭(前名)으로 거슬러 올라가는 증명(溯證)이다.

이를테면 황해도 문화현(文化縣)의 구월산(九月山)을 단군(檀君)의 「阿斯達(아사달)」이라 하고서는, 해석하는 자가 말하기를, 阿斯(아사)는 「아홉(九)」이고, 達(달)은 「달(=月)」이므로, 阿斯達(아사달)은 곧 「九月(구월)」의 뜻이라고 하였다. 그러나 阿斯(아사)를 「앗·엇·옷·웃」 혹은 「아쓰·어쓰·오쓰·우쓰」 등으로 읽을 수는 있으나 「아홉」으로 읽을 수는 없으며, 達(달)의 음(音)은 「대」이고, 「대」는 산(山)의 뜻이니, 청주(淸州)의 상당산(上黨山)을 「것대」라 칭하는 것과 같은 종류이다. 〈삼국사기〉 지리지에서 蘭山(난산)의 옛 이름이 昔達(석달), 菁山(청산)의 옛 이름이 加支達(가지달), 松山(송산)의 옛 이름이 夫斯達(부사달)이라 하였으니, 阿斯達(아사달)의 達(달)도 이와 같이 음은 「대」이고 뜻은 「산(山)」이다. 따라서 「達(달)」을 「月(달)」의 뜻으로 해석할 수는 없다.

九月山(구월산)의 별명은 弓忽(궁홀)이고, 弓忽(궁홀)의 별명은 인모현(釰牟縣) 또는 궁모현(窮牟縣)이니, 세 이름을 합하여 보면, 弓忽(궁홀)은 「굼골」로 읽어야 할 것이다(「窮(궁)」의 초·중성 「구」와 「牟(모)」의 초성 「ㅁ」을 합하면 「굼」이 된다-옮긴이). 弓忽(궁홀)은 고구려 말엽에 의병대장 인모잠(釰牟岑)이 의병을 일으켜 당(唐)과 싸우던 곳인데, 「굼골」에 있는 명산이므로 「굼골山」이라 한 것이다. 이는 마치 금강산(金剛山)이 「개골」에 있는 산이므로 「개골山」이라 한 것과 같은 종류이다.

그런데 이제 「굼골」이 구월(九月)로 잘못 전해지고, 그리고 구월(九月)을 阿斯達(아사달)이라 위증(僞證)하여, 마치 단군의 후예가 구월산으로 도읍을 옮겼던 것처럼 거짓 사실을 위조해 내었으나, 이는 신라 경덕왕이 북방의 주(州)·군(郡)의 명칭을 신라 지경 내로 옮기고 따라서 고적(古蹟)까지 옮길 때에 만든 것이지 본래의 사실이 아니다.

북부여(北扶餘)의 옛 이름은 「助利非西(조리비서)」이고, 하얼빈(哈爾濱)의 옛 이름은 「非西岬(비서갑)」이다. 속어에 8월 추석을 「가우절(節)」이라 하고 〈삼국사기〉에서는 「嘉俳節(가배절)」이라 하였으니, 非(비)·俳(배) 등 자(字)의 고음은 「우」임이 명백하다. 그리고 非西(비서: 우스)와 阿斯(아사)는 그 음이 서로 가까울 뿐더러, 단군의 후예인 해부루는 하얼빈에서 동으로 옮겨가서 동부여가 되었고, 해모수는 하얼빈에서 우뚝 일어나 북부여가 되었으므로, 阿斯達(아사달: 아사산)은 곧 非西岬(비서갑: 우스산)이니, 지금 하얼빈의 완달산(完達山)이 그 유지(遺地)가 될 것이다.

이상은, 마치 그 아비(父)나 조상(祖)의 성씨를 알면 그 자손된 사람의 성씨도 자연히 알게 되듯이, 본 명사(名詞)가 발생한 지방이 모호할 때에는 그 옛 이름을 찾아서 진짜(眞)와 가짜(假)를 알아내는 방법이다.

(四) 후세 이름의 연혁을 좇아 증명하는 것(沿證)이다.

이를테면 진수(陳壽)의 〈삼국지(三國志)〉 삼한전에는 여러 관직을 다 「智(지)」라 이름 하였다고 하면서, 그 중에 대관(大官)은 「臣智(신지)」라 하였다고 하고, 臣智(신지)를 혹은 「臣雲遣支(신운견지)」라 칭한다고 하였다. 그렇다면 智(지)·臣智(신지)·臣雲遣支(신운견지) 등을 당시에는 어떻게 읽었을까.

고대에 여러 소국의 종주(宗主) 되는 대국을 「辰國(진국·신국)」이라 하였으며, 여러 소왕(小王)들을 관할하는 대왕(大王)을 「辰王(진왕·신왕)」이라 하였으며, 여러 소도(蘇塗: 신단(神壇)-원주)의 종주(宗主) 되는 대소도(大蘇塗)를 「臣蘇塗(신소도)」라 하였으므로, 臣·辰 등을 다 「신」으로 읽었을 것이다.

「신」은 太(태: 크다)의 뜻이며, 總(총: 전체를 아우르다)의 뜻이며, 上(상: 위. 높다)의 뜻이며, 第一(제일: 첫째)의 뜻이다. 그리고 「智(지)」의 음은 「치」이므로, 관명의 支(지) · 智(지) 등의 자들은 모두 「치」로 읽어야 할 것이다. 따라서 「臣智(신지)」 즉 「신치」는 집정(執政)의 수상(首相)이고, 「臣雲遣支(신운견지)」의 「雲(운)」은 다음에 나오는 글의 臣雲新國(신운신국)의 雲(운)을 여기에 중첩해 쓴 것이므로 雲(운) 자를 빼고 「신크치(臣遣支)」로 읽을 수 있다. 「臣遣支」는 고구려의 太大兄(태대형)이고 신라의 上大等(상대등)이므로, 「신크치」의 음이 臣遣支(신견지)가 되고 그 뜻은 太大兄(태대형) 혹 上大等(상대등)이 되는 것이다(大兄(대형)의 다른 이름은 近支(근지)이다.-원주).

무릇 「太大(태대)」는 모두 「신크」이니, 연개금(소문)(淵蓋金(蘇文))의 「太大對盧(태대대로)」(〈삼국사기〉 김유신전(金庾信傳)에 보임-원주)는 「신크마리」로 읽어야 할 것이며, 김유신의 「太大角干(태대각간)」은 「신크쇠뿔한」(쇠뿔한의 뜻은 이미 설명하였다.-원주)으로 읽어야 할 것이다.

저자가 지난해에 북경의 순치문(順治門) 안의 석등암(石燈庵)에 우거(寓居)할 때 몽고의 고승(古僧) 한 사람을 만나서 동서남북을 가리키며 몽고말로 무엇이라 하느냐고 물어보았는데, 동(東)은 「준라」, 서(西)는 「열라」, 남(南)은 「우진라」, 북(北)은 「회차」라 하여 그 명칭이 고구려의 順那(순나) · 涓那(연나) · 灌那(관나) · 絕那(절나) 등 동서남북 4부(部)와 비슷하므로 매우 놀라고 기이하게 여겼다.

그로부터 서로 한자로 써서 문답하다가, 원(元) 태조황제를 「成吉思汗(성길사한: 칭기즈칸의 한자 표기-옮긴이)」이라 부르는 뜻을 물어보았더니, 「成吉(성길)」은 「싱크(=칭기)」이니 몽고말로 최대(最大)라는 뜻이고, 「思(사= 스·즈)」는 음이 「쓰」이니 위엄과 권력이라는 뜻이며, 「汗(한 =칸)」은 제왕(帝王)이란 뜻이니, 따라서 成吉思汗(성길사한: 칭기즈칸)은 곧 〈더할 바 없이 높고(無上) 가장 큰(最大) 위엄과 권력(威權)을 가진 제왕(帝王)〉이란 뜻이라고 하였다. 「싱크(=칭기)」는 대개 조선 고어의 「신크」가 변화한 것으로서, 삼국의 이두문 학자의 붓으로 원 태조의 이름(成吉思)을 쓰자면 「太大思(태대사)」라고 할 것이다.

太大(태대)의 이름을 가지고 역사상에 나타난 자는 김유신(金庾信)·연개소문(淵蓋蘇文)·성길사한(成吉思汗) 3인이니, 비록 문명(文)과 야만(野)의 구별 및 활동범위의 대소(大小)는 현격하게 다르지만, 각기 한때 동양의 정치무대에서 활약하였던 대 괴물(大怪物)들이니, 이 또한 일종의 가화(佳話: 아름다운 이야기)라 할 것이다.

이상은 후세의 연혁(沿革)을 좇아서 본 명사의 의의(意義)를 얻는 종류이다.

앞에서 말한 모든 명사들은 거의 동일한 명사를 서로 다른 자(字)로 쓴 것이지만, 그 가운데 가장 복잡한 것이 두 개 있다.

(一) 그 하나는 「라」이다.

「沙羅(사라)」가 沙良(사량)도 되고, 「加瑟羅(가슬라)」가 加西良(가서량)도 되며, 「平壤(평양)」이 平穰(평양)·平那(평나)·百牙(백아)·樂浪(낙랑)·樂良(낙랑) 등도 되며, 「大良(대량)」이 大耶(대야)도 되며, 「加羅(가라)」가 駕落(가락)·加耶(가야)·狗邪(구야)·加良(가량) 등도 되며, 「安羅(안라)」가 安邪(안야)도 되며, 「邁羅(매라)」가 邁盧(매로)도 되며, 「新羅(신라)」가 斯盧(사로)도 되며, 「順那(순나)」·「涓那(연나)」 등이 順奴(순노)·涓奴(연노) 혹은 順婁(순루)·涓婁(연루) 등도 되어 갈피를 잡을 수 없다.

그러나 실제로는 羅(라)·良(량)·盧(로)·奴(노)·婁(루)·那(나)·牙(아)·壤

(양)·耶(야)·邪(야) 등은 모두 「라」로 읽어야 할 것이니, 「라」는 川(천: 내. 강)의 뜻이다.

〈삼국사기〉에서 "故國壤 一名 故國川(고국양 일명 고국천)"이라 하였는데, 이것이 곧 「壤(양)」 등이 「라(川)」 됨을 증명하고 있고, "素那 一名 金川(소나 일명 금천)"이라 하였는데, 이것이 곧 「那(나)」 등이 「라(川)」 됨을 증명하고 있으며, "沸流奴 一名 沸流川(비류노 일명 비류천)"이라 하였는데, 이것이 곧 「奴(노)」 등이 「라(川)」 됨을 증명하고 있다.

그러면 穰(양)·壤(양) 등의 자(字)가 어떻게 해서 「라」가 되는가.

〈훈민정음(訓民正音)〉에서 "△은 穰(양) 자의 처음 나오는 소리와 같다(△如穰字初發聲)"라고 하였다. 「△」은 지금은 소멸된 음(音)이지만 〈노걸대(老乞大)〉, 〈박통사언해(朴通事諺解)〉 등의 책에서, 북경 말(北京話)의 「日(일: 중국 발음은 「르」)」을 「△」로 발음하였으므로, 「△」는 곧 「ㄹ」과 비슷한 것이다. 그리고 「穰(양)」 자(字)의 전체 음(全聲)이 「랑」과 비슷한 「상」이므로, 이두문에서 「펴라」(「펴사」라 쓰는 것이 맞으나 「사」가 소멸된 자(字)이므로 「라」로 대신함—원주)라는 물 이름(水名)을 쓸 때 이를 음으로 써서 平穰(평양)·平壤(평양)·百牙(백아) 등이 된 것이다.

한편, 앞의 자(字)는 뜻을, 다음 자는 음을 쓰면 樂浪(낙랑)·樂良(낙량) 등이 되고, 앞의 자는 음을 다음 자는 뜻을 쓰면 浿河(패하)·浿江(패강)·浿水(패수) 등이 되는 것이니, 속어에 평양 삿갓(平壤笠: 평양립)을 「펴랑이」라고 하는 것을 보더라도 평양(平壤)을 이두문에서 「펴라」로 읽었음이 명백하다.

平壤(평양)이나 浿水(패수)가 동일한 「펴라」이면, 「펴라」가 어떻게 해서 물(江·河·川)의 이름이 되는 동시에 또 지명(地名)이 되는가?

공주(公州)의 「버드내」는 물(江·河·川) 이름이지만 그 물가의 역(驛) 이름도 「버드내」이며, 청주(淸州)의 「까치내」는 물(江·河·川)이름이지만 그 물가의 부락 이름도 「까치내」이다.

〈삼국지(三國志)〉에서 "고구려 사람들은 나라를 세울 때 큰 물가에 세워 살기를 좋아하였다(句麗作國, 好傍大水而居)"라고 하였는데, 물가에 나라를 세운 것은 옛날부터 내려오는 조선인들의 습속(習俗)이었다. 그러므로 羅(라)·良(량)·盧(로)·奴(노) 등 모두 「라」의 음으로 불린 지명이 있게 된 것이며, 「나라」(國家-원주)라는 명칭도 「나루」(津·渡-원주)에서 시작된 것이다.

平壤(평양)과 浿水(패수)가 이처럼 서로 떨어질 수 없는 관계에 있거늘, 순암(順菴) 안정복(安鼎福) 선생은 〈동사강목〉에서 浿水(패수)는 대동강(大同江)으로 잡으면서도 위만(衛滿)이 건넜던 浿水(패수)는 압록강 하반부(下半部)라고 하였는데, 이는 다 「펴라」란 명칭이 이두문의 평양·패수 등을 말한 것임을 몰랐기 때문이다.

(二) 그 둘은 「불」이다.

삼국의 「卑離(비리)」와, 백제의 「夫里(부리)」와, 동부여·북부여·졸본부여·사비부여(泗沘扶餘) 등의 「부여(扶餘)」와 推火(추화: 밀불)·音汁火(음즙화) 등의 「火(화: 불)」와, 不耐城(불내성)의 「不(불)」과, 沙伐(사벌)·徐羅伐(서라벌) 등의 「伐(벌)」은 다 「불」로 읽어야 할 것이니, 「불」은 「평지(平地)」의 뜻이고 「도회(都會)」의 뜻이다.

청조(淸朝) 건륭황제(乾隆皇帝)의 흠정(欽定) 〈만주원류고〉에서는 삼한의 「卑離(비리)」를 곧 청조 관직명인 「貝勒(패륵: 패리)」과 같은 것이라고 하였다. 그러나 이를 백제의 지리지(地理志)와 대조해 보면, 牟盧卑離(모로

비리)는 毛良夫里(모량부리)이고, 辟卑離(피비리)는 波夫里(파부리)이며, 如來卑離(여래비리)는 爾陵夫里(이릉부리)이며, 監奚卑離(감해비리)는 古莫夫里(고막부리)이니, 卑離(비리)는 나라 이름이 아니다. 그 상세한 설명은 내가 쓴 〈전후삼한고(前後三韓考)〉에 나온다.

이상은 곧 복잡하게 다른 글자로 기록되어 있는 이름(異名字)들 가운데 그 음과 뜻의 연혁을 밝힘으로써 그것들이 원래 같은 이름(同名)이란 사실을 발견해낸 것으로, 이는 조선 고사(古史) 연구에 아주 큰 도움이 된다.

(六) 이름은 같으나(同名) 실체가 다른 것(異身)의 분석을 통한 증명(分證)이다.

앞에서 설명한 동명이자(同名異字)는 「라」, 「불」 등 보통명사(普通名詞)에 관하여 같은 이름(同名)이 다른 글자(異字)로 적힌 것을 논술한 것인데, 여기에서는 고유명사(固有名詞) 가운데서, 그것을 기록한 글자(字)의 같고 다름(同異)은 불문하고, 그 이름(名)이 같은 것에 대하여 논술하고자 한다.

예를 들어 〈동사강목〉 지리고(地理考)에서는 대동열수(大同列水)·한강열수(漢江列水)를 구별하고 있고, 송화압록(松花鴨綠)·요하압록(遼河鴨綠)·지금의 압록에 대하여 그것이 지금의 어느 것인지에 대한 다툼이 있으나, 사실은 맞다고 하면 다 맞고 틀렸다고 하면 다 틀린 것이다. 조선 고어(古語)에 「길다(長)」란 말을 「아리」라 하였으니, 장백산의 옛 이름인 阿爾民商堅(아이민상견: 이두문으로 읽으면 「아리백산」이 된다—옮긴이)의 「阿爾

(아이: 아리)」가 이를 증명하며, 「鴨(압: 오리)」도 「ᄋᆞ리」라 하였으니, "압록강을 아리수(阿利水)라고도 한다(鴨水 一名 阿利水)"고 한 말이 이를 증명하는 것이다.

대개 옛 사람들은 일체의 장강(長江)을 「ᄋᆞ리(長)가람(江)」이라 불렀다. 후에 한자를 수입하여 이두문을 만들어 쓸 때에 「ᄋᆞ리」의 음을 취하여 阿利水(아리수) · 烏列江(오열강: 오리강) · 句麗河(구려하: 구리하) · 郁里河(욱리하: 우리하) 등으로 썼으니, 「ᄋᆞ리」의 「ᄋᆞ」가 「아」 「오」 「우」 음의 사잇소리(間音)이므로 阿(아)·烏(오)·句(구)·郁(욱) 등 각종 음을 취함이 같지 않았던 것이고, 뜻으로 써서 鴨子河(압자하) 혹은 鴨綠江(압록강)이라고 했던 것이다. 鴨綠(압록)은 炤智(소지: 빛)의 이두문처럼 「ᄋᆞ리」의 「ᄋᆞ」를 鴨(압: ᄋᆞ리)의 뜻에서 취하고, 「ᄋᆞ리」의 「리」를 綠(록)의 음에서 취한 것이니, 조선족 분포의 순서를 따라 각각 「ᄋᆞ리가람」이란 이름을 얻게 된 선후(先後)를 미루어 생각해 보자.

제1차로, 완달산(完達山) 아래의 하얼빈에 조선을 건설하고 송화강(松花江)을 「ᄋᆞ리가람」이라 하였으니, 〈이상국집(李相國集)〉 동명왕편(東明王篇) 주(註)에서 인용한 〈고기(古記)〉의 유화왕후(柳花王后)가 가리킨 "웅심산 아래의 압록수(熊心山下鴨綠水)"란 말과, 〈요사(遼史)〉 성종본기(聖宗本紀)에 나오는 "압자하(鴨子河)의 이름을 고쳐서 혼동강(混同江)이라 하였다(改鴨子河 爲混同江)"는 말이 곧 송화(松花)의 옛 이름이 「ᄋᆞ리」임을 증명한다.

제2차로, 그 후 다시 남하(南下)하여 요하(遼河)를 보고는 또한 「ᄋᆞ리가람」이라 하였으니, 〈삼국사기〉 지리지에 나오는 "요동성의 본래 이름은 오렬홀(烏列忽: 오리골)이다(遼東城 本名 烏列忽)"라고 한 말과, 〈삼국유사〉에 나오는 "요하의 다른 이름은 압록(鴨綠: 아리)이다(遼河 一名 鴨綠)"라고 한 말이 요동하(遼東河)의 옛 이름이 「ᄋᆞ리」임을 증명한다.

제3차로, 그 후 다시 또 동진(東進)하여 지금의 압록강을 보고는 또 「ᄋᆞ리가람」이라 하였으니, 지금까지 변하지 않은 압록의 이름은 그 옛 이름이 「ᄋᆞ리」였다는 것을 증명하고 있다.

제4차로, 서쪽으로 나아가 영평부(永平府)의 난하(灤河)를 보고는 또한 「ᄋᆞ리가람」이라 하였으니, 〈영평부지(永平府志)〉의 郁列河(욱렬하: 우리하)·武列河(무열하: 「武」의 중국 음은 「wu」이다. 따라서 武列河의 이두음은 「우리하」이다—옮긴이)가 난하(灤河)의 옛 이름이 「ᄋᆞ리」임을 증명한다.

제5차로, 다시 또 남하하여 경기도에 있는 한강(漢江)을 보고는 또한 「ᄋᆞ리가람」이라 하였으니, 〈삼국사기〉 온조본기(溫祚本紀)의 「慰禮城(위례성)」과 광개토호태왕(廣開土好太王) 비문(碑文)의 "아리수를 건넜다(渡阿利水)"는 말과, 개로왕본기(蓋鹵王本紀)에서 한강을 가리켜 "郁里河(욱리하: 우리하)"라 한 것이 곧 한강의 옛 이름이 「ᄋᆞ리」임을 증명하고 있다.

제6차로, 그 후 다시 더 남하하여 경상도에 이르러서 낙동강(洛東江)을 보고는 또한 「ᄋᆞ리가람」이라 하였으니, 〈삼국사기〉의 신라 지리지의 「阿尸良(아시량)」과 〈일본서기(日本書紀)〉의 「阿禮津(아례진: 아리진)」이 낙동강의 옛 이름이 「ᄋᆞ리」임을 증명하고 있다.

列水(열수)·洌水(렬수) 등은 중국인이 이두문 표기인 烏列水(오열수: 오리수)·郁列水(욱렬수: 우리수) 등을 줄여서 쓴 것으로, 모든 列水(열수)가 곧 모든 鴨綠江(압록강)이며, 모든 압록강이 곧 모든 열수(列水)이다. 따라서 시대와 경우를 따라서 그 위치를 구별할 수는 있지만, 만일 열수(列水)와 압록강(鴨綠江)을 각각 분리하여 별개의 것으로 만들려는 것은 어리석은 생각에 불과하다.

〈산해경(山海經)〉은 후세 사람이 써서는 마치 백익(白益)이 쓴 것처럼 거짓 저자를 내세운 책이지만, 그러나 사마천의 〈사기〉에서 〈산해경〉을 언급하고 있으므로 중국의 진(秦)·한(漢) 이전의 책임은 분명하다. 그런데 그 안에 나오는 "조선은 열양(列陽)의 동쪽, 바다 북쪽, 산(山)의 남쪽에 있는데, 열양(列陽)은 연(燕)에 속한다(朝鮮在列陽東, 海北, 山南, 列陽屬燕)"라고 한 문장을 가지고, 이전의 학자들은 「列(열)」은 한수(漢水: 한강)이고 「陽(양)」은 강의 북쪽(水北: 산의 남쪽도 陽이라고 한다—옮긴이)이란 뜻이며, 조선은 지금의 평양(平壤)이라고 하면서, 「朝鮮在列陽(조선재열양)」을 하나의 구(句)로 읽고 「평양은 한강의 북쪽에 있다」는 뜻으로 해석하였는데, 그러면 「列陽屬燕(열양속연)」은 어떻게 해석할 것인가?(이처럼 해석한다면, 「한강의 북쪽은 연(燕)에 속한다」는 뜻이 되는바, 이는 역사적 사실에 반(反)한다.—옮긴이)

列陽(열양)의 「陽(양)」은 평양(平壤)의 「壤(양)」과 같이 물(水: 江·河·川)의 뜻이며 초성(初聲)을 읽어서 「라」로 발음할 것이니, 중국인들이 당시 조선인이 쓰는 이두문의 烏列陽(오열양: 아리라) 혹은 郁列陽(욱열양: 아리라)을 줄여서 列陽(열양)이라 쓴 것이다.

그러므로 「朝鮮在列陽東(조선재열양동)」(→조선은 열양(列陽)의 동쪽에 있다)이 한 구절(句節)이고, 「海北(해북)」이 한 구(句)이고, 「山南(산남)」이

한 구(句)이고, 「列陽屬燕(열양속연)」이 한 구절(句節)이니, 위의 「列陽(열양)」은 곧 영평부의 난하(灤河)를 가리킨 것이고, 「山南(산남)」은 무려(巫閭: 의무려산(醫巫閭山)) 남쪽을 가리킨 것이니, 이것은 대개 연(燕)의 장수 진개(秦開)가 쳐들어온 이후의 기록이므로 「列陽屬燕(열양속연)」(→열양은 연(燕)에 속한다)이라고 한 것이다.

일본인 관야정일(關野貞一)의 〈조선고적도보(朝鮮古蹟圖譜)〉 해설편의 점선비(黏蟬碑) 주(註)에서, 그 비(碑)의 발견에 의하여 지금까지 논쟁거리가 되어 왔던 「列水(열수)」는 대동강(大同江)인 것이 맞다고 하였는데, 이는 반드시 〈한서(漢書)〉 지리지의 "열수는 서쪽 땅 점선(黏蟬)으로부터 바다에 들어간다(列水 西地黏蟬 入海)"라고 한 말에 근거를 둔 것일 테지만, 그러나 이는 (一) 열수(列水)가 여러 곳이라는 사실과, (二) 한서(漢書)의 주(註)는 안사고(顔師古) 등에 의해 거짓말이 덧붙여져 있음을 모르고 한 말이다. (二)에 속한 논변(論辨)은 저자가 쓴 「평양패수고(平壤浿水考)」와 「전후삼한고(前後三韓考)」에 실려 있다.

나의 친구 모군(某君)이 말하기를, 「鴨綠(압록)」의 鴨은 음이 「압」이니 곧 「앒(前)」이란 뜻이고, 압록의 옛 이름인 「馬訾(마자)」의 馬는 음이 「마」이니 곧 「南(남)」이란 뜻이며(「南」의 고어는 「마」이다. 그래서 「남풍(南風)」을 「마파람」이라고 한다-옮긴이), 「松花江(송화강)」의 옛 이름 「粟末(속말)」의 粟(속: 조)은 음이 「속」이니 곧 「안(裡)」이란 뜻이라고 하였다. 鴨綠(압록)의 鴨은 잘못 이해한 것이지만 그 나머지는 그럴듯하다.

송화강은 만주어로 「송ᄋ리」라 하는데, 송ᄋ리는 「속ᄋ리」가 변한 것일 터이고, 속ᄋ리는 곧 「(나라)안」의 「ᄋ리」란 뜻일 것이다. 압록의 다른 이름은 梅河(매하)인데, 「梅」의 음이 馬訾(마자)의 「馬(=南)」와 비슷하니, 「나라 남쪽」에 있는 「장강(長江)」이므로 「마ᄋᆞ리」라 한 것이다.

난하(灤河)·요하(遼河)·한수(漢水) 등의 구별 명사는 찾을 수 없으나, 모두 「ᄋᆞ리」라 하고 그 앞에 구별의 말이 있었을 것이다.

고대에는 지명뿐 아니라 인명(人名)도 부자(父子)와 조손(祖孫)이 같이 짓고, 세대(世代) 혹 대소(大小) 등의 자(字)를 그 앞에 씌워서 구별하였다. 그런데 김부식이 신라에 두 「儒理(유리)」 왕이 있음을 의심하여 그 하나는 禮(례) 자로 고친다고 명언(明言)하였으며, 백제에 두 「蓋婁(개루)」 왕이 있음을 의심하여 그 하나를 盖鹵(개로)로 고쳤으나, 이는 다 주공(周孔)·공자(孔子)의 휘법(諱法: 높은 사람의 이름 자 쓰기를 피함)이 수입된 뒤의 안목으로 고사(古史)를 읽은 까닭이다.

조선에서는 고려조 초기까지도 그런 유풍이 있었으므로 안동(安東) 권씨(權氏)의 족보에 의하면, 권태사(權太師)의 이름이 幸(행)이고, 그 아들의 이름은 仁幸(인행)이다. 이러한 관계를 모르고 고사(古史)를 연구하면 마침내 맹인(盲人)이 밤길을 걷는 것처럼 되어버린다.

3. 결 론

이상에서 서술한 것은 곧 졸견(拙見)으로 얻은 고사상(古史上) 이두문으로 기록된 명사의 해석법이다. 이러한 해석에서 얻는 사학(史學) 연구에서의 효과를 간략히 설명하기로 한다.

(一) 앞 사람들이 이미 증명한 것을 더욱 확실하게 할 수 있다.

이는 마치, 함창(咸昌)이 고령가야(古寧加耶)라는 것은 이미 앞 사람들도 말한 적이 있지만, 이제 耶(야)·羅(라)가 동음(同音)인 줄을 발견하여 古寧加耶(고령가야)를 「고링가라」로 읽는 동시에, 함창 공갈못의 「공갈」이 곧 「고링가라」의 축음(縮音: 줄인 음)임을 알게 되고, 따라서 「고링가라」의 위치가 더욱 명백해지는 것과 같다.

(二) 의심스러운 유래에 대하여 분명히 답할 수 있다.

〈고려사〉 지리지에 익산(益山)의 무강왕릉(武康王陵)을 기준(箕準)의 능(陵)이라 적고는, "사람들은 말통(末通) 대왕릉이라 부른다(俗號 末通大王陵)"라고 주(註)를 달고, 그리고는 또 "한편 백제 무왕의 어릴 적 이름은 서동(薯童)이었다(一云 百濟武王 小名 薯童)"라고 두 번째 주를 달아서 두 가지 설(說)을 함께 실어놓았다.

그러나 〈삼국유사〉에는 서동(薯童)이 신라 진평왕(眞平王)의 딸 선화(善花)를 꾀어 아내로 맞이한 일을 기록해 놓았으며, 〈여지승람〉에는 무강왕(武康王)이 선화부인(善花夫人)과 미륵산성(彌勒山城)을 쌓을 때 진평왕이 많은 공인(工人)들을 보내서 도와주었다고 하였으니, 薯(서)의 뜻은 「마」이고, 薯童(서동)은 곧 「마동」이며, 末通(말통)은 곧 「마동」의 음을 취한 것이므로, 무강왕은 곧 백제본기의 무왕 장(武王 璋)이다.

장(璋)의 시호가 무강왕(武康王)이거늘, 잔결된 백제사에는 「康(강)」이 빠져 있으며, 장(璋)의 왕후가 선화(善花)이고 미륵산성은 장(璋)과 선화가 연애하던 유지(遺址)이거늘, 사가들이 정밀하게 살피지 못하여 8백 년이나 앞선 격세의 왕 기준(箕準)의 궁인(宮人)으로 잘못 알았다. 그래서 유냉재(柳冷齋) 같은 박식한 학자조차 그의 「익산회고시(益山懷古詩)」에서 "가엽구나, 정신없이 배 타고 떠나면서, 그래도 뱃머리에 선화부인은 태웠구나(可惜蒼黃浮海日(가석창황부해일), 船頭猶載善花嬪)"라고 하는 웃음거리를 남겼다.

(三) 이전 사람들이 위증한 것을 바로잡을 수 있다.

〈역옹패설(櫟翁稗說)〉(고려 말의 학자 이제현(李齊賢)의 수필집. 역사책에 기록되지 않은 이문(異聞), 기사(奇事), 인물평, 경론(經論), 시문(詩文) 등이 수록되어 있다.-옮긴이)에서 말하기를, "신라 진흥대왕이 벽골제(碧骨堤: 속칭 김제(金堤) 만경(萬頃) 외밤이 들 -원주)를 만들고 벼(稻)를 심었으므로, 후세 사람들이 그 은덕을 생각하여 벼를 「羅祿(라록: 나락)」이라고 하였다"고 하였는데, 羅祿(라록)의 해석도 고린 한문장이의 해석이거니와(벼를 경상도 사투리로 〈나락〉이라고 한다.-옮긴이), 완산(完山)까지밖에 간 적이 없는 진흥왕의 족적(足跡)이 어찌 김제의 벽골제에 가서 벼를 심었겠는가.

(〈삼국사기〉) 백제 지리지에 의하면, 벽골(碧骨)은 곧 김제의 옛 이름이고 백제의 군(郡)이며, 벽골은 「베골」(稻邑(도읍)-원주)이므로, 백제가 이곳에 제방을 쌓아 논을 만들고 그 이익이 큼을 기념하여 「베골」이라 불렀음이 명백하다.

백제 본기에 논(稻田)을 기록한 것이 둘 있는데, 그 첫 번째는 다루왕(多婁王) 6년의 "논을 만들기 시작하였다(始作稻田)"라고 한 것이 그것이고, 그 두 번째는 고이왕(古爾王) 9년의 "남택(南澤)에 논을 만들었다(開稻田於南澤)"라고 한 것이 그것이니, 벽골은 곧 두 번째에 속한 남택의 논이 될 것이다.

(四) 이전 사서(前史)의 두찬(杜撰: 오류가 많은 저술)을 타파할 수 있다.

〈삼국사기〉에서, 석탈해(昔脫解)는 금궤에서 탈출하였기 때문에 이름을 「脫解(탈해)」라고 하였고, 그때 까치가 운 상서로운 징조가 있었기 때문에 「鵲(작: 까치)」 자(字) 좌변의 「昔(석)」을 빌려와서 그 성(姓)을 「昔氏(석씨)」라고 하였다고 하였다.

그리고 〈동사회통(東史會通)〉에서는, 고주몽(高朱蒙)은 나라 안의 모든 사람들이 높이(高) 우러러보았기 때문에 성(姓)을 「高氏(고씨)」라고 하였다고 하였다.

그리고 〈문헌비고(文獻備考)〉에서는, 여수기(余守己)가, 단군이 9부(部) 군장(君長)이 되자 많은 사람들이 그에게 붙으므로 한자 중인(衆人) 변(邊)을 더하여 徐氏(서씨)가 되었다고 하여, 각종 괴상한 설명들이 분분하다.

(*옮긴이 주: 참고로, 〈문헌비고〉의 이 말이 얼마나 괴상한 설명인지를 한자 자체를 가지고 보면, 한자 〈徐(서)〉의 왼편에 있는 부수자는 여러 사람(衆人)이란 뜻을 나타내는 부수자가 아니라 〈길(行), 가다(行)〉 등의 뜻을 표시하는 부수자이다. 이것을 우리나라 한자 자전(字典)에서 〈두인(二人) 변〉이라 부르는 것 자체가 크게 틀린 것이다.)

그러나 삼국 중엽 이전에는 인명(人名)·지명(地名)·관명(官名) 등 각종 명사를 모두 우리말로 짓고 이두문으로 썼던 것이니, 어디에 이런 한자 파자(破字)의 괴벽스러운 습속이 있었겠는가.

이따위 한자 파자는 고려조 중엽에 성행하여 「黃葵(황규: 노란 해바라기)」가 「皇揆(황규: 황제의 법도. 또는 황제의 대신)」로 되고, 「鷄鳴聲(계명성: 닭 울음 소리)」이 「高貴位(고귀위: 높고 귀한 지위. 실제로는 닭 울음소리 〈꼬끼요〉의 한자 표기-옮긴이)」가 되고, 「無故之那(무고지나: 탈 없이 편히 지냄)」가 「無古之難(무고지난: 오래 지속된 어려움이 없어짐. 또는 옛것이 없어진 어려움-옮긴이)」이 되고, 「身負三椽(신부삼연: 몸에 세 개의 서까래를 지다는 뜻-옮긴이)」이 「王」 자가 된다는 등의 말이 고려사에 허다하게 보이는바, 이 시대의 이런 습관을 아는 문사(文士)들이 고기(古記)를 수습(收拾)하다가 우리말로 지은 명사를 한자의 뜻으로 해석하여 고사(古史)의 면목을 훼손한 것이 적지 않다.

비록 이두문 명사의 해석이 이와 같이 고사 연구에 유익하다고 하더라도, 그러나 반드시 독단을 피해야 한다.

예를 들면 연개소문(淵蓋蘇文)의 「蘇文(소문)」은 「신」으로 읽을 수 있으나, 을지문덕(乙支文德)의 「文德(문덕)」은 「묵」인지 「묻」인지 「무드」인지 알 수 없는데, 그 이유는, 전자는 〈삼국사기〉의 연개소문전 본주(本註)의 「一名 蓋金(일명 개금)」(「金」의 옛 우리말이 「신」이다–옮긴이)이 그 해석을 전하고 있지만, 후자는 그 해석의 근거가 없기 때문이다.

고자미동(古資彌凍)의 「古資(고자)」는 「구지」(半島–원주)로 읽을 수 있으나, 미리미동(彌離彌凍)의 「彌離(미리)」는 「밑」인지 「미리」인지 「머리」인지 알 수 없는데, 그 이유는, 전자는 古自郡(고자군: 고성(固城)의 옛 이름–원주)의 지형과 역사의 연혁이 그 설명을 주고 있지만, 후자는 그 증거가 없기 때문이다.

(*〈동아일보〉 1924년 10월 20, 27, 11월 3일 3회에 걸쳐 연재되었던 글임)

제2편 <삼국사기>에서 동서(東西) 양자(兩字)가 서로 바뀐 것의 고증

—고사에서 동서(東西) 양자(兩字)가 서로 바뀐 실증(實證)—

1. 본 〈초(草)〉를 공포(公布)하게 된 인연

자신이 확신하는 것이라고 꼭 다 옳은 것은 아니지만, 자신은 꼭 옳은 줄로 확신하는 것이라야 세상에 공포할 용기가 나는 법이다.

이 편(篇)은 나도 내 말의 옳고 그름을 확신하지 못한다. 다만 다소의 노력을 들인 것이기에 이를 일반 독자들에게 올리는 것이다.

2. 「동쪽에 낙랑이 있다(東有樂浪)」는 말의 시비(是非)

낙랑(樂浪)은 평양(平壤)의 다른 이름이고, 평양은 백제의 서북(西北)에 있거늘, 〈삼국사기〉 백제본기에는 온조왕 13년에 "나라 동쪽에 낙랑이 있다(國家東有樂浪)"라고 한 한 구절이 있다. 그리하여 지금까지 사가들의 논쟁거리가 되어 왔다.

순암(順庵) 안정복(安鼎福)은 "낙랑은 비록 백제의 서북(西北)에 있지만, 낙랑국(樂浪國: 최리(崔理)-원주) 성시(盛時)에 강원도의 반이 거의 낙랑의 속지가 되었기 때문에 백제가 강원도 부분의 낙랑을 가리켜 「동쪽에 있다(東有)」라고 하였다"고 하였다.

다산(茶山) 정약용(丁若鏞)은 "이 낙랑은 춘천(春川)에 있는 낙랑이고, 평양의 낙랑이 아니다. 대개 춘천의 토착 추장인 최씨(崔氏)가 우뚝 일어나 낙랑국(樂浪國)이라 칭하고 매번 신라와 백제를 침입하였으므로, 신라·백제 양국의 초엽에 보인 낙랑은 모두 춘천의 낙랑이니, 춘천의 낙랑이기 때문에 「동쪽에 있다(東有)」라고 하였다"라고 하였다.

그러나 낙랑의 본부는 평양인데, 백제 사람들이 낙랑을 거론할 때 본부를 버려두고 그 일부(一部)에 지나지 않는 강원도 땅의 낙랑을 말할 리가 없으므로, 나는 순암 선생의 말을 따르려 하지 않는다.

또한, 춘천이 한(漢)의 낙랑 동부(東部)가 되었다는 말은 있으나 춘천을 낙랑이라 칭한 때는 없으며, 또는 〈삼국사기〉에 의하면, 신라와 백제의 초년에 모두 낙랑국의 침입으로 인하여 심히 고생을 하다가 고구려 대무신왕(大武神王) 17년에 낙랑을 멸하고, 20년에 낙랑을 다시 한(漢)에게 빼앗긴 다음부터는 신라와 백제 두 나라 역사에 낙랑의 침입이 있었다는 기록이 보이지 않으므로, 각 글(文)에 보인 낙랑은 곧 한 개의 낙랑임이 명백하다. 그리고 "한(漢)이 낙랑을 취하여 살수 이남이 한(漢)에게 속하였다"고 하였으니, 그 낙랑들은 모두 지금의 평양을 말함이 명백하다. 그리하여 나는 다산 선생의 말도 따르려 하지 않는다.

그러면 「동쪽에 있다(東有)」는 말을 어떻게 해석해야 할까? 다음 절(節)에서 이를 해설할 것이다.

3. 〈삼국사기〉에 서로 바뀐 동서(東西) 양자(兩字)

〈삼국사기〉에는 서(西) 자가 동(東) 자로 바뀐 것이 많은데, 이를테면 백제본기 온조왕 23년에 마한왕(馬韓王)이 온조를 꾸짖어 이르기를 "왕이 처음 강을 건너왔을 때에는 발 디딜 땅조차 없었는데, 내가 동북(東北) 1백 리의 땅을 주어 왕이 정착하도록 해주었다(王初渡河, 無所容足, 吾割東北一百里, 安之)"라고 하였다. 그러나 백제는 마한의 서북(西北)이므로, 마한이 갈라서 준 1백 리의 땅, 즉 온조가 처음에 터전을 잡았던 미추성(彌鄒城)·위례성(慰禮城) 등은 마한의 서북임이 명백하므로, 「동북 1백 리(東北一百里)」는 「서북 1백 리(西北一百里)」로 해야 할 것이다.

그리고 온조왕 37년에 "한수 동북(東北) 부락에 기근이 들어 고구려로 도망가는 자들이 1천여 호나 되어, 패수(浿水)와 대수(帶水) 사이에는 주민들이 없었다(漢水東北部落饑荒, 流入高句麗者, 一千餘戶, 浿帶之間, 空無居人)"라고 하였는데, 패수(浿水)는 대동강이고 대수(帶水)는 임진강(臨津江)이므로 한수(漢水)의 서북(西北)임이 확실하다. 한수 서북의 부락 사람들이 도망가서 패수와 대수 사이에는 사는 사람들이 없었다는 것이므로, 「한수 동북(漢水東北)」은 「한수 서북(漢水西北)」으로 해야 할 것이다.

또한 〈삼국사기〉 지리지에서는 "신성국 동북(東北)의 대진(大鎭)(新城國之東北大鎭)"이라고 하였는데, 신성국(新城國)은 고노자(高奴子)가 선비족의 침입을 막고 남건(男建: 연개소문의 둘째 아들)이 이적(李勣: 당나라 장수)을 막던 고구려 서북(西北)의 요새이므로, 〈신당서(新唐書)〉에서도 "신성국 서쪽의 변경에 있는 요새(新城國之西邊要鄙)"라고 하였던 것이니, 「동북의 대진(東北大鎭)」은 「서북의 대진(西北大鎭)」으로 해야 할 것이다.

이상의 모든 동(東) 자는 서(西) 자로 써야 한다는 것에 근거하여, 나는 「동쪽에 낙랑이 있다(東有樂浪)」 또한 「서쪽에 낙랑이 있다(西有樂浪)」로 쓰는 것이 옳다고 말하는 것이다.

4. 동(東)·서(西) 양자(兩字)가 서로 바뀐 원인의 가정(假定)

그렇다면 무슨 이유로 〈삼국사기〉 중에는 「西」 자가 「東」 자로 바뀐 것이 이렇게도 많은가?

만약 당시 사람들은 일월(日月)이 출몰하는 동서(東西)의 방향까지 몰랐다고 한다면, 이는 삼국(三國)의 문명(文明) 자체가 전부 거짓말이 될 뿐이며, 혹은 당시에 글을 베껴 쓰거나 후에 인쇄하는 과정에서 생긴 오류라고 한다면, 그렇다면 다른 문자는 그렇지 않은데 오로지 「西」 자만 쫓아다니면서 「東」 자로 잘못 쓸 리가 없지 않은가.

또는 「西」 자의 자형과 비슷한 「兩(양)」 자나 「雨(우)」 자나 「而(이)」 자나 「亞(아)」 자 등으로 잘못 쓰지 않고 오직 그 뜻이 반대되는 「東」 자로만 잘못 쓸 리도 없고, 또는 반대로 동(東) 자를 「南(남)」 자나 「北(북)」 자로 잘못 쓰지 않고 공교롭게도 서너 곳에서나 동일하게 「西」 자로만 잘못 썼다고 하는 것도 어불성설(語不成說)이다.

그리하여 나는, 우리말에 동방(東方)을 「시」라 하고 서방(西方)을 「한」이라 하므로, 삼국시대의 학자들이 한자(漢字)를 취하여 이두자를 만들 때에 西(서) 자의 음 「시」(참고로 「西」의 중국어 발음은 「xi」이다—옮긴이)를 취하여 동(東)을 「西(시)」라 쓰고, 시(西)를 「東」의 뜻으로 써서 동(東)

·서(西) 양자가 바뀌었으며, 사가들이 역사책을 지을 때에 그 바뀐 동(東)·서(西) 양자를 그대로 썼으므로 고사상에 바뀐 동(東)·서(西) 양자가 있게 된 것이라는 가정을 세웠다.

5. 가정(假定)으로부터 실례(實例)를 찾아

그러다가 〈삼국사기〉의 지리지를 읽어보니 "가슬라(迦瑟羅)의 다른 이름은 하서량(河西良)(迦瑟羅 一名 河西良)"이라고 하였다. 迦瑟(가슬)은 그 음이 「가시」이고, 「가시」는 포구(浦口)의 동쪽(東)이란 뜻이다. 고구려에서는 혼춘(琿春) 등지를 「가시(迦瑟)」라 하였고, 신라 경덕왕 이후에는 지금의 강릉(江陵)을 「가시(迦瑟)」라 하였으니, 그렇다면 고구려의 「가시」는 고구려 동북(東北)의 지명이고, 신라의 「가시」는 신라 동북(東北)의 지명이므로, 「가시」를 「河東良(하동량: 가시라)」이라 하지 않고 「河西良(하서량: 가시라)」이라 한 것은 東(동)의 뜻을 취하지 않고 西(서)의 음을 취한 것이다. 이것이 바로 이두자에서 「東」 자를 「西」 자로 바꾸어 쓴 실례(實例)가 아니겠는가. 이로써 나의 제1의 가정을 확증하였다.

고구려에서는 제천대회(祭天大會)를 「寒盟(한맹)」이라 불렀는데, 寒盟(한맹)의 다른 이름은 「東盟(동맹)」이다. 寒盟(한맹)은 그 음이 「한몽」이 될 것이고, 「한몽」은 대회(大會)란 뜻이니, 「한몽」의 「한」을 음으로 쓰면 寒盟(한맹)의 「寒(한)」이 되겠지만 뜻으로 쓰면 「西」가 될 터인데(우리 고어에서 서쪽을 「한」이라 하였음은 이미 앞에서 설명하였다—옮긴이), 이제 「西盟(서맹)」이라 하지 않고 「東盟(동맹)」이라 한 것은 이두자의 「西」 자를 「東」 자로 바꾸어 쓴 실례가 아니겠는가. 이로써 나의 제2의 가정을 확증하였다.

6. 두 종류 사서(史册)의 서로 다름(不同)

그러면 고사상 동서(東西) 두 자가 모두 바뀌지 않고, 바뀐 동·서 양자가 있는가 하면 그 외에 바뀌지 않은 동·서 양자도 있는 것은 무슨 까닭인가?

대개 삼국시대에 이두자로 쓴 사서와 한자로 쓴 사서가 있었는데, 가령 백제사에 「王斤(왕근)」왕(백제본기에서 「三斤(삼근)」왕이라 한 것은 잘못 인쇄한 것이다-원주)의 다른 이름은 「壬乞(임걸)」왕이라 하였는데, 하나는 한자로 쓴 사서에서 전한 이름이고, 다른 하나는 이두자로 쓴 사서에서 전한 이름이다. 〈삼국유사〉에서 유례왕(儒禮王)의 다른 이름은 「世利智王(세리지왕)」(「世」는 「누리」라는 뜻이다-원주)이라고 하였는데, 하나는 한자로 쓴 사서에서 전한 이름이고 다른 하나는 이두자로 쓰인 사서에서 전한 이름이다.

기타 모든 관명(官名)·지명(地名) 등에 두 가지 이름이 있게 된 것은 모두 두 종류의 사서에 쓰인 이름을 같이 전하였기 때문이다. 연개소문전에 "그 부친은 동부대인이다(其父 東部大人)"라고 하고는 주(註)에서 "혹은 서부대인이라고도 한다(或云 西部大人)"라고 하였는데 본문과 주(註)에서 인용한 것이 이처럼 상반되는 것은 양자 중 하나는 한자로 쓰인 사서에서 나온 것이고 다른 하나는 이두자로 쓰인 사서에서 나온 것이기 때문이다. 그 결과 동부(東部)·서부(西部)를 분별하지 못하게 된 것이 더욱 고사에 동(東)·서(西) 양자가 서로 바뀐 것이 있게 되었다는 것의 실증(實

證)이다.

7. 김부식(金富軾)의 애매모호한 처리

김부식의 〈삼국사기〉는 한문으로 쓴 책인데도 이두자로 쓰인 명사(名詞)나 방위(方位) 같은 것을 모두 개정하지 않은 것은 무슨 까닭인가.

김씨는 거칠고(荒) 조잡하고(粗) 맹랑(孟浪)한 사가(史家)였기 때문에, 「發岐(발기)」와 「拔奇(발기)」는 본래 한 사람의 이름을 두 가지로 번역한 것이거늘, 김씨가 하나는 고구려사에 의거하고 다른 하나는 중국사에 의거하여 쓰면서 잘못 구분하여 두 사람으로 만들었다. 그리고 「살수(薩水)」는 삼국시대에 가장 유명한 전장(戰場)인데도, 김씨는 지리지에서 이를 어느 곳인지 알 수 없는 지역(未詳地) 부분에 넣었다. 이 밖에도 이처럼 애매모호하게 처리한 것이 한두 개가 아니다.

김씨는 이두문에 무식하였으므로 알기 쉬운 국어(國語)의 관명(官名)까지도 모두 "동이족(東夷族)의 말이어서 그 뜻을 알 수 없다(夷言不知其意)"라고 자신이 주(註)를 달았으며, 게다가 이두문 배척에 격렬하여 신라 삼대(三代)에 남긴 시가(詩歌), 즉 〈삼국유사〉에 적힌 시가를 〈삼국사기〉에는 하나도 기재하지 않았다. 만일 김씨가 앞에서 말한 인명(人名)·지명(地名)·동서(東西) 등이 이두문으로 된 것인 줄 알았더라면 전부 배척하고 거두어 싣지 않았을 터이니, 어찌 개정(改正)하고 말고가 있었겠는가.

그러면 〈삼국사기〉에 바뀐 동(東)·서(西) 등 자(字)가 존재하는 것은 누가 거두어 실은 것인가? 고려 초의 문사(文士) 혹은 승려들이 각종 고기

(古記)를 한문으로 쓸 때에 모든 이두자로 기록된 사서(史冊)들을 번역하면서 그들이 무의식중에 우연히 빠뜨려서 몇 개 바뀐 동서(東西) 두 자(字)가 남아 있게 된 것이다.

(*옮긴이 주: 참고로, 이는 어디까지나 옮긴이의 가정(假定)인데, 중국과 조선 양국 사이에 있는 지역의 방위는 조선에서 보면 西(서)이지만 중국 쪽에서 보면 東(동)이다. 그런데 〈삼국사기〉는 그 대부분의 기사가 중국의 사서들을 그대로 베껴 적으면서, 예컨대 중국 측 사서의 「高句麗」는 「我(아)」로, 「高句麗王」은 「我王(아왕)」으로 바꾸는 식으로 글자 몇 개만 바꾼 것들이 많고, 어떤 경우에는 베끼는 과정에서 발생한 오자(誤字)도 많다. 이리하여 東(동)과 西(서)가 서로 바뀐 것들이 있게 된 것이 아닐까 한다. 그러나 이를 실제로 조사해볼 시간은 아직 갖지 못하였다.)

(1925. 1. 3. 〈東亞日報〉)

제3편 〈삼국지(三國志)〉 동이열전(東夷列傳) 교정

1. 교정(校正)의 이유

조선사 연구라는 제목(題目)의 글을 쓰면서 무슨 이유로 중국 위진(魏晋) 시대의 사관(史官: 陳壽)이 쓴 〈삼국지〉 동이열전(東夷列傳) 같은 것을 취하는가?

조선의 고문헌(古文獻)이 너무나 망실되어 상고(上古)의 조선을 연구하려면 마치 「바빌론」의 고사(古史)를 연구하는 자가 「헤로도투스」의 희랍사(希臘史)를 참고하지 않을 수 없는 것처럼, 중국 고사에 힘입을 것이 적지 않다.

그러나 다만 사마천(司馬遷)의 〈사기(史記)〉와 반고(班固)의 〈한서(漢書)〉에 기록된 조선열전(朝鮮列傳)은 중국 망명자로서 조선의 한 구역을 훔쳐서 차지한 위씨(衛氏: 衛滿) 일가가 한(漢)과 대항하던 사실의 간략한 기록에 지나지 않으니, 조선열전이라기보다는 오히려 중국에서 흘러들어온 한 도적의 침략사(侵略史)라 할 수 있다. 〈남북사(南北史)〉, 〈수서(隋書)〉, 〈당서(唐書)〉 등의 동이열전은 비교적 상세하게 기록되어 있기는 하나 또한 당시 중국과 관계된 사실들만 적어 놓았으니, 이는 한족(漢族)의 대외경쟁사(對外競爭史)라 할 수 있을 뿐이다.

그러나 위진(魏晋) 시대의 사관들은 그렇지 않아서, 단군왕검(檀君王儉)의 건국이 왕침(王沈)의 〈위서(魏書)〉에 보이고, 조선왕 부(否)·조선왕 준(準) 등의 약사(略史)가 어환(魚豢)의 〈위략(魏略)〉에 보이고, 고대 열국의 국명(國名)·관제(官制)·풍속 등이 진수(陳壽)의 〈삼국지〉에 보여서, 중국과 관계되지 않은 고사(故事)까지도 간혹 기재되어 있다.

이는 고구려 동천왕(東川王) 때에 위(魏)나라 장수 관구검(毌丘儉)이 환도(丸都: 고구려의 서울-원주)에 쳐들어왔다가 주워간 서적과 전설을 근거로 기록한 것이니, 비록 당시에는 우리의 국치(國恥)였으나 후세의 사적 재료로는 이보다 더 귀중한 것이 없기 때문이다.

그렇다면 위진(魏晋) 시대 사관들이 기록해 놓은 사서들 중에서 무슨 이유로 〈삼국지〉만 취하는가?

앞에서 말한 모든 사관들의 기록들 중에서 왕침(王沈)의 〈위서〉는 "2천년 전에 단군 왕검이 아사달에 나라를 세웠다…(往在二千載前, 有檀君王儉, 立國阿斯達…)"라고 한 수십 자(字)가 고려의 승려 무극(無亟: 一然-원주)이 쓴 〈삼국유사〉에 전하였을 뿐이며, 어환(魚豢)의 〈위략〉은 배송지(裵松之)의 〈삼국지〉 주(註)에 인용된 4, 5조(條)가 전하였을 뿐, 두 책 모두 없어져버렸으므로, 어쩔 수 없이 〈삼국지〉만을 취하게 된 것이다.

이전의 학자들은 언제나 〈삼국지〉의 동이열전을 버리고 〈후한서〉의 동이열전을 취하였으나, 이는 다만 후한(後漢)이 삼국(三國)보다 이전 시대인 줄만 알고 〈후한서〉의 저자 범엽(范曄)이 〈삼국지〉의 저자 진수(陳壽)보다 1백여 년 이후 사람이란 사실을 생각지 않았기 때문일 뿐만 아니라, 두 동이열전을 대조해 보면 〈후한서〉의 것이 명백히 〈삼국지〉의 초록(抄錄)이란 사실을 깨닫지 못하였기 때문이다. 그러므로 〈후한서〉를 버리고 〈삼국지〉를 취하는 것이다.

무슨 이유로 이를 취하는 동시에 교정(校正)을 가하는가? 천 년 이전에는 인쇄(印刷)란 게 없어서 일반 서적들은 모두 손으로 베껴 써서 전하였으므로 뒤바뀌고(顚倒)·틀리고(訛誤)·탈락되고(脫落)·덧보태어진(增疊) 자구(字句)가 허다하다. 중국의 모든 경사(經史)들은 고증가의 손을 거친 뒤에야 비로소 읽을 수 있게 되는데, 조선열전·동이열전 같은 것은 저들이 고증에 힘을 쓰지 않았을 뿐 아니라, 설혹 힘을 썼다고 하더라도 자기들의 눈에 서투른 인명·지명·풍속·사정(事情) 등을 잘 모르므로 그 교정한 것이 더욱 틀린 것이 있기 때문에 교정하지 않을 수 없다는 것이 그 한 가지(一) 이유이다.

그리고 저들의 그 유전적(遺傳的) 자존성(自尊性)으로 인하여 다른 나라를 멸시하고 우리를 동이(東夷)라 부른 것도 비통한 일이지만, 그러나 이는 사실에는 관계가 없으므로 제쳐두더라도, 고의로 무록(誣錄: 거짓 기록함)한 것들도 있고, 혹 전해들은 것을 잘못 기록한 것들도 있으므로 교정하지 않을 수 없음이 그 둘째(二) 이유이다.

그러므로 저자의 「삼국지 동이열전의 교정」이 있게 된 것이다.

2. 자구(字句)의 교정

이제 뒤바뀌고(顚倒)·틀리고(訛誤)·탈락되고(脫落)·덧보태어진(增疊) 자구(字句)들을 교정할 것이다.

(一) 서문(序文)에서 "窮追極遠 踰烏丸骨都(궁박극원 유오환골도)"(→ 극

히 멀리까지 내몰려서 오환(烏丸)과 골도(骨都)를 넘어갔다)라고 하였는데, 「烏丸骨都(오환골도)」는 「烏骨丸都(오골환도)」의 잘못이다.

오골(烏骨)과 환도(丸都)는 다 성(城)의 이름이다. 오골성은 지금의 연산관(連山關)-일명 아골관(鴉骨關)이며, 환도성은 지금의 집안현(輯安縣) 동선령(洞仙嶺)이니, 오골과 환도의 위치와 연혁은 조선사를 읽은 사람이라면 모두 다 잘 알고 있는 바이므로 여기서 번잡하게 다시 적지는 않겠다.

관구검(毌丘儉)의 환도성 침입은 본 열전에 상세히 기술되어 있는데, 오골(烏骨)은 곧 관구검이 유주(幽州)로부터 환도성으로 침입할 때 거쳐 지나갔던 길이므로 "踰烏丸骨都(유오환골도)"는 곧 「踰烏骨丸都(유오골환도)」의 잘못임이 명백하지 않은가.

이렇게 된 이유는 아마도 본서 앞부분에 烏丸傳(오환전)이란 열전(列傳)이 있으므로, 그 때문에 베껴 쓰는 자가 烏骨(오골)의 「骨」과 丸都(환도)의 「丸」을 바꾸어서 「烏丸骨都(오환골도)」라고 잘못 썼을 것이다.

(二) 예전(濊傳)에서 "염치가 있어서 고구려에 청하지 않았다. 언어와 법률, 풍속은 대체로 고구려와 같았다(有廉恥不請句麗, 言語法俗, 大抵與句麗同)"라고 하였는데, 이 문자(文字)는 문리(文理)가 닿지 않으므로 중국의 학자들까지 이를 의심하여 모두 여기에 오자(誤字)가 있음을 인정하였다.

이와 동시에 청(淸) 건륭(乾隆) 황제의 흠정(欽定) 〈삼국지〉 위지 30권 고증에서는 "有廉恥不請…(유염치불청…)"의 「請」을 「諳(암: 알다. 기억하다)」의 오자(誤字)라 하면서 이를 아래 글에 붙여 읽어 「고구려의 언어를 알지 못하였다(不諳句麗言語)」라고 하였다. 그러나 앞의 글에서 「예(濊)는 고구려와 동족이다(濊與句麗同種)」고 하였는데, 본 열전에서 이른바 「同種(동종)」이란 언제나 같은 언어를 사용하는 인민을 가리키므로, 請

(청)을 「諳(암)」으로 고쳐서 「고구려의 언어를 알지 못하였다(不諳句麗言語)」라고 읽는 것은 상하 문장의 뜻을 서로 모순되게 하는 것이다.

뿐만 아니라, 예(濊)는 곧 동부여(東扶餘)를 잘못 쓴 것이니(다음 절(節)의 「기사 교정」 참조—원주), 동부여가 고구려의 언어를 몰랐다고 하면 甲(갑)의 사촌 동생 乙(을)이 甲(갑)의 언어를 모른다고 하는 것과 같다. 따라서 흠정 〈삼국지〉에서 운운한 것은 다만 억단이 될 뿐이다.

〈후한서〉 예전(濊傳)에서 말한바 "스스로 고구려와 같은 종족이라 말하였다. 언어와 법률, 풍속은 대체로 고구려와 같다. 그곳 사람들의 성품은 성실하고 아름답고 기호와 욕심이 적어서 남에게 청하는 일이 없다(自謂與句麗同種, 言語法俗大抵相同, 其人性愿慤少嗜欲, 不請匃)"에 근거하여 보면, 「不請句麗 言語(불청구려언어)」의 「請」은 오자가 아니고 「句(구)」가 「匃(개: 빌다, 청하다)」의 오자이며, 「麗(려)」는 아래 글에 있는 句麗(구려)의 「麗」 때문에 잘못 덧붙여진 자(增疊字)이니, 이를 개정하면 「염치가 있어서 남에게 청하는 일이 없다. 언어와 법률, 풍속은 대체로 고구려와 같다(有廉恥不請匃, 言語法俗與句麗同)」가 되는데, 「염치가 있어서 남에게 청하는 일이 없다(有廉恥不請匃)」가 한 구(句)이고, 「언어와 법률, 풍속은 대체로 고구려와 같다(言語法俗與句麗同)」가 한 구(句)이다.

(三) 삼한전(三韓傳)의 「신지(臣智) 혹은 높여서 신운견지(臣雲遣支)라 부르기도 한다(臣智 或加優呼 臣雲遣支)」이다.

삼한이나 부여 모두 각부 대신(大臣)을 「크치」라 불렀는데, 「크치」를 음으로 쓰면 「遣支(견지)」, 「遣智(견지)」 혹은 「近支(근지)」가 되고, 뜻으로 쓰면 「大兄(대형)」 혹 「大等(대등)」이 된다.

그리고 각 대신의 우두머리인 총리대신을 「신크치」라 불렀는데, 「신크치」를 음으로 쓰면 「臣遣支(신견지)」 혹은 「臣近智(신근지)」가 되고, 뜻으로 쓰면 「太大兄(태대형)」 혹은 「上大等(상대등)」이 된다고 한 것은 이미 나의 「고사상(古史上) 이두문의 명사 해석」이란 글에서 설명하였다.

그리고 위의 「臣雲遣支(신운견지)」의 雲(운)은 곧 그 아래 글의 「臣雲新國(신운신국)」에 있는 雲(운) 때문에 잘못 덧붙여진 자이다. 그러므로 이를 개정하면 「臣智 或加優呼 臣雲遣支」(→ 신지(臣智) 혹은 높여서 신견지(臣遣支)라 부르기도 한다)가 된다. 「신크치」의 약칭(略稱)이 「신치」가 되어 당시의 습관어가 되어 있고 「신크치」라고 전부 다 부르는 경우가 드물었으므로, 「신견지(臣遣支: 신크치) 혹은 줄여서 신지(臣智: 신치)라 부르기도 한다(臣遣支 或略呼 臣智)」라고 쓰지 않고, 도리어 「신지(臣智: 신치) 혹은 높여서 신견지(臣遣支: 신크치)라 부르기도 한다(臣智 或加優呼 臣遣支)」라고 쓴 것이다.

(四) 변진전(弁辰傳)의 「借邑(차읍)」이다.

한전(韓傳)에는 「邑借(읍차)」라는 관명(官名)이 있고, 변진전에는 「借邑(차읍)」이란 관명이 있는데, 두 가지 중 하나는 반드시 뒤집어쓴 자(字)일 것이니, 어느 것이 뒤집어쓴 것인가?

돈씨(頓氏)의 가보(家譜)에 의하면, 돈씨는 을지문덕(乙支文德)의 자손인데, 을지(乙支)는 관명(官名)이지 성(姓)이 아니라 하였으며, 일본인 백조고길(白鳥庫吉)은 「퉁구스」족의 말에 사자(使者)를 「일치」라 한 것에 근거하여 〈진서(晋書)〉 숙신전(肅愼傳)의 「乙力支(을력지)」를 「일치」로 해석하였다. 邑借(읍차)는 그 음이 「일치」와 비슷하니 또한 사자(使者)의 뜻이 될 것이고, 고구려의 관명(官名) 「鬱折(울절)」 또한 「일치」이다. 그러므로 변진전의 借邑(차읍)은 곧 「邑借(읍차)」를 뒤집어쓴 것(倒載)이다.

(五) 변진전(弁辰傳)의 「彌烏邪馬(미오야마)」이다.

邪(사·야)·耶(야)·牙(아) 등의 자(字)가 모두 「라」의 음(音)이 된다는 것은 이미 나의 「고사상(古史上) 이두문의 명사 해석」이란 글에서 설명하였거니와, 〈해동역사(海東繹史)〉 지리에 의하면, 현재의 고령(高靈)이 곧 변진의 彌摩那(미마나=미마라)이므로, 본전(本傳)의 「邪馬(야마)」는 곧 「馬邪(마야=마라)」를 뒤집어쓴 것이다.

(六) 한전(韓傳)의 「駟盧(사로)」, 「莫盧(막로)」와 변진전의 「馬延(마연)」이다. 이들 세 나라는 중복해서 쓴 것이므로 〈해동역사〉에서는 잘라 없애버렸는데, 그렇게 한 것이 옳다.

3. 기사(記事)의 교정

앞의 절(節)에서 진술한 것은 본 열전(列傳)을 베껴 쓴 자들이 잘못 썼던 자구(字句)들을 교정한 것이지만, 이제 본절(本節)에서는 당초 그 본문의 잘못된 기사를 교정하려고 한다.

위(魏)·진(晋)의 사관들이 관구검(毌丘儉)이 가져간 고구려의 서적을 참고하였음에도 불구하고 기사에 틀린 것이 많은 이유는, 마치 원(元)·명(明)·청(淸)의 사관들이 〈원사(元史)〉나 〈명사(明史)〉나 〈일통지(一統志)〉 가운데에 고려의 사서(史冊)나 이조(李朝)의 〈여지승람〉의 본문을 베껴 적으면서 언제나 멋대로 고치고 거짓 증언한 것이 있는 것과 같은 종류이니, 이제 이를 간략히 들어보면 다음과 같다.

(一) 진한(辰韓)을 진(秦)나라 사람의 자손이라 한 것이다.

사마천의 〈사기〉에서는 흉노(匈奴)를 하우씨(夏禹氏)의 자손이라고 하였으며, 〈한시외전(韓詩外傳)〉에서는 고죽(孤竹)을 탕(湯)의 봉국(封國)이라고 하였으며, 어환(魚豢)의 〈위략(魏略)〉에서는 대진(大秦), 즉 로마인을 중국인의 자손이라고 하였다.

이처럼 중국의 사가들은 언제나 그 자존심(自尊心)으로 인하여 치우친 소견(所見) 때문에 허다한 우스운 이야기들을 남겼지만, 본 열전을 쓰는 데 있어서도 그 잘못된 습관에 따라 辰韓(진한)의 다른 이름은 秦漢(진한)이라 하고, 秦漢(진한)의 秦(진)에 억지로 갖다 붙이기를, 辰韓(진한)은 秦(진)나라 사람으로서 동(東)으로 달아난 자들이라고 하였다. 그리고 이를 위증하기 위하여 辰韓(진한)과 馬韓(마한)이 동일한 盧(노)·那(나)·不斯(불사) 등의 지명(地名)과 동일한 臣智(신지)·邑借(읍차) 등의 관명(官名)을 사용하고 있음에도 불구하고, 「진한은…언어가 마한과 같지 않다(辰韓…言語不與馬韓同)」라고 억단을 내렸다.

그리고는 모호하여 무슨 말인지 알 수 없는 소리, 즉 「나라(國)를 방(邦)이라 하고, 적(賊)을 구(寇)라고 하며, 술잔 돌리는 것을 행상(行觴)이라 하며, 서로 부를 때 도(徒)라고 한다(國爲邦, 賊爲寇, 行酒爲行觴, 相呼爲徒)」는 등의 터무니없는 말(讕句)을 덧붙이고는 「언어가…진(秦)나라 사람과 비슷하다(言語…有似秦人)」라는 불충분한 증거를 발표하여 조선의 종족 계보(族系)를 어지럽히려 하였다.

(二) 동부여를 예(濊)로 오인(誤認)한 것이다.

중국인들이 조선의 사실을 기록할 때에는 너무 무책임하게 적어 공자(孔子)의 춘추(春秋)에서는 조선을 산융(山戎)과 섞었으며, 사마천의 〈사기〉에서는 진번조선(眞番朝鮮)과 연(燕)과의 전쟁을 흉노전의 동호(東胡)·

산융(山戎) 혹은 예맥(濊貊) 등의 사실들 속에 집어넣음으로써, 만일 〈관자(管子)〉나 〈위략〉 등의 책이 아니었더라면 그 오류를 발견할 수 없게 되었는데, 본 〈삼국지〉에서도 또한 동부여를 예(濊)로 오인한 잘못이 있다.

예맥은 곧 「려신」이니, 「려신」을 혹은 「려」 한 자(字)로 번역하여 離枝(리지)·令支(영지)·濊(예)·穢(예)·薉(예) 등이 되고, 혹은 「려신」 두 자(字)를 같이 번역하여 女眞(여진)·野人(야인) 등이 되고, 혹은 「려신」의 「아리」江(강)으로 그 이름을 지어 挹婁(읍루)·鴨盧(압로) 등이 되며, 혹은 「려신」의 별부(別部)인 「물길」로 전체를 총칭(總稱)하여 勿吉(물길)·靺鞨(말갈) 등이 된 것이다.

지금까지 학자들은 조선의 삼국 초에 해당하는 중국의 한말(漢末)에는 읍루(挹婁)라는 이름만 있었던 줄 알지만, 〈삼국사기〉 고구려 태조(太祖) 본기에 「왕이 마한·예맥의 일만 기병(騎兵)을 거느리고(王將馬韓·濊貊一萬騎)」라고 하여 읍루를 여전히 예맥으로 썼으며, 조선의 삼국 말에 해당하는 중국의 당(唐) 초에는 말갈(靺鞨)이란 이름만 있었던 줄 알지만, 김유신전(金庾信傳)에 「당 고종이 말하기를, 고구려와 예맥이 짜고 몹쓸 짓을 한다(唐高宗曰, 高句麗與濊貊同惡)」라고 하여, 말갈을 여전히 예맥으로 불렀다.

「려신」의 명칭과 연혁이 대개 이러하거늘, 본지(本志)에서는 읍루(挹婁)가 곧 예(濊)의 별명인 줄 모르고 동이열전(東夷列傳)에 읍루전(挹婁傳)을 별도로 설정하고서 따로 또 예전(濊傳)을 설정한 것이 한 가지 잘못이고, 동북(東北) 양 부여 가운데 북부여(北扶餘)는 그저 부여라 부르는 동시에 동부여(東扶餘)를 예(濊)로 인정한 것이 두 번째 잘못이다.

그러나 읍루전(挹婁傳)에서 「읍루는 부여의 동북 1천여 리에 있는데… 언어가 부여 및 고구려와 같지 않다.…동이족은 음식을 먹을 때 조두(俎豆)를 사용하는데, 읍루만은 사용하지 않는다. 법과 풍속이 가장 문란하다(挹婁, 在扶餘東北千餘里…言語不與扶餘 · 句麗同…東夷飮食皆用俎豆, 唯挹婁不, 法俗最無綱紀也)」라고 하였는데, 「부여의 동북 1천여 리(扶餘東北千餘里)」라면 곧 송화(松花) · 흑룡(黑龍) 등 연안의 「려신國(국)」이 아닌가.

「언어가 부여 및 고구려와 같지 않다(言語不與扶餘 · 句麗同)」라고 한 것은 곧 〈후한서〉 읍루전과 〈북사(北史)〉 물길전(勿吉傳)에 나오는 「동이족 중에서 그 언어가 홀로 다르다(在東夷中 言語獨異)」고 한 「려신族(족)」이 아닌가.

「읍루는 (음식을 먹을 때 조두를 사용하지) 않고, 법과 풍속이 가장 문란하다(挹婁不, 法俗最無綱紀也)」고 한 것은 곧 조선 열국 중 가장 미개한 「려신」이 아닌가.

그 위치 · 언어 · 풍속의 설명이 곧 「려신」을 말하고 있음이 명백하다.

그런데 예전(濊傳)에는 「예(濊)는 남으로는 진한과 접하고 북으로는 고구려 · 옥저와 접하였으며…언어와 법과 풍속은 대체로 고구려와 같다(濊 南與辰韓, 北與高句麗 · 沃沮接…言語法俗, 大抵與句麗同)」라고 하였는데, 남으로 진한(辰韓)과 접하고 북으로 고구려 · 옥저와 접한 것이라면 그것은 곧 동부여(東扶餘)가 아닌가.

언어는, 「려신」 부락을 제외하고는 당시 조선 열국이 모두 동일한 언어를 사용하였지만, 법과 풍속이 부여 · 고구려 두 나라와 같았다면 그것은 곧 동부여(東扶餘)가 아닌가.

그 위치 · 언어 · 풍속을 통하여 동부여(東扶餘)를 예(濊)로 오인(誤認)한 것이 명백함을 알 수 있거늘, 후세 학자들이 〈삼국지〉의 오류를 발견하지 못하여 조선 역사상 또는 동양 역사상 종족(種族)의 경계를 분명히 긋지 못하여 허다한 분규(紛糾)를 야기하였던 것이다.

당(唐)나라 사람 가탐(賈耽)이 (〈사이술(四夷述)〉이란 책에서-옮긴이) 말하기를, "신라의 북쪽 경계에 있는 명주(溟州)는 예(濊)의 옛 땅이다. 이전 사서(史冊)에서 부여를 예(濊)의 땅으로 생각한 것은 대체로 잘못이다(新羅北界 溟州, 古濊地. 前史以扶餘爲濊地者, 盖誤)"라고 하였는데, 이는 다만 북부여(北扶餘)가 예(濊)가 아니라는 사실만 발견하고, 동부여(東扶餘)가 예(濊)가 아니라는 사실은 여전히 발견하지 못한 것이다.

혹자는 말하기를, 「려신」은 물과 풀을 쫓아서 옮겨다니던 야만족이므로, 삼국사에 신라·백제·고구려 삼국의 중간에 섞여서 산 말갈(靺鞨)—「려신」도 있고, 고려사에 두만·압록 등지를 쳐들어와서 점거한 여진(女眞)—「려신」도 있으므로, 〈삼국지〉의 예(濊)도 이와 같이 한때 동부여 역내(域內)에 침입하였던 「려신」이라고 하였다. 그러나 설사 그렇다 하더라도, 주인인 동부여에 대한 열전(列傳)은 따로 두지 않으면서 그 객(客)에 불과한 예(濊)의 열전을 둔 것은 〈삼국지〉의 오류이다.

(三) 낙랑(樂浪)을 뺀 것이다.

낙랑은 조선 역사상 가장 장황하고 시끄러운 큰 문제이므로 그에 대한 자세한 논의는 다른 날로 미루거니와, 이제 간략히 말하자면, 낙랑은 평양(平壤)이고, 평양은 「펴라」의 번역이니, 한(漢) 무제가 위만을 멸하고 낙랑을 주(州)·군(郡)의 하나로 정하였는데, 그 위치는 지금의 해성(海城) 등지이다.

그리고 최씨(崔氏)란 자가 대동강 연안에서 일어나 낙랑국(樂浪國)이라 칭하다가 그 마지막 왕 최리(崔理)가 고구려에게 망하였으니, 이는 곧 대무신왕(大武神王) 20년의 일이다. 그 뒤에 낙랑의 속국(屬國) 25개 나라가 고구려에게 불복하고 한(漢) 나라 군대를 맞아들여 고구려에 대항하였는데, 이는 대무신왕 말년(기원 44년)의 일이다.

신라와 백제 두 나라가 처음에는 낙랑의 침입으로 말미암아 편안할 날이 없다가 대무신왕 이후부터 그 침략이 사라진 것은 최씨 왕국이 멸망하였기 때문이다.

한(漢) 광무(光武) 이후에 와서 낙랑이 비록 한(漢)에 굴복하였으나, 그 인민들은 자치를 하였고 각 소국(小國)의 주권(主權)은 여전히 조선인에게 있었다. 소위 낙랑태수(樂浪太守)는 요동에 임시로 와서 붙어살던 자였고, 태조왕(太祖王) 때에는 요동의 낙랑까지 고구려의 소유가 되었으므로 당인(唐人) 가탐(賈耽)이 쓴 〈사이술(四夷述)〉의 서문(自序)에서 "요동의 낙랑은 한(漢) 건안(建安: 기원 196~219년) 때에 (고구려에게) 함락되었다(遼東樂浪, 陷於漢建安之際)"라고 하였던 것이다.

동천왕(東川王) 때에 이르러 대동강의 낙랑은 여전히 고구려에 속해 있었으므로, 동천왕이 환도성(丸都城)을 관구검(毌丘儉)에게 유린당하여 포기하고는 종묘와 사직과 인민들을 평양으로 옮겼었다. 그러나 요동의 낙랑은 위(魏)나라에 빼앗겼으므로, 관구검이 군사를 돌려 (요동에서) 돌아갈 때 낙랑에서 돌아갔던 것이다.

그러나 미천왕(美川王) 때에는 요동의 낙랑이나 대동강의 낙랑이 다 고구려에 들어왔으므로 연(燕)의 모용외(慕容廆)가 영평부(永平府)의 유성(柳城)으로 낙랑(이란 지명만)을 옮겨서 설치하였던 것이다.

그리고 광개토왕·장수왕 이후에는 유성의 낙랑도 고구려의 침입을 받다가 백제의 군사가 바다를 건너가서 쳐서 점거하였다. 그리하여 위제(魏帝: 탁발씨(拓跋氏)—원주)는 낙랑을 다시 상곡(上谷: 지금의 대동부(大同府)—원주) 안으로 옮겨서 설치하였던 것이니, 이상은 사서(史册)에 의하여 이미 증명된 것이다.

이처럼, 요동의 낙랑은 비록 한때 조선의 소유가 된 때도 있었으나, 그 인민과 지리는 당시 중국사의 범위에 들었던 것이며, 대동강의 낙랑은 비록 한때 한족(漢族)의 정복을 당한 적이 있으나 항상 조선에 속하였던 지리이거늘, 〈삼국지〉가 〈한서〉 지리지의 서술 방식을 답습하여 낙랑을 조선열전 중에서 뺐으므로, 그 지리가 빠져 있다는 유감은 잠시 접어두더라도, 첫째 고구려와 낙랑의 언어·풍속 등이 서로 같은지 다른지를 말하지 않았고, 둘째 낙랑과 삼한의 언어·풍속 등이 서로 같은지 다른지를 말하지 않았으며, 셋째 따라서 고구려·부여 등 북방의 여러 나라들과 삼한 등 남방의 여러 나라들과의 연관이 단절되어 있다는 것이 〈삼국지〉 동이열전의 비상한 결점으로 되고 있다.

(四) 발기(發岐), 즉 고구려 신대왕(新大王)의 둘째 아들의 차례를 잘못하여 장자(長子)라 하였고, 공손강(公孫康)에게서 군사를 빌렸다는 사실에도 약간의 착오가 있으며, 고구려왕을 고구려후(高句麗侯)라 하였고, 고구려사에 보이지 않는 고구려후 「騶(추)」란 이름이 나오며, 왕망(王莽)이 고구려후 「騶(추)」의 목을 베어 죽였다고 하는 등……기타 많은 착오(錯誤)들이 있으나, 이는 사학(史學)에서 그리 큰 문제가 될 것들이 아니므로 췌론(贅論: 쓸데없는 너저분한 말)하지 않겠다.

4. 결 론

역사를 연구하려면 사적(史的) 재료의 수집도 필요하지만, 그 재료에 대한 선택이 더욱 필요하다.

고물(古物)이 산처럼 쌓였을지라도 고물에 대한 학식(學識)이 없으면 일본의 관영통보(寬永通寶: 일본의 옛 동전)가 기자(箕子)의 유물로도 되고, 십만 권의 장서각(藏書樓) 속에 앉아 있거나 누워 있을지라도 서적의 진위(眞僞)와 그 내용의 가치를 판정할 안목이 없으면 후인들이 위조한 말이 단군왕검의 성언(聖言)으로 둔갑하는 것이다.

여태까지의 조선 사가(史家)들의 소위 사학(史學)은 언제나 박학(博學)으로써 유일한 조건을 삼았으며, 그 소위 박학이란 오직 서적(書籍)뿐이었고, 그 소위 서적이란 오로지 중국서적뿐이었다.

김부식(金富軾)은 조선의 고사(古史)가 없어지고 빠진 까닭에 호랑이 없는 굴속의 살쾡이(無虎洞中之狐狸)처럼 조선 사가들의 비조(鼻祖: 시조)가 되었지만, 그가 〈삼국사기〉를 지을 때에 송(宋)나라 사람이 쓴 〈책부원귀(冊府元龜)〉(북송(北宋)의 왕흠약(王欽若)·양억(楊億) 등이 진종(眞宗) 황제의 명을 받들어 1005년에 편집에 착수, 1013년에 완성한 역사책이다—옮긴이) 1천 권을 사다가 자기 혼자서 참고하고는 내각(內閣)에 깊숙이 감추어 두어 다른 사람들이 열람하지 못하도록 금하여, 자기가 유일한 박학자(博學者)라는 명예를 차지하는 동시에 〈삼국사기〉가 자신의 명예와 같이 국내에서 유일한 역사가 되기를 희망하였다.

그의 악랄하고 비열한 수단이 참으로 통탄스러울 뿐더러, 그의 사학적

(史學的) 두뇌가 극도로 모자라서, 즉 근세의 발달된 역사에 비하여 모자랄 뿐만 아니라 동양 고대의 인물 중심주의의 역사의 저울로 달아보더라도 〈삼국사기〉는 몇 푼어치도 되지 못하는 사책(史冊)에 불과하다.

〈삼국유사〉, 〈점필재집(佔僤齋集)〉 등에 산견(散見)되는 천년 사상계의 지배자인 영랑(永郎)·술랑(述郎)·부례랑(夫禮郎) 등 위인에 대해 쓰지 않았으며, 문무왕서(文武王書: 〈삼국사기〉 문무왕 본기), 〈당서(唐書)〉, 〈일본서기(日本書紀)〉 등에 유전되고 있는 백제 말일의 유일한 영웅인 부여복신(扶餘福信)의 열전(列傳)을 따로 짓지 않았다.

무공(武功)이 가장 뛰어났던 백제 동성왕(東城王) 시대를 미약하였던 시대로 틀리게 증언하였으며, 기이한 공을 세운 양만춘(楊萬春)을 누락시켰다.

그리고 우리 민족의 계통(族系)을 말하면서 왕검씨(王儉氏: 고려)의 정통(正統)인 부여(扶餘)를 깎아 없앴으며, 지리(地理)를 기록하면서 고구려의 후계인 발해(渤海)를 배척하였다.

그러므로 〈삼국사기〉는 문화사로나 정치사로나 그 가치가 전무(全無)한 책이다.

그가 중국 서적에서 얻은 박학함이란 것도 너무 창피한 수준으로, 〈사기〉 조선열전의 「聚燕齊亡命者, 王之, 都王儉(취연제망명자, 왕지, 도왕검)」(→연(燕)과 제(齊)의 망명자들을 모아서 그들의 왕이 되고, 왕검(王儉)에 도읍을 정하였다)는 것을 인용할 때에는 「王之(왕지)」를 다음 문장에 붙여서 「王之都王儉(왕지도왕검)」(→왕의 왕검성에 도읍함)이라 하여 그 구절(句節)을 옳게 나누지 못하였다.

그리고 〈송서(宋書)〉 고구려전의 「璉不欲使弘南來(련불욕사홍남래)」(→련(璉: 고구려 장수왕의 이름)은 풍홍(馮弘: 燕王)을 남쪽(浙江)으로 보내고 싶어하지 않았다)라는 문장을 옮겨 적을 때에 「璉(련)」을 王(왕)으로 고치면서 「來(래)」는 그대로 둠으로써(王不欲使弘南來), 마치 장수왕(長壽王: 巨璉)이 평양에 앉아 있지 않고 중국 땅 절강(浙江)에 앉아서 하는 말로 되었다.

(*옮긴이 주: 〈王不欲使弘南來〉가 되면, 〈왕은 풍홍을 남쪽으로 오도록 하고자 하지 않았다〉가 되는데, 이렇게 되면 강남의 송(宋) 나라가 고구려에 망명해 와 있던 연왕 풍홍을 보내달라는 요구를 받고 장수왕이 이를 거절하였다는 내용과는 전혀 다른 뜻이 되어 버린다. 따라서 〈璉〉을 〈王〉으로 바꾸려면 〈來〉도 〈去〉로 바꾸어야 한다.)

〈수서(隋書)〉의 「高麗傲慢不恭, 帝將討之(고려오만불공, 제장토지)」(→고구려가 오만하여 공경하지 않으므로, 황제는 장차 고구려를 치려고 하였다)를, 「我傲慢不恭, 帝將討之(아오만불공, 제장토지)」(→ 우리가 오만하여 공경하지 않자, 황제는 장차 우리를 치려고 하였다)라고 고쳐 씀으로써, 허리 부러질 「我(아)」란 주인을 찾았으며, 〈책부원귀(冊府元龜)〉의 「姓募 名秦(성모 명진)」을 베껴 씀으로써 신라의 박(朴)·석(昔)·김(金) 이외에 턱없는 의문의 모씨(募氏) 제왕(帝王)을 만들어 내었다.

이 밖에도 맹인(盲人)이 밤길을 가는 것 같은 이 같은 기사가 많으니, 아아, 선택(選擇) 없는 박학(博學)은 박학하지 않은 자의 바른 선택만 못하니라.

최근 구암(久庵) 한백겸(韓百謙)·순암(順庵) 안정복(安鼎福) 등 여러 선배 학자들은 탄복할 만한 정교하고(精) 상세하고(詳) 신중하고(謹) 엄밀한(密) 연구로 김씨의 착오를 발견한 것이 적지 않다. 그러나 다만 중국 서적에 대한 신뢰가 너무 지나쳐서 지리(地理)를 논하는 경우에는 그 진실과 거짓이 마구 뒤섞여 있는 〈수경(水經)〉이란 책을 마구 인용하고, 연대(年代)

를 표시하려는 경우에는 속석(束皙: 〈竹書紀年〉을 쓴 학자—원주) 이후에 위작(僞作)된 〈죽서기년(竹書紀年)〉을 그대로 존중하여 믿었고, 저 소위 경사(經史)는 한 자 한 자를 모두 금과옥조(字字金玉)로 보아서 그 위증(僞證)과 오증(誤證)을 발견하려는 생각조차 없었다.

저자가 시기를 얻게 되면 중국 서적 중 일체 조선에 관한 기록의 시(是)·비(非)·정(正)·오(誤)를 찾아보려 하거니와, 근래 역사서를 쓰는 자들이 매번 각종 진서(眞書)·위서(僞書)·와언(訛言)·정언(正言)을 모두 조선사의 재료로 삼고, 서양 글의 형식으로 편(篇)과 장(章)을 갈라서는 신사학자(新史學者)가 지은 조선사(朝鮮史)라 하는데, 이는 좀 부끄러운 일이라 생각한다.

(1925년 1월 16. 19. 21. 23. 26일. 〈東亞日報〉)

제4편 평양패수고(平壤浿水考)

1. 패수고 상(上)

(一) 서언(緖言)

평양(平壤)은 「신지비사(神誌秘詞)」(〈고려사〉 김위제전(金謂磾傳)에 보임-원주) 가운데 나오는 옛 삼경(古三京)의 하나인 백아강(百牙岡)이며, 조선 문명이 발생한 7대 강(七大江)의 하나인 패수(浿水) 가의 서울이다.

그러나 시대를 따라 지명이 옮겨 다녔으므로 만일 지금의 패수(浿水)—대동강(大同江)을 고패수(古浿水)로 알고, 지금의 평양—평안남도 수부(首府; 도청 소재지)를 고평양(古平壤)으로 안다면, 이는 평양을 잘못 아는 것일 뿐만 아니라 곧 조선의 역사를 잘못 아는 것이 된다. 그러므로 조선사를 말하려면 우선 평양부터 바로 알아야 할 것이다.

환도(丸都)가 어디냐? 졸본(卒本)이 어디냐? 안시성(安市城)이 어디냐? 가슬라(迦瑟羅)가 어디냐? 아사달(阿斯達)이 어디냐? 백제의 여섯 지방(六方)이 어디냐? 발해의 오경(五京)이 어디냐?

이 모든 지리가 조선사상 수백 년 동안 해결되지 못한 현안(懸案)이다.

그러나 그 가장 중요한, 그리고 또 유명한 현안은 평양의 위치(位置)가 어디냐 하는 문제이다. 왜 그러냐 하면, 평양의 위치 문제만 해결되면 다른 지리 문제를 푸는 것은 용이하기 때문이다.

평양의 위치는 시대에 따라 다르다. (一) 삼조선(三朝鮮) 시대의 평양이 있고, (二) 삼국(三國)·동북국(東北國: 신라·고려와 발해) 양 시대의 평양이 있으며, (三) 고려 이후의 평양이 있다. 고려 이후의 평양은 지금의 평양이다. 이에 대하여는 오직 그곳으로 도읍을 옮기는 것이 옳은가 그른가 하는 것이 논쟁거리로 되었던 것 외에는 그 위치에 대하여는 문제가 없는 것이다.

그러나 삼조선(三朝鮮)의 평양, 즉 고평양(古平壤)은 비상한 노력을 기울이지 않으면 도저히 그 위치를 알 수 없으므로 가장 어려운 문제이다. 삼국(三國)·동북국(東北國)의 평양은 혹 고평양(古平壤)을 가리켜 평양이라 한 기록도 있고, 혹은 지금의 평양을 가리켜 평양이라 한 기록도 있으므로, 그다음으로 어려운 문제이다.

본 편(篇)에서는 곧 삼조선(三朝鮮)의 평양, 즉 고평양(古平壤)의 위치를 변증(辨證)하려고 하는데, 근세 우리 조선의 선배 학자들이나 최근 일본의 학자들이, 경기(京畿)·황해·평안 세 도(道)와 요동반도의 명산대천(名山大川) 부근의 고을마다 더듬어서 고평양의 위치를 찾으려 비상히 노력하였지만, 그 노력한 보람이 없었고 평양이 어디라는 답안(答案)이 바로 되지 않았으니, 이는 그 찾는 방법이 틀렸기 때문이다.

(二) 제1의 착오(錯誤)

그 첫 번째 착오는, 평양(平壤)·패수(浿水)란 말의 뜻을 해독(解讀)하지 못한 것이다.

사서(史冊)에 보면 平壤(평양)·平穰(평양)·平那(평나)·卞那(변나)·百牙(백아)·樂浪(낙랑)·樂良(낙량)·浿水(패수)·浿江(패강)·浿河(패하) 등은 다만 「펴라」를 각종 가음(假音: 실제의 소리가 아닌 다른 소리의 한자로 쓴 것)으로 쓴 것이니,

(一) 平壤(평양)·平穰(평양)·平那(평나)·卞那(변나)·百牙(백아)는 다 그 음의 초성(初聲)을 읽어서 「펴라」가 되고,

(二) 樂浪(낙랑)·樂良(낙량)은 「樂(낙·락)」의 뜻인 「풍류」의 초성을 읽으며, 「浪(랑)」과 「良(량)」은 그 음 「랑」의 초성과 중성(中聲)을 읽어 「펴라」가 되고,

(三) 浿江(패강)·浿河(패하)는 浿(패)의 음 「패」의 초성을 읽고, 水(수)·江(강)·河(하)의 뜻 「라」의 전체 소리(全聲)를 읽어서 「펴라」가 되는데, 이상에서 말한 것은 이미 내가 쓴 「고사상 이두문의 명사 해석」이란 글에서 설명하였기 때문에 여기에서 다시 상세히 설명하지는 않는다.

「펴라」는 본래 강(江) 이름으로, 그 강 위에 건설한 도시나 성(城)도 「펴라」라고 이름 지었던 것이니, 졸본(卒本) 강 위에 졸본국(卒本國)이 있었고, 사비강(泗沘江) 위에 사비국(泗沘國)이 있었던 것과 같은 종류이다. 平壤(평양)·平穰(평양)·平那(평나)·卞那(변나)·百牙(백아)·樂浪(낙랑)·浿水(패수) 등은 비록 그 문자는 각기 다르나 그 「펴라」의 가음(假音)이 된다는 것은 동일하다.

비록 그 「펴라」의 가음이란 점은 동일하나 다만 浿水(패수)·浿江(패강)·浿河(패하) 등은 강(江)인 「펴라」를 가리키는 문자임에 반하여, 平壤(평양)·平穰(평양)·平那(평나)·卞那(변나)·百牙(백아)·樂浪(낙랑) 등은 성(城)인

「펴라」를 가리키는 문자라는 점이 다르다.

성(城)인 「펴라」와 강(江)인 「펴라」가 비록 하나는 물(水: 江·河·川), 하나는 뭍(陸: 육지)이라는 점에서는 서로 구별되지만, 두 「펴라」의 거리가 마치 눈과 눈썹 같이 밀접한 것이거늘, 후세에 와서 이두문을 모르는 학자들이 이를 한자 음으로 그대로 읽어서 平壤(평양)은 「평양」, 平那(평나)는 「평라」, 百牙(백아)는 「백아」, 樂浪은 「악랑」 혹은 「락랑」, 浿水(패수)는 「패수」가 됨으로써 수륙(水陸) 양 「펴라」의 밀접한 관계를 알 수 없게 되었던 것이다.

이에 다만 조선의 고기(古記)나 중국의 〈사기〉, 〈한서〉 등의 「왕검성 평양(平壤)이 패수(浿水)의 동쪽에 있다」는 추상적인 문자에 의하여 패수와 평양의 위치를 찾으면서, 혹은 요하(遼河)를 패수(浿水)로 잡는 동시에 봉황성(鳳凰城)을 평양이라 하고, 혹은 압록강을 패수로 잡는 동시에 지금의 평양을 평양이라 하고, 혹은 대동강을 패수로 잡는 동시에 한양(漢陽)을 평양이라 하고, 또는 혹 평양이란 배필이 없는 예성강(禮城江)·벽란도(碧瀾渡) 등의 홀아비 패수도 생겼고, 혹은 패수란 아비가 없는 춘천(春川)·성천(成川) 등의 외아들 평양도 생겼다.

〈삼국사기〉, 〈삼국유사〉, 〈여지승람〉, 〈열하일기(熱河日記)〉, 〈동사강목〉, 〈해동역사(海東繹史)〉, 〈아방강역고(我邦疆域考)〉 등에서 이에 대한 쟁론이 분분하지만, 사실은 모두가 맹인이 활을 쏘는 것과 같아서 과녁을 맞히지 못하였다.

그러므로 평양과 패수를 찾으려면, 첫째, 그 음과 뜻을 해독하여 패수를 떠나서 평양이 없고 평양을 떠나서 패수가 있을 수 없음을 알아야 할 것이다.

(三) 제 2의 착오

그 두 번째 착오는, 평양(平壤)과 패수(浿水)의 고전(古典)에 관한 사서(史册)의 본문을 잘 이해하지 못한 것이다. 이를테면,

〈위략(魏略)〉에서는, "조선이……후에 자손들이 점차 교만해지고 사나워지자, 연(燕)이 이에 장수 진개(秦開)를 보내어 그 서방을 공격하여 2천여 리의 땅을 취하고 만반한(滿潘汗)을 경계로 삼았으므로 조선이 마침내 쇠약해졌다.……한(漢)이 노관(盧綰)을 연왕(燕王)으로 삼기에 이르러 조선과 연은 취수(溴水)를 경계로 삼았다(朝鮮……後子孫稍驕虐, 燕乃遣將秦開, 攻其西方, 取地二千餘里, 至滿潘汗爲界, 朝鮮遂弱.…… 及漢以盧綰爲燕王, 朝鮮與燕界於溴(〈해동역사(海東繹史)〉에서는 〈패(浿)〉로 개정-원주)水.)"라고 하였다.

그리고 〈사기〉 조선열전에서는, "연(燕)의 전성시기부터 일찍이 진번조선을 침략하여 복속시키고 그곳에 관리를 두고 성과 요새를 쌓았다. 진(秦)이 연(燕)을 멸망시킨 후 요동 땅 바깥 경계까지 복속시켰다. 한(漢)이 일어나서 그곳은 멀고 또 지키기가 어렵다고 해서 요동의 옛 요새를 다시 쌓고 패수(浿水)를 경계로 삼았다.……위만(衛滿)은……상투를 틀고 만이(蠻夷)의 옷을 입고는 동으로 달아나 요새를 넘어가 패수(浿水)를 건너……왕검(王儉)에 도읍하였다(自始全燕時, 嘗略屬眞番朝鮮, 爲置吏, 築障塞. 秦滅燕, 屬遼東外徼. 漢興, 爲其遠難守, 修遼東故塞, 至浿水爲界.……滿……魋結蠻夷服, 而東走出塞, 渡浿水……都王儉.)"라고 하였다.

또한 〈사기〉 흉노전에서는 “연(燕)의 장수 진개(秦開)가 동호(胡)에 인질로 가 있었는데 그곳 사람들은 그를 매우 신임하였다. 그는 귀국한 후 동호(東胡)를 불시에 쳐서 깨뜨려 물리치자, 동호는 **1천여 리** 물러갔다.…… 연(燕) 역시 장성(長城)을 쌓았는데, 조양(造陽)에서부터 시작하여 양평(襄平)까지에 이르렀다. 그 사이에 상곡·어양·우북평·요서·요동 등 여러 군을 두었다(燕有賢將秦開, 爲質於胡, 胡甚信之. 歸而襲破走東胡, 東胡卻千餘里……燕亦築長城, 自造陽, 至襄平, 置上谷·漁陽·右北平·遼西·遼東郡.)”라고 하였다.

위의 세 책은 다 동일한 사실의 기록이다.

이전 학자들은, 혹은 〈위략〉에 근거하여 〈사기〉 흉노전의 「1천여 리 물러갔다(卻千餘里)」는 「2천여 리 물러갔다(卻二千餘里)」를 틀리게 쓴 것이라고 주장하면서, 이에 따라서 패수(浿水)를 대동강이라 하고 만반한(滿潘汗)을 대동강 이남에서 찾았다. 혹은 〈사기〉 흉노전에 근거하여 〈위략〉의 「2천여 리의 땅을 취하였다(取地二千餘里)」는 「1천여 리의 땅을 취하였다(取地千餘里)」를 틀리게 쓴 것이라고 주장하면서, 이에 따라서 패수를 압록강이라고 하고 만반한(滿潘汗)을 압록강 이남에서 찾거나 하였다.

그러나 나의 생각을 말하자면, 〈위략〉의 「2천여 리(二千餘里)」나 흉노전의 「1천여 리(千餘里)」가 어느 곳으로부터 기산(起算)한 것인지는 묻지 않고, 종점(終點)의 만반한(滿潘汗)이 어느 곳인지를 찾는 것은 엄청난 착오라고 생각한다.

〈사기〉 흉노전으로 보면, 진개(秦開)가 저 소위 「동호(東胡)」, 곧 조선을 물리치고, 조양(造陽: 지금의 요양(遼陽)-원주)으로부터 양평(襄平)까지 장성을 쌓고 그 사이에 상곡(上谷: 지금의 대동부(大同府)-원주)·어양(漁陽: 지금의 북경 북쪽 60여 리에 있었던 폐현(廢縣)-원주)·우북평(右北平: 지금의 영평부(永平府)-원주)·요서(遼西: 지금의 노룡현(盧龍縣)-원주)·요동(遼東: 지금의 요양(遼陽)-원주) 등 5개 군(郡)을 두었으므로, 대동부(大同府)로부터 시작하여 요양(遼陽)까지의 총 길이 2천여 리의 지방이 곧 원래 조선의 소유였다가 후에 진개에게 빼앗겼던 땅이니, 2천여 리는 곧 상곡부터 기산하여 요양까지 이르는 거리이다.

「만반한(滿潘汗)」은 〈한서〉 지리지의 요동군의 문(文)·반한(潘汗) 양 현(縣)이다. 비록 문(文)·반한(潘汗)의 연혁은 전해지고 있지 않으나, 〈위략〉에서는 「滿潘汗(만반한)」이라 하였고, 흉노전에서는 「至襄平(지양평)」이라고 하였는데, 양평(襄平)은 한(漢) 요동군의 군 치소(治所: 지금의 요양(遼陽)-원주)이므로, 「문반한(文潘汗=滿潘汗)」은 곧 요양 부근의 땅이다.

연(燕)이 조선과 「만반한(滿潘汗)」으로 경계를 정하였다가, 한(漢) 때에 물러가 「패수(浿水)」를 지켰으므로, 「패수(浿水)」는 곧 요양 이서(以西)의 물(水: 江·河·川)이다.

〈한서〉 지리지에 「沛水(패수)」는 반한현(潘汗縣)의 경계 밖에서부터 흘러나온다고 하였는데, 지금의 해성(海城) 헌우락(軒芋濼)의 옛 이름이 패수(浿水)이므로, 남약천(南藥泉)의 설(說)을 따라, 沛水(패수)를 곧 浿水(패수)로 잡는 동시에 만반한(滿潘汗)을 곧 해성 동북, 요양 서남으로 잡을 수 있다.

〈한서〉 지리지의 「험독현(險瀆縣)」주(註)에, 험독(險瀆)을 「조선왕 위만(衛滿)의 도읍(朝鮮王滿 都)」, 즉 「왕검성(王儉城)」이라고 하였으므로, 왕검성(王儉城: 곧 평양—원주)인 험독은 지금의 해성임이 명백하다.

사실이 이러함에도 불구하고 이제 2천여 리의 기점(起點)은 찾지 않고 종점(終點)만을 찾으며, 만반한(滿潘汗)의 연혁은 묻지 않고 그 위치를 멋대로 정하며, 패수(浿水)와 평양의 관계(즉, 〈펴라〉라는 이름의 물(강.내)과 그 물가에 있는 〈평양(펴라)〉이라는 이름의 도시.—옮긴이)에 있는 지방을 버리고서 패수(浿水)와 평양, 곧 왕검성의 연혁을 억지로 설명하려 하니, 그 어찌 실제와 부합할 수 있겠는가.

(三) 제3의 착오

세 번째 착오는, 위조된 문자(文字)를 찾아서 바로잡지 못한 것이다.

이를테면, (一)지금까지 학자들은 〈한서〉의 무제본기(武帝本紀) 원봉(元封) 3년(기원전 108년) 「임둔·진번(臨屯·眞番)」 주(註)의 "신하 찬(瓚)이 말하기를, 무릉서(茂陵書)에 의하면 임둔군은, 그 치소(治所)인 동이현(東暆縣)은 장안(長安)에서 6,138리 떨어져 있고, 15개의 현(縣)이 있다. 진번군은, 그 치소인 삽현(霅縣)은 장안에서 7,640리 떨어져 있고, 15개의 현(縣)이 있다(臣瓚曰, 茂陵書, 臨屯郡治, 東暆縣, 去長安 六千一百三十八里, 十五縣. 眞番郡治, 霅縣, 去長安 七千六百四十里, 十五縣)"라고 한 말을 진번·임둔(眞番·臨屯)의 위치를 탐색하는 유일한 근거 재료로 삼아 왔으나, 그러나 그 소위 〈무릉서(茂陵書)〉, 즉 사마상여(司馬相如)가 지었다는 책은 과연 믿을 수 있는 책인가?

〈사기〉나 〈한서〉에 사마상여가 〈무릉서〉를 지었다는 기록이 없을 뿐만 아니라, 〈한서〉 사마상여전(司馬相如傳)에 의하면, 사마상여가 죽은 뒤 5년 만에 무제가 후토(后土)에 처음으로 사당(后土祠: 후토(后土)란 토지를 주관하는 신(神), 곧 대지(大地)의 신을 말하고, 대지의 신에게 제사를 지내기 위한 사당을 후토사(后土祠)라고 한다.-옮긴이)을 세웠다고 하였고, 〈사기〉 봉선서(封禪書)나 〈한서〉 비사지(祀祀志)에 의하면, 무제(武帝) 원수(元狩) 2년(기원전 121년)에 비로소 후토사(后土祠)를 세웠다고 하였다.

그렇다면, 사마상여가 죽은 해는 원수(元狩) 2년(기원전 121년)보다 5년 전이므로 원삭(元朔) 3년(기원전 126년)이고, 진번·임둔 양 군(郡)을 설치한 것은 원봉(元封) 3년(기원전 108년)이니, 원삭(元朔) 3년으로부터 18년 후가 된다.

따라서 원봉 3년에 진번·임둔을 설치한 때에는 사마상여가 죽은 지 벌써 18년도 더 되는데, 18년도 더 전에 죽은 사마상여가 〈무릉서〉란 책을 써서 18년도 더 후에 설치될 양 군(郡)의 명칭과 위치 및 그 소속된 현(縣)의 숫자를 말하였다고 한 것이 된다. 이는 비사학적(非史學的)인 요괴담(妖怪談)이 될 뿐이다.

따라서 〈한서〉의 주(註) 「臣瓚曰, 茂陵書…」 자체가 위조임이 또한 명백하지 않은가?

(二) 선배 학자들은 〈한서〉 지리지의 낙랑군(樂浪郡)에 소속된 조선(朝鮮)·염한(謙邯)·패수(浿水)·함자(含資)·점선(黏蟬)·수성(遂成)·증지(增地)·대방(帶方)·사망(駟望)·해명(海冥)·열구(列口)·장잠(長岑)·둔유(屯有)·소명(昭明)·루방(鏤方)·제해(提奚)·혼미(渾彌)·탄렬(呑列)·동이(東暆)·불이(不而)·잠태(蠶台)·화마(華麼)·사두매(邪頭昧)·전막(前莫)·부조(夫租) 등 25현(縣)과, 그 주(註)의 「패수(浿水)는 서쪽으로 증지(增地)에 이르러 바다로 들어간다(浿水 西至增地 入海)」, 「대수(帶水)는 서쪽으로 대방(帶方)에 이르러 바다로 들어간다(帶水 西至帶方 入海)」, 「열수(列水)는 서쪽으로 점선(黏蟬)

에 이르러 바다로 들어간다(列水 西至黏蟬 入海)」 등의 말을 근거로, 패수(浿水)·대수·열수 세 물(水: 江·河·川)을 곧 지금의 대동(大同)·임진(臨津)·한강(漢江) 세 물(水: 江·河·川)로 잡고, 세 물의 출입(出入)에 근거하여 각 현의 소재지를 조사하여 찾고자 하였다.

그러나 이 설(說)은 앞에서 말한 「상곡(上谷)부터 2천여 리의 종점인 만반한(滿潘汗)이 요양(遼陽) 등지가 되고, 요양의 서남(西南)인 해성현(海城縣)의 헌우락(蓒芋濼)이 패수(浿水)가 된다」고 한 〈위략〉의 흉노전·조선전 등과 맞지 않으므로, 〈한서〉 지리지의 일부인 「樂浪郡(낙랑군)」의 본문과 그 주(註)가 모두 위조임이 명백하다.

중국의 사서(史册)들은 거의 대부분 그 독특한 병적 심리인 자존성(自尊性)이 들어있는 춘추필법(春秋筆法)을 계승한 자들에 의해 쓰인 것이므로, 비록 저자가 직접 쓴 책이 그대로 존재하더라도, 저들을 상대로 한 전쟁이나 저들과 관계된 강토 문제 같은 것은 저들의 기록을 맹신해서는 안 될 일인데, 하물며 저들이 위조한 〈무릉서〉나 낙랑군 지리지 같은 것을 근거로 하여 상고(上古) 국경 문제의 쟁점이 되는 패수(浿水)와 평양(平壤)의 위치를 찾을 수 있겠는가.

(五) 제4의 착오

그 네 번째 착오는, 고사(古史)를 읽을 때에 앞뒤 글의 예(例)를 모른 채 자구(字句)의 뜻을 억지로 해석하여 위증한 기록을 발견할 기회까지 없애는 것이다.

이를테면 〈한서〉 지리지의 요동군(遼東郡) 「험독현(險瀆縣)」의 주(註)에서, 「응소(應卲)가 말하기를, 조선왕 위만(衛滿)의 도읍지이다. 강물의 험준함을 의지하고 있으므로 험독(險瀆)이라 하였다(應卲日; 朝鮮王滿都也, 依水險, 故日險瀆.)」라고 하였다. 이에 대하여 「신찬(臣瓚)은 말하기를, 왕검성은 낙랑군의 패수(浿水) 동쪽에 있다. 이것은 본래부터 험독(險瀆)이었다(臣瓚日; 王儉城 在樂浪郡浿水之東, 此自是險瀆也)」라고 하였다. 그리고 이에 대하여 「안사고(顏師古)는 말하기를, 찬(瓚)의 말이 맞다(師古日, 瓚說 是也)」라고 하였다.

신찬(臣瓚)이 말한 「此自是險瀆也(차자시험독야)」의 「此(차)」는 요동군 험독(險瀆)의 대명사이다. 따라서 본 주(註)의 대의(大義)를 자세히 풀이하면 곧 다음과 같다.

응소가 요동군의 험독(險瀆)은 조선왕 위만의 옛 도읍지, 곧 왕검성(王儉城)이라고 주장하였다. 그러나 신찬은 이에 반대하여 말하기를, 왕검성, 곧 조선왕 위만의 고도(故都)는 요동군에 있는 것이 아니고 낙랑군(樂浪郡) 패수(浿水)의 동쪽에 있다. 그러므로 「此(차)」, 곧 요동군의 험독(險瀆)은 저 조선왕 위만의 왕검성과는 관계가 없는 별개의 것이라고 하였다.

이처럼 응소와 신찬 두 사람의 설(說)이 서로 반대되는 견지에 있으므로, 안사고가 응소의 설(說)을 버리고 신찬의 설을 취하여 「찬의 말이 맞다(瓚說 是也)」라고 단안을 내린 것이니, 이렇게 해석함으로써 그 문장의 뜻이 충분히 명백해진다.

뿐만 아니라, 또한 〈한서〉 지리지의 각 군(郡) 각 현(縣)의 주(註)에 의거하여 보더라도, (一) 가령 「금성(金城)」의 주(註)에서, 응소는 「성(城)을 쌓다가 금(金)을 얻었기 때문에 금성(金城)이라 이름 지었다」라고 하였으나, 신찬은 「쇠(金)의 견고한 성질을 취하여 금성(金城)이라 이름 지었다」라고 하여, 금성에 대한 응소와 신찬 두 사람의 해석이 서로 반대되자, 안사고는 「찬의 말이 맞다(瓚說 是也)」라고 단안을 내리고 있다.

(二) 「영구(靈丘)」의 주(註)에서, 응소의 설(說)은 「조(趙) 무령왕(武靈王)의 장지(葬地)이므로 영구(靈丘)라 하였다」는 것인데. 이에 대하여 신찬은 「조(趙) 무령왕 이전부터 영구라는 이름이 있었다」라고 하였다. 이와 같이 영구에 대한 응소와 신찬 두 사람의 해석이 서로 반대되자, 안사고는 「찬의 말이 맞다(瓚說 是也)」라고 단안을 내리고 있다.

(三) 기타 「임진(臨晋)」, 「순읍(栒邑)」, 「진양(晋陽)」, 「포반(蒲反)」, 「수무(脩武)」, 「양(梁)」, 「위씨(尉氏)」 등 수십 현(縣)의 주(註)가 다 이와 같이 응소와 신찬 양 설(說)이 서로 반대되는 경우에만 안사고는 「응소의 말이 맞다(應說 是也)」거나 「찬의 말이 맞다(瓚說 是也)」라고 하는 등 두 가지 설 가운데 하나를 취하는 단안을 내리고 있다.

만약 응소의 설(說)과 신찬의 설 중에서 하나만 소개되고 있고 또 그것이 옳거나, 아니면 신찬의 설명이 응소의 설명을 따르면서 옳으면, 비록 단안을 내리지 않더라도 그 옳음이 저절로 드러나므로, 글의 번잡함을 피하기 위하여 그런 경우에는 「응소의 말이 맞다(應說 是也)」라는 구절의 말이 없다. 이것은 〈한서〉의 지리지를 한 번 훑어만 보아도 분명히 깨달을 수 있는 문장의 예(例)이다.

이와 마찬가지로, 앞에서 말한 요동군 「험독현(險瀆縣)」의 주(註)도, 응소는 본 험독이 왕검성이라고 주장하였는데, 신찬이 이에 반대하면서, 왕검성은 낙랑군에 속한 현(縣)이고 요동군의 험독과는 관계가 없다면서 이의를 제기하였다. 이에 안사고는 신찬이 제기한 이의에 찬성하면서 「찬의 말이 맞다(瓚說 是也)」라고 한 것으로, 이는 그 앞뒤 문장의 예에 의하여 그 글의 뜻이 더욱 명백하다.

사정이 이러함에도 불구하고 이전 학자들은 지리지의 문장의 흐름을 알지 못하고, 또 「험독현(險瀆縣)」 주(註)의 문장의 뜻을 잘못 풀이하여, 「此自是險瀆(차자시험독)」의 「此(차)」를 왕검성의 대명사로 보고, 신찬이 응소의 설에 찬성하는 것으로 알고 그 전문(全文)을 다음과 같이 잘못 풀이하였다.

즉, 응소가 말하기를 「험독(險瀆)은 조선왕 위만의 고도(故都), 곧 왕검성이다」고 하자, 신찬은 이에 찬성하여 말하기를, 왕검성 곧 조선왕 위만의 고도는 낙랑군 패수(浿水)의 동쪽에 있으니, 「此(차)」, 곧 왕검성은 곧 요동군의 험독(險瀆)이다」라고 하였다. 그러자 안사고는 또 응소의 주장을 찬성하는 신찬의 말을 찬성하여 말하기를, 「찬의 말이 맞다(瓚說 是也)」라고 한 것으로 해석하였다.

그러나 이러한 해석은 문맥의 전후로 보아 불합리할 뿐만 아니라, 이는 곧 험독현이 요동군에 속한 현(縣)인 동시에 낙랑군에 속한 현도 되고, 요동군이 곧 낙랑군인 동시에 낙랑군이 곧 요동군이라는 미치광이 식의 해석이다. 이것은 앞뒤 문장의 뜻에만 모순될 뿐 아니라 곧 같은 모양, 같은 이름, 같은 위치의 성읍(城邑)이 한 곳에 쌍립(雙立)하고, 같은 때, 같은 땅, 같은 사실의 역사가 한 줄에 평행하여 끝내 세상 사람들이 이해할 수 없는 비지리(非地理)의 지리, 비역사(非歷史)의 역사가 되고 마는 것이 아닌가.

아, 정밀하고 박학한 학식(學識)을 가진 여러 학자들이 이와 같은 대착오를 범하였다는 것은 참으로 놀랄 일이다. 더구나 신찬(臣瓚)의 본래 의견은 왕검성인 평양이 요동군 이동(以東)의 낙랑군, 곧 평안도에 있다고 주장하는 여러 학자들의 의견과 같은 것인데도 불구하고, 여러 학자들은 앞에서 말한 바와 같이 신찬의 설을 오해하였으므로, 이를 자기들의 평안도(平安道) 평양설(平壤說)을 반대하는 요동 평양설(遼東 平壤說)로 보았던 것이다.

그리하여 〈동사문답(東史問答)〉, 〈아방강역고(我邦疆域考)〉, 〈해동역사(海東繹史)〉의 지리고(地理考) 등 각 책에서는 모두 평안도 평양설을 주장하는 동시에 신찬(臣瓚)의 설을 (사실상 자신들과 동일한 주장인데도) 「망령된 주장을 하고 있다」고 배척하였으니, 어찌 천하의 웃음거리가 아닌가.

이상 네 개의 착오를 발견하는 동시에 모든 서적의 위증이 다 파괴되고 모든 학자의 잘못된 고증, 잘못된 증명이 다 바로 잡혀진다. 그리하여 평안도의 대동강(大同江)과 지금의 평양(平壤)을 고평양(古平壤) · 고패수(古浿水)로 잡았던 망설(妄說)들은 자연히 그 근거를 잃게 되고, 봉천성(奉天省)의 해성현(海城縣)과 헌우락(蓒芋濼)이 고평양(古平壤) · 고패수(古浿水)라는 확실한 증거를 얻게 되어, 이에 조선 문명의 발원지인 고삼경(古三京)의 하나인 평양과 7대 강의 하나인 패수(浿水)가 제자리로 돌아오게 되었다.

평양과 패수(浿水)는 조선 문명사상 중요한 지방인데도 불구하고 지난 1천여 년 동안 그 본래의 위치를 상실하고 1천여 리나 이사하여 평안도의 한 작은 지방인 것처럼 알려지게 되었는데, 이는 위증서(僞證書)들 때문에 생겨난 결과라 하겠지만, 그러나 이와 같은 위증이 행세하게 됨으로써 제2의 패수·제2의 평양, 곧 대동강·평양이 제1의 패수·제1의 평양, 곧 헌우락(蓒芋濼) ·평양의 위치와 역사 기타 모든 것을 빼앗게 된 것은 무슨 까닭인가?

(一) 조선 민족의 대외적 실패 때문이다.

신라·발해 남(南)북 양국(兩國)이 서로 대치하다가, 북국(北國)은 거란과 여진에게 그 남아 있던 종족들이 전멸당하고 땅도 다 잃어버림으로써 「북국(北國)」, 「해북(海北)」 등의 명사는 겨우 삼국시대 옛 사람들이 남겨놓은 빠지고 문드러져버린 책의 문자로만 남아 있게 되었다. 그리하여 제2의 평양·패수가 곧 평양·패수가 되고, 제1의 평양·패수는 깊이 이역(異域)의 땅으로 침몰해 버림으로써 평양·패수란 이름조차 보전하지 못하게 된 것이다.

(二) 조선 문헌의 결핍과 망실(亡失) 때문이다.

이와 같이 조선 민족의 대외적 세력이 미약해지자 고대의 문화나 무력을 자랑할 만한 일체의 고적(古蹟)과 문헌들은 모두 매장되거나 불태워져 없어지고, 오직 노예적 비열(卑劣)과 은둔 선비의 담박(淡泊: 욕심이 없음)함으로 민족의 구활(苟活: 구차스럽게나마 살아남음)을 도모하였다.

신라의 경덕왕은 북방에 있던 주(州)와 군(郡)을 남방으로 옮겨다 설치하고, 김부식은 외교적으로 대국(大國)에 아첨하여 잘 보이기 위하여 〈삼국사기〉를 지어서 간행하였다.

또 몽고의 황제가 우리나라의 역사책을 가져가서는 제멋대로 잘라내고 덧칠을 가하였는데, 그 과정에서 지리(地理)의 연혁이 가장 큰 참변(慘變)을 당하였다. 평양·패수의 실록(實錄)들도 모두 이때에 멸실되어 없어지고 오직 그 명칭만 남아 있게 되었다.

이렇게 되자 중국사(中國史)의 위증한 문자(文字)가 세상을 횡행하게 되었으나, 지금까지의 학자들은 혹은 기휘(忌諱: 기피하고 숨김) 때문에 그 위증을 위증이라 말하지 못하였고, 혹은 너무 자주 들어서 귀에 익었기 때문에 그 위증을 위증인 줄 알지 못하였다. 그 결과 해성(海城)-평양, 헌우락(蓒芋濼)-패수(浿水)는 겨우 평범한 야사가(野史家)들의 귓속말로만 남아 있을 뿐이며, 평안도 패수·평양만 행세하게 되었다.

그러나 중국의 사가들이 이처럼 위증의 문자를 조작한 것은 어느 때에, 어떤 사람이, 무슨 까닭으로 한 것인가?

전설에 의하면, 당(唐)나라 사람이 조선의 강성함과 문명을 시기하여, 당 태종(太宗)은 일체 중국사에 나타나는 조선에 관련된 기사를 고치거나 감추고, 이적(李勣)과 소정방(蘇定方)은 고구려와 백제를 멸망시키고 나서 그 서적들을 전부 불살라버렸다고 하는데, 비록 이 말이 어느 기록에도 보이지는 않지만, 대체로 믿을 수 있는 말인 것 같다.

당 태종이 손을 댄 서적이 무엇 무엇인지는 알 수 없으나, 대개 〈한서〉와 〈진서(晋書)〉가 가장 심할 것이니, 안사고(顔師古)는 당 태종의 총신(寵臣)으로서 영주(瀛洲)의 학사대열에 참여하여, 밀실에서 태종의 고구려 침략 모의에 참여하여 협조하는 동시에 〈한서〉 교정의 책임을 맡았으므로, 그것을 교정할 때 한 무제(武帝)의 사군(四郡)의 범위를 확장하고 그 위치를 옮겨서 조선의 옛 땅을 거의 전부 중국의 소유였던 것처럼 위증함으로써 군신(君臣) 상하(上下)의 적개심을 고취할 자료를 만들고자 했던 것이다.

그래서 진번(眞番)·임둔(臨屯)의 위치에 대하여 주석을 달면서, 〈무릉서

(茂陵書)〉란 책 이름과 기사를 위조하였으며, 지리지(地理志)를 교열할 때에 낙랑군 부분을 위조하였으며, 요동군 「험독(險瀆)」 주(註)에 신찬(臣瓚)의 말을 위조하여 덧붙여 넣고, 게다가 「찬의 말이 맞다(瓚說 是也)」라는 예어(例語: 여러 경우에 일정한 형식으로 되풀이 사용하는 말)를 끼워 넣었는데, 이로 인하여 조선의 지리가 아주 문란해졌다.

뿐만 아니라, 〈남제서(南齊書)〉 백제전(百濟傳)에는 두 페이지가 통째로 빠지고 없는데, 이것도 혹시 백제 성시(盛時)의 「북으로 요동·연(燕)·제(齊)·노(魯) 지방들을 차지하고 남으로는 오(吳)·월(越) 지방을 침공하였다(北據遼薊齊魯, 南侵吳越)」라고 한 해외 발전의 실록(實錄)을 당 태종이 없애버린 것은 아닐까?

〈수서(隋書)〉에 기록된 동양 고사상(古史上) 일찍이 없었던 대전쟁의 기록이 이처럼 모호한 것도 혹시 당 태종이 덧칠을 해서 없애거나 혹은 함부로 고친 것은 아닐까?

중국의 역사책 가운데 당 태종 이전의 것이라고 해서 어찌 중국인의 습성이 되어버린 자존적(自尊的) 심리(心理)로 저술한 것이 없겠는가마는, 다만 당 태종과 안사고가 손을 댄 서적처럼 심하지는 않을 것이다.

일본인 학자 관야정(關野貞)의 노력으로 성취된 〈조선고적도보(朝鮮古蹟圖譜)〉의 그림 설명에서, 용강(龍岡)에서 발굴된 점선(黏蟬)의 비문(碑文)을 기재하고는 「지금까지 학자들의 논쟁이 되어 왔던 열수(列水)가 곧 대동강(大同江)일 것이다」라고 하였으나, 이는 곧 〈한서〉 지리지의 「열수(列水)는 서쪽으로 점선(黏蟬)에 이르러 바다로 들어간다(列水 西至黏蟬 入海)」고 한 말과, 점선 비문이 용강에서 발견되었다는 사실에 근거를 두고 한 말이다.

그러나 만일 그가 〈한서〉 지리지의 낙랑군 부분이 위증된 것임을 알았다면 이런 착오는 없었을 것이다.

2. 패수고 하(下)

고평양(古平壤) 패수(浿水)가 해성 헌우락(蓒芋濼)임은 상편(上篇)에서 이미 진술한 바와 같다. 그렇다면, 지금의 평양이 평양으로 되고 지금의 대동강이 패수(浿水)로 된 것은 언제부터인가?

이에 대하여는 두 가지 설(說)이 있다.

(甲) 조선 고대에는 두 개 혹은 두 개 이상의 지명을 짓고는 그 위에 형용명사(形容名詞: 곧 數詞)를 덮어씌워 구별한 것이 많은데, 양구려(兩句麗)·삼한(三韓)·육가야(六伽倻) 등은 모두 이에 속하는 것들이니, 평양(平壤)·패수(浿水)도 이와 같이 해성(海城)·헌우락(蓒芋濼)을 「펴라」라고 이름 짓는 동시에 평양·대동강도 「펴라」라고 이름을 짓고 그 앞에 남북(南北) 두 자(字)를 덧붙여 구별하였다고 하는 것이 그 한 가지 설(說)이다.

(乙) 우리 조상들은 무슨 일 때문에 도읍이나 사람들을 갑지(甲地)에서 을지(乙地)로 옮기는 경우에는 언제나 그 지명까지 함께 옮겼는데, 해부루(解夫婁)가 동쪽으로 옮겨가자 동북(東北) 양 부여가 생겼고, 부여 온조가 남쪽으로 옮겨가자 하북(河北)·하남(河南) 양 위례(慰禮)가 생긴 것 등은 다 이런 종류에 속한다.

평양·패수도 이와 같이 위만과 한(漢) 무제의 전란 때에 해성·헌우락의 「펴라」로부터 대동강 위로 옮겨와 살게 된 인민들이 그 새로 터 잡은 땅을 또한 「펴라」라고 이름 지음으로써 이에 남·북 두 개의 「펴라」가 생겼다고 하는 것이 또한 한 가지 설(說)이다.

두 가지 설(說) 중 어느 것이 맞는지는 문헌들이 빠지고 없어져서 그 판결할 재료를 얻을 수 없다. 그러나 중고(中古) 평양·패수, 곧 삼국시대의 「펴라」는 고(古) 평양·패수와 같이 해성·헌우락을 가리킨 것도 있고, 근세(近世)의 평양·패수와 같이 지금의 평양·대동강을 가리킨 것도 있다. 그러므로 만일 그 중의 어느 하나를 고집하고 다른 하나를 부인하거나 혹은 양자를 서로 바꾼다면 곧 지리와 연혁이 분명하지 못하게 되어 역사적 사실들이 마구 뒤엉키고 혼란해질 것이다.

그러므로 이제 〈삼국사기〉를 주요 증거서류로 삼고 다른 책들을 보조재료로 삼아 중고(中古)의 「펴라」를 찾아보려고 한다.

(一) 낙랑국(樂浪國)과 낙랑군(樂浪郡)의 구별

왕검성 「펴라」, 곧 고(古) 평양·패수가 한 무제의 침공을 받아 사군(四郡)의 하나인 낙랑군(樂浪郡)이 되었으나, 사군의 위치는 시세에 따라 일정하지 않고 이리저리 옮겨졌으므로 낙랑군의 수부(首府: 치소(治所)가 있는 성읍)의 위치는 해성(海城)에 고정되어 있지 않았다. 그러나 그 범위가 요동 밖으로 나온 적이 없었는데도 불구하고 후세 사람들은 매번 〈삼국사기〉에 기록되어 있는 낙랑국(樂浪國)을 곧 낙랑군(樂浪郡)으로 오인(誤認)하여 드디어 남·북 양 「펴라」를 혼동하였던 것이다.

낙랑국(樂浪國)이 어느 시기에 건설되었는지는 알 수 없으나 그 위치는 지금의 평양 대동강변이니,

「혁거세 30년(기원전 27년)…낙랑인들이 군사를 거느리고 쳐들어 왔다(赫居世三十年…樂浪人將兵來侵.)」

「혁거세 38년(기원전 19년)…변한 · 낙랑인들로서 두려워하고 심복하지 않는 자가 없었다(三十八年…卞韓·樂浪 無不畏懷.)」

「남해왕 원년(기원 4년) 가을 7월에 낙랑의 군사들이 이르러 금성(金城)을 포위하였다(南解元年 秋七月 樂浪兵至 圍金城.)」

「남해왕 11년(기원 14년)…낙랑인들이 신라의 속이 비었다고 하면서 와서 금성을 공격하였다(十一年…樂浪謂內虛, 來攻金城.)」

「유리왕 13년(기원 36년) 가을 8월에 낙랑이 신라의 북쪽 변경을 침범하였다(儒理十三年 秋八月 樂浪犯北邊.)」

「유리왕 14년(기원 37년), 고구려왕 무휼(無恤)이 낙랑을 쳐서 멸망시켰다(十四年 高句麗王無恤 襲樂浪滅之.)」

등이 신라본기에 나오는 낙랑국과 신라 관계의 약사(略史)이다.

「대무신왕 15년(기원 32년)…여름 4월에 왕자 호동(好童)이 옥저에 놀러 갔는데, 낙랑왕 최리(崔理)가 행차를 나왔다가 호동을 보았다…드디어 함께 돌아가 자기 딸을 호동의 아내로 삼았다…호동이 왕에게 낙랑을 습격하도록 권하였다. 최리는 북과 나팔이 소리를 내지 않으므로 방비를 하지 않았다…마침내 자기 딸을 죽이고 성 밖으로 나가서 항복하였다(大武神王十五年…夏四月 王子好童 遊於沃沮 樂浪王崔理出行 因見之…遂同歸 以女妻之…好童勸王 襲樂浪, 崔理以鼓角不鳴不備…遂殺女子 出降.)」

「대무신왕 20년(기원 37년), 왕이 낙랑을 습격하여 멸망시켰다(二十年

王襲樂浪 滅之.)」

「대무신왕 27년(기원 44년), 가을 7월에 한(漢) 광무제(光武帝)가 군사를 보내어 바다를 건너와서 낙랑을 치고 그 땅을 빼앗아 군(郡)과 현(縣)을 만드니, 살수(薩水) 이남이 한(漢)에 속하게 되었다(二十七年 秋七月 漢光武帝 遣兵渡海 伐樂浪 取其地 爲郡縣, 薩水以南, 屬漢.)」

등은 고구려본기에 나오는 낙랑국과 고구려 관계의 약사(略史)이다.

「온조 8년(기원 25년)…가을 7월, 마수성(馬首城)을 쌓고 병산(甁山)에 목책을 세웠더니, 낙랑태수(太守가 아니라 王이다-원주)가 사람을 보내어 말하기를…이제 우리 영토에 접근하여 성을 쌓고 목축을 세우는 것은 혹시 우리 땅을 잠식하려는 계획이 아닌가?(溫祚八年…秋七月, 築馬首城, 竪甁山柵, 樂浪太守(太守는 王의 잘못-원주) 使告白日…今逼我疆, 造立城柵, 或者 其有蠶食之謀乎?)」

「온조 11년(기원 28년), 여름 4월에 낙랑이 말갈을 시켜서 병산의 목책을 습격하여 파괴하도록 하였다(十一年, 夏四月 樂浪使靺鞨襲破甁山柵.)」

「온조 13년(기원 30년)…왕이 신하들에게 말하기를, 나라 동쪽(서쪽이다-원주)에 낙랑이 있다고 하였다(十三年…王謂臣下日 國家東(西로 읽어야 할 것임-원주)有樂浪.)」

「온조 17년(기원 34년), 봄에 낙랑이 침입하여 위례성(慰禮城)을 불태웠다(十七年春, 樂浪來侵 焚慰禮城.)」

「온조 18년(기원 35년)…왕은 낙랑의 우두산성(牛頭山城)을 습격하고자 하였다(十八年…王欲襲樂浪牛頭山城.)」

등은 백제본기에 나오는 낙랑국과 백제 관계의 약사(略史)이다.

선배 학자들은, (一) 앞에서 말한 온조 8년의 「樂浪太守(낙랑태수)」란 말을 근거로 하여 〈삼국사기〉 본기에 나오는 낙랑(樂浪) 등은 모두 한(漢)의 낙랑군(樂浪郡)을 가리킨 것이라고 멋대로 단정하고, 대무신왕(大武神王) 15년(기원 32년)의 「樂浪王(낙랑왕)」은 곧 당시의 조선인이 낙랑태수를 왕으로 잘못 부른 것이라고 억지 해석을 하였으나, 이는 한(漢)의 낙랑군이 원래 요동에 있는 것인 줄을 모른 망설(妄說)이다.

(二) 혹은 대무신왕 27년(기원 44년)의 「한(漢) 광무(光武)가…낙랑을 쳐서 그 땅을 취하여 군(郡)과 현(縣)으로 삼았다(漢光武…伐樂浪 取其地 爲郡縣)」라고 한 말로 인하여 낙랑국(樂浪國)이 멸망한 뒤에 그 땅이 곧 한(漢)의 낙랑군(樂浪郡)이 된 줄 알고 있다.

그러나 이때는 봉건시대인지라, 조선 전토(全土: 만주 동북 지역을 포함-원주)에 여러 개의 진국(辰國: 대국(大國)이란 뜻이다.-원주)이 병립(竝立)하고 있었고, 하나의 진국(辰國) 아래에는 다수의 소국(小國)들이 부속하였다. 따라서 최씨(崔氏)가 곧 낙랑 진국(辰國)의 왕으로서 그 아래에 있는 점선(黏蟬)·함자(含資)·대방(帶方)……등 각 소국들을 통솔하고 있었는데, 고구려가 최씨를 멸망시키자 최씨 아래 있던 각 소국들이 고구려에 불복하고 한(漢)에 원병(援兵)을 청하여 고구려를 막았던 것이다. 그러므로 「그 땅을 취하여 군(郡)과 현(縣)으로 삼았다(取其地 爲郡縣)」는 것은 과장된 말이지 사실이 아니다.

신라본기 기림(基臨: 15대 왕. 기림니사금. 기립(基立)이라고도 한다-옮긴이) 3년(기원 300년)의 「낙랑·대방 두 나라가 귀순해 왔다(樂浪·帶方 兩國歸服)」란 기사를 보면, 낙랑의 진국(辰國)은 비록 멸망하였으나 그 아래의 각 소국들은 여전히 존속하였음을 분명하게 증명하고 있다.

(*옮긴이 주: 〈삼국사기〉 고구려본기 대무신왕 20년(기원 37년)에, 「왕이 낙

랑을 습격하여 이를 멸망시켰다」 고 한 후, 그 7년 후인 대무신왕 27년(기원 44년)에 다시, 가을 9월에 한 광무제가 군사를 보내어 바다를 건너와서 낙랑을 치고 그 지역을 탈취하여…」 라고 한 것은 앞뒤 말이 모순된다. 이미 멸망시켰는데 7년 후에 다시 치기 위하여 군사를 대거 동원한다는 것은 곧 7년 전에 멸망시켰다는 낙랑은 최씨의 낙랑국(樂浪國) 하나뿐이었음을 증명하는 것이다. 따라서 이 부분에 대한 신채호 선생의 해설은 의심할 여지가 없다.)

(三) 〈후한서(後漢書)〉 제기(帝紀)에 의하면, 「한 광무 건무(建武) 6년(기원 30년)…처음에 낙랑인 왕조(王調)가 군(郡)을 의거하여 복종하지 않았으므로, 가을에 낙랑태수 왕준(王遵)을 파견하여 치게 하였다. 낙랑군의 관리가 왕조를 죽이고 항복하였다…9월에 모반한 대역죄인들을 죽이고 그 이하의 자들은 용서하였다(漢光武 建武六年…初 樂浪人王調據郡不服, 秋 遣樂浪太守王遵 擊之. 郡吏殺調 降…九月 赦樂浪謀反大逆殊死已下)」고 하였다.

한(漢)의 건무(建武) 6년(기원 30년)은 고구려의 대무신왕(大武神王) 13년이므로 고구려의 왕자 호동(好童)이 낙랑국 공주에게 장가들기 3년 전의 일이다. 낙랑군(樂浪郡)에 어떤 큰 사건이 일어나도 낙랑국(樂浪國)에서는 알지 못하였고, 낙랑국에 어떤 큰 사건이 일어나도 낙랑군에서는 알지 못하여, 당시 양 「펴라」(=낙랑·평양)의 관계가 이와 같이 서로 막히고 단절되어 있었거늘, (이 둘을 하나인 것처럼 잘못 인식하였던-옮긴이) 〈삼국사기〉의 오류도 비난받아 마땅하지만, 후세의 역사를 연구하는 사람들 또한 정밀하지 못하고 엉성하다는 비난을 면할 수 없을 것이다.

(二) 낙랑과 평양의 구별

낙랑과 평양은 다 「펴라」의 가차자(假字: 다른 문자, 즉 한자를 빌려와서 표기한 것)이다. 그러나 낙랑국(樂浪國)이 멸망한 뒤에는 낙랑이라고 쓰지 않고 평양(平壤)이라고 써서 요동의 낙랑군(樂浪郡)과 구별하였다. 그렇기 때문에 대무신왕(大武神王) 이후 〈삼국사기〉에 쓰인 「낙랑(樂浪)」은, 신라 본기 기림(基臨: 신라 15대 왕. 기림니사금-옮긴이) 3년(기원 300년)의 「낙랑(樂浪)」이 지금의 평양을 가리킨 것을 제외하고는, 그 나머지는 모두 요동에 있는 한(漢)의 낙랑군(樂浪郡)을 가리킨 것이다. 이에 반해 「평양(平壤)」은 모두 지금의 평양을 가리킨 것이다.

이를테면, (一) 동천왕(東川王) 20년(기원 246년)의 「위(魏)나라 군사들은 혼란에 빠져, 마침내 낙랑으로부터 물러갔다(魏軍擾亂, 遂自樂浪而退)」라고 한 낙랑은 요동의 낙랑이지 지금의 평양이 아니다. 이때 위군(魏軍)이 환도(丸都)를 격파하고 동천왕을 추격하다가 패하여 물러간 것이니, 만약 지금의 평양이 이 낙랑이라고 한다면, 이는 군사를 진격시킨 것이지 물러간 것이 아니다.

그리고 동천왕 21년의 「왕은 환도성이 병란을 겪어서 다시 도읍으로 삼을 수 없다고 생각하여 평양성을 쌓았다(王以丸都經亂, 不可復都, 築平壤城)」라고 한 「평양(平壤)」은 지금의 평양이지 요동의 낙랑이 아니다. 이때에 동천왕이 위군에게 패하여 도읍을 평양으로 옮겨 외적을 피한 것이니, 만약 요동의 낙랑이라고 한다면 이는 외적을 피한 것이 아니라 외적에게 가까이 간 것이 된다. 이로부터 남(南) 「펴라」는 평양(平壤)이라 쓰고 북(北) 「펴라」는 낙랑(樂浪)이라고 썼음을 볼 수 있다.

(二) 고구려 미천왕(美川王) 3년(기원 302년)에서는 「왕이 군사 3만을 거느리고 현토군을 침공하여 8천 명을 사로잡아 그들을 평양으로 옮겼다(王率兵三萬, 侵玄菟郡, 虜獲八千人, 移之平壤)」라고 하였고, 14년(기원

313년)에서는 「낙랑군을 침공하여 남녀 2천여 명을 사로잡았다(侵樂浪郡, 虜獲男女二千餘口)」라고 하였으니, 평양과 낙랑이 만약 동일한 지방이라면, 이는 전에는 사로잡은 자들을 옮겨 놓던 지방을 이번에는 침공한 것이 되어, 내(我)가 나(我)를 공격하는 괴상한 연극을 연출한 것이 되니, 천하에 어찌 이런 일이 있을 수 있겠는가. 그러므로 여기에서 말한 평양과 낙랑도, 그 하나는 지금의 평양(平壤)이고 다른 하나는 요동의 낙랑(樂浪)임이 또한 명백하다.

후세 사람들이 거짓 사실을 덧붙이고 함부로 뜯어고친 것이 많은 중국의 각 사서(各史)에도 또한 낙랑은 요동에 있었음을 증언하는 증거들을 무의식중에 남겨놓은 것이 간혹 있는데, 예컨대 〈후한서〉 제기(帝紀) 안제(安帝) 영초(永初) 5년(기원 111년) 3월에 「부여가 낙랑의 변경을 침범하였다(扶餘犯 樂浪塞)」란 사실을 기록해 놓았는데, 부여는 북부여, 곧 지금의 하얼빈(哈爾濱)이다. 여기서 낙랑은 요동의 낙랑이므로, 부여가 그 국경을 공격하였던 것이다.

또한 〈자치통감(資治通鑑)〉 (晋紀) 민제(愍帝) 건흥(建興) 원년(美川王 14년: 기원 313년)에 「요동의 장통(張統)은 낙랑·대방 두 군(郡)에 의거하여…… 낙랑왕 모용준(慕容遵)은 장통에게 그 백성 1천여 명을 거느리고 모용외(慕容廆)에게 귀순하도록 설득하였다. 모용외는 그곳에 낙랑군을 설치하여 장통을 태수로 삼았다(遼東張統據樂浪 · 帶方二郡……樂浪王慕容遵, 說統帥其民千餘家, 歸慕容廆, 廆爲之置樂浪郡, 以統爲太守)」라는 사실을 기록해 두었는데, 만일 장통(張統)이 차지한 낙랑·대방이 살수(薩水: 곧 대동강-옮긴이) 이남의 낙랑·대방이라고 한다면, 당시에는 고구려가 강성하여 살수 이북만 차지하였을 뿐만 아니라 요동의 서안평(西安平), 곧 안동현(安東縣) 등지까지도 미천왕 12년에 벌써 고구려의 영토로 들어와 있었으므로, 살수 이남을 점거한 장통이 1천여 가구를 거느리고 요서(遼西)까지 달아날 수 없었을 터이니, 이 또한 요동의 낙랑임에 의심의 여지가 없다.

그러나 우리의 선민(先民)들은 비록 평양(平壤)이란 가차자(假借字: 빌려온 문자, 즉 한자로 표기한 것)로써 「펴라」를 기록하였으나, 「펴라」의 의미를 잘 알고 있었으므로, 「펴라」라는 물 이름, 곧 패수(浿水)를 떠나서는 평양이라고 부른 일이 없다.

이를테면, 고국원왕(故國原王)은 황성(黃城: 지금까지 사가들은 「故國原王十三年 平壤東黃城」의 황성(黃城)을 앞의 구절에 붙여서 동황성(東黃城)이라고 하였지만 이는 큰 잘못이다.-원주)에 도읍하였고, 평원왕(平原王)은 장안성(長安城)에 도읍하였는데, 황성과 장안성은 모두 평양에 매우 가깝기는 하지만 다만 패수를 끼고 있지 않았기 때문에 평양이라 부르지 않고 황성(黃城) 혹은 장안성이라고 불렀던 것이다.

이처럼 그 구별이 매우 엄격하지만, 중국인들은 역대 이래로 패수의 유무(有無)를 따지지 않고 낙랑을 이리저리 마음대로 옮겨 설치하였는데, 요동의 낙랑도 이미 앞에서 말한 것처럼 고정된 위치가 없다.

또한 모용외(慕容廆)가 장통(張統)의 항복을 받고는 그를 낙랑태수로 삼고 유성(柳城)에다 낙랑을 옮겨 세웠는데, 이는 요서(遼西)의 낙랑이다.

탁발씨(拓跋氏)의 위(魏) 이후에는 상곡(上谷)에다 낙랑을 옮겨 세웠는데 이는 산서(山西)의 낙랑이다. 이런 것들은 모두 「펴라」의 물과는 관련이 없는 낙랑들이다.

(三) 백제 중엽과 관계된 낙랑

평양·낙랑의 구별이 앞에서 말한 바와 같으나, 이제 백제사를 읽어보면, 고이왕(古爾王) 13년(기원 246년)에서 「유주자사 관구검(毌丘儉)이 낙랑태수 유무(劉茂), 대방태수 궁준(弓遵)과 함께 고구려를 쳤다. 왕(고이왕)은 그 빈틈을 타서 낙랑의 변경지방 주민들을 습격하여 잡아왔다. 유무(劉茂)가 그 소식을 듣고 화를 내자, 왕은 그들로부터 침공을 당할까봐 염려하여 그 사람들을 돌려보냈다(幽州刺史毌丘儉, 與樂浪太守劉茂, 朔方(帶方(대방)의 오류임-원주)太守 王遵(弓遵(궁준)의 오류임-원주) 伐高句麗. 王乘虛 襲取樂浪邊民 茂聞之怒, 王恐見侵討, 還其民口)」라고 하였다.

분서왕(汾西王) 7년(기원 304년)에서는 「봄 2월에 비밀히 군사를 출동시켜 낙랑의 서현(西縣)을 습격하여 빼앗았다. 겨울 10월에 왕은 낙랑태수가 보낸 자객에 의해 살해되었다(春二月 潛師襲取樂浪西縣, 冬十月 王爲樂浪太守所遣刺客, 賊害死)」라고 하였으니, 여기에 4번이나 보인 명사 「樂浪(낙랑)」을 지금까지의 사가들은 의심 없이 지금의 평양을 가리킨 것으로 알아 왔다. 그러나 이때는 낙랑국(樂浪國)이 멸망한 지 이미 오래되었는데, 남(南) 「펴라」를 어찌 「樂浪(낙랑)」이란 가차자(假借字)로써 그 명칭을 기록하였겠는가?

대개 〈삼국사기〉 가운데 본기(本紀)와 열전(列傳)에서 가장 많이 빠지고 없는 것은 백제사이다. 거칠부전(居柒夫傳)에서 「백제인들이 먼저 평양을 공격하여 깨뜨렸다(百濟人 先攻破平壤)」라고 한 말에 근거하여 그 연조(年祚)를 따져보면, 성왕(聖王) 29년(기원 551년)에 백제가 한 차례 고구려의 수도를 함락시킨 큰 사건이 있었을 것임에도 불구하고 본기에서는 이를 누락시켰다.

문무왕본기(文武王本紀), 〈당서(唐書)〉, 〈일본서기(日本書記)〉 등을 대조해 보면 부여복신(扶餘福信)의 뛰어난 재능과 전략과 충절(忠節)은 고금에 비할 자가 없는 백제 말일(末日)의 거인(巨人)이었지만, 열전(列傳)에서는 이와 같은 거인을 유기(遺棄)하였다.

〈자치통감〉의 「부여는 처음에 녹산(鹿山)에 터를 잡고 살았는데, 백제에 의해 잔파(殘破)되었다(扶餘 初居鹿山 爲百濟所殘破)」라고 한 기사(記事)로써 보면, 지금의 하얼빈이 백제의 땅이 되었었으나 본기나 열전에는 그런 말이 보이지 않는다.

저근(姐瑾)과 사법명(沙法名)의 공적을 찬양한 〈남제서(南齊書)〉 가운데 나오는 동성왕(東城王)의 국서(國書)로 보면, 동성왕 때에 탁발씨(拓跋氏)의 위(魏)나라의 수십만 대군과 싸워 이겼으니 그 국세(國勢)가 매우 강성하였음에도 불구하고, 동성왕 본기 중의 백제는 너무나도 미약한 것으로 기록되어 있다.

〈송서(宋書)〉의 「백제가 요서(遼西)의 진평(晋平)을 침략하여 차지하였다(百濟 略有遼西晋平)」라고 한 기사로 보면, 한때 백제의 해외 발전이 지금의 영평부(永平府) 등지까지 미쳤음을 알 수 있거늘, 두 왕(聖王과 東城王-옮긴이)의 본기에는 그런 기록이 없다.

이밖에도 건국(建國)에 관한 사설(辭說)로는 十濟(십제: 열 사람이 강을 건넜다.)·百濟(백제: 백 사람이 강을 건넜다)라고 한 등의 당치도 않는 곡해(曲解)만 남겨 두었으며, 망국(亡國)의 유허(遺墟)에는 조룡백마(釣龍白馬: 용을 낚고 흰 말을 탄다는 뜻. 〈조선상고사〉 11편 참조-옮긴이)의 적국 장수를 숭배하는 귀신 이야기만 기록해 두었고, 정작 자기 나라의 문화상, 정치상 아름답고 선하고 웅대한 그 무엇인가는 볼 수조차 없게 해 놓았으니, 이는 적국 군사들의 병화(兵火)에 불타 없어진 문헌의 재액(災厄)보다도 사실을 거꾸로 뒤집어 기록해 놓은 신라 말 문사(文士)의 곡필(曲筆)의 죄가 더 큼을 말해 주고 있다.

이제 고이왕(古爾王: 기원 234~286년)이 쳐들어갔던 낙랑으로 말하자면, 〈삼국지〉 동이열전에 「위(魏) 명제(明帝)가 비밀리에 대방태수 선우사(鮮于嗣)·낙랑태수 유흔(劉昕)을 파견하여 바다를 건너가 두 군(郡)을 평정하게 하였다(明帝 密遣帶方太守 鮮于嗣·樂浪太守 劉昕 越海 定二郡)」라고 하였다

그리고 「정시(正始) 6년(기원 245년), 낙랑태수 유무(劉茂)·대방태수 궁준(弓遵)이 영(嶺: 單單大嶺) 동쪽의 예(濊)가 고구려에 복속하였다고 하여 군사를 일으켜 이를 치자, 불내후(不耐侯) 등이 전 읍민(邑民)을 들어 항복하였다(正始 六年, 樂浪太守 劉茂·帶方太守 弓遵, 以嶺東濊屬句麗, 興師伐之,不耐侯等 擧邑降)」라고 하였다.

이와 같이 낙랑은 위(魏)나라 장수 유흔(劉昕)과 유무(劉茂)가 서로 잇달아 태수가 되었던 곳이니, 만일 이 낙랑이 지금의 평양이라면 환도(丸都)에서 외적을 피하여 도읍을 옮기려는 동천왕(東川王)이 어찌 위(魏)나라 사람들이 9년 동안 그 뿌리를 깊고 두텁게 내리고 있던 낙랑으로 도읍을 옮길 수 있었겠는가.

그러므로 유흔·유무·궁준 등이 의거하고 있던 낙랑·대방은 요동의 낙랑·대방인 동시에, 고이왕(古爾王)이 쳐들어갔던 낙랑도 요동의 낙랑이니, 이는 대개 백제의 해외발전의 처음일 것이다.

분서왕(汾西王: 기원 298~305년)이 쳐들어갔던 낙랑으로 말하자면, 〈양서(梁書)〉 백제전에 「진(晋)나라 때 백제는 요서(遼西)의 땅을 차지하고 있었다(晋世 百濟據有遼西)」라고 하였으니, 분서왕 원년(기원 298년)은 진

(晋) 혜제(惠帝) 원강(元康) 8년이자 모용외(慕容廆)와 동시대(同時代)이다. 사서(史書)에 의하면, 모용외가 요서(遼西)에 낙랑을 세운 것은 미천왕 14년(기원 313년)에 장통(張統)의 항복을 받은 때의 일이지만, 그전에 이미 모용준이 낙랑왕(樂浪王)의 칭호를 가졌었던 것을 보면, 요서에 낙랑을 세운 것은 이미 오래전의 일이었음을 알 수 있다.

그렇다면, 대개 백제가 모용씨의 요서를 공격하여 빼앗고 저들의 낙랑 동현(東縣)을 차지하자 낙랑태수가 병력으로 백제를 막아내기에는 역부족이므로 드디어 자객을 보내어 백제왕을 암살하였던 것이니(분서왕 7년(기원 305년) 10월에 낙랑태수가 보낸 자객에게 왕이 살해되었음—옮긴이), 이것도 백제의 해외발전의 한 흔적이다.

고타소낭(古陀炤娘: 김춘추의 여동생)의 참사(慘死)로 인하여 야기된 신라인들의 거센 원한이 후에 백제 역사에까지 미치어 매번 백제의 뛰어난 공적은 깎아내 버리고 패망(敗亡)만을 기록하였으므로, 요동·요서 양 낙랑의 최초 관계가 본기에서 빠지고 없어지게 된 것이다.

그렇다면, 이야말로 신라본기와 고구려본기뿐만 아니라 백제본기에서도 낙랑국(樂浪國)이 멸망한 이후의 남(南) 「펴라」는 평양이라고 쓰고 북(北) 「펴라」는 낙랑(樂浪)이라고 썼다는 것의 쇠처럼 단단한 증거(鐵證)이다. 이런 것을 통해서도 당 태종이 〈진서(晋書)〉를 지을 때에 고구려와 백제의 전적(戰蹟)과 강토(疆土)를 많이 깎아 없애버렸음이 명백해진다.

〈자치통감〉에서 호삼성(胡三省)은, 모용외(慕容廆)가 낙랑을 유성(柳城)에 임시로 설치한 것이라 하였고, 〈문헌통고〉에서는, 백제의 요서 진평(晋平)을 당(唐)의 유성·북평(北平) 사이라고 하였다. 그리고 〈당서〉 지리지에서는, 유성은 「동으로 요하에 이르기까지 480리(東至遼河 四百八十

里), 남으로 바다에 이르기까지 260리(南至海 二百六十里), 서로 북평에 이르기까지 7백 리(西至北平郡 七百里), 북으로 거란에 이르기까지 50리(北至契丹界 五十里)」라고 하였다. 그리고 또 북평(北平)은 「동으로 유성에 이르기까지 7백 리(東至柳城 七百里), 서로 어양에 이르기까지 3백 리(西至漁陽三百里), 동북으로 유성에 이르기까지 7백 리(東北到柳城 七百里)」라고 하였다. 이로써 유성(柳城)에 설치된 낙랑의 위치를 상상할 수 있다.

(四) 중국사의 지리지와 동이열전에 보인 낙랑

〈한서〉 지리지의 낙랑(樂浪) 25현(縣)은 당(唐)나라 사람이 거짓으로 덧붙여 써놓은 것이라는 것은 이미 앞 편(篇)에서 간략히 설명하였다. 이제 〈한서〉, 〈후한서〉, 〈삼국지〉, 〈진서〉의 지리지와 동이열전에 보인 낙랑과, 낙랑과 관계되는 현토(玄菟)·대방(帶方) 등을 같이 고찰하여 나의 우견(愚見)을 진술하여 역사를 읽는 사람들이 한 번 읽어볼 수 있도록 제공하는 바이다.

〈한서〉 지리지에 보인 현토·낙랑의 기록은 다음과 같다.

「현토군(玄菟郡)은 호수(戶數)가 45,000호, 인구가 221,845명, 3개의 현(縣)이 있는데 고구려, 상은태(上殷台), 서개마(西蓋馬) 현이 그것이다(玄菟郡, 戶四萬五千, 口二十二萬一千八百四十五, 縣三 高句麗·上殷台·西蓋馬).」

「낙랑군은 호수가 62,812호, 인구가 406, 748명, 25개의 현(縣)이 있는데 조선(朝鮮)·전한(𧊒邯)·패수(浿水)·함자(含資)·점선(黏蟬)·수성(遂成)·증지(增地)·대방(帶方)·사망(駟望)·해명(海冥)·열구(列口)·장잠(長岑)·둔유(屯有)·소명(昭明)·루방(鏤方)·제해(提奚)·혼미(渾彌)·탄렬(呑列)·동이(東暆)

·불이(不而)·잠태(蠶台)·화려(華麗)·야두매(邪頭昧)·전막(前莫)·부조(夫租)가 그것이다(樂浪郡, 戶六萬二千八百一十二, 口四十萬六千七百四十八, 縣二十五, 朝鮮·𬪩邯·浿水·含資·黏蟬·遂成·增地·帶方·駟望·海冥·列口·長岑·屯有·昭明·鏤方·提奚·渾彌·呑列·東暆·不而·蠶台·華麗·邪頭昧·前莫·夫租).」

〈후한서〉 군국지(郡國志)에 보인 현토·낙랑의 기록은 다음과 같다.

「현토군은 6개의 성(城)이 있고, 호수는 1,594호, 인구는 43,163명이다. 6개의 성은 요산(遼山)과 요수(遼水)가 시작하는 곳인 고구려(高句驪), 서개마(西蓋馬), 상은태(上殷台), 예전에 요동에 속하였던 고현(高顯), 예전에 요동에 속하였던 후성(候城), 예전에 요동에 속하였던 요양(遼陽)이다(玄菟郡 六城, 戶一千五百九十四, 口四萬三千一百六十三, 高句驪 遼山遼水出·西蓋馬·上殷台·高顯 故屬遼東·候城 故屬遼東·遼陽 故屬遼東).」

「낙랑군은 18개의 성(城)과 1,492호의 가구, 257,050명의 인구로 되어 있다. 18개의 성은 조선·염한(𬪩邯)·패수(浿水)·함자(含資)·점선(黏蟬)·수성(遂成)·증지(增地)·대방(帶方)·사망(駟望)·해명(海冥)·열구(列口)·장잠(長岑)·둔유(屯有)·소명(昭明)·루방(鏤方)·제해(提奚)·혼미(渾彌)·낙랑이다(樂浪郡 十八城, 戶六萬一千四百九十二, 口二十五萬七千五十, 朝鮮·𬪩邯·浿水·含資·黏蟬·遂成·增地·帶方·駟望·海冥·列口·長岑·屯有·昭明·鏤方·提奚·渾彌·樂浪).」

〈삼국지〉에는 지리지가 없으므로 이는 생략한다.

〈진서(晋書)〉 지리지에는 현토군이 없고 낙랑과 대방을 양 군(郡)으로 나누어 기록한 것이 다음과 같다.

「평주(平州)……낙랑군(樂浪郡: 漢에서는 그 아래에 6개의 縣을 두었는데, 호구 수는 3천7백이다-원주), 조선(朝鮮)·둔유(屯有)·혼미(渾彌)·수성(遂成)·루방(鏤方)·사망(駟望)(平州……樂浪郡(漢置統縣 六, 戶三千七百-원주). 朝鮮·屯有·渾彌·遂成·鏤方·駟望).」

「대방군(帶方郡: 공손도(公孫度)가 그 아래에 7개의 현을 설치하였는데, 호구 수는 4천9백이다-원주)…… 대방(帶方)·열구(列口)·남신(南新)·장잠(長岑)·제해(提奚)·함자(含資)·해명(海冥)(帶方郡(公孫度置 統縣 七, 戶四千九百-원주)…… 帶方·列口·南新·長岑·提奚·含資·海冥).」

〈사기〉에, 한(漢) 무제가 위씨(衛氏)를 멸망시키고 사군(四郡)을 두었다고 하였는데, 무슨 이유로 〈한서〉 지리지에는 현토·낙랑만 있고 진번(眞番)·임둔(臨屯)은 없는가?

낙랑은 25개 현(縣)이나 되는데 현토는 무슨 이유로 겨우 3개 현뿐인가?

〈후한서〉 군국지(郡國志)에서는 무슨 이유로 〈한서〉 지리지보다 낙랑 한 현(縣)이 더 있고 동이(東暆) 이하 7개 현이 없는가?

〈진서(晋書)〉에는 무슨 이유로 현토가 없고 낙랑과 대방 두 군(郡)이 있는가?

〈후한서〉와 〈삼국지〉의 동이열전의 "소제(昭帝)가 진번·임둔을 파하고 낙랑·현토로 병합하였다(昭帝 罷眞番·臨屯, 以并樂浪·玄菟)"가 그 첫 번째 답안일 것이다.

"현토가 다시 고구려(高句驪)로 옮겨가자 단대령(單大嶺: 單單大嶺) 동쪽의 옥저와 예맥은 모두 낙랑에 소속되었다(玄菟復徙居句驪, 自單大嶺以東沃沮·濊貊, 悉屬樂浪)"가 그 두 번째 답안일 것이다.

"다시 영동의 7개 현을 나누어 동부도위(東部都尉)를 두었다. 광무제 건무 6년에 동부도위를 폐지하여 마침내 영동 지역을 포기하였다(復分嶺東七縣, 置東部都尉. 光武建武六年, 省東部都尉, 遂棄嶺東地)"가 그 세 번째 답안일 것이다.

"건안(建安) 년간에 공손강(公孫康)이 둔유(屯有) 이남의 황지(荒地)를 분리하여 대방군(帶方郡)으로 만들었다(建安中 公孫康 分屯有以南荒地 爲帶方郡)"가 그 네 번째 답안일 것이다.

그러나 (一) 〈후한서〉 광무제(光武帝) 23년(기원 47년)에 "고구려 잠지락(蠶支落)의 대가(大加)인 대승(戴升)이 낙랑으로 찾아와서 내속되기를 청하였다(句麗蠶支落大加戴升, 詣樂浪內屬)"라고 하였는데, 蠶支(잠지)는 곧 蠶台(잠태)이고, 잠태는 낙랑의 현 이름이거늘, 이제 잠태가 낙랑에 속하기를 청하였다고 하는 것은 마치 고양군(高陽郡)이 경기도에 속하기를 청한다는 것과 같은 우스운 이야기이다.

(二) 안제(安帝) 원초(元初) 5년(기원 118년. 고구려 태조대왕 66년)에 "고구려왕 궁(宮)이 예맥과 함께 현토를 습격하고 화려성(華麗城)을 쳤다(宮(太祖大王-원주)復與濊貊, 寇玄菟, 攻華麗城)"라고 하였는데, 화려(華麗)는 낙랑의 동부인 영동(嶺東) 7개 현(縣)의 하나로서 광무(光武) 때에 벌써 없애버린 현이거늘, 이제 다시 고구려가 공격하는 한(漢)의 현이라는 것도 말이 되지 않을 뿐 아니라, 현토에 쳐들어가서 화려성을 공격한다는 것은 낙랑의 속현(屬縣)이 곧 현토의 속현이라는 모순되는 말이다.

(三) 고구려의 국명(國名)을 따서 이름을 지은 고구려현(高句麗縣)을 두었던 것은 우선 용서하더라도, 유리왕(瑠璃王) 33년(기원 14년)에 태자 무

휼(無恤)이 그 고구려현을 점령함으로써 그 땅이 고구려국의 소유가 되었거늘, 그 뒤 3백 년이 지나도록 고구려현이 현토군의 수부(首府: 군의 치소(治所)-옮긴이)라고 〈한서〉 지리지나 〈후한서〉 군국지(郡國志)에 적고 있는 것은 가공(架空)의 망필(妄筆)이다.

다시 더 자세히 고찰하면 이런 따위가 얼마나 될지 모른다. 그러므로 〈한서〉의 지리지나 〈후한서〉의 군국지나 〈진서(晋書)〉의 지리지에 보이는 낙랑·현토 등의 군(郡)은 후세 사람들이 거짓으로 덧붙여 놓은 것이고, 당(唐) 이전의 여러 사서(史書)들의 모든 동이열전에는 후인(後人)들의 개찬(改竄: 고쳐서 쓴 것)이 수없이 많다. 그 중에서도 특히 낙랑·현토 등에 관한 기록은 대개가 위조된 것이라 할 것이다.

그러면 낙랑·현토 등 여러 현(縣)들은 모두 지워 없애버려도 되는 것일까?

〈한서〉 지리지 요동군 번한현(番汗縣)의 패수(沛水)가 곧 패수(浿水)임은 이미 앞에서 설명하였으며, 〈삼국지〉 동이열전에 낙랑전(樂浪傳)을 두지 않고 있음은 유감이라는 것은 이미 나의 〈삼국지 동이열전의 교정(校正)〉이란 글에서 설명하였다.

그것이 빠지게 된 원인은, 혹 〈삼국지〉에는 본래 낙랑전(樂浪傳)이 있었고, 낙랑전 가운데에는 낙랑 속국 20여 개 이름이 기재되어 있었던 것을 당 태종(唐太宗)·안사고(顔師古) 등이 낙랑전을 지워 없애버리고 그 20여 나라들을 가져다가 〈한서〉 지리지에 집어넣어서 낙랑군 25현(縣)을 만들고, 지리지 가운데 낙랑군의 속현(屬縣)인 번한(番汗)·험독(險瀆) 등을 요동군으로 옮기면서 그 흔적을 감추기 위하여 번한(番汗)의 패수(浿水)를 패수(沛水)로 고치고, 「험독(險瀆)」의 주(註) 「조선왕 위만이 도읍한 곳(朝鮮王滿 都)」(이것은 응소(應邵)의 설(說)이다.-옮긴이)을 반박하고, 각 사서의 동이열전 혹 기타에 보인 낙랑 관련 기사를 혹은 삭제하거나 혹은 고쳐서 중국 옛 영토의 범위를 넓힘으로써 동국을 침략하는 장사(壯士)들의 적개심을 고취하려고 했던 것이다.

여하간 지리지의 현토의 3개 현(縣)과 낙랑의 25개 현은 거의 조선의 열국(列國)들이었고, 당시 요동 낙랑군에 속한 현(縣)들이 아니었다.

(五) 결 론

이상에서 말한 바와 같이, 중고(中古) 시대의 평양(平壤)·패수(浿水)는 남북으로 나뉘어 있었고, 남쪽에 있는 것은 낙랑국(樂浪國)이라 부르기도 하고 평양성(平壤城)이라고도 불렀으며, 그 위치는 대동강 위에 고정되어 있었다. 그리고 북쪽에 있는 것은 낙랑군(樂浪郡)이라 불렀으며, 그 군(郡)의 치소(治所)는 요동(遼東)에서 요서(遼西)로, 요서에서 상곡(上谷)으로 이동한 것이 그것이다.

그렇다면, 중고 시대에는 남쪽 낙랑에 중국인의 세력이 들어온 적이 전혀 없느냐? 이는 단언할 수 없다.

대개 중고 시대의 조선인은 지금의 조선 8도 이외에 압록강을 건너 흥경(興京) 이동(以東), 개원(開原) 이북의 봉천(奉天)·길림(吉林)의 대부분을 근거로 삼아 지금의 만리장성 이북으로 나가서 열하도(熱河道)·흥화도(興和道)·수원도(綏遠道) 등을 진취(進取)의 지방으로 삼고, 세력이 성할 때에는 남하(南下)하여 어양(漁陽: 지금의 북경(北京) 부근-원주)·우북평(右北平: 지금의 영평부(永平府)-원주)·태원(太原: 지금의 대동부(大同府)-원주) 등을 공격하였다.

그리고 중국인은 영평부(永平府)로 부터 산해관(山海關)까지를 진취(進取)의 지방으로 삼고, 그 세력이 성하면 요동부터 혹은 흥경(興京) 이동(以東)도 엿보았고, 혹은 살수(薩水) 이남까지도 쳐들어왔던 것이다.

사실이 이러한데도 역대의 사가(史家)들은 매번 이런 줄을 분명히 알지 못하여, 〈삼국사기〉를 읽을 때에, 고구려가 「요서(遼西)에 성을 쌓았다」, 「어양·상곡·우북평 등에 침입하였다」는 말을 보면 고구려가 열하도·흥화도 등지로부터 남으로 향하여 영평부 혹은 대동부(大同府: 太原) 등을 공격한 것인 줄 모르고, 산해관으로부터 서진(西進)하여 영평부 혹은 대동부 등을 공격한 줄 알며, 중국인의 세력이 미천왕(美川王: 기원 300~331년) 이전 수백 년 동안 평안도·황해도 등지를 차지하고 세력을 떨쳤던 줄로 아는데, 그것은 모두 엄청난 착오이다.

설령 평안도·황해도가 한두 차례 중국인의 병화(兵禍)를 입은 일이 있었다 하더라도, 그 역시 고려 말에 홍건적(紅巾賊)이 개성(開城)에 침입한 적이 있듯이 잠시 쳐들어와서 요란을 피웠던 것일 따름이니, 오랫동안 중국인의 점령지로 있었다고 하는 것은 역사적 기록과 틀리는 망설(妄說)이다.

다만 낙랑군(樂浪郡)이 옮겨 다닌 것에 대하여는 재미있는 사실이 숨어 있다. 낙랑이 요서(遼西)로 옮겨갈 때에는 조선의 세력이 요동(遼東)에 미친 뒤이고, 낙랑이 상곡(上谷)으로 옮겨갈 때에는 조선의 세력이 요서(遼西)에 미친 뒤이니, 낙랑의 위치가 나아가고 물러간 것으로써 조선 세력의 커지고 줄어든 것을 점칠 수 있다.

「조선고적도보(朝鮮古蹟圖譜)」에 낙랑과 대방의 고분(古墳)들을 수없이 많이 실어 놓았으나, 그러나 (一)낙랑군 제8 대동강 방면의 고분을 한분(漢墳: 한나라의 고분)이라고 하게 된 것은, 구리거울(銅鏡)이나 기물 등에 새겨진 「王(왕)」 자(字)를 제왕(帝王)의 「王(왕)」으로 해석하지 않고 중국인 왕씨(王氏)의 「王(왕)」으로 풀었기 때문이고,

(二) 제6 · 제5 강동(江東)의 고릉(古陵)은 전설에 황제총(皇帝塚)이라 하고, 〈여지승람(輿地勝覽)〉에는 이를 동천왕릉(東川王陵)이라 하였거늘, 여기서는 한 왕릉(漢王陵)이라는 이전에는 없었던 별명(別名)을 붙여 놓았으며,

(三) 점선비(黏蟬碑)는 그 맨 앞의 빠진 부분에다 의문부호를 붙여 놓고는 한(漢) 광화(光和) 원년이라고 하였는데, 우리와 같은 고고학의 문외한이 어찌 그 시비(是非)를 경솔히 논하겠는가마는, 그러나 그 그림 설명의 대개를 보건대, 어떤 말은 학자의 견지에서 나왔다기보다는 정치상 다른 종류의 작용(作用)이 적지 않은 듯하다.

대방태수 어양(漁陽) 장무이(張撫夷)의 묘는, 그 전문(塼文: 벽돌에 새겨진 글)의 「漁陽(어양)」 두 자(字)를 근거로 중국 북경인 관리의 묘라고 하였으나, 백제 중엽부터 백제인들이 중국을 모방하여 지은 지명(地名)이 많으니, 광양(廣陽) · 성양(城陽) 등이 그것으로, 어양(漁陽)도 이와 같이 백제 내지(內地)의 지명일지도 모른다. 개로왕(盖鹵王) 때에 대방태수 사마(司馬) 장무(張茂)란 자가 있었는데, 장씨(張氏)는 백제의 세가(世家: 대대로 나라의 중요한 직책에 있거나 특권을 누리는 집안. 세족)로서 대방태수의 직책을 세습하던 성씨인지도 모르므로, 이를 무턱대고 북경인(北京人)이라고 단언하는 것은 너무 조급한 일일 것이다.

제5편 전후삼한고(前後三韓考)

1. 인용서(引用書)의 선택

(一) 인용서 진위(眞僞)의 변별(辨別) —— 아직 지중(地中) 발굴이나 고적(古蹟) 탐사나 고물(古物) 연구 방면에서 지식과 기구(器具)가 모두 부족한 우리로서는, 우리의 고사(古史)를 연구하려면 오직 옛 사람들이 남겨놓은 서적(書籍)으로 자료를 삼을 수 있을 뿐인 것은 물론이다.

서적이라면 우리의 것뿐만 아니라 이웃나라의 것도 사용할 수 있으며, 지난 왕조 때의 소위 정사(正史)라는 것보다도 신화·소설·요괴담(妖怪談)·잡서(雜書)에서도 직접 혹은 간접으로 사적(史的) 가치를 더 얻는 수도 있지만, 그러나 이는 선택할 줄 안 연후의 일이니, 어찌 아무 변별도 없이 조선에 관한 기재만 있으면 〈산해경(山海經)〉이나 〈죽서기년(竹書紀年)〉이나 〈포박자(抱朴子)〉나 〈박물지(博物志)〉 같은 것을 그 가치도 묻지 않고 인용할 수 있겠는가.

후세 사람이 위조한 것이라고 세상 사람들이 모두 말하는 〈요전(堯典)〉과 〈우공(禹貢)〉(둘 다 〈상서(尙書)〉 중의 편명(篇名)들이다–옮긴이) 중의 「우이(嵎夷)」니 「도이(島夷)」니 하는 것을 가져다가 4천, 5천 년 전의 조선사의 한 페이지를 채우려 하는 것은 또한 가소로운 일이 아니냐.

페리클레스(Pericles: 기원전 495~429년. 미케일(Mycale) 전투에서 페르시아 군대를 패퇴시킨 크산티푸스(Xantippus)의 아들로서 헤로도투스, 소크라테스, 프로타고라스 등이 그의 친구였다—옮긴이)의 무록(誣錄: 거짓 기록) 때문에 아테네는 언제나 스파르타를 이겼던 것인 줄로 알고, 기원전 390년에 갈리아(Gallia) 인들이 로마에 쳐들어와서 약탈과 방화를 자행할 때 고대 로마의 사서(史書)가 불탄 후 로마인이 나중에 기록한 로마 고사(古史)에 근거하여 옛 로마의 연대(年代)·사적(事蹟) 등을 믿는다면 너무도 어리석은 일이라 할 것이다. 그러므로 고사(古史)를 논함에 있어서는 먼저 인용서의 가치를 잘 살펴보아야 할 것이다.

(二) 조선 고사(古史)의 잔결(殘缺) —— 조선 최고의 사적(史籍)을 〈신지(神誌)〉라고 한다. 신지(神誌)를 혹은 사람 이름(人名)이라 하기도 하고, 혹은 책 이름(書名)이라고도 하지만, 나의 생각으로는, 신지는 본래 고대의 관명(官名), 곧 삼한사(三韓史)의 신지(臣智)인 「신치」이니, 역대 「신치」의 「신수두」 제삿날(祭日)에 신에게 고해 바쳤던 말들을 모은 것이 아닌가 한다.

그 전체 글(全書)이 다 남아 있으면 혹시 조선의 「호머(Homer: 그리스의 서사시 〈일리아드〉와 〈오디세이〉의 저자—옮긴이)」에 해당하는 시편(詩篇)이 될 수 있을는지도 모른다. 그러나 불행히도 신지(神誌)의 것이라고는, 그 진위(眞僞)를 알 수 없는 「진단구변국도(震壇九變局圖)」란 이름이 〈대동운해(大東韻海)〉에 보이고, 「비사(秘詞)」 10구(句)가 〈고려사〉에 보이며, 그 밖에는 흘러 전해오는 한두 개의 구(句)만 전해올 따름이다.

그리고 고구려 초기의 유기(留記) 〈백권(百卷)〉이니, 이문진(李文眞)의 〈신집(新集)〉 5권이니, 백제 고흥(高興)의 〈서기(書記)〉니, 신라 거칠부(居

柒夫)의 〈신라고사(新羅古事)〉니 하는 것들까지도 그 책 이름만 우리 귀에 남아 전하고 그 한 자(字)도 세상에 전해오지 못하였다.

이렇게 된 원인은 나의 「조선 1천년 이래 제1대사건(朝鮮一千年來 第一大事件)」이란 글에서 간략히 설명하였지만, 우리 조선의 사학계와 같이 백사장(白沙場)으로 변하여 아무런 자료도 남아 있지 않은 사회가 어디 또 있겠는가. 그러면 우리가 무슨 서적에 의거하여 고사(古史)를 말할 것인가.

(三) 중국 사가(史家)들의 조선에 관한 기록 ── 이웃나라의 서적에서 조선의 역사 기록을 찾는다고 하자. 그런데 고대 우리의 이웃나라 가운데 남의 일까지 적어줄 만한 문화를 가졌던 나라는 오직 중국뿐인데, 중국의 신뢰할만한 사가(史家)로는 사마천(司馬遷)을 첫손가락에 꼽을 수 있지만, 그러나 그는 이집트, 바빌론 등 먼 외국의 역사까지 충실하게 채록(採錄)하였던 그리스(희랍)의 헤로도투스(Herodotus: 기원전484?~425?년)와 같은 사가가 아니었다.

사마천은 공자(孔子)의 〈춘추(春秋)〉의 필법인 존화양이(尊華攘夷: 중국을 높이고 이족(夷族)을 내침)·상내략외(詳內略外: 중국 국내의 사실은 상세하게 기록하고 외국의 사실은 간략하게 기록함)·위국휘치(爲國諱恥: 나라에 치욕이 되는 일은 숨김) 주의(主義)를 고수하던 완고한 유자(儒者)였기 때문에, 그는 조선을 중국의 일부인 절강(浙江) 지방과 똑같이 보고 자신의 〈사기(史記)〉에다 조선(朝鮮)·양월(兩越: 동월과 남월)을 합하여 하나의 열전(列傳)으로 적었다(그러나 〈사기〉의 현재 판본에는 〈東越列傳〉, 〈南越列傳〉, 〈朝鮮列傳〉으로 분리되어 있다.-옮긴이).

또 그 조선전(朝鮮傳)이란 것도 조선사(朝鮮史)가 아니라 다만 연(燕)·제(齊)로부터 도망쳐 나온 도적들의 수령(首領)인 위만(衛滿)이 조선을 침략한 기록일 따름이며, 조선이 연(燕)과 전쟁을 한 큰 사건 같은 것도 흉노전(匈奴傳)에서 동호(東胡)란 이름으로 기록하였기 때문에, 만일 〈위략(魏略)〉이 아니었더라면 조선의 일인 줄도 모르게 해 놓았다.

반고(班固)가 지은 〈한서(漢書)〉의 조선에 관한 기록은 〈사기〉의 것을 초록(抄錄)하여 옮긴 것일 뿐이며, 범엽(范曄)이 쓴 〈후한서〉의 조선에 관한 기록(즉, 동이전(東夷傳)-원주)은 〈삼국지(三國志)〉의 것을 초록하여 옮기면서 거기다가 함부로 고치기까지 한 것이다(제3절에서 자세히 설명함.-원주).

만일 조선사의 재료가 될만한 가치가 있는 것을 찾는다면, 두 책(〈한서〉와 〈후한서〉)은 다 털끝만한 가치도 없고, 오직 위(魏) 말, 서진(西晋) 초의 사가인 진수(陳壽)의 〈삼국지(三國志)〉가 있을 뿐이다.

〈삼국지〉는 부여, 고구려 등의 관제(官制)와 풍속, 삼한(三韓)의 70여국의 국명(國名)과 기타 모든 것을 간략히 서술해 놓았으므로, 중국사에 붙어 있는 조선에 관한 기록들 중에서는 가장 칭찬할 만한 것이다.

진수(陳壽)와 동시대 사람인 왕침(王沈)의 〈위서(魏書)〉에는 단군(檀君)의 이름 왕검(王儉)을 적어 놓았으며, 어환(魚豢)의 〈위략(魏略)〉에는 대부 례(大夫 禮), 조선왕 부(否), 조선왕 준(準)의 약사(略史)를 적어 놓았는데, 근세의 〈동국통감(東國通鑑)〉 〈조선사략(朝鮮史略)〉 등에 보인 기부(箕否), 기준(箕準), 삼한 78국의 이름 등은 모두 저들이 남겨 놓은 이삭을 주운 것이다.

그러나 〈위서〉와 〈위략〉은 현재 망실(亡失)되어 겨우 일연(一然)의 〈삼국유사〉와 배송지(裵松之)가 진수의 〈삼국지〉에 주(註)를 달면서 인용한 것이 남아 있을 뿐이니, 어찌 애석한 일이 아닌가.

(四) 중국의 사책인 〈삼국지〉에 초록(抄錄)된 조선에 관한 사실은 원래 조선인의 기록이다. ── 〈삼국지〉의 부여·고구려·삼한 등 전(傳)에 쓰인 使者(사자)는 「사리」이고, 沛者(패자)는 「부리」이고, 對盧(대로)는 「마리」이고, 樂浪(낙랑)은 「펴라」이고, 狗邪(구야)는 「가라」이고, 安邪(안야)는 「아라」이다. 이들은 다 한자의 음(音)의 초성(初聲)이나 뜻(義)의 초성을 가져다가 쓴 삼국시대의 이두문이고 중국인들이 직접 번역한 것이 아니다.

이것은 모두 위(魏)나라 장수 관구검(毌丘儉)이 환도성(丸都城)에 쳐들어왔을 때에 고구려의 기록이나 전설들을 가져다가 전한 것으로서, 이것을 근거로 〈삼국지〉, 〈위서〉, 〈위략〉 등의 저자가 진귀한 조선사의 자료를 가지게 되었던 것 같다.

다만 저들이 조선 본위의 조선사를 쓰지 않고 중국사의 사이전(四夷傳) 가운데 부록(附錄)으로 삼을 조선사를 지었던 것이므로 그 채록(採錄)한 바가 자연히 엉성하였을 것이다.

(五) 〈삼국지〉의 조선에 관한 기록 전부를 신용할 수는 없다. ── 그러므로 〈삼국지〉 등의 책에 있는 부여·삼한전 등을 곧 고구려 사관(史官)이 직접 기록한 것처럼 보아서 진귀품(珍貴品)으로 사랑할 수도 있겠지만, 그러나 다음과 같은 이유로 순전히 그렇게만 여길 수도 없다.

一. 저들은 중화인(中華人)이기 때문에, 그들 역시 역대 중국의 사가들처럼 타국에 대한 병적 자존심리(自尊心理)를 가지고 있어서 그 기록들 중에 사실이 아닌 거짓 기록들을 남겼다.

예를 들면, 〈위략〉에서는 대진(大秦: 로마)의 「진(秦)」 자(字)에 억지로 꿰맞추어 백색 인종인 대진인(大秦人: 로마인)을 중국인의 자손이라고 하였으며, 진한(辰韓)의 「辰」 자(字)의 음(音)에 맞추어, 진한(辰韓)은 진인(秦人: 秦始皇(진시황)의 秦-원주)들이 진(秦)나라의 만리장성(萬里長城) 쌓는 부역을 피하여 동으로 옮겨온 자들이라고 하였다. 이와 같은 망설(妄說)들이 적지 않으니, 저들의 말만 믿다가는 그들의 기만하고 조롱하는 붓에 속아 넘어갈 뿐이다.

二. 당 태종이 고구려를 침략하고자 하면서 고의로 자기 나라 신민(臣民)들에게 고구려에 대한 적개심을 고취하기 위하여 중국 고서(古書)에 나오는 조선에 관한 기록들을 거의 다 덧칠하여 지우거나 고쳤다는 의심이 없지 않으니, 이에 대하여는 이미 「평양패수고(平壤浿水考)」에서 자세히 설명하였지만, 조선사에서 소위 삼한(三韓) 사군(四郡)의 문제에 대하여 쟁론(爭論)이 분분한 것은 당 태종이 덧칠하고 고친 서적을 그대로 따라 믿은 것이 또한 한 원인이 되었다.

三. 도자(倒字)·오자(誤字)·탈자(脫字)·첩자(疊字) 등이 많다.

예를 들면, 첫째, 〈삼국지〉의 조선열전 서(序)에 "끝까지 추격하여 극히 먼 곳까지 이르렀는데, 오환(烏丸)과 골도(骨都)를 넘어갔다(窮追極遠, 踰烏丸骨都)" 라고 하였으나, 고구려에 오골성(烏骨城)과 환도성(丸都城)은 있었지만 오환성(烏丸城)·골도성(骨都城)은 없었으니, 대개 동이전(東夷傳)이 앞에 오환전(烏丸傳)이 있었으므로 그 때문에 骨·丸(골·환) 두 자(字)를 서로 바꾸어 놓아 「烏骨丸都(오골환도)」를 「烏丸骨都(오환골도)」라고 한 것이다.

둘째, 마한전(馬韓傳)에 “신지(臣智)를 혹은 높여서 신운견지(臣雲遣支)라 불렀다(臣智 或加優呼 臣雲遣支)”라고 하였으나, 「臣」의 음(音)은 「신」이니, 臣蘇塗(신소도)·臣濆活(신분활) 등의 「臣」과 辰韓(진한)·辰王(진왕) 등의 「辰」은 모두 「크다(太)」는 뜻이며, 「遣支(견지)」는 「크치」이고 그 뜻은 大兄(대형)이니, 「신크치」는 곧 太大兄(태대형)이다. 그러므로 臣雲遣支(신운견지)의 「雲」 자(字)는 곧 그 다음에 나오는 글 臣雲新國(신운신국)의 「雲」 자를 착오로 중첩해서 「臣遣支(신견지)」를 「臣雲遣支(신운견지)」라고 한 것이다.

셋째, 진한변한전(辰韓弁韓傳)의 辰(진)·卞(변) 24국 안에 군미(軍彌)·마연(馬延)을 두 번씩 써서 26국이 되었으니, 이상의 것은 다 앞의 글과 아래 글에 의하여 발견할 수 있는 것들이다.

이밖에 발견할 수 없게 된 와자(訛字)·오자(誤字)·도자(倒字)·탈루자(脫漏字)들도 적지 않을 것이니, 이 또한 조선사 연구에 있어 일대 장애가 되고 있다.

(六) 삼한(三韓)에 관한 기록 ── 삼한은 이때까지 사가들의 쟁론(爭論)이 되어 온 여러 문제들 중의 하나인 동시에 가장 중요한 문제, 가장 곤란한 문제이다.

이제, (甲) 서적을 선택하여 이전 학자들과 근래 사람들이 「韓(한)」 혹은 「朝鮮(조선)」 등의 자(字)가 나오는 글이면 모두 인용할 책으로 보던 폐단을 제거하고, (乙) 선택한 서적 중에서 다시 그 진망(眞妄: 진실한 기록과 터무니없는 기록)을 분간하여 일반 터무니없는 기록들을 변별하여 바로잡은 결과, 〈삼국지〉 〈위략〉 등을 연구의 주(主) 자료로 삼고, 〈사기〉의 흉노전·봉선서(封禪書)·조선열전을 부(副) 자료로 삼고, 그리고 〈국어(國

語)〉〈관자(管子)〉 등을 보조 자료로 삼아서 전후삼한고(前後三韓考)를 논술하려고 한다.

2. 전삼한(前三韓)—삼조선(三朝鮮)—의 전말(顚末)

1. 삼한의 기원(起源)

구암(久庵) 한백겸(韓百謙) 선생이 한강(漢江)을 남북으로 갈라서, 그 북쪽은 조선이 되고, 한(漢) 사군(四郡)이 되고, 고구려가 되었으며, 그 남쪽은 삼한(三韓)이 되고, 신라·가라·백제 등 삼국(三國)으로 되었다고 주장한 후부터 대부분의 학자들은 줄줄이 그 주장을 따르고 이의(異議)가 없었다. 그러나 구암(久庵)이 「후삼한(後三韓)」만 삼한으로 알고 「전삼한(前三韓)」이 있었다는 것은 몰랐으므로, 이와 같은 실착(失着)이 있었던 것이다.

그러면 무엇에 근거하여 전삼한(前三韓)이 있었다고 주장하는가?

〈삼국사기〉 신라본기 혁거세 원년(기원전 57년)에서 "처음에 조선의 유민들은 산골 속에 나뉘어 살았는데…이것이 진한(辰韓) 6부로 되었다(初, 朝鮮遺民 分居山谷之間…是爲辰韓六部)"라고 하였고,

38년(기원전 19년)에서 "진한의 유민들로부터 시작하여…두려워하고 심복하지 않는 자가 없었다(自辰遺民…無不畏懷)"라고 하였고,

〈위략〉 삼한전에서는 "진한은… 흩어져 떠돌아다니는 사람들이 되었

다. 그래서 마한(馬韓)의 통제를 받았다(辰韓…爲流離之人, 故爲馬韓所制)"라고 하였고,

〈삼국지〉 삼한전에는 "진한(辰韓)은 마한(馬韓)의 동쪽에 있는데, 그곳 노인들은 세세대대로 전하면서 스스로 말하기를, 옛날에 도망자들이 진(秦)의 부역을 피하여 한국(韓國)으로 왔는데, 마한에서 그 동쪽 변경 지방의 땅을 잘라서 그들에게 주었다고 하였다(辰韓, 在馬韓之東, 其耆老傳世自言, 古之亡人, 避秦役, 來適韓國, 馬韓, 割其東界地, 與之)"라고 하였는데, 「진의 부역을 피하여(避秦役)」란 말은 이미 앞의 절(節)에서 그것이 위증(僞證)임을 변별하여 바로잡았거니와, 이미 설명한 신라본기와 삼한전의 말을 대조해 보면, 진한(辰韓)은 원래 북방으로부터 옮겨와서 마한(馬韓)에게서 땅을 할양받아 그곳에 붙어살게 된 것이다.

삼한전(三韓傳)에는 弁韓(변한)은 없고 弁辰(변진)만 있는데, 이것은 弁韓(변한)·辰韓(진한) 두 나라 유민들이 옮겨와서 함께 섞여서 같이 살았으므로 이런 이름을 얻게 되었다는 분명한 증거이다. 그러면 변·진 양한(兩韓)의 이주민이 있기 전에는 경상 좌·우도가 모두 마한(馬韓)의 땅인 동시에 삼남(三南)이 모두 마한의 땅이었음을 알 수 있으니, 그렇다면 진·변 양한의 본토는 다른 땅에서 찾는 것이 옳을 것이다.

2. 삼한(三韓)은 곧 삼조선(三朝鮮)

전삼한(前三韓)의 역사를 말하려면 먼저 「朝鮮(조선)」이란 말의 의의와 「三朝鮮(삼조선)」의 내력을 밝힐 필요가 있다.

(一) 조선에 대하여 김학봉(金鶴峯)의 「朝日鮮明(조일선명)」, 〈여지승람〉

의 「東表日出(동표일출)」, 순암(順庵) 안정복(安鼎福)의 「鮮卑山東(선비산동)」…등 각종 해석이 있으나, 이는 곧 중경(中京)의 뜻인 「가우리」로 그 이름을 지은 「高麗(고려)」를 「山高水麗(산고수려)」의 뜻으로 해석한 것과 같은 종류의, 후세의 문사(文士)들이 억지로 갖다 붙인 뜻이지 본래의 뜻이 아니다.

〈관자(管子)〉에 「八千里之發朝鮮(팔천리지발조선)」, 「發朝鮮不朝(발조선부조)」, 「發朝鮮之文皮(발조선지문피)」…등의 말이 있고, 〈사기〉와 〈대대례(大戴禮)〉에 「發肅愼(발숙신)」이 있다. 「發肅愼(발숙신)」은 곧 「發朝鮮(발조선)」인 동시에 조선(朝鮮)과 숙신(肅愼)은 동일한 명사(名詞)가 두 가지로 번역된 것임이 명백하다. 청(淸)나라 건륭제(乾隆帝)가 흠정(欽定)한 〈만주원류고(滿洲源流考)〉에서는 숙신(肅愼)의 본래 음을 「珠申(주신)」이라 하고, 그 뜻을 관할 지경(管境: 곧 영토)이라고 하였다. 그렇다면 조선(朝鮮)의 음도 「珠申(주신)」이고 관할 지경이란 뜻임이 또한 명백하다.

(二) 삼조선(三朝鮮)은 〈고려사〉에서 단군(檀君)·기자(箕子)·위만(衛滿)을 삼조선이라 하였으나, 이는 역대(歷代)를 구별하기 위하여 가설(假設)한 삼조선이지만, 흘러들어온 도적의 수령인 위만이 역대의 하나가 된다는 것은 웃기는 일이거니와, 이밖에 따로 실제로 존재한 삼조선이 있다.

〈사기〉 조선열전에 「처음 연(燕)의 전성시(全盛時)에 일찍이 진번(眞番) 조선(朝鮮)을 침략하였다(始全燕時, 嘗略眞番朝鮮)」라고 하였는데, 서광(徐廣)이 말하기를, 진번(眞番)은 한편 진막(眞莫)이라고도 한다고 하였다. 그리고 〈사기색은(史記索隱)〉에서는 진번(眞番)을 2개 나라(二國)라고 증명하였으니, 그렇다면 진막(眞莫)도 2개 나라이므로 「眞」, 「番」, 「莫」은 곧 삼조선(三朝鮮)이다.

중국인들은 타국의 명사(名詞)를 쓸 때에는 매번 문자를 매끄럽게 하기 위하여 그 길이(長短)를 자기들 마음대로 바꾸는 폐단이 있으므로(특히 불경의 번역에 이런 종류가 더욱 많다.-원주) 「眞番莫朝鮮(진번막조선)」이라 쓰지 않고 혹은 「莫」자를 빼버리고 「眞番朝鮮(진번조선)」이라 하거나, 혹은 「番」자를 빼버리고 「眞莫朝鮮(진막조선)」이라 한 것이다. 이것이 이른바 「眞番莫(진번막)」 삼조선(三朝鮮)이다.

眞番莫(진번막)은 곧 「辰弁馬(진변마)」이고, 삼한(三韓)의 「韓(한)」은 〈크다(大)〉는 뜻과 〈첫째(第一)〉, 〈하나(一)〉 등의 뜻으로 왕(王)의 명칭이 된 것이니, 〈만주원류고〉의 작자인 청(淸)의 건륭 황제가 말하기를 「韓(한)」은 관명(官名)이지 나라 이름(國名)이 아니라고 한 것은 근사(近似)한 해석이다.

眞番莫(진번막)이나 辰弁馬(진변마)는 모두 「신」, 「불」, 「말」로 읽어야 할 것이니, 眞番莫(진번막) 삼조선은 기준(箕準)이 남으로 옮기기 이전 북방에 있던 전삼한(前三韓)으로, 眞番莫(진번막) 삼조선은 「신」, 「불」, 「말」 삼국(三國)이란 뜻이고, 辰弁馬(진변마) 삼한(三韓)은 「신」, 「불」, 「말」 삼왕(三王)이란 뜻이다.

다 같이 「신」, 「불」, 「말」의 번역이면서 어찌하여 하나는 眞番莫(진번막)이 되고 또 하나는 辰弁馬(진변마)가 되었는가?

이것은 이두문 초창(初創) 시대의 것으로서 불가피한 것이다.

다 같이 신라본기에 보인 「쇠뿔한」이지만 「舒弗邯(서불한)」, 「舒發翰(서발한)」, 「角干(각간)」 등 다른 자들을 쓰게 되었으며, 다 같이 고구려 문자로 쓴 「마리」이지만 「對盧(대로)」, 「莫離支(막리지)」 등 다른 자들을 쓰게 되었던 것과 같다.

만일 직관지(職官志)에 「각간(角干)을 일명 서불한(舒弗邯) 또는 일명 서발한(舒發翰)이라 한다(角干, 一名 舒弗邯, 又名 舒發翰)」라고 한 기록이 없다면 어찌 角干(각간)의 「角(각: 뿔)」이 양 뿔(羊角)·사슴 뿔(鹿角)·노루 뿔(獐角) 등의 角(각)이 아니고 오직 쇠뿔(牛角)이란 뜻인 줄 알 수 있겠는가. 만일 김유신전에 연개소문을 「大對盧(대대로)」라고 쓴 문자가 있는 동시에 고구려 고기(古記)에 「淵蓋蘇文 大莫離支(연개소문 대막리지)」라고 쓴 문자가 없다면 어찌 對盧(대로)의 「對(대: 마주하다)」에서 「마주」의 초성을 찾아서 對盧(대로)가 莫離(막리)와 동일하게 「마리」로 발음되는 줄 알 수 있겠는가.

동일한 신라본기와 삼국고기(三國古記)로도 이와 같은 착잡(錯雜)이 있거든, 하물며 6백년 전 진개(秦開)가 쳐들어왔을 때에 주워 간 전삼한(前三韓)의 이름 「신」, 「불」, 「말」이 연(燕)나라의 〈사기〉로부터 사마천의 〈사기〉로 옮겨져 眞番莫(진번막)이 되고, 6백년 후 관구검(毌丘儉)이 쳐들어 왔을 때에 주워간 후삼한(後三韓)의 이름 「신」, 「불」, 「말」이 辰弁馬(진변마)가 되는 것이야 괴이하게 여길 게 있겠는가.

〈관자(管子)〉의 「發朝鮮(발조선)」은 삼조선 중의 「番朝鮮(번조선)」일 것이며, 〈설문(說文)〉의 「樂浪番國(낙랑번국)」도 「番朝鮮(번조선)」일 것이다. 그리고 대조영(大祚榮)의 국호 「震(진)」은 辰韓(진한)이나 辰國(진국)의 「辰(진)」에서, 궁예(弓裔)의 국호 「摩震(마진)」은 馬韓(마한)·辰韓(진한)에서 그 뜻을 취하였을 것이다.

뿐만 아니라 〈송서(宋書)〉에는 辰韓(진한)·馬韓(마한)을 「秦韓(진한)」·

「慕韓(모한)」이라고 하여 그 취하여 쓴 한자가 이와 같이 서로 다르다. 그러므로 이러한 것들은 매번 그 연혁으로부터 그 이름과 뜻을 찾아야 할 것이다.

3. 전삼한(前三韓)의 명칭의 유래

삼조선(三朝鮮)의 명칭은 「삼경(三京)」에서 비롯된 것이다. 삼경은 곧 〈고려사〉 신지비사(神誌秘詞)에 보인 부소량(扶蘇樑)·오덕지(五德地)·백아강(百牙岡)으로, 이른바 단군 삼경(檀君三京)이 바로 이것이다.

삼경(三京)은 조선 고대의 미신의 대상인 「삼신(三神)」으로 말미암아 설치되기 시작한 것이니, 삼신은 〈고기〉에 보인바 환인(桓因)·환웅(桓雄)·왕검(王儉) 삼신(三神)이다. 다만 그 〈고기〉가 불교도의 손에 의해 편찬된 것이므로, 가슬라(加瑟羅)를 가섭원(迦葉原)으로, 비처왕(毗處王)을 소지왕(炤智王)으로,… 기타 모든 명사를 불서(佛書)의 그것으로 함부로 고쳤듯이, 환인·환웅 두 명사는 〈법화경(法華經)〉의 「석제환인(釋提桓因)」이나 석가(釋迦)의 별명인 「대웅(大雄)」에 맞추어 고쳐 쓴 이름이고 본래의 이름은 아니다.

〈사기〉 봉선서(封禪書)〉에서 "삼일신(三一神)이란 천(天), 지(地), 태일(太一)을 말한다.……세 신(神)들 중에서 태일(太一)이 가장 귀하고……오제(五帝)란 태일을 돕는 자이다(三一神者 天一 地一 太一……三一之中 太一最貴……五帝者 太一之佐)"라고 하였다. 天一(천일)·地一(지일)·太一(태일)은 곧 三神(삼신)의 별명이며, 굴원(屈原)의 구가(九歌)에 「東皇太一(동황태일)」이란 노래 이름이 있으므로, 태일(太一) 등 삼신의 이름이 사마천 이전부터 중국에 유행하였음을 볼 수 있다.

그리고 "하왕(夏王) 계(啓)가 세 번 천제(天帝)를 만나 뵙고 구주(九奏)의 음악을 얻었다(啓棘賓(商)帝, 九辯九歌)"(이 구절은 초사(楚辭) 천문(天問)에 나오는 구절로, 번역은 주준성(朱駿聲)의 〈설문통훈정성(說文通訓定聲)〉의 주(註)에 따라 商을 帝의 오자로 보고 번역한 것이다-옮긴이)라고 한 구(句)로 미루어보면, 「東皇太一(동황태일)」의 노래 이름이 굴원(屈原) 이전의 고대로부터 중국 연해(沿海)의 민간에 유행하였음을 볼 수 있으니, 대개 조선 고대에 산동(山東)·강소(江蘇) 등지로 옮겨간 사람들, 곧 저들의 역사에서 이른바 「九夷(구이)」가 삼신(三神)의 이름을 전하고 한족(漢族)이 이를 한자로 번역하여 혹은 노래 이름에, 혹은 신앙 조목(信條)에 오른 것이다.

「신」의 번역이 「太(태)」가 된다는 것은 이미 앞에서 설명하였거니와, 「太一(태일)」은 「신한」의 뜻이고, 「天一(천일)」은 「말한」의 뜻이며, 「地一(지일)」은 「불한」의 뜻이니, 「신」·「불」·「말」 세 「한(韓)」 가운데 「신한」이 수위(首位)에 있다는 것이 봉선서(封禪書)의 「세 신(神)들 중에 태일(太一)이 가장 귀하다(三一之中 太一最貴)」라고 한 말의 뜻이다.

그리고 「신한」 밑에 대관(大官) 다섯 사람을 두었는데, 이것이 「5가(五加)」라 불리는 다섯 국무대신(國務大臣)이다. 전국을 동·서·남·북·중 5부(五部)로 나누어 5가(五加)가 군사와 민정 양 부문을 나누어 맡고 때때로 각기 본도(本道)로 나가서 머물렀는데 이를 「사리」라 불렀다. 薩(살)·使者(사자)·舍利(사리) 등은 그것의 한자 번역으로, 「사리」는 〈나가서 머문다(出駐)〉는 뜻이다.

전란이 일어날 때에는 이들 다섯 사람이 전쟁 일을 분담하고 다섯 대장(大將)이 되어 「크치」라 불렸으니, 遣支(견지)·遣智(견지)·儉側(검측)·大兄(대형) 등은 그것의 한자 번역이다. 「크치」는 대장(大將)이란 뜻이니, 다섯 대신이 「신한」을 보좌한 것은 봉선서의 「오제(五帝)란 태일을 돕는 자이다(五帝者 太一之佐)」의 뜻으로서, 이는 상고에 미신의 신계(神界)를 인사(人事)에 응용하여 「三王·五加」가 「三京·五部」를 관할한 三頭·五臂(삼두·오비: 세 개의 머리와 다섯 개의 팔)의 관제(官制)였다.

그 상세한 것은 다른 날 관제고(官制考)에서 따로 설명할 것이지만, 삼국시대의 辰王(진왕)·太王(태왕)·大王(대왕)은 다 「신한」의 한자 번역이다. 고구려는 태왕(太王) 아래에 「부리」, 「마리」의 좌우보(左右輔)를 두어 삼일(三一)을 본뜨고, 국내성(國內城)·평양(平壤城)·한성(漢城)을 삼경(三京)이라 하고, 전국은 순나(順那)·소나(消那)·관나(灌那)·절나(絕那)·계나(桂那) 5부(部)로 나누었으니 이 또한 조선으로부터 전해 내려온 제도였다. 신라와 백제는 삼두·오비(三頭·五臂)에 한 비(臂)를 더하여 삼두·육비(三頭·六臂)로 하였다.

4. 전삼한(前三韓)의 창립자 단군(壇君)

최근 어윤적(魚允迪)이 편찬한 〈동사년표(東史年表)〉에서 "계림유사(鷄林類事)에서 말하기를, 檀(단)은 倍達(배달: 박달나무)이고 國(국)은 那羅(나라)이고, 君(군)은 壬儉(임검: 임금)이다(鷄林類事曰, 檀倍達, 國那羅, 君壬儉)"라고 하면서, 檀君(단군)을 「배달 나라 임검(금)(倍達那羅壬儉)」이라고 해석하였다. 그러나 〈계림유사(鷄林類事)〉란 책은 이미 망실되고 오직 도종의(陶宗儀)의 〈설부(說郛)〉에 게재되어 있는 고려에 관한 말 몇 마디만 남아 있는데, 거기에 그런 말이 없으니, 〈동사년표〉의 저자가 어디서 이를 인용하였는지 무턱대고 믿기가 어렵다.

(*옮긴이 주: 어윤적(魚允迪)은 1922년 일본이 조선의 역사를 왜곡하기 위하여 설립한 〈조선사편수회〉에 이완용(李完用), 박영효(朴泳孝), 이완용의 조카인 이병도(李丙燾), 신석호(申奭鎬), 최남선(崔南善), 이능화(李能和) 등과 함께 참여하여 우리민족의 역사 왜곡에 앞장섰다.)

〈동사강목(東史綱目)〉 고이(考異)에서는 "〈삼국유사〉에서 神壇(신단) 나무 아래에 내려와서 호(號)를 **壇君**(단군)이라 하였다고 했으나, 〈고려사〉 지리지에는 檀木(단목: 박달나무) 아래에 내려와서 호를 **檀君**(단군)이라 하였다고 했는데, 〈동국통감(東國通鑑)〉에서는 〈고려사〉를 좇아 **檀君**(단군)이라 하였으므로, 이제 이를 따른다"고 하였다.

이와 같이 壇君(단군)의 「壇(단)」은 원래 나무 木(목) 변의 **檀**(단)이 아니라 흙 土(토) 변의 **壇**(단)이거늘, 순암(順庵: 安鼎福) 선생처럼 학문이 깊고 침착한 학자가 시비(是非)를 캐지 않고 세력을 따랐으니 이 또한 기이한 일이다.

〈삼국지〉 삼한전(三韓傳)에 의하면, 마한(馬韓) 열국이 각기 별개의 읍(邑)을 만들어 「蘇塗(소도)」를 세우고, 천신(天神)에게 제사 지내는 일을 주관하는 자를 하나 두어 그를 「天君(천군)」이라 불렀으며, 죄를 지은 자가 소도(蘇塗)의 읍(邑) 안으로 도망쳐 들어오면 붙잡아 가지 못한다고 하였다. 그리고 또 그곳에 게재된 54국 가운데 「臣蘇塗(신소도)」란 나라가 하나 있는데, 소도(蘇塗)는 곧 「수두」이며, 「수두」는 고어(古語)에 신단(神壇)을 가리키는 말이다.

따라서 열국의 「수두」는 곧 열국의 신단(神壇)이며, 臣蘇塗(신소도)는 「신수두」이니, 열국의 신단을 총 관할하는 최대의 신단이 있는 나라를 가리킨 것이다.

지금까지 관북(關北) 지방에는 여러 마을이 연합하여 하나의 대수림(大樹林)을 둘러싸고 그 주위에 「금줄」을 치고, 그 안쪽을 신단(神壇)이라 부르며 대제(大祭)를 지내는데, 비록 고금(古今)의 변천이 없을 수는 없으나, 여전히 그 의식(儀式)의 한 단면을 전하는 것이다.

대개 단군(壇君) 왕검(王儉)은 이와 같은 수림(樹林)의 신단(神壇), 즉 「수두」 아래에서 출현하여, 시대의 방편(方便)을 따라 삼신오제(三神五帝)의 신의 세계(神界)를 설파하고, 자기가 곧 삼신(三神)의 하나인 「신한」의 화신(化身)이라 칭하며 조선(朝鮮)이란 시초 형태의 국가를 건설하였던 것이다.

그 신단이 흙으로 쌓은 것이거나 돌로 쌓은 것이 아니라 자연의 수림(樹林)으로 된 신단이므로 흙 「土(토)」 변의 壇(단)을 써서 「壇君(단군)」이라 하지 않고 나무 「목(木)」 변의 檀(단)을 써서 「**檀君**(단군)」이라 하였다고 한다면, 이는 자단(紫檀)·백단(白檀) 등 나무이름의 檀(단)이 아니라, 새로 글자의 뜻을 만들어 「수두나무 **檀**(단)」이라고 하는 것이 옳을 것이다.

그러나 흉노전(匈奴傳)에 보면, 흉노는 제단이 있는 곳을 「休屠國(휴도국)」이라 하는데, 「休屠(휴도: 중국어 발음은 xutu(수투)이다)」는 곧 「수두」일 것이다. 또한 수림의 제단이므로 중국인들은 이를 「蘢城(롱성)」(위청전(衛靑傳)에 보임-원주)이라 하고, 후에 와서는 쓰기 편리하게 초두(艸頭) 변 「++」를 없애고 「龍城(용성)」이라 하였다. 〈사기〉, 〈한서〉, 〈후한서〉, 〈진서(晋書)〉 등에 보이는 모든 「龍城(용성)」은 곧 이것이다. 따라서 흉노도 원래 조선의 민족과 같은 뿌리였거나, 그렇지 않으면 태고에 혹시 동일한 치하(治下)에 있던 시대가 있었던 듯하다.

어떤 때는 「신수두」로써 삼조선(三朝鮮)의 땅 전체의 명칭으로 삼았기 때문에 신지(神誌)의 「진단구변국도(震壇九變局圖)」가 있게 된 것이니, 震壇(진단)의 「震(진)」은 「신수두」의 「신」의 음(音)이고, 震壇(진단)의 「壇(단)」은 「신수두」의 「수두」의 뜻이다.

「왕검(王儉)」은 王(왕: 임금)의 반의(半義: 뜻을 나타내는 말, 곧 「임·금」의 반인 「임」) 「임」을 취하고, 儉(검)의 전음(全音: 소리 전체)인 「검(금)」을 취하여 「임검(임금)」으로 읽었던 것이다. 혹자는 「王」 자가 이미 「임금」의 뜻인데 무엇 때문에 반의(半義)만 취하는가 하겠지만, 〈삼국사기〉 「炤智(소지)」의 주(註)에 「한편, 비처(毗處)라 쓰기도 한다(一作 毗處)」라고 한 것을 보면, 「炤(소)」 자가 이미 「비·치」다는 뜻인데도 구태여 「智(지)」 자를 덧붙여 「비치」로 읽는 것과 같은 것이니, 〈삼국사기〉 중에서 이와 같은 예를 찾으려면 심히 많으나 번거롭게 열거하지 않는다.

조선 제1세 건국자의 이름이 「임금」이므로 역대 제왕의 존칭(尊稱)을 「임금」이라고 한 것이다. 이것은 중국 주공(周公)의 기괴(奇怪)한 휘명법(諱名法: 이름을 직접 말하지 않고 피하는 법)이 수입되기 이전의 일이다. 「임금」은 신단에서 제사를 주관하는 자의 칭호이고, 「신한」은 정치상 원수(元首)의 칭호이지만, 이때는 신단에서 제사를 주재하는 자가 곧 정치상의 원수가 되던 때이므로, 「임금」이 곧 「신한」의 직권(職權)을 같이 가지고 있었을 것임은 두말할 나위가 없다.

혹자는 말하기를, 인도 범어(梵語)의 스투파(stupa)가 조선에 들어와서

「수두」가 되고, 일본에 들어가서 「소도바」가 되고, 중국에 들어가서 「탑(塔)」이 되었다고 하였는데, 이것도 일종의 참고할 말은 되겠지만, 그러나 한두 개가 우연히 같다고 해서 그 유래(由來)를 판정한다는 것은 너무 성급한 의론이라 할 것이다.

희랍(그리스)의 역사를 읽어보면, 중앙의 대(大) 「델피(Delphi)」 신전(神殿)을 가진 「델피(Delphi)」국(國)이 있고, 열국에 각기 소(小) 「델피(Delphi)」의 신전이 있었다고 하는데, 이것은 조선의 「신수두」, 「수두」와 같지 아니한가?

페르시아 역사를 읽어보면, 전국을 다스리는 대왕(大王)이 있고, 대왕 아래에 여러 소왕(小王)들이 있었다고 하는데, 이것은 삼국시대 태왕(太王) 아래에 각 소왕(小王)들이 있었던 것과 같지 아니한가?

서양 중고(中古)에 예수교의 무사단(武士團)에서 부인(婦人)으로써 교사(教師)를 삼았다고 하니, 이것은 신라의 원화(源花)와 같지 아니한가?

이집트 고대에 태양일(太陽日)의 수(數)인 360여를 쓰기 좋아하여 나일강의 본래 이름에도 〈360여〉란 의미가 들어 있다고 하니, 단군 〈고기(古記)〉의 「농사(穀)를 주관하고, 수명(命)을 주관하고, 형벌(刑)을 주관하고, 선악(善惡)을 주관하였으니, 무릇 인간의 360가지 일을 주관하였다(主穀, 主命, 主刑, 主善惡, 凡主人間三百六十事)」는 것과 〈여지승람〉에 기록된 묘향산 고적(古蹟)의 「360여 궁(宮)」이 또한 이와 같지 아니한가?

이것은 모두 본론(本論)의 범위가 아니므로 일단 그만두거니와, 역사는 시대와 경우를 따라서 성립하는 것이므로, 비록 번쇄(煩瑣: 번거롭고 자잘함)한 미신의 기록이지만, 「수두」와 「신수두」의 교의(教義)에서 나온 삼경(三京)·오부(五部)가 건설된 원인을 알아야 비로소 삼조선(三朝鮮)의 고사(古史)를 말할 수 있을 것이다. 이에 위와 같이 대강 진술한다.

5. 전삼한(前三韓)의 강역(疆域)과 연대(年代)

이때까지 진술한 것은 겨우 전삼한(前三韓), 곧 삼조선(三朝鮮)이 존재하였다는 실증과, 그것이 건립된 원인과, 그 국가 제도의 대략뿐이었다. 그런데 이로부터 따라 나오는 문제가 세 개 있다.

첫째는 삼조선(三朝鮮)의 범위 문제이다.

범위에도 또한 두 가지 구별이 있으니, 그 하나는 삼조선 각자의 범위이고, 둘은 삼조선 전체의 범위이다.

삼조선 각자의 범위에 대하여는 분명히 말할 수 없다. 그러나

(一) 〈만주원류고〉에서는 요동의 번한현(番汗縣)을 변한(弁韓)의 옛 땅으로 지정하고 있는데, 이는 이치상 그럴듯하다. 대개 삼조선 중에서 「불한」의 관할 지경이 중국과 가장 가까웠으므로 「발조선(發朝鮮)」이란 명사가 가장 먼저 중국인의 서책(즉, 〈管子〉)에 보인 것이다.

연왕(燕王) 희(喜)가 조선을 침략하여 영평부(永平府)의 노룡현(盧龍縣)을 요서(遼西)라 하고 그 이동을 요동(遼東)이라 불렀은즉, 「불한」의 서울이 당시에 안쪽으로 옮겼으나(다음 글에서 자세히 논함-원주), 당초에는 요하(遼河) 이서(以西)와 개원(開原) 이북이 모두 「番朝鮮(번조선)」의 옛 땅이었을 것이다.

(二) 후삼한(後三韓) 중에서 진한(辰韓)과 변한(弁韓)은 옮겨왔지만 마한(馬韓)은 본토에 있었던 것이니, 마한의 전신(前身)인 「莫朝鮮(막조선)」은 알기가 쉽다고 할 것이다. 그러나 다만 위만(衛滿)의 난(亂) 때 임진강(臨

津江) 이북을 전부 잃어버렸으니, 그 본토 전체로 말하자면 대개 압록강 이동(以東)이 모두 그 옛 땅이었을 것이다.

(三) 「신한」의 옛 땅은 밝혀내기가 가장 어렵지만, 「신한」은 임금을 겸임하고 있었으므로 왕검성(王儉城), 즉 지금의 해성현(海城縣)이 그 서울이라고 한다면, 요동반도와 길림(吉林) 등지가 곧 「신한」의 부분인 「眞朝鮮(진조선)」의 옛 땅이었을 것이다.

그러나 삼조선은 서로 단절된 각기 다른 국가들이 아니고 다만 「신한」의 통치하에 약간씩 구별되었던 국가들일 따름이다.

〈동사강목(東史綱目)〉의 「단군의 강역은 북으로 흑룡강에 이르고 남으로 조령(鳥嶺)에 이른다(檀君疆城, 北至黑龍江, 南至鳥嶺)」고 한 것이 삼조선 전체의 강역이 될 것이지만, 흑룡강·조령 등은 고대의 이름이 아니므로 고사(古史)에서 나온 기록이 아니라 후세 사람의 억설(臆說)임이 명백하다.

그러나 후삼한의 진한·변한은 옮겨온 인민들이므로, 그 이전에는 조령(鳥嶺) 이남은 거의 황량한 땅으로서 사람들이 살지 않았을 것이니, 〈동사강목〉의 억설이 대개 그럴 듯하다.

〈문헌비고(文獻備考)〉에 고죽(孤竹: 영평부(永平府)-원주)이 춘추(春秋) 시대 이후에 조선의 소유가 되었다고 하였으나, 이는 백이(伯夷)를 한족(漢族)으로 인정하는 동시에 따라서 그 본국인 고죽국을 한족의 나라로 인정하기 때문이다. 청(淸) 건륭 황제의 〈도서집성(圖書集成)〉에서는 고죽을 北夷(북이)라 하였으며, 고염무(顧炎武)의 〈수문비사(修文備史)〉에는 고죽을 九夷(구이)의 하나라고 하였으니, 「夷(이)」가 비록 막연하기 짝이 없는 명사이기는 하지만 한족(漢族)이 아닌 것만은 명백하고, 진개(秦開)의 전쟁 이전에는 고죽이 조선의 일부였던 것도 명백하며, 〈사기〉 흉노전에 「상곡(上谷) 밖을 향한 나라는 동으로 예맥(濊貊) 조선(朝鮮)과 접한다(直上谷以往者, 東接濊貊朝鮮)」라고 하였으므로, 조선과 중국과 흉노의 나누어진 경계를 이로써 알 수 있을 것이다.

둘째는 삼조선(三朝鮮)의 연대(年代)이다.

지금 사람들은 보통 조선 건국부터 금년(甲子: 서기 1924년)까지는 4257년이 되었다고 하는데, 왕검 이후부터 동·북 부여가 분립되기 이전까지 사이의 아득히 긴 세월의 사적(事蹟)이 전부 없어져 버렸는데, 이것을 어디에서 고증하였는가 하면, 〈고기(古記)〉에 「단군은 무진(戊辰)년에 당요(唐堯)와 나란히 건국하였다(檀君 與堯竝立 於戊辰)」라고 한 것을 근거로 삼고, 소강절(邵康節)의 〈경세서(經世書)〉의 당요(唐堯) 이래의 연대표(年代表)에 의하여 정한 연조(年祚)이다.

그러나 〈경세서〉에 적힌 연대를 믿을 것인가? 사주장이가 남의 미래의 행년(行年)을 내는 경우 1세부터 70세, 80세까지 내지만 그 행년이 꼭 맞는 것은 아니다. 중국 연대를 사마천이 〈사기〉에서 주소공화(周召共和: 기원전 841년, 여왕(厲王)의 폭정으로 백성들이 반란을 일으켜 왕을 축출하고 그의 어린 아들(宣王)이 즉위한 후 나라의 대신인 주공과 소공이 같이 나라를 다스린 사건을 말한다.—옮긴이)로부터 연표를 시작한 것은 그 이전의 역년(歷年)을 알 수 없었기 때문이거늘, 소강절이 자기가 자랑하는 상수학(象數學)으로 아무 증거도 없이 상(商)나라가 몇 백 몇 십 몇 세, 주(周)나라가 몇 백 몇 십 몇 세, 심지어 어느 황제(某帝)는 재위 몇 년, 어느 왕(某王)은 재위 몇 년… 등 고대 국조(國朝)와 고대 제왕의 사주(四柱)를 내었던 것이다.

이와 같이 사주장이의 필법(筆法)으로 만들어 놓은 과거 중국의 연대중 당요(唐堯)의 기원(紀元)과 대조하여 단군의 연대를 알려고 하는 것은 참으로 어리석은 짓이다.

고구려의 기록부터 전하고 있는 〈위서(魏書)〉의 「2천년 전에 단군 왕검이 아사달에 나라를 세웠다(往在二千歲, 有檀君王儉, 立國阿斯達)」라는 기사는 그 본문의 전부가 망실되고 오직 십수(十數) 자(字)의 단구(斷句)로 전하였는데, 그것이 믿을 만한 가치가 있는지 없는지는 모르겠으나 그래도 여전히 조선의 〈고기(古記)〉이므로, 고구려로부터 그 이전 2천년이면 대개 지금으로부터 4천년 내외이니, 이와 같은 대체적인 숫자만 기억하면 된다.

〈경세서(經世書)〉의 주(周) 무왕(武王) 연대와 대조하여 기자(箕子)도 지금으로부터 몇 년 전이라 하지만, 무왕의 연대 자체도 또한 당요(唐堯)의 연대와 같은 성질의 것이며, 기씨(奇氏)·선우씨(鮮于氏: 奇氏와 鮮于氏는 다같이 箕子를 시조(始祖)로 삼고 있다.-옮긴이)의 족보에 근거하여 기자를 태조(太祖) 문성왕(文聖王)이라 하고 그 이하 마한(馬韓)까지의 시호(諡號)와 역년(歷年)을 자세히 갖추어 기록하였으나, 태조·문성 등의 시호가 상고(上古)에 있을 수 없다.

혹은 후의 왕들이 추존(追尊)한 것이라고 하나, 조선에서 시법(諡法)을 쓴 것은 삼국시대 말엽부터 시작되었으므로, 이제 그 이전인 마한 때에 시법이 있었다고 하는 것도 어불성설(語不成說)이므로, 다만 기자는 지금으로부터 3천년 내외에 조선에 건너온 인물이라고 알고 있으면 된다.

셋째는 조선의 흥망(興亡)과 변천(變遷)의 사적(事蹟)이다.

이는 재료의 결핍으로 연구의 여지조차 허용되지 않는 가장 어려운 문제인데, 이 문제 또한 둘로 나누어 고찰할 수 있다.

(一) 단군과 기자(箕子)의 교체, 즉 기자가 일개 중국의 망명객으로 조선에 들어오자마자 어떻게 단군을 대신하여 왕이 되었느냐 하는 문제이다.

단(壇)은 「수두」이고, 「수두」는 고대의 조선 전체를 총칭(總稱)한 이름이라는 것은 이미 앞에서 설명하였다. 그때 제왕(帝王)은 오직 제 1세 왕검(王儉)과 제2세 부루(夫婁)가 고기(古記)에 보일 뿐이고, 기자(箕子)와 그 후예라고 하는 조선왕 부(否), 조선왕 준(準)은 〈조선사략(朝鮮史略)〉에 보였으나, 사실 기자의 일은 〈사기〉, 〈한서〉와 소설류인 〈삼재도회(三才圖會)〉에서, 부(否)와 준(準)의 일은 〈위략〉에서 초록하여 뽑은 것일 따름이다.

이조(李朝) 이전의 조선인의 붓으로 쓴 기자의 사실은 겨우 〈삼국유사〉에 「단군이…기자를 피하여…(檀君…避箕子…)」의 열 몇 자(字)뿐이며, 〈삼국사기〉에 「기자는 주(周) 왕실로부터 봉함을 받았다(箕子 受封於周室)」라고 한 한 구절이 적혔으나, 이것은 〈사기〉에 적혀 있는 것을 초록한 것이다.

신라 말의 유일무이한 중국 숭배자로 제왕년대력(帝王年代曆)을 지은 일종의 사가(史家)인 최치원(崔致遠)조차도 일찍이 기자에 대하여 언급한 것이 한 마디도 없는 것은 무슨 까닭인가?

〈위서(魏書)〉에서는 단군 왕검을 기재해 놓았으나, 그것과 동시대의 저작인 〈삼국지〉와 〈위략〉에는 왕검을 빼고 기자(箕子)만 기재함으로써 부여·고구려 등의 문명 발달의 공로를 기자에게 돌리고 있음은 무슨 까닭인가?

〈삼국유사〉의 말처럼 단군이 왕위를 기자에게 물려주고 물러났다고 한다면, 이는 신단수림(神壇樹林)의 권위가 이미 쇠퇴하였다는 징후이거늘, 기자 이후 1천여 년에 해모수(解慕漱)·해부루(解夫婁)·고주몽(高朱蒙)이 모두 스스로를 단군 혹은 단군의 아들이라 칭한 것은 무슨 까닭인가?

또한 삼국 초엽까지 조선 전체를 「진단(震壇)」이라 칭하는 이름이 남아 있었던 것은 무슨 까닭인가?

중국사에 조선에 관한 무슨 말이 있으면 그것을 가져다가 조선사의 어느 책장 속에 집어넣고, 만일 저들과 우리의 기록이 서로 모순되면 자기 추측으로 한두 자(字)를 개정하거나 혹은 첨부하여 없는 사실을 생판으로 날조하는 것은 역대 사가(史家)의 관습이니, 〈삼국유사〉에서 「단군이… 기자를 피하여(檀君…避箕子)」가 어찌 이런 따위가 아니겠느냐.

그러나 명백한 반대의 증거가 없는 이상 일종의 의문만으로 고대의 기록을 파기할 수는 없으므로, 아직 특별한 발견이 있기 이전에는 기씨(箕氏) 연대(年代)를 그대로 둘 수밖에 없다.

(二) 삼조선(三朝鮮)의 결국(結局), 즉 삼조선이 일시에 함께 망하였느냐, 아니면 전후에 걸쳐 각각 망하였느냐 하는 문제이다

〈사기〉 조선전에서 「처음에 연(燕)의 전성 시에 일찍이 진번 조선을 침략하여 복속시켰다(始全燕時, 嘗略屬眞番朝鮮)」라고 하였으니, 이것이 아마 삼조선의 최후일 것이다. 이는 곧 진개(秦開)가 쳐들어와서 만반한(滿潘汗) 이북 2천 리의 땅을 빼앗아 갔다고 한 때의 일이다. 만반한은 곧 〈한서〉 지리지에 보인 문(文)·번한(番汗) 두 현(縣)이며, 번한(番汗)은 앞에서 설명한 〈만주원류고〉에서 이른바 변한(弁韓)의 옛 땅. 즉 「불한」의 서울이 이곳이다.

근세의 학자들이 2천 리를 잘못 증명하여 만반한(滿潘汗)을 대동강 이남에 와서 찾았으므로, 나의 「平壤浿水考(평양패수고)」란 글에서 이미 명백히 변증(辨證)하여, 지금의 대동부(大同府: 즉 영평부(永平府)-옮긴이)로부터 열하(熱河) 등지를 지나 요동까지 2천 리가 그것이라는 것을 논술하였으므로 여기에서 다시 더 기재하지 않거니와, 이는 삼조선 건국 이후 대외 전쟁에서의 미증유의 대 실패인지라 삼두정치(三頭政治) 붕괴의 동기가 되었다.

「신조선」(眞朝鮮-원주)이 붕괴하여 삼국(三國)이 되니, 그 하나는 흥경현(興京縣), 환인현(桓仁縣) 등지로 들어가 「불조선」(番朝鮮-원주)의 유민들과 연합하여 「진번국(眞番國)」이 되고, 또 하나는 경상우도로 들어가 「변진국(弁辰國)」이 되었는데, 전자는 「신조선」의 유민이 주(主)가 되고 「불조선」의 유민이 부(副)가 되어 「眞番(진번)」이라고 이름 하였으며, 후자는 「불조선」의 유민이 주(主)가 되고 「신조선」의 유민이 부(副)가 되어 「弁辰(변진)」이라고 이름 하였으니, 이는 대개 인구의 많고 적음에서 선후 차례를 정한 이름이다.

또 하나는 단순히 「신조선」의 유민들만으로 경상좌도로 건너가서 「辰韓六部(진한육부)」를 건설하였으니, 이 가운데 辰韓(진한)과 弁辰(변진)은 다 마한(馬韓)이 남으로 옮겨온 이후의 일이므로, 다음 절(節) 후삼한고(後三韓考)에서 상세히 설명할 것이다.

「신」·「불」 양 조선의 또 다른 일부 인민들이 후에 와서 연(燕)나라 도적 위만(衛滿)에게 달려가 붙어 「위만조선(衛滿朝鮮)」이 성립하였으니, 위만전에 이른바 「진번조선과 만이(蠻夷)들을 부려 복속시켰다(役屬眞番朝鮮蠻夷)」와, 「그 주변의 소읍(小邑)들을 쳐서 항복시키니, 진번과 임둔이 모두 와서 항복하고 복속하였다(侵降其旁小邑, 眞番臨屯 皆來服屬)」라고 한 것은 이를 가리킨 것이다.

「말조선」은, 「신」·「불」 양 조선이 대패하여 멸망한 끝에 홀로 진개(秦開)의 침공을 방어하는 데 성공하여 조선(朝鮮)이란 이름을 보전하였다. 또 조선왕 부(否)는 진시황(秦始皇)이 중국을 통일한 후 만리장성의 위염(威談)이 사방의 주변국들을 두려워 떨게 하는 때에 정예병을 뽑아 요새를 지킴으로써 반쪽만 남은 강산(江山)이나마 지켜냈던 것이다. 그러나 불행하게도 못난 아들 준(準)이 왕위를 이어받은 후 위만을 신임하여 서쪽 변경 땅을 갈라 주고 왕궁 수비까지 맡겼다가, 마침내 그의 반격을 받게 되어 남쪽으로 달아나서 조선(朝鮮)이란 이름을 버리고 다만 「말한」이라 칭하니, 〈삼국지〉와 〈삼국사기〉에서 이른바 마한(馬韓)이 곧 이것이다.

마한(馬韓)·진한(辰韓)·변한(弁韓)은 다 전삼한(前三韓)의 후신(後身)으로서 남방에 다시 설립된 삼한(三韓)이므로, 내가 그 이름을 지어 후삼한(後三韓) 혹은 남삼한(南三韓)이라 정하고, 그 상세한 내용은 다음 절의 후삼한고(後三韓考)에서 설명하려고 한다.

3. 후삼한(後三韓)—〈삼국지〉에 보인—신라·가야·백제 삼국

1. 후삼한(後三韓) 고증에 대한 이전 학자들의 오류

구암(久庵) 한백겸(韓百謙)·순암(順庵) 안정복(安鼎福)·다산(茶山) 정약용(丁若鏞)·한대연(韓大淵) 등 여러 선생들이 비록 전삼한(前三韓)이 존재한 사실은 인식하지 못하였으나, 辰(진)·弁(변)·馬(마) 삼한을 곧 신라·가라·백제라 하여, 최고운(崔孤雲: 최치원)이 신라·고구려·백제 삼국에 분배한 삼한설(三韓說)을 깨뜨리고 후삼한(後三韓)의 강역을 정돈한 공로는 적지 않다.

그러나 이들 중에서도 가장 후생(後生)인 나의 교정(校正)을 기다리는 다소의 오류들이 없지 않으니, 그 모든 오류가 이하에서 열거하는 세 가지 큰 오류로부터 생겨난 것이다.

(一) 참고서(參考書)를 잘못 택한 오류 ── 범엽(范曄)의 〈후한서〉의 동이열전은 곧 진수(陳壽)의 〈삼국지〉의 동이열전을 초록한 것이다. 그 실례 한 가지를 들어본다.

〈삼국지〉 동옥저전(東沃沮傳)에 "(현토군 태수) 왕기(王頎)가 따로 군사를 보내어 고구려왕 위궁(位宮)을 추격하게 하여 옥저의 동쪽 끝까지 갔다. 병사들이 그곳 노인들에게 물었다. 「바다 동쪽에 또 사람들이 살고 있는가?」 …또 말하기를, 베옷(布衣) 한 벌이 바다로부터 떠내려 왔는데,… 양 소매 길이가 3장(丈)이나 되었다.…한 사람이 있었는데, 그의 목에는 또 하나의 얼굴이 있었다(王頎別遣追討宮, 盡其東界. 問其耆老, 海東復有人不…說得一布衣, 從海中浮出…兩袖長三丈…有一人, 項中復有面)"라고 하였다. 그런데 범엽의 〈후한서〉에서는 "그곳 노인들이 말하기를, 일찍이 바다 가운데서 베옷(布衣) 한 벌을 얻었는데,…양 소매 길이가 3장(丈)이나 되었다.…그의 목에는 또 하나의 얼굴이 있었다(其耆老言, 嘗於海中得一布衣…兩袖長三丈…項中復有面)"라고 하였다.

왕기(王頎)는 조위(曹魏: 조조(曹操)가 세운 위(魏)나라—옮긴이)의 장군이고 궁(宮)은 고구려 동천왕(東川王)의 이름 위궁(位宮)의 약자인데, 둘 다 후한(後漢) 이후의 사람들이다. 그렇기 때문에 〈후한서〉에서는 「王頎(왕기)」 이하 13자를 삭제해 버리고 북옥저(北沃沮)의 노인이 스스로 말한 것으로 만들어 〈삼국지〉의 것을 초록한 것이다.

이런 사적(史的) 가치가 없는 요괴담(妖怪談)의 초록(抄錄)이야 우리에게 무슨 상관이 있으며, 또한 초록뿐이라면 오히려 괜찮겠으나, 이제 중대한 기록을 개찬(改竄)하여 초록한 것들을 보자.

〈삼국지〉에는 "기준(箕準)은… 좌우 수행자들과 궁녀들을 거느리고 바다로 달아나서 한(韓)의 땅으로 옮겨가 살면서 스스로 한왕(韓王)이라 칭하였다. 그 후대는 끊어졌으나 지금의 한인(韓人)들 중에는 여전히 그를 제사지내 주는 자들이 있다(準…將其左右宮人走入海, 居韓地, 自號韓王. 準其後滅絕, 今韓人猶奉其祭祀者)"라고 하였다.

그런데 〈후한서〉에는 "기준(箕準)은…나머지 무리 수천 명을 거느리고 바다로 달아나서 마한(馬韓)을 공격하여 깨뜨리고 스스로 한왕(韓王)이 되었다. 기준의 후대가 끊어지자, 마한 사람이 다시 스스로 일어서서 진왕(辰王)이 되었다(準…將其餘衆數千人走入海, 攻馬韓破之, 自立爲韓王. 準後滅絕. 馬韓人復自立爲辰王)"라고 하였다.

진수(陳壽)·어환(魚豢)·왕침(王沈) 등은 다 관구검(毌丘儉)과 동시대 사람들로서 관구검이 가져간 고구려의 기록을 직접 본 자들일 것이니, 범엽(范曄)의 개찬(改竄)이 어찌 미친 짓이 아니겠는가.

그런데도 이전 학자들은 다만 후한(後漢)이 삼국(三國)의 전대(前代)인 것만 알고 〈후한서〉의 저자 범엽이 〈삼국지〉의 저자 진수보다 후의 사람이란 것은 미처 생각하지 못하였던지, 매번 〈후한서〉에 보이는 삼한(三韓)을 주요 재료로 삼고 〈삼국지〉는 도리어 보조품으로 인용하였던 것이다.

(二) 한쪽의 말만 치우치게 믿은 오류 —— 당(唐) 태종(太宗)이 중국 고사 중의 조선에 관한 기록을 멋대로 깎아내 버리거나 혹은 위조하였다는 것에 대하여는 이미 앞에서 설명하였거니와, 그뿐만 아니라 당 태종보다 1백여 년 이후인 덕종(德宗) 때의 가탐(賈耽)은 소위 사이(四夷) 연구의 전문가로서 조선과 중국의 관계를 더욱 잘 아는 자였는데, 그의 저서 〈사이술(四夷述)〉의 서문에서 "현토·낙랑은 한(漢) 건안(建安: 196~219년) 때에 함락되었다(玄菟·樂浪, 陷於漢建安之際)"라고 하여 두 군(郡)이 고구려에 함락되었음을 한탄하였다.

그런데도 이제 〈후한서〉에는 그와 비슷한 말도 없고, 〈삼국지〉에는 공손강(公孫康)이 둔유현(屯有縣) 이남의 땅을 분할하여 대방군(帶方郡)을 삼았다고 하였을 뿐이며, 또 위(魏) 명제(明帝: 조예(曹叡)-원주)가 대방태수 유흔(劉昕)과 낙랑태수 선우사(鮮于嗣)를 보내어 바다를 건너가서 두 군(郡)을 평정하게 하였다고 하여, 대방·낙랑이 일찍이 공손연(公孫淵)에게 함락되었다고 말하였다. 그러나 대방은 현토가 아니고, 공손연이 고구려가 아니므로, 이것을 곧 가탐이 말한 것으로 간주할 수는 없다.

그렇다면, 진수·범엽 등이 종족적(種族的) 편견으로 현토·낙랑이 함락된 큰 사건을 빼버린 것이 아니라면, 곧 후세 사람이 멋대로 깎아내 버린 것이다. 또 〈삼국지〉 삼한전(三韓傳)에서는 "(유주(幽州)의) 부종사(部從事: 관직명) 오림(吳林)은 낙랑군이 본래 한국(韓國)을 통치하였다고 생각하고는 진한(辰韓)에 속한 여덟 소국(小國)들을 떼어서 낙랑군에 귀속시키려

하였다.… (낙랑·대방) 두 군(郡)의 군사들은 마침내 한국을 멸망시켰다(部從事吳林, 以樂浪本統韓國, 分割辰韓八國, 以與樂浪…. 二郡遂滅韓)"라고 하였다.

그러나 이 다음에 나오는 문장에 의하면 진한(辰韓)의 전체 나라 수가 12국인데, 그 가운데서 8국을 빼앗았으면 4국만 남은 것이 되고, 마지막에 가서는 그 4국까지 멸망시켰다는 것이 되니, 그렇다면 신라 왕국은 도대체 어디에 존재하였다는 것인가.

사실이 이러한데도 이전 학자들은 매번 고기(古記)의 끊어지고 문드러진 낡은 기록들은 다 버리고 오직 〈후한서〉, 〈삼국지〉 등을 근거로 옛일을 단정하려고 하였던 것이다.

(三) 해석상의 오류 ──

진한(辰韓)·진왕(辰王) 등의 「辰(진)」과 신소도(臣蘇屠)·신분활(臣濆活)·신지(臣智)·신견지(臣遣支) 등의 「臣(신)」은 모두 그 음(音)이 「신」이고, 그 뜻은 元(원: 으뜸)·總(총: 전체)이다. 그런데 삼국시대 사람들이 이것을 「太(태: 크다)」로 번역했던 것이다.

「卑離(비리)」는 그 음이 「불」이고, 그 뜻은 평지·도회이다. 〈삼국사기〉 백제 지리지의 「夫里(부리)」·「扶餘(부여)」 등은 다 이와 같은 음, 같은 뜻이다.

狗邪(구야)·安邪(안야)·彌烏馬邪(미오마야) 등의 「邪(야)」는 모두 그 음(音)이 「라」로서, 가락(駕洛)의 「洛(락)」과 가라(加羅)의 「羅(라)」는 이와 같은 음이다. 그런데도 선배 학자들은 이런 종류의 이두문자를 해석할 줄 몰랐다.

「기준(箕準)이 바다로 달아났다(들어갔다)(準…入海)」는 것은 곧 조선의 남방을 가리킨 것이다. 중국인들은 고대에 섬(島)이나 반도(半島)를 모두 海(해: 바다) 혹은 海中(해중)이라고 하였기 때문에 이를 조선에 응용한 것이다. 이런 예는 〈한서(漢書)〉의 「조선은 해중(海中)에 있다(朝鮮在海之中)」와 〈박물지(博物志)〉의 「연(燕)을 치던 조선인들은 달아나 바다로 들어갔다(伐燕之朝鮮, 亡入海)」 등에서 볼 수 있다.

그런데도 이전 학자들은 매번 기준(箕準)이 배를 타고 바다로 나가서남쪽으로 달아난 것(浮海南奔)으로 이해하였던 것이다.

제1의 오류로 인한 착오가 또한 두 가지이니,

(一) 마한(馬韓)은 전·후 삼한(三韓)을 통하여 기씨(箕氏: 부(否)와 준(準)을 기자의 후예라 한다면-원주) 한 성(姓)뿐이거늘, 이전 학자들은 〈후한서〉에 근거하여 준(準)이 공격하여 깨뜨리기 이전의 마한은 원래부터 있었던 마한으로 잡고, 깨뜨린 이후의 마한은 기씨(箕氏)가 소유한 마한으로 잡고, 진왕(辰王)이라 자칭한 마한은 기씨가 망하여 그 후대가 끊어진 뒤의 마한으로 잡아서 3개의 마한으로 나눈 것이 그 한 가지 착오이다.

(二) 이전 학자들이 말하기를, 중국 21사(史)의 조선열전은 모두 다 당대에 병립(竝立)한 이웃나라들을 기록해 놓은 것이므로 〈후한서〉나 〈삼국지〉의 삼한(三韓)도 곧 중국 후한(後漢)과 삼국시대(三國時代)에 상당한 신라·가라·백제 삼국이지, 그 백 년 혹 천 년 전의 삼한(三韓)이 아니라고 하였다. 이는 역대 사가들이 〈후한서〉와 〈삼국지〉에 보인 사실을 신라·가라·백제 삼국 이전에서 찾으려고 한 어리석은 짓을 갈파한 것으로, 실로 천번만번 확실한 견해라 할 것이다.

그러나 다만, 〈후한서〉에 근거하여 마한을 3개로 나누고, 진왕(辰王)의 마한을 최후의 마한으로 인식하였는데, 그렇게 되니 백제는 아무데도 둘 곳이 없어지게 되었다.

그리하여 마침내 백제본기에서 온조(溫祚)가 마한(馬韓)을 멸망시킨 사실 자체를 부인하고, 즉 진수·범엽이 사책(史冊)을 쓰던 때, 곧 백제 건국 2백년 후까지도 마한이 따로 존재하였다고 주장하게 되었다. 그 결과, 가공(架空)의 붓으로 전대(前代)에 이미 멸망하여 없어진 국조(國朝: 즉 馬韓)의 수명을 2백년 연장하고, 그리하여 진(辰)·변(弁) 양한을 신라와 가라(加羅)로 인정하는 동시에 백제만을 삼한의 테두리 밖으로 쫓아냄으로써 연대(年代)와 사실(事實)에서 큰 착오를 범하게 되었다.

제2의 오류로 인한 착오 또한 두 가지이니,

(一) 〈후한서〉와 〈삼국지〉에서 辰韓(진한)을 秦(진)나라 사람으로 만리장성 쌓는 부역을 피하여 도망온 자들이라고 한 망증(妄證)은 이미 앞에서 변증하였거니와, 이전 학자들은 진수·범엽 등의 기록을 전적으로 신용하여 드디어 辰韓(진한)을 중국 秦(진)나라 사람의 자손으로 인정하였다.

이를 인정하는 순간에, 그러면 어찌하여 "辰韓(진한)에 중국인의 언어문자와는 전혀 비슷하지도 않은 「斯盧(사로)」, 「己柢(기저)」, 「不斯(불사)」 등의 나라 이름이 있느냐?" 하는 의문이 제기된다.

이에 대하여 〈해동역사(海東繹史)〉 지리고(地理考)에서는, 辰韓(진한)이란 이름은 秦(진)나라 사람들이 장성 축성의 부역을 피하여 동으로 도망온 사람들 때문에 생긴 것이고, 6부(六部)의 이름은 위만의 제2세인 우거(右渠)의 신민(臣民)들이 이주해온 뒤에 시작된 것이라고 말하였다.

만약 이처럼 辰韓(진한)을 秦(진)나라 사람들이 옮겨와 산 한국(韓國)이라고 해석한다면, 〈삼국사기〉 혁거세 원년에 「진인(辰人) 사람들은 바가지(瓠)를 박(朴)이라 하였다(辰人以瓠(호)爲朴)」. 「거서간(居西干)은 진(辰)의 말로 어른을 일컫는 말이다(居西干辰言長者之稱)」의 「辰(진)」도 다 秦(진)나라 사람이란 뜻의 「辰(진)」이라는 것이니, 언어학상의 원리로 미루어 볼 때 중국 진시황(秦始皇)의 신민(臣民)들 가운데는 「朴(박)」이라거나 「居西干(거서간)」이라고 한 말은 없었을 터이니, 그렇다면 이것은 어디에서 나온 秦(진)나라 말인가?

이것은 어계(語系: 말의 계통이나 계보)로부터 족계(族系: 종족 계통이나 계보)를 혼란케 하는 것이다.

(二) 〈삼국지〉에는 「조선 후(侯) 기준(箕準)은 곧 왕(王)이라 참칭하였다(侯準旣僭號稱王)」라고 하여, 기자(箕子)의 자손들이 대대로 후작(侯爵)으로 내려오다가 기준(箕準)에 이르러 비로소 왕(王)이라 참칭(僭稱)한 것처럼 말하였다.

그러나 〈위략〉에서는 「조선 후(侯)는 주(周)나라가 쇠미한 것과 연(燕)나라가 스스로를 높여 왕이라 하는 것을 보고…그 또한 스스로 왕이라 칭하였다(朝鮮侯 見周衰 燕自尊爲王…亦自稱王)」라고 하여, 기준(箕準)의 선대에서 이미 왕이라 칭한 것으로 말하였으니, 〈삼국지〉나 〈위략〉에 적힌 삼한의 사실들은 다 같이 관구검(毌丘儉)이 전해준 고구려의 문헌에서 얻은 것일 터인데, 오직 이 한 절(節)만이 이처럼 다른 이유는 각기 「중국을 높이는(尊中國)」 습관 때문에 사실에 위반되는 것을 사실인 양 쓴 것이 명백하다.

그런데도 이를 밝혀내서 반박하지 않는 것은 고사하고, 이전 학자들 가운데 어떤 사람은 辰王(진왕)의 「辰(진)」을 신하(臣下)의 「臣(신)」으로 해석하여 〈연(燕)에 신속(臣屬)한 후왕(侯王)〉이란 뜻으로 허황하게 해석한 사람까지 있었다.

제3의 오류로 인한 착오는 더욱 많다. 이제 이를 대략 들어보면,

(一) 辰國(진국)을 辰韓(진한) 이외에서 찾고, 삼한(三韓) 이전에 「辰(진)」이라는 한 나라가 있었던 줄로 착각하였다.

(二) 辰王(진왕)을 태왕(太王) 이외에서 찾아, 辰國(진국)이란 특별한 한 나라의 王(왕)인 줄로 착각하였다.

(三) 따라서 辰王(진왕)·臣蘇塗(신소도) 등의 본래의 뜻을 몰라서 삼한의 관제(官制)·풍속 등을 거의 다 오증(誤證)하였다.

(四) 한강(漢江)을 남북으로 갈라서 북은 조선(朝鮮)이 되고 남은 진국(辰國) 혹은 한국(韓國)이 되었다고 하여, 옛날부터 남과 북은 각기 다른 종족이라고 오증(誤證)하였다.

(五) 卑離(비리)와 夫里(부리)가 같은 음인 줄 알지 못하였으므로 백제(百濟) 이외에서 마한(馬韓)을 찾았을 뿐만 아니라, 마한 열국의 위치를 많이 오증(誤證)하였다.

(六) 이상과 같이 이두문자를 해독하지 못하였으므로, 삼한전 중에 「(진한의) 언어는 마한과 같지 않았다((辰韓)言語不與馬韓同)」거나, 「(예의 사람들은) 고구려의 말을 알아듣지 못하였다((濊之人)不諳句麗言語…)」 등의 기록을 (잘못 해석하면서도) 너무 과신한 결과 다른 자(異字)로 쓴 같은 이름(同名)을 발견하지 못하였다.

(*옮긴이 주: 〈삼국지〉 본문에서는 「흉노(匈)에 청하지 않았으며(또는 匈(흉)을 匃(개)로 보아, 남에게 청하거나 비는 일이 없다 라고 해석하기도 한다), 언어와 법속은 대체로 고구려와 같았다(不請(句麗)匈, 言語法俗 大抵與句麗同)」라고 하였다. 그러나 청(淸)의 건륭황제 흠정(欽定) 〈삼국지〉에서 「請(청)」 자를 「諳(암)」의 오자(誤字)라고 하면서, 「고구려의 언어를 이해하지(알아듣지) 못하였다(不諳句麗言語)」로써 한 구(句)를 만들었던 것이다. 뒤편

제7절 〈후삼한과 북방 여러 나라의 언어〉 편에 이에 대한 상세한 설명이 나온다.)

(七) 「海(해: 바다)」 자(字)의 오해 같은 것은 비록 그다지 중요하지는 않으나, 만약 (〈海〉를 섬 혹은 반도로 해석하여) 육지의 길로 해서 남으로 달아났다고(陸行南走) 해석한다면, 기준(箕準)이 구평양(舊平壤: 요동의 해성현 —옮긴이)으로부터 압록강을 건너 지금의 평안도·황해도·경기도·충청도 등을 지나 새 도읍지(新都)인 금마국(金馬國), 즉 익산(益山)까지 가는 그 중간의 천여 리는 모두 기준의 신민(臣民)들이었기 때문에, 비록 좌우 수행원들과 궁인들만을 거느리고 도망가는 패잔(敗殘)한 제왕의 행차였지만, 무사할 수 있었던 줄을 알 수 있다.

그러나 만약 (〈海〉를 바다로 해석하여) 배를 타고 바다를 항해하여 남으로 달아났다(浮海南走)고 해석한다면, 앞의 해석과는 반대로, 육로로 행차하는 것의 위험을 피하기 위해서였을 것으로 연상하는 동시에, 구도(舊都)와 신도(新都) 중간의 모든 지방이 기준(箕準)의 관할 영토가 아니었기 때문이 아닐까 하는 의문도 발생할 것이다.

2. 중삼한(中三韓)의 약사(略史)

앞의 글에서는 이전 학자들의 오류를 지적하였을 뿐이나, 이제부터는 「후삼한(後三韓)」의 역사를 말할 것이다.

그러나 진(眞)·번(番)·막(莫)을 「三朝鮮(삼조선)」이라 하고, 신라·가라(加羅)·백제를 「後三韓(후삼한)」이라고 한다면, 진(眞)·번(番)·막(莫) 「삼조선(三朝鮮)」은 이미 멸망하고 신라·가라·백제 등 삼국(三國), 즉 「후삼한(後

三韓)」이 아직 건설되기 이전 그 중간에 존재하였던 기준(箕準)의 마한(馬韓)과, 진(眞)·번(番) 양국의 유민들이 건설한 진한(辰韓)과 변진(弁辰)의 자치부락(自治部落)들은 무슨 이름으로 불러야 할까?

불가(佛家)에서는 전신(前身)에서는 이미 벗어났으나 후신(後身)을 아직 얻지 못한 그 중간에 잠시 갖는 몸을 「中陰身(중음신)」이라고 하는데, 이것은 전후 양 삼한(三韓)의 中陰身(중음신)이라고도 할 수 있을 것이다. 그러나 지금 이 명사(名詞)는 너무 괴벽(怪癖)하고 그것의 의미를 설명할 문구(文句)가 좀 번잡하고 길어지므로, 다만 「中三韓(중삼한)」이라 이름을 짓고, 이제 後三韓(후삼한)의 역사를 말하기 전에 먼저 중삼한(中三韓)의 역사부터 설명할 것이다.

「中三韓(중삼한)」의 역사를 두 단계로 나누면,

(一)은 마한(馬韓)의 건국이다.

기준(箕準)이 왕검성(王儉城)을 버리고 금마군(金馬郡)으로 천도(遷都)하여, 어찌하여 「조선(朝鮮)」의 옛 이름으로 국호(國號)를 삼지 않았을까? 그것은 위만(衛滿)의 조선과 구별하기 위해서였다.

고대에는 천도하면 매번 그 지방의 이름으로 나라 이름을 삼았는데, 백제가 사비부여(泗沘扶餘)에 천도하여 나라 이름을 사비부여(泗沘扶餘)라 한 것이 그런 류(類)이다. 그런데 기준은 왜 금마군(金馬郡)에 천도하여 「금마국(金馬國)」이라 칭하지 않았는가?

금마군(金馬郡)은 (〈삼국지〉) 삼한전 중의 乾馬國(건마국)이다. 이를 금마군이라고 한 것은 백제 중엽 이후 봉건제를 폐지한 뒤의 군(郡) 이름으로서 신라가 백제를 멸망시키고 그 군 이름을 그대로 사용하였기 때문에 신라의 문사(文士)들이 고기(古記)를 저술할 때 기준(箕準)이 금마군에 천도하였다고 한 것이다. 기준 때부터 백제 중엽까지는 건마국(乾馬國) 혹은 금마국(金馬國)이라 하다가 그 뒤에 봉건제가 폐지되면서 國(국)을 고쳐서 郡(군)이라고 한 것이다.

그렇다면 기준(箕準)이 남으로 천도한 후에 金馬國(금마국)이란 나라 이름(國名)을 그대로 사용하였던지는 모르나, 후세 사람들이 나중에 고사(古史)를 서술할 때 기준의 원래 위호(位號: 왕위 호칭)였던 「말한」으로 그 나라 이름을 삼았던 것이다.

선배 학자들이 모두 금마군을 삼한전 중의 「乾馬國(건마국)」으로 인식하지 않고 「月支國(월지국)」으로 인식한 것은 무슨 까닭인가?

이는 앞에서 설명한 바 범엽(范曄)이 〈후한서〉에서 「마한을 쳐서 깨뜨렸다(攻破馬韓)」, 「마한 사람이 다시 스스로 서서 진왕(辰王)이 되었다(馬韓人 復自立爲辰王)」라고 한 위증(僞證)에 속아서, 삼한전 중의 辰韓(진한)과 弁韓(변한)은 신라와 가라로 인식하면서도, 馬韓(마한)은 백제 이전의 馬韓(마한)으로 인식하였기 때문에, 삼한전 중 백제에 관계된 사실을 기준(箕準)의 사실로 오증(誤證)하였던 것이다.

그러나 「진왕이 월지국을 다스렸다(辰王治月支國)」라고 한 辰王(진왕)은 백제의 태왕(太王)이고, 「月支(월지)」는 백제의 慰禮城(위례성)이니, 「慰禮(위례)」의 음이 「月(월)」이 되고, 城(성)의 뜻이 「支(지)」(음(音)은 〈티〉이다.-원주)가 된 것이다.

〈후한서〉의 「마한을 쳐서 깨뜨렸다(攻破馬韓)」 등의 말을 범엽의 위증이라고 하여, 기준(箕準)이 천도하기 이전에는 남방에 마한(馬韓)이란 명칭 자체가 없었다고 하는 것은 그럴듯하다. 그러나 〈삼국지〉의 「기준

(箕準)은… 좌우 수행자들과 궁녀들을 거느리고 바다로 달아나서 한(韓)의 땅으로 옮겨가 살면서 스스로 한왕(韓王)이라 칭하였다…(準…將其左右宮人走入海, 居韓地, 自號韓王…)」라고 한 것은 무슨 말인가?

이것은 앞의 문장 「한(韓)은 대방의 남쪽에 있다(韓在帶方之南)」를 받아서 말한 것으로, 「이곳 한(韓)의 땅에 들어와 살면서 이곳 땅에서 왕이라 불렀다」라고 한 것이지, 그 이전에 한국(韓國)이 있었다고 한 것은 아니다. 만일 엄격하게 문구(文句)와 사실(事實)이 부합(符合)하기를 구한다면, 앞의 문장에서 이미 「진한(辰韓)은 옛날의 진국(辰國)이다(辰韓者 古之辰國也)」라고 하였으므로, 진한(辰韓)의 「辰(진)」이 진국(辰國)의 「辰」에서 나온 것이거늘, 무슨 까닭에 아래 글에서 「진한(辰韓)은…노인들이…스스로 말하기를…秦(진)나라의 부역을 피하여 한국(韓國)에 왔다. 마한(馬韓)이 그 동쪽 변경의 땅을 갈라 주어…지금도 (辰韓을) 秦韓(진한)이라 부르는 사람들이 있다(辰韓…耆老…自言…避秦役來適韓國. 馬韓割其東界…今有名之爲秦韓)」라고 하여 진시황(秦始皇)의 「秦」으로 진한(辰韓)의 「辰」을 만듦으로써 앞 뒤 문장의 사실이 서로 모순이 되게 하였는가?

이미 「한(韓)에는 세 종류가 있는데 그 하나는 마한(馬韓)이다(韓有三種, 一日馬韓)」라고 하였으면, 그 다음에는 마땅히 마한(馬韓)이란 이름이 있게 된 시초(始初)나 원인을 말하여야 할 텐데, 「한(韓)의 땅에 거주하였다(居韓地)」, 「한왕(韓王)이라 불렀다(號韓王)」, 「한(韓)은 마침내 대방(帶方)에 속하였다(韓遂屬帶方)」, 「낙랑이 한국(韓國)을 분할하여 통치하였다(樂浪分統韓國)」, 등의 말만 있고 마한(馬韓)이란 말은 없으니, 어찌 이처럼 앞뒤의 문세(文勢)가 관통되지 아니하는가?

그러므로 더욱 당 태종 이래로 고사(古史)의 내용을 멋대로 깎아 버리거나 위증을 많이 덧붙였음을 알 수 있다.

(二)는 진한(辰韓)·변한(弁韓)의 건설과 마한(馬韓)의 혁성(革姓: 왕조의 성이 바뀜)에 대하여 말하기로 한다.

진한(辰韓)은 순전히 「신한」 유민의 이주자(移駐者)가 건설한 나라이고, 변·진(弁·辰)은 「불한」과 「신한」 양국 유민의 이주자가 공동으로 건설한 것이라는 데 대하여는 이미 앞에서 설명하였다. 그런데 여기서 한마디 하고자 하는 것은, 기씨(箕氏)의 마한(馬韓)이 멸망한 사실이다.

대개 기씨(箕氏)는 말엽에 남에게 토지를 쪼개어 주다가 멸망한 자이다. 기준(箕準)이 이미 위만(衛滿)에게 서부 변경의 땅 1백 리를 쪼개어 주었다가 마침내 위만에게 쫓겨서 남방으로 와서 「마한(馬韓)」이 되었는데, 마한이 된 뒤에는 또 「신한」의 이주민들에게 동쪽 변경의 땅을 쪼개어 주었다(진한전(辰韓傳)의 「그 동쪽 변경의 땅을 갈라서 그들에게 주었다(割其東界與之)」라고 한 구절로 알 수 있다.—원주). 또 「불한(=弁)」, 「신한(=辰)」 양국의 이주민들에게 동남쪽 변경의 땅을 쪼개어 주었다(이에 관한 기록은 사서에 보이지 않으나 사리(事理)로 미루어 알 수 있다.—원주). 그리하여 마침내 신라 혁거세(赫居世)가 진한(辰韓)과 변진(弁辰)을 연합하여 대항하자 결국 동쪽 변경의 땅과 동남쪽 변경의 땅을 모두 잃었던 것이다.

그리고 마지막으로, 졸본천(卒本川)의 유명한 부호(富豪) 과부인 소서노(召西奴)가 그 두 아들 비류(沸流)와 온조(溫祚)를 데리고 남으로 내려오자, 몇 근의 황금을 받았던지, 또 미추홀(彌鄒忽)·한홀(漢忽) 등 서북의 땅 백 리를 쪼개어 주었다(〈삼국사기〉 백제본기에서는 「동북의 땅 백 리를 갈라 주었다(割東北百里)」라고 하였으나, 여기서 동(東) 자는 마땅히 서(西) 자로 써야 한다는 것에 대하여는 내가 쓴 「〈삼국사기〉에서 동서(東西) 양자를 서로 바꾼 것의 고증」 참조—원주).

그리하여 마침내 온조 태왕(溫祚太王)이 보낸 사냥꾼을 가장한 군사들에게 금마국(金馬國)의 서울을 빼앗기고 기씨 왕조(箕氏王朝) 1천여 년의 운명을 마쳤던 것이다.

이와 같이, 마한(馬韓)은 망하여 부여씨(扶餘氏)의 백제가 되었고, 진한(辰韓)은 기씨(箕氏)가 망하기 전 65년에 혁거세가 이미 6부(六部)의 맹주(盟主)가 되었으며, 진변(辰弁)은 기씨가 망한 후 35년에 수로대왕(首露大王)이 6가라(六加羅)의 맹주가 되었으니, 백제·신라·가라는 곧 「後三韓(후삼한)」이다. 후삼한이 일어나자 중삼한(中三韓)의 역사는 이에 일단락을 고하였던 것이다.

3. 후삼한 70여국의 이름·위치와 신라·가라·백제의 역사

후삼한(後三韓)인 신라·가라·백제의 역사는 시작부터 끝까지 6, 7백년의 역사이다. 그 연대의 길이는 전삼한(前三韓)의 3분지 1밖에 되지 않으나, 유전(流傳)하여 오는 사적(史的) 재료들은, 그 서적만 말하더라도 대충 〈삼국사기〉 〈삼국유사〉……등이 있어, 이처럼 짧은 글로서는 도저히 다 말할 수 없을 정도이다.

그러므로 여기에서 말하고자 하는 후삼한(後三韓)은 순전히 진수(陳壽)의 〈삼국지〉 삼한전에 보인 신라·가라·백제의 별명인 삼한(三韓), 곧 후삼한을 말하는 것에 그칠 뿐이다.

먼저 후삼한의 강역(疆域)을 살펴보자.

〈삼국지〉에 기록된 삼한 70여국은 곧 〈삼국사기〉 지리지에 보인 신라

·가라·백제 삼국의 각 주군(州郡)들이다. 다만 전자는 봉건시대의 지리를 기록한 것이므로 「國(국)」이라 하였던 것이고, 후자는 봉건제가 타파된 이후에 기록한 것이므로 「州(주)」 혹은 「郡(군)」이라 한 것이다.

봉국(封國)을 폐지하고 주군(州郡)을 설치하는 과정에서 크고 작은 것의 합병(合倂)도 있었을 것이고, 이름의 변경도 있었을 것이고, 또 같은 이름이라도 이두문으로 썼던 글자(字)를 다른 자로 바꾸기도 하였을 것이다. 그리고 신라 경덕왕이 이두문으로 된 지명(地名)들을 한문으로 개정한 뒤에 혹 그 옛 이름이 전해지지 못하거나 혹은 옛 이름의 의미를 알 수 없게 된 것들이 많은데, 일일이 다 찾을 수는 없으나 그래도 그 대략은 알 수 있다.

(가) 후마한(後馬韓), 곧 백제(百濟)의 강역을 말하도록 한다. 삼한전에 이른바 마한 50여국의 이름은 다음과 같다.

> 爰襄國(원양국)·牟水國(모수국)·桑外國(상외국)·小石索國(소석색국)·大石索國(대석색국)·優休牟涿國(우휴모탁국)·臣濆沽國(신분고국), 伯濟國(백제국)·速盧不斯國(속로불사국)·日華國(일화국)·古誕者國(고탄자국)·古離國(고리국)·怒藍國(노람국)·月支國(월지국)·咨離牟盧國(자리모로국), 素謂乾國(소위건국), 古爰國(고원국), 莫盧國(막로국)·卑離國(비리국)·占卑離國(점비리국)·臣釁國(신흔국)·支侵國(지침국)·狗盧國(구로국)·卑彌國(비미국)·監奚卑離國(감해비리국)· 古蒲國(고포국)·致利鞠國(치리국국)·冉路國(염로국)·兒林國(아림국)·駟盧國(사로국)·內卑離國(내비리국)·感奚國(감해국)·萬盧國(만로국)·辟卑離國(벽비리국)·臼斯烏旦國(구사오단국)·一離國(일리국)·不彌國(불미국)·支半國(지반국)·狗素國(구소국)·捷盧國(첩로국)·牟盧卑離國(모로비리국)·

臣蘇塗國(신소도국)·莫盧國(막로국)·古臘國(고랍국)·臨素半國(임소반국)·臣雲新國(신운신국)·如來卑離國(여래비리국)·楚山塗卑離國(초산도비리국)·一難國(일난국)·狗奚國(구해국)·不雲國(불운국)·不斯濆邪國(불사분사국)·爰池國(원지국)·乾馬國(건마국)·楚離國(초리국).

위의 50여국의 이름들 중에 중복 기재된 막로국(莫盧國)을 깎아내면 합계 54개 국이니, 54개 국의 국명을 〈삼국사기〉 백제 지리지의 주군(州郡) 이름에 맞춘 뒤에, 다시 백제 주군(州郡)의 연혁을 〈고려사〉 지리지와 이조(李朝) 8도 지명에 맞추어 보면 다음과 같다.

이 가운데 「卑離(비리)」 등 여러 나라들은 곧 백제 지리지에 「夫里(부리)」 등으로 표시된 주군(州郡)이다.

「監奚卑離(감해비리)」는 고막부리(古莫夫里), 즉 고마성(固麻城)이니 지금의 공주(公州)이다.

「辟卑離(벽비리)」는 파부리(波夫里)이니 지금의 동복(同福)이다.

「牟盧卑離(모로비리)」는 모량부리(毛良夫里: 牙(아), 邪(사), 良(량), 壤(양), 襄(양), 奴(노), 那(나) 등의 자들은 다 같이 「라」의 음(音)이 된다는 것은 졸저 「이두문 해석법」 등 참조—원주)이니 지금의 고창(高敞)이다.

「如來卑離(여래비리)」는 이릉부리(爾陵夫里)이니 지금의 능주(綾州)이다.

이들 중에 앞에 형용사가 없이 「卑離國(비리국)」이라고 한 「卑離(비리)」는 그 앞에 「卑(비)」 한 자가 탈락된 듯하다. 「卑卑離(비비리)」는 부부리(夫夫里)로서 임피(臨陂)와 옥구(沃溝) 사이의 지금은 폐지되어 없어진 군(郡) 회미(澮尾)이다.

이밖에 삼한전에는 「內卑離(내비리)」, 「占卑離(점비리)」, 「楚山塗卑離

(초산도비리)」 등의 비리(卑離)가 있고, 백제 지리지에는 「半奈夫里(반나부리)」, 「未冬夫里(미동부리)」, 「古沙夫里(고사부리)」, 「古良夫里(고량부리)」가 있는데, 그 숫자도 서로 하나 차이가 나고 음(音)도 서로 맞지 않으므로, 미루어 두었다가 후에 고증하기로 한다.

「大石索(대석색)」은 大尸山(대시산)이니 지금의 태인(泰仁)이다.

「優休牟涿(우휴모탁)」은 于召渚(우소저)이니 지금의 고산(高山) 서부의 폐지되어 없어진 군(郡) 이름이다.

「月支(월지)」는 위례성(慰禮城)이니 지금의 한성(漢城)이다.

「支侵(지침)」은 백제 지리지에 그 본래 위치를 말하지 않았으나, 당(唐) 도독부(都督府)가 설치되었던 군(郡)들 중에 支潯(지심)이란 군 이름이 있으니, 지심(支潯)은 주(州)의 치소(治所)가 「只彡(지삼)」이므로 얻어진 이름이고, 「只彡(지삼)」은 후에 신라가 餘邑(여읍)이라고 그 이름을 고쳤는데, 餘(여)의 뜻은 「끼침 · 남김」으로 지금의 해미(海美)이다.

「狗盧(구로)」는 皆利伊(개리이)이니 그 연혁이 없고,

「駟盧(사로)」는 沙好薩(사호살)이고, 好(호)는 奴(노)의 오자(誤字)인 듯하니, 지금의 홍주(洪州)이다.

「感奚(감해)」는 今勿(금물)이니 지금의 덕산(德山)이다.

「莫盧(막로)」는 邁羅(매라)이니, 동성대왕(東城大王) 때에 위(魏: 탁발씨(拓跋氏)-원주) 나라 군사 수십만 명을 깨뜨린 명장 사법명(沙法名)의 봉국(封國)으로, 〈삼국사기〉에 그 연혁이 없으나 백제가 망한 후 당(唐)의 도독부의 관할 하에 있었으므로 대개 공주(公州) 부근일 것이다.

「臼斯烏旦(구사오단)」은 仇斯珍芳(구사진방: 일명 귀단(貴旦)-원주)이니 지금의 장성(長城) 동부이다.

「楚離(초리)」는 所力只(소력지)이니 지금의 옥구(沃溝)이다.

「乾馬(건마)」가 금마군(金馬郡)이라는 것은 이미 앞에서 설명하였다. 나머지는 아직 발견하지 못하였으니 후일을 기다려야 할 것이지만, 이것만 하여도 마한 54개 국의 지도를 대략은 그릴 만하다.

(나) 다음으로 진한(辰韓)과 변한(弁韓)은 모두 24개 국인데, 나라 이름들은 다음과 같다.

己柢國(기저국)·不斯國(불사국)·弁辰彌離彌凍國(변진미리미동국)· 弁辰接塗國(변진접도국)·勤耆國(근기국)·難彌離彌凍國(난미리미동국)·弁辰古資彌凍國(변진고자미동국)·弁辰古淳是國(변진고순시국)·冉奚國(염해국)·弁辰半路國(변진반로국)·弁樂奴國(변낙노국)·軍彌國(군미국)·弁軍彌國(변군미국)·弁辰彌烏邪馬國(변진미오야마국)·如湛國(여담국)·弁辰甘路國(변진감로국)·戶路國(호로국)·州鮮國(주선국)·馬延國(마연국)·弁辰狗邪國(변진구야국)·弁辰走漕馬國(변진주조마국)·弁辰安邪國(변진안야국)·馬延國(마연국)·弁辰瀆盧國(변진독로국)·斯盧國(사로국)·優由國(우유국).

이 가운데 「軍彌國(군미국)」과 「馬延國(마연국)」이 중복 기재되었으니, 이전 학자들의 말을 좇아 이 두 나라를 깎아내면 24개 국이 된다.

「斯盧(사로)」가 신라임은 그 연혁도 명백하고, 이전 학자들이, 「斯(사)」는 「새」이고 「盧(로)」는 「라」(지금 말의 〈나라〉-원주)이니 이는 곧 〈새 나라(新國)〉의 뜻이라고 한 것도 틀림이 없다.

「狗邪(구야)」는 가라(加羅)이니 지금의 김해(金海)이다.

「彌烏邪馬(미오야마)」는 임나(任那)이니 지금의 고령(高靈)이다.(彌烏邪馬(미오야마)는 彌烏馬邪(미오마야)의 착오임을 저자는 앞의 〈삼국지의 교정〉 부분에서 이미 밝혀 놓았다-옮긴이).

「古資彌凍(고자미동)」은 지금의 고성(固城)이라고 한 것도 이미 이전 학자들의 정설(定說)이다.

이제 나의 생각으로 그 음(音)과 뜻(義)을 해석하여 이외 여러 나라의 연혁을 찾을 만한 것을 더 찾고자 한다.

변한(弁韓)과 진한(辰韓) 24개 나라들 중에 「彌凍(미동)」이란 이름을 가진 나라가 셋 있다. 비록 마한(馬韓)의 「卑離(비리)」처럼 많지는 않으나 〈삼국사기〉 지리지에 「彌知(미지)」란 이름의 군(郡)은 모두 물(水)이 만(灣)처럼 굽어진 곳에 위치한 지명이다. 백제의 「古馬彌知(고마미지)」는 지금의 강진(康津)과 해남(海南) 사이의 바다 만(灣)에 위치한 읍(邑)이고, 「松彌知(송미지)」는 지금의 영광(靈光) 부근의 바다 만(灣)에 위치한 읍(邑)이고, 신라의 「武冬彌知(무동미지)」는 비안(比安: 지금의 의성군—옮긴이) 북부 단밀(丹密)의 지금은 없어진 읍(邑)인데, 이 역시 단강(丹江)의 강 만(江灣)에 임한 곳이다.

「彌凍(미동)」은 이두문에서 대개 「彌知(미지)」와 같은 음(音)의 「미지」로 읽는 것으로, 「미지」와 마찬가지로 물이 굽이쳐 흐르는 곳, 즉 만(灣)의 뜻이다.

「古資彌凍(고자미동)」은 지금의 고성(固城)이라는 것은 이미 앞에서 말하였거니와, 「古資(고자)」는 「구지」, 즉 반도(半島)의 뜻이다. 고성(固城)이 반도인 동시에 또한 큰 바다 만(灣)에 임하고 있기 때문에 「古資彌凍(고자미동)」—「구지미지」란 이름으로 불리게 된 것이며, 「弁辰彌離彌凍(변진미리미동)」은 아마 진해만(鎭海灣)이 될 것이며, 「難彌離彌凍(난미리미동)」은 아마 영일만(迎日灣)이 될 것이다.

〈문헌비고(文獻備考)〉에 「대가야 지금의 고령(大伽倻 今 高靈)」·「소가야 지금의 고성(小伽倻 今 固城)」·「고령가야 지금의 함창(古寧伽倻 今 咸昌)」·「아라가야 지금의 함안(阿羅伽倻 今 咸安)」·「성산가야(일명 벽진가야) 지금의 경산(星山伽倻(一云 碧珍伽倻) 今 京山)」이라고 하였다.

「弁辰古淳是(변진고순시)」는 곧 고령가야(古寧伽倻: 고링가라-원주)이니, 함창(咸昌) 「공갈못」의 「공갈」은 「고링가라」가 잘못 전해진 것(訛傳)으로, 「공갈못」은 「고링가라」국(國)의 못이다.

「弁辰安邪(변진안야)」는 곧 아라가야(阿羅伽倻: 아라가라-원주)이니 「아라」는 함안(咸安) 북강(北江)의 옛 이름인 듯하다.

〈삼국사기〉 지리지에서 서로 바꾸어 쓰는 자(互用字)에 의거하여 珍(진)·彌(미)·買(매) 세 자(字)를 다 「매」로 읽는다는 것을 알 수 있는데, 따라서 성산(星山)은 「별메」의 뜻이고, 벽진(碧珍)은 「별메」의 음(音)이다. 半路(반로)는 곧 「별」이니, 「弁辰半路(변진반로)」는 곧 성산가야(星山伽倻)이다.

앞에서 이미 설명한 「彌烏邪馬(미오야마)」-곧 임나(任那)인 지금의 고령(高靈)과, 「狗邪(구야)」-곧 가라(加羅)인 지금의 김해(金海)와, 「古資彌凍(고자미동)」-「구지미지」를 합하여 육가야(六伽倻)라 부른 것이다. 다만 彌烏邪馬(미오야마)의 邪馬(야마) 두 자는 馬邪(마야) 두 자를 뒤집어 쓴 것이다.

「瀆盧(독로)」는, 다산(茶山) 정약용(丁若鏞)이 말하기를, 거제(巨濟)의 옛 이름은 상군(裳郡)으로, 「裳(상)」은 속어(俗語)에 「두룽이」이니, 瀆盧(독로)는 두룽이의 음이고, 지금의 거제(巨濟)라고 하였는데, 대개 근사한 설명이다.

「不斯(불사)」는 「부스」이니, 곧 고어(古語)에서 「松(송: 소나무)」의 뜻이지만, 그 위치는 알 수 없다.

「勤者(근기)」는, 장기(長鬐)의 옛 이름이 기립(耆立)이므로 근기(勤耆)가 곧 기립(耆立)일 것이다. 그러나 양자 중 어느 하나는 도자(倒字: 글자의 순서를 뒤집은 것)일 것이다.

그 나머지는 음(音)과 뜻(義)과 연혁과 위치를 발견하지 못하였다.

4. 후삼한(後三韓)의 상호 관계

삼한전에 진한(辰韓)과 변진(弁辰)의 정체(政體: 정치 체제)를 기록하여 이르기를, 「변·진(弁·辰)의 각 12개 소국들은 진왕(辰王: 신한)의 관할 하에 있었는데, 진왕(辰王: 신한)은 항상 마한(馬韓) 사람이 맡아 대대로 계승하였고, 진왕(辰王: 弁·辰의 왕)이 스스로 자립하여 왕(신한)이 될 수는 없었다(其十二國 屬辰王, 辰王 常用馬韓人作之 世世相繼, 辰王不得自立爲王)」라고 하였는데, 이는 사실(實)과 거짓(訛)이 뒤섞인 기록이다.

〈삼국사기〉, 〈삼국유사〉 등에 쓰인 「王(왕)」, 「太王(태왕)」, 「大王(대왕)」 등은 다 삼한전의 진왕(辰王)이고, 전삼한(前三韓)의 시대에는 「신한」이 수위(首位)이고 「말한」과 「불한」이 보좌(輔佐)였다는 것은 이미 앞에서 설명하였다.

그러나 후삼한(後三韓)에 이르러서는, 「말한」은 비록 쇠약해지고 전쟁에서 패배한 뒤끝이기는 하나 여전히 한강 이남 전부를 차지하여 고대의 한 대국(大國)의 위치에 있었으므로, 비록 그 국호(國號)는 「말한」(馬韓-원주)이라 하였으나, 그 위호(位號: 왕의 칭호)는 「신한」(辰王-원주)이라고 하여 70여국 공동의 군주(共主)가 되었다.

그러나 「신한」(辰韓-원주)과 「불한」(弁韓-원주)은 원래 유민들로 이루어졌기 때문에 원래의 국호를 그들이 정착한 곳의 지명(地名)으로 삼아 쓰고, 그 위호(位號)인 「신한」은 도리어 「馬韓(마한: 말한)」에게 양보하였다. 그래서 신라본기에 의하면 혁거세(赫居世)부터 지증(智證)까지는 거서간(居西干)·니사금(尼師今)·마립간(麻立干) 등으로 부르고 왕(王)이라 부르지 못하였던 것이다.

마립간(麻立干)은, 〈삼국사기〉「눌지 마립간(訥祇麻立干)」의 주(註)에서 김대문(金大問)이 말하기를, 「麻立, 橛也(마립, 궐야: 마립은 말뚝이다)」라고 하였는데, 橛(궐)의 뜻은 「말(뚝)」이니, 그렇다면 마립간(麻立干)은 「말한」으로 읽었을 것이다. 그러나 「말한」도 오히려 존칭(尊稱)이므로 초대에는 쓰지 못하였고, 눌지(訥祇) 때에 이르러서 비로소 4대(代) 동안 쓰고, 법흥(法興) 때에 이르러서 비로소 「신한」— 곧, 大王(대왕)이라 칭하였던 것이다.

백제는 마한의 옛 땅을 차지하고 있었기 때문에 그 국호(國號)를 혹 「마한(馬韓)」이라고 하였으나 그 왕호(王號)는 「신한」이었으며, 신라는 「신한」의 유민들이었기 때문에 그 국호를 혹 「진한(辰韓)」이라고 썼으나 그 왕호는 「말한」이 되어서 백제의 절제(節制)를 받았다. 그리하여 「신한」, 「말한」의 명의(名義)가 이같이 뒤죽박죽이 되었다.

〈삼국지〉의 삼한전은 곧 관구검(毌丘儉)이 고구려에서 주워간 기록과 전설(傳說)을 기록한 것이므로 신라 초대의 일이다. 그러므로 「변진(弁辰)의 각 12개 소국들은 진왕(辰王)의 관할 하에 있었다(其十二國(辰韓 弁辰 양방면의 十二國 합계 二十四國을 함께 든 것임-원주) 屬辰王)」의 한 구절(節)은 실록(實錄)이다.

그러나 신라는 그 건국 후에 항상 朴(박)·昔(석)·金(김) 3성(姓)이 서로 교대로 전하고 어느 때에도 백제인이 신라왕이 된 적이 없으므로, 「진왕(辰王: 신왕)은 항상 마한(馬韓) 사람이 맡고 대대로 계승하였다(辰王 常用馬韓人作之, 世世相繼)」라고 한 하나의 구절(節)은 잘못된 기록이다.

그러나 신라본기를 보면 그 초대부터 백제와 대치하였던 것처럼 되어 있으나, 이는 후에 신라의 사관(史官)이 (백제의 절제를 받았던) 선대의 수치(羞恥)를 감추기 위하여 깎아버린 것이니, 〈수서(隋書)〉에도 「신라…그 선대는 백제에 부용(附庸)하였다(新羅…其先附庸於百濟)」라고 하였던 것이다.

고구려가 선비(鮮卑)와 혈전을 벌이는 동안에 백제가 강하여졌던 것처럼, 백제가 고구려와 혈전을 하는 동안 신라가 강하여졌음은 실제로 있었던 사실이므로, 눌지(訥祗)와 나물(奈勿) 이전에는 12국이 마한 진왕(辰王: 신왕)의 절제를 받았을 것이다. 따라서 이것은 〈삼국지〉 삼한전의 것으로 신라본기의 빠진 부분을 보충할 수 있을 것이다.

5. 후삼한과 병립(竝立)한 열국(列國)

〈삼국지〉에 기재된 후삼한(後三韓) 당시의 왕국(王國)은 다섯이다.

(一) 「부여(扶餘)」는 「불」의 한자 번역이니, 卑離(비리)·夫里(부리)·弗(불)·發(발)·火(화)·伐(벌) 등의 번역과 같은 것인데, 「불」은 나라 이름이 아니므로 조선의 고사(古史)에서는 반드시 그 앞에 형용사를 붙여서 北扶餘(북부여)·東扶餘(동부여)·泗沸扶餘(사비부여)·卒本扶餘(졸본부여)·爾陵夫里(이릉부리)·古莫夫里(고막부리)·密弗(밀불)·推火(추화: 밀불)·音汁伐(음즙벌)·沙伐(사벌)·徐羅伐(서라벌)이라 하여 그를 구별하였다.

그러나 각 「불」들 중에 북부여(北扶餘)가 가장 대국(大國)으로 중국과 교통이 잦았기 때문에 한(漢)의 사마천(司馬遷)때부터 이미 북부여를 다만 부여라고 칭하여 관용어(慣用語)가 되었으므로, 〈삼국지〉 중의 「扶餘(부여)」도 곧 북부여를 가리킨 것이다. 그 수도의 위치는 지금의 하얼빈(哈爾濱)이고, 〈삼국사기〉에서 말한 황룡국(黃龍國)이 그것이다. 그리고 〈삼국사기〉의 「부여」는 동부여(東扶餘)이고 〈삼국지〉의 부여(곧, 북부여)가 아니다.

(二) 고구려(高句麗)는 그 중경(中京) 「가우라」로 인하여 얻은 이름이다. 〈삼국지〉 중의 고구려의 수도는 지금의 집안현(輯安縣)이다.

(三) 옥저(沃沮)는 「와지」이니 삼림(森林)이란 뜻이다. 〈만주원류고〉에 나오는 「와집(窩集)」이 그것이다.

고대 조선의 북부인(北部人)이나 근세까지의 만주인(滿洲人)들은 그들이 사는 지방이 어디든지 큰 삼림이 있는 곳이면 이를 「와지」라 하였는데, 〈삼국지〉의 동·북·남 세 옥저(沃沮)는 그 중에서도 가장 큰 「와지」를 가리킨 것이다.

이밖에도 무수한 「와지」가 있었다. 〈삼국사기〉에 고구려의 왕자 호동(好東)이 놀러 나갔던 「옥저」와, 〈진서(晋書)〉의 의려(依慮: 관구검이 고구려를 칠 때 당시의 부여왕 마여(痲余)와 그 아들 의려(依慮)가 그들을 도와주었다가 후에 고구려에게 응징을 당한 일이 있다—옮긴이) 자제(子弟)가 달아나서 지킨 「옥저」는 다 세 옥저 이외의 「와지」이다.

(四) 「읍루(挹婁)」는 「오리」이니, 「오리」강(江:지금의 송화강(松花江)—원주) 가에 살았기 때문에 얻은 이름이다. 광개강토평안호태왕(廣開疆土平安好太王)의 비문(碑文)에 적힌 「압로(鴨盧)」가 그것이다.

〈삼국지〉에서는 이를 숙신씨(肅愼氏)의 후예라고 하였으나, 이는 그들이 사용한 무기인 호시(楛矢: 화살 만들기에 적합한 호목(楛木)으로 만든 화살)와 석노(石砮: 돌로 만든 화살촉)가 좌씨(左氏)가 쓴 〈국어(國語)〉란 책에 나오는 숙신씨(肅愼氏)의 화살(矢)과 같았기 때문에 억지로 갖다 붙인 말이다.

숙신(肅愼)·주신(州愼)·직신(稷愼) 등은 다 고대 중국인들이 조선을 자기들 말로 번역한 것인데, 읍루는 조선의 최북단에 있던 일부 미개한 조선족이었다.

〈삼국사기〉와 〈당서(唐書)〉에서는 읍루(挹婁)를 「말갈(靺鞨)」이라 하였는데, 말갈은 읍루의 별명이다. 말갈의 음(音)과 뜻(義)은 아직 고증하지 못하였다.

(五) 「예(濊)」도 또한 「오리」강(江)으로 인하여 이름을 얻은 것이다.

그러나 이 「오리」강(江)은 영평부(永平府)의 난하(灤河)이니, 예(濊)는 처음에 난하 부근에 나라를 세웠었다. 〈일주서(逸周書)〉의 令支(영지)와 〈관자(管子)〉, 〈사기〉 등의 離支(이지)는 다 예(濊)의 한자 번역이다.

예(濊)는 점차 동쪽으로 옮겨와서 두만강 내외의 연안에 분포하였는데, 한인(韓人) 장량(張良)이 (진시황을 암살하기 위하여) 역사(力士)를 구하였던 「창해국(滄海國)」과 한(漢) 무제와 싸웠던 남려왕(南閭王)의 「창해국」이 다 그것이다. 이들 일부가 다시 남하하여 지금의 강원도 등지에 분포하였는데, 〈삼국지〉의 예(濊)는 다 그것이다.

다만 〈삼국사기〉에는 혹 읍루, 즉 말갈을 예(濊)로 기록한곳도 많은데, 고구려 태조본기에서 「마한·예맥을 거느리고(將馬韓·濊貊)」라고 한 말과, 김인문전(金仁問傳)에서 「고구려가 성채의 견고함을 믿고 예맥과 결탁하여 몹쓸 짓을 하였다(高句麗 負固, 與濊貊 同惡)」라고 한 것 등은 다 그것이다.

이전 학자들이 다만 「예(濊)」란 글자만을 좇아 그 계통을 구하였으므로 예(濊)의 가보(家譜)가 극도로 혼란스러워졌는데, 그 상세한 것은 따로 그에 대한 전문적인 설명이 있어야 할 것이므로, 여기서는 일단 이정도로 그만둔다.

앞의 다섯 나라들 가운데 옥저(沃沮)·예(濊) 두 나라는 고구려에 복속한 나라들이고 독립한 왕국(王國)이 아니었다. 다섯 나라의 지리와 강역은 이전 학자들의 고증이 대략 옳으나, 다만 북부여(北扶餘)를 지금의 개원(開原)이라고 한 것은, 그 말엽에 옮겨가서 살았던 서울을 그들이 처음부터 살았던 땅으로 오인(誤認)한 결과이다.

다섯 나라는 다 후삼한(後三韓)과 그리 밀접한 관계가 적었고, 가장 관계가 많았던 것은 낙랑·대방 두 나라였거늘, 〈삼국지〉에서는 이를 빠뜨렸다. 이에 대하여는 다음 절(節)에서 간략히 설명할 것이다.

(六) 후삼한과 낙랑·대방의 관계

浿水(패수)·樂浪(낙랑)·樂良(낙량)·平那(평나)·平壤(평양)·平穰(평양)·百牙(백아) 등은 모두 「펴라」로 읽어야 한다는 것은 내가 쓴 「이두문 해석법」「평양패수고(平壤浿水考)」「동서 양 낙랑고(東西兩樂浪考)」 등의 편(篇)에서 상세히 설명하였다(앞의 패수고(浿水考) 下 참고」에 나온다—옮긴이).

당시 열국들 중에서 낙랑국이 후삼한(後三韓)과 가장 가까운 관계를 가졌음은 신라본기의 신라 초대(初代)와 백제본기의 백제 초대에 낙랑의 침입을 빈번하게 받았던 사실로 보더라도 명백하다. 그런데도 이전 학자들은 중국의 역대 사가(史家)들의 붓에 속아서 평안도를 쪼개어 한(漢)의 낙랑군(樂浪郡)으로 만드는 동시에, 낙랑국(樂浪國)을 이동시켜 강원도 춘천군(春川郡)으로 옮겨다 설치하였다.

무엇에 근거하여 춘천을 낙랑이라 하느냐고 물으면, 백제본기 온조 13년에 「동쪽에 낙랑이 있다(東有樂浪)」란 한 구(句)가 그 유일한 증거라고 한다. 그러나 〈삼국사기〉에는 동(東)·서(西) 두 자가 서로 많이 바뀌어 있다.

그 예를 들면, 온조(溫祚)의 백제는 마한의 서북(西北)인데도 온조 24년에서 「마한 왕이 사자를 보내어 꾸짖어 말하기를…나는 동북(東北)의 땅 일백 리를 갈라 너희들이 편히 지내게 해주었다(馬韓王 遣使責讓曰…吾割東北百里地, 安之)」라고 하였으며, 패수(浿水)·대수(帶水)는 한수(漢水)의 서북(西北)에 있는데도 불구하고 온조 37년에서는 「한수(漢水)의 동북(東北) 부락은 흉년이 들어 고구려로 도망쳐 들어간 자가 1천 가구(戶)나 되었으므로, 패수(浿水)와 대수(帶水) 사이에는 텅 비어 사는 사람이 없었다(漢水東北部落, 饑荒亡入高句麗者, 一千戶, 浿·帶水之間, 空無居人)」라고 하였다.

그리고 신성(新城)은 고구려의 서쪽 변경(西鄙)인데도 서천왕(西川王) 13년 신성 주(註)에서, 「신성은 나라의 동북(東北)에 있는 큰 진(新城 國之東北大鎭)」이라고 하였다.

이는 대개 우리말에 동(東)을 「시」라 하고, 서(西)를 「한」이라 하였는데, 이두문 시대에, 한자 「西(서: xi)」의 음(音)이 「시」이므로, 그 음으로 적어 동방(東方)을 「西」라고 썼던 것이다. 연개소문은 그 성(姓)으로 볼 때 서부(西部) 사람임이 명백한데도 연개소문전에서 「그 부친은 동부의 대인이다(其父東部大人)」고 하였다. 그리고 가슬나(加瑟那)는 고구려의 동방(東方)인데도 그 별명을 하서량(河西良)이라 하였다.

그리고 또한 西(서) 자(字)를 東(동) 자로 쓴 대신에 東(동) 자는 西(서) 자로 썼는데, 고구려의 동맹(東盟)의 「東」을 의역(意譯)한다면 한자로 서맹(西盟)이 될 터인데도 이를 동맹(東盟)이라 한 것과 같은 종류가 그 증거이다. (〈삼국사기〉중 동서 양자를 서로 바꾸어 쓴 고증, 제5절 참조-옮긴이)

신라 경덕왕(景德王) 때부터 이두문으로 된 지명을 한자로 고치면서 사서(史書)의 지리지(地理志)도 고치고 바꾸어서 동서(東西) 두 자를 한자의 본래 뜻대로 쓰기 시작하였을 것이지만, 그러나 어떤 고기(古記)는 여전히 고대의 면목(面目: 東을 西로 표기한 것을 말함-옮긴이)을 그대로 보전해 왔다. 그런데도 이를 잘 모르는 김부식(金富軾)이 우물쭈물 그냥 넘어가면서 이런 구별을 하지 못했기 때문에 지리의 동서(東西)조차 분별하지 못한 웃음거리를 남겨놓은 곳이 있게 된 것이니, 「동쪽에 낙랑이 있다(東有樂浪)」라고 한 한 구(句)는 다만 동서(東西) 두 자가 서로 바뀌었다는 하나의 확실한 증거가 될 따름이다.

「樂浪國(낙랑국)」 왕(王)의 성(姓)은 최씨(崔氏)이니, 그 기원(起源)은 확증할 수 없으나, 대개 기준(箕準)·위만의 때에 평안도를 할거(割據)하여 일시 강대해져서 자주 남방의 신라·백제를 침략하였다.

그 마지막 왕 최리(崔理)가 고구려의 왕자 호동(好童)을 낭림산(狼林山)의 삼림(森林) 같은 곳에서 만나, 그의 용모가 아름답고 수려함에 그만 얼이 빠져 그를 맞이하여 사위를 삼았다가, 마침내 고구려에게 망하였다. 그러나 그에게 소속되었던 수십 소국(小國)들은 그 종국(宗國)인 최씨의 멸망에 한(恨)을 품고 고구려에게 복종하지 않고 서방으로 한(漢)과 통하여,

이에 한(漢)의 세력이 낙랑까지 침입하게 되었던 것이다.

그러나 한(漢)의 낙랑국에 대한 관계는, 명(明)나라의 해삼위(海蔘威: 블라디보스토크)·송황영(松篁營) 등지의 여러 수비군 주둔지와 같아서, 한(漢)나라 관리의 발길이 이곳까지 미치지 못하였으며, 한 황제의 조령(詔令: 조칙이나 명령)도 이곳까지 미치지 못하였던 것이다.

「樂浪郡(낙랑군)」은 樂浪國(낙랑국)에서도 1천여 리를 더 나가서 요동에 있었던 군(郡) 이름이니, 한 무제가 위만을 멸망시키고 나서 그곳에다 이상적인 군현(郡縣)으로 진번(眞番)·현토(玄菟)·임둔(臨屯)·낙랑(樂浪) 4군(四郡)을 만들려고 하였으나 조선의 저항이 강경하여, 동북(東北)에서 졸본부여(卒本扶餘: 후일의 고구려-원주)가 일어나자 진번·현토 두 군(郡)은 공상(空想)이 되고 말았으며, 압록강 동쪽에서 낙랑국(樂浪國)의 최씨(崔氏)가 일어나자 낙랑·임둔 두 군도 공상이 되고 말았다.

이렇게 되자 요동 땅 경계 안에다 낙랑·현토 등의 군(郡)을 허설(虛設: 실재하지 않는 것을 가공(架空)으로 만들어 놓음)함으로써 역사책을 장식하였는데, 최씨가 멸망한 후(고구려 대무신왕(大武神王)과 한 무제 때-원주) 낙랑 열국(列國)과의 교류를 통하여 그 열국의 이름을 알아내어, 그것을 가져다가 그 허설(虛設)한 낙랑군 가운데다 있지도 않은 낙랑 등 여러 현(縣)의 이름을 만들고, 고구려와 고구려의 속국인 개마(蓋馬)·은태(殷台) 등의 이름을 가져다가 그 허설한 현토군에다 있지도 않은 현토 등 세 현(縣)의 이름을 만들었던 것이다.

뿐만 아니라, 최씨(崔氏)가 망한 후 수십 년 만에 「帶方國(대방국)」이 장단(長湍) 등지에서 일어나 6, 7개 소국(小國)의 맹주(盟主)가 되었다. 비록 그 주권자의 성명과 국조(國祚: 나라의 지속 기간)의 장단(長短)은 역사책에 보이지 않으나, 백제본기 책계왕(責稽王) 원년에 백제왕의 처 보과(寶菓)의 부친 대방왕(帶方王)이 보이고 신라본기 기림니사금(基臨尼師今) 3년에 낙랑·대방 양국이 귀순(歸順)해 온 사실이 기록되어 있으니, 帶方國(대방국)은 한때 소왕국이었음이 명백하다. 그런데도 한(漢)의 제왕들은 또 요동 내에다 帶方郡(대방군)을 허설(虛設)하였던 것이다.

지금까지 우리 조선의 사가(史家)들은 항상 조선고기(朝鮮古記)와 중국사(中國史) 간에 서로 충돌되는 사실이 보이면 억지로 그것을 조화시키느라 고기(古記)를 깎아내고 고치고 지워 없애버린 것이 적지 않다. 그 중에서도 樂浪(낙랑)의 사실은 피차 모순이 더욱 심하므로 조화에 더욱 고심하다가, 〈삼국사기〉에서는 백제 온조왕과 교섭한 樂浪國王(낙랑국왕)을 樂浪太守(낙랑태수)라고 멋대로 고쳤으며, 〈삼국유사〉에서는 한(漢)에 없는 주(州) 이름인 평주(平州)와 한(漢)에 없는 관직명인 도독(都督)을 만들어 내어 4군2부설(四郡二府說)을 날조하였다.

이와 같이 제멋대로 쓴 글(妄筆)들이 많으므로 그 잘못 전한 것들을 모두 발견하기에 더욱 어렵게 되었다. 여하간 중국사 중에서 조선의 일을 가장 자세히 적은 〈삼국지〉에 낙랑·대방이 빠짐으로써 전후의 맥락이 끊어진 것은 본서의 큰 결점이라 할 것이다.

7. 후삼한과 북방 여러 나라들의 언어(言語)

당시의 가장 놀라운 사실은 현 조선의 각 지방과 중국의 동북 3성(三省) 각지의 언어통일(言語統一)이다.

이제 〈삼국지〉에 의거하면, 고구려전에서는 「언어와 기타 여러 가지 일들은 대부분 부여와 같다(言語諸事 多與扶餘同)」라고 하였고, 옥저전에서는 「언어가 고구려와 대체로 같다(言語 與句麗大同)」라고 하였으니, 부여·옥저·고구려 삼국의 지방은 곧 흑룡·길림·평안·함경 등지이니, 위의 각지의 언어가 동일하였다는 것의 실증이다.

예전(濊傳)에서는, 「(그곳 노인들은) 스스로 고구려와 같은 종족이라고 말하였다. 그곳 사람들의 성격은 신중하고 성실하며, 욕심이 적고, 염치가 있어서 남에게 청하거나 비는 일이 없다. 언어와 법제, 풍속(法俗)은 대체로 고구려와 같다((其耆老)自謂與句麗同種 其人性愿慤 少嗜慾 有廉耻 不請(句麗)句. 言語法俗 大抵與句麗同)」라고 하였는데, 「不請(불청)」 두 자(字)가 문리(文理)에 맞지 않으므로, 청(淸) 건륭(乾隆)황제의 흠전(欽定) 〈삼국지〉의 고증에서는 「請(청)」 자(字)를 「諳(암: 알다)」의 오자(誤字)라고 하면서 「고구려의 언어를 알지 못하였다(不諳句麗言語)」로써 한 구(句)를 만들었으나, 그러나 이는 억지 고증이다.

〈후한서〉 조선열전이 〈삼국지〉의 것을 초록한 것이라는 것은 이미 앞에서 설명하였거니와, 〈후한서〉 예전(濊傳)에는 「고구려와 같은 종족이고, 언어와 법률, 풍속은 대체로 비슷하다. 그곳 사람들의 성격은 신중하고 성실하며 욕심이 적고 남에게 청하는 일이 없다(與句麗同種 言語法俗 大抵相類 其人性愿慤 少嗜慾 不請匃)」라고 하였는데, 이로부터 〈삼국지〉의 「不請句麗(불청구려)」의 「句(구)」는 「匃(개: 빌다. 청하다)」의 오자이며, 「麗(려)」는 중복 기재된 연자(衍字: 필요 없이 덧붙여진 글자)임을 알 수 있는바, 원래 그 본문은 「남에게 청하거나 비는 일이 없고, 언어와 법률, 풍속은 고구려와 같다(不請匃, 言語法俗與句麗同)」이다. 따라서 「남에게 청하거나 비는 일이 없다(不請匃)」가 한 구(句)이고, 「언어와 법률, 풍속은 고구려와 같다(言語法俗與句麗同)」가 한 구(句)이다. 그래야만 앞 문장의 「고구려와 같은 종족이다(與句麗同種)」와 접속이 될 수 있다. 이로써 예(濊)가 고구려와 같은 언어였음이 명백해진다.

진한전(辰韓傳)에서는 비록 「언어가 마한과 같지 않다(言語不與馬韓同)」라고 하였으나, 이는 辰韓(진한)의 「辰」을 秦(진)의 「秦」으로 위증하는 동시에, 「국(國: 나라)을 방(邦)이라 하고, 궁(弓: 활)을 호(弧)라고 하는데,… 秦(진)나라 사람들과 비슷한 점이 있다(名國爲邦, 弓爲弧…有似秦人)」라고 한 거짓말 기록(誣錄)을 억지로 변명하기 위하여 써넣은 것이지 실록(實錄)이 아니다. 진한(辰韓)이나 마한(馬韓)에 신지(臣智)·읍차(邑借) 등 동일한 관직명(官名)이 있고 달리 언어(言語)가 달랐다는 어떤 증거나 흔적도 없으니, 또한 동일한 언어였음이 명백하다.

다만 낙랑전(樂浪傳)·대방전(帶方傳)이 빠져 있으므로 삼한과 고구려 등의 중간 연락이 끊어지고, 따라서 낙랑·대방이 부여·고구려 등과 언어관계가 어떠하였는지, 삼한은 낙랑·대방과 언어관계가 어떠하였는지에 대한 기록이 〈삼국지〉에 없다.

그러나 신라의 악곡(樂曲)인 반섭조(般涉調)를 백제인들이 노래하였고, 고구려의 래원성(來遠城)과 백제의 무등산(無等山)이란 노래를 신라인들이 노래하였으며, 왕자 호동(好童)이 고구려 궁중의 미성년 아동으로서 낙랑에 들어가 최왕(崔王)의 딸과 연애를 하였으며, 서동(薯童)이 백제 궁중의 한창 나이인 16세 태자(太子)의 몸으로 신라에 몰래 들어가서 수많은 아이들을 꾀어 노래를 짓고 선화공주(善花公主)를 유혹한 사실 등은 모두 삼한·낙랑·고구려 등의 언어가 서로 원활하게 소통되었음을 보여준다.

이상의 사실들은 모두 경상도의 신라, 경기·충청도 등의 백제, 강원도의 예(濊), 평안도의 고구려와 낙랑, 함경도의 옥저, 길림·봉천·흑룡 등의 부여와 고구려는 다 언어가 동일하였다는 실증이다.

다만 읍루(挹婁) 한 부족만이 언어가 좀 달랐으므로 〈후한서〉에서 「읍루는 동이족(東夷族) 중에서 홀로 언어가 다르다(挹婁 在東夷中 言語獨異)」라고 하였다. 그러나 읍루는 만청족(滿清族: 청(淸)을 건국한 만주의 한 종족)의 선대(先代)인데, 만청(滿淸)과 조선의 고어(古語)는 서로 통하는 것이 많았으므로, 이 또한 아주 현저하게 다른 언어는 아니었던 듯하다.

설령 전체 조선 중에서 작은 한 부분에 불과한 읍루(挹婁)를 제외하더라도 고조선 전체, 즉 지금의 조선 13도와 지금의 관동 3성(關東三省: 지금 중국의 동북 3성(省))이 고대에 언어가 통일되었던 민족이었고, 또 사서(史册)에 의하여 그 관제(官制)와 풍속에는 더욱 차이가 적었음을 볼 수 있다.

영국사(英國史)를 보면, 16세기경까지도 「런던」과 「웨일즈」의 아주 가까운 지방 사이에도 언어가 통하지 않아서 「웨일즈」의 어느 항구에 정박한 상인이 닭의 알을 사 먹으려고 하였으나 「에그(egg)」란 말을 알아듣는 자가 없으므로, 손으로 알 모양을 해보인 결과 감(柿)이 나오고 배(梨)가 나왔다는 우스운 이야기가 있다.

그밖에 서양 열국들도 모두 근세 교육이 발달하기 전에는 한 나라 안에서도 각종 언어가 있어서 지금까지도 그 사투리를 쓰는 습관이 남아 있는 나라가 많으며, 중국은 문물과 정치가 통일된 지 수천 년이나 되었지만 지금까지도 혹은 동일한 성(省) 안에서조차 언어가 통하지 않는 땅이 있다. 그런데 하물며 「백리마다 방식(風)이 다르고, 천리마다 습속(俗)이 다르다(百里不同風, 千里不同俗)」라고 한 고대이겠는가.

(*옮긴이 주: 흔히 「風俗(풍속)」이라고 하여 風과 俗을 같은 뜻으로 사용한다. 그러나 굳이 구분한다면, 風은 자연환경의 조건으로 형성된 습관 등을 말하고, 俗은 사회적, 역사적 조건으로 형성된 습관을 말한다. 그러나 이 양자는 서로 독립된 별개의 것으로 존재하지 않고 상호 영향을 미침으로써 風과 俗은 서로 융화되어 일체를 이루는 것으로 변천해 간다. 사회적, 역사적 조건들도 자연환경의 영향을 받지 않을 수 없기 때문이다.)

조선은 고대에 작지 않은 강토(疆土)에 언어·풍속이 남보다 먼저 통일된 민족으로서 아득한 고대에 「수두」 신목(神木) 아래에서 신권정치적(神權政治的) 통일을 이루고 있었다. 그러나 그 이후에는 다시는 정치적 통일을 이루지 못하였고, 후에 와서는 압록강 이서(以西)를 잘라 버렸으며, 게다가 또 언제나 북방 대국(大國: 중국)의 문화와 위력(威力)을 빌려서야 가까스로 구구(區區)한 소통일(小統一) 국가로 존재하게 되었으니, 아, 이렇게 된 원인이 어디에 있는가?

—完—

제6편 조선 역사상 1천년 이래 최대 사건

1. 서 론(緖論)

민족의 성쇠(盛衰)는 항상 그 사상(思想)의 추향(趨向: 추세)이 어떠한가에 달려 있으며, 사상의 추향이 혹 좌(左) 혹 우(右)로 되는 것은 언제나 어떤(某種) 사건(事件)의 영향을 받는 것이다.

그러면 조선 근세(近世)에 종교나 학술이나 정치나 풍속이 사대주의(事大主義)의 노예가 된 것은 어디에 그 원인이 있는가?

어찌하여 효(孝)를 행하라 하고, 어찌하여 충성(忠誠)하라고 하는가?

어찌하여 공자(孔子)를 높이고, 어찌하여 이단(異端)을 배척하라고 하는가?

어찌하여 태극(太極)이 양의(兩儀: 陽과 陰)를 낳고 양의가 팔괘(八卦: 건(乾), 곤(坤), 감(坎), 리(離), 손(巽), 진(震), 간(艮), 태(兌)의 8가지 괘)를 낳는다고 하는가?

어찌하여 수신(修身)한 후에 가정을 다스리고, 가정을 다스린 후에 나라를 다스리라고 하는가?

(*옮긴이 주: 이것은 〈대학(大學)〉 제1장에 나오는 말로서, 원문은 「身修而

後家齊, 家齊而後國治, 國治而後天下平」이다. 번역은 생략한다.)

어찌하여 비록 두통이 나더라도 갓과 망건을 벗지 않고, 티눈이 있을지라도 버선을 신는 것이 예(禮)라 하는가?

선성(先聖)의 말이면 그대로 좇고 선대(先代)의 일이라면 그대로 행하여 일세(一世)를 몰아 잔약(殘弱), 쇠퇴(衰退), 부자유(不自由)의 길로 들어간 것은 그 원인이 어디에 있는가?

왕건(王建)의 고려 창업 때문인가? (이성계의) 위화도(威化島) 회군(回軍) 때문인가? 임진(壬辰)의 왜란(倭亂) 때문인가? 병자(丙子)의 호란(胡亂) 때문인가? 사색(四色) 당파(黨派)싸움 때문인가? 반상(班常:양반과 상민)의 계급 때문인가? 문귀무천(文貴武賤: 문관을 귀하게 여기고 무관을 천하게 여김)의 폐단 때문인가? 정주학설(程朱學說: 주자학(朱子學). 정자(程子)와 주자(朱子)의 학설)이 끼친 해독 때문인가?

무슨 사건이 앞에서 말한 종교·학술·정치·풍속 각 방면에서 노예성(奴隸性)을 만들어 내었는가?

나는 한 마디로 대답하기를, 고려 인종(仁宗) 13년 서경(西京) 전쟁, 즉 묘청(妙淸)이 김부식(金富軾)에게 패한 것이 그 원인이라고 한다.

서경(西京) 전쟁에 동원된 양편 병력은 각각 수만에 불과하였고, 그 시작에서부터 끝날 때까지 2년도 되지 않았지만, 그 전쟁의 결과가 조선사회에 끼친 영향은, 서경 전쟁 이전에 고구려의 후예(後裔)이자 북방의 대국(大國)인 발해(渤海)가 멸망한 전쟁보다도, 서경 전쟁 이후 고려 대 몽고의 60년 전쟁보다도 몇 갑절이나 더 되었으니, 대개 고려로부터 이조(李朝) 1천 년 동안에 서경 전쟁보다 더 큰 사건은 없을 것이다.

서경 전쟁을 역대의 사가들은 다만 왕의 군대가 반역의 무리들을 친 전쟁으로 알았을 뿐이나, 이는 근시안(近視眼)의 관찰이다.

그 실상(實狀)은, 이 전쟁은 즉 화랑(花郎) · 불가(佛家) 대 유가(儒家)의 싸움이고, 국풍파(國風派) 대 한학파(漢學派)의 싸움이고, 독립당(獨立黨) 대 사대당(事大黨)의 싸움이고, 진취사상(進取思想) 대 보수사상(保守思想)의 싸움이다. 묘청은 곧 전자의 대표이고 김부식은 곧 후자의 대표였던 것이다.

이 전쟁에서 묘청 등이 패하고 김부식이 이겼으므로 조선사(朝鮮史)가 사대적(事大的) 보수적(保守的) 속박적(束縛的) 사상, 곧 유교사상(儒敎思想)에 정복되고 말았거니와, 만일 이와 반대로 김부식이 패하고 묘청 등이 이겼더라면 조선사는 독립적 진취적 방면으로 진전하였을 것이니, 이 전쟁을 어찌 1천 년 이래 최대 사건이라 하지 않겠는가.

아래에서 전쟁 발생의 원인(原因)과 동기(動機)를 서술하고, 다음으로 전쟁으로 인하여 생긴 영향을 논하려 한다.

2. 랑(郎) · 유(儒) · 불(佛) 삼가(三家)의 원류

서경 전쟁의 원인을 말하려면 랑(郎) · 유(儒) · 불(佛) 삼가(三家)가 정치(鼎峙: 솥의 세 발처럼 셋이서 버티고 있는 모습)하고 있었던 당시의 대세(大勢)부터 설명할 필요가 있다.

(一) 「郎(랑)」은 곧 신라의 화랑(花郎)이니, 화랑은 본래 상고(上古)시대 소도제단(蘇塗祭壇)의 무사(武士), 곧 그때 「선비」라 불렀던 것인데, 고구

려에서는 조의(皂衣: 검은색의 옷)를 입었으므로 「조의선인(皂衣仙人)」이라 하였고, 신라에서는 그 미모(美貌)를 취하여 「화랑(花郞)」이라 하였다. 화랑을 국선(國仙)·선랑(仙郞)·풍류도(風流徒)·풍월도(風月徒) 등으로도 불렀다.

〈삼국사기〉는, 화랑을 원수처럼 여기고 배척하는 유교도(儒教徒) 중에서도 가장 속이 좁고 엄하고 잔혹한 인물이었던 김부식이 쓴 책이므로, 본국에서 전래(傳來)하는 〈선사(仙史)〉 〈화랑기(花郞記)〉 같은 것들을 모두 말살해 버리고, 다만 외국에서 전파된 화랑에 관한 한두 가지 사실과 〈화랑세기(花郞世紀)〉의 한두 구절(句節), 곧 당(唐)나라 사람이 지은 〈신라국기(新羅國記)〉 〈대중유사(大中遺事)〉 등에 기재된 화랑에 관한 문구를 초록하여 그 원류(源流)를 혼란스럽게 만들고, 연대(年代)를 뒤집고, 화랑들의 수많은 아름다운 이야기들을 파묻어 버렸으니, 이 얼마나 가석한 일인가.

이에 관한 자세한 내용은 후일에 전문서(專書)로 자세히 논할 계획이므로 여기에서는 생략하거니와, 화랑은 곧 신라 이래 국풍파(國風派)의 중진(重鎭)이 되어 사회사상계(社會思想界)의 한 자리를 차지하고 있었던 자이다.

(二) 「儒(유)」는 공자(孔子)를 받들어 모시는 자들이다. 이전의 사가(史家)들은 항상 존화주의(尊華主義: 중국을 높이 받드는 주의)에 취하여 역사적 사실까지 위조해 가면서 마치 태고(太古)부터 유교적 교의(教義)가 조선에 널리 퍼졌던 것처럼 말하였으나, 왕(王)을 「비치」나 「불구레」라 부르고, 관직 명칭을 「말치」나 「쇠뿔한」으로 짓던 시대에는 공자(孔子)·맹자(孟子)의 이름조차 들어본 사람이 전국에 몇 되지 못하였을 것이다.

대개 유교는 삼국 중·말엽부터 그 경전(經傳)이 얼마큼 수입되어 예(禮)를 강의하고 춘추(春秋)를 읽는 이들이 있어서 뿌리를 박게 되고, 고려 광종(光宗) 이후에 점차 성행하여 사회사상에 영향을 끼치게 된 것이다.

(三) 「佛(불)」은 인도로부터 중국을 거쳐 조선에 수입된 석가(釋迦)의 교(敎)이니, 삼국 말엽부터 성행하여 조정이나 민간에서 모두들 숭배하였다. 불교는 비록 세상일과는 관계가 없는 출세(出世)의 종교이지만, 그 교도들이 문득 정치상의 지위를 갖게 된 것이다.

당초에 신라 진흥대왕(眞興大王)이 사회와 국가를 위하여 만세(萬世)의 계책(計策)을 정하면서, 각 교(敎)의 다툼과 반목(反目)을 염려하여 유(儒)·불(佛) 양교는 평등하게 대우하고, 화랑(花郎)은 세 교(敎)의 교지(敎旨)를 포함한 것이라 하여 각 교(敎)의 윗자리에 자리하게 하고, 각 교도 사이의 상호 출입(出入)을 허용하였다.

그래서 신라사를 보면 전밀(轉密: 김흠운전(金歆運傳)에 그 이름이 나옴-원주)은 유교도이다가 불가의 중(僧)이 되고, 후에 다시 화랑 문노(文努)의 제자가 되었으며, 안상(安詳: 〈삼국유사〉 백율사(栢栗寺)에 보임-원주)은 화랑인 영랑(永郎)의 고제(高弟)로서 승통(僧統)을 이어 국사(國師)가 되었으며, 최치원(崔致遠)은 유(儒)·불(佛) 양교에 출입하는 동시에 또한 화랑도의 대요(大要)를 섭렵하였다.

그러나 세상일이란 언제나 시세(時勢)를 따라 변하고 사람의 기대와 희망대로 되지 않는대야 어찌하랴. 진흥대왕의 각 교의 조화책(調和策)도 불과 수백 년 만에 무효가 되어버리고, 고려 인종(仁宗) 13년에 서경(西京) 전쟁이 일어나게 된 것이다.

3. 랑(郎) · 유(儒) · 불(佛) 삼교(三敎)의 정치상 투쟁

고려 태조 왕건(王建)이 불교를 국교(國敎)로 삼고 유교와 화랑도 또한 참용(參用: 함께 이용함)했는데, 그 후대 왕들에 이르러서는 흔히 중국을 받들어 높이고 흠모하여, 광종(光宗)은 중국의 남방 사람인 쌍기(雙冀)를 등용하여 과거제도(科擧制度)를 도입하고 더욱 유학(儒學)을 장려하였다. 만약 유교의 경전(經傳)을 잘 아는 중국인이 오면 대관(大官)을 시켜주고 후한 봉록(俸祿)을 주고, 또 신하들의 좋은 집을 빼앗아 준 일까지 자주 있었다.

성종(成宗) 때에 이르러서는 최승로(崔承老) 등 유자(儒者)를 등용하여 재상(宰相)을 삼아 화랑 교도나 불교도들을 모두 압박하고 오직 유교만을 받들어 존숭(尊崇)하기에 이르렀다.

불교는 원래 세상을 벗어난 교(敎)일 뿐만 아니라 어느 나라에 수입되더라도 항상 그 나라의 풍속 습관과 잘 타협하고 다른 교(敎)를 심하게 배척하지 않지만, 유교는 그 의관(衣冠) · 예악(禮樂) · 윤리(倫理) · 명분(名分) 등을 그 교(敎)의 중심으로 삼기 때문에 전도(傳道)되는 곳에는 반드시 표면까지의 동화(同化)를 요구하면서 타교(他敎)를 매우 심하게 배척한다. 그 때문에 이때의 유교 장려에 대하여 화랑파와 불교파 사람들이 불평하였을 뿐만 아니라 전국 인민들도 그것을 못마땅해 하였다.

이런 관계는 대개 공자 〈춘추(春秋)〉의 「기록해야 할 것은 기록하고 삭제해야 할 것은 삭제한다(筆則筆 削則削)」는 주의(主義)를 받들어 섬기는 사가(史家)들에 의해 삭제를 당하여 상세한 전말(顚末)은 기술(記述)할 수 없으나, 애매모호하고 빠진 것이 많은 사서(史冊) 속에 그나마 남아있는 한두 가지 사실들로 미루어 대략 그 전체를 상상할 수 있다.

〈고려사〉와 〈동국통감(東國通鑑)〉에 의하면, 성종 12년에 거란 대장 소손녕(蕭遜寧)이 쳐들어와서 북쪽 변경을 공격하면서 또 격문(檄文)을 보내어 80만의 군사들이 장차 계속하여 쳐들어올 것이라고 공갈을 치자, 온 조정이 놀라서 겁을 먹고는 서경(西京) 이북을 잘라서 양보하고 화해를 애걸해 보자는 의론이 일어났는데, 그때 홀로 서희(徐熙)·이지백(李知白) 두 사람이 나서서 그것은 옳은 계책이 아니라고 논박하였다.

이지백이 건의하기를 "선왕(先王)의 연등(燃燈)·팔관(八關)·선랑(仙郞) 등의 모임(會)을 회복하고 다른 나라의 이법(異法: 즉 유교)을 배척하여 국가 태평의 기틀을 보존하고, 신명(神明)에 고한 연후에 싸우다가 이기지 못하면 그때 가서 화의를 하더라도 늦지 않다"라고 하였다.

이는 이지백이, 성종(成宗)이 중화문물(中華文物)만 좋아하고 흠모하여 국민감정을 어긴 것을 꼬집은 것이다. 이지백이 말한 「선왕(先王)」은 고려의 선대(先代) 왕이고, 「선랑회(仙郎會)」는 화랑회(花郞會)이니, 태조 이래로 대개 신라의 화랑회를 중흥하여 연등회(燃燈會)와 팔관회(八關會)와 병행해 왔는데, 성종이 유교를 독실하게 믿고 화풍(華風: 중국의 문물과 문화)을 숭상하여 화랑·불교 양가의 회(會)를 혁파(革罷)하였던 것이 명백하다.

그런데 이제 외국의 침략을 당하여, 같이 왕으로부터 존중과 예우를 받던 여러 신하들이 외적을 물리칠 계책은 추호만큼도 생각해 내지 못하고 도리어 땅을 떼어주고 나라를 팔아먹자는 짓거리로 국왕을 권하였기 때문에, 이지백의 이 건의는, 첫째로는 유교를 섬기는 신하들의 나약(懦

弱)함을 매섭게 욕하고, 둘째로는 화랑과 불가(佛家)를 위하여 신원(伸寃)하고, 셋째로는 국풍파(國風派)를 대표하여 중화 숭배자를 질타한 것이니, 여기에서 화랑과 불가의 국풍파들이 유교도를 못마땅하게 여겨 온 지 이미 오래되었음을 알 수 있다.

이 뒤로부터 조정에서 논의하는 자들이 드디어 두 파(派)로 나뉘었으니, 화랑파는 언제나 국체(國體) 상으로는 독립·자주·칭제(稱帝: 고려의 왕(王)을 제왕(帝王)이라 칭함)·건원(建元: 독자적인 연호의 사용)을 주장하고, 정책 상으로는 군사를 일으켜 북벌(北伐)을 하여 압록강 이북의 옛 강토를 회복하자고 힘껏 주창하였다.

이에 반하여 유가(儒家)들은 반드시 존화주의(尊華主義: 중국을 높이 받드는 것을 국시(國是)로 함)의 견지에서 국체(國體)는 중국의 속국(屬國)이라 주장하고, 따라서 그 정책은 비사후폐(卑辭厚幣: 중국에 대하여 말은 낮추어 하고, 조공(朝貢)은 많이 바침)로써 대국(大國)을 섬겨서 평화(平和)로 나라를 보존하자고 힘껏 주창함으로써, 피차 반대의 입장에 서서 항쟁(抗爭)하였다.

예를 들면, 현종(顯宗) 말년에, 발해(渤海)의 중흥(中興)을 보조해 주어 거란을 쳐서 옛 강토를 회복하자는 주장을 한 곽원(郭元) 같은 사람이 있었던 반면에, 본토(本土)를 신중히 지켜서 생민(生民)을 보호하자는 최사위(崔士威)같은 사람도 있었으며, 덕종(德宗) 초년에, 압록강의 다리를 없애버리고 억류된 우리나라 사신(使臣)의 회환(回還)을 거란에게 요구하다가 듣지 않으면 절교(絕交)를 하자고 주장한 왕가도(王可道)같은 사람이 있었던 반면에, 외교(外交)를 신중히 하여 전쟁이 없도록 하자고 주장한 황보유의(皇甫兪義)같은 사람도 있었다.

기타 고려조 역대 외교에서 매번 강력하게 자존(自尊)의 의견을 발표한 자들은 거의 화랑파나 혹은 간접으로 화랑파의 사상을 받은 자들이었고, 비사(卑辭)와 후폐(厚幣)의 사대론(事大論)을 고집한 자들은 대개 유교도들이었다. 불교는 그 자체의 성질상 정치문제에 관하여 화랑파와 같이 격렬하게 계통적(系統的)인 주장을 갖지는 않았으나, 대개는 화랑파와 가까웠다.

팔관회(八關會)를 〈삼국사기〉에서는 불가(佛家)의 법회(法會)라 하였고, 〈해동역사(海東繹史)〉에서는 한(漢) 때의 대포(大酺: 국가의 경사(慶事)를 축하하기 위하여 신민(臣民)이 모여 술을 마시며 즐기는 것-옮긴이)와 같은 가례(嘉禮: 경사스러운 예법)의 경회(慶會: 경사 모임)라고 하였다.

그리고 근래에 이능화(李能和)가 쓴 〈불교통사(佛敎通史)〉에서는, 고려사 태조 천수(天授) 원년에 "팔관회를 설치하여 …그 사선(四仙) 악부(樂部)와…(設八關會… 其四仙樂部…)"라고 한 말과, 태조 유훈(遺訓)에 "팔관회는 하늘과 산천과 용신(龍神)을 섬기기 위한 것이다(八關 所以事天及山川龍神)"라고 한 말과, 의종(毅宗) 32년에 "이제부터 팔관회는 양반가 중에서 재산이 넉넉한 자를 미리 뽑아 그들을 선가(仙家)로 정한다(自今八關會 豫擇兩班家 産饒足者 定爲仙家)" 등의 말을 인용하여, 팔관회를 신선을 섬기는 모임(會)이면서 동시에 불사(佛事)를 겸하는 것이라고 하였다.

그러나 「사선(四仙)」은 〈삼국유사〉에 의하면 화랑의 사성(四聖)인 영랑(永郎)·부례랑(夫禮郎) 등을 겸하여 부르는 것이고, 「선가(仙家)」는 그 위 아래의 문장을 참조하면 또한 화랑을 가리킨 것이 분명한데, 대개 화랑·불가 양가(兩家)의 관계가 가까워진 이래로 화랑파의 소도대회(蘇塗大會)

에 불가의 팔관계(八關戒)를 쓴 것이다.

따라서 팔관(八關)을 한(漢)의 대포(大酺)와 같은 종류라고 한 것도 멋대로 내린 단정(妄斷)이지만, 팔관의 선가(仙家)를 중국 선교(仙敎)의 선(仙)으로 생각하는 것도 큰 잘못이다.

(*옮긴이 주: 이능화(李能和)는 일제가 1925년 7월에 개편한 「조선사편수회」에 이완용, 박영효, 이병도(李丙燾), 신석호, 최남선 등과 함께 우리의 역사 왜곡에 참여한 인물이다.)

고려 초·중엽에는 화랑이 그 사상(思想)으로만 사회에 전해져 왔을 뿐만 아니라 실제로 그 회(會)가 존속하여 왔으므로, 화랑을 반대하는 유가(儒家)에서도 그 명칭과 의식(儀式)을 많이 훔쳐서 취하였다.

그 한두 가지의 예를 들면, 최공도(崔公徒)·노공도(盧公徒) 등은 화랑의 원랑도(原郞徒)·영랑도(永郞徒) 등을 모방한 것이며, 학교(學校)의 청금록(靑衿錄: 〈시경〉의 「靑靑子衿(청청자금)」에서 나온 말로 유생(儒生)의 명단을 말함—옮긴이)은 화랑의 풍류황권(風流黃卷: 화랑의 명단을 적은 책—옮긴이)을 모방한 것이다. 그러나 사가(史家)의 삭제를 당하여 화랑의 사적(事蹟)이 묘연하니, 어찌 한탄할 바가 아니겠는가.

4. 예종(睿宗)과 윤관(尹瓘)의 대 여진(女眞) 전쟁

고려 한 대(一代)에 화랑의 사상을 실행하려던 임금과 신하 두 사람이 있었으니, 예종(睿宗)과 윤관(尹瓘)이 그들이다.

〈고려사〉 예종본기에 의하면, 그 11년 4월에, "사선(四仙)의 행적은 마땅히 더욱 영광(榮光)스럽게 조성해야 할 것이다…국선(國仙)의 일은 근래 관직에 나아갈 길이 많아졌으므로, 마땅히 대관(大官)의 자손들로 하여금 관직을 맡게 해야 할 것이다(四仙之跡, 所宜加榮…國仙之事, 比來仕路多門, 宜令大官子孫, 行之)"라는 조칙(詔勅)을 내렸다.

예종이 만약 화랑의 중흥을 동경하는 임금이었다면, 무슨 이유로 그가 즉위한 지 10여 년 만에야 비로소 영랑·부례랑 등 사성(四聖)의 유적을 더욱 영광스럽게 조성하고 국선(國仙)들이 관직에 나아갈 길을 열어주었을까?

본 조서는 서경(西京)의 새 궁궐에서 내린 것인데, 서경의 새 궁궐을 새로 건축한 사실이 예종본기에는 보이지 않으나, 오연총전(吳延寵傳)에 의하면, 예종이 참언(讖言)에 따라서 서경에 새 궁궐을 세우려 하므로 연총이 말렸으나 듣지 않았다고 하였는데, 이는 곧 여진(女眞) 정벌 이전의 일이므로, 서경의 새 궁궐 건축은 여진정벌 이전의 일인 동시에 화랑 중흥책(中興策)과 밀접한 관계가 있는 것이고 또한 여진 정벌과도 관계된 것이므로 당시의 사책(史册)에 반드시 상세한 기록이 있었을 것이다.

그러나 후에 김부식 파의 사가들이 서경 새 궁궐의 건축은 묘청(妙淸)의 서경천도(西京遷都) 계획의 선구(先驅)였으므로 이를 삭제하는 동시에, 그가 원수처럼 여기던 화랑에 관한 기록도 물론 남겨놓지 않았을 것이다.

11년의 조칙에서 국선(國仙) 운운한 것은, 화랑의 전고(典故)에 무지한 그 사가들이 국선이 곧 화랑임을 알지 못하고 무의식중에 삭제하지 않은 것이니, 이는 마치 〈여지승람〉에서 「仙(선)」을 도교(道敎)의 「仙(선)」으로 오인(誤認)하여 수많은 화랑의 유적(遊跡)을 남겨둔 것과 한가지이다.

하여간 예종은 화랑 사상을 가진 임금으로서 여진 정벌도 이 사상을 실행한 것임은 명백하며, 윤관(尹瓘)은 신라 화랑 김유신(金庾信)을 숭배하여 나라를 위해 기도하는 충성과 한여름에 강에 얼음을 얼게 할 정도의 뜨거운 믿음을 가진 인물로서, 예종과 뜻을 같이하여 여진을 정벌하여 북쪽 변경을 개척하고 아홉 개의 성(九城)을 건설하였다.

구성(九城)은, 〈고려사〉에 의하면, 옛 사서(舊史)에서는 영주(英州)·웅주(雄州)·복주(福州)·길주(吉州)·함주(咸州)·의주(宜州) 여섯 주(州)와 공험진(公嶮鎭)·통태진(通泰鎭)·평융진(平戎鎭) 세 진(鎭)이라고 하다가, 철수할 때에는 의주(宜州)와 공험진·평융진 두 진(鎭)이 없어지고 숭녕진(崇寧鎭)·진화진(眞化鎭)·의화진(宜化鎭) 세 진(鎭)이 갑자기 나타난 것이 의심스럽고, 또 의주성(宜州城)은 정주(定州: 지금의 정평(定平)-원주) 이남에 있으므로 여진을 쳐서 쫓아내기 이전에도 축성되어 있었던 것이라고 하여, 구성(九城)의 숫자를 의심하였다.

그리고 함주(咸州)는 지금의 함흥(咸興)이고, 영주(英州)·웅주(雄州)는 길주(吉州)에 합병한 것이고, 복주(福州)는 지금의 단천(端川)이고, 의주(宜州)는 지금의 덕원(德源)이라 하고, 공험진·통태진·평융진 등의 땅의 경계를 분명히 기록하지 못하여, 구성(九城) 서로간의 거리의 원근(遠近)을 모호하게 함으로써 지금껏 사가들이 서로 논쟁하는 바가 되었으나, 이따위 사소한 문제는 잠시 접어두고, 구성(九城)의 건설과 철수한 사실의 전말이나 간략히 설명하고자 한다.

여진(女眞)은 삼한시대의 예맥(濊貊)이고 삼국시대의 말갈(靺鞨)이니, 고구려가 망하자 발해(渤海)에 속하였고, 발해가 망하자 고려에 속하였으나, 또 한편으로는 거란(契丹)을 섬겼으므로, 〈문헌비고(文獻備考)〉에서

"여진은 거란(契丹) 섬기기는 신하가 임금 섬기듯이 하였고, 고려(高麗) 섬기기는 종이 주인 섬기듯이 하였다(女眞 臣事契丹, 奴事高麗)"라고 하였다. 예종 4년에 여진 사자(使者)의 말에도 "여진은 큰 나라(즉, 고려)를 부모의 나라로 생각하여 조공(朝貢)을 끊이지 않고 바쳤다(女眞 以大邦(高麗)爲父母之邦, 朝貢不絕)"라고 하였다.

예종의 부친인 숙종(肅宗)은 여진이 점점 강대해지는 것을 미워하여 이를 정복하려고 하였으나, 다만 헌종(獻宗: 숙종의 선왕)을 따르던 남은 무리들이 내란을 일으킬까봐 두려워서, 군사 일으키는 것을 주저하였다. 그러다가 그가 죽을 때에 여진을 정벌하라는 밀지(密旨)를 예종과 윤관에게 내렸던 것이다.

예종과 윤관이 대병(大兵) 17만으로 여진을 정벌하여 수천여 명의 목을 베고 불과 몇 달 내에 구성(九城)의 땅을 획득하였다. 〈고려사〉 지리지에 두만강 외 7백 리 선춘령(先春嶺) 아래에 "이곳까지가 고려의 땅이다(至此爲高麗之境)"라고 새겨진 윤관의 비(碑)가 있다고 하니, 윤관이 개척한 땅이 이조(李朝)의 김종서(金宗瑞)보다 훨씬 멀리까지였음을 알 수 있다.

윤관의 성공은 화랑도들로서는 기뻐서 펄쩍 뛸 일이었으나, 유교도들로서는 즐겁지 못한 일이었다. 출병 초에도 벌써 유교도 신하인 김연(金緣) 등이 상소하여 출병을 반대하더니, 구성(九城)을 설치한 뒤에 여진이 그 잃어버린 땅을 회복하려고 번갈아 침입하니, 비록 아군(我軍)이 연달아 이겼으나, 수년 동안에 인부(人夫)의 징발과 재물의 손해가 적지 않을 것은 피치 못할 일이었던지라, 유교도들이 더욱 이를 기회로 삼아 공박(攻駁)하니, 마침내 예종이 초지(初志)를 굳게 지키지 못하고 구성(九城)을 포기하고 여진에게 돌려주었다.

〈금사(金史)〉를 살펴보면, 이때 여진군의 참모장(參謀長)은 후일의 금태조(金太祖)였다. 거란은 점점 쇠약해지고 여진이 발흥하던 때이니, 만일 예종이 초지를 굳게 지켜 한때의 곤란을 잊고 윤관을 전적으로 믿고 맡겼더라면 고려의 국세(國勢)가 갈수록 흥성하여 후세에 외국에게 정복당하는 치욕을 면할 수 있었을 뿐만 아니라, 곧 거란을 대신하여 흥한 자는 금(金)이 아니라 고려였을지도 모르는 일이었다.

그러나 여진은 구성 반환의 은혜에 감격하여, 지금부터는 세세 대대로 자손들이 해마다 조공을 바치고 벽돌이나 자갈돌 하나라도 고려 국경 안으로 던지지 않겠다고 맹세하였다.

그 뒤에 여진이 강대하여 대금국(大金國)이 되자, 비록 고려에 바치던 조공은 폐지하였으나, 금(金)나라 대(代)에는 한 번도 고려를 침입한 일이 없었으니, 이는 윤관이 한 번 싸워 세운 공(功)이다.

윤관의 때에 사필(史筆)을 잡은 자가 윤관을 원수처럼 여겼던 김부식의 도당(徒黨)이었으므로 윤관의 전공(戰功)을 그대로 기록하지 않았을 것이다. 이 점도 역사를 읽는 사람(讀史者)은 알아두어야 할 것이다.

5. 묘청(妙淸)과 윤언이(尹彦頤)의 칭제북벌론(稱帝北伐論)

앞에서 말한 바와 같이, 윤관(尹瓘)이 비록 금(金) 태조(太祖)와 싸워서 이겼으나, 고려의 유교도 신하들이 이를 반대하여 더 진취(進取)하는 것을 막았을 뿐만 아니라 이미 얻은 구성(九城)까지 돌려주었더니, 금(金) 태조(太祖)가 이에 고려와 강화(講和)하고 서북 경영에 전력하여 제위(帝位)에 오른 지 10년 안에 거란을 멸망시키고, 만주로부터 중국의 양자강(楊子江) 이북까지를 병탄하여 대금제국(大金帝國)을 건설하였다.

생면부지의 먼 곳 사람은 졸지에 흥하거나 망하거나 이를 심상(尋常)히 볼 뿐이지만, 자기 집 행랑채의 하인배가 갑자기 천하제일의 높은 사람이 되었다고 하면, 이를 볼 때 신경이 곤두서는 것은 어쩔 수 없는 일이니, 이는 인지상정(人之常情)이다.

수천 년 이래 중국 대륙을 차지하는 자가 악마 같은 진시황(秦始皇)이거나, 비적(匪賊)의 괴수였던 한(漢) 고조(高祖: 劉邦)이거나, 야만종족의 거란 태조이거나 간에, 이들은 모두 조선인의 두뇌를 자극할 것이 없었으나, 오직 금(金) 태조가 중국의 황제가 되자 거의 모두가 그를 깔보는 태도를 가지게 되었다.

금 태조는 원래 고려에 조공을 바치던 여진족으로서, 더구나 윤관에게 패하여 구성(九城) 등 천여 리의 땅을 빼앗기던 야만족 추장이었는데, 그가 하루아침에 중국의 황제가 되어 도리어 정복자였던 고려의 군신(君臣)을 압박하기에 이르니, 고려의 군신들이 어찌 분개하지 않을 수 있겠는가.

예종이 구성(九城)의 철수를 후회하는 동시에 국선(國仙)의 중흥을 장려하고 서경(西京)으로의 천도를 계획하고, 또 성종(成宗) 이래의 비사후폐적(卑辭厚幣的) 외교정책을 바꾸고, 가끔 금(金) 태조에게 보내는 국서(國書) 중에 "너희 나라의 근원이 우리의 땅에서 일어났으니, 너희는 원래 우리나라의 속국(屬國)이었다"고 하는 식의 문구(文句)로 금국(金國) 군신들의 노여움을 촉발시킴으로써 자칫하면 국교상(國交上) 대 결렬이 발생할 뻔하였던 때가 허다하였다. 그러나 금 태조는 전날의 맹약(盟約)에 구속되어 여전히 고려를 침범하지 않았고, 예종은 구성을 쌓을 때 여러 신하들이 반대했던 일을 거울삼아 경솔하게 금(金)과 대항하지 못하였으므로,

피차 평화를 유지하였던 것이다.

그러다가 예종이 죽고 인종(仁宗)이 즉위하자 화랑파와 불가(佛家)와 기타 무장(武將)과 시인(詩人)들이 분연히 일어나 칭제(稱帝)와 북벌(北伐)을 강경하게 주장하기에 이르렀다.

칭제북벌론(稱帝北伐論)의 영수(領袖)들은,

첫째는 윤언이(尹彦頤)였다. 윤언이는 곧 윤관(尹瓘)의 아들로서 유일하게 화랑의 계통이었다. 따라서 그가 칭제북벌론의 영수가 된 것은 너무나 당연한 일이지만, 그가 칭제북벌론을 주장할 때 올린 상소(上疏)와 건의(建議)는 〈고려사〉 본전에서 모두 삭제를 당하고, 오직 서경 전쟁이 끝난 후 자신을 변명하는 상소문, 즉 자명소(自明疏)만 게재되어 있어서 후세 사람들로 하여금 윤언이가 칭제북벌론자의 한 사람이었음만 알 수 있게 할 뿐 그 상세한 내용은 알지 못하게 하였으니, 어찌 가석한 일이 아닌가.

둘째는 묘청(妙淸)이다. 묘청은 서경의 중(僧)으로서 도참설(圖讖說)을 끌어들여 서경에 천도하고 제호(帝號)와 연호(年號)를 정한 후 북으로 금(金)을 정벌하자는 주장을 한 자였다.

셋째는 정지상(鄭知常)이다. 정지상은 7살에 벌써 "누가 새 붓을 잡고 강 물결 위에다 을자(乙字: 새)를 써 놓았는가(何人把新筆 乙字寫江波)"라는 「강부(江鳧: 강 오리)」란 제목의 시(詩)를 읊었던 신동(神童)으로서 당시에 이름을 날리던 시인이었다. 그는 근세(近世)의 임백호(林白湖)와 같이 강토의 확대를 꿈꾸었던 인물이다.

이들 세 사람의 칭제북벌에 대한 의견은 동일하나, 다만 묘청과 정지상은 서경 천도까지 주장하였고, 윤언이는 거기에 동의하지 않았던 것이다. 묘청전(妙淸傳)에는 묘청·백수한(白壽翰)·정지상(鄭知常) 세 사람이 다 서경 사람이므로 서경 사람 김안(金安) 등이 받들어 섬기면서 「서경 삼성(西京三聖)」이라 불렀다. 그러나 백수한은 묘청의 제자였으므로 따로 한 파(派)로 칠 수 없으므로 여기서는 거론하지 않는다.

6. 묘청의 미친 거동(擧動) — 서경의 거병(擧兵)

〈고려사〉에서는 묘청을 요적(妖賊: 요망한 도적)이라 하였다. 이는 묘청이 음양가(陰陽家)의 풍수설(風水說)로 평양 천도를 주창한 데 기인한 것이라고 한다.

대개 신라 말엽부터 평양의 임원역(林原驛)은 대화세(大華勢:크게 번창할 지세)의 땅이라 하면서, 여기에 천도하면 36개국이 항복하고 찾아와서 조공을 바칠 것이라는 비결(秘訣)이 유행하였다. 이는 아마 고구려가 망하고 평양 구도(舊都)가 황폐해지자 신라의 비열한 외교를 분하게 여기는 불평가들이 이런 비결을 조작하여 퍼뜨림으로써 그것이 세간에서 일종의 미신이 되었던 것인지도 모를 일이다.

그러므로 신라 헌덕왕(憲德王) 14년의 김헌창(金憲昌)과 17년의 김범문(金梵文)이 모두 평양에 수도를 건립하자는 주장에 의탁하여 반란의 군사를 일으켰으며, 그 뒤 궁예(弓裔)도 이상으로 여겼던 새 수도는 평양이었으며, 고려 태조도 그 「훈요(訓要)」에서 평양은 지덕(地德)의 근본(根本)이라 하여 후대 왕들에게 연간 사중(四仲: 仲春, 仲夏, 仲秋, 仲冬의 총칭. 사계절)에는 그곳으로 가서 머물 것(巡駐)을 권하였으며, 혜종(惠宗)은 아예 평양에다 굉장히 큰 궁궐을 짓고 도읍을 옮기려고까지 하였다. 예종도 앞에서 말한 바와 같이 평양에 새로운 궁궐을 짓기 시작하였다.

이처럼 평양에 도읍을 세우는 일은 역대 왕조가 기도하였던 일이지만, 사실은 평양으로 천도하면 북쪽 외적에게 매우 가까워져서, 만일 적의 기마(騎馬)가 압록강을 건너는 때에는 도성(都城)이 먼저 적의 공격의 목표가 되므로, 나라의 근본인 중앙(中央)이 동요하여 한 번의 작은 패전만 있어도 전국이 놀라서 벌벌 떨게 될 것이다.

평양은 사실 당시에 도성(都城)이 될 지점으로는 천만 부당하거늘, 칭제북벌론자들이 언제나 평양 천도를 전제로 하였던 것은 엄청난 실책(失策)이었다. 따라서 윤언이(尹彦頤)가 칭제북벌을 주장하면서도 평양천도에는 동의하지 않았던 것은 과연 탁견(卓見)이라 할 것이다.

그러나 비결(秘訣)과 풍수설(風水說)로써 평양천도를 주장한 것은 묘청이 처음 시작한 것은 아니므로, 이로써 묘청을 요적(妖賊)이라고 하는 것은 너무 억울한 판결이다. 그러나 묘청이 풍백(風伯)과 우사(雨師)를 지휘할 수 있다고 말하고, 대동강 바닥에 기름병을 가라앉혀 놓고는 (그로부터 떠오르는 기름을 가리켜) 신룡(神龍)이 침(涎)을 토하는 것이라고 하면서 백관(百官)들이 축하하도록 만든 것이 어찌 요적(妖賊)의 일이 아니겠는가.

그러나 이러한 일은 고려 이전에는 항상 있었던 일이니, 고대에 종교상, 정치상의 인물들은 언제나 모호한 천신(天神)에 가탁하여 군중을 우롱하였던 것이니, 이런 일로 묘청에게 죄를 추궁하는 것 또한 공평한 일은 아닐 것이다. 그러면 어찌하여 묘청을 미쳤다고 하였는가?

예종본기(睿宗本紀)나 묘청전(妙淸傳)으로 보면, 당시 칭제북벌론(稱帝北伐論)으로 기운 자가 거의 전 국민의 반이 넘었으며, 정치세력의 중심인

군주 인종(仁宗)도 십중팔구 묘청을 신임하였다. 비록 김부식·문공유(文公裕) 등 몇몇 사람의 반대자가 외적의 형세를 과장하면서 그 전통적 사대주의의 보루를 고수하려고 하였으나, 이를 공격하여 깨뜨리는 것은 그다지 어려운 일이 아니었다.

그런데도 이제 이같이 성숙한 시기를 잘 이용하지 못하고, 김부식의 상소문 하나로 인종(仁宗)이 평양천도 계획을 중지한 것에 문득 화를 내고는 서경에서 군사를 일으켜 「천견충의군(天遣忠義軍: 하늘이 파견한 충의의 군대)」이라 자칭하고, 국호(國號)를 「대위(大爲)」라 하고, 연호(年號)를 「천개(天開)」라 하고, 평양을 상경(上京)으로 정하고는 인종에게 상경의 새 궁궐로 옮겨와서 그 국호, 그 연호를 받기를 요구하니, 그 시대의 신하의 예(禮)로 볼 때 그 얼마나 제멋대로 날뛰고 설친 행동이었던가.

이처럼 제멋대로 날뛰고 설치는 행동을 하려면 반드시 먼저 그 내부가 공고해지고 그 실력이 웅대하고 두터워진 뒤에 발표해야 할 것 아닌가. 그러나 묘청의 거병 밀모(密謀)에 윤언이와 정지상이 함께 참여하지 못하였을 뿐더러, 묘청의 심복 제자인 백수한(白壽翰)까지도 송도(松都)에 있으면서 사태 진행의 내막을 까마득히 모르고 있었다.

그 공모자(共謀者)는 불과 일시 서경에 와 있던 병부상서(兵部尙書) 유담(柳旵), 분사시랑(分司侍郎) 조광(趙匡) 등뿐이었다. 이들이 갑자기 서경병마사(西京兵馬使) 이중(李仲)을 잡아 가두고 그 병력을 빼앗아 거사하였으니, 인종(仁宗)이 비록 나약하나 어찌 대위국황제(大爲國皇帝)라는 허명(虛名)을 탐내어 제멋대로 날뛰는 신하들의 근거지인 서경으로 기꺼이 옮겨가려 하겠는가.

윤언이가 비록 칭제북벌론에는 동의하였던 사람이지만 어찌 이같이 미쳐 날뛰는 거동에야 함께할 수 있었겠는가. 윤언이의 일파는 고사하고 묘청의 친당(親黨)인 문공인(文公仁) 등도 거병했다는 소식이 처음 송도에 전해졌을 때에는 그런 일은 절대로 없을 것이라고 하면서 그 소식을 거의 믿지 않았었다.

그러나 전해온 소식이 점차 사실인 것으로 밝혀지자 칭제북벌론자들은 모두 와해되고, 반대자 등이 작약(雀躍)하여 김부식이 원수(元帥)로 임명되어 묘청 토벌의 길에 올랐다. 정지상·백수한 등은 출병 전에 김부식에게 피살되었으며, 윤언이는 묘청과 같은 칭제북벌론자였음에도 불구하고 김부식의 막하(幕下)가 되어 묘청 토벌자의 한 사람으로 참여하게 되었다.

정지상(鄭知常)은 시재(詩才)가 고금(古今)에 절륜(絕倫: 대등하거나 비슷한 자가 없음)하여 문예가(文藝家)들의 숭배를 받다가 김부식에게 죽었으므로, 후의 시인들이 이를 불평하여 그에 대한 일화(逸話)가 많이 유행하였다. 그 한두 가지 예를 들어보겠다.

김부식이 정지상의 시(詩) 중에서 "임궁(琳宮)의 경(磬)쇠 소리 그치니, 하늘색이 유리처럼 맑구나(琳宮擊磬罷, 天色淨琉璃)"라는 양 구(句)를 자기에게 달라고 하였으나 정지상이 이를 허락지 않았으므로 살해하였다고도 하고, 혹은 정지상이 "그대 술 있거든 부디 나를 부르소서. 내 집에 꽃 피거든 나도 또한 청하오리. 그래서 우리의 백년세월을 술과 꽃 사이에서 지내보세"라는 시조 한 수(首)를 지었더니, 김부식이 보고는 "이놈이 시조까지 나보다 잘 한다"고 하여 살해하였다고도 한다.

이와 같은 문예상의 시기심도 한 원인이 되었을는지 모르나, 대체로 김부식은 사대주의자의 괴수(魁首)였고 정지상은 북벌파의 대장(大將)이었던지라, 만일 정지상을 살려두어 그 작품이 유행하도록 허락한다면 혹 그의 북벌주의가 부활할지도 모르므로, 이것이 김부식으로서는 정지상을 살해하지 않을 수 없었던 최대의 원인일 것이다.

7. 묘청의 패망(敗亡)과 윤언이의 말로(末路)

인종(仁宗) 13년 정월에 묘청이 서경에서 거병하자 인종은 김부식을 역적 토벌 원수(元帥)로 임명하고, 김정순(金正純)·윤언이(尹彦頤) 등을 부원수(副元帥)로 임명하여 중군(中軍)을 거느리게 하고, 김부의(金富儀)·김단(金旦) 등에게는 좌우(左右) 양군을 거느리고 출정하게 하였다.

그런데 불과 수십일 만에 조광(趙匡)이 묘청의 목을 베고 항복하기를 청해 오자 조광의 사자 윤첨(尹瞻)을 옥에 가두어 버렸다. 그러자 조광은 다시 항거하고 지킴으로써 그다음 해 12월에 가서야 비로소 성을 함락시키고 조광의 목을 베었다.

처음에 김부식이 행군하는 도중에 보산역(寶山驛)에 이르러 군사회의를 열고 급히 공격할 것인지 천천히 할 것인지를 여러 장수들에게 물었다. 윤언이 등 여러 장수들은 모두 급히 공격할 것을 주장하였으나, 김부식은 묘청이 흉모(凶謀)를 꾸민 지 5,6년이나 되므로 그 수비가 완전하고 단단할 것이니 수일 만에 공격해서 함락시킬 수 있는 일이 아니라고 하면서 천천히 공격하기로 결정하였다.

그러나 사실은 묘청이 음모를 쌓아온 것이 아니라 다만 그 미치광이 같은 망령된 생각에서 서경을 차지하고 거병하여 인종의 천도를 재촉하면 김부식 등 사대주의파는 자연히 놀라 흩어지고 인종은 어쩔 수 없이 찾아올 것이라고 생각하였던 것이다. 그런데 의외로 토벌군이 이르자 묘청에 대한 그 도당(徒黨)의 신망(信望)이 갑자기 무너져서, 드디어 묘청의 목을 베고 항복을 청하기에 이른 것이니, 이는 사실이 명백히 증명하는 바이다.

조광(趙匡) 등이 묘청을 참수(斬首)한 뒤에 조정에서 용서해 줄 뜻이 없음을 보고 이에 급히 배반하여 서경의 성을 근거로 싸웠다. 만일 김부식이 윤언이를 믿고 그의 말대로 하였더라면 수일 안에 반란군을 쳐서 평정할 수 있었을 것이거늘, 김부식이 끝까지 윤언이를 의심하여 완공책(緩攻策)을 쓰다가 결국 2년이나 지나도록 이기지 못하였던 것이다.

그리하여 안으로는 인종의 의구심이 적지 않고 밖으로는 금국(金國)이 쳐들어올 염려가 있어서 다급해지자, 그때 가서야 윤언이의 말을 듣고 기술자 조언(趙彦)이 만든 석포(石砲: 돌을 던지는 기계)로 성문을 부수고 화구(火毬: 불을 붙인 공)를 던져 성을 함락시키는 공을 이루었으니, 〈고려사〉의 묘청·윤언이·김부식 세 사람의 열전을 자세히 살펴보면, 본 전쟁의 성공은 모두 윤언이의 계책에서 나온 것이고 김부식은 한 치의 공로도 없음이 명백하다.

윤언이는 원래 묘청과 동일한 칭제북벌론자였으면서도 이제 도리어 묘청 토벌에 힘을 다 하니, 이는 곧 자신의 주의(主義)를 배반한 것이 아닌가? 그러나 이는 묘청의 허물이지 윤언이를 나무랄 일은 아니라 할 것이다.

묘청의 행동이 미치광이처럼 제멋대로여서 그와 동당(同黨)인 정지상(鄭知常) 등을 속여서 사지(死地)에 빠지게 하고, 기타 주의(主義)를 같이 하던 모든 자들을 진퇴양난의 지경에 서게 함으로써 칭제북벌(稱帝北伐)

의 명사까지도 세상 사람들이 기피하는 바가 되게 하였으니, 윤언이가 비록 천재인들 어찌할 수 있었겠는가.

그러나 개선(凱旋) 후에 김부식은 윤언이를 정지상의 친구라 하여 얽어 죽이고자 하였으므로, 그는 전공(戰功)의 상을 받지 못하였을 뿐만 아니라 도리어 6년간 먼 곳으로 귀양 갔다가 간신히 살아서 돌아왔다.

윤언이가 자신을 변명하는 상소문, 즉 자명소(自明疏)에서 "임자년에 왕께서 서경으로 행차하실 때, 연호를 제정하고 황제 칭호를 쓸 것(稱帝)을 청하였는데… 이 연호를 세우기를 청한 것은 왕을 높이려는(尊王) 정성에서 나온 것입니다. 우리 왕조에서도 태조(太祖), 광종(光宗) 때에 그런 사실이 있었고, 과거 왕조의 문건을 상고하면 신라와 발해의 경우에도 그렇게 하였습니다(在壬子年 西幸時, 上請立元稱號…緊是立元之稱, 本乎尊王之誠. 在我本朝 有太祖·光宗之故事, 稽諸王牒, 雖新羅·渤海以得爲)"라고 하여, 연호(年號)를 세우는 일(立元) 한 가지만 변명하고 칭호(稱號: 즉 황제라 칭함-옮긴이)의 일은 묵과하였으니, 칭제북벌의 논자로서 사대주의자들의 조정에서 구차하게 살아남으려니 그 신세가 거북하였음과 언론이 자유롭지 못하였을 것임은 충분히 상상할 수 있다.

〈고려사〉 윤언이전(尹彦頤傳)에 의하면, 윤언이가 만년에 불법(佛法)에 심취하여 중 관승(貫乘)과 불문(佛門) 친구가 되었다.

관승이 일찍이 부들 돗자리(蒲團) 하나를 만들어서는(〈고려사〉에서는 포암(蒲菴: 풀로 만든 작은 암자)이라고 하였으나, 이를 포단(蒲團)이라고 해석한 단재의 말이 사리에 맞는 것 같다.-옮긴이) 누구든지 두 사람 중에 먼저 죽는 자가 그 돗자리를 쓰기로 윤언이와 약속을 하였는데, 하루는 윤언이가 관승을 찾아보고 돌아오니 관승이 부들 돗자리를 보내왔다.

윤언이가 웃으면서 "스님이 약속을 어기지 않는구나"고 말하고는 벽에다 글을 써서 이르기를 "봄 지나 다시 가을 되니, 꽃 피는가 싶다가 어느덧 낙엽 지네. 동(東)에서 서(西)로 가고 또 가는데, 나의 본성(本性: 眞君)이나 잘 기르리로다. 생사(生死) 도중에 선 오늘 이 몸 다시 돌이켜 보니, 아, 모든 것이 만리 장공(長空)의 한 조각 한가한 구름이로세!(春復秋兮 花開落葉, 東復西兮 善養眞君. 今日途中 反觀此身, 長空萬里 一片閑雲)"라고 하고는 부들 돗자리에 앉아서 영면(永眠)하였다.

그가 벽에 쓴 글은 표면상으로는 한 개의 불게(佛偈: 불교의 중이 쓴 글귀)와 같으나, 사실은 자신의 주의(主義) 실천에 실패한 분노가 말 밖(言外)에 넘치고 있다. 한 사람이 잘못 행동하여 여섯 위인(偉人)을 죽였으니(一不而殺六通), 아, 지극히 가슴 아픈 일이로다.

묘청이 비록 그 행동은 미치광이처럼 제멋대로였으나, 그 주의(主義)상의 불후의 가치는 김부식 류에 비할 바 아니거늘, 이전의 사서(史書)에서는 그를 폄하하는 말들만 있고 그의 뜻을 살린 말들은 전혀 없으니, 이는 공정(公正)한 논의가 아니라 할 것이다.

8. 서경 전쟁 후의 〈삼국사기〉 편찬

묘청이 패망하여 서경 전쟁이 결말을 보게 되자 김부식이 드디어 수충정난(輸忠靖難) 정국찬화(靖國贊化) 동덕공신(同德功臣)이라는 휘호(徽號)에다, 개부의동삼사(開府儀同三司) 검교태사(檢校太師) 수태보(守太保) 문하시중(門下侍中) 판상서사(判尙書事) 겸이예부사(兼吏禮部事)라는 영직(榮職)에다가, 또 집현전태학사(集賢殿太學士) 감수국사(監修國史)라는 임무를 맡아 고려 당시의 국사(國史)를 감수하는 동시에 신라·고구려·백제의 〈삼국사기〉를 편찬하였다.

선배 학자들이 말하기를, 삼국의 문헌들이 모두 병화(兵火)에 없어져서 김부식이 참고할 사료(史料)가 부족했기 때문에 그가 편찬한 〈삼국사기〉가 그처럼 엉성하게 된 것이라고 하였으나, 사실은 역대의 병화보다도 김부식의 사대주의(事大主義)가 사료를 불살라 없애버린 것이다.

김부식의 때에 단군(檀君)의 〈신지(神誌)〉나 부여(扶餘)의 금간옥첩(金簡玉牒)이나 고구려의 〈유기(留記)〉나 〈신집(新集)〉이나 백제의 〈서기(書記)〉나 거칠부(居柒夫)의 〈신라사〉 같은 것들이 남아 있었는지 여부는 알 수 없다.

그러나 이제 〈삼국사기〉의 인용 서목(書目)으로 보면 〈해동고기(海東古記)〉, 〈삼한고기(三韓古記)〉, 고구려고기(高句麗古記)〉, 〈신라고사(新羅古事)〉, 〈선사(仙史)〉, 〈화랑세기(花郎世紀)〉 등은 모두 김부식이 보았던 것들이고, 고구려와 백제가 멸망하여 신라와 발해가 병치(並峙)한 지 불과 2백년 만에 고려 왕씨조(王氏朝)가 들어섰으니 고구려·백제·신라·발해의 옛 비석(古碑)의 유문(遺文)과 민간의 전설들이 많이 유전되었을 것이므로, 이것들도 모두 채집할 수 있었을 것 아닌가.

그뿐 아니라, 김부식 이후 5, 6백년 만에 외국인의 손으로 저작한 〈성경지(盛京志)〉, 〈직예통지(直隷通志)〉 등의 책에도 고구려 대(對) 수(隋)·당(唐) 전쟁의 고적인 고려성(高麗城)·고려영(高麗營)·개소둔(蓋蘇屯)·태종 함마처(陷馬處)·황량대(謊糧臺) 등이 다수 기재되어 있으므로 김부식의 당시에는 사료가 될 만한 고적이 더욱 풍부하였을 것이다. 따라서 김부식은 요(遼)·송(宋)에 왕래할 때 그것들을 마음대로 수습할 수 있었을 것이다.

김부식 이후 수백 년, 곧 고려 말엽에 쓰인 〈삼국유사〉에는 이두문으로 된 시가(詩歌)를 다수 게재해 놓았고, 이조 초엽에 편찬된 〈고려사〉에는 고구려의 「래원성(來遠城)」과 백제의 「무등산(無等山)」(둘 다 이두문으로 적힌 시가임-원주)의 뜻을 해독한 증거가 있으니, 김부식의 때에는 이보다 더 풍부한 삼국의 국시(國詩)인 이두문 시가를 망라할 수 있었을 것이다.

그러나 이들은 다 김부식이 원수처럼 여긴 것들이었고 채록하고자 한 사료들이 아니었다.

그 이유가 무엇인가 하면, 김부식이 이상적으로 여기는 조선사(朝鮮史)는 (一)조선의 강토를 바짝 줄여서 대동강 혹은 한강으로 국경을 정하고, (二)조선의 제도·문물·풍속·습관 등을 모두 유교화(儒敎化)하여 삼강오륜(三綱五倫)의 교육이나 받고, (三)그런 뒤에 정치란 것은 오직 외국에 사신(使臣) 다닐 만한 비열한 외교사령(外交辭令)이나 감당할 정도의 사람을 양성하여, 동방 군자국(東方君子國)의 칭호나 유지하려고 한 것이다.

그러나 김부식 이전의 조선사는 거의 김부식의 이상과 배치되었다. 강토는 요하(遼河)를 건너 동몽고(東蒙古)까지 연접한 때가 있었으며, 사회는 화랑의 종교적 무사풍(武士風)을 이어받아 공자 · 맹자의 유훈(遺訓)과 다른 면이 많았으며, 정치계에는 흔히 광개토왕·동성대왕(東城大王) ·진흥대왕·사법명(沙法名)·을지문덕·연개소문과 같이 외국에 도전하는 인물이 중간 중간에 나옴으로써 김부식의 두통꺼리가 한두 가지만이 아니었다. 그런데 이제 서경 전쟁에서 승리한 것을 천재일우(千載一遇)의 기회로 자기의 사대주의(事大主義)에 근거하여 〈삼국사기〉를 지으면서 자신의 주의(主義)에 부합하는 사료는 더 늘리어 설명하고 찬탄(讚嘆)하고 혹은 고쳐서 다시 쓰고, 부합하지 않는 사료는 폄하(貶下)하고 덧칠하여 고치고,

혹은 깎아내 없애버렸던 것이다.

나의 말을 믿지 못하겠거든〈삼국사기〉를 한번 보라.

부여와 발해를 뽑아 내버렸을 뿐 아니라, 백제의 위례(慰禮)는 직산(稷山)이라 하고, 고구려의 주군(州郡)을 태반이나 한강 이남으로 옮기고, 신라의 평양주(平壤州)를 삭제하여 북방 강토를 중국에 할양(割讓)한 것은 그 이상에 맞추고자 한 것이 아닌가.

조선의 고유한 사상으로 발전한 화랑의 성인(聖人)인 영랑(永郞))·부례랑(夫禮郞) 등은 그 성명도 기재하지 않고, 당(唐)나라 유학생으로 거의 당(唐)에 동화된 최치원(崔致遠) 등을 숭배하고, 당과 혈전한 백제의 부여복신(扶餘福信)은 열전에 올리지도 않고, 당에 투항한 흑치상지(黑齒常之)를 특별히 게재한 것은 그 이상에 맞추고자 한 것이 아닌가.

기타 이와 같은 종류가 너무나 많아서 일일이 다 열거할 수가 없다.

대개 자기의 이상과 배치되는 시대의 역사에서 자기의 이상에 부합하는 사실만을 수습하려고 하니 그 사료도 엄청 부족할 뿐 아니라 또 부득이 공자(孔子)의 필삭주의(筆削主義: 역사 기술의 한 방식으로, 쓸 것은 쓰고 삭제할 것은 삭제하는(筆則筆, 削則削) 방식.—옮긴이)를 써서 그 사실을 가감(加減)하거나 혹은 개작(改作)할 수밖에 없었을 것이다.

그 중에서도 가장 많이 삭제를 당한 것은 유교도의 사대주의와 정반대되는 독립사상을 가졌던 낭가(郎家: 화랑파)의 역사이다. 아, 슬프다. 당(唐)의 장수 이적(李勣)과 소정방(蘇定方)이 고구려와 백제를 멸망시키고 그 문헌들을 소탕하였다고 하지만, 그들이 우리 사학계에 끼친 재앙이 어찌 김부식(金富軾)의 서경(西京) 전쟁의 결과에 미칠 수 있으랴.

김부식이 화랑의 역사를 증오하였다면, 그렇다면 어째서 〈삼국사기〉 중에서 화랑의 사실을 완전히 삭제하지 않았는가?

김부식은 대개 중국사를 존중하던 자인지라, 화랑의 사실이 당인(唐人)의 〈신라국기(新羅國記)〉, 〈대중유사(大中遺事)〉 등의 책에 기록되어 있었기 때문에 김부식은 부득이 화랑의 전고(典故) 몇 줄을 적어둔 것이다. 낭가(郎家: 화랑파)에서는 여교사(女教師)를 원화(源花)라 하고 남교사(男教師)를 화랑이라 한 것인데도, 〈삼국사기〉에는 원화와 화랑의 구별을 혼동하였으며, 사다함전(斯多含傳)에 의하면 사다함이 진흥왕 26년에 화랑이 되었거늘, 신라본기에서는 진흥왕 37년에 처음으로 원화·화랑을 만들었다 하여 그 연대를 틀리게 하였으며, 화랑은 고구려의 조의선인(皂衣仙人)을 모방한 것인데도 그 내력을 말살하였으니, 이 어찌 가석한 일이 아닌가.

내가 일찍이 〈고려도경(高麗圖經)〉을 보았는데, 그 목록에 「선랑(仙郎)」이 있기에 매우 반가워서 그 편(篇)을 펴보았더니 그 페이지 전체가 빠지고 한 자(字)도 남아 있지 않았다. 삼국과 발해에 관하여 중국인이 쓴 책도 〈동번지(東藩志)〉, 〈발해국지(渤海國志)〉 등 허다하지만 한 권도 전한 것이 없고, 그 전하여 온 서적에도 우리가 요구하는 바 조선의 자랑이 될만한 사실로서 〈삼국사기〉나 〈고려사〉에 빠진 기사는 언제나 그 페이지가 빠져 없었으며, 〈남제서(南齊書)〉에 기록된 동성대왕(東城大王)과 사법명(沙法名)의 전사(戰史)에 관한 부분 2페이지가 통째로 빠지고 없었다. 이 어찌 후에 고의로 그런 것이 아니겠는가.

9. 〈삼국사기〉가 유일한 고사(古史)가 된 원인

고기(古記)인 〈선사(仙史)〉와 〈화랑세기(花郎世紀)〉 등은 모두 멸종(滅種)되고 오직 〈삼국사기〉란 책 한 가지만 세간에 전하였으니, 이는 저들 여러 사서(史書)의 가치가 모두 〈삼국사기〉보다 못하다는 명백한 증거가 아닌가?

그러나 그것은 이 책들의 우열(優劣)로 인해서 생긴 결과가 아니라 대개 다음과 같은 여러 종류의 사건에 그 원인이 있는 것이다.

(一) 서경 전쟁 뒤에 다시 제 2의 남경(南京) 전쟁이 일어나지 못하여 윤언이·정지상 등과 같은 부류의 인물들은 주륙(誅戮) 아니면 쫓겨남을 당하였다. 그리하여 다시 그 주의(主義)를 사회에 제공하지 못하게 되자, 화랑·불가들이 쓴 역사서에 대한 독자들의 요구가 다시는 일어나지 못하였다.

뿐만 아니라, 김부식은 〈삼국사기〉를 편찬한 후에 일체의 사료(史料: 곧 앞에서 말한 고기(古記) 등—원주)를 궁중에 비장(秘藏)하여 다른 사람이 열람할 길을 끊음으로써 박학자(博學者)란 자신의 명예를 보전하는 동시에 국풍파(國風派)의 사상 전파를 금지하는 방법으로 삼았다. 그리하여 〈삼국사기〉가 당시 사회에서 유일하게 유행하는 역사가 되었던 것이다.

(二) 〈삼국사기〉가 유행된 이후에 고려의 국력이 더욱 쇠약해져서 그 후 불과 백여 년 만에 몽고가 발흥하여 그 세력이 유럽과 아시아 양 대륙을 횡행하면서 중국을 병합하자, 고려는 오직 비사후폐(卑辭厚幣)로 그 국호(國號)를 유지해 오다가 마침내 그 압박이 정치 이외의 각 방면에 미쳐서 「황도(皇都)」, 「황궁(皇宮)」 등의 명사를 폐지하게 되고, 심지어 팔관회(八關會)에서 사용하던 악부시가(樂府詩歌)까지 가져다가 「천자(天子)」, 「일인(一人)」 등의 말들을 고치게 하고, 왕건 태조 이래의 실록(實錄)

을 가져다가 수많은 부분을 고치거나 삭제하니, 이에 오직 〈삼국사기〉와 같은 사책(史冊)에 의거하여 우리가 옛날부터 사대(事大)의 성의(誠意)가 있다는 자랑을 하게 되었다.

이리하여 궁중에 깊이 비장(秘藏)되어 있던 고사(古史)들은 더욱 깊이 감춰지게 된 것이다.

(三) 몽고의 세력이 쫓겨서 물러가자 고려조의 운명 또한 종말을 고하였다. 이씨조(李氏朝)가 창업하자, 비록 내정(內政)과 외교(外交)를 모두 자주적으로 하고 다른 나라의 통제를 받지는 않았으나, 다만 그 창업(創業)의 최초 원인이 위화도(威化島)의 회군(回軍)에 있었으므로 〈삼국사기〉 이외의 역사를 세상에 공포할 의기(意氣)가 없어서, 송도(松都)에 비장되어 있던 것들을 다시 한양(漢陽)으로 옮겨 비장하게 되었을 뿐이다.

정도전(鄭道傳)이 〈고려사〉를 편찬할 때 〈삼국사기〉의 서법(書法)을 존중하고 받들어 몽고제국의 조정에서 미처 다 고치고 삭제하지 못한 나머지 부분까지 고치고 삭제하였는데, 그 후 세종(世宗)이 김종서(金宗瑞)·정인지(鄭麟趾) 등에게 명하여 태조 이래의 실록 가운데 「詔(조)」, 「朕(짐)」 등의 자(字), 곧 정도전이 「敎(교)」, 「予(여)」 등의 자(字)로 고친 것들을 다시 원문대로 회복하였다.

그러나 그 나머지 전부는 거의 다 정도전이 고친 원본 그대로였으니, 하물며 몽고 황조(皇朝)에 의해 고쳐지고 삭제당한 것들이야 어찌 회복하였겠는가. 그런즉 고려의 사료(史料)도 사료될 만한 사료는 삼국의 사료와 같이 모두 비장(秘藏) 속에 갇히어 있게 된 것이다.

(四) 중국에는 본조(本朝)의 역사를 자유로이 저작(著作)하지 못하는 악

습(惡習)이 있었다. 그러나 우리 조선에서는 앞에서 말한 것처럼 전대사(前代史)까지도 관리나 준(準)관리 외에는 마음대로 쓰거나 보거나 하지 못하는 괴습(怪習: 괴이한 관습)이 있었다. 그러므로 회재(晦齋) 이언적(李彦迪)이 일찍이 「사벌국전(沙伐國傳)」을 지어서 비밀히 집에 감추어 두었다가 우연히 친구가 그것을 들고 가는 바람에 큰 화를 당할 뻔한 일도 있었다.

그래서 상고(上古) 이래 역대의 비장(秘藏)이 수백 년 이래 경복궁 안에 숨어서 마치 내외(內外)하는 처녀와 같은 서적이 되었다가, 임진왜란의 병화(兵火)에 불타 없어지고 말았을 것이니, 삼국의 사료가 될 여러 사서(史書)들이 모두 멸종되고 오직 〈삼국사기〉만 전해져 온 것은 앞에서 말한 몇 가지 원인에 불과할 것이다.

혹자는 말하기를, 그러면 〈삼국유사〉는 어찌하여 유전(遺傳)되었는가? 하고 물을 것이다. 그러나 이는 다만 불교의 원류(源流)를 서술하고 정치에는 혹 언급하여도 그 대체가 〈삼국사기〉를 인용하거나 모방한 것뿐이고 사대주의의 의견과 충돌하는 곳이 없었기 때문이다.

대각국사(大覺國師)의 〈삼국사〉는 김부식의 〈삼국사기〉 이전의 저술(著述)로서, 〈이상국집(李相國集)〉 가운데 동명왕편(東明王篇) 주(註)에 인용한 것으로 보면, 그 사료로서의 가치가 〈삼국유사〉보다 몇 배나 뛰어나다. 그러나 이것도 마침내 멸종되고 만 것은 김부식의 〈삼국사기〉와 그 취지가 같지 않았기 때문이다.

〈고려사〉는 정도전(鄭道傳)이 편찬하다가 역신(逆臣)으로 몰려 죽임을 당하고, 김종서(金宗瑞)가 이어서 완성하였으나 그 또한 정변(政變)에 죽었기 때문에, 세조(世祖)가 드디어 정인지(鄭麟趾)가 찬(撰)한 것이라고 이름을 달아 세상에 내놓게 된 것이다.

10. 결 론

이상에서 서술한 바를 다시 간략히 총괄(總括)하여 말하면, 조선의 역사는 원래 화랑파(郎家)의 독립사상(獨立思想)과 유가(儒家)의 사대주의(事大主義)로 나뉘어 왔는데, 갑자기 묘청이 불교도로서 화랑가의 이상을 실현하려고 하다가 그 거동이 너무나 미치광이처럼 제멋대로여서 결국 패망함으로써 드디어 사대주의파의 천하가 되었다.

화랑가의 윤언이(尹彦頤) 등은 유가(儒家)의 압박 아래서 겨우 그 잔명(殘命)을 구차하게 보존하게 되고, 그 뒤에 몽고의 난(亂)을 지나면서 더욱 유가의 사대주의가 득세하게 되었다.

이조(李朝)는 창업(創業) 자체가 곧 이 사대주의로 성취되었으므로 화랑파는 완전히 멸망하여 버렸다.

정치가 이렇게 되니 종교나 학술이나 기타 모든 방면에서 사대주의(事大主義)의 노예가 되었다.

불교를 믿으면 똑같은 방식으로 봉갈(棒喝: 선가의 문답에서 깨닫지 못하는 사람을 몽둥이로 때리거나 큰 소리로 꾸짖는 수행 방법)을 전수하는 태고(太古)나 보우(普愚)는 나올 수 있을지언정 평지에서 갑자기 솟아나온 듯한 원효(元曉)는 나올 수 없으며, 유교를 따른다 하면 정자(程子)와 주자(朱子)의 법도와 학설을 각별히 준수하는 퇴계(退溪)나 율곡(栗谷)은 나올 수 있을지언정 스스로 문로(門路)를 세우려던 정죽도(鄭竹島: 정여립(鄭汝立, 1546-1589), 조선 중기의 혁명적인 사상가. 후에 역모 사건으로 죽임을 당함-옮긴이)는 존립할 곳이 없었다.

비록 세종(世宗)의 정음(正音)이 창제된 뒤일지라도 원랑도(源郎都: 원화와 화랑도)에 대한 송가(頌歌)는 나오지 않고 당(唐)나라 사람들이 지은 달과 이슬(月露)을 읊조리는 한시작가(漢詩家)만 바글거렸으며, 비록 갑오(甲午)·을미(乙未)의 시기를 만났더라도 진흥대왕 같은 경세가(經世家)는 나오지 않고 외세를 따라 이리저리 옮겨 다니는 사회가 되었을 뿐이다.

아아, 어찌 서경(西京) 전쟁으로 인하여 야기된 결과가 중대하다 하지 않을 수 있겠는가.

사 론(史論)

1. 조선사 정리에 관한 개인적 의문

(一)

조선 사람이라면 조선사를 알아야 한다는 것은 무슨 기다란 이유 설명과 사실의 증거를 기다릴 것 없이 누구나 다 분명히 알고 있을 것이다.

그러나 중국 유학이나 혹은 교제(交際)를 위하여 구미(歐美)로부터 오는 인사들을 만날 때마다 혹은 서양 학자들이 조선 사람보다 조선사를 더 잘 알더라고 말하는 이도 있고, 혹은 서양 사람이 조선사를 물을 때에 대답할 말이 없어서 땀을 흘렸다고 말하는 이도 있었다.

앞의 양자를 나누어서 말하면, 후자는 곧 조선사에 대하여 아주 몽매한 사람이 외국인에게 조선사 강의를 들은 것이니, 이는 자기 부친(父親)의 이름을 이웃사람에게 들어서 알게 되는 것과 같은 웃기는 이야기이고, 전자는 비록 후자보다 비교적 좀 더 낫게 조선사 한두 구절을 안다고 할 것이나, 또한 그 아는 바가 역대 왕들의 이름, 을지문덕·강감찬(姜邯贊) 등 위인의 성명, 임진왜란·병자호란 등 큰 사건 같은 것뿐인지라, 갑자기 서양의 학식 있는 인물을 만나 조선민족의 유래나 조선지리의 정치상 고금의 변천 같은 것에 대하여 질문을 받으면, 이것도 불과 약간의 역사적 상식만 있더라도 넉넉히 대답할 수 있는 것이지만, 원래 그 아는 바가 개꼬리만도 못하므로 할일 없이 머리를 숙이고 도리의 그 질문한 외국인에게 다시 내 나라의 역사를 배우게 되는 것과 같다.

그러나 서양의 학자가 아무리 사학(史學) 지식이 풍부하다 한들 그가 어찌 조선사를 알겠는가. 서양 근세에 동양 연구로 유명한 학자들이 많아서 인도(印度)를 연구한 학자도 있고, 중국을 연구한 중국학 학자도 있으나, 아직 조선을 연구한 조선학(朝鮮學) 학자는 낳지 못하였다. 낳지 못하였을 뿐 아니라 아직 밸 시대도 못되었다.

그러면 저 서양의 학자들은 어디서, 무엇으로, 어떻게 조선사(朝鮮史)를 알게 되었는가? 중국의 고서(古書)인 〈24사(史)〉 중의 조선열전(朝鮮列傳) 같은 데서 본 것이 아니면 근래 일본인들이 쓴 책에서 알게 되었을 것이다.

이 양자가 다 적확(的確)한 기록이냐 하면, 중국 민족 특유의 병적 심리인 자존성(自尊性)과 근대 일본의 악랄한 정치적 탐욕(貪慾)이 일부러 조선을 모멸(侮蔑)하였다기보다, 그들이 꼭 끼고 있는 색안경이 정확한 조선 관찰을 허용하지 않으므로 저들이 진술한 조선은 거의 십중팔구 거짓말이다.

서양 사람들이 그 거짓말 기록에 의거하여 아는 조선이 어찌 「참조선」이겠는가. 이제 조선 사람이 되어 「참조선」이 아닌 조선의 이야기를 듣고도 반박할 능력이 없으니, 이 어찌 가련하지 않은가.

나의 한 친구(그의 이름은 밝히지 않는다.-원주)가 불란서의 학자 「베르그송(Henri Bergson: 1859-1941)」(프랑스의 철학자-옮긴이)을 만났더니, 그가 「조선은 옛날부터 약한 나라가 아니냐?」 하고 잘못 판단하고 있기에, 「조선이 이씨조(李氏朝) 이전에는 강국(强國)이었다」라고 대답해 주었노라고 나에게 자랑삼아 말하였다.

그러나 그 대답의 모호함이 질문의 오류보다 나을 것이 무엇이냐.

아아, 20년 이전의 조선에는 중국사를 아는 조선 사람은 많았으나, 조선사를 아는 조선 사람은 적었고, 20년 이래의 조선에는 서양사를 아는 조선 사람은 있으나 조선사를 아는 조선 사람은 없으니, 조선이 지금의 조선처럼 된 것은 이것도 그 원인의 하나가 아닌가 한다.

조선 사람이면 마땅히, 반드시, 물어볼 것도 없이, 조선사를 알아야 한다고 말하면 그만인 것을 구태여 머나먼 서양까지 끌어다 대는 것은 무슨 까닭인가?

이런 책망도 들을 만하지만, 나라가 있으나 없으나 외교는 없어서는 안 된다고 할 정도로 외교를 중시하는 사회에서, 매번 조선 역사에 관한 문답 때문에 외국인에게 곤란을 당하였다는 웃기는 이야기가 한둘이 아니므로 나의 감상담(感想談)을 쓴 것에 불과하다.

(二)

어떠하여야 참 조선의 조선사(朝鮮史)라 하겠느냐?

조선 민중(民衆) 전체의 진화(進化)를 서술한 것이라야 참 조선의 조선사가 될 것이지만, 그러나 민중을 표준으로 삼는 것은 20세기에 와서 겨우 싹 튼 것이니 이것은 너무 사치스런 선택이므로, 내가 말하는 참 조선사는 곧 조선적(朝鮮的)인 조선(朝鮮)을 적은 조선사(朝鮮史)이거나(조선 특유의 모습을 서술한 조선사—옮긴이), 위인적(偉人的) 조선을 적은 조선사(朝鮮史)이거나(조선의 역사를 위인 중심으로 서술한 조선사—옮긴이) 간에, 다만 조선을 주체(主體)로 하고 충실히 적은 조선사를 가리키는 것이다.

서양인들이 아는 바, 즉 중국인과 일본인이 적은 조선사는 중국이나 일본을 주체로 하고 그 주체를 위하여 조선을 무록(誣錄)한 것이 많으므로 참 조선의 조선사가 아닌 것이다.

그러면 참 조선의 조선사는 어디에 있는가?

〈삼국사기〉냐? 〈삼국사기〉는 삼국(三國) 한 대(代)의 역사에 불과하므로 완전한 조선사가 아니다. 뿐만 아니라 저자 김부식이 공구(孔丘: 孔子)의 〈춘추(春秋)〉 필법인 존화양이(尊華攘夷: 중국을 높이고 이족(夷族)을 얕보고 배척함)를 배워서 자주 중국을 위하여 조선을 배척한 것이 많기 때문에 〈24사(史)〉의 동이열전(東夷列傳)과 다름이 없게 되었다. 그러므로 조선사라고 할만한 가치가 전무(全無)하다.

그러면 〈삼국유사〉냐? 〈삼국유사〉는 그 저자 일연(一然)이 조선의 불교 원류(源流)를 기술한 것이니, 이는 조선의 종교사(宗教史)의 한 부분에 지나지 않으므로, 참 조선을 알 수 있게 된 조선사가 아니다.

〈삼국사기〉와 〈삼국유사〉 두 가지 책 외에 일대(一代)의 일을 특기한 〈고려사〉, 〈국조보감(國朝寶鑑)〉 등도 있고 각 대(代)의 일을 차례대로 서술한 〈동국통감(東國通鑑)〉, 〈동사강목(東史綱目)〉 등도 있다. 그러나 이들은 혹 문체(文體)의 좋고 나쁨이나 고증(考證)의 정밀함과 엉성함은 다를지언정 그 주지(主旨)는 〈삼국사기〉의 범위에서 벗어난 것이 없다.

오직 이조(李朝) 정종(定宗) 때에 이름난 학자 선산(仙山) 이종휘(李種徽)가 참 조선의 조선사를 쓸 만한 기백(氣魄)과 능력이 있었던 듯하나, 그러나 〈부여기〉, 〈삼한기(三韓記)〉 등 한두 편의 단편뿐이어서 후인들의 갈망을 충족시켜주지 못하였다.

이렇게 말하면 조선에 지금까지 조선사가 없다고 해도 과언이 아니다.

5천년 오래된 나라라고 칭하는 조선으로서 어찌하여 지금까지 조선사라 할만한 조선사가 없느냐?

이는 외구(外寇)·내란(內亂)·학술상의 전제(專制)·사회적 타락 등이 조선 문화를 파괴하고 억압하는 강한 철퇴가 되어 이미 저작한 조선사는 없애버리고, 차차 산출(産出)하려는 조선사는 못 나오게 하였기 때문이다. 이제 그 대강을 세어 보겠다.

북부여(北扶餘)는 단군왕검(檀君王儉)의 수도(首都)로 그 자손들이 세세대대로 지켜오던 곳으로, 진수(陳壽: 〈삼국지〉의 저자)와 배송지(裵松之: 진수가 지은 〈삼국지〉에 주(註)를 단 사람)조차 그 붓으로 그 문물(文物)과 은부(殷富: 인구가 많고 재물이 풍부함)를 찬탄한 적이 있었던 것으로 보아 그곳에 저장해 둔 도서도 적지 않았을 것이다. 그러나 선비족(鮮卑族) 모용외(慕容廆)가 불태우고 약탈하여 거덜나버렸다. 이때 조선사가 첫 번째 망하였다.

삼국(三國)은 고대 조선 문명의 결정(結晶) 시대인지라, 저작(著作)된 역사서류도 〈유기(留記)〉, 〈신집(新集)〉, 〈서기(書記)〉, 〈고사(古事)〉 등 여러 종류가 있었지만, 고구려와 백제가 당(唐)에게 망하여, 당나라 장수 이적(李勣)은 평양에서, 소정방(蘇定方)은 부여에서 고구려와 백제 양국의 6, 7백 년 간의 문적(文蹟)들을 불태워버렸다. 이때 조선사가 두 번째 망하였다.

삼국의 뒤에 동북으로 신라·발해 양국이 대치하였는데, 양국의 문명은 혹 삼국보다 뛰어났던 듯하나, 북국(北國: 즉 발해)은 제 1차로는 거란(契丹)에게 정복을 당하였고, 제 2차로는 여진(女眞)에 의해 인민들이 다른 곳으로 옮겨지게 되었다. 그리하여 인종(人種)이 거의 전멸하였으니 문헌의 존망(存亡)은 물어볼 여지도 없다.

그리고 동국(東國: 즉 신라)의 문헌은 후백제왕 견훤(甄萱)이 가져갔다가 후백제가 망할 때 모조리 불타 없어져서 동북 양국의 문헌이 이처럼 없어져 버리고 말았다. 이때 조선사가 세 번째 망하였다.

그리고 그 후 고려 중엽에 이르러 화랑·불교·유교 삼가(三家)가 병립하여, 삼가가 각각 자기의 사상(思想)으로 조선을 개조하기 위하여 정치상뿐만 아니라 언론, 문장(文章)의 종류도 자가(自家)의 것을 더 선전하려 하였다. 윤인첨(尹鱗瞻)은 화랑의 대표였고, 묘청과 정지상(鄭知常)은 불가의 대표였으며, 김부식은 유가(儒家)의 대표였는데, 유가는 곧 조선을 중국 문화의 속령(屬領)으로 보는 가장 비조선적(非朝鮮的)인 것이었다.

그러나 그 경쟁의 결과 묘청은 망하고, 윤인첨은 물러나고, 김부식의 독무대가 되자, 그는 자신이 이상적 표현으로 여겨온 〈책부원귀(册府元龜)〉(북송(北宋)의 왕흠약(王欽若)·양억(楊億) 등이 진종(眞宗) 황제의 명을 받들어 1005년에 편집에 착수, 1013년에 완성한 역사책이다—옮긴이)를 초록하여 반 푼어치의 사적(史的) 가치도 없는 〈삼국사기〉를 짓고는 그것을 관(官)을 통하여 민간에 배포한 다음 화랑·불교 양가의 저작들은 몰수하였다. 이때 조선사가 네 번째 망하였다.

고려조 원종(元宗) 이후에 수십 년 동안 몽고 기마병의 유린을 당하여 문화상에 끼친 악영향이 많았을 뿐만 아니라, 끝에 가서는 내정(內政)까지 간섭하여 송경(松京: 송도)을 제경(帝京)이라 하고 군주(君主)를 천자(天子)라고 한 등의 표현을 고쳐서 왕경(王京)이라, 국왕(國王)이라 하게 하였다. 심지어 팔관회악부(八關會樂府)에서조차 「一人(일인)」이란 표현을 쓰지 못하게 금지하고, 왕궁에 비장해둔 사책(史册)들을 가져다가 조선이 자랑할 만한 사실이나 스스로를 높여서 말한 어구(語句)가 있으면 모두 지워버리거나 고쳤다. 이때 조선사가 다섯 번째 망하였다.

이조(李朝)가 창업하자 북방 대륙에 다시 몽조제국과 같은 큰 위력을 가진 나라가 나타나지 않았으나, 다만 반도의 임금과 신하들 간에 연개소문의 웅재(雄才), 최영(崔瑩)의 혈기(血氣)를 가진 자가 없었고, 오직 구차하게나마 편안함을 도모하는 것을 훌륭한 계책으로 삼아 득래(得來: 고구려의 대신으로 고구려의 위(魏) 침공을 반대한 대가로 관구검의 고구려 침공시 여러 가지 특혜를 받았다. 본서 〈부록〉에 실린 〈삼국지〉 위지 동이전 중 고구려 부분에서 소개된 관구검전 참조-옮긴이)·대문예(大文藝: 대조영(大祚榮)의 아들로서 발해 2대왕인 대무예(大武藝)의 동생. 당을 치려는 형인 왕을 말리다가 듣지 않자 당으로 망명하여 당의 장군이 되었음. 자세한 이야기는 〈구당서(舊唐書)〉 발해전에 나옴-옮긴이) 등의 유훈(遺訓)이 호국(護國)의 성경(聖經)처럼 되었다.

그리하여 독립자존(獨立自尊)의 주의(主義)로 저작된 사책(史册)으로서 다행히 몽고의 화를 면하여 살아남은 것이 있으면 왕명(王命)으로 압수하여 경복궁 내의 내각(內閣: 규장각-원주)에 깊숙이 감추어 두고 민간에 유행하는 것을 허용하지 않았다. 그러다가 임진왜란 때 불에 타버려 재가 되고 말았으니, 이에 조선사가 여섯 번째 망하였다.

그러고 나니 조선에 어디 조선사가 있게 되었느냐. 있다고 하면 그것은 조선사라 할 수 없는 조선사뿐이다.

(*옮긴이 주: 신채호 선생의 이 글은 일제(日帝)의 조선사 왜곡 말살 정책이 본격적으로 시행되기 전에 쓴 것이다. 이처럼 자료가 잔멸된 상태에서 일제는 합방 후 대대적인 조선사 자료 수색 및 압수에 나서서 잔결된 가운데 그나마 남아 있던 사서들까지 모두 수거하여 소각한 다음, 1925년부터 〈조선

사편수회〉라는 것을 만들어 특히 우리의 고대사를 왜곡하였다. 이 조선사 왜곡 작업에 적극 참여하였던 이병도(李丙燾: 매국노 이완용의 조카), 신석호(申奭鎬) 등은 해방 후에도 우리나라 국사 교육을 주도하면서 일제시대 때 적용하였던 〈식민사관〉에 근거한 조선역사 만들기에 앞장서 왔다. 오늘날 우리나라 국사 교과서는 거의 대부분 이병도와 그가 길러낸 제자들에 의해 집필되어 우리 민족의 정신 말살에 기여하고 있는데, 해방된 지 50년이 지난 지금까지도 국사 교육에 있어서는 일제의 식민지 지배가 여전히 계속되고 있는 실정이다. 만약 이 글을 쓰신 신채호 선생께서 다시 살아나셔서 이런 상황을 보신다면 뭐라고 말씀하실까? 심히 부끄러운 노릇이다.)

먼 과거는 그렇다 치더라도 이조 573년이 또한 짧은 세월이 아니거늘, 그 사이에 어찌 한 사람의 사학자(史學者)도 나오지 못하였는가?

압록강 이북의 강역(疆域)을 전부 다 잃어버려 중고(中古) 이전의 조선 지리(地理)가 언제나 어두운 밤에 무엇을 더듬는 것 같아서 역사적 지리가 모호한 것이 그 첫 번째 원인이다.

춘추강목(春秋綱目)의 세력(勢力: 곧 사대주의자인 중화 사학자—옮긴이)이 반도의 사학계를 위협하고 억눌러서 그 구린내 나는 존화양이(尊華攘夷: 중국을 높이고 오랑캐를 천시하여 억누름)·포충토적(褒忠討賊: 충신을 찬양하고 적신(賊臣)을 공격함) 등의 제목에 어긋나는 사실의 기록이나 의견의 진술은 한 마디도 쓸 수 없게 된 것이 두 번째 원인이다.

고려조 초엽에 화랑의 정신으로 관리를 뽑던 법을 폐지하고 한시(漢詩)와 한문(漢文)으로 그를 대신하니, 한시와 한문은 만일 중국의 전고(典故)가 아닌 본국의 전고를 쓰면 품위 없는 글이 된다고 생각하였으므로, 한시와 한문이 성행할수록 본국의 전고는 모르게 되었고, 따라서 조선의 역사는 담 너머로 내던져버리게 된 것이 세 번째 원인이다.

수백 년 이래로 유교가 전국에 풍미하여 중국화 되지 않은 조선의 조선사는 이적(夷狄)의 고사(故事)로 보아 입에 올리기를 싫어하므로, 유자광(柳子光)이 무오사화(戊午士禍)를 계획할 때 혹자가 간(諫)하여 말하였다. "후세의 사필(史筆)이 무섭지 않으냐?"

유자광이 말하였다.

"누가 동국통감(東國通鑑)을 읽나…… "

조선사를 읽는 사람이 없는데 어찌 조선사를 짓는 이가 있겠는가. 이것이 네 번째 원인이다.

그러나 이런 가운데서 구암(久庵) 한백겸(韓百謙: 〈동국지리지〉의 저자—옮긴이) · 순암(順庵) 안정복(安鼎福: 〈동사강목(東史綱目)〉의 저자—옮긴이) · 다산 정약용(丁若鏞: 〈아방강역고(我邦疆域考)〉의 저자—옮긴이) · 이수산(李修山) 등 여러 선생들이 나와서 후인의 역사와 사상을 편책(鞭策: 채찍질 해가면서 계도함)한 것은 무한히 감사할 일이다.

(三)

우리 조선의 역사서들은 저자만 있고 독자는 없는 것 같다. 자구(字句)가 잘못되고 틀렸다고 해도 교정(校正)하는 일이 없고, 글이나 말이 의심스럽고 틀렸다고 해도 주해(註解) 하는 일이 없다.

남들(중국인)은 〈산해경(山海經)〉 같은 무가치한 책에 대하여도 주(註)를 달고 소(疏)를 다는 이들이 열 사람, 스무 사람이나 되는데, 조선의 고서(古書)는 비록 민멸(泯滅)을 면했을지라도 먼지 쌓인 상자 속에 깊이 감춰져 있을 뿐이니, 어찌 이다지도 불행한가. 그러나 이런 까닭으로 조선의 사학계는 미개척의 황무지 같아서 노력하는 대로 수확이 증가할 것이다.

남들은 땅 속의 수만 년 된 마른 뼈 조각 하나 얻어 그 생물의 전체를 생각해 내고, 그를 바탕으로 그 생물의 시대 상황을 추단(推斷)하여 「프리 히스토리(prehistory)」, 즉 선사시대(先史時代)의 역사를 확립하는데, 아직도 우리는 수백 년 이래 저렇듯이 지리가 문란해지고 사실이 오류투성이가 되어 두목조차 찾을 수 없는 역사의 밭을 그대로 내버려 둔다면, 이 어찌 부끄럽지 않은 일이겠는가. 그 연구의 방법은 각자에게 맡길 것이지만, 나의 의견은 대개 아래와 같다.

(一) 인(人)·지(地)·관(官) 등 각 명사(名詞)의 연구

고대에는 무슨 명사든지 혹 한자의 자음(字音)으로 쓴 것도 있고 이두문으로 쓴 것도 있다.

가령 신라에 「비치」란 대왕(大王)을 「비처(毗處)」라고 쓴 것은 한자의 음(音)으로 쓴 것이고 「소지(炤智)」라고 쓴 것은 이두문으로 쓴 것이다. 「소(炤)」는 〈조(照: 비·치·다)〉와 같으므로 그 뜻의 초성(初聲)을 취하고, 「지(智)」는 고음(古音)이 「치」이므로 그 음 전체를 취한 것이다.

「거칠우」란 대신을 「거칠부(居柒夫)」(「夫(부)」의 고음(古音)은 「우」이다—원주)라고 쓴 것은 한자의 음(音)이고 「황종(荒宗)」이라고 쓴 것은 이두문이다. 「황(荒: 거칠·다)」에서 그 뜻을 취하고 「종(宗)」에서 그 뜻의 중성(中聲)을 취한 것이다.

고대에는 인명·지명·관명이 거의 이렇게 쓰인 것이 많으니, 비록 번잡하고 사소한 일인 듯하나 이들을 밝히는 데 주력하면 극도로 문란하던 것도 정돈되고, 비상하게 큰 사건도 발견할 수 있다.

예를 들면, 평양(平壤)·낙랑(樂浪)·패수(浿水) 등의 위치는 동양 사가들 사이에 논란이 되고 있는 큰 현안(懸案)이 아닌가. 그러나 나는 먼저 그 음(音)과 뜻(義)으로부터 「펴라」라는 하나의 물(水: 江·河·川) 이름을 세 가지 종류로 각기 달리 쓴 것인 줄을 발견하였다.

「壤(양)」은 고음(古音)이 「랑」이니, 平(평)과 壤(양)을 그 음의 초성과 중성만 읽으면 「펴라」가 되고, 「樂(락)」의 뜻은 「풍류(風流)」이니 「풍류」의 風(풍)의 초성과 「浪(랑)」의 초성과 중성(中聲)으로 또한 「펴라」가 된다. 옛날에는 큰 물(水: 강. 내)을 「라」라고 하였으니, 「浿(패)」는 그 음이 「펴」이고, 「물(水: 강. 내)」은 그 뜻이 「라」이니, 浿水(패수) 또한 「펴라」로 읽어야 할 것이다. 이들 세 가지는 각기 다른 한자(字)로 쓰여 있어도 읽기는 다 같이 하는 것들이다.

그런데, 만약 「펴라」가 물(水: 江·河·川) 의 이름이라면, 어찌하여 그것이 또 도성(都城)의 이름도 되는가?

공주(公州)의 「버드내」는 본래 물(水: 강. 내)의 이름이지만, 그 강가의 마을도 「버드내」이며, 청주(清州)의 「깡치내」는 본래 물(水: 강. 내)의 이름이지만, 그 강가의 마을도 「깡치내」이다.

이처럼 도성(都城) 「펴라」는 곧 「펴라」 강가에 있는 것이므로 그 이름을 갖게 된 것이다. 다만 한자로 쓸 때에 구별하기 편리하도록 하기 위하여 「펴라」의 물(水: 강. 내)은 浿水(패수)라 쓰고, 「펴라」의 성(城)은 平壤(평양) 혹은 平那(평나)라 쓰고, 그에 속한 전체 현(縣)들을 포함하여 樂浪(낙랑)이라 쓴 것이다. 이처럼 물(水: 강. 내)·성(城)에 속한 전체 현(縣)들이 서로 분리될 수 없는 관계에 있는 것이다.

〈고려사〉에서는 황해도의 저탄(猪灘)을 패수(浿水)라 하였으나, 저탄 옆에 평양이란 지명이 없으므로, 저탄은 패수가 될 수 없다.

〈동사강목(東史綱目)〉에서 위만의 평양(平壤)을 지금의 한양(漢陽)이라고 하였으나, 한수(漢水)를 패수(浿水)라고 부른 일이 없으므로, 한양은 평양이 될 수 없다.

근래 일본의 학자 백조고길(白鳥庫吉) 등이 압록강을 상하(上下)로 갈라서 상부는 마자수(馬訾水)이고 하부는 위만이 건넜던 패수(浿水)라고 하였으나, 압록강변에 평양이 없으므로 이 또한 위증(僞證)이다.

평양은 오직 남평양(南平壤)과 북평양(北平壤) 두 곳이니, 그 하나는 개평현(蓋平縣: 헌우락 강가에 있다—옮긴이)으로서, 헌우락(軒于濼)의 옛 이름이 패수(浿水)이므로 이는 북(北) 「펴라」, 곧 북평양(北平壤)이다.

다른 하나는 지금의 평양(平壤: 대동강 강가에 있다—옮긴이)이니, 대동강의 옛 이름이 패수(浿水)이므로 이는 남 「펴라」, 곧 남평양(南平壤)이다. 그 외에는 중국인이 혹 「펴라」의 물도 없이 낙랑(樂浪), 곧 평양(平壤)을 임시로 설치한 일이 있지만, 조선에는 없는 일이다.

혹자가 말하기를, 근래 역사학계에는 마한(馬韓)의 馬(마)는 「머리」의 뜻이라는 등, 고구려의 「구려」는 뱀(蛇)의 뜻이라는 등, 석혁산(錫赫山)이 동경산(東京山)의 뜻이라는 등, 얼토당토않은 괴설(怪說)이 백출(百出)하는데, 지금 그대가 말한 것은 이들의 폐습을 더욱 장려하는 것이 아닌가? 라고 하였다.

그러나 나는 무턱대고 단정하기를 피하고 각 방면의 증거를 구하므로 저들과는 크게 다르다. 그리고 앞에서 말한 평양·낙랑·패수 셋이 「펴라」라는 발견도 일조일석(一朝一夕)의 일이 아니다. 이를 간략히 설명하자면,

(가) 평양삿갓(平壤笠)을 「펴라이」라고 하는데, 어쩌면 평양(平壤)의 본래 음(本音)이 「펴라」가 아닐까 하는 가정을 하게 되었다. 그러나고 나자

패수(浿水)와 낙랑(樂浪) 또한 「펴라」의 별개 한자 번역이 아닐까 하는 의문을 갖게 되었다.

(나) 그리고 역대 이래의 지리서를 읽어보니 良(량)·壤(양)·那(나)·羅(라)·邪(야·사)·耶(야)·奴(노)·婁(루) 등에 대하여 언제나 동음(同音)으로 적으면서, 迦瑟那(가슬나)를 迦西良(가서량)·迦瑟壤(가슬양)·加瑟羅(가슬라) 등으로 쓰고, 順那(순나)·灌那(관나)를 順奴(순노)·順婁(순루), 灌奴(관노)·灌婁(관루) 등으로 쓰고, 加耶(가야)를 加羅(가라)·狗邪(구야)로 쓰고, 安羅(안라)를 安邪(안야)로 쓴 것들을 수없이 많이 보았다.

이를 통하여 樂浪(낙랑)의 「浪(랑)」과 平壤(평양)의 「壤(양)」을 이두문에서는 동일하게 「라」로 읽는 줄을 알게 되었다.

(다) 〈삼국사기〉의 國壤王(국양왕)ㅡ일명 國川(국천), 素那(소나)ㅡ일명 金川(금천)을 통하여, 고어(古語)에서 「내(川)」를 「라」라고 한다는 것을 발견하였다. 다만 조선어에 「라」의 초발성(初發聲: 初聲)이 없으므로 아직 단정하지 못하였다.

(라) 연암(燕岩) 박지원(朴趾源)과 대연(大淵) 한치윤(韓致奫)이, 조선 고어(古語)에 國(국: 나라)을 「라라(羅羅)」라고 하였다고 한 말을 어느 단편 중에서 보았으나, 박(朴)·한(韓) 양 선생도 근세의 사람인지라 양 선생의 말로 어찌 지금의 말 「나라」가 고어의 「라라」였음을 증명할 수 있겠는가.

그리하여 최후에 〈악학궤범(樂學軌範)〉에 처용가(處容歌) 가사로서 적힌 고려 정과정(鄭瓜亭)의 시(詩: 본편 제 4장에서 소개되고 있다—옮긴이)에서 「남—타인」을 「람」이라 쓴 것을 보고, 고어의 초성에는 「라」의 발음이 있었으며, 지금 말 초성의 「나」는 「라」로부터 변한 것이 많으며, 지금 말 「내(川)」는 고어의 「라」라고 확신하여, 이에 패수(浿水)·평양(平壤)·낙랑(樂浪)이 다 「펴라」의 한자 번역이라는 확증을 얻었던 것이다.

이두문은 불행히도 정해진 규칙이 없어서, 예컨대 신라의 관명(官名)인 〈소뿔한〉 하나를 「角(각-소뿔) 干(간=汗)」이라, 「舒發(서발-소뿔) 翰(한=汗)」이라, 「舒弗(서불-소뿔) 邯(한=汗)」이라 하는 등 여러 가지 쓰는 법이 있다. 그러나 만일 다른 증거가 없이 자신의 음(音)과 뜻만 고집한다면, 한 자(字)의 명사를 수십 가지의………… (이하 탈락. 원저자의 원고는 여기에서 끊어졌다. -〈단재신채호전집〉 편집자)

—終(종)—

2. 조선민족의 전성시대—만리장성고(萬里長城考)—

동양(東洋)의 고사(古史)를 연구하려면 반드시 조선 고대 문화의 원류(源流)를 탐색하지 않고서는 역사의 근거와, 역사의 진수(眞髓)와, 역사의 체계와 계통(系統)을 도저히 작성할 수 없을 것이다.

그러나 조선의 고대문화를 연구하려면 먼저 조선의 옛 강역(疆域)과 판도(版圖)의 범위부터 획정(劃定)하여야 할 것인데, 이에 대한 고대 문헌의 고증을 어디에서 찾아낼 것인가.

신지(神誌)의 「진단구변국도(震壇九變局圖)」는 전해지지 못하였고(그리하여 단군 조선에 관한 사실을 문헌으로 자세히 고증할 수 없게 되었고—옮긴이), 단군(檀君) 계통의 부여(扶餘)가 조상의 업적(祖業)을 계승하여 만주·몽고 대륙에서 혁혁한 문화를 1천여 년 동안 드날려 오다가 춘추열국(春秋列國) 시대에 이르러 한족(漢族)과 전쟁을 일으켜 혹 이기기도 하고 혹 지기도 하면서 장기간에 걸쳐 전운(戰雲)이 감돌아 어느 하루 편히 쉴 날이 없었다.

제(齊) 환공(桓公: 기원전 685~643년 재위) 때에 와서는 조선족의 운(運)이 쇠하던 시기여서 싸움에 지는 일이 날로 더 많아졌다. 그리하여 만주·몽고 서남부에 거주하던 조선족의 근거가 심히 동요하여 영평부(永平府) 이동(以東)까지로 나라의 강역(疆域)이 축소되었다.

그 후 진시황(秦始皇: 기원전 246~210년 재위)의 동남전쟁(東南戰爭: 진시황의 중국 통일전쟁)은 조선족을 동북으로 몰아내었으며, 만리장성(萬里長城)을 조선과 중국의 경계로 정하고 대공사(大工事)를 일으켜 1만여 리를 연장한 것이다.

이런 과정에서 고조선의 문헌고증(文獻考證)은 수십백 년의 병화(兵火)에 불타 소실되었고, 또한 조선의 국도(國都)가 적들에게 짓밟히는 화(禍)를 당하여 자주 옮겨 다니게 되었으니, 강역(疆域)의 변경과 수축(收縮)은 이보다 더 많을 것이다.

중고(中古)에 이르러서는 어리석은 유가(儒家) 무리들이 존화주의(尊華主義)를 미친 듯이 맹신하여 우리 역사를 곡해(曲解)하고 억단(臆斷)하여 단군의 강역을 제멋대로 줄이고, 「부여 국도(國都)」를 마구 옮겼는데, 심지어는 영변(寧邊)의 묘향산(妙香山)을 백두산(白頭山)이라 하고, 아사달(阿斯達)을 황해도라고 하면서 기자(箕子)를 대동강(大同江)에까지 가져와서 묻어 놓았으니, 이 어찌 통탄할 일이 아니겠는가.

소위 사가(史家)들이 적어놓은 국사(國史)를 보면, 붓끝마다 다르고 말끝마다 맞지 아니하여, 비유하자면 한 떼의 맹인(盲人)들이 밤새도록 길을 헤매며 목적지가 어디인지 찾지 못하는 것과 같다.

만리장성은 우리 조선과 숙명(宿命)이 깊은 만큼 「만리장성고(萬里長城考)」는 곧 우리의 옛 강토를 찾는 데 훌륭한 하나의 증거가 되기에 충분하다

〈회남자(淮南子: 회남왕 유안(劉安: 기원전 179~122년) 등의 저서—옮긴이)〉에서 말하기를, 만리장성은 「북으로는 요수(遼水)에 닿았고 동으로는 조선과

접하였다(北擊遼水 東結朝鮮)」라고 하였으니, 〈회남자〉를 쓸 당시에도 만리장성이 조선과 중국의 국방 경계로 쌓은 것이 명백하다. 따라서 장성(長城)을 아는 자라면 반드시 고조선을 알았을 것이다.

고구려의 연개소문은 말하기를, 「부여로부터 장성을 쌓기 시작하여 남으로 바다에 이르니 그 길이가 1천여 리」(이는 우리나라 역사상 가장 긴 성(城)이다-원주)라고 하였고, 로마인 역사가 가이사(Gaisa)는 말하기를 「북쪽의 외적들이 자주 쳐들어 왔으므로 라인강 북쪽에 성을 쌓았는데, 그 길이가 수백 리에 이르렀다(因北寇頻逼, 築城於萊因河北, 其長至數百里)」라고 하면서, 이는 서양사에 나오는 성(城)들 중에서 가장 긴 성(城)이라고 하였다.

그러나 진시황이 몽념(蒙恬) 장군으로 하여금 북으로 장성을 쌓게 하여 임조(臨洮)에서 시작하여 요동(遼東)에까지 이르니 그 길이가 1만여 리나 되었다. 이것이 세상에서 말하는 만리장성(萬里長城)이다. 이는 동서양 전체 역사에서 가장 긴 성(城)일뿐만 아니라, 진실로 성(城)이란 것이 있은 이래로 첫손가락 가는 큰 장성(長城)의 시조일 것이다.

이제 만리장성의 전기(傳記)를 고찰해 보면, 만리장성은 진시황이 처음으로 쌓기 시작한 것이 아니라 진시황 때에 이르러 원래부터 있던 장성을 확대 연장하여 추가로 쌓은 것이며, 또한 장성을 추가로 쌓은 것은 진시황뿐만 아니라 진시황 이후에도 장성을 수축(修築)한 자가 많았다.

그러나 대대적으로 큰 공사를 벌려 성을 확대하여 쌓기는 진시황 이상 가는 자가 없었으므로, 마침내 진시황의 만리장성이 되어 만고(萬古)에 유일한 영웅처럼 행세하게 된 것이다.

장성(長城)의 역사가 매우 분명치 못하여 조선·한(漢) 양국 당시의 국경의 분계(分界)인지 아닌지를 명백히 분간하기는 어렵다. 이제 장성을 (갑), (을), (병) 세 가지로 나누어 보면 다음과 같다.

(甲) 진시황 이전에 쌓은 장성들은 다음과 같다.

〈사기〉 흉노전에서 이르기를, 「조(趙) 무령왕(武靈王)은……북으로 임호(林胡)와 누번(樓煩)을 격파하고 장성을 쌓았다. 대군(代郡: 지금의 河北蔚縣)에서부터 음산(陰山: 하투(河套) 이북에서 고비사막 이남의 여러 산을 통틀어 음산(陰山)이라 한다)을 따라 고궐(高闕: 내몽고 항금후기(杭錦后旗) 동북 지역에서 사막으로 통하는 험한 산들의 입구)까지를 변경 요새로 하였다. 그리고 운중(雲中)·안문(雁門)·대군(代郡)을 설치하였다(趙武靈王……北破林胡·樓煩, 築長城, 自代并陰山, 至高闕爲塞, 而置雲中·雁門·代郡)」라고 하였으니, 이는 조(趙)의 장성이다.

또 말하기를 「연(燕)의 장수 진개(秦開)가 동호(東胡)에 인질로 가 있었는데, 동호는 그를 매우 신임하였다. 진개는 연(燕)으로 돌아온 후 군사를 데리고 가서 동호를 습격하여 깨뜨려서 패주하게 하자, 동호는 1천여 리나 뒤로 물러갔다.… 연(燕) 또한 조양(造陽)에서 양평(襄平)에 이르기까지 장성(長城)을 쌓았다. 그리고 상곡(上谷)·어양·우북평·요서·요동(遼東) 군(郡)을 설치하여 동호를 방어하였다(燕有賢將秦開, 爲質於胡, 胡甚信之. 歸而襲破走東胡, 胡却千餘里…燕亦築長城, 自造陽至襄平, 置上谷·漁陽·右北平·遼西·遼東郡以拒胡)」라고 하였으니, 이는 연(燕)의 장성이다.

그리고 「진(秦) 소왕(昭王: 재위 기간 기원전 306~251년) 때 의거(義渠: 지금의 감숙성(甘肅省) 일대에 분포해 있었던 서융족(西戎族)의 부락 이름이다)의 왕(王)

을 죽이고…진은 농서(隴西)·북지(北地)·상군(上郡)의 땅을 차지하고 장성을 쌓아 흉노를 방어하였다(秦昭王時, 殺義渠戎王…秦有隴西北地上郡, 築長城, 以拒胡)」라고 하였다.

이들은 모두 진시황 이전의 장성들이다.

(乙) 진시황 이후에 쌓은 장성들은 다음과 같다.

〈북제서(北齊書)〉에서 이르기를 「현조(顯祖: 文宣帝)…천보(天保) 6년에…1백 8십만의 장정들을 동원하여 장성을 쌓았는데, 유주(幽州) 북쪽에 있는 하구(夏口)로부터 서쪽으로 항주(恒州)에 이르기까지 9백여 리나 되었다(顯祖(文宣帝)…天保六年…發夫一百八十萬人, 築長城, 自幽州北夏口西至恒州, 九百餘里)」라고 하였고,

「7년에…서쪽 하총(河總)의 진(秦)나라 군영으로부터 장성을 쌓아 동으로 바다에 이르렀다(七年…自西河總秦戍, 築長城, 東至於海)」라고 하였으며,

「후주(後周) 대통(大統) 6년에 고퇴(庫堆)로부터 동(東)으로 바다에 이르기까지 산(山)의 굴곡을 따라 2천여 리에 걸쳐 산을 깎아 성(城)을 쌓았다(後周大統六年, 自庫堆東距海, 隨山屈曲二千餘里, 塹山築城)」라고 하였으니. 이는 북제(北齊)의 장성이다.

〈수서(隋書)〉에서 이르기를, 「문제(文帝) 개황(開皇) 6년 2월에…남정(男丁) 11만을 동원하여 장성을 수축하였다(文帝 開皇六年 二月…發丁男十一萬 修築長城)」라고 하였으며,

「7년 2월에…남정 10만여 명을 동원하여 장성을 수축하였다(七年二月…發丁男十萬餘, 修築長城)」라고 하였으니, 이는 수(隋)의 장성이며,

〈열하일기(熱河日記)〉에서 「동서(同徐)의 중산(中山)에 장성을 쌓았다(同徐中山 築長城)」라고 하였으니, 이는 명(明)의 장성이다.

이들은 모두 진시황 이후에 쌓은 장성들이다.

(丙) 진시황 때 쌓은 장성은 다음과 같다.

〈사기〉 진본기(秦本紀)에서, 「진시황…32년에…연(燕)나라 사람 노생(盧生)이 사신이 되어 바다로 나갔다가 돌아와서…참서(讖書)를 얻어와 바쳤는데, 그 위에 쓰여 있기를, 진(秦)을 망하게 할 자는 호(胡)이다.……33년에…또 몽념(蒙恬) 장군을 파견하여 황하(黃河)를 건너가서 고궐(高闕)·음산(陰山: 지금 내몽고의 낭산(狼山))·북가(北假: 지금의 내몽고 오원(五原)의 서쪽, 하투(河套) 이북, 음산 이남 지대) 일대를 빼앗아 그곳에다 변경 보루를 쌓게 하였다(始皇…三十二年…燕人盧生使入海還 …因奏錄圖書曰亡秦者 胡也……三十三年…又使蒙恬渡河取高闕 · 陰山 · 北假,中築亭障)」라고 하였고,

그리고 또 「진시황 34년(기원전 213년)에 정직하지 못한 사법관들을 귀양보내어 장성을 쌓게 하였다(三十四年 適治獄吏不直者, 築長城)」라고 하였다.

그리고 〈사기〉 흉노전에서 이르기를, 「진(秦)이 6국(六國: 기원전 230~221년 사이에 멸망시킨 한(韓)·위(魏)·초(楚)·조(趙)·연(燕)·제(齊) 여섯 나라)을 멸망시킨 후 진시황제는 장군 몽념(蒙恬)으로 하여금 10만 장병을 거느리고 북으로 가서 흉노를 치게 하여 하투(河套) 황하(즉, 白羊河) 이남의 땅을 전부 수복하였다. 진(秦)은 황하 강변을 따라 44개의 성(城)을 쌓고 죄수들을 징발하여 변경을 지키게 하였으며, 구원(九原)으로부터 운양(雲陽)에 이르기까지 직통 도로를 닦았다. 변경의 산과 험하고 깎아지른 듯

한 계곡을 이용하여 수선해야 할 곳은 수선하고 별도로 성을 쌓아야 할 곳은 쌓고 하여 임조(臨洮)에서 시작하여 요동(遼東)에까지 이르니, 그 길이가 1만여 리나 되었다(秦滅六國, 而始皇帝使蒙恬將十萬之衆北擊胡, 悉收河(白羊河)南地. 因河爲塞, 築四十四縣城臨河, 徙適戍以充之, 而通直道, 自九原至雲陽, 因邊山險塹谿谷, 可繕者治之, 起臨洮至遼東, 萬餘里)」라고 하였다.

그리고 몽념전(蒙恬傳)에서 이르기를, 「임조(臨洮)에서 시작하여 요동에까지 이르니 그 뻗은 길이가 1만여 리나 되었다(起臨洮 至遼東 延袤萬餘里)」라고 하였다.

이들은 곧 진시황 때 쌓은 만리장성이다.

이상에서 설명한 것은 중국 역대의 장성의 약사(略史)이다.

그러나 이에 대하여 다시 세 가지 문제가 있으니,

(一) 진시황 때 쌓은 장성은 연(燕)·조(趙)와 진(秦)의 소왕(昭王)이 쌓았던 옛 성터에서 계속하여 수축(修築)·증축(增築)·확대한 것이냐, 아니면 땅을 더 멀리 개척하여 더욱 북쪽 지역으로 옮겨서 쌓은 것이냐, 하는 문제가 그 하나이고,

(二) 진시황 이후에 쌓은 장성들은 다 진(秦)의 옛 성터를 수축(修築)한 것뿐이었느냐, 아니면 혹은 안으로 물러나거나 밖으로 나아가서 진(秦)의 성터 자체가 바뀐 것이냐, 하는 문제가 그 둘이고,

(三) 그 서쪽 경계는 본래 임조(臨洮: 가유관(嘉裕關)—원주)에서 기점(起點)하였으나 그 동쪽 경계는 하나같이 요동(遼東)에 이르렀다고 하였는데, 그렇다면 요동은 과연 어느 지점까지를 말한 것이냐, 하는 문제가 그 셋이다.

〈위서(魏書)〉 장손진전(長孫陳傳)에 의하면, 장손진이 「우림랑(羽林郎)이 되어 화룡(和龍)으로 쳐들어가자 적들은 서문(西門)으로 빠져 나가 바깥 포위를 뚫으려 하였다. 이때 장손진이 적들을 쳐서 물리치고 추격하여 장성 아래까지 이르렀다(爲羽林郎, 征和龍, 賊自西門出, 將犯外圍, 陳擊退之, 追至長城下.)」라고 하였는데, 이에 의하면, 장성은 화룡성(和龍城) 밖에 있음이 명백하다.

두우(杜佑)의 〈통전(通典)〉에 이르기를, 「소주(蘇州)는 북으로 폐지된 장성의 변경까지 250리 거리이다(蘇州 北至廢長城塞 二百五十里)」라고 하였으며,

연암(燕岩) 박지원(朴趾源)이 말하기를 「산해관(山海關)의 장성은 명(明)나라 때 서달(徐達)이 쌓은 것」이라고 하였으니, 이는 가히 탁견(卓見)이라 할 것이며, 이로써 제 1의 문제는 해결되는 것이다.

진시황 이후에 쌓은 장성들이 만약 진시황이 쌓았던 옛 터를 그대로 사용하지 않았다고 한다면, 진시황 때 쌓은 장성 또한 연(燕)·조(趙)의 옛 터만으로 한정되지는 않았을 것이다.

대개 국가의 성쇠(盛衰)와 강약(强弱)을 따라서 외지(外地)를 멀리 개척할 수도 있고 국방(國防)을 단축할 수도 있었을 것이다. 그러므로 〈사기〉 흉노전에 이르기를, 「수리할 수 있는 곳은 수리하고, 수리가 불가능한 곳은 별도로 성을 쌓았다(可繕者, 治之, 不可繕者, 別築之)」라고 한 것이 장성의 변경 및 이동 가능성이란 특징을 말한 것이니, 이로써 제2의 문제는 해명되었다.

제3의 문제는 요동(遼東) 문제로 인한 곤란이니, 요동 문제를 말하려고

하면 반드시 다음의 두 가지 문제가 제기될 것이다.

(一) 당시 조선의 국정(國情)은 어떠하였고, 국경의 범위는 어떠하였는가.

(二) 연(燕)의 영토 개척이 얼마나 멀리까지 미쳤느냐, 하는 것이 그것이다.

〈기년아람(紀年兒覽)〉, 〈서곽잡록(西郭雜錄)〉 등의 책으로 보면, 모용외(慕容廆)의 부여 침입과 당(唐)의 장수 이적(李勣)의 평양 침략으로 조선의 고사(古史)들은 모두 한 자루 횃불에 잿더미로 변했다고 하였고, 사마천의 〈사기〉에 의하면, 육국(六國)의 사기는 「연(燕)나라의 역사도 그 안에 포함되어 있었는데, 모두 진시황에 의해 불태워졌다(燕史在內, 皆爲秦始皇燒之)」라고 하였으니, 조선과 연(燕)의 고사(古史)를 참고할 곳이 없어져서 제2 문제의 해결은 심히 곤란하다.

그러나 이제 단절되고 문드러지고 불타다 만 가운데서 고사(古史)의 한두 편 조각이나마 거두어 모아 볼 것이다.

〈문헌비고〉에서 이르기를, 「고죽국(孤竹國: 지금의 영평부-원주)은 춘추(春秋) 시기에 조선에 속하였다(孤竹(今 永平府), 春秋時, 爲朝鮮所有)」라고 하였는데, 이것은 어환(魚豢)이 〈위략(魏略)〉에서 한 말이다.

〈위략〉에서 이르기를, 「조선은 연(燕)이 왕호(王號)를 참칭하는 것을 보고 (진(秦)과 더불어) 연(燕)을 치려고 하였다.…연의 장수 진개(秦開)가 조선에 가짜 인질이 되어 와 있었는데, 조선 왕은 그를 매우 신임하였다. 진개가 돌아가서 연왕에게 말하여 조선을 쳐서 땅을 2천여 리나 개척하고 만반한(滿潘汗)을 경계로 삼으니, 조선은 드디어 약해졌다(朝鮮見燕僭稱王, 欲與伐燕…燕將秦開, 詐而爲質於朝鮮, 朝鮮甚信之. 秦開歸言於燕,

伐朝鮮. 拓地二千餘里, 至滿潘汗爲界 朝鮮遂弱)」라고 하였다.

사마천의 〈사기〉에서는 말하기를, 「진(秦)은 동호(東胡)를 (쳐서) 1천여 리의 땅을 개척하였다(秦(伐)東胡, 拓地千餘里)」라고 하였는데, 사마천보다 수백 년 후의 사람인 어환(魚豢)은 그때 무엇에 근거하여 「동호(東胡)」를 고쳐서 「조선(朝鮮)」이라 하고, 1천리(千里)를 고쳐서 2천리(二千里)라 하였으며, 또한 어찌하여 그 개척한 땅이 만반한(滿潘汗)에까지 이른 줄 알았는가? 그것은, 그가 위(魏)의 관구검(毌丘儉)과 한 부류의 인물이었기 때문이다. (즉, 관구검이 환도성을 함락시킨 후 가져간 고구려의 사서에서 그 사실에 관한 기록을 보았기 때문이다—옮긴이)

중국의 촉(蜀)·오(吳)·위(魏) 삼국의 역사인 〈삼국지〉를 보면, 「조위(曹魏: 조씨(曹氏)의 위나라)의 대장 관구검(毌丘儉)이 고구려를 침략하여 환도성에 들어갔다(曹魏大將毌丘儉, 侵高句麗, 入丸都城)」 운운(云云)하였는데, 이것은 대개 환도성(丸都城)에 소장되어 있던 고구려의 사책(史册)이 관구검의 손에 들어가서 중국에 유전(遺傳)된 것이 많았다.

중국의 옛 사람들 중에서 조선의 역사적 사실(史實)을 안다는 자들로서 위(魏)의 사관보다 더 뛰어난 자는 없었다. 그래서 「단군왕검(檀君王儉)」의 이름을 〈위략〉에서 처음 보게 된 것이다.

진수(陳壽)가 위(魏)에서 사관(史官)으로 있으면서 〈삼국지〉를 썼는데, 그가 〈위략〉으로부터 많이 인용하였기 때문에 기부(箕否)·기준(箕準)에 관한 일을 보게 된 것이며, 또한 부여의 풍속과 삼한 78개 나라의 이름들을 〈삼국지〉에서 처음으로 볼 수 있게 된 것은 진수가 진(晉)의 사관(史官)으로 있으면서 〈삼국지〉를 저작할 때 〈위략〉을 보았기 때문이다.

〈후한서〉에도 비록 삼한 78개 나라의 이름을 기재해 놓았으나, 〈후한서〉는 범엽(范曄)이 지은 것이고, 범엽은 또한 진수보다 후세 사람이므로, 그는 진개(秦開)가 조선의 땅을 침탈한 사실을 〈위략〉에 근거하여 적었을 것이다.

이전의 학자들은 영평(永平) 이서(以西)는 연(燕)이고 영평 이동은 조선이라고 하여 왔다. 진개가 개척한 땅이 2천여 리라고 한다면 그 족적(足跡)이 반드시 압록강(鴨綠江)을 지났을 것이다. 그래서 이율곡(李栗谷)은 너무 차이 나게 2천리를 1천리라 고쳤고, 정다산(丁茶山)은 너무 비슷하게 2천리가 맞다고 하면서 만반한(滿潘汗)이 대동강 이남에 있다고 터무니없는 고증(妄證)을 하였으니, 아, 슬프다. 어찌 그리 편견의 고집을 후세에 전하였는가.

고구려 당시에도 항상 봉천(奉天)에 할거하여 직예(直隸: 지금의 북경시)의 북반부(北半部)와 몽고 동부를 영유(領有)하였기 때문에 사책(史冊)에 태원(太原: 지금의 산서성-원주)을 침입한 일이 자주 올랐던 것인데, 이는 동몽고로부터 군사를 몰아 남하(南下)한 형세를 말한 것이다.

당(唐)나라 사람 번심(樊深: 저자 신채호는 〈조선상고사〉에서는 이 사람을 번한(樊漢)이라 하였는데, 어느 쪽이 맞는지, 또는 하나는 이름이고 하나는 자(字)인지 모르겠다.-옮긴이)이 고구려성(高句麗城)을 회고하면서 쓴 시(詩)에서 말하기를,

「외진 곳에 있는 성문 열고 들어가 보니, 빈숲에 성 담장 길게 뻗어 있고…시끌벅적 번화하던 거리 변하여, 더 이상 음악소리 들려오지 않네(僻地城門啓 空林舘堞長 … 居然朝市變 無復管絃鏘)」(*〈조선상고사〉 제 10편 고구려의 대당(對唐) 전쟁, 제3장 안시성 전쟁 편에서 이미 본시의 전문이 소개되

었다.-옮긴이)라고 하였는데, 이는 조선이 동몽고로부터 남하(南下)하여 이곳을 차지하여 성을 쌓고 도시를 만들었음을 말한 것이며, 연(燕)과 싸웠던 자취를 읊은 것이다. 조선의 당시 용병(用兵)은 영평(永平)으로부터 연경(燕京: 지금의 北京) 이북까지 이르렀고, 북으로는 흉노(匈奴: 지금의 몽고 땅-원주)와 접하였고, 남으로는 상위(上爲: 지금의 선화부(宣化府)-원주)까지 이르렀다.

반대로, 연(燕)이 조선을 공격한 것을 보면, 「북으로 상곡(上谷)을 공격하고 남으로 고죽국(孤竹國)을 습격하였다(北攻上谷 南襲孤竹(今 永平府) 而至遼河)」라고 하였다.

그리고 〈사기〉에서는 말하기를 「연(燕)의 장군 진개(秦開)가 동호(東胡)를 쳐서 땅을 개척하였다(燕將秦開 伐東胡 拓地)」라고 하였다.

또 「동호(東胡)를 쳐서 조양(造陽)에서 양평(襄平)에 이르기까지 장성을 쌓고 상곡·어양·우북평·요서·요동 등의 군을 설치하였다(伐胡, 自造陽至襄平, 築長城, 置上谷·漁陽·右北平·遼西·遼東等郡)」라고 하였는데, 이들을 살펴보면 조선이 연(燕)과 접경하였던 대체적인 구조를 볼 수 있을 것이다.

상위(上爲)는 곧 선화부(宣化府)이고, 어양(漁陽)은 지금의 순천부(順天部)의 북부이고, 우북평(右北平)은 지금의 영평부(永平府)의 북부이고, 요서·요동은 지금 봉천(奉天)의 서반부(西半部)의 북부이다.

〈위략〉에서 만반한(滿潘汗)이라 한 것은 곧 한(漢) 무제가 나누어 설치하였던 문(汶)·반한(潘汗) 두 현(縣)으로, 그 이름을 〈한서〉 요동군지에 분명히 기재해 놓았는데, 즉 지금의 개평(蓋平)·해성(海城) 등지이다.

2천여 리의 땅을 개척하였다고 한 것은 상위(上爲: 지금의 선화부-원주)

로부터 양평(襄平)에 이르기까지의 그 거리를 다시 꺾어서 남으로 개평·해성까지 해서 그 리수(里數)가 2천여 리라는 것이므로, 연(燕)이 설치한 군(郡)인 요동(遼東)과 진(秦)의 장성이 끝나는 지점인 요동(遼東)을 알 수 있으니, 제3의 문제도 해결될 것이다.

〈진서(晋書)〉 태강지지(太康地志)에 이르기를, 「낙랑(樂浪) 수성현(遂成縣)의 갈석산(碣石山)은 장성이 시작하는 지점」이라고 하였으니, 이 한 단락의 말이 역사를 읽는 자들로 하여금 의문을 불러일으킬 것이다. 낙랑은 곧 평양이고, 수성현은 평양의 남쪽에 있으니, 진(秦)의 장성은 멀리 평양을 지나갔다(광령금주(廣寧金州)의 고평양(古平壤)을 말한 것이고 지금 평안도의 평양을 말한 것이 아니다.-원주).

문법(文法)으로 보면 시작하는 지점을 〈起(기)〉라고 하고, 종점을 〈至(지)〉라고 하는데, 진시황의 장성이 시작하는 기점(起點)은 임조(臨洮)였는데, 어찌하여 낙랑 수성현의 갈석산을 〈시작하는 지점〉이라고 썼는가?

〈북사(北史)〉와 〈수서(隋書)〉를 살펴보면, 위(魏)와 수(隋)가 일찍이 상위(上爲)에다 군(郡)을 설치하여 낙랑(樂浪)이라 이름 지었고, 현(縣)을 설치하여 수성(遂成)이라 이름 지었으니, 연(燕)의 장성은 상위곡(上爲谷)에서 시작하였음이 명백하다. 〈진서(晋書)〉에 기재되어 있는 것은 이것을 가리킨 것이다.

〈진서〉의 작자 당 태종(太宗)은 수(隋)나라 말기에 태어나서 진양(晋陽)에서 살았으므로, 항상 이를 보고 연(燕)의 장성을 같이 말한 것이다.

그렇다면 갈석산(碣石山)은 어찌 된 것인가? 〈상서(尙書)〉 우공(禹貢) 편에, 기주(冀州)는 「오른쪽으로 갈석을 끼고 있다(夾右碣石)」라고 하였고,

그 아래에서 또 말하기를 「태항산과 왕옥산은 갈석까지 뻗어 있다(太行·王屋 至於碣石)」라고 하였으니, 이는 한때 두 개의 갈석이 있었기 때문이다.

〈신당서(新唐書)〉에 「평주(平州)의 석성(石城)에 갈석산이 있다」라고 하였고, 「영주(營州)의 유성(柳城)에도 역시 갈석산이 있다」라고 하였다. 당시에는 대개 많은 돌들이 비갈(碑碣)처럼 서 있는 것이면 문득 갈석산(碣石山)이라고 이름 지었다는 것도 그럴 듯하니, 어찌 상곡(上谷)엔들 갈석산이 없었겠는가.

일본의 역사학 잡지에서 감씨(甘氏) 박사가, 〈진서(晋書)〉에서 말한 낙랑은 평양이고, 장성은 진시황이 쌓은 것이라고 말한 것은 정확한 참고를 하지 못하여 이전 사람들의 오류를 그대로 답습함으로써 사실과 다른 것이 많다.

연(燕)의 장성이 조선과 어떠한 관계를 가졌던 것인지는 이미 앞에서 설명하였거니와, 연(燕)과의 관계는 진번(眞番)·낙랑(樂浪) 양 조(朝)의 일이고, 조(趙)와의 관계는 부여조선(扶餘朝鮮) 때의 일이다.

부여조선이 삼조선(三朝鮮) 중에서 최대의 나라로서 중국과의 왕래를 먼저 시작했기 때문에 〈사기〉 순본기(舜本紀)에 이르기를 「北山戎, 發息愼(북산융, 발식신)」이라고 하였으니, 發息愼(발식신)은 부여조선을 잘못 발음한 것이다.

〈관자(管子)〉에서 이르기를 「八千里之 發朝鮮(팔천리지 발조선)」라고 하였고, 또 이르기를 「發朝鮮之文皮(발조선지문피)」라고 하였으니, 發朝鮮(발조선)은 또한 부여조선을 빠르게 말한 것, 즉 촉음(促音)이다. 〈사기〉에서는 예조선(濊朝鮮)·맥조선(貊朝鮮)을 혹은 다만 예(濊)라 부르기도 하고

맥(貊)이라 부르기도 하였는데, 맥(貊)이라고 한 것은 그 무늬 있는 가죽, 즉 문피(文皮)를 옷으로 해 입었기 때문에 얻은 이름이다.

조(趙)가 부여조선과 관계를 맺은 것은 조양자(趙襄子) 때로부터이니, 흉노전에 이르기를 「조양자(趙襄子: 기원전 457~425년 재위)가 구주(句注: 안문산雁門山)를 넘어가서 병국(并國)과 대국(代國)을 치고 흉노와 예맥(濊貊)을 위협하였다(趙襄子踰句注, 而破并代, 以臨胡貊)」(*참고로, 이것은 기원전 457년의 일이다-옮긴이)라고 하였으니, 그 후에 부여의 속민(屬民)인 위림(魏林)·누번(樓燔)이 다 강성해져서 조(趙)의 변경이 시끄러워졌다.

그러자 조(趙)의 무령왕(武靈王: 기원전 325~299년 재위)이 백성들의 옷을(전투하기에 편리한 복장으로) 바꾸고 말 타고 활쏘기를 연습시켜 부여와 더불어 자주 싸우며 장성을 쌓아 방어하였다. 조(趙)의 장성은 부여조선을 막기 위하여 쌓은 것이다.

〈사기〉 조세가(趙世家)에서는 부여를 동호(東胡)라 하였고, 흉노전에서는 낙랑(樂浪)을 동호(東胡)라 하였다.

조(趙) 말엽에 이목(李牧)이 북쪽 변방의 뛰어난 장수로서 임호(林胡)와 누번(樓煩)을 쳐서 패주하게 하였다고 하였으니, 대부분 장성 이내만 방어하였을 뿐이고 장성 이외에까지 진출하지는 못하였던 것이다.

조(趙)가 망한 이후 부여가 더욱 강성해지자 흉노·선우(單于)·모돈(冒頓)이 항상 미인과 양마(良馬)를 부여에 공물로 바쳤다고 한다. 그런데 〈사기〉에서는 모돈(冒頓)의 땅이 넓음을 기술(記述)하면서 「상곡(上谷)으로부터 시작하여 동으로 예맥조선(濊貊朝鮮)에 접하였다」라고 하였는데, 이때는 부여조선이 모돈에게 패한 후임이 명백하다.

그런즉 조(趙)의 장성은 전적으로 조선을 방어하기 위하여 쌓은 것이고, 진시황의 장성은 상곡(上谷) 다음부터는 또한 부여조선을 방어하기 위하여 쌓았던 것이다.

부여조선이 연(燕)과 사이가 나빠서 서로 원수처럼 되었을 뿐만 아니라, 부여가 자주 연(燕)을 침략하였으므로, 이에 관중(管仲)이 아홉 차례나 제후들을 규합하여 연합군을 거느리고 고죽국(孤竹國)을 격파하였던 것이다. 수백 년 간 부여가 삼조선(三朝鮮)의 맹주(盟主)가 되어 중국을 쳤으나 연(燕)·조(趙)가 망한 뒤에는 부여도 망하였다.

아, 슬프다, 그 동안 신지(神誌)와 고흥(高興) 등이 그 전말(顚末)을 기록한 것이 있었으니, 그 안에는 야심 많은 군주(君主)와 매서운 수완(手腕)을 가진 장수와 재상들도 있었을 것이며, 충의(忠義)에 강개한 장사들과, 군주와 한마음이 되어 계책을 내던 모신(謀臣)들도 있었을 것이며, 기뻐서 노래하고 춤추고 슬퍼서 곡(哭)하고 놀랐던 사실들도 많이 있었을 것이다. 그러나 조선은 이미 거덜나버렸고 고서(古書)는 하나도 남아서 전해진 것이 없는 실정이다.

중국의 사마천이 쓴 〈사기〉가 있으나, 그는 오로지 「존화양이(尊華攘夷)」를 내세워 배외적(排外的) 사상을 취함으로써 역사적 사실들을 문란하게 만들어 놓았다. 따라서 그는 이웃나라의 정황을 상세히 관찰하여 그 전말(顚末)을 모두 기록하였던 「플루타크(Plutarch: 고대 그리스의 역사가—옮긴이)」보다 못하다. 사마천의 〈사기〉는 중국이 한두 차례 이웃나라와 접촉한 사실을 기록해 놓은 것 이외에는 다만 중국인들 자신의 자존심(自尊心)과 호기심을 만족시켜 줄 장난감과 같을 뿐이다.

사마천의 〈사기〉는 한 나라의 이름을 잘못 알아 여러 나라로 만들어

놓았으니, 숙신(肅愼)·조선(朝鮮)·부여(扶餘)·예(濊)·동호(東胡) 등의 나라 이름을 잘못 전하였고, 혹은 갑국(甲國)의 사실을 을국(乙國)의 일로 기록하였으니, 동호(胡)·예맥(貊)의 일을 모두 흉노전(匈奴傳)에 기록한 것 등이 그것이다.

전쟁을 기록하면서는 승패(勝敗)를 거꾸로 뒤집었고, 풍속을 논하면서는 그 아름답고 추함을 바꾸어서 어지럽게 해놓았으며, 그가 기록해 둔 국도(國都)와 인명(人名)은 참고할 만한 자료가 되지 못할 뿐 아니라, 나라와 나라 사이의 교제와 교섭, 서로 왕래한 일들에 관해서는 한 조각의 기록도 남겨 놓지 않았으니, 실로 개탄할 바이다.

이제 조선의 국경이 어디까지 이르렀던가 하는 문제와, 연(燕)·조(趙)·진(秦)이 장성을 쌓은 원인이 흉노 때문이라기보다 흉노 이전에 조선족(朝鮮族)과 한족(漢族) 양 종족간의 관계였음을 비록 명확히 알기는 어려우나, 만리장성(萬里長城)을 연구함으로써 조선의 옛 강역이 얼마나 크고, 조선의 강성함이 어떤 범위까지 발전되었던 것인지를 그 반(半)의 반(半)은 알아낼 수 있다.

그리고 만리장성은 동양사 연구에 있어 참고(參考)로 할 실로 위대한 실물(實物)임을 확신한다.

부록(附錄): 만리장성 소화(小話)

만리장성은 동양사(東洋史)연구에 있어 가장 중요한 비장(秘藏)의 보고(寶庫)이자, 건축상 위대한 경관(景觀)일 뿐 아니라, 동서양(東西洋)의 역사에 미친 영향 또한 지대하다 할 것이다..

장성을 쌓기 이전에는 부여·흉노 여러 종족들이 말을 채찍질하여 남하(南下)해서 긴 활(長弓)과 강한 노(勁弩)로 한족(漢族)을 죽이거나 포로로 잡아가고, 곡식과 재물을 약탈하였으며, 심한 경우에는 땅을 갈라 차지하고 자립국(自立國)을 건설하기도 하였음을 볼 수 있다.

〈춘추전(春秋傳)〉, 〈사기〉 등에 보이는 곤이(昆夷) · 서이(徐夷) · 래이(萊夷) · 적적(赤狄) · 중산(中山) 등은 중국의 본토 내에 있으면서 나라를 세워 칭왕(稱王)하며 제 맘대로 횡행하였었다.

그러나 장성을 쌓은 후로는 동북(東北)의 대국(大國)이었던 부여조차도 옛 땅으로 돌아와 다시 남하할 형세를 취하지 못하였고, 몽고의 흉노족도 남으로 내려오지 못하고 그 한 파가 서구(西歐)로 도망쳐 들어가 고트족(Goth: 3~5세기 로마제국에 침입하여 이탈리아, 프랑스, 스페인에 왕국을 건설한 튜튼 민족의 한 파—옮긴이)과 전쟁을 벌임으로써 마침내 서양사상 유명한 민족대이동(民族大移動)을 일으켰다. 신성 로마제국의 몰락과 르네상스(新文藝)의 발생도 만리장성의 존재와 관련이 있으며, 따라서 국제문화(國際文化)의 성장과 소멸 역시 이로부터 큰 영향을 받았다.

흉노의 또 다른 한 파가 동(東)으로 부여와 버티고 싸운 지 수십 년 만에 마침내 부여족도 이동하여 동쪽으로 옮겨와서는 옥저(沃沮) · 진번(眞番)이라 칭하기도 하였고, 남으로 옮겨와서는 진한(辰韓) 6부(部)가 되었는데, 그 상세한 이야기는 여기에서는 생략한다.

다만, 역사를 읽는 사람들이 서구의 민족대이동만 알고 있을 뿐 동(東)과 서(西)로 동일한 현상이 있었음을 알지 못하는 것을 개탄하면서, 저 우뚝 선 만리장성을 바라볼 때마다 심각한 느낌을 금치 못한다.

3. 고구려와 신라의 건국 연대(年代)에 대하여

(一)

고구려 시조 주몽(朱蒙)이 신라 시조 혁거세(赫居世)보다 21년 후(기원전 37년)에 건국하였다고 〈삼국사기〉 이래 일반 사가들이 동일하게 기술하여 왔다. 그러나 당(唐)나라 사람 가충언(賈忠言)이 당 고종(高宗)에게 고하여 말하기를 "고구려비기(高句麗秘記)에서 이르기를, 9백년이 되기 전에 10명의 대장군이 나와서 고구려를 멸망시킬 것이라고 하였습니다. 고구려는 나라를 세운 지 지금 9백년이 되었습니다(高麗秘記曰, 不及九百年, 當有十大將, 滅之. 高麗, 自漢有國, 今九百年矣)"라고 하였다.

대개 810여년 이상은 되어야 9백년이라고 말할 것이며, 고구려 말일(보장왕(寶藏王) 27년, 기원 666년)로부터 810여년을 소급해 올라가면 혁거세의 신라 건국 이전 1백년이나 될 것이니, 이에 의거하여 고구려 건국이 신라 건국보다 1백년 이전이라 하는 것이다.

혹자는 말하기를, 〈삼국사기〉가 비록 소략(疏略)하나 삼국 왕조의 연대는 오히려 소상히 기재되었거늘, 이제 과객(過客)의 풍설(風說)과 같은 당나라 사람 가충언의 말 한 마디를 빌어서 사가(史家)들이 일반적으로 믿고 인정하는 연대를 경솔하게 바꾸려 하는 것이야말로 허망(虛妄)한 노릇이 아니겠느냐고 할 것이다.

그러나, 광개토왕(廣開土王) 비문(碑文)에는 「(시조 동명성왕의) 17세손 광개토경호태왕에 이르러(傳至 十七世孫 廣開土境好太王)」라고 하였는데, 〈삼국사기〉에 기재되어 있는 세대로 따지면 광개토대왕은 시조 주몽의 13세손밖에 안 된다. 내가 「부왕(父王)을 가둔 차대왕(次大王)」이란 논문에서 기술한 바와 같이(*신채호는 이 논문에서, 〈삼국사기〉에서는 고구려 차대왕을 태조대왕(太祖大王)의 동복아우라고 하였으나, 차대왕은 태조대왕의 아들이라고 증명하였다.—옮긴이), 차대왕을 태조의 아들이라 하더라도, 광개토대왕은 주몽의 14세손밖에 되지 않는다(김부식은 〈삼국사기〉를 지을 때 광개토대왕의 비문을 보지 못하였음이 분명하다. —옮긴이).

광개토대왕의 비는 그 자손 제왕들의 세계(世系)에 관하여 착오를 범할 리가 만무하므로, 〈삼국사기〉에 광개토대왕 이전의 3세대를 탈루(脫漏)하였음이 명백하다. 뿐만 아니라, 3세대 사이에는 꼭 부자(父子)가 서로 왕위를 이었을 것으로 보기도 어렵고 혹 형제간에 왕위를 전수(傳授)한 일도 있었기 쉬운 일이니, 여하간 고구려 초엽의 역사에서 대수(代數)로는 3세 이상, 햇수로는 1백년 이상을 탈루하였음이 틀림없다.

그러므로, 비록 가충언(賈忠言)은 당시 적국의 정탐(偵探)이고, 〈삼국사기〉의 저자 김부식은 후세의 본국의 사가(史家)이지만, 사실의 진실을 찾기 위해서는 불가불 본국 사가의 붓을 버리고 적국 정탐의 말을 믿을 수밖에 없다.

아, 서글프구나. 본국 사가가 기록한 연대가 적국 정탐의 보고만도 못하니, 이 얼마나 본국의 사가를 위하여 통곡할 일이냐.

(二)

고대의 역사는 제왕(帝王)의 연대를 가장 중시하거늘, 무슨 이유로 〈삼국사기〉에서는 제왕의 연대를 이렇게 탈루하였는가?

이 탈루는 김씨(김부식)가 소홀히 한 잘못도 없지 않으나 사실은 신라의 사가(史家)가 그것을 삭감한 죄가 더 많으니 어찌 김씨만 나무라겠는가. 신라 사가를 책망해야 할 것이다.

그렇다면 신라의 사가는 왜 고구려의 연대를 삭감하였는가?

〈이상국집(李相國集)〉 동명왕(東明王) 편의 주(註)에서 인용한 〈고기(古記)〉에 의하면, 고주몽(高朱蒙)이 송양왕(松讓王)과 건국(立國)의 선후로 주종(主從)의 관계를 정하기로 하고 서로 다투면서 썩은 나무로 신궁(新宮)의 기둥을 세웠으며, 고구려 본기에는 동부여왕(東扶餘王) 대소(帶素)가 나라의 대소(大小)와 나이의 장유(長幼)를 비교하여 유리왕에게 조공(朝貢)의 예를 바치지 않는다고 책망하였으니, 개인이나 국가가 다 연장자를 숭배한 것은 조선의 고풍(古風)이었다.

이런 고풍으로 인하여 신라가 매번 고구려나 백제보다 그 건국이 뒤졌음을 수치로 여기다가 후에 양국을 멸망시키고 나서는 드디어 양국의 연대를 삭감해버린 것이다.

이제 논술의 편의를 위하여 백제는 잠시 제쳐두거니와, 신라 사가의 비루하고 속 좁은 필법(筆法)이 본국의 강역(疆域)을 잘라 없애버릴 뿐만 아니라 연대까지 문란하게 하여 역사를 거짓말로 욕되게 함이 심하였다.

그러면 그 삭감한 연대가 고구려의 초엽인가, 중엽인가, 또는 말엽인가? 과연 어느 시대인가?

〈위서(魏書: 탁발씨(拓跋氏) 위씨(魏氏)의 사서-원주)〉에서는 말하였다.

「주몽이 부여에 있을 때 그 처가 회임을 하였는데, 주몽이 달아난 후에 아들을 낳았다. 그 자(字)가 처음에는 여해(閭諧)였다. 그가 장성하여 주몽이 나라의 주인(國主)이 되었음을 알고는 그 어미와 함께 도망가서 주몽에게 돌아갔다. 그래서 주몽은 그의 이름을 여달(閭達)이라 하고 그에게 국사(國事)를 위임하였다.

주몽이 죽자 여달(閭達)이 이어서 왕이 되었고, 여달이 죽자 그 아들 여율(如栗)이 왕이 되었으며, 여율이 죽자 그 아들 막래(莫來)가 왕이 되어 부여를 정벌하였는데, 부여는 크게 패하여 마침내 고구려에 통속(統屬)되었다. 막래의 자손(子孫)들이 서로 이어가면서 전하여 그 후손인 궁(宮)에 이르렀다(朱蒙在扶餘時, 妻懷孕. 朱蒙逃後, 生一子, 字始閭諧. 及長知朱蒙爲國主, 卽與母亡, 而歸之, 名之曰閭達, 委之國事. 朱蒙死, 閭達代立. 閭達死, 子如栗立. 如栗死, 子莫來代立, 乃征扶餘, 扶餘大敗, 遂統屬焉. 莫來子孫相繼傳, 至裔孫宮.)」

여기서 주몽(朱蒙)은 곧 시조 주몽이고, 여달(閭達)은 곧 유리왕(琉璃王)이고, 여율(如栗)은 곧 대무신왕(大武神王) 무휼(無恤)이고, 막래(莫來)는 모본(慕本)의 오자이니, 곧 모본왕(慕本王)이고, 궁(宮)은 곧 태조대왕(太祖大王)의 이름이다.

〈삼국사기〉에는 모본왕이 시해당하고, 태자는 쫓겨나자, 유리왕의 아들인 고추가(古雛加) 재사(再思)의 아들(즉, 太祖)이 그 왕위를 계승하였다고 하였으나, 앞에서 기술된 「막래(莫來: 즉, 慕本)의 자손(子孫)들이 서로 이어가면서 전하여 그 후손인 궁(宮: 太祖)에 이르렀다(莫來子孫相繼傳, 至裔孫宮)」라고 한 말로서 보면, 태조(太祖: 이름은 宮)는 곧 모본왕의 자손이고, 모본왕 이후 태조 이전 사이에 약간의 세대(世代)가 있었음이 분명하다. 이 약간의 세대를 본국에서는 신라의 사가가 삭감하고, 〈위서〉에서는 왕호와 연대를 기록하지 않아서 지금에 와서는 발견할 곳이 없게 되었다.

그러나 광개토대왕 비문과 당나라 사람 가충언의 보고를 종합하여 보면, 대개 대수(代數)로는 3세대 이상, 햇수로는 1백년 이상이 삭감되었음이 명백하다.

(三)

〈위서(魏書)〉에서는,

(一) 무슨 이유로 유리(琉璃)·무휼(無恤)을 여달(閭達)·여율(如栗)이라 하여 본국의 사서와 다른가?

삼국시대에는 본국 제왕(帝王)의 이름을 존중하여 이웃 나라와 교제할 때에 왕왕 능호(陵號)나, 시호(諡號)나, 이름 중 끝의 한 자(一字)나, 혹은 그 음(音)이 비슷한 자(字)를 전하고 본명(本名)은 잘 가르쳐주지 않았다. 그래서 주몽(朱蒙)도 광개토대왕의 비문으로 보면 그 본명이 추모(雛牟)이고, 주몽은 곧 그 음이 비슷한 자로 외국에 전한 것이며, 신라도 태종(太宗)이 비사후폐(卑辭厚幣)로 당(唐)과 교제하기 전에는 제왕의 본명을 외국에 전한 일이 없었다. 여달과 여율도 외국인과 교제할 때 이와 같이 음이 비슷한 자(字)로 했던 것이다.

(二) 무슨 이유로 모본왕(慕本王)이 부여를 정벌하였다고 하여, 본국의 사서에서 대무신왕(大武神王)이 부여를 정벌하였다고 한 것과 서로 다른가?

대무신왕은 부여를 정벌할 때 비록 그 왕 대소(帶素)는 죽였으나 그 군사들은 오히려 패하여 돌아왔다. 그리고 〈위서〉에서 말한 것은 곧 모본왕이 실제로 부여를 멸망시키고 통속(統屬)시킨 것을 말한 것이니, 이로써 본국사의 빠진 부분을 보완할 수 있게 되었다.

(三) 삼국사기에는 대무신왕의 후와 모본왕의 전에 민중왕(閔中王) 한 대(代)가 있으나 〈위서〉에는 민중왕이 없는데, 그 이유가 무엇인가?

민중왕(閔中王)은 대무신왕의 아우로서 태자 모본(慕本)이 나이가 어리므로 5년 동안 섭정왕(攝政王)이 되었다가 모본이 장성하자 왕위를 돌려주었으니, 이는 가왕(假王)이지 대(代)를 이은 왕이 아니므로 기록하지 않은 것이다.

〈북사(北史)〉에는 모본왕(慕本王) 후에 한 무제(武帝: 재위 기간은 기원전 140~87년이다)가 고구려를 쳐서 그 땅을 군현(郡縣)으로 만들었다가 태조대왕 궁(宮)이 중흥하여 다시 고구려 땅이 되었다고 기록하였으니(〈삼국사기〉에는 대무신왕(無恤) 27년, 기원 44년에 한(漢)이 군현을 설치한 것으로 되어 있다. 기원 44년이라면 한 무제(武帝) 때가 아니라 광무제(光武帝: 재위 기간은 기원 25~57년) 때이다. 그러나 〈한서〉에 의하면, 한 무제 원봉(元封) 3년(기원전 108년)에 한 사군을 설치한 것으로 되어 있다.—옮긴이), 그렇다면 주몽에서 모본왕에 이르는 85년은 한 무제가 사군(四郡)을 처음 설치하기 이전의 연대이니(따라서 기원전 190년 전후에 고구려가 건국된 것으로 되므로—옮긴이), 이것이 (고구려의 건국 연대가 삭감되었음을 증명함에) 〈위서(魏書)〉보다도 더욱 명백하지 않은가?

무릇 중국 〈24사(二十四史)〉의 소위 사이전(四夷傳)에 새로 기입된 사실이 없는 것은 거의 전대(前代) 사가가 써서 전해져 온 글(傳文)을 초록한 것이니, 이제 〈북사〉의 고려전을 상세히 살펴보면 거의 〈위서〉의 본문 그대로이고, 오직 「모본왕 후에 한(漢) 무제(武帝)가 고구려를 쳐서 그 땅을 군현(郡縣)으로 만들었다」라고 한 것이 다르다. 그러나 「고구려현(高句麗縣)」이 〈한서〉에 이미 기재되어 있은즉, 〈북사〉의 저자 이연수(李延壽)는 다만 두 책을 합하여 초록한 후 임의로 나누어 배열한 것이고, 당시의 신라인이나 발해인을 만나서 조선의 전고(典故)를 직접 찾아보고 쓴 것이 아니므로, 이것은 믿고 근거로 삼을 만한 가치가 없다.

(四)

장수왕(長壽王) 69년(기원 481년)에 위(魏)가 여러 나라의 사저(使邸: 사신이 머무는 숙소)를 설치할 때, 제(齊: 당시 중국은 북위(北魏)와 남제(南齊)의 양국이 분립하고 있었음—원주)가 첫 번째였고, 고구려가 그 다음이었다. 그러나 77년에는 고구려가 첫 번째였고 제(齊)가 그 다음이었다. 이때에 고구려가 제 1등국의 국사(國使)로 위(魏)에 임하게 되자 위(魏)나라 사람들이 그 국계(國系: 국왕의 계보)를 물어보고 그것을 사서에 기록하여 〈후한서〉, 〈삼국지〉 이래 중국의 사가들이 기재하지 않았던 주몽 이하 5세까지의 역대 왕들의 계보가 〈위서〉에 보이게 된 것이다.

다만 그 재위 연도(햇수)를 기록하지 않았고, 모본왕에서 태조에 이르기까지를 「相傳(상전: 서로 전하여)」이란 두 자(字)로 생략하여 충분히 우리 역사에 참고 재료가 되지 못하는 것이 애석하다.

그러나 신라인이 삭감한 연대를 약 120년으로 잡고 중국사의 중국 역대 연조와 대조하면, 주몽(朱蒙)의 고구려 건국 원년 갑신(甲申)년은 한 문제(文帝) 후원(後元) 7년(기원전 157년, 甲申)에 상당하며, 유리왕(琉璃王) 원년 임인(壬寅)년은 한 무제(武帝) 건원(建元) 2년(壬寅: 기원전 139년)에 상당하며, 대무신왕(大武神王) 원년 무인(戊寅)년은 한 무제 태초(太初) 2년(기원전 103년, 戊寅)에 상당하며, 모본왕(慕本王) 원년 무신(戊申)년은 한 무제 본시(本始) 원년(기원전 73년, 戊申)에 해당한다.

유리왕 32년에 습격하여 탈취한 한(漢)의 고구려현은 곧 한 무제가 위

(衛) 우거(右渠)를 멸망시키고 신설한 사군(四郡)의 한 현(縣)이고, 대무신왕 11년에 한(漢)의 요동태수가 쳐들어온 것은 고구려현을 빼앗긴 치욕을 보복하려 했던 것이고, 대무신왕 15년에 항복한 낙랑국왕 최리(崔理)는 지금의 대동강 부근의 낙랑국(樂浪國)이지 요동에 설치한 한(漢)의 낙랑군(樂浪郡)이 아니다.

〈삼국사기〉에 보이는 바 유리왕 31년의 왕망(王莽)과 대무신왕 27년의 한 광무제(光武帝: 재위 기간 기원 25~57년))에 관한 기사 등은 후세 사람이 중국사에서 초록한 것이니, 위의 기사 같은 것은 모본왕 이후, 곧 삭감된 120년의 연조 중에 있던 것을 옮겨서 쓴 것인데, 그 사실의 진위(眞僞) 여부는 후에 별도의 문제로 토론할 것이다.

온조(溫祚)의 어머니 소서노(召西奴)는 주몽의 둘째 부인이고, 주몽은 온조의 계부(繼父)이니, 백제의 건국 연대도 고구려와 거의 같으나, 이는 번거로움을 피하기 위하여 다음에 별도로 논의하고자 한다.

문무왕(文武王)이 고구려의 서자(庶子) 안승(安勝: 고구려의 마지막 왕 보장왕의 서자. 그는 고구려가 망한 후 4천여 호의 인민들을 거느리고 신라로 갔다—옮긴이)을 불러서 말하기를 「공(公)의 태조 추모왕(鄒牟王)께서는…땅을 1천리나 개척하셨는데, 그 해로부터 곧 8백 년(이나 되어 간다)(公之太祖鄒牟王…闢地千里, 年將八百)」라고 하였다. 「八百」의 「八」은 「九」의 오자이니, 대개 후세 사람이 몰래 뜯어 고친(改竄) 것 같다. (完)

북경에서 신채호(申采浩)

(1926. 5. 20. 22. 25. 時代日報)

4. 동국(東國)의 고대 선교고(仙敎考)

우리나라의 역사를 살펴보면, 선교(仙敎)는 우리 고대에 성행하였던 것이다. 당시의 서적들이 흩어지고 없어져서 그 원류(源流)를 찾아보기 어렵게 되었기 때문에, 혹자는 이를 중국의 도교(道敎)가 우리나라에 들어온 것으로 인식하고 있지만, 여러 방면으로 참고해 보건대, 이것은 우리나라에 본래부터 있었던 것이지 중국에서 건너온 것이 아니라는 증거들은 사실 매우 많다.

천선(天仙)·국선(國仙)·대선(大仙) 등의 명칭이 삼국 이전 및 삼국 초에 여러 번 나타나는데, 도교의 경전(經傳)은 고구려 영류왕(榮留王) 때에 처음으로 전래된 것이 그 하나(一)이다.

도교가 우리나라에 들어온 것은 불교가 들어온 이후이지만, 선교(仙敎)는 불교가 수입되기 이전부터 있었다는 것이 그 둘(二)이다.

도교는 노자(老子)로부터 시작되었는데, 〈기년아람(紀年兒覽)〉이란 책에서는 단군(檀君)을 천선(天仙)이라 칭하였으며, 〈삼국사〉에서는 단군을 선인(仙人)이라 칭하였으니, 단군과 노자의 선후(先後)를 한번 계산해 보라. 단군은 천 수백 년 이전 사람이고 노자는 천 수백 년 이후 사람인데, 천 수백 년 이전 사람이 어찌 천 수백 년 이후 사람이 창설한 교(敎)를 수입할 수 있겠는가. 이것은 어불성설(語不成說)이라는 것이 그 셋(三)이다.

선교(仙敎)가 만일 삼국시대의 임금(人君)이 중국으로부터 수입한 것이라면, 동명성왕과 대무신왕(大武神王)도 저 중국의 한 무제(武帝)·선제(宣帝)와 같이 방사(方士: 도교에서 신선술(神仙術)을 수련하는 사람)를 바다로 보내어 불사약(不死藥)을 구하였을 것이며, 명림답부(明臨答夫)와 김유신(金庾信)도 저 장량(張良)·이비(李泌)처럼 벽곡(辟穀: 수련법의 하나로, 곡식은 먹지 않고 솔잎·대추·밤 등을 생식하며 사는 것)을 하고 도인술(導引術: 도가(道家)에서 신선이 되기 위한 양생법의 하나)을 배웠을 텐데, 그런 일이 없었다는 것이 그 넷(四)이다.

도교에는 천사(天師)·진인(眞人)과 같은 봉작(封爵)이 있지만, 이것은 당(唐)·송(宋) 이후부터 비로소 시작된 것일 뿐만 아니라 또한 단지 재초(齋醮: 불교나 도교의 제사) 등을 주관할 뿐이고 정치상 어떤 실권도 없는 것이지만, 고구려·백제의 조의(皂衣)·대선(大仙) 등은 그 권력이 당시 왕과 비슷하여 서양 고대의 예수교의 대사제(大司祭)와 같았다는 것이 그 다섯(五)이다.

중국의 도교는 세상을 피하여(避世) 사는 것을 숭상하는 교(敎)이고, 죽음을 겁내어(畏死) 오래 사는 길을 추구하는 도(道)이다. 그러므로 제왕의 자리에 있는 자가 이 교를 믿으면 만승(萬乘: 천자, 제왕)의 자리를 마치 뱀이 허물을 벗듯이 벗어버리고 밝은 대낮(白日)에 승천(昇天)하기를 추구하며, 사민(士民)들이 이 교를 믿으면 산에 들어가 금단(金丹: 선단(仙丹). 신선이 만든다고 하는 장생불사의 영약)을 연마하였다.

그러나 우리나라의 선교(仙敎)는 그렇지 않았다. 명림답부는 대선(大仙)이었지만 폭군(次大王)을 폐하고 외구(外寇: 공손도)를 물리쳤으며, 바보온달(愚溫達)은 대형(大兄: 즉, 仙人)이었으나 선비(鮮卑)를 물리쳐 강토를 개척하였고, 또 신라와 싸우다가 죽었으며, 김유신(金庾信)은 국선(國仙)이었으나 중악(中岳)에 들어가 나라를 위하여 기도하고 고구려·백제를 멸하였으며, 김흠순(金欽純)·김인문(金仁問)은 선도(仙徒)였으나 모두 전쟁터에 나가서 싸웠던 명장(名將)들이었으며, 관창(官昌)·김영윤(金令胤)·김흠운(金歆運)도 역시 선도(仙徒)였으나 나라를 위하여 죽는 것을 당연한 것으로 여겼다는 것이 그 여섯(六)이다.

그러므로 우리나라의 그것을 선교(仙敎)라고 칭한 것은 단지 당시의 한 문학자가 그렇게 번역하였기 때문일 뿐, 그 실제 내용은 장생불사(長生不死)의 미신이 포함되어 있는 저 중국의 선교(仙敎), 즉 도교(道敎)와는 그 성색(聲色: 말소리와 얼굴빛. 즉, 그 형식)과 그 취미(趣味: 지향)와 그 역사(歷史)가 전혀 다른 것이다.

최고운(崔孤雲: 최치원)의 〈난랑비서(鸞郎碑序)〉에서 이르기를 「우리나라에는 현묘(玄妙)한 도(道)가 있었으니, 선교(仙敎: 風流)가 그것이다(國有玄妙之道, 仙敎(風流)是已)」라고 하였고, 또 이르기를 「이 교를 창설한 내력은 선사(仙史)에 자세히 밝혀져 있다(設敎之源, 詳備於仙史)」라고 하였다.

아, 슬프다. 만약 선사가 지금까지 전해오는 것이 있다면 민족 진화(進化)의 원리를 연구하는 데 큰 재료가 될 뿐만 아니라, 또한 동양 고대의 여러 나라에는 보통의 역사만 있고 종교·철학 등 전문사(專門史)는 없는데, 유독 선사(仙史)는 우리나라만 가지고 있는 종교사이므로 사학(史學)

상 일대 광채(光彩)를 낼 수 있었을 텐데, 애석하구나, 그 책이 지금까지 전해지지 못함이.

그러나 그 동린서조(東鱗西爪: 동쪽의 비늘과 서쪽의 손톱)를 구비(口碑)나 잔서(殘書: 남아있는 책)로부터 수집한다면 선교(仙敎)의 한 반점(斑點)이나마 들여다볼 수 있을 것이다.

〈고기(古記)〉에서는 기록하기를, 환인(桓因)이 그 아들 환웅(桓雄)을 내려 보내어, 그가 따르는 무리 3천 명을 거느리고 태백산(太白山)에 내려오니, 이가 곧 환웅천왕(桓雄天王)이다. 환웅천왕이 인간 세상의 길흉화복을 주재(主宰)하며 아들 단군(檀君)을 낳았다고 하였다.

그러나 〈기년아람(紀年兒覽)〉에서는 이르기를 환인(桓因)은 하늘(天)이요, 환웅(桓雄)은 신(神)이라고 하였다. 환인·환웅·단군은 즉 소위 삼신(三神: 또한 삼성(三聖)이라고도 한다. -원주)이고, 삼신(三神)은 즉 선교(仙敎) 창립의 비조(鼻祖)이다. 그런즉 환인·환웅은 실재(實在)하였던 인간(人)이 아니고 추상(抽象)의 신(神)이니, 그 의의는 대략 예수교의 삼위일체(三位一體)나 불교의 삼불여래(三佛如來)와 같은 것이다. 그런데도 후세에 와서 역사를 짓는 자들이 왕왕 단군의 조부가 환인이고 부친이 환웅이라 하니, 이 어찌 가소로운 일이 아니겠는가.

지금까지 아이를 낳으면 삼신(三神)에게 기도하는데, 이것은 곧 선교의 유규(遺規: 전해져온 법규나 규칙)임이 틀림없다. 이 선교의 신앙 조목(條目)은 세상에 전해 오지 않았으나, 신라사에 기재된 「임금을 섬김에 있어서는 충성(忠)으로써 하고, 부모를 섬김에 있어서는 효도(孝)로써 하고, 벗을 사귐에 있어서는 신뢰(信)로써 하고, 전쟁에 임하여서는 물러나서는 안 되며, 살상(殺傷)을 함에 있어서는 가리는 바가 있어야 한다(事君以

忠, 事父以孝, 交友以信, 臨戰無退, 殺傷有擇)」라고 한 것이 아마도 그 조목의 하나일 것이다.

묘향산(妙香山)에는 단군굴(檀君窟)이 있고, 금수산(錦繡山)에는 동명왕의 기린굴(麒麟窟)이 있으며, 석다산(石多山)에는 을지문덕굴(乙支文德窟)이 있으며, 중악산(中岳山)에는 김유신굴(金庾信窟)이 있으니, 단군시대는 문헌이 없고 매우 오랜 옛날이어서 고찰하기 어렵지만, 삼국시대라면 결코 우리 민족이 혈거(穴居)하던 시대(時代)는 아닐 것이다. 또한 을지문덕·김유신 양공(兩公)은 경천위지(經天緯地: 온 천지의 일을 조직적으로 잘 계획하여 다스림)의 대인물이거늘 무슨 이유로 굴에서 지낸 일이 있는가? 생각건대, 이는 석가(釋迦)의 영산(靈山)과 마호메트의 동굴(洞窟)과 같이 선교도(仙敎徒)가 심술(心術)을 수련할 때 반드시 굴속에 들어가서 하였기 때문일 것이다.

근세 사가들이 모두 한국 고대에 일종 야만교(蠻敎)가 유행하였다고 하니, 숙신족(肅愼族)의 배호(拜虎: 호랑이를 신으로 섬김)와 예맥족의 배사(拜蛇: 뱀을 신으로 섬김) 등은 모두 배물(拜物)의 야만교이지만, 이상에서 논의한 바에 의거하건대 부여족은 신(神)을 섬기는 종족이었지 사물(物)을 섬기는 종족이 아니었다.

대저 이 선교(仙敎)는 삼국시대에는 불교와 격렬한 경쟁을 하였었다. 그러므로 불교가 처음 수입되자 신라의 군신(君臣)들이 모두 그것을 이도(異道)라고 배척하였으며(고구려와 백제는 사서의 기록이 없어 고찰할 수 없다—원주), 이차돈(異次頓)이 불교를 널리 퍼뜨리고자 할 때에는 심지어 자기 몸까지 희생하였던 것이다.

그리하여 신라 말 고려 초에 불교가 대성(大盛)하게 되자 마침내 선교(仙敎)는 멸절(滅絕)하였으니, 이는 그 교리(教理)의 조직이 정밀하고 심오하지 못하여 우승열패(優勝劣敗)라는 역사 발전의 공례(公例)를 면하지 못하였기 때문이다. 그것이 아니라면 혹시 선교의 교리가 당시의 시세(時勢)와 인심에서 멀어져서 자연히 쇠미해져 끊어져버린 것인가?

이는 중고(中古)의 역사상 일대 연구해 볼만한 가치가 있는 것이거늘, 김문열(金文烈: 김부식)·정하동(鄭河東: 鄭麟趾. 〈고려사〉의 저자—옮긴이)가 이를 모두 모호하게 간과해 버렸기 때문에 순암(順庵) 안정복(安鼎福)은 〈동사강목(東史綱目)〉에서 선교(仙敎) 시말(始末)의 알기 어려움을 탄식하였던 것이다.

고서적(古書籍)의 흩어지고 없어짐을 한(恨)하며 옛 사가들의 노망(鹵莽)을 안타깝게 여겨 이에 관한 기록들을 각 서적들 중에서 뽑아 역사를 읽는 자들이 참고할 수 있도록 제공하는 바이다.

(1910. 3. 11. 大韓每日申報)

5. 연개소문의 사망 연도(死年) 고증

(一)

고구려의 막리지(莫離支: 관직명) 연개소문(淵蓋蘇文)의 사망 연도가 고구려 보장왕(寶藏王) 25년, 당 고종(高宗) 건봉(乾封) 원년(기원 666년)이란 것은 〈삼국사기〉나 신·구 〈당서〉에 기록된 바에 따라서 그 후의 사가(史家)들이 아무런 의문 없이 그대로 전술(傳述)하여 왔다.

무릇 인물이란 거의 그 시대의 형세(時勢)가 만들어내는 것이다.

만약 연개소문이 고려 말년에 났다면 기껏해야 최영(崔瑩)이 되었을 뿐이며, 이조 말년에 났으면 대원군(大院君)이 되었을 뿐이지만, 다행히 고구려의 전성시대, 곧 광개토왕(廣開土王) 이래 넓게 개척한 토지(廣開土)와 장수왕(長壽王) 이래 휴양하면서 키워진 백성들의 힘과, 3백만 이상의 수 양제(隋煬帝)의 육해군을 격파한 을지문덕(乙支文德) 이후 수많은 전쟁으로 훈련된 군대를 가진 그 시대에 태어나서, 조선 과거 역사상 있어본 적이 없는 군국적(軍國的) 침략주의(侵略主義)를 행하던 인물이니, 그렇다면 그런 시세(時勢)가 연개소문을 낳은 것이지, 연개소문이 그런 시세를 낳은 것이 아니다.

「톨스토이」가 「피터」 대제(大帝)의 위대함을 흠모하여 그 전기를 쓰려다가 세세한 사료(史料)까지 전부 수집한 결과, 도리어 그의 용렬한 점들을 많이 발견하고 붓을 던져버렸다는 말도 있지만, 고대에 이른바 영웅 위인(偉人)들은 거의 다 시세의 산아(產兒)이지 그 자체의 위대함은 없을 것이다.

그러나 연개소문은 당 태종(太宗) 이하 당시 전 중국인들의 공포의 대상이었던지라, 신·구 〈당서(唐書)〉가 비록 그 국치(國恥)를 감추기 위하여 당시 싸웠던 일을 기록하면서, 연개소문이 쳐들어가서 싸운 사실은 빼고 방어전(防禦戰)의 사실만 썼을 뿐 아니라, 그 방어전의 기사 가운데도 오직 안시성(安市城) 전쟁 하나에 대해서만 「당나라 군사들이 공격하였으나 이기지 못하였다(唐兵攻之不克)」라고 적은 것 이외에는 거의 다 당 태종이 승리한 것으로 적었다.

그러나 그 「막리지가 더욱 교만해졌다(莫離支益驕傲)」, 「막리지가 감히 싸우러 나오지 못하였다(莫離支不敢出)」 등 몇 구절의 말들을 뒤집어 보면, 도리어 당시 당나라 사람들의 연개소문에 대한 공포가 어떠하였던 것인지 증명할 수 있다.

그리고 이위공(李衛公: 李靖) 〈병서(兵書)〉에서 「막리지 스스로 자신은 병법을 안다고 말했다(莫離支自謂知兵)」라고 조소하는 듯한 말의 이면(裏面)에서 연개소문의 전략을 흠모하고 찬탄한 의사(意思)가 적지 않음을 볼 수 있다. 그리고 요양(遼陽)의 개소둔(蓋蘇屯), 산해관(山海關)으로부터 북경에 이르는 여러 곳의 다양한 황량대(謊糧臺), 직예성(直隷省: 지금의 북경시)·산서성(山西省) 등 각지에 흩어져 있는 고려영(高麗營) 등이 연개소문의 병사들이 중국 각지에 출몰하였던 유적(遺蹟)을 말해주고 있다.

만일 연개소문이 죽지 않았다면 당나라 군사들은 고구려의 땅을 한 치도 빼앗지 못했을 것은 명확한 사실이거늘, 이제 〈삼국사기〉는 신·구 〈당서〉에 근거하여 단기 2999년(기원 666)을 연개소문의 사망 연도(死年)로 단정하고 있는데, 그렇다면 고구려의 공수동맹국(攻守同盟國)인 백제가 벌써 그 6년 전인 2993년(기원 660)에 멸망하였는데도 그때 연개소문이 구해주지 못하고 고구려도 앞뒤로 적을 맞는 곤경을 당하여 멸망 직전에 놓여 있은 지가 이미 오래 되었다는 말이 되는데, 만일 그렇다면 당나라 사람들은 어째서 연개소문을 두려워하였는가.

내가 오래전부터 이런 의문을 가지고, 연개소문의 사망 연도가 백제 멸망 이전(단기 2993년 이전, 즉 기원 660년 이전)이라고 억단(臆斷)하고 양국 사책(史冊)의 기록들은 사실과 다르다고 공언(公言)하였으나, 나의 주장에 동조하는 자가 없었다.

(二)

〈삼국사기〉는 언제나 본국이 중국과 관계된 사실을 기록할 때에는 본국의 역사를 버리고 중국의 역사를 좇는 것이 그 저술 원칙이었는데, 연개소문과 같은 유아독존(唯我獨尊)의 사상을 가진 인물의 사적(事蹟)에 대하여는 더욱 그 원칙을 철저히 적용하였다.

연개소문이 「나이 15살에 이미 총명하고 신무(神武)하므로 무양왕(武陽王: 고구려의 어떤 왕인지 분명치 않다. 영양왕(嬰陽王)의 오기(誤記)가 아닌가 생각됨.－옮긴이)이 그를 불러서 신하로 삼았다」라고 한 것이 〈삼국유사〉에 보이고(어느 곳에 나오는지 찾지 못하였음－옮긴이), 「안시성 전쟁에서 연개소문이 양만춘(楊萬春)으로 하여금 당 태종을 쏘게 하여 눈을 맞추었다」라고 한 기록이 〈해상잡록(海上雜錄)〉에 보이고, 「고구려가 승군(僧軍) 3만을 동원하여 당나라 군사 30만을 대파하였다」라고 한 기록이 〈고려사(高麗史)〉 최영전(崔瑩傳)에 나온다.

무릇 〈삼국유사〉나 〈해상잡록〉이나 〈고려사〉 최영전이 모두 연개소문의 전사(戰史)를 서술할 목적으로 쓴 글들이 아니고 다만 한때에 어떤 일을 이야기하는 과정에서 고기(古記)의 글을 인용한 것에 불과하다. 〈삼국사기〉를 저작하기 이전의 고기에는 연개소문의 전기적(傳記的) 자료가 될 만한 기록이 적지 않았을 것이지만, 〈삼국사기〉의 저자는 그 모든 재료들을 한 자루의 붓으로 지워버리고 전적으로 신·구 〈당서(唐書)〉와 〈자치통감(資治通鑑)〉만을 초록하여 그 소위 〈연개소문전〉을 쓴 것이다.

그러나 그 소위 「연개소문전」은 송기(宋祁: 〈당서(唐書)〉 발해전의 저자—옮긴이)의 본문이며, 그 소위 「보장왕본기(寶藏王本紀)」는 당 고종본기(高宗本紀)에서 일부 찢어내 온 글들이고, 연개소문에 관한 기사로서 〈고기(古記)〉 중에서 인용한 것은 〈삼국사기〉 전체에서 오직 김유신전에 보이는 「태대대로 개금(蓋金: 연개소문)이 그(즉, 김춘추)를 관사에 머물게 하였다(太大對盧蓋金舘之)」라고 한 말뿐이니, 이로 미루어 보면, 〈삼국사기〉에 있는 「보장왕 25년에 연개소문이 죽었다(寶藏王二十五年 蓋蘇文死)」라고 한 기사는 본국의 어떤 신뢰할 만한 사책(史册)을 근거로 한 것이 아니라 오직 중국 측의 〈당서〉를 근거로 하였음이 명백하다.

「〈당서(唐書)〉가 비록 적국인(敵國人)의 저서이고 거짓 기록이 많은 사서라고는 하나, 어찌 연개소문의 죽은 연도까지 속였겠는가. 중국 고대의 사가(史家)가 비록 이웃나라의 사정에 어두웠다고 하나 어찌 눈앞에서 전 중국인에게 공포심을 불러일으키던 연개소문이 죽은 해(死年)를 몰랐겠는가」 하면서 〈당서〉를 근거로 연개소문의 죽은 연도를 확정하고 단정하려는 이도 있겠지만, 이는 무리한 속단이다.

당 태종의 죽음을 〈당서〉의 태종본기(太宗本紀)나 유계전(劉洎傳)이나 〈자치통감〉으로 참조하여 보면, 그가 요동에서 얻은 병 때문에 죽은 것은 분명하다. 그 병명(病名)은 두 책에서의 기록이 각각 다르지만, 본국의 전설에 의하면, 안시성 전투에서 화살에 맞은 상처, 즉 전창(箭瘡) 때문임이 명백하다.

그런데도 마치 송(宋) 태종이 거란(契丹)에게 맞은 전창(箭瘡)이 〈양산묵담(兩山墨談)〉에는 보이나 송사(宋史)에는 보이지 않는 것처럼, 중국의 역사에서는 당 태종의 전창을 숨겨 혹은 늑막염(癰)이라 쓰고 혹은 이질(痢)이라 썼던 것이다.

연개소문은 이와 같이 당의 군부(君父)인 당 태종을 죽인 원수(仇敵: 당나라 군신들의 불공대천의 원수-원주)이니, 불공대천의 원수에 대하여 창을 돌리지 않고(달아나지 않고) 끝까지 싸우다가 죽는 것은 공자(孔子)가 정한 빛나는 예법(禮法)이다. 이 예법을 잊는 자를 금수(禽獸)라 하는 것이니, 만약 연개소문의 생전에 당나라 사람들이 고구려에 대한 복수의 군대를 대대적으로 일으키지 않는다면 이는 나라 전체가 명명백백히 금수화(禽獸化)되었음을 자백하는 것이 된다.

그러므로 중국의 사관이 연개소문의 사망 연도를 당나라 군사들이 평양에 쳐들어간 이후까지 늘이려는 유치한 생각을 갖게 된 것이며, 또는 이웃나라 군주나 신하들의 죽음을 매번 그 상(喪)을 보고받은 해로 쓰는 것은 춘추의 필법이므로, 중국 사관이 그 필법을 고수하려는 치우친 소견(所見)도 있었을 것이다.

그 치우친 소견에 의하여 〈구당서(舊唐書)〉에서는 「6월 임인(壬寅) 날에 개소문(蓋蘇文)이 죽고, 그 아들 남생(男生)이 막리지가 되어 예성(詣城)으로 순시(巡視)를 나가면서 동생 남건(男建)에게 후사를 맡겼더니, 남건이 배반하여 남생을 쳤으므로, 남생이 별성(別城)에 있으면서 자기 아들 헌성(獻誠)을 (당에) 보내어 구원을 요청하였다」라고 하여, 연개소문의 죽음과, (남생의 막리지 취임과) 남건의 배반과, 당나라를 향한 남생의 항복 요청을 모두 다 남생의 아들 헌성(獻誠)이 달려와서 구원을 요청한 날(6월 壬寅 하루)의 일로 적었다.

그 유치한 발상에 따라서 〈자치통감〉에는 「5월에 개소문(蓋蘇文)이 죽고, 남건이 배반하여, 남생이 당에 항복하기를 애걸하므로, 6월 임인(壬寅) 날에 당(唐)이 남생을 구하라는 조서를 내렸다」라고 썼던 것이다.

〈남생전(男生傳)〉에 의하면, 남생과 남건은 본래는 서로 믿고 친밀하게 지내던 형제였기 때문에 남생이 그 부친 사후에 부친의 직위를 대신하여 막리지가 되어 예성에 순시를 나갈 때 내부의 군사 대권을 남건에게 맡겨주며 남아서 지키도록 하였는데, 어떤 자가 그들 형제 사이의 의(誼)를 이간질하여, 남생에게는 남건이 그 병력으로 형 남생을 제거하고 그 권력을 빼앗으려 한다고 거짓말을 하고, 남건에게는 남생이 동생 남건을 미워하여 그 유수(留守: 도성에 남아서 지키는 직책. 또는 그 사람)의 병권(兵權)을 거두어들이려 한다고 거짓말 하여, 마침내 남생은 남건을 의심하여 정찰 사자를 보냈는데, 남건은 남생을 의심하여 그 정찰 사자를 암살하기에 이르렀다고 하였다.

그러나 이런 참소와 이간질이 성공하고 의심과 시기가 일어나게 된 것은 반드시 조금씩 점점 쌓여서 되는 것이지 1년 몇 개월 사이에 다 이루어질 수 있는 일은 아닐 것이다. 그리고 또한 아무리 용렬하고 비루한 매국노(賣國奴)일지라도 처음 태어날 때부터 곧 매국노의 탈을 쓰고 나오는 것은 아니다. 혹 사사로운 분(忿)을 이기지 못하거나, 이욕(利慾)에 정신이 멀어서 매국의 대죄(大罪)를 기꺼이 짓게 되는 것이다.

따라서 10만의 대 군사를 거느리고 있던 남생은 남건의 배반 소식을 접한 뒤에 틀림없이 한 바탕 혈전(血戰)을 벌였을 것이고, 패배한 뒤에야 당(唐)에 투항하였을 것이니, 이것도 1, 2개월 안에 일어난 일들은 아닐 것이다.

그렇다면 6월 임인(壬寅) 날 하루 동안에 이처럼 허다한 큰일들이 다 일어난 것으로 쓴 〈구당서〉도 믿을 수 없거니와, 5월 한 달 안에 이처럼 많은 큰일들이 다 일어난 것으로 쓴 〈자치통감〉도 그대로 믿고 근거로 삼을 수 없는 것이거늘, 〈삼국사기〉는 이들을 그대로 믿고 초록하였는데, 문자상(文字上) 사대주의(事大主義)의 완고함을 한탄할 수밖에 없다.

(三)

하여간 연개소문의 죽음은 고구려의 멸망과 지대한 관계가 있는 역사적 사실인데 사책(史册)의 기록이 이처럼 모호하여 역사를 읽는 자들이 의문을 갖게 된다. 그러나 내가 「백제 멸망 이전에 연개소문이 이미 죽었다」고 하는 것은 하나의 가정(假定)으로, 가정을 곧 실록(實錄)인 것처럼 기술하는 것은 사가(史家)들이 용납하지 않는 바이다.

그래서 작년 가을에 「중화민국 하남성(河南省) 낙양(洛陽)에서 일본인 모씨가 천남생(泉男生: 연개소문의 장남)의 묘지(墓誌)를 발견하였다」는 기사가 모(某) 신문에 게재되었기에, 연개소문의 사망 년도를 참고하기 위하여 그 초본을 구하여 얻었다.

말하자면, 연개소문과 남생 부자(父子)를 근세 인물에서 그 짝을 찾자면, 연개소문은 홍경래(洪景來), 김옥균(金玉均), 대원군(大院君) 세 사람의 정신과 수완을 합하여 한 사람이 된 것과 같으며, 남생은 이완용(李完用), 이용구(李容九)와 같은 부류의 인물들이니, 남생의 묘지(墓誌)를 구하여 연개소문의 사실을 참조하려는 것이 얼마나 우스운 모순인가.

그러나 두 사람은 불행히도 부자 관계에 있으므로 역사 재료를 제공하는 데 있어서는 얼마만큼 도움이 될 줄로 알았던 것이다.

그리고 그 본문을 열람해 보았더니 "증조부 자유(子遊)와 조부 태조(太祚)는 다 막리지를 역임하였고, 부친 연개소문은 태대대로(太大對盧)를 역임하였다. 조부들과 부친은 정치와 무예에 다 뛰어났으며 모두 다 병권을 잡고 나라의 권력을 전단하였다(曾祖子遊·祖太祚 並任莫離支. 父蓋金任太大對盧. 乃祖乃父. 良治良弓. 並執兵鈴. 咸專國柄)"라는 여섯 구절이 연개소문의 조부 자유(子遊)와 부친 태조(太祚)가 대대로 이어져온 귀족으로서 군사와 정치상의 대권을 잡아오던 가문임을 증명하고 있는 것 외에는 정작 그 정치상의 공적과 전략과 전술이 어떠하였는지에 대하여서는 한 자도 언급이 없었다.

중국 문사(文士)의 치우친 자존적 생각으로 당(唐)에 투항한 고구려의 역적 남생(男生)을 찬미할지언정 당(唐)과 맞붙어 싸운 연개소문의 사실을 솔직하게 서술할 리가 없으며, 또 아들의 묘지(墓誌)에서 그 아비의 행동을 조롱하고 욕할 수도 없으므로, 그 공로나 죄에 대하여 전혀 언급하지 않는 것은 당연한 일이다. 이는 나에게는 의외(意外)라거나 실망(失望)이었다기보다는 미리 예상했던 바라 할 수 있지만, 다만 한 가지 불만이었던 것은 묘지 중에 〈연개소문의 사망 연도가 빠진 것〉이었다.

그러나 그 묘지의 본문이 원래 고구려 당시의 사실에 근거하여 중국사(中國史)의 잘못 전해진 것을 교정하려 한 것이 아니고, 오직 중화사 가운데 기재된 소위 동이열전(東夷列傳)의 전고(典故)를 주워 모아 네 글자와 여섯 글자로 된 대구(對句)의 문장을 짓는 동시에 가능한 한 중국사의 기사와 충돌되는 것을 피한 것이니, 당사(唐史)에 이미 연개소문의 죽은 해를 이적(李勣) 등의 평양 침입과 같은 해로 적어 놓았으므로, 본 묘지에 남생의 부친(연개소문)의 사망 연도를 뺀 것 또한 당연한 일이라 할 것이다.

그러나 그 안의 문장 중에 남생이 임관(任官)한 순서를 적어 이르기를 "24세에 장군에 임명되고, 나머지 관직은 그대로였으며, 막리지에 임명되고 겸하여 삼대군(三大軍)의 장군으로 임명되었다(廿四兼授將軍, 餘官如故, 任莫離支, 兼授三大軍將軍)"라고 하였다.

그리고 끝부분에 가서 남생의 죽은 해를 적어 이르기를 "의봉 4년 정월 29일에 병이 나서 안동도호부 관사에서 죽었으니, 이때 그의 나이 46세였다(儀鳳四年 正月廿九日, 遘疾薨, 於安東府之官舍, 春秋有四十六)"라고 하였다. 당 고종 의봉 4년에 남생은 46세였으므로, 의봉 4년은 단기 3011년(기원 678)이니, 그가 막리지에 임명되던 24세는 단기 2990년(기원 657) 보장왕(寶藏王) 16년이다(*단기 3011년(기원 678년)에 46세이면 24세 때는 단기 2989년, 곧 기원 656년(보장왕 15년)이 되어야 할 터인데, 저자의 연도 계산에 착오가 있는 듯하다-옮긴이).

그러면 단기 2990년(기원 657년) 보장왕 16년에 연개소문이 죽고 남생이 그를 대신하여 막리지가 되어 군국(軍國) 대권을 전단(專斷)한 것이 명백하다. 그리고 또 그 본문 중간에서는 이렇게 말하고 있다.

"두 아우 남건(男建)과 남산(男産)이 하루아침에 흉측하고 패악한 자로 변하여 잔인하게도 같은 피붙이임도 무시하고 군사를 일으켜 안에서 항거하였다.……공(男生)은 같은 운명의 동기간이라 생각하여 눈물을 삼키고 격문을 띄웠다……그리고는 대형(大兄) 불덕(弗德) 등을 당나라에 보내어 입조하여 표문을 올리고 사태의 전말을 설명하도록 하였는데, 그때 마침 그의 부하들 중에 배반하는 자들이 있어서 불덕(弗德)은 결국 당나라에 그대로 머물렀다.……공은 이에 군사를 요동으로 돌리어……다시 대형(大兄) 염유(冉有)를 파견하여 ……건봉(乾鳳) 원년에 공은 또 아들 헌성(獻誠)을 당나라에 파견하여 입조(入朝)하게 하였다(二弟產建, 一朝凶悖, 能忍無親, 稱兵內拒……公以共氣星分, 旣飮淚而飛檄……乃遣大兄弗德等, 奉表入朝, 陳其事跡, 屬有離叛, 德遂稽留……公乃反旆遼東……更遣大兄冉有……乾鳳元年, 公又遣子獻誠入朝)"

위의 본문에 의하여 그 사실들을 차례로 서술하면 다음과 같다.

연개소문이 죽은 후에 남생은 막리지가 되어 예성(詣城)으로 순시(巡視)를 나갔는데, 그 때 두 동생 남건(男建)·남산(男產)이 안에서 배반하여 남생에게 항거하므로, 남생이 군사를 돌이켜 공격하였으나 패하였다. 처음에는 불덕(弗德)을 당에 보내어 구원병을 청하려 하였는데, 그의 부하 의사(義士)들이 남생의 매국행위와 불의한 행동을 미워하여 같이 반기를 들고 남생을 공격하였다. 이에 남생은 요동으로 달아난 다음 다시 염유(冉有)를 당에 보내어 구원병을 청하였다.

그러다가 건봉(乾鳳) 원년(단기 2999년. 기원 666년)에 이르러 남생이 아들 헌성(獻誠)을 당에 보냈던 것이다. 이것은 연개소문의 죽은 해가 보장왕 25년, 곧 단기 2999년(기원 666년)보다 훨씬 이전임을 반증하는 것으로, 이것은 모두 그 묘지를 쓴 자가 무의식중에 당(唐)의 사관(史官)이 언급하지 않은 연개소문이 죽은 해를 누설한 것이라 할 수 있다.

혹자는 말하기를, 묘지 중에 "32세에 (품계가) 태막리지(太莫離支)로 올라 군사 및 정치상 모든 업무를 총괄하는 아형(阿衡) 원수가 되었다(卅二加太莫離支, 總錄軍國, 阿衡元首)"라고 하였으니, 남생이 32세 되는 단기 2998년(기원 665년)에 연개소문이 사망하고 남생이 그를 대신하여 군국 대권을 전부 장악한 게 아닌가? 하였다.

대개 〈태(太)〉 자(字)가 붙는 관명(官名)은 삼국시대에 다 공로와 덕이 있는 자에게 올리는 품계(品階)였지 실제의 직임(實職)이 아니다.

〈삼국사기〉의 관직지(官職志)에 "문무왕 8년에 김유신으로 하여금 태대각간(太大角干)으로 삼았는데, 이는 그가 (백제와 고구려를 멸망시킨) 장본인이 된 것을 포상한 것이다(文武王八年, 以金庾信爲太大角干, 賞其元謀)"라고 하였는데, 김유신이 원래 〈각간(角干)〉으로 군권을 전부 장악하였으나 이때에 이르러 고구려와 백제를 멸망시킨 장본인임을 포상하여 품계를 높여 준 것이므로, 〈태(太)막리지〉도 남생의 공로에 대하여 포상한 품계임이 명백하다.

그리고 "總錄軍國(총록군국), 阿衡元首(아형원수)"라는 2구(句)는 "24세에…막리지(莫離支)에 임명되고,…32세에 태(太)막리지로 가자(加資: 품계를 올려줌)되었다(廿四…任莫離支…卅二加太莫離支)"라는 두 가지 일을 아울러 이은 문구이니, 이로써 〈남생이 32세에 비로소 군국 대권을 총람하게 되었다〉라고 억단해서는 안 된다.

혹자는 또 말하기를 “위의 문장에서 「개금(蓋金: 연개소문)이 태대대로(太大對盧)를 역임하였다(蓋金任太大對盧)」라고 하였으니, 남생이 24세 되던 해에 막리지 연개소문은 「태대대로(太大對盧)」로 올라가고 남생이 「막리지(莫離支)」로 임명된 게 아니냐?”라고 하였다.

그러나 〈삼국사기〉나 신·구 〈당서〉에는 다 연개소문의 부친을 「대대로(大對盧)」라고 하였는데, 본 묘지에는 남생의 조부 태조(太祚: 즉 연개소문의 부친)를 「막리지(莫離支)」라 하고, 〈삼국사기〉나 신·구 〈당서〉에서는 다 연개소문을 「막리지(莫離支)」라고 하였는데, 본 묘지에는 개금(蓋金: 연개소문)을 「태대대로(太大對盧)」라고 하여, 서로 정반대의 기록을 개재하였다.

「對盧(대로)」의 「對(대)」는 「마주」의 「마」를 취하여 의역(意譯)한 것이므로, 「對盧(대로)」도 「莫離支(막리지)」와 같이 「마리」로 읽어야 할 것이다. 따라서 「對盧(대로)와 莫離支(막리지)는 하나의 동일한 관직명에 대한 서로 다른 번역이다」라고 한 것은 내가 일찍이 〈이두문 해석(吏讀文解釋)〉에서 논술하였거니와, 본 묘지는 매번 하나의 명사를 서로 다르게 한자로 번역한 이두자의 관직명을 혼용하였던 것이다.

예를 들면, 남생이 고구려에서 역임한 관작(官爵)을 서술할 때 매번 「두대형(頭大兄)」, 「태막리지(太莫離支)」 등의 관직명만 있고, 그 아래 글에서는 당(唐)이 남생에게 준 관직을 서술하면서 「공(公)을 특진시켜 이전처럼 태대형(太大兄)으로 임명하였다(任公特進太大兄, 如故)」라고 하여, 「태대형(太大兄)」이 옛날 직위 「두대형(頭大兄)」을 가리킨 것인지, 옛날 직위 「태막리지(太莫離支)」를 가리킨 것인지 모르게 되었다.

그리고 또 묘지(墓誌)의 전문이 대우체(對偶體: 서로 짝이 있는 문장 형식)로 되어 있기 때문에 내구(內句)와 외구(外句)에 동일한 명사(名詞)를 쓸 수 없으므로, 내구에서는 "증조부 자유(子遊)와 조부 태조(太祚)는 다 막리지(莫離支)를 역임하였다(曾祖子遊·祖太祚 並任莫離支)"라고 하고, 외구에는 "부친 연개소문은 태대대로(太大對盧)를 역임하였다(父蓋金 任太大對盧)"라고 하였던 것이지, 막리지(莫離支) 이외에 따로 대로(對盧)란 관직명이 있었던 것은 아니다.

설령 막리지(莫離支) 이외에 따로 대로(對盧)란 관직명이 있었다고 하더라도, 김춘추(金春秋)가 「태대대로 연개소문(太大對盧 淵蓋蘇文)」을 방문하였을 때(金庾信傳에 보임-원주)가 곧 보장왕 원년 단기 2975년(기원 642년)이므로, 단기 2975년에 연개소문은 이미 「태대대로(太大對盧)」의 관직명을 가졌으므로, 그 16년 후(단기 2990년: 기원 657년)에 연개소문이 「막리지(莫離支)」에서 「태대대로(太大對盧)」의 직위로 올라가고 남생이 그 대신 「막리지(莫離支)」가 되었다고 하는 것은 어불성설(語不成說)이다.

그러므로 단기 2990년(기원 657년) 보장왕 16년을 연개소문의 사망 연도라고 주장하는 것이다.

(四)

연개소문이 만일 단기 2990년(기원 657년)에 이미 죽었다면, 당나라 사람들은 왜 이 때를 틈타 고구려를 치지 않고 먼저 백제를 쳤는가?

이를 논술하자면, 먼저 단기 2978년(기원 645년)의 동맹전쟁(同盟戰爭)의 원인과 결과를 간략히 설명할 수밖에 없다.

그 전쟁의 원인은, 단기 2808년(기원 473년)에 고구려 장수왕(長壽王)이

한성(漢城)을 함락시키고 남진정책을 취하자 신라와 백제가 각기 자위(自衛)를 위하여 양국이 공수동맹(攻守同盟)을 체결하여 고구려에 대항하였다.

그러다가 단기 2870~80년(기원 537~547년) 경에 신라 진흥왕(眞興王)이 나타나서 국력이 강성해져 강원도, 함경도 등지와 경기도의 남반부를 다 점유하고 충청북도 등지로 침입하니, 백제는 신라의 삼면 포위를 받아 나라의 형세가 위급해졌다.

이때 백제 무왕(武王)이 다시 군정(軍政)을 닦고 국력을 기르며 부여 성충(扶餘成忠), 부여윤충(扶餘允忠) 등을 등용하였으므로, 그 뒤 의자왕(義慈王) 원년에 신라 서쪽 변경의 40여 성을 함락시키고, 대야(大耶: 지금의 합천(陜川)-원주)의 전투에서 김품석(金品釋)과 고타소낭(古陀炤娘)을 붙잡아 죽였다. 소낭(炤娘)은 신라의 대신(貴臣)인 김춘추(金春秋)가 사랑하는 여자(여동생)인지라, 김춘추가 그 복수를 위하여 고구려에 구원병을 청하였다.

그러나 고구려는 신라가 한강 유역을 독점하는 것을 싫어하여 이를 거절하고 도리어 백제와 동맹을 체결하니, 신라가 또 이에 대항하기 위하여 바다를 건너 당(唐)에 구원병을 애걸하였다.

이때 고구려의 권력을 장악하고 있던 자가 연개소문인데, 연개소문은 어렸을 적부터 이웃 나라를 침략할 야심을 품고 중국 각지를 돌아다니며 그곳 풍토를 시찰하고 돌아와서 부친의 직위를 이어받아 대대로(大對盧)가 되어 단군 2975년(기원 642년)에 영류왕(榮留王)을 죽이고 보장왕(寶藏王)을 세워 국정을 전단(專斷)하였다.

이때 당 태종은 수(隋) 양제(煬帝)가 살수(薩水)에서 참패한 것을 중국의 큰 수치로 여기고 항상 고구려를 침벌하여 이를 보복하려고 생각하고 있다가, 연개소문의 정치적 뿌리가 아직 단단하지 못한 시기를 이용하려고 하던 즈음에 신라로부터 구원병을 구걸하는 사자가 왔으므로, 양국은 드디어 비밀히 동맹을 체결하여 「고구려와 백제를 쳐 없애고 그 토지를 같이 나누어 갖기로」 약속하였다. 이리하여 고구려·백제 양국 동맹에 대한 신라·당의 양국간 동맹이 성립되어 단기 2978년(기원 645년)의 동맹전쟁이 일어나게 된 것이다.

이 전쟁의 결과를 말하면, 당 태종이 직접 30만 대군을 거느리고 안시성(安市城)을 공격하다가 전군이 패하여 죽고, 태종은 날아오는 화살에 눈을 맞고 달아나다가 니하(泥河: 지금의 헌우락(軒芋濼) 당 태종 함마처(陷馬處)-원주)에서 말이 진흙에 빠져 넘어졌으나 겨우 고구려의 포로가 되는 것을 면하였다. 신라는 당에 대한 동맹의 의리로 고구려의 후방을 위협하려고 김유신 등 여러 장수들에게 명하여 대군을 거느리고 칠중하(七重河)를 건넜다. 그리고 이때 백제는 고구려와의 동맹을 위하여 신라의 서부 지방을 습격하여 7개 성을 함락시켰다.

이 전쟁에서 고구려·백제 편이 완전히 대승리를 거두었다.

이 전쟁 이후 3년에 당 태종이 죽고 연개소문의 세력이 더욱 강성하여 직예(直隷: 지금의 북경시)·산서(山西) 등지에 침입하여 왕왕 군(郡)· 현(縣)을 설치하였는데, 이 사실은 비록 사책(史冊)에는 빠져 있으나, 이미 앞에서 설명하였듯이 각지에 남아 있는 고려영(高麗營)이란 지명(地名)이 기록보다도 더욱 적확(的確)한 사료가 되고 있다. 이와 동시에 신라가 백제의 압박을 받은 것은 선덕(善德)·진덕(眞德) 두 여왕의 본기(本紀)가 이를 분명히 증명하고 있다.

그리고 이해(기원 656년)에 이르러 백제의 부여성충(扶餘成忠)이 죽고,

그 다음해(기원 657년)에 고구려의 연개소문이 죽으니, 이는 양국에 대하여 지대한 손실(損失)인 동시에 신라와 당에 대하여는 비상한 복음(福音)이었다.

이에 신라와 당이 다시 동맹전쟁을 일으켰는데, 당의 원수는 백제가 아니라 고구려이므로, 연개소문이 대상(大喪: 즉, 사망)을 당한 때를 틈타 고구려를 공격하여 멸망시키려는 것이 당나라 사람들에게는 가장 급한 목적이었지만, 다만 당나라 사람들이 전번에 고구려를 침입할 때 군량 운반의 곤란으로 매번 실패를 당하였으므로, 이번에는 먼저 신라와 함께 백제를 쳐서 멸망시키고 신라의 군량으로 당나라 군사들을 먹이려고 계획하고, 이에 양국이 상의한 결과 단기 2993년(기원 660년) 가을에 신라의 김유신은 육로로, 당의 소정방(蘇定方)은 수로로 백제를 합공(合攻)하게 되었다.

무릇 백제를 먼저 치고 고구려를 나중에 친 것은 이상에서 설명한 이유 때문일 것이다.

백제가 이미 망하자 당나라는 군사들을 보내고 신라는 군량을 공급하여 당나라에 비상한 편리를 제공하였다. 고구려는 앞뒤로 적을 받는 처지에 놓이게 되어 나라의 형세가 이미 위태로워졌는데, 게다가 남생(男生)·남건(男建) 형제간의 분열까지 보태졌던 것이다.

연개소문의 죽음이 이와 같이 고구려뿐 아니라 백제의 흥망에까지도 지대한 관계가 있으므로, 옛날 사서(舊史)에서 잘못 기록한 연개소문의 사망 연도를 정정하는 바이다.

6. 조선 고래(古來)의 문자와 시가(詩歌)의 변천

우리가 우리의 상고사(上古史)를 읽을 때에 따라서 생기는 문제는, 첫째는 언제부터 전설시대(傳說時代)를 지나 기록(記錄)이 있었던가 하는 것이고, 둘째는 기록이 있었다면 무슨 문자(文字)로 되어 있었던가 하는 것이다.

어떤 이들은 수두(蘇塗) 시대에 이미 우리 글이 있었다고 하나, 이는 아직 일종의 의문일 뿐이고 아무런 증거가 없으므로 그 유무(有無)를 억단할 수 없다. 다만 사책(史册)에 보인 바로서 말하자면, 우리가 쓰는 문자의 변천은 세 개의 시기로 나눌 수 있는데, 제1기의 이두문(吏讀文), 제2기의 구결문(口訣文), 제3기의 언문(諺文: 한글)이 그것이다.

이들 세 시기의 문자의 자형(字形)은 다음과 같다.

(一) 이두문(吏讀文)

① 進賜(진사)

② 白是(백시)

③ 爲良結(위량결)

④ 望良白去乎(망량백거호)

⑤ 教是臥乎在亦(교시와호재역)

⑥ 岐等如使內如乎(기등여사내여호)

등이다. 이것은 「유서필지 이두휘편(儒胥必知 吏讀彙編)」(→유자(儒者)나 아전들이 반드시 알아야 할 이두문 사전)에 게재되어 있는 것인데, 그 읽는 법(讀法)과 뜻(義)은 이렇다.

① 進賜(나아리. 나리; 지위가 낮은 자가 종3품 이하의 관리를 부르는 존칭).

② 白是(삶이. 아뢰옵기; 부모나 조부모 등 높은 사람에게 보내는 서한문의 앞이나 이름 밑에 사용된다).

③ 爲良結(하올아저; 하고 싶다).

④ 望良白去乎(바라삷거온; 바라시는. 바라시니).

⑤ 教是臥乎在亦(이시누온견이여; 하시었으니. 하시니).

⑥ 岐等如使內如乎(가로드려바라다온; 이리저리 다 해보았는데)」이다.

(二) 구결(口訣)은,

"ソ, 尒, 乀ヌタ, 乀ノ彡飞, 乎了ホ乙, 乀ノ彡了馬了" 등이니, "ソ"는 「爲也(하야; 하여)」, "尒"는 「爲於(하며; 하고)」, "乀ヌタ"는 「伊奴多(이니다; 이옵니다)」, "乀ノ彡飞"는 「伊厓飛(이어날; 이거늘)」, "乎了ホ乙"는 「乎隱等乙(온들; -ㄴ들. -ㄴ줄)」, "乀ノ彡了馬了"는 「伊厓隱馬隱(어언마는. 이언만; 이지만. 이건만)」의 획수를 줄인 것이다.

(三) 언문(諺文)은,

"ㅏ ㅑ ㅓ ㅕ ㅗ ㅛ ㅜ ㅠ ㅡ ㅣ. ㄱ ㄴ ㄷ ㄹ ㅁ ㅂ ㅅ ㅇ ㅈ ㅊ ㅋ ㅌ ㅍ ㅎ" 등이니, 앞의 11자는 모음(母音)이고 뒤의 14자는 자음(子音)이다.

언문(諺文)은 이조(李朝) 세종대왕(世宗大王)의 저작으로 오늘날 쓰고 있는 글인데, 본 편(編)의 범위가 아니므로 이에 대하여는 후일로 미루고, 이제 이두(吏讀)와 구결(口訣)에 대하여 논하도록 한다.

우리의 문자는 이처럼 3기(期)로 변천되어 왔으나, 그러나 구결이 난 뒤에 이두문이 폐지되고, 국문(國文)이 난 뒤에 구결이 폐지된 것이 아니라, 지금으로부터 불과 30년 전까지만 해도 이두와 구결이 병존(竝存)하여 논어(論語)나 맹자(孟子)나 기타 한문책에 토(吐)를 달려면 구결을 쓰고, 관청에 올리는 소청(訴請) 문서에는 이두를 섞어 썼던 것이다.

지금 사람들은 신라의 설총(薛聰: 원효대사의 아들로서 〈화왕(花王)〉 이야기로 유명하다-옮긴이)이 이두문을 만들었다고 하나 이는 터무니없는 망설(妄說)이다.

북한산(北漢山) 위에 세워진 신라 진흥대왕(眞興大王) 순수비(巡狩碑)에 이두문으로 쓴 글월이 있는데, 진흥대왕은 설총보다 1백여 년 이전의 사람이므로, 이 비(碑)가 바로 설총이 처음으로 이두문을 만든 것이 아님을 증명하고 있다.

〈삼국사기〉 설총전(薛聰傳)에 이르기를 「설총이 방언(方言)으로 구경(九經)을 읽어 후배들을 가르쳤는데, 지금까지 학자들은 그를 스승으로 모신다(聰以方言讀九經, 訓導後生, 至今學者宗之)」라고 하였고, 박세채(朴世采)는 이르기를 「경서를 구결로써 그 뜻을 풀이한 것은…처음 설총에서 시작되고, 정몽주(鄭夢周)와 권근(權近)에 의해 완성되었다(經書口訣釋義…始發於薛聰, 成於鄭夢周·權近)」라고 하였다. 따라서 설총은 구경(九經)을 구결로써 읽었던 사람이지 이두로써 읽었던 사람이 아니다.

그런데도 구결(口訣)을 곧 설총이 지은 것이라고 하는 것은, 마치 광개토대왕비의 「친히 수군을 거느리고(躬率水軍)」란 글에 근거하여 수군(水軍)은 곧 「광개토대왕이 창설한 것이다」라고 하거나, 백제의 개로태왕(蓋鹵太王) 본기(本紀)의 「수도전(水稻田)」에 근거하여 벼논(稻田)은 곧 「개로

왕이 시작한 것이다」라고 하는 것과 같은 속단(速斷)이다.

설총은 구결(口訣)로써 구경(九經)을 읽었던 것이고 구결을 만든 것은 아니지만, 그러나 여하간 구결이 설총 때에 이미 존재하였다는 것은 명백히 증명하고 있다.

그러면 이두와 구결을 만든 사람은 어느 때의 어떤 사람인가?

대개 무슨 창작이든 후세 사람들은 그 이익은 누리면서도 그 근본은 잊어버려 작자의 성명(姓名)을 전하지 않는 것이 고사상(古史上)에 허다하므로, 오늘에 와서 이두와 구결의 작자가 누구인지 알 길은 없다. 그러나 이두문은 한자의 음(音) 혹은 뜻(義)을 빌려와서 나라 문자(國字)로 만들어 쓴 것이니, 이것은 신라에만 있었던 것이 아니고 삼국이 다 그렇게 하였던 것이다.

〈삼한전〉이나 〈삼국사기〉나 〈삼국유사〉에 보이는 인명(人名)·관명(官名)·지명(地名)을 보면 이두의 사용이 이미 오래 되었음을 알 수 있다. 「毗處(비처)」「壬乞(임걸)」「異斯夫(이사부)」「居柒夫(거칠부)」 등은 (본래의 우리말을) 한자로 음역(音譯)한 것이지만, 「炤智(소지)」「王斤(왕근)」「苔宗(태종)」「荒宗(황종)」 등은 그 이두이다. 현대의 언문(諺文)으로 쓰면 「비치」「님건」「잇우」「거칠우」이다.

「舒發翰(서발한: 舒弗邯)」「臣遣智(신견지)」「破彌干(파미간)」 등은 한자로 음역(音譯)한 것이지만, 「角干(각간)」「太大兄(태대형: 鎭大兄, 頭大兄 등과 같다-원주)」「波珍干(파진간)」 등은 그 이두이다. 현대의 언문으로 쓰면 「쇠뿔한」「신크치」「바며한」이다.

지명의 「達(달)」은 「대」이니 산(山)을 말하고, 「達乙(달을)」은 「달」이니 높다(高)는 말이며, 「波衣(파의)」는 「바위」이니 巖(암: 바위)을 말한 것이다.

「耶(야)」「那(나)」「壤(양)」「良(량)」「奴(노)」「羅(라)」는 다 「라」이니 川(천: 내. 강)을 말하고, 「伐(벌)」「火(화)」「卑離(비리)」「夫里(부리)」「不(불)」「發(발)」은 다 「불」 혹은 「벌」이니 野(야: 들. 들판. 벌판)를 말한 것이다. 이들은 삼국 초엽·중엽에 이두문으로 온갖 것을 다 기록할 수 있음을 증명하고 있다.

이두문(吏讀文)은 후세에 주로 하급 관리, 즉 서리(胥吏)들이 썼기 때문에 그렇게 부른 것으로, 신라에서는 향서(鄕書)라 하였고, 백제에서는 혹 가명(假名: 이것이 일본으로 전해져서 일본 문자 이름 〈가나(假名)〉가 된 것이다.-옮긴이)이라 불렀던 것 같다. 일본인(금년에 북경대학에서 강연한 금서룡(今西龍) 같은 자-원주: 일제시대 때 〈조선사편수회〉의 책임자로, 조선인 이병도·신석호 등을 데리고 조선사 왜곡·말살에 앞장섰던 자이다-옮긴이)이 말하기를, 혹 「한자(漢字)에서 빌려와서(假借) 지은 일본의 문자 가나(假名)는 원래 여진(女眞)에서 조선으로 건너왔고, 조선에서 일본으로 건너왔다」라고 하였으나, 「조선에서 일본으로 건너간 것」은 확실하지만, 「여진(女眞)에서 조선으로 건너왔다」고 한 것은 그 조상(祖)과 손자(孫)를 서로 뒤집어 바꾼 것이다.

여진문자(女眞字)는 〈금사(金史)〉 여진열전에서 이르기를, 「여진은 처음에는 문자가 없었는데, 요(遼)를 격파하여 거란(契丹)을 얻고 나서 한인(漢人)들이 처음으로 거란문자를 이해하게 되었다…완안희윤(完顔希尹)이 이에 거란문자를 모방하여 여진문자를 만들었다(女眞 初無文字, 及破遼獲契丹, 漢人始通契丹漢字…完顔希尹, 乃倣契丹字, 製女眞字)」라고 하였는데, 완안희윤(完顔希尹)은 금(金) 태종(太宗) 때의 사람이므로 여진

문자의 제작은 신라 설총(薛聰)이 구결로써 뜻을 해석한 것보다 3, 4백년 후의 일이므로 이두보다 더욱 뒤의 일임을 알 수 있다. 그런데 어찌 「여진(女眞)에서 조선으로 건너왔다」고 한단 말인가.

〈책부통략(策府統略)〉에 의하면, 「역대(歷代: 중국만을 지칭함—원주) 제왕(帝王)으로 한자 이외에 따로 문자를 지은 자는 요(遼)·금(金)·원(元)·청(淸) 4대(代)이니, 청(淸)은 원(元)을 모방하고, 원(元)은 금(金)을 모방하고, 금(金)은 요(遼)를 모방하였다」라고 하였다. 그러나 이들은 그 계통이 하나가 아니고 두 개이니, (甲) 요(遼)의 거란 문자와 금(金)의 여진 문자가 한 계통이고, (乙) 원(元)의 몽고자(蒙古字: 고려사에서 말한 외오아자(畏吾兒字)—원주)와 청(淸)의 만주문자가 또 한 계통이다.

청(淸)의 만주문자는 원(元)의 몽고문자를 모방한 것이고, 몽고자는 원 세조 홀필렬(忽必烈: 원(元)나라 세조(世祖)의 이름. 쿠빌라이—옮긴이)의 스승(帝師)인 팔사파(八思巴)가 서장(西藏: 티벳) 문자를 모방하여 만든 것으로 금(金)의 여진문자와는 관계가 없다. 여진문자는 앞의 〈금사(金史)〉에서 말한 바와 같이 거란문자를 모방한 것이다. 서장문자는 범자(梵字: 인도 문자)에서 나온 것이고, 거란문자는 한자의 소리(音)를 빌린 것이다.

(甲)·(乙) 양 계통의 문자가 다 소리글자(音字)이지만 그 출처의 연원(淵源)은 이처럼 현격히 다르다.

당시 거란과 여진은 다 목축(牧畜)을 하는 야만족이었는데, 여진은 거란의 소리글자(音字)를 보고 그 자형(字形)의 큰 틀만 고치고 바꾸어서 여진의 말(語音)에 맞추어 쓰기가 좀 용이하였을 테지만, 거란은 어떻게 그리도 신속하게 중국의 상형자(象形字)를 거란의 소리글자로 만들 수 있었을까?

명(明)나라 사람 도종의(陶宗儀)의 〈서사요회(書史要會)〉에는, 거란이 한인(漢人)을 많이 붙잡아다 쓰고 중국의 예서자(隸書字)의 반쪽을 떼어 거란문자를 만들었다고 하였다. 그러나 이는 후세 사람들이 거란의 자형(字形)을 보고 상상으로 추측하여 말한 것이고 아무런 증거가 없는 말이다.

나의 생각에는, 설총(薛聰)은 신라 문무(文武) 양 대왕(大王) 때의 사람인데, 이때는 발해 태조(太祖) 대조영(大祚榮)과 동시대이다. 신라에서는 이때 이두(吏讀)가 변하여 구결(口訣)이 되었으므로, 발해도 또한 동일한 단계에 있었을 것이다.

대조영 이후 2백여 년 동안 발해의 문명이 날로 진보하여 그 문물제도(文物制度)가 찬란하였으므로, 거란의 태조가 발해는 조상 때부터의 원수라고 하여 발해를 멸망시키고 배척하였으나, 그 관제(官制)를 모방하여 5경 관제(五京官制)가 거의 다 발해의 것을 본뜬 것이므로, 그 소위 거란문자 또한 발해의 구결(口訣)을 모방한 것임에 틀림이 없다.

거란문자와 여진문자는 이미 다 망해 없어졌으나, 청(淸)의 살영액(薩英額)이 쓴 〈길림외기(吉林外記)〉에 소개된 득승타송(得勝陀頌)에 나오는 여진자가 125자이고, 〈요사습유(遼史拾遺)〉에 나오는 거란문자가 5자인데, 이를 다음에 기재해 둔다.

〈여진문자〉와 〈거란문자〉

우리의 구결은 오직 근세에 한문책에 달아 온 토(吐)만 남고, 독립적으로 쓴 글은 하나도 후세에 전한 것이 없으나, 앞에서 설명한 "ソ(爲也: 하여), 㕣(爲古: 하고), 尒(爲於: 하며)" 등이 그 남아 있는 형태임은 명백하니, 삼국 동북국(신라와 발해) 시대에 이것으로 문화의 이기(利器)를 삼아 동으로는 일본을 이끌어 주고, 서로는 거란에 전파하여 여진에게까지 상속되었음을 상상할 수 있다.

이두와 구결의 발달 및 전파된 역사는 앞에서 설명한 바와 같거니와, 이것으로써 저술한 것에는 어떤 것이 있는가?

〈삼국유사〉에 신라의 시가(詩歌: 이두로 기록한 것-원주)를 칭찬하여 이르기를, 「영재(永才)가 노래를 지어 도적들을 감화시켰으며, 맹인(盲兒)이 노래를 지어 눈을 떴으며, 신충(信忠)이 노래를 지어 잣나무에 붙여 놓았더니 잣나무가 말라 죽었으며, 처용(處容)이 노래를 불러 역신(疫神)을 물리쳤다」, 「왕왕 천지와 귀신을 감동시켰다」고 하였다. 그 시가(詩歌)에 대한 찬탄(讚歎)은 이와 같으나, 다만 그 전해지는 시가가 겨우 10여 수(首: 〈삼국유사〉를 본 지가 하도 오래되므로 그 실제 숫자를 정확히 기억하지 못한다.-원주)뿐이고, 그 10여수조차도 수백 년 이래 이두문(〈유서필지 이두문휘편(儒胥必知吏讀文彙編)〉에 보인 한문 토(吐)로 쓴 이두문은 제외하고-원주)의 해독자가 없어서 그 시가의 의의(意義)를 모르는 동시에, 그 내용의 가치 여하를 거의 알 길이 끊어졌으니, 어찌 천만 유감이 아니겠느냐.

〈처용가(處容歌)〉

저자가 〈삼국유사〉와 〈악학궤범(樂學軌範)〉을 참고하여 해석한 이두문으로 기록된 처용가(處容歌) 한 수(首)를 여기에 소개하겠다.

〈삼국유사〉에는 처용(處容)의 사적(事蹟)과 그 노래를 다음과 같이 기록하고 있다.

「신라 제 49대 헌강대왕(憲康大王) 때에 서울 경주(慶州)로부터 동해 바다에 이르기까지 담장과 집들이 즐비하게 연달았으나 초가집은 한 채도 없었으며, 생황(笙簧) 소리와 노래 소리가 길 위에 끊어지지 않았고, 풍우(風雨)도 사계절 순조로웠다.

이에 대왕이 개운포(開雲浦: 지금의 울산군에 있다.-원주)로 놀러 나갔다가 돌아오려 할 때 갑자기 짙은 안개(雲霧)가 자욱하여 지척을 분간할 수 없었다. 대왕이 놀라 이를 괴이하게 여기고 일관(日官: 천문 기상의 일을 주관하는 관리)에게 물으니, 그가 대답하기를, "이는 동해룡(東海龍)의 짓이니, 승사(勝事: 뛰어난 일)를 행하여야 합니다"라고 하였다.

이에 대왕이 절(佛寺)을 짓도록 하라고 명령을 내리니, 곧 안개가 걷히고 용(龍)의 일곱 아들들이 대왕의 수레(御駕) 앞에 나타나 대왕의 은덕(德)을 찬미하며 음악을 연주하였다.

대왕이 그 중의 한 아들을 데리고 서울로 돌아와서 왕의 정치를 보좌하게 하고, 그에게 처용(處容)이란 이름을 하사(下賜)하고, 한 미녀(美女)를 그의 아내로 삼아 주었다.

그런데 역신(疫神)이 그의 처의 아름다움을 사모하여 사람의 모습으로 변하여 밤에 그 집에 들어가서 같이 잤다. 처용이 집에 들어왔다가 그것을 보고는 춤추고 노래하고 나왔는데, 그 노래는 다음과 같다.(*해석은 뒤에 나옴)

① 東京明期(隱)月良(동경명기(은)월량)

②夜入伊遊行如可(야입이유행여가)

③ 入良沙寢矣見昆(입량사침의견곤)

④ 脚烏伊四是良羅(각오이사시량라)

⑤ 二肹隱吾下於叱古(이힐은오하어질고)

⑥ 二肹隱誰支下焉古(이힐은수지하언고)

⑦ 本矣吾下是如馬隱(본의오하시여마은)

⑧ 奪叱良乙何如爲理古(탈질량을하여위리고)」

그러나 〈악학궤범(樂學軌範)〉에 게재된 처용가(處容歌)는 이와 다를 뿐만 아니라 그 구절(句節)도 이보다 많아서 다음과 같다.

(전강(前腔))

신라성대소성대(新羅盛代昭盛代) (→신라의 성대(盛代), 밝은 성대에)

천하태평 라후덕(天下太平羅侯德) (→천하태평 라후덕(羅侯德)인)

처용(處容)아바 (→처용 아비여)

이시인생(以是人生)애 (→이 세상 사람에게)

상불어(相不語)ᄒᆞ시란ᄃᆡ (→서로 말하지 않으시되)

이시인생(以是人生)애 (→이 세상 사람에게)

상불어(相不語)ᄒᆞ시란ᄃᆡ (→서로 말하지 않으시되)

(부엽(附葉))

삼재팔난(三災八難)이 (→세 가지 재앙과 여덟 가지 어려움이)

일시소멸(一時消滅)ᄒᆞ샷다 (→한꺼번에 소멸되었도다)

(중엽(中葉))

어와 아븨 즈이여 (→아아 아비의 짓이여)

처용(處容)아븨 즈이여 (→처용 아비의 짓이여)

(부엽)

만두삽화(滿頭揷花) 계우샤 (→머리에 가득 꽂은 꽃에 겨우시어)

기우러신 머리에 (→기울어지신 머리에)

(소엽(小葉))
아으 수명명장원(壽命命長遠)하샤 (→아아 수명 장원(長遠)하시어)
넙거신 니마해 (→넓으신 이마에)
(후강(後腔))
산상(山象)이슷 깅어신 눈섭에 (→산 형상 비슷이 무성한 눈썹에)
애인상견(愛人相見)ᄒᆞ샤 (→사랑하는 사람 서로 보시어는)
오알어신 누네 (→온전하신 눈에)
(부엽)
풍입영정(風入盈庭)ᄒᆞ샤 (→바람이 뜰 가득 불어오사)
우글어신 귀예 (→안으로 오그라진 귀에)
(중엽)
홍도화(紅桃花)ᄀᆞ티 븕어신 모야해 (→홍도화처럼 붉으신 모양에)
(부엽)
오향(五香) 마ᄐᆞ샤 웅긔어신 고해 (→오향 맡으시어 우묵하신 코에)
(소엽(小葉))
아으 천금(千金) 머그샤 (→아아 천금(千金)을 머금으시어)
어위어신 이베 (→웃으시는 입에)
(대엽(大葉))
백옥유리(白玉琉璃)ᄀᆞ티 ᄒᆡ여신 닛바래 (→백옥 유리같이 흰 이빨에)
인찬복성(人讚福盛)ᄒᆞ샤 (→사람마다 기리는 복이 성(盛)하시어)
미나거신 ᄐᆞᆨ애 (→밀어 나오신 턱에)
칠보(七寶) 계우샤 (→칠보 겨우시어)
숙거신 엇게예 (→숙여지신 어깨에)
길경(吉慶) 계우샤 (→좋은 일 경사스런 일에 겨우시어)
늘의어신 ᄉᆞ맷길헤 (→늘어지신 소맷자락에)

(부엽)
설믜 모다와 (→설미(눈썰미, 총명) 모아)
유덕(有德)ᄒᆞ신 가ᄉᆞ매 (→유덕하신 가슴에)
(중엽)
복지구족(福智具足)ᄒᆞ샤 (→복덕과 지혜가 함께 풍족하시어)
브르거신 ᄇᆡ예 (→부르신 배에)
홍정(紅鞓) 계우샤 (→붉은 가죽 띠 겨우시어)
굽거신 허리예 (→굽으신 허리에)
(부엽)
동락태평(同樂太平)ᄒᆞ샤 (→함께 태평을 즐기시어)
길어신 허튀예 (→긴 다리(下腿)에)
(소엽)
아으 계면(界面) 도ᄅᆞ샤 (→아으 온갖 곳(界面) 돌아다니시어)
넙거신 바래 (→넓어지신 발에)
(전강)
누고 지어 셰니요 (→누가 지어 세웠느뇨)
누고 지어 셰니요 (→누가 지어 세웠느뇨)
바늘도 실도 업시 (→바늘도 실도 없이)
바늘도 실도 업시 (→바늘도 실도 없이)
(부엽)
처용(處容) 아비를 (→처용 아비를)
누고 지어 셰니요 (→누가 지어 세웠느뇨)
(중엽)
마아만마아만ᄒᆞ니여 (→(뜻 미상). 만든 이여, 만들어내신 이여(?))
(부엽)

십이제국(十二諸國)이 모다 지어셰온 (→십이 제국이 모여 지어 세운)

(소엽)

아으 처용 아비를 (→아 처용 아비를)

마아만ᄒᆞ니여 (→(뜻 미상). 만들어내신 이여(?))

(후강)

머자 외야자 녹리(綠李)여 (→벚과 오얏과 녹리(자두의 일종)야)

ᄲᆞᆯ리나 내신 고ᄒᆞᆯ ᄆᆡ야라 (→빨리나 내신 코를 매어라)

(부엽)

아니 옷 ᄆᆡ시면 (→아니 곧 매시면)

나리어다 머즌말 (→떨어질 것이다 궂은 일이)

(부엽)

동경(東京) 발ᄀᆞᆫᄃᆞ래 (→동경 밝은 달에)

새도록 노니다가 (→밤새도록 놀다가)

(부엽)

드러 내 자리ᄅᆞᆯ 보니 (→들어와 내 자리를 보니)

가ᄅᆞ리 네희로새라 (→갈래(다리)가 넷이로구나)

(소엽)

아으 둘흔 내해어니와 (→아으 둘은 내 해(것)거니와)

둘흔 뉘해어니오 (→둘은 뉘 해(것)이뇨)

(대엽)

이런 저긔 (→이럴 적에)

처용 아비 옷 보시면 (→처용아비 곧 보시면)

열병신(熱病神)이아 (→열병신이야)

회(膾)ㅅ가시로다 (→횟감이로다)

천금(千金)을 주리여 처용(處容) 아바 (→천금을 주랴 처용아비야)
칠보(七寶)를 주리여 처용(處容) 아바 (→칠보를 주랴 처용아비야)
(부엽)
천금칠보(千金七寶)도 말오 (→천금 칠보도 말고)
열병신(熱病神)을 날 자바주쇼서 (→열병신을 잡아 나에게 주시오)
(중엽)
산(山)이여 ᄆᆡ히여 천리외(千里外)에 (→산이며 들이며 천리 밖에)
(부엽)
처용 아비를 어여려거져 (→처용 아비를 비켜 가고자)
아으 열병대신(熱病大神)의 (→아으 열병대신의)
발원(發願)이샷다 (→발원(發願)이도다)

(*옮긴이 주: 이상의 〈처용가〉 현대어 번역은 〈민족문화추진회〉 발간, 국역 악학궤범 2권〉을 인용 및 참고하였다.)

앞에서 말한 〈삼국유사〉와 〈악학궤범〉에 보인 두 가지 처용가는 처용가라는 노래 이름은 같으나 그 내용은 서로 같지 않다.

전자(前者)는 처용이 자기 처가 간부(奸夫)와 간통하는 현장을 목격하고 지은 노래이므로, 그 역신(疫神)이라 한 것은 사실은 간부가 스스로를 감추기 위한 거짓말이거나 혹은 후세 사람들이 억지로 갖다 붙인 이야기이므로 본 노래와는 관계가 없는 것이고, 후자(後者)는 곧 처용의 장엄한 모습과 위대한 힘을 찬탄하여 역신을 쫓는 굿판의 노래, 즉 무가(巫歌)이다. 전자는 처용 자작(自作)이고, 후자는 곧 후세 사람의 연작(演作: 이야기로 풀어 쓴 것)이므로, 후자는 전자에 비하면 물론 가치가 적으나, 다만 그 가운데 처용의 본 노래(本歌)를 번역한 것 여섯 짝이 있다.

즉, 「동경(東京) 발근 다래」는 「東京明期月良(동경명기월량)」의 번역이고, 「새도록 노니다가」는 「夜入伊遊行如可(야입이유행여가)」의 번역이고, 「가라리 네히로섀라」는 「脚烏伊四是良羅(각오이사시량라)」의 번역이고, 「둘흔 내해어니와」는 「二肹隱吾下於叱古(이힐은오하어질고)」의 번역이고, 「둘흔 뉘해어니오」는 「二肹隱誰支下焉古(이힐은수지하언고)」의 번역이다.

「月良(월량)」을 「다래」라 한 것 등은 다 옛 사람들이 상음(上音)이 아래 음(音)에 덮씌워지는 것(下蒙)을 구분하지 못한 까닭이다.

다만, 본 노래의 「明期(→발ㄱ-: 밝ㄱ-)」와 「月良(→다래: 달에)」의 사이에 「隱(은:→ -ㄴ)」 자(字)가 빠진 듯하다. (*隱자가 있어야 「발근」, 「밝은」이 된다-옮긴이)

〈악학궤범〉의 「새도록」은 「夜入伊(→밤(夜) 들(入) 이(伊))」의 직역(直譯)이 아니고, 「네히로섀라」는 「四是良羅(→넷(四) 이(是) 여·야·라·러(良) 라(羅): 넷이러라)」의 직역이 아니고, 「내해어니와」는 「吾下於叱古(→ 내(吾) 해(下) 엇(於叱) 고(古): 내해엇고. 내것이고)」의 직역이 아니고, 「뉘해어니오」는 「誰支下焉古(→뉘(誰) 치(支) 해(下) 언고(焉古): 뉘해언고; 누구의 것인고)」의 직역이 아니다.

최후의 2개 구(句) 「本矣吾下是如馬隱(→본(本) 대(矣) 내(吾) 해(下) 이(是) 다(如) 만(馬隱))」과 「奪叱良乙何如爲理古(→ 빼앗(奪叱) 긴 것(○○) 을(良乙) 어찌(何如) 할(爲理) 고(古))」는 번역이 없는데, 이는 원래 후자의 노래(곧 〈악학궤범〉의 처용가-원주)가 〈삼국유사〉의 처용가를 번역한 것이 아니라 다만 처용을 찬송하는 동시에 우연히 본 노래의 위의 여섯 구(句)를 연술(演述: 이야기 형태로 풀어 놓은 것)한 것이기 때문에 서로 같은 것과 다른 것(同異)

이 있고 보태고 줄인 것(加減)이 있게 된 것이다.

이제 내가 이 처용가를 직역(直譯)하고 그 아래의 2개 구(句)까지 함께 번역해 보면, 그것은 다음과 같다.

동경(東京→서울의) 밝은 다래(→밝은 달에)
밤들이(→밤이 이슥하도록) 노니다가(→놀다가)
드러서(→들어와서) 자리에 보니(→잠자리를 보니)
가라이(→가랑이가) 너이러라(→넷이어라).
둘흔(→둘은) 내해었고(→내 것이고)
둘흔(→둘은) 누치해언고(→누구의 것인가).
본듸(→본래) 내해언만(→내 것이었건만)
빼앗긴 것을 엇지할고(→어찌할꼬).

「奪叱(→빼앗(奪叱))」과 「良乙(→을(良乙)」의 사이에 한 자(字)가 있어야 「빼앗긴 것을」이 되겠지만, 이는 고금(古今) 언어의 변천 때문이거나 혹은 본문에 빠진 자가 있기 때문이다.

여하간 본 노래 한 수(首)의 의의(意義)는 완전히 알 수 있게 되었으니, 이 또한 기이한 행운이라 할 것이다. 만일 더 연구할 틈이 생기면 다른 이두문으로 쓰인 시가(詩歌)들도 그 의의를 생각해 내어 옛 조선 사상의 한 부분을 소개할 생각이다.

〈삼국유사〉는 불교의 원류(源流)를 적은 글이기 때문에 겨우 불교에 관계된 시가만 적은 것이므로, 거기에 실린 10여 수(首)는 소 아홉 마리의 수많은 털들 가운데 하나의 털(九牛一毛)에 불과할 것이다. 또 신라의 것만 적고 고구려와 발해의 것은 한 수(首)도 없다. 백제의 것은 서동(薯童:

무왕의 어릴 때의 이름—원주) 대왕(大王)의 단가(短歌) 한 수가 전하였으나 이는 신라 선화공주(善花公主)와의 관계로 쓴 것이지 백제의 것으로 쓴 것이 아니다.

그러나 〈고려사〉 악지(樂志)에 의하면, 고구려의 시가로는 「래원성(來遠城)」「연양(延陽)」「명주(溟州)」 등 세 수(首)가 있고, 백제의 것으로는 「선운산(禪雲山)」「무등산(無等山)」「지이산(智異山)」 등 세 수(首)가 있으나, 그 가사(歌詞)가 리어(俚語: 이두문으로 기록된 것이므로 리어(俚語)라 하였다—원주)로 되어 있다고 하여 게재하지 않았으니 이 또한 애석하다.

래원성(來遠城)은 본문의 주(註)에 「정주(靜州: 義州) 물속에 있는 땅인데 적인(狄人)이 투항해 오므로 이 성을 쌓고 노래를 지었다」라고 하였으나, 정주(靜州)를 래원성의 유허(遺墟)라고 한 것은 신라와 고려의 문약(文弱)하던 시대에 북방의 고적(古蹟)들을 남쪽으로 옮길 때에 위작(僞作)한 것이다.

고구려가 수(隋)와 당(唐)과 대치할 때, 수와 당은 광령현(廣寧縣) 혹은 산해관(山海關) 안쪽에 회원진(懷遠鎭)을 두어 고구려인들에게 투항해 오라고 불러들였고, 고구려는 요동 혹은 요서(遼西) 등지에 래원성을 두어 수·당나라 사람들에게 투항해 오라고 불러들였다. 〈요사(遼史)〉에 나오는 동경도(東京道) 내의 래원성은 곧 그 유허이다.

만약 래원성가(來遠城歌)가 전하여 왔다면 문예(文藝) 방면뿐 아니라 역사상 다른 사실에도 참조가 될 것이거늘, 이제 〈고려사〉에는 그 가사를 빼버렸고, 〈삼국유사〉에는 그 노래 이름까지 빼버렸으니 더욱 애석하다.

「대동풍아(大東風雅)」에는 백제 성충(成忠)과 고구려 을파소(乙巴素)의 시가 각각 한 수씩 게재되어 있는데, 이는 근세의 언문(諺文)으로 적혀 있고, 그 책자의 내력이 명백하지 않아서 본인의 시(詩)라는 확증이 부족하나, 그렇다고 버리기도 아까워서 내가 쓴 〈조선사〉에 실어 놓았다.

발해 일대에는 예악문물(禮樂文物)이 찬란하여 외부 사람들의 흠모(欽慕)를 받았을 뿐더러, 〈성경통지(盛京通志)〉에는 중경(中京)의 경박호(鏡泊湖)에 대하여 이르기를 "장백산(長白山)에서 내려오는 여러 물줄기가 흘러 모여서 경박호가 되는데, 그 폭이 5, 6리나 되고 길이가 70여 리이다. 호수의 중앙에 우홍(牛汞)·하극선(河克善)·하막하백아(河莫賀帛阿)라는 세 산(山)이 있는데, 우홍·하극선 두 산 사이에는 흰 바위(白巖)가 있고, 호수 서남쪽에 호객토(呼客兎: 손님을 부르는 토끼)란 높은 절벽이 있다.

그 높은 절벽 위로부터 호아합하(虎兒哈河)의 물줄기가 호수로 떨어져 들어오는데, 비폭(飛瀑)이 공중에 흩뿌리며 거센 물결이 거대한 천둥소리를 내는데, 그 소리가 수십 리 밖에까지 들리므로 향수(響水: 소리 내어 울리는 물)라고 부른다.

매년 3, 4월경이면 아침 해가 처음 돋을 때에 붉은 햇살과 초록색 물이 서로 비추어 오색(五色)의 영롱한 놀빛을 만들어 내고, 절벽 아래에는 기화(奇花: 기이한 꽃)와 이초(異草: 보기 드문 풀들)가 난만(爛漫)하므로 그곳을 발고(發庫)라 부른다고 하였다.

그리고 그 부근 석두전자(石頭甸子)의 수많은 산들의 깊은 바위 안에는 또 「해안(海眼)」이라는 이름의 호수가 있는데, 둘레가 80여 리나 되며, 매일 세 차례 호수의 물이 솟아올라 바다와 서로 바라보기 때문에 해안(海眼)이란 이름을 얻은 것이다.

한여름에 날이 더우면 한 길(丈)이 넘는 거대한 고기가 출몰하여 날아가는 새들이 그 위로 지나가지 못한다고 하였다.

〈송막기문(松漠記聞)〉에는 발해인들의 생활의 한 단면을 기록하고 있는데, 「부유한 집에서는 모란(牧丹)을 3, 4백 본 심는데 모두 중국 땅에는 없는 귀한 종자(種子)들이다」라고 하였다. 이같이 동서남북에서 주워온 한두 가지의 기록으로도 발해 성시(盛時)의 시인(詩人) 문사(文士)들의 풍류를 상상할 수 있으나, 그러나 그 나라의 시(詩)와 한시(漢詩)들 중에 단 한 수(首)도 전해져온 것이 없다.

〈옥진총담(玉塵叢談)〉에나 〈고금기관(古今奇觀)〉에 동일한 기록이 있는데, 그 대략적인 내용은 다음과 같다.

당(唐)의 천보(天寶) 연간에 발해의 국서(國書)가 당(唐)에 이르자 당의 전 조정에 그 문자(文字)를 해독할 수 있 자가 한 사람도 없었다. 이에 당 현종(玄宗)이 매우 걱정을 하고 있었는데, 그때 비서감(秘書監) 하지장(賀知章:〈당시(唐詩)〉 3백수에 그의 시(詩)가 여러 편 포함되어 있다.-옮긴이)이 이태백(李太白)을 추천하였다.

이태백이 금만전(金鑾殿)에 들어가서 그 글을 해독하고 그 답서(答書)를 쓸 때 「고역사(高力士)는 그의 신발을 벗겨주고 양귀비(楊貴妃)는 먹을 갈았다」라고 하였으니, 이는 아마도 발해의 국서가 이두(吏讀) 혹은 구결(口訣)의 발해자로 쓰여 있었으므로 당(唐)나라 사람들이 이를 해독하지 못하였기 때문이고, 이태백의 답서도 발해자로 쓴 것이므로 그 글이 이태백집(李太白集)에 수록되지 못한 것이다.

혹자는 말하기를, 「위의 사실이 신·구 〈당서(唐書)〉에 보이지 않고 오직 소설 중에 보일 뿐이니, 이를 어찌 신뢰할 수 있겠는가」라고 하였다. 그러나 어떤 때는 소설이 사서(史冊)보다 더욱 신뢰할 가치가 있는 것이다.

〈이태백전집(李太白全集)〉에 의하면, 〈악사(樂史)〉의 이한림별집(李翰林別集)의 서(序)에서 말하기를, 「당 현종(玄宗)이 이태백을 불러서 화번서(和蕃書: 번국(蕃國), 즉 변방의 나라에 대답하는 글이란 뜻)를 쓰게 하였는데, 그 생각의 막힘없음이 마치 현하(懸河: 공중에서 떨어지는 강물. 생각이 전혀 막힘없이 솟아나오는 것)와 같았다」라고 하였다. 또 진건(秦建)의 이군갈기(李君碣記: 이태백의 비문)에는 「현종이 이백(李白)을 한림대조(翰林待詔: 황제 곁에서 대기하고 있으면서 황제의 조칙을 받아쓰는 일을 하는 한림원의 직책)로 불러서 화번서(和蕃書)를 쓰게 하였다」라고 하였다. 범○정(范○正)의 서문에도 「이태백이 답번서(答蕃書)를 쓸 때 그 언변이 현하(懸河)와 같았다」라고 하였다.

이들 글에서 말한 「화번서(和蕃書)」와 「답번서(答蕃書)」는 다 발해의 국서에 대한 중국 측의 답변 국서(國書)를 가리킨 것이다.

무릇 이태백의 평생 뽐낼 만한 일이 이 국서의 답장을 쓴 일이거늘, 어찌하여 신·구 〈당서〉에서는 당 현종이 이태백을 불러서 양귀비(楊貴妃)를 찬양하는 〈청평사(清平詞)〉라는 시를 지었다고 할 뿐이고, 발해에 대하여 답변 국서를 쓰게 한 사건에 대하여는 한 마디 말도 없는가?

(*옮긴이 주: 참고로, 〈청평사〉 세 수(首)의 노래 가사 원문은 다음과 같다. 번역은 생략한다.

(一)

雲想衣裳花想容　　春風拂檻露華濃.
若非群玉山頭見　　會向瑤臺月下逢.

(二)

一枝紅艶露凝香　　雲雨巫山枉斷腸.
借問漢宮誰得似　　可憐飛燕倚新妝.

(三)

名花傾國兩相歡　　常得君王帶笑看.

解釋春風無限恨　　沈香亭北倚欄干.)

그리고 또 어찌하여 〈이태백전집〉에는 그가 답서를 쓴 사실만 기록해 놓고 또한 그 답서는 싣지 않았으며, 〈당문원영화(唐文苑英華)〉나 〈전당문초(全唐文抄)〉 등 이름난 책들에서는 이태백의 대수롭지 않은 시(詩)와 문(文)까지 다 수록해 놓았으면서 도리어 그의 득의작(得意作)인 발해에 대답한 국서(國書)의 글은 빼 버렸는가.

당(唐) 현종(玄宗)의 천보(天寶) 연간은 발해 무제(武帝)의 후기이고 문종(文宗)의 초기이다.

무제 때에 발해가 해군대장 장문휴(張文休)를 보내어 산동성(山東省)에 들어가 당의 등주자사(登州刺史) 위준(韋俊)을 죽이고 요동 등지에서 당나라 장수 고간(高侃) 등의 대군을 함락시켜 발해의 국위(國威)가 당을 압도하였다. 그래서 발해는 마침내 외교상 전례(前例)를 무시하고 발해자(渤海字)로 쓴 국서를 당에 보냈다. 그러나 당 현종의 군신(君臣)들은 갑자기 그 글을 해독할 사람이 없어서 걱정하다가, 마침 발해문자를 공부한 학자 이태백을 찾아 그 답서를 쓰게 하여 당시의 외교적 난제(難題)를 해결하게 되었다.

그러나 중국 고대에 남의 문자로 쓴 외교문서로 국제간에 왕래한 일이 없다가, 이제 발해에 대하여 새로운 예(例)를 연 것이 무한한 수치라고 생각하였기 때문에 당서(唐書)에서는 그 사실 자체를 빼버렸으며, 〈이태백전집〉에는 그 사실을 모호하게나마 기록하였으나 그 글은 게재하지 않았던 것 같다.

〈고려의 과정가(瓜亭歌)〉

고려 470여 년간 문자와 시가(詩歌)의 발달된 흔적은 문헌의 결핍으로 알 수 없으나, 그러나 과정(瓜亭) 정서(鄭敍)의 시가가 다행히 전해졌는바, 그 글은 다음과 같다.

「(前腔) 내 님을 그리와 우니다니(→내 님이 그리워 울고 있나니)
(中腔) 산(山)접동새는 이슷하요이다(→산접동새와 비슷하오이다)
(後腔) 아니시며거츠르신들 아으(→잘했든 잘못했든 간에 아으)
(附葉) 잔월효성(殘月曉星)이 아르시리다(→잔월효성이 아시리이다)
(大葉) 넉시라도 님은 한대 녀저라 아으(→넋이라도 님과 함께 가고 싶어라 아으)
(附葉) 과(過)도 허믈도 천만(千萬) 업소이다(→ (나에게는) 잘못도 허물도 전혀 없소이다)
(三葉) ᄆᆞᆯ힛마러신뎌(→근거 없는 말은 하지 마소서)
(四葉) 살읏보뎌 아으(→사라지고 싶을 뿐이나이다(?) 아으)
(附葉) 니미나를 하마니자시니잇가(→님께선 나를 벌써 잊으셨나이까)
(五葉) 님하도 람드르사 괴오소서 아으(→님께서도 남(저)의 말을 들으시어 사랑해 주소서, 아으)」

이 글월은 〈악학궤범〉에는 처용가 다음에 수록되었기 때문에 세상 사람들이 이를 처용가(處容歌)로 잘못 알고 있으나, 그러나 〈고려사〉 악지(樂志)에 기재된 이제현(李齊賢)의 한시(漢詩)로 번역한 과정가(瓜亭歌)에서 이르기를 「憶君無日不沾衣(억군무일부첨의), 正似春山蜀子規(정사춘산촉자규), 爲是爲非人莫問(위시위비인막문), 曉星殘月也應知(효성잔월야응지)」라고 하였다.

여기서 「憶君無日不沾衣(그대를 생각하며 (밤이슬에) 옷을 적시지 않은 날이 없다)」는 「내 님을 그리와 우니다니」의 번역이고, 「正似春山蜀子規(꼭 봄 동산의 두견새와 비슷하다)」는 「산(山)접동새는 이슷하요이다」의 번역이고, 「爲是爲非人莫問(잘했는지 잘못했는지 묻는 사람이 없다)」는 「아니시며 거츠르신들」의 번역이고, 「曉星殘月也應知(효성(曉星)과 잔월(殘月)도 마땅히 알 것이다)」는 「잔월효성(殘月曉星)이 아르시리다」의 번역이고, 「넉시라도 님은 한대 녀저라」 이하는 비록 이씨(李氏: 李齊賢)의 번역에는 들어 있지 않으나, 그 아래 글임이 또한 명백하다.

〈고려사〉에서 이르기를, 「이 노래를 듣는 자는 눈물을 흘린다」고 하였으니, 당시의 명작임을 알 수 있다. 이 노래 가운데는 고어(古語)가 많이 전해지고 있을 뿐만 아니라 마지막 구(句)의 제5엽(五葉)에 남(他人)을 「람」이라 하였으니, 우리 선조의 언어에는 첫소리에 「라」의 발음이 있었음을 볼 수 있다.

(*옮긴이 주: 이 부분에 대하여는 약간의 보충 설명이 필요할 것 같다. 상기 가사의 「님하도람드르사괴오소서」의 해석에는 다른 해석이 가능하기 때문이다. 저자는 이 구절을 「님하도 람 드르사 괴오소서」라고 띄움으로써 〈님께서도 남(여기서는 〈저〉의 뜻)의 말을 들으시사 (저를) 사랑해 주소서〉로 해석하였으나, 이 부분은 「님하 도람드르사 괴오소서」라고 띄움으로써, 〈님께선 돌아오시어 (저를) 사랑해 주소서〉라고 해석하는 사람도 있기 때문이다.)

〈삼국사기〉의 저자 김부식(金富軾)이나 〈고려사〉의 저자 정인지(鄭麟趾: 혹은 〈고려사〉가 실은 김종서(金宗瑞)의 저작이라고 하니, 다시 조사해 봐야 할 것이다-원주)는 모두 이두문으로 적힌 문자를 천대하여 두 사서(史書)의 악지(樂志)에 한시만 기재하고 이두로 쓴 국가(國歌)와 국시(國詩)는 편찬 하면서 없애 버렸으니, 이는 조선의 기록상 천고(千古)의 유감이 아닐 수 없다.

그러나 삼국시대의 국가(國歌)와 국시(國詩)는 다행히 〈삼국유사〉에 수집한 신라의 시가(詩歌)가 있어서 그 빠지고 없는 부분을 만분지일이나마 보충하였으나, 고려의 시가는 이미 〈고려사〉에서 빠지고, 그 재료인 기록들은 모두 임진왜란의 병화(兵火)에 불타 없어져서 참고할 데가 아무데도 없게 되었으니, 위에서 말한 정과정(鄭瓜亭)의 시가(詩歌) 같은 것은 곧 옛 것을 연구하는 자에게는 좀처럼 얻기 어려운 비장의 보고(秘寶)가 아니겠느냐.

고려와 이조가 교체되던 시기의 저자인 목은(牧隱: 이색(李穡). 고려 말사람. 1328~1396)·야은(冶隱: 길재(吉再). 1353~1419. 고려 말의 학자)·포은(圃隱: 정몽주(鄭夢周). 1337~1392. 고려 말에 조준(趙浚) 정도전(鄭道傳) 등이 이성계를 추대하여 새 왕조를 세우려 하자 이에 반대하다가 이방원(李芳遠)의 문객인 조영규(趙英珪)에 의해 선죽교(善竹橋) 다리 위에서 피살되었다－옮긴이)의 모자(母子)·이조 태종(太宗: 李芳遠) 등의 시조 몇 마디가 〈대동풍아록(大東風雅錄)〉에 수록되어있다.

그 가운데 포은(圃隱)의 시조

「(이 몸이) 죽고 죽어 일백 번 다시 죽어
백골(白骨)이 진토(塵土)되고 넋이야 있건 없건
님 향한 일편단심(一片丹心) 가실 줄 있으랴」

한 수(首)는 그 가사(辭)의 뜻이 격앙(激昂)하고,

이에 대한 태종(太宗)의 대답 시조

「이러하면 어떠하며 저러하면 어떠하리

천왕당(天王堂) 앞뒤 들이 무너진들 어떠하며
만수산(萬壽山) 드렁칡이 엉켜진들 어떠하리,
우리도 이와 같이 태평장취(太平長醉) 하여 보세」

는 기이한 기운이 흘러 넘쳐나서, 비록 두 수(首)가 짧은 시가(詩歌)이지만 전자는 단심(丹心)이 철석같은 고려 충신 일파의 심리를 대표하고, 후자는 시세를 쫓아 부귀를 얻으려는 이조(李朝) 창업(創業) 신하들 일파의 심리를 대표한 것이다.

대개 이두문은 삼국 · 동북국(신라와 발해) · 고려 등 역대의 국문(國文)이다. 당시에 이로써 인명·지명·관명(官名)과 각종 시가(詩歌)를 기술하였을 뿐만 아니라 역사나 소설이나 기타 각종 문예 작품들도 거의 이두문으로 기술한 것이 많았을 것이지만 하나도 전해지지 못하였으니, 이 또한 기괴(奇怪)한 일이 아닌가.

전해오는 말에 의하면 조선의 문헌은 (一) 북부여가 모용외(慕容廆)에게 망할 때, (二) 고구려 평양이 당(唐)의 이적(李勣)에게 함락될 때, (三) 견훤(甄萱)이 완산(完山)에서 패망할 때, (四) 이조(李朝)의 한양 궁궐이 임진왜란에 불탈 때에 소진되어 참고할 재료가 없어졌다고 하니, 이것은 사실에 부합되는 전설(傳說)이다.

그러나 나는 유(儒) · 불(佛) 양 사상의 교체시대가 문헌들이 가장 많이 파괴되고 없어진 큰 재앙의 때였다고 생각한다.

불교가 수입될 때에도 한 차례 조선의 소도(蘇塗)라는 고유사상(固有思想)과 충돌한 적이 있었으나, 다만 불교는 배타성(排他性)이 적으므로 오래지 않아 서로 융화되었다.

그러나 유교는 정주(程朱: 程子와 朱子) 이래로 배타성이 격렬하였는데, 조선이 고려 말부터 정주(程朱)의 영향을 받아 불교와 소도를 일제히 배척하였으므로, 이조 태종(太宗)이 즉위한 후에는 고대의 비사(秘詞)비록(秘錄) 등을 많이 불태워버리고 그 남아 있던 것들도 민간에 전포(傳布)되는 것을 허용하지 않고 오직 내각(內閣)에 깊숙이 숨겨 두었다가 임진왜란 때 다 불타버렸으니, 이로부터 조선의 고문헌은 완전히 몰자비(沒字碑), 즉 새겨진 글자가 없는 비석처럼 되고 말았던 것이다.

세종대왕의 정음자모(正音字母)는 이두에 비하면 그 음(音)과 자형(字形)이 완전하고 아름다울(完美) 뿐 아니라 그 학습이 더욱 편리하여 우리 문학이 발흥(勃興)할 이기(利器)를 주었으나, 다만 한문학의 정복을 받아 각종 글월을 모두 한문으로 기록하고 한자만을 문자로 알아서 국문학 발달의 앞길을 막았다.

원호(元昊)·정철(鄭澈)·윤선도(尹善道) 등 여러 사람들이 간혹 시조(時調)의 명작(名作)을 남겼으나, 그러나 그들은 그 재주와 힘을 모두 한시(漢詩) 저작에 팔아먹고 시조(時調)는 여가 일 삼아 지었으므로 모두 작가(作家)라 부르기에 부족하다.

소설(小說)은 언문(諺文)으로 지은 것이 많으나, 그러나 문학의 명사(名士)들은 이들 언문소설을 짓지 않았을 뿐만 아니라 또한 읽지도 않았다. 다만 관직 떨어진 한가한 사람들이 이를 지었으며, 책사(冊肆: 서점)의 상인들이 이를 찍어 여항(閭巷)의 농부들이나 규중(閨中)의 부인들에게 팔아서 몇 푼의 박리(薄利)를 얻었을 뿐이다. 그러므로 발달이라 칭할 것도 없는 형편이다.

이를테면 오백년래의 언문소설 중 좀 나은 작품으로 「춘향전(春香傳)」·「놀보전(傳)」·「토끼전(傳)」 등을 손꼽으나, 그러나 춘향전은 고구려의 한주(韓珠)를 연술(演述: 이야기로 풀어 설명)한 것이고, 놀보전은 신라의 방색(房色)을 연술한 것이며, 토끼전은 고구려의 귀토담(龜兎談: 〈조선상고사〉 김춘추 이야기 참조. 별주부전-옮긴이)을 연술한 것이니, 다 창작 아님이 명백하다.

만약 명문(名文) 걸작(傑作)을 찾는다면 한문 작품에는 혹 몇 편이 있다고 할 수도 있겠지만 언문에는 전혀 없으니, 세종대왕께서 정음(正音)을 제작하신 은덕(恩德)을 배반하여 죄를 지은 것이 또한 심하다고 할 것이다. 아으.

최근에 와서 일반 조선문법(朝鮮文法) 학자들이 우리글의 발달을 절규하고 있으나, 그러나 각국 문학의 진보는 매번 다수의 작가들이 나와서 전 사회를 고무(鼓舞)할만한 시나 소설이나 극본이나 기타 각종 문예작품을 많이 씀으로써 이로써 울고, 웃고, 노래하고, 춤추어 배고픈 자의 양식이 되고, 병자의 약(藥)이 되어 자가문학(自家文學)의 독립국(獨立國)을 건설할 때에 이루어지는 일이니, 근래 작가로 칠만한 작가가 몇이나 되느냐, 아으.

〈붙이는 말(附言)〉

본편(本編)의 전반(前半)은 저자가 지난달에 써놓았던 것인데, 「조선사(朝鮮史)」 가운데 삼국·동북(신라와 발해) 양 시대의 문자와 시가의 변천에 관한 사론(史論)의 일부분이고, 후자는 동아일보사(東亞日報史)의 원고 청탁을 받고 계속하여 쓴 것이다.

처음의 의도는 「세종대왕이 지은 언문(諺文)과 이두문의 관계」와 「이조 5백년래 시조(時調)와 잡가(雜歌) 등이 변천해온 원류(源流)」를 상론(詳論)하려는 것이었으나, 첫째, 나그네의 행랑 안에 근세사에 관한 참고서류가 부족하고, 둘째, 저자가 추위 타는 것이 심하여 요즈음에는 붓을 잡기조차 곤란하여 다 뜻대로 하지 못하게 되어, 후반(後半)은 너무 초초(草草: 구차하고 간략함)하게 되었으니, 독자들의 너그러운 용서를 구하는 바이다.

그러나 이두문으로 지은 처용가 본 가사의 의의(意義)를 발견하였고, 사서(史冊)에 누락된 정과정(鄭瓜亭)의 국시(國詩)를 생각해낸 것은 저자의 이 논문이 처음이라 할 것이니, 혹시 후일에 조선문학사(朝鮮文學史)를 편찬하려는 사람이 나오면 채택될 것으로 생각한다.

전반(前半)에서도 (一) 이두문을 제작하기 전에 소도(蘇塗)의 신단(神壇)에서 신지(神誌)가 구전(口傳)하여 온 불문(不文)의 시가가 있었을 것인데 그것을 설명하지 못하고 빠뜨렸으며, (二) 이두문 시대에 성행한 화랑의 「풍월(風月)」을 논하지 못하였다.

다음에 다시 기회를 얻어 보충하려고 한다. —終—

〈부록〉

삼국지(三國志) 위서(魏書) 동이전(東夷傳)

〈緖言(서언)〉

〈扶餘(부여)〉

〈高句麗(고구려)〉

〈沃沮(옥저)〉

〈浥婁(읍루)〉

〈濊(예)〉

〈三韓(삼한)〉

〈緖言(서언)〉

〈상서(尙書: 禹貢篇)〉에서 이르기를 『동쪽으로는 바다에 닿아 있고, 서쪽으로는 사막에까지 이르렀다』고 하였다. (옛 중국에서 중앙(天子)의 권력에 복속(服屬)하는 정도에 따라 천하를 9등급으로 나누어 놓은–옮긴이) 구복(九服)의 제도 범위 안에 있는 지역에 대하여는 우리가 그 사정을 고찰할 수 있다. 그러나 변방의 황지(荒地) 바깥 지방은 그 중간 지대에 사는 사람을 이용한 이중 통역(重譯)을 통해서만 그곳 사정을 알 수 있을 뿐, 직접 걸어서 가거나 수레를 타고 갈 수 있는 곳이 아니기 때문에, 그 나라의 풍토와 민속 등 지역 특성에 대하여 알 수가 없다.

(書稱「東漸于海, 西被于流沙」. 其九服之制, 可得而言也. 然荒域之外, 重譯而至, 非足跡車軌所及, 未有知其國俗殊方者也.)

(*역자 주: **漸**(점): 도달하다(=達). **被**(피): 이르다. 미치다(=及). **九服**(구복): 옛 중국에서 천자가 있는 도성에서부터 그 권력에 복속하는 정도에 따라 천하를 차례로 후복(侯服) · 전복(甸服) · 남복(男服) · 채복(采服) · 위복(衛服) · 만복(蠻服) · 이복(夷服) · 진복(鎭服) · 번복(藩服) 등 아홉 등급으로 나누어 차별적 예절과 외교관행을 적용하는 제도)

우순(虞舜) 때부터 주(周)나라 때까지 서쪽 변경 밖에 사는 종족(西戎)들은 백옥환(白玉環)을 중국에 바쳤으며, 동이족(東夷族)인 숙신국(肅愼國)은 (그곳에서 나는 활과 화살을) 공물로 바쳤으나, 그들은 모두 여러 해가 걸려서야 겨우 중국에 도착하였으니, 그 떨어진 거리가 이처럼 아득히 멀었다.

(自虞暨周, 西戎有白環之獻, 東夷有肅愼之貢, 皆曠世而至, 其遐遠也如此.)

(*역자 주: 曁(기); 미치다(=至. 及).)

한(漢)나라 때에 와서 장건(張騫: 기원전 ?~114년)을 서역(西域)에 사신으로 보냈는데, 그는 황화(黃河)의 발원지까지 들어가고, 여러 나라들을 지나가서 마침내 서역도호부(西域都護府)를 설치하여 서역의 여러 나라들을 다스리게 되었다(기원전 139년). 이 후부터 서역의 사정들을 상세히 알 수 있게 되었으며, 그리고 난 후에야 사관(史官)들도 그곳 사정들을 상세히 기록할 수 있게 되었다.

(及漢氏遣張騫使西域, 窮河源, 經歷諸國, 遂置都護以總領之, 然後西域之事具存, 故史官得詳載焉.)

(*역자 주: **西域**(서역); 협의로는 옥문관(玉門關)과 양관(陽關) 서쪽 지구를 가리키고, 광의로는 협의의 서역을 거쳐서 도달할 수 있는 지역, 즉 아시아 중부와 서부, 인도 반도, 유럽의 동부, 아프리카 북부 등을 지칭한다.)

위 왕조(魏王朝: 기원 220~265년. 220년 1월에 조조(曹操)가 죽고 그 아들 조비(曹丕)가 한(漢)나라의 황제 자리를 물려받아 세운 왕조)가 일어난 후 서역의 여러 나라들이 비록 전부 다 찾아와서 조공을 바칠 수는 없었으나, 그 중에서 큰 나라인 구자(龜玆)·우치(于寘)·강거(康居)·오손(烏孫)·소륵(疎勒)·월지(月氏=月支)·선선(鄯善)·거사(車師) 등의 나라들이 (낙양으로 찾아와서) 조공을 바치지 않은 해가 한 해도 없었으니, 대체로 한(漢)나라 때의 일들과 비슷하였다.

(魏興, 西域雖不能盡至, 其大國龜玆·于寘·康居·烏孫·疎勒·月氏·鄯善·車師之屬, 無歲不奉朝貢, 略如漢氏故事.)

(*역자 주: **月氏**(월지); 月支(월지)로도 쓴다. 지금의 신강성(新疆省) 이리하

(伊犁河) 유역 및 그 이서 지대에 있던 옛 나라이름. 〈월씨〉가 아니라 〈월지〉라 읽는다.)

그러나 공손연(公孫淵)이 조부 공손도(公孫度)와 부친 공손강(公孫康)을 이어서 3대 연속하여 요동(遼東)을 차지하여 다스리게 되자, 천자(天子: 즉, 위(魏)의 황제인 명제(明帝: 기원 226~239년)는 그곳 땅이 너무 멀리 떨어져 있는 지역이라고 생각하여, 요동의 일들을 그에게 맡겨서 관리하게 하였다(기원 228년에 위(魏) 명제(明帝)는 공손연을 요동태수로 임명하였다). 이리하여 중국과 동이족(東夷族)의 사이가 단절되어 동이족들은 중국의 여러 나라들과 왕래할 수 없게 되었다.

(而公孫淵仍父祖三世有遼東, 天子爲其絕域, 委以海外之事, 遂隔斷東夷, 不得通於諸夏.)

(*역자 주: 공손연(公孫淵)의 조부(祖父)란 공손도(公孫度)와 공손강(公孫康)을 말한다.

公孫度(공손도): 기원 190년에 동탁(董卓)에 의해 요동태수로 임명된 후 한(漢)이 멸망할 것으로 생각하고 스스로 요동군을 요서(遼西), 중료(中遼)군으로 나누어 태수를 두고 자신은 요동후(遼東侯)가 되었다. 공손도가 기원 204년에 죽자 그의 아들 공손강(公孫康)이 그 자리를 이어받았다.

公孫康(공손강): 기원 204년에 부친 공손도(公孫度)가 죽자 그 자리를 이어받아 요동후(遼東侯)가 되었다. 기원 207년에 요동으로 도망 온 원상(袁尙) 등을 죽여서 조조(曹操)에게 바쳐 그 공으로 양평후(襄平侯)에 봉해지고 좌장군(左將軍)에 임명되었다. 그가 죽은 후 아들 공손연(公孫淵) 등이 너무 어려서 그의 동생인 공손공(公孫恭)이 그 자리를 물려받았으나, 기원 228년(太和 2년)에 공손연 등이 그를 쫓아내고 그 자리를 이어받았다.

公孫淵(공손연): 요동태수로 임명된 후 강남의 오(吳)나라 손권(孫權)과 내통하고, 손권은 그를 요동왕(遼東王)으로 세웠다. 이에 위(魏) 명제가 그를 대사마(大司馬) 낙랑공(樂浪公)으로 봉해주었으나 그가 여전히 복종하지 않았으므로, 기원 237년에 관구검(毌丘儉)을 보내어 공손연을 쳤으나 실패하였다. 이에 공손연은 마침내 스스로 연왕(燕王)의 자리에 올라 북방을 침벌하였다. 그리하여 다음 해인 기원 238년에 위(魏)에서는 다시 여러 장수들을 보내어 그를 쳐서 결국 멸망시켰다.)

위(魏) 명제(明帝) 경초(景初: 기원 237~239년) 연간에 조정에서 크게 군사를 일으켜 공손연(公孫淵)을 주살하고, 또 몰래 수군(水軍)을 보내어 바다를 건너가서 낙랑(樂浪)·대방(帶方) 두 군(郡)을 수복하니, 이로부터 바닷가 지역들이 조용해지고 동이(東夷)들이 굴복하였다.

(景初中, 大興師旅, 誅淵, 又潛軍浮海, 收樂浪·帶方之郡, 而後海表謐(밀)然, 東夷屈服.)

그 후 고구려(高句麗)가 배반하므로 또 다시 지방(幽州) 군사를 파견하여 토벌하게 하였는데, 극히 먼 곳까지 끝까지 추격하여 오골(烏骨)과 환도(丸都)를 넘고, 옥저(沃沮)를 지나, 숙신(肅愼)의 지경 안으로 들어가서 동쪽의 큰 바다에 닿았다.

(其後高句麗背叛, 又遣偏師致討, 窮追極遠, 有(烏丸骨都)烏骨·丸都, 過沃沮, 踐肅愼之庭, 東臨大海.)

(*역자 주: 원문에는 「烏丸骨都」라 되어 있으나 이는 「烏骨丸都」의 잘못이라고 단재 신채호 선생은 교정하였다.)

(*그 지역의 노인들이 말하기를, 최근에 괴상한 얼굴을 가진 사람들이 나타났다고 하였다. (관구검(毌丘儉) 등 토벌에 나섰던 장군들이 돌아올 때) 마침내 여러 나라들의 정황을 두루 살펴보고 그 지역의 법과 풍속, 나

라의 크고 작음과 각 나라들의 이름을 적어 옴으로써 이에 극히 먼 지역에 있는 나라들에 대하여도 상세히 기록할 수 있게 되었다.)

(*長老說: 有異面之人, 近日之所出. 遂周觀諸國, 采其法俗, 小大區別, 各有名號, 可得詳紀.)

(*역자 주: 신채호 선생은 이 부분의 기사는 정벌한 지역을 과장하기 위하여 사적 자료로서의 가치가 전혀 없는 황당무계한 이야기를 덧붙여 놓은 것에 불과하다고 하였다.)

비록 이적(夷狄)의 나라들이지만 (중국에서 전해진) 예의와 풍속(俎豆之象)은 남아 있었다. (옛 사람이 말하기를) 중국에서 사라진 옛날의 예제(禮制)를 주위 이적(夷狄)의 나라들에서 찾을 수 있다고 하였는데, 믿을 만한 말이다. 그래서 동북방 여러 나라들의 정황을 차례로 기술하고, 그들 사이의 같고 다름을 열거함으로써 이전 역사서의 부족한 점들을 보충하고자 한다.

(雖夷狄之邦, 而俎豆之象存. 中國失禮, 求之四夷, 猶信. 故撰次其國, 列其同異, 以接前史之所未備焉.)

〈扶餘(부여)〉

부여(夫餘)는 장성(長城)의 북쪽에 있고, 현토군(玄菟郡)에서 1천 리 떨어져 있으며, 남으로는 고구려와, 동으로는 읍루(挹婁)와, 서로는 선비(鮮卑)와 접해 있고, 북쪽에는 약수(弱水)가 있다. 사방 약 2천 리 가량 된다. 인가(人家)는 8만 호이며, 사람들은 한 곳에 정착해 살고, 집과 창고와 감옥이 있다.

(扶餘在長城之北, 去玄菟千里, 南與高句麗, 東與挹婁, 西與鮮卑接,北有弱水, 方可二千里. 戶八萬, 其民土著, 有宮室·倉庫·牢獄.)

(*역자 주: **弱水**(약수); 강 이름. 〈아리수〉. 고대에는 약수가 여러 개있었는데 이곳 약수는 곧 지금의 흑룡강(黑龍江)을 말한다.   **宮室**(궁실): 〈집〉이란 뜻이다)

부여의 지경 안에는 산이 많고 광대한 저지대가 있으며, 동이족의 여러 나라들 가운데 지세가 가장 평탄하고 확 트인 지역이다. 토지는 오곡(五穀)의 재배에 알맞으나 다섯 종류의 과일(五果)은 나지 않는다. 부여 사람들은 덩치가 크고 키도 크며 성격은 강하고 용맹하고 부지런하고 진중하며 남의 재물을 빼앗지 않는다.

(多山陵·廣澤, 於東夷之域最平敞. 土地宜五穀, 不生五果. 其人麤(추)大, 性强勇謹厚, 不寇鈔.)

(*역자 주: **五穀**(오곡); 마(麻) · 메기장(黍) · 차기장(稷) · 보리(麥) · 콩(豆). **五果**(오과); 복숭아(桃) · 오얏(李) · 살구(杏) · 밤(栗) · 대추(棗))

나라에는 군왕(君王)이 있고, 관직명은 모두 여섯 종류의 가축명으로 되어 있는데 마가(馬加) · 우가(牛加) · 저가(豬加) · 구가(狗加) · 대사(大使) · 대사자(大使者) · 사자(使者) 등이 있다. 사람들이 사는 부락에는 재력과 세력을 가진 호민(豪民)이 있으며, 그들 아래에 붙어 있는 자들은 모두 그들의 노비나 종들이다. 「가(加)」란 명칭이 붙은 관리들은 각지의 일들을 관장하는데, 그 행정구역을 「도(道)라 부른다. 대도(大道)의 경우는 수천 가(家)를, 작은 경우는 수백 가(家)를 관장한다.

(國有君王, 皆以六畜名官, 有馬加·牛加·豬加·狗加·大使·大使者·使者. 邑落有豪民, 名下戶皆爲奴僕. 諸加別主四出道, 大者主數千家, 小者數百家.)

먹고 마실 때에는 모두 조(俎)와 두(豆)란 그릇을 사용하고, 임금과 신하들이 정기적인 모임을 갖고(會同), 모여서 연회를 베풀 때에는 배작(拜爵), 세작(洗爵) 등의 의식을 행하며, 나아가고 물러날 때, 올라가고 내려올 때에는 읍(揖)을 하여 공경의 뜻을 표하고 서로 겸양(謙讓)하는 종류의 의식과 예절을 행한다.

(食飮皆用俎豆, 會同·拜爵·洗爵, 揖讓昇降.)

(*역자 주: 俎(조); 도마 모양의 음식을 올려놓는 작은 상. 豆(두); 나무로 만든 아래는 좁고 위가 넓은 그릇으로 주로 제사 때 고기 등을 담아 올리는 데 쓴다. 拜爵(배작): 군신들이 모여서 연회를 할 때 술잔을 받으며 잔을 들어 절을 한 다음 마시는 행동. 洗爵(세작); 연회 도중에 잔을 받아 마신 후에는 다시 잔과 손을 씻은 후 다음의 잔을 받는 의식)

은력(殷曆)으로 정월에 하늘에 제사를 지내는데, 이때 나라 안에서는 큰 집회를 열고 연일 마시고 먹고 노래하고 춤을 추는데(飮酒歌舞), 이 행사를 「영고(迎鼓)」라 부른다. 이 기간 중에는 죄인들의 형(刑)을 판결하고, 감옥에 갇혀 있던 죄수들을 풀어 준다.

(以殷正月祭天, 國中大會, 連日飮食歌舞, 名曰迎鼓, 於是時斷刑獄, 解囚徒.)

부여 사람들은 흰 옷을 즐겨 입는데, 사람들은 흰 천으로 만든 큰 소매의 웃옷과 바지를 입고, 가죽신을 신는다. 외국에 나가는 경우에는 수놓은 비단과 모직물로 만든 옷을 즐겨 입는데, 대관(大人)들은 여우나 흰 원숭이, 또는 검은담비의 모피로 만든 모피 옷을 위에 걸치고 모자는 금·은으로 장식한다. 통역인이 말을 통역할 때에는 모두 무릎을 꿇고 손은 땅을 짚고 낮은 소리로 말을 한다.

(在國衣尙白, 白布大袂(메)袍·袴(고), 履革鞜(탑). 出國則尙繒繡錦罽

(계), 大人加狐狸·狖(유)白·黑貂之裘, 以金銀飾帽. 譯人傳辭, 皆跪, 手據地竊語.)

형벌을 시행함에 있어서는 엄하고 가혹하다. 살인자는 사형에 처하고 그 집안사람들을 노비로 삼는다. 도적질을 하면 벌로 그 훔친 물건의 열두 배를 배상하게 한다.

(用刑嚴急, 殺人者死, 沒其家人爲奴婢. 竊盜一責十二.)

남녀가 음행(淫行)을 하거나 부인이 투기(妬忌)하면 모두 죽인다. 특히 투기하는 것을 증오하여 투기한 부인을 죽이고 난 후에도 그 시신을 남쪽 산 위에 갖다 버려 썩어 문드러지게 한다. 여자의 집에서 (그 시신을) 거두어 장사지내고자 하면 관청에 소와 말을 바쳐야만 시신을 건네준다.

(男女淫, 婦人妒, 皆殺之. 尤憎妒, 已殺, 尸之國南山上, 至腐爛. 女家欲得, 輸牛馬乃與之.)

형이 죽으면 아우가 형수를 아내로 삼는데, 이 풍속은 흉노(匈奴)와 같다.

(兄死妻嫂, 與匈奴同俗.)

부여 사람들은 특히 제사에 쓸 가축(牲畜)을 잘 기른다. 명마(名馬)와 붉은 옥(赤玉) 및 담비와 원숭이 그리고 아름다운 진주가 난다. 진주 가운데 큰 것은 멧대추만하다. 병기는 주로 활(弓)과 화살(矢) 및 칼(刀)과 창(矛) 등으로 이루어져 있으며, 집집마다 모두 갑옷과 병기를 가지고 있다.

(其國善養牲, 出名馬·赤玉·貂狖(초유)·美珠. 珠大者如酸棗. 以弓矢刀矛爲兵, 家家自有鎧仗.)

부여국의 늙은이들은 스스로 말하기를, 자신들은 옛날에 도망쳐 나온 사람들이라고 하였다. 성(城)이나 울타리는 모두 둥글게 만드는데, 그 모양이 마치 감옥과 비슷하다.

(國之耆老自說古之亡人. 作城柵皆員, 有似牢獄.)

남녀노소를 막론하고 모두들 길을 다닐 때는 밤에든 낮에든 노래를 부르는데, 노랫소리가 하루 종일 끊이지 않는다.

(行道晝夜無老幼皆歌, 通日聲不絕.)

전쟁을 앞두고 군사를 움직일 때에도 하늘에 제사를 지내는데, 소를 잡아 그 발굽을 관찰하여 길흉(吉凶)을 점친다. 굽이 갈라져 있으면 흉(凶)한 것으로 여기고 합쳐져 있으면 길(吉)한 것으로 여긴다. 적(敵)이 쳐들어오면 여러 「가(加)」들은 모두 자발적으로 나가서 싸우고, 민가(民家)에서는 양식을 날라 군사들에게 공급한다.

(有軍事亦祭天, 殺牛觀蹄(제)以占吉凶, 蹄解者爲凶, 合者爲吉. 有敵, 諸加自戰, 下戶俱擔糧飮食之.)

사람이 죽으면 여름에는 모두 얼음을 사용하여 냉동시킨다. 산 사람을 죽여서 죽은 자와 함께 묻는데, 순장자(殉葬者)가 많을 때에는 1백여 명이나 된다. 후하게 장사를 지내지만 겉 널(槨)은 있어도 속 널(棺)은 없다.

(其死, 夏月皆用氷. 殺人殉葬, 多者百數. 厚葬, 有槨無棺.(一))

(*原註: (一)魏略曰: 其俗停喪五月, 以久爲榮. 其祭亡者, 有生有熟. 喪主不欲速而他人彊之, 常諍引以此爲節. 其居喪, 男女皆純白, 婦人着布面衣,去環珮, 大體與中國相彷彿也.)

(*원주: 〈위략(魏略)〉에서 이르기를, 부여의 풍속에는 죽은 후 다섯 달이 지나서 매장하는데, 매장을 늦게 할수록 성대한 장례로 여긴다. 죽은 사람을 제사지내는 경우 그 제사음식은 날 것도 있고 익힌 것도 있다. 상주(喪主)는 매장을 빨리 하고자 하지 않으나 다른 사람들이 빨리 하도록 강요하여 언제나 서로 끌고 당기면서 다투는데, 이렇게 하는 것을 예절인 것으로 여긴다. 거상(居喪) 중에는 남녀 모두 흰옷만을 입는데, 부인은 얼굴 가리개 베옷을 입으며, 고리나 패물을 떼어 놓고 차지 않는데, 이것은 대체로 중국의 풍속과 비슷하다.)

부여는 본래 현토군(玄菟郡)에 소속되어 있었다. 한(漢) 말기에 공손도(公孫度)가 요동에서 세력을 떨치며(기원 190년) 그 위세로 인근 이족(夷族)들을 굴복시키니, 부여왕 위구태(尉仇台)가 다시 요동에 복속하였다. 이때 고구려와 선비(鮮卑)가 매우 강대하였는데, 공손도는 부여가 고구려와 선비 사이에 끼여 있다고 하여 자기 집안 여자를 위구태에게 시집보내었다(그리하여 자신이 부여를 편들고 있음을 표시하였다).

(扶餘本屬玄菟. 漢末, 公孫度雄張海東, 威服外夷, 扶餘王尉仇台更屬遼東. 時句麗·鮮卑彊, 度以扶餘在二虜之間, 妻以宗女.)

위구태(尉仇台)가 죽은 후 간위거(簡位居)가 왕위를 이어받았다. 간위거에게는 적자(嫡子: 정처(正妻)가 낳은 아들)는 없었고 서자(庶子)로서 마여(麻余)가 있었다. 간위거가 죽은 후 여러 「가(加)」들이 모여서 마여를 왕으로 옹립하였다.

(尉仇台死, 簡位居(간위거)立. 無適子, 有孼子麻余(마여). 位居死, 諸加共立麻余.)

당시 우가(牛加)의 조카로서 위거(位居)라는 자가 있었는데, 그는 외교를 주관하는 관리, 즉 대사(大使)의 직위에 있었다. 그는 재물을 가볍게 여기고 어려운 사람들에게 베풀기를 좋아하였으므로 나라 사람들이 그를 따랐다. 그는 해마다 사신을 위(魏)나라 경도(京都)로 보내어 공물을 바쳤다.

(牛加兄子名位居(위거), 爲大使, 輕財善施, 國人附之, 歲歲遣使詣京都貢獻.)

제왕(帝王) 방(芳)의 정시(正始: 기원 240~249년) 연간에 유주자사(幽州刺史) 관구검(毌丘儉)이 고구려를 토벌하면서(기원 246년. 고구려 동천왕(東川王) 20년) 현토태수 왕기(王頎)를 부여로 파견하자, 위거(位居)는 대가(大加)를 보내어 교외에서 영접하고 군량을 공급해 주었다. 그는 숙부(叔父)인 우가(牛加)가 반역할 마음을 품고 있어서 간위거는 숙부와 그 아들을 죽이고 그 재산을 몰수한 후 사람을 보내어 시신을 대충 처리한 후 관청에 보내게 하였다.

(正始中, 幽州刺史毌丘儉討句麗, 遣玄菟太守王頎詣扶餘, 位居遣大加郊迎, 供軍糧. 季父牛加有二心, 位居殺季父父子, 籍沒財物, 遣使簿斂送官.)

옛 부여의 풍속에 홍수와 가뭄으로 수확이 줄면 언제나 그 책임을 왕의 잘못 탓으로 돌렸는데, 어떤 사람들은 마땅히 국왕을 바꿔야 한다고 하고, 어떤 사람들은 마땅히 국왕을 죽여야 한다고 하였다. 마여(痲余)가 죽었을 때 그의 아들 의려(依慮)는 여섯 살밖에 되지 않았는데도 즉위하여 왕이 되었다.

(舊扶餘俗, 水旱不調, 五穀不熟, 輒歸咎於王, 或言當易, 或言當殺. 痲余死, 其子依慮年六歲, 立以爲王.)

한(漢)나라 때, 부여 국왕이 죽으면 금실로 옥을 엮어서 만든 옷, 즉 옥갑(玉匣)을 입혀서 매장하였으므로, 항상 그것을 미리 마련하여 현토군(玄菟郡)에 비치해 두었다가, 왕이 죽으면 곧 그것을 받아가서 매장을 하였다. 공손연(公孫淵)이 죽임을 당하였을 때(기원 238년, 고구려 동천왕 12년) 현토군의 창고에는 그때까지 옥갑 한 벌이 있었다. 지금 부여의 나라 창고에는 옥벽(玉璧)·규(珪)·찬(瓚) 등 여러 대(代) 동안 전해져온 옥기(玉器)들이 있는데, 그것들은 대대로 국보(國寶)로 여겨지고 있다. 노인들은 말하기를, 그것들은 모두 선대(先代)로 부터 하사(下賜)받은 것들이라고 하였다.

(漢時, 扶餘王葬用玉匣, 常豫以付玄菟郡, 王死則迎取以葬, 公孫淵伏誅, 玄菟庫猶有玉匣一具. 今扶餘庫有玉璧·珪·瓚數代之物, 傳世以爲寶, 耆老言先代之所賜也.(一))

(*原註: (一)魏略曰: 其國殷富, 自先世以來, 未嘗破壞.

(*원주: (一) 〈위략〉에서 이르기를, 그 나라의 번성과 부유함은 선대 이래로 파괴된 적이 없었다고 하였다.)

(*역자 주: 璧(벽); 옥기(玉器)로서 편편하고 둥근 모양인데 가운데 구멍이 있다. 珪(규); 옥기로서 위는 둥글고 아래는 네모나거나, 위는 뾰족하고 아래는 장방형의 옥판(玉板). 제왕이나 제후들이 의식을 거행할 때 두 손으로 잡는다. 瓚(찬); 옥으로 만든 술을 뜨는 기구)

부여국의 인장에는 「예왕지인(濊王之印)」이란 글자가 새겨져 있고, 국내에예성(濊城)이란 이름의 옛 성이 있는데, 아마도 본래는 예맥(濊貊)의 땅이었는데 부여가 그곳을 차지하고 있기 때문에 붙여진 이름으로 생각된다. 부여 사람들이 스스로를 「망명자(亡人)」라 부르는 것은 아마도 그러한 이유에서일 것이다.(一)

(其印文言「濊王之印」, 國有故城名濊城, 蓋本濊貊之地, 而扶餘王其中, 自謂「亡人」, 抑有(以)似也.(一))

(*原註: (一) 魏略曰: 舊志又言, 昔北方有高離之國者, 其王者侍婢有身, 王欲殺之, 婢云:「有氣如雞子來下, 我故有身.」, 後生子, 王捐之於溷中, 豬以喙噓之, 徙之馬閑, 馬以氣噓之, 不死. 王疑以爲天子也, 乃令其母收畜之, 名曰東明, 常令牧馬. 東明善射, 王恐奪其國也, 欲殺之. 東明走, 南至施掩水, 以弓擊水, 魚鼈浮爲橋, 東明得度(渡), 魚鼈乃解散, 追兵不得渡. 東明因都王扶餘之地.)

(*원주: (一) 〈위략〉에서 말하기를, 「옛 기록(舊志)에서 또 말하기를, 옛날 북방에 고리(高離)라는 나라가 있었는데, 그 왕의 시비(侍婢)가 임신을 하자 왕이 그를 죽이려 하였다. 이에 그 시비가 말하였다. "계란과 같은 기운이 저의 몸에 내려왔는데 그로 인하여 임신을 하였습니다."

뒤에 아들을 낳았는데, 왕이 그것을 돼지우리에 버리니 돼지가 주둥이로 그 아이에게 입김을 불어 주고, 마구간으로 옮겼더니 말이 입김을 불어 주어 그 아이가 죽지 않았다. 이에 왕은 그가 하늘이 내려보낸 아이일지 모른다고 생각하고 그 어미에게 거두어 기르도록 하고는 그 아이의 이름을 동명(東明)이라 하였다.

그가 장성한 후 그에게 말을 기르는 일을 맡겼다. 동명은 활을 잘 쏘았으므로, 왕은 동명이 자기 나라를 빼앗을까 두려워서 그를 죽이려 하였다. 동명이 달아나 남쪽의 시엄수(施掩水)에 이르러 활로 강물을 치니 물고기와 자라들이 떠올라서 다리를 만들어 주었으므로 동명은 건너갈 수 있었다. 그가 건너간 후 물고기와 자라들이 곧 흩어졌으므로 추격하는 병사들은 강을 건널 수 없었다. 이리하여 동명은 부여(夫餘) 땅에 도읍하고 왕이 되었다.」라고 하였다.)

〈高句麗(고구려)〉

고구려는 요동(遼東)의 동쪽 약 1천 리에 있다. 남으로는 조선(朝鮮)·예맥(濊貊)과 접하고, 동으로는 옥저(沃沮)와 접하며, 북으로는 부여(夫餘)와 접하고 있다. 환도산(丸都山) 아래에 도읍하니, 면적은 약 2천 리이고, 인구는 3만 호이다.
나라 안에는 큰 산과 깊은 계곡이 많으며 평원과 소택(沼澤)은 없다. 그곳 사람들은 산의 계곡에 살면서 산간 개울물을 마신다. 토지가 척박하여 비록 힘들여 농사짓더라도 그 수확으로 배불리 먹기에 부족하다.

(高句麗在遼東之東千里, 南與朝鮮·濊貊, 東與沃沮, 北與扶餘接. 都於丸都之下, 方可二千里, 戶三萬. 多大山深谷, 無原澤. 隨山谷以爲居, 食澗水. 無良田, 雖力佃作, 不足以實口腹.)

고구려의 풍속은 먹는 음식은 절약하지만 사는 집은 잘 짓는다. 거실 왼쪽이나 오른쪽에 큰 방을 만들어 귀신을 제사지내고, 또 영성(靈星)과 사직신(社稷神: 토지와 곡신을 주관하는 신)에게 제사를 지내고 풍년을 기원한다. 사람들의 성격은 사납고 급하며 남의 재물 빼앗기를 좋아한다.

(其俗節食, 好治宮室, 於所居之左右立大屋, 祭鬼神, 又祀靈星·社稷. 其人性凶急, 喜寇鈔.)

(*역자 주: 靈星(영성); 천전성(天田星)이라고도 한다. 태미성(太微星) 왼편 테두리의 동쪽에 있는 두 개의 별로서, 고대에는 이 별이 농사의 풍년과 흉년을 좌우한다고 생각하여 각 지방에서는 계절마다 소를 잡아 이 별에 제사를 지내고 풍년을 기원하였다.)

나라에는 국왕(國王)이 있고, 관직에는 상가(相加)·대로(對盧)·패자(沛者)·

고추가(古雛加) · 주부(主簿) · 우태승(優台丞) · 사자(使者) · 조의선인(皀衣先人) 등이 있는데, 각 관직마다 높고 낮음에 등급이 있다. 동이(東夷)의 옛말에 고구려는 부여의 별종(別種)이라고 하였다. 그래서 언어와 기타 각종 일들은 대부분 부여와 같다. 그러나 성격과 의복 등은 부여와 같지 않다.

(其國有王, 其官有相加·對盧·沛者·古雛加·主簿·優台丞·使者·皁衣先人, 尊卑各有等級. 東夷舊語以爲扶餘別種, 言語諸事, 多與扶餘同, 其性氣衣服有異.)

고구려에는 본래 다섯 부족(部族)이 있는데 연노부(涓奴部) · 절노부(絕奴部) · 순노부(順奴部) · 관노부(灌奴部) · 계루부(桂婁部)가 그것이다. 본래는 연노부에서 왕이 되었는데, 후에 와서 연노부의 세력이 미약해지자 지금은 계루부에서 대신 왕이 된다.

(本有五族, 有涓奴部·絕奴部·順奴部·灌奴部·桂婁部. 本涓奴部爲王, 稍微弱, 今桂婁部代之.)

한(漢)나라 때 조정에서 고구려에 악대(樂隊)와 노래하고 춤추는 예인(藝人)들을 보내주었는데, 그들은 언제나 현토군으로부터 관복(朝服)과 옷과 두건(衣幘) 등을 받아 가고, 현토군의 고구려 현령(高句麗令)이 그것을 관리하였다. 후에 와서 고구려가 점차 교만하고 방자해져서 다시는 현토군으로 찾아오지 않았다. 그래서 중국에서는 동쪽 변경에 작은 성을 쌓고 관복과 옷과 모자 등을 그곳에 갖다 놓아 해마다 고구려에서 그곳으로 사람을 보내어 가져갔다. 지금도 그곳 사람들은 여전히 그 성을 「책구루(幘溝漊)」라 부르는데, 「구루(溝漊)」란 고구려 말로 성(城)이란 뜻이다.

(漢時賜鼓吹技人, 常從玄菟郡受朝服衣幘, 高句麗令主其名籍. 後稍驕恣, 不服詣郡, 又東界築小城, 置朝服衣幘其中, 歲時來取之, 今胡猶名此城爲幘溝漊. 溝漊者, 句麗名城也.)

고구려에서 관직을 둘 때에는, 대로(對盧)를 두면 패자(沛者)를 두지 않고, 패자를 두면 대로를 두지 않는다.

(其置官, 有對盧則不置沛者, 有沛者則不置對盧.)

국왕의 종족인 대가(大加)들은 모두 고추가(古雛加)라 부른다. 본래는 연노부(涓奴部)에서 국왕이 되었기 때문에, 비록 지금은 더 이상 국왕이 되지 않지만(따라서 더 이상 왕족은 아니지만), 연노부의 적통대인(嫡統大人) 또한 고추가라고 부르며, 그는 또한 종묘를 세울 수 있고, 영성신(靈星神)과 사직신(社稷神)에 제사를 지낼 수 있다(본래 이 제사는 왕실에서만 할 수 있도록 되어 있다). 절노부(絕奴部)는 대대로 왕실과 혼인하였으므로 고추가(古鄒加)의 칭호가 더해졌다.
모든 대가(大加)들 또한 자신의 사자(使者)·조의선인(皂衣先人)등의 관리를 둘 수 있는데, 이들의 명단은 모두 왕에게 보고된다. 이들은 중국 고대의 경대부(卿大夫)의 가신(家臣)들처럼, 조정의 모임에서 국왕의 사자·조의선인과 동열(同列)에 앉거나 설 수 없었다.

(王之宗族, 其大加皆稱古雛加. 涓奴部本國主, 今雖不爲王, 適統大人, 得稱古雛加, 亦得立宗廟, 祠靈星·社稷. 絕奴部世與王婚, 加古雛之號. 諸大加亦自置使者·皁衣先人, 名皆達於王, 如卿大夫之家臣, 會同坐起, 不得與王家使者·皁衣先人同列.)

고구려의 권문세가 사람들은 농사일에 종사하지 않는데, 이처럼 그저 앉아서 놀고먹는 자가 1만여 명이나 된다. 그들의 밑에 있는 일반 거민(居民)들은 아무리 먼 곳에 살더라도 양식과 고기·소금 등을 지고 와서 그들에게 공급해야 한다.

(其國中大家不佃作, 坐食者萬餘口, 下戶遠擔米糧魚鹽供給之.)

고구려 사람들은 가무(歌舞)를 좋아하여 나라 안 마을들에는 초저녁 때가 되면 남녀가 모여서 무리를 지어 노래도 하고 유희도 하며 즐긴다. 나라 안에는 큰 창고는 없고 집집마다 작은 창고가 있는데 이를 부경(桴京)이라고 한다.

(其民喜歌舞, 國中邑落, 暮夜男女群聚, 相就歌戲. 無大倉庫, 家家自有小倉, 名之爲桴京.)

사람들은 청결한 것을 좋아하고 술을 잘 빚는다. 무릎 꿇고 절을 할 때에는 한쪽 다리를 뒤로 뻗는데, 이 예절은 부여와 다르다. 걸음걸이가 마치 달려가듯이 한다.

(其人(絜)潔淸自喜, 善藏釀. 跪拜申一脚, 與扶餘異, 行步皆走.)

10월에는 하늘에 제사를 지낸다. 이때에는 전국적인 큰 집회를 가지는데 이를 동맹(東盟)이라고 한다. 공중이 모일 때에는 사람들은 모두 비단에 수(繡)를 놓은 옷을 입고 금·은으로 장식을 한다. 대가(大家)와 주부(主簿)들은 머리에 두건(幘)을 쓰는데 그 모양은 마치 중국의 두건과 같으나 다만 머리 뒤에서 아래로 늘어뜨려진 부분이 없다. 소가(小加)들은 절풍(折風)이라는 모자를 쓰는데, 그 모양은 마치 중국의 변(弁)과 같다.

(以十月祭天, 國中大會. 名曰東盟. 其公會, 衣服皆錦繡金銀以自飾. 大加·主簿頭著幘, 如幘而無餘, 其小加著折風, 形如弁.)

고구려 동쪽에 수혈(隧穴)이라는 큰 동굴이 있다. 10월에 전국적인 집회를 가질 때 수신(隧神)을 맞이하여 동쪽으로 가서 제사를 올리는데, 신좌(神坐)에다 나무로 조각한 수신(隨神)을 올려놓는다.

(其國東有大穴, 名隧穴, 十月國中大會, 迎隧神還于國東上祭之, 置木隧于神坐.)

감옥은 없고, 죄를 지은 자가 있으면 제가(諸加)들이 의논하여 곧바로 죽이고, 그 처자는 몰수하여 노비로 삼는다.

(無牢獄, 有罪諸加評議, 便殺之, 沒入妻子爲奴婢.)

고구려의 혼인(婚姻) 풍속은, 쌍방이 구두로 서로 혼인하기로 약정한 후에 여자 쪽 집에서 집 본채 뒤편에 작은 집을 세우는데 이를 서옥(壻屋: 사위가 사는 집)이라고 한다. 사위가 될 자는 해가 진 뒤에 여자의 집 대문 밖에 이르러 자기 이름을 말하고 무릎을 꿇어 절을 하고 여자와 동숙(同宿)하기를 청한다. 그렇게 하기를 두세 번 하면 여자의 부모가 비로소 사위를 작은 집 앞으로 데리고 가서 딸과 동숙하도록 허락하고, 그 곁에다 돈과 폐백을 쌓아놓는다. 자식을 낳아 그 자식이 성장하고 난 후에야 비로소 사위는 처자를 데리고 자기 집으로 돌아간다.

(其俗作婚姻, 言語已定, 女家作小屋於大屋後, 名壻屋, 壻暮至女家戶外, 自名跪拜, 乞得就女宿, 如是者再三, 女父母乃聽使就小屋中宿, 傍頓錢帛, 至生子已長大, 乃將婦歸家.)

고구려의 풍속은 음란하다. 남녀가 이미 시집가거나 장가를 가고 나면 곧바로 수의(壽衣)를 장만하기 시작한다. 장례는 성대하게 치르는데, 가지고 있던 금·은과 재물들을 장례에 전부 다 쓴다. 돌을 쌓아서 고분(高墳)을 만들고, 양쪽으로 소나무와 잣나무를 심는다.

(其俗淫. 男女已嫁娶, 便稍作送終之衣. 厚葬, 金銀財幣, 盡於送死, 積石爲封, 列種松柏.)

고구려의 말들은 모두 작아서 산을 오르기에 편리하다. 고구려인들은 모두 기운이 세고, 항상 전투 훈련을 한다. 옥저(沃沮)와 동예(東濊)는 모두 고구려에 예속되어 있다.

(其馬皆小, 便登山. 國人有氣力, 習戰鬪. 沃沮·東濊皆屬焉.)

이밖에 소수맥(小水貊)이라 불리는 작은 부락이 있다. 고구려 사람들은 나라를 세울 때 큰 강(大水)을 의지하여 터전을 잡았다. 서안평현(西安平縣)의 북쪽에 작은 강(小水)이 있는데 남으로 흘러 바다로 들어간다. 고구려의 별종(別種)인 이 부락 사람들은 이 작은 강(小水)에 의지하여 부락을 이루었기 때문에 이들을 소수맥(小水貊)이라 부르게 되었다. 이곳에서는 좋은 활이 산출되는데, 소위 맥궁(貊弓)이라 하는 것은 바로 이곳에서 나는 것이다.

(又有小水貊. 句麗作國, 依大水而居, 西安平縣北有小水, 南流入海, 句麗別種依小水作國, 因名之爲小水貊, 出好弓, 所謂貊弓是也.)

왕망(王莽: 기원전 45~23년)이 전에 고구려의 병사를 징발하여 흉노를 치려고 하였으나, 고구려 사람들이 응하지 않았다. 이에 왕망이 강제로 징발하여 정벌군으로 보내니 모두들 도망쳐서 국경을 넘어가 도적이 되었다. 요서(遼西) 대윤(大尹: 왕망이 황제의 자리에 오른 후 군(郡)의 태수(太守)를 대윤(大尹)이라 고쳐 불렀다) 전담(田譚)이 그들을 추격하다가 도리어 그들에게 피살되었다. 주(州), 군(郡) 및 현(縣)의 모든 관리들이 그 책임을 구려후(高句麗侯: 당시 중국에서는 고구려왕을 구려후라고 불렀다) 추(騶)에게 덮어씌우자 엄우(嚴尤: ?~ 기원 23년. 왕망의 대장. 후에 왕망이 망할 때 도망가다가 피살되었다)가 상소를 올렸다. "비록 맥인(貊人: 당시 중국인들은 고구려인을 맥인(貊人)이라 틀리게 불렀다)들이 법을 어기기는 하였으나, 그 죄가 추(騶) 때문에 비롯된 것은 아니므로 그를 위무해 주는 것이 마땅할 터인데, 이제 갑자기 그에게 큰 죄를 덮어씌운다면 결국에는 그들이 반란을 일으키게 되지 않을까 두렵습니다."

그러나 왕망은 엄우의 말을 듣지 않고 그에게 조서를 내려 그들을 치라고 하였다.

엄우(嚴尤)가 고구려왕 추(騶)에게 날짜를 정하여 만나자고 꾀인 후 그가 도착하자 그의 머리를 베고 그 머리를 장안(長安)으로 보냈다. 왕망이 크게 기뻐하여 천하에 포고를 내리고, 고구려의 이름을 하구려(下句麗)로 바꾸었다. 이때 고구려는 후국(侯國)이었으나, 한(漢) 광무제(光武帝) 8년(기원 32년)에 고구려왕이 한(漢)에 사신을 보내어 조공을 바치고 비로소 왕(王)이라 칭하기 시작하였다.

(王莽初發高句麗兵以伐胡, 不欲行, 强迫遣之, 皆亡出塞爲寇盜. 遼西大尹田譚追擊之, 爲所殺. 州郡縣歸咎于句麗侯(騊)騶, 嚴尤奏言: 「貊人犯法, 罪不起(騊)騶, 且宜安慰, 今猥被之大罪, 恐其遂反.」 莽不聽, 詔尤擊之. 尤誘期句麗侯(騊)騶, 至而斬之, 傳送其首詣長安. 莽大悅, 布告天下, 更名高句麗爲下句麗. 當此時爲侯國, 漢光武帝八年, 高句麗王遣使朝貢, 始見稱王.)

(*역자 주: 삼국사기 고구려본기에는 이 일이 대무신왕(大武新王: 고구려 제2대 왕인 유리왕의 셋째 아들) 15년에 있었던 일로 기록되고 있다.)

상제(殤帝: 동한(東漢)의 유륭(劉隆). 재위 기간은 기원 105~106년임)와 안제(安帝: 동한의 유우(劉祐). 재위 기간은 기원 106~125년임) 때에 고구려왕 궁(宮: 고구려 태조대왕(太祖大王)의 이름. 재위 기간은 기원 53~146년임)이 여러 차례 요동군을 침략하였으므로(〈삼국사기〉에는 고구려 태조대왕 59년의 일로 기록되어 있다) 조정에서는 다시 고구려를 현토군(玄菟郡)에 소속시켰다.

(至殤·安之間, 句麗王宮數寇遼東, 更屬玄菟.)

(*역자 주: 이 부분의 기록은 앞뒤가 잘 연결되지 않는다. 그래서 〈삼국사기〉에서도 본문에서 「한 나라에 사신을 보내어 토산물을 바치고 현토군에 붙기를 청하였다」라고 한 후에, 주(註)에서, 「통감(通鑑)에서는 말하기를 “이해 3월에 고구려왕 궁(宮)은 예맥과 함께 현토군을 침략하였다”라고 말하고 있는데, 한편으로는 붙기를 청하고 다른 한편으로는 침범하였다는 것인가? 그렇지 않으면 어느 한쪽이 잘못 쓴 것인가?」라고 하였다.)

요동태수 채풍(蔡風)과 현토태수 요광(姚光)은 궁(宮)이 두 군(郡)에 대하여 해로운 존재라고 생각하고 군대를 일으켜 그를 쳤다. 궁이 거짓으로 투항하면서 화해를 청해 오자, 두 군(郡)의 군대는 잠시 전진을 멈추었다. 그때 궁은 비밀리에 군대를 보내어 현토를 공격하여 후성현(侯城縣)을 불사르고 요수성(遼隧城)으로 쳐들어가 관리들과 백성들을 죽였다. 후에 궁(宮)이 다시 요동을 침범하므로 채풍(蔡風)이 경솔하게 관리와 사졸들을 거느리고 가서 그를 치다가 도리어 전군이 몰살당하였다.

(遼東太守蔡風·玄菟太守姚光以宮爲二郡害, 興師伐之. 宮詐降請和, 二郡不進. 宮密遣軍攻玄菟, 焚燒候城, 入遼隧, 殺吏民. 後宮復犯遼東, 蔡風輕將吏士追討之, 軍敗沒.)

궁(宮)이 죽자(기원 146년) 그의 아들 백고(伯固)가 즉위하였다.

(宮死, 子伯固立.)

(*역자 주: 〈삼국사기〉에는 태조대왕 궁(宮)이 죽은 후 그의 동복 아우인 수성(遂成)이 즉위하였는데, 이가 곧 차대왕(次大王: 기원 146~165년)이고, 차대왕이 죽자 다시 궁의 막내 동생인 백고(伯固)가 즉위하였는데, 이가 곧 신대왕(新大王: 재위 기간 165~179년)이라고 하였다. 그러나 단재 신채호는, 차대왕은 태조대왕의 아들이지 동복아우가 아니라고 고증하였다.)

순제(順帝: 동한의 황제로 이름은 유보(劉保). 안제(安帝)의 아들로 재위 기간은 기원 125~144년)와 환제(桓帝: 동한의 황제로 이름은 유지(劉志). 재위 기간은 기원 146~167년) 때에 다시 요동을 침범하여 신창(新昌)과 안시(安市) 두 현의 백성들이 사는 마을을 공략하고, 또 서안평(西安平)을 공격하였으며, 그 길에 대방(帶方) 현령을 살해하고 낙랑태수의 처자를 약탈해 갔다.

(順·桓之間, 復犯遼東, 寇新·安居鄉, 又攻西安平, 于道上殺帶方令, 略得樂浪太守妻子.)

(*역자 주: 「新安居鄉」을 「新安」과 「居鄉」 두 곳 지명으로 해석하는 경우도 있으나 居鄉은 지명이 아니라 일반 명사로 보는 것이 맞다. 「新安」은 「新昌」과 「安市」의 약칭이다.)

후한(後漢) 영제(靈帝) 건령(建寧: 기원 168~172년) 2년에(기원 169년) 현토태수 경림(耿臨)이 고구려로 쳐들어가서 수 백 명을 죽이자 고구려왕 백고(伯固)가 투항하였다. 이에 고구려는 요동에 속하게 되었다.

영제(靈帝) 희평(熹平) 연간에(기원 172~178년) 백고가 현토군에 예속되기를 간청하였다.

공손도(公孫度)가 요동에서 세력을 떨치자 백고가 대가(大加) 우거(優居)와 주부 연인(然人) 등을 파견하여 공손도를 도와서 부산(富山)의 도적들을 쳐부수었다.

(靈帝·建寧二年, 玄菟太守耿臨討之, 斬首虜數百級, 伯固降, 屬遼東. (嘉)熹平中, 伯固乞屬玄菟. 公孫度之雄海東也, 伯固遣大加優居·主簿然人等助度擊富山賊, 破之.)

(*역자 주: 〈삼국사기〉에서는 신대왕(新大王) 5년(기원 169년)에 「왕이 대가 우거(優居)와 주부 연인(然人) 등을 보내어 군사를 거느리고 가서 현토태수 공손도(公孫度)를 도와 부산(富山)의 도적을 쳤다」라고 하였다. 그러나 〈자치통감〉에서는 기원 169년 당시 현토군의 태수는 경림(耿臨)이라고 하였다.)

백고(伯固)가 죽었을 때(기원 179년) 그에게는 두 아들이 있었는데, 첫째 아들의 이름은 발기(拔奇)이고 작은 아들의 이름은 이이모(伊夷模)였다. 발기는 못난 인물이었기 때문에 나라 사람들이 공동으로 이이모를 왕으로 옹립하였다. 백고 때부터 고구려는 수차례 요동을 침략하였으며, 또 도망쳐온 호인(胡人) 5백여 가구를 받아들였다.

(伯固死, 有二子, 長子拔奇, 小子伊夷模. 拔奇不肖, 國人便共立伊夷模爲王. 自伯固時, 數寇遼東, 又受亡胡五百餘家.)

(*역자 주: 발기(拔奇)는 첫째 아들(長子)이 아니라 둘째 아들(次子)이었는데, 〈삼국지〉의 저자가 그 차례를 틀리게 기록하였다.-신채호의 〈동이열전〉 교정 참조.)

후한(後漢) 헌제(獻帝) 건안(建安) 연간(기원 196~220년)에 공손강(公孫康)이 군사를 보내어 고구려를 쳐서 깨뜨리고 마을들을 불살랐다. 발기는 자신이 형인데도 왕위에 오르지 못한 것을 원망하여, 연노부(涓奴部)의 대가(加)와 함께 각자 자신들의 휘하에 있는 인민 3만여 명을 이끌고 공손강에게 투항하였다. 그런 후 돌아와서 비류수(沸流水) 가에 머물렀다. 전에 고구려에 투항해 왔던 호인(胡人)들도 이때에 와서 이이모(伊夷模)를 배반하였으므로, 이이모는 다른 지방으로 옮겨가서 새로운 나라를 세웠는데, 지금 있는 곳이 바로 그곳이다.

발기(拔奇)는 마침내 요동으로 옮겨가고 그의 아들이 고구려에 남아 있게 되었는데, 지금의 고추가(古雛加)인 박위거(駮位居)는 바로 발기의 아들이다. 후에 고구려가 다시 현토를 공격하였으므로, 현토와 요동 두 군이 연합하여 고구려를 쳐서 크게 깨뜨렸다.

(建安中, 公孫康出軍擊之, 破其國, 焚燒邑落. 拔奇怨爲兄而不得立, 與涓奴加各將下戸三萬餘口詣康降, 還住沸流水. 降胡亦叛伊夷模, 伊夷模更作新國, 今日所在是也. 拔奇遂往遼東, 有子留句麗國,今古雛加(駮)駮位居是也. 其後復擊玄菟, 玄菟與遼東合擊, 大破之.)

이이모(伊夷模)는 본래 아들이 없었는데 관노부(의 여자)와 관계하여 아들을 낳아 이름을 위궁(位宮)이라 하였다. 이이모가 죽은 후 위궁이 왕위를 이었는데, 그가 바로 지금의 고구려 국왕 궁(宮)이다.
그의 증조부 이름이 궁(宮)이었는데, 태어나면서부터 눈을 뜨고 사물을 볼 수 있었으므로 그 나라 사람들이 그를 미워하였다. 궁이 장성한 후 과연 악하고 사나워서 여러 차례 군사를 거느리고 한(漢)나라 변경지역을 침략하였는데 (한 나라에서 군사를 보내어 반격함으로써) 이로 인하여 고구려는 심하게 잔파(殘破)되었다.
지금의 왕 역시 태어나자마자 눈을 뜨고 사람을 볼 수 있었다. 고구려에서는 「비슷하다」, 「닮았다」는 뜻의 말을 「위(位)」라고 하는데, 그가 자기 증조부 궁(宮)과 닮았으므로 그의 이름을 위궁(位宮)이라고 한 것이다. 위궁은 기운도 세고 용감하였으며, 말을 잘 부리고 사냥과 활쏘기를 잘하였다.

(伊夷模無子, 淫灌奴部, 生子名位宮. 伊夷模死, 立以爲王, 今句麗王宮是也. 其曾祖名宮, 生能開目視, 其國人惡之, 及長大, 果凶虐, 數寇鈔, 國見殘破. 今王生墮地, 亦能開目視人, 句麗呼相似爲位, 似其祖, 故名之爲位宮. 位宮有力勇, 便鞍馬, 善獵射.)

위(魏) 명제(明帝) 경초(景初: 기원 237~239년) 2년에 태위 사마선왕(司馬宣王: 사마의(司馬懿). 그의 손자 사마염(司馬炎) 때에 이르러 조씨(曹氏)의 위(魏)나라를 멸망시키고 진(晋)나라를 세웠다)이 무리를 거느리고 공손연(公孫淵)을 토벌하자, 고구려왕 위궁(位宮)은 주부(注簿)와 대가(大加) 등 고관들을 보내어 수천 명을 데리고 가서 위(魏)나라의 군대를 돕게 하였다.

위(魏) 제왕(帝王) 조방(曹芳) 정시(正始: 기원 240~249년) 3년(기원 242년)에 위궁이 서안평(西安平)을 노략질하였다. 정시 5년(기원 244년)에 유주자사(幽州刺史) 관구검(毌丘儉)에게 격파되었다(〈삼국사기〉에는 고구려본기 동천왕(東川王) 20년(기원 246년)조에 자세히 기록되어 있다). 이에 대하여는 본서 〈관구검전(毌丘儉傳)〉에 자세히 기재되어 있다.

(景初二年, 太尉司馬宣王率衆討公孫淵, 宮遣主簿大加將數千人助軍. 正始三年, 宮寇西安平, 其五年, 爲幽州刺史毌丘儉所破. 語在儉傳.)

(*역자 주: 〈삼국지〉 **관구검전(毌丘儉傳**: 毌丘(관구)가 성(姓)이고 儉(검)이 이름이다)에 기재되어 있는 고구려 침공 관련 기사를 소개하면 다음과 같다.

「청룡(靑龍: 기원 233~236년. 참고로 촉(蜀)의 제갈량(諸葛亮)이 죽은 해는 234년 8월이다) 연간에 위(魏) 명제(明帝)는 요동의 공손연(公孫淵)을 토벌하려고 하였다. 관구검은 재능과 책략이 있는 인물이라고 생각하여 그를 유주자사(幽州刺史)로 옮겨 임명하고 그에게 도료장군(度遼將軍)이란 직함과 호오환교위(護烏丸校尉)라는 직책을 주었다.

그가 유주의 군사들을 거느리고 양평(襄平)에 이르러 요수(遼隧)에 진을 치고 있을 때 우북평군(右北平郡)의 오환족(烏丸族) 선우(單于) 구루돈(寇婁敦), 요서군(遼西郡)의 오환족 수령 호유(護留) 등과 옛날에 한족으로서 원상(袁尙)을 따라 요동으로 도망쳤던 장수 등이 5천여 명을 거느리고 투항해 왔다.

구루돈은 동생 아라반(阿羅槃) 등을 경성(京城)으로 보내어 천자를 알현하고 조공을 바치게 하였는데, 조정에서는 같이 온 수령들 20여 명에게 왕(王)·후(侯) 등의 칭호를 내려주고 거마(車馬)와 채색비단을 차등을 두어 상으로 주었다.

공손연은 군사를 끌고 와서 관구검을 맞이하여 싸웠으나 패하여 퇴각하였다.

다음 해에 명제는 태위(太尉) 사마선왕(司馬宣王: 司馬懿)을 파견하여 중군(中軍: 경성에 주둔하는 군대)을 거느리고 가서 관구검의 유주 지방군사와 함께 수만 명의 군사로써 공손연을 쳐서 요동을 평정하도록 하였다. 이 싸움에서 이긴 공로로 관구검은 안읍후(安邑侯)로 봉해지고 3천9백 호(戶)를 식읍으로 받았다.

조방(曹芳)이 위왕(魏王)으로 있던 정시(正始: 기원 240~248년) 연간에 고구려가 여러 차례 변경을 침략해 왔기 때문에 관구검은 보병과 기병 1만 명을 거느리고 현토군을 지나 여러 갈래의 길로 고구려로 쳐들어갔다. 고구려왕 위궁(位宮)은 보병과 기병 2만 명을 거느리고 비류수(沸流水) 상류로 진군해 왔다. 양쪽의 군대가 양구(梁口)에서 일대 격전을 벌렸는데, 위궁은 연달아 패하여 달아났다.

관구검은 마침내 말의 발굽을 천으로 감고 수레를 들어올려 가면서 험준한 산들을 넘어 고구려의 도성 환도성(丸都城)에 도달하여 환도성을 격파한 후 도성 인민들을 마구 도살하였는데, 죽이고 포로로 잡은 사람들의 수가 수천 명이나 되었다.

이전에, 고구려의 패자(沛者)로 있던 득래(得來)가 여러 차례 고구려왕 위궁(位宮)에게 위(魏)나라와 맞붙어 싸우지 말라고 말렸으나 위궁은 그의 말을 듣지 않았다. 득래가, "이곳은 멀지 않아 쑥밭이 되겠구나"라고 탄식하였다. 그리고는 마침내 음식을 끊고 죽었는데, 나라 안의 모든 사람들은 그를 현인(賢人)으로 여기었다.

관구검은 환도성에 이른 후 전 군사들에게 명령을 내려 득래의 묘지를 파헤치지 못하도록 하고, 그의 묘지 주위의 나무도 베지 못하도록 하였다. 그리고 포로로 잡은 그의 처자들도 모두 석방해 주도록 하였다. 고구려왕 위궁은 처자식들을 데리고 멀리 달아났으며, 관구검은 군사들을 이끌고 돌아왔다.

정시(正始) 6년(기원 245년), 관구검이 다시 고구려로 쳐들어가자 위궁은 마침내 멀리 매구(買溝)로 달아났다. 관구검이 현토태수 왕기(王頎)를 보내어 그를 추격하도록 하였는데, 옥저(沃沮)를 1천여 리 지나서 숙신국(肅愼

國)의 남쪽 경계까지 가서 그곳에다 자신의 공적을 기록한 비석을 세웠다. 그는 자신의 공적을 기록한 비석을 환도산(丸都山) 위에도 세우고 불내성(不耐城) 안에도 세웠다.

두 번째 침공에서 죽인 자와 포로로 사로잡은 자의 수가 8천여 명이나 되었으며, 논공행상에서 후(侯)로 봉해진 자들의 수만 해도 1백여 명이나 되었다. 관구검은 그곳에다 산을 뚫고 수로를 만들어 물을 끌어들여 논밭에 관개를 하였는데, 그로 인하여 그곳 백성들이 큰 덕을 보게 되었다.)

〈沃沮(옥저)〉

동옥저(東沃沮)는 고구려의 개마대산(蓋馬大山) 동쪽, 큰 바다 가까이 위치해 있다. 그곳의 지형은 동북으로는 좁고 서남으로 길어서 약 1천 여리나 된다. 북으로는 읍루(挹婁)·부여와 접해 있고, 남으로는 예맥과 접해 있다. 인구는 5천 호(戶)이며, 대군왕(大君王)은 없고, 부락마다 대대로 각각 제일 어른인 수령(首領)이 있다. 언어는 고구려와 대체로 같으나 때로는 조금씩 다른 경우도 있다.

(東沃沮在高句麗蓋馬大山之東, 濱大海而居. 其地形東北狹, 西南長, 可千里, 北與挹婁·扶餘, 南與濊貊接. 戶五千, 無大君王, 世世邑落各有長帥. 其言語與句麗大同, 時時小異.)

한(漢)나라 초기에 연(燕)에서 도망쳐 온 한인(漢人) 위만(衛滿)이 조선의 왕이 되었는데, 이때 옥저도 그에 예속되었다. 한(漢) 무제 원봉(元封: 기원전 110~105년) 2년에 군대를 보내어 조선을 쳐서 위만의 손자 우거(右渠)를 죽인 후 그 땅을 나누어 4개의 군(郡)으로 삼았는데, 옥저성은 현토군의 치소(治所)가 되었다. 후에 와서 이맥(夷貊)들의 침략을 받게 되자 현토군의 치소를 고구려의 서북쪽으로 옮겼는데, 지금의 소위 현토군의 옛 터가 바로 그곳이다. (현토군이 옮겨간 후) 옥저는 다시 낙랑군에 예속되었다.

(漢初, 燕亡人衛滿王朝鮮, 時沃沮皆屬焉. 漢武帝元封二年, 伐朝鮮, 殺滿孫右渠, 分其地爲四郡, 以沃沮城爲玄菟郡. 後爲夷貊所侵, 徙郡句麗西北, 今所謂玄菟故府是也. 沃沮還屬樂浪.)

한(漢)나라는 그 땅이 넓고 멀다고 해서 단단대령(單單大領: 지금의 백두산) 동쪽에 동부도위(東部都尉)를 설치하고 불내성(不耐城)에 그 치소(治所)를 두고 동부의 일곱 현(縣)을 별도로 주관하게 하였는데, 이때 옥저 전 지역도 이 일곱 현(縣)들 중의 하나가 되었다.

(漢以土地廣遠, 在單單大領之東, 分置東部都尉, 治不耐城, 別主領東七縣, 時沃沮亦皆爲縣.)

한(漢) 광무제(光武帝) 건무(建武: 기원 25~56년) 6년(기원 30년)에 변경의 군(郡)들을 줄일 때 이곳의 동부도위(東部都尉)도 폐지되었다. 그 후에 각 현(縣)의 수령들을 현후(縣侯)로 봉하였는데, 불내(不耐)·화려(華麗)·옥저 등의 현들도 모두 후국(侯國)이 되었다. 그러자 동이(東夷)들이 다시 서로 공벌(攻伐)하기 시작하였으나, 오직 불내현(不耐縣)의 예후(濊侯)만은 지금까지도 여전히 공조(功曹)와 주부(主簿) 등 한(漢)나라의 관직들을 그대로 두고 그 자리를 모두 예(濊) 사람들로 하여금 맡게 하였다.

(漢(光)建武六年, 省邊郡, 都尉由此罷. 其後皆以其縣中渠帥爲縣侯, 不耐·華麗·沃沮諸縣皆爲侯國, 東夷更相攻伐, 唯不耐濊侯至今猶置功曹·主簿諸曹, 皆濊民作之.)

옥저의 여러 부락 수령들은 모두 자신들을 삼로(三老)라 부르는데, 이는 곧 과거 한(漢)나라의 현(縣)으로 있을 때 각 부락의 수령들에 대한 명칭이다. 나라가 작고 또 큰 나라들 사이에 끼어 있었으므로 마침내 고구려에게 신하의 지위로 예속되었다. 고구려는 다시 그들 중에서 사자(使者)를 뽑아 서로 다스리도록 하고, 또 고구려의 대가(大加)를 보내어 그들의 조세를 통일적으로 징수하도록 하였다. 조세의 징수 대상에는 그 지방에서 생산되는 베(貊布)와 고기와 소금 및 해산물 등이 포함되었다. 옥저 사람들은 그것을 짊어지고 1천 리나 되는 먼 길을 가서 바쳐야 하였다. 이밖에 또 미녀들을 뽑아 보내어 고구려 귀족들의 비첩(婢妾)으로 삼게 하였는데, 고구려의 귀족들은 그들을 종이나 하인(奴僕)처럼 대우하였다.

(沃沮諸邑落渠帥, 皆自稱三老, 則故縣國之制也. 國小, 迫于大國之間, 遂臣屬句麗. 句麗復置其中大人爲使者, 使相主領, 又使大加統責其租稅, 貊布·魚·鹽·海中食物, 千里擔負致之, 又送其美女以爲婢妾, 遇之如奴僕.)

옥저는 토지가 비옥(肥沃)하며, 산을 등지고 바다를 향해 있어 오곡(五穀)의 생산에 알맞다. 그래서 그곳 사람들은 농사를 잘 지었다. 사람들의 성격은 질박하고 정직하고, 강인하고 용감하며, 소와 말이 적어서 기병전(騎兵戰)에는 미숙하나 긴 창을 들고 걸어가며 싸우는 보병전(步兵戰)에는 능숙하다. 음식과 집, 의복과 예절 등은 고구려와 비슷하다.

(其土地肥美, 背山向海, 宜五穀, 善田種. 人性質直彊勇, 少牛馬, 便持矛步戰. 食飲居處, 衣服禮節, 有似句麗.(一))

(*原註: (一) 魏略曰: 其嫁娶之法, 女年十歲, 已相設許. 壻家迎之, 長養以爲婦. 至成人, 更還女家. 女家責錢, 錢畢, 乃復還壻.)

(*원주: (一) 〈위략〉에서 말하기를, 옥저의 결혼 풍속은, 여자의 나이 열 살

이 되면 남자 쪽 집안과 서로 혼약(婚約)을 맺은 후 사위가 될 남자 쪽 집에서 여자를 맞아들여 키운 다음 아내로 삼는데, 성인이 되면 일단 다시 여자 집으로 돌려보낸다. 여자 쪽 집에서 돈을 요구하면 그 돈을 모두 건네준 후에야 비로소 다시 사위에게 돌려보낸다.)

장례 풍속은, 매장할 때에는 나무로 된 큰 겉 널을 만드는데 길이가 10여 장(丈)으로, 머리쪽 한 부분을 열어두어 문으로 삼는다. 갓 죽은 자는 모두 임시 매장(假埋葬)을 하는데, 얇게 흙을 덮어서 겨우 그 형체만 가려 두었다가 살이 모두 썩어 없어지면 그때 가서 뼈만 추려서 관에 담아둔다. 온 집안사람 모두가 하나의 널을 공동으로 사용한다. 나무로 죽은 사람의 생전 모습을 조각해 두는데 그 조각 인형의 숫자는 널 속에 담겨 있는 죽은 사람의 숫자와 같다. 또 발이 셋 달린 옹기솥에 쌀을 담아서 널의 문 옆에 매달아 둔다.

(其葬作大木槨, 長十餘丈, 開一頭作戶. 新死者皆假埋之, 才使覆形, 皮肉盡, 乃取骨置槨中. 擧家皆共一槨, 刻木如生形, 隨死者爲數. 又有瓦鑩, 置米其中, 編(縣)懸之於槨戶邊.)

유주자사 관구검(毌丘儉)이 고구려를 (제2차) 토벌할 때(기원 245년) 고구려왕 위궁(位宮)이 옥저로 달아났으므로, 관구검은 군대를 보내어 그를 추격하도록 하였다. 이때 옥저의 촌락들은 모두 파괴되었고, 죽거나 사로잡힌 자의 수가 3천여 명이나 되자, 위궁은 북옥저(北沃沮)로 달아났다.

(毌丘儉討句麗, 句麗王宮奔沃沮, 遂進師擊之. 沃沮邑落皆破之, 斬獲首虜三千餘級, 宮奔北沃沮.)

북옥저(北沃沮)는 일명 치구루(置溝婁)라고도 하는데, 남옥저에서 8백여 리 떨어져 있다. 그 풍속은 남북 옥저가 모두 같다. 그리고 읍루(挹婁)와 접해 있다. 읍루 사람들은 배를 타고 노략질하기를 좋아하므로, 북옥저 사람들은 이를 겁내서 여름이면 항상 산의 깊은 바위굴 속에 숨어 지내다가 겨울에 얼음이 얼어 읍루의 배들이 다닐 수 없으면 그때서야 내려와서 마을에서 지낸다.

(北沃沮一名置溝婁, 去南沃沮八百餘里, 其俗南北皆同, 與挹婁接. 挹婁喜乘船寇鈔, 北沃沮畏之, 夏月恒在山巖深穴中爲守備, 冬月冰凍, 船道不通, 乃下居村落.)

현토군 태수 왕기(王頎)가 따로 군사를 보내어 고구려왕 위궁(位宮)을 추격하게 하여 옥저의 동쪽 끝까지, 즉 해변까지 갔다.

(王頎別遣追討宮, 盡其東界.)

(*이하에서 나오는 이야기는, 저자 신채호 선생이 말했듯이, 중국의 침략이 멀리까지 미쳤음을 과장하기 위하여 꾸며낸 황당한 이야기로서 사료로서의 가치가 전혀 없는 것이다.)

(*(병사들이) 그 지방 노인들에게 물었다. 「바다의 동쪽에도 사람이 사는가?」 노인들이 대답하였다. 「옥저 사람이 일찍이 배를 타고 고기를 잡고 있다가 풍랑을 만나 수십 일간 표류하여 동쪽의 한 섬에 닿았는데, 그 섬에는 사람이 살고 있었으나 우리와 서로 언어(言語)가 통하지 않았다. 그곳의 풍속은, 항상 7월이면 여자아이를 뽑아서 바다에 던진다.」 또 말하였다. 「바다 가운데 또 한 나라가 있는데 그곳 사람들은 전부 여자이고 남자는 없다.」 또 말하였다. 「베옷(布衣) 한 벌이 바다로부터 떠내려 왔는데 그 옷 모양이 중국인들의 옷 같았으며 양 소매의 길이는 3장(丈)이나 되었다. 또 난파선 한 척이 파도에 밀려와서 해안가에 닿았기에 배 안을 뒤져 보았더니 배 안에 한 사람이 있었는데, 그의

목에 또 얼굴이 하나 있었다. 그를 산채로 붙잡았으나 말이 통하지 않았다. 그 사람은 음식을 먹지 않아서 얼마 후에 죽었다.
이상에서 말한 일들이 일어난 지역은 모두 옥저의 동쪽 큰 바다 가운데 있다.*)

(*問其耆老「海東復有人不」, 耆老言國人嘗乘船捕魚, 遭風見吹數十日, 東得一島, 上有人, 言語不相曉, 其俗常以七月取童女沈海. 又言有一國亦在海中, 純女無男. 又說得一布衣, 從海中浮出, 其身如中人衣, 其兩袖長三丈. 又得一破船, 隨波出在海岸邊, 有一人項中復有面, 生得之, 與語不相通, 不食而死. 其域皆在沃沮東大海中.*)

〈挹婁(읍루)〉

읍루(挹婁)는 부여(夫餘)의 동북으로 1천여 리 떨어진 거리에 있고, 큰 바다에 연해 있고, 남쪽은 북옥저(北沃沮)와 접하고 그 북쪽 끝은 어디까지 이르는지 알 수 없다.

(挹婁在扶餘東北千餘里, 濱大海, 南與北沃沮接, 未知其北所極.)

*(역자 주: 단재 신채호는 부여에서 동북으로 천여 리에 있는 것은 읍루(挹婁)가 아니라 「려신」국이라고 하였다.)

읍루의 지형은 높고 험준한 산들이 많다. 사람들의 외모는 부여 사람들과 비슷하나 그 언어는 부여·고구려와 같지 않다. 오곡과 소·말·마포(麻布)가 산출된다. 사람들은 용감하고 기운이 세다. 읍루 전체를 다스리는 대군장(大君長)은 없고 각 촌락마다 수령(大人)들이 있다.

(其土地多山險. 其人形似扶餘, 言語不與扶餘·句麗同. 有五穀·牛·馬·麻布. 人多勇力, 無大君長, 邑落各有大人.)

읍루 사람들은 산림 가운데 있는 굴속에서 생활한다. 큰 집은 땅 속에 깊이 판 굴로서 그 굴의 깊이가 아홉 계단이나 된다. 계단이 많을수록(깊을수록) 더 좋은 집이라 여긴다. 땅의 기운은 부여보다 훨씬 더 한랭(寒冷)하다.

(處山林之間, 常穴居, 大家深九梯, 以多爲好. 土氣寒, 劇於扶餘.)

읍루의 풍속은 돼지 기르기를 좋아한다. 돼지고기를 먹고, 돼지가죽으로 옷을 해 입는다. 겨울에는 돼지기름을 몸에 바르는데, 무려 몇 푼(分)이나 될 정도로 두텁게 발라서 찬바람과 추위를 막는다. 여름에는 벌거벗은 채 지내는데, 다만 한 자 남짓 되는 천으로 몸의 아랫도리만 가린다. 사람들의 위생은 불결하다. 돼지우리를 집안 한가운데 만들어 놓고 그 돼지우리를 둘러싸고 거처한다.

(其俗好養豬, 食其肉, 衣其皮. 冬以豬膏塗身, 厚數分, 以禦風寒. 夏則裸袒, 以尺布隱其前後, 以蔽形體. 其人不(絜)潔, 作溷(혼)在中央. 人圍其表居.)

읍루에서 나는 활은 길이가 4자(尺)로 그 힘은 쇠뇌(弩)와 같고, 화살은 호목(楛木)으로 만드는데 길이가 1자(尺) 8치(寸)이며, 청석(靑石)으로 화살촉을 만드는데, 이것이 바로 옛 숙신국(肅愼國)의 활이다. 사람들은 활을 잘 쏘는데 활을 쏘는 사람들은 모두 눈을 쏘아 맞힌다. 화살에는 독이 발라져 있어서 맞는 사람은 모두 죽는다. 이곳에서는 붉은 옥(赤玉)과 좋은 담비(貂)가 산출되는데 지금 말하는 읍루의 담비(挹婁貂)란 바로 이것을 말한다.

(其弓長四尺, 力如弩, 矢用楛(호), 長尺八寸, 靑石爲鏃(족), 古之肅愼之國也. 善射, 射人皆(因)入目. 矢施毒, 人中皆死. 出赤玉·好貂, 今所謂挹婁貂是也.)

한(漢) 이래 읍루는 계속 부여에 신하로서 예속되었는데, 부여가 조세와 부역을 과중하게 요구하였으므로 위(魏) 문제(文帝) 황초(黃初) 연간에(기원 220~226년) 부여에 반기를 들었다. 부여가 수차례 그들을 정벌하였으나, 비록 읍루의 인구는 적었지만 험준한 산에 자리하고 있었고 또 이웃나라 사람들이 그들의 활과 화살을 두려워하였기 때문에, 부여는 결국 그들을 항복시킬 수 없었다. 읍루 사람들은 배를 타고 노략질을 잘하므로 이웃나라들이 그 때문에 고통을 당한다. 동이족들은 음식을 먹을 때 대부분 조(俎)·두(豆)와 같은 식기류를 사용하는데, 다만 읍루 사람들만 사용하지 않는다. 그들의 법도와 풍속은 동이족들 중에서 가장 기강이 없다.

(自漢已來, 臣屬扶餘, 扶餘責其租賦重, 以黃初中叛之. 扶餘數伐之, 其人衆雖少, 所在山險, 鄰國人畏其弓矢, 卒不能服也. 其國便乘船寇盜, 鄰國患之. 東夷飮食類皆用俎豆, 唯挹婁不, 法俗最無綱紀也.)

(*1. 역자 주: 신채호는 〈삼국지〉 동이열전 교정에서, 〈음식을 먹을 때 조두를 사용하지 않고, 법도와 풍속이 동이족들 중에서 가장 기강이 없는 것〉은 읍루(挹婁)가 아니라 「려신」국이라고 하였다.)

(*2. 역자 주: 읍루와 예맥은 본래 같은 「려신」국의 다른 이름인데 이를 별개로 보고 각각 따로 열전(列傳)을 둔 것은 〈삼국지〉 저자(陳壽)의 착오라고 신채호는 〈삼국지〉 동이열전 교정에서 밝혔다.)

〈濊(예)〉

예(濊)는 남으로는 진한(辰韓)과 접하고, 북으로는 고구려 · 옥저와 접하고, 동쪽에는 큰 바다가 있는데, 지금 조선의 이동(以東)은 모두 예(濊)의 땅이다. 인구는 2만 호(戶)이다.

(濊南與辰韓, 北與高句麗·沃沮接, 東窮大海, 今朝鮮之東皆其地也. 戶二萬.)

*(역자 주: 단재 신채호는 남으로 진한과 접하고 북으로 고구려와 옥저와 접하고 있었던 것은 동부여(東扶餘)라고 하였다.)

옛날에 은(殷)이 망하자 기자(箕子)가 조선으로 건너가서 여덟 조항의 규범(敎)으로 백성들을 가르쳐서, 그곳 백성들은 문을 잠그는 일이 없었고 도적질도 하지 않았다.

그 뒤 40여 대(代) 후에 조선후 기준(箕準)이 왕(王)을 참칭(僭稱)하였다. 진승(陳勝) 등이 반기를 들고 일어나자 천하가 진(秦)에 반기를 들었다. 이때 연(燕) · 제(齊) · 조(趙)의 백성들 중에 수만 명이 난(亂)을 피하여 조선으로 갔다. 연(燕)나라 사람 위만(衛滿)이 상투를 틀고 동이족의 옷을 입고 이곳으로 와서 왕이 되었다.

(昔箕子既適朝鮮, 作八條之教以教之, 無門戶之閉而民不爲盜. 其後四十餘世, 朝鮮侯(淮)準僭號稱王. 陳勝等起, 天下叛秦, 燕·齊·趙民避地朝鮮數萬口. 燕人衛滿, 魋(퇴)結夷服, 復來王之.)

(*역자 주: **陳勝**(진승. 기원전 ?~208년): 가난한 농민 출신으로 진(秦) 2세 원년(기원전 209년)에 북방 변경 수비군으로 징발되어 가던 중에 점현(蕲縣: 지금의 안휘성 숙현(宿縣) 동남의 유촌집(劉村集))에서 오광(吳廣) 등과 함께 반란을 일으켰다. 그 세력이 급속히 커져서 진현(陳縣: 지금의 하남

성 회양현(淮陽縣))에 장초(張楚) 정권을 세우고 왕으로 추대되었다. 후에 싸움에 패하여 성보(城父)로 물러났을 때 피살되었다.)

한 무제(武帝)가 조선을 쳐서 멸망시키고 그 땅을 나누어 네 개의 군(郡)으로 만들었다. 그 후부터 그곳 사람들과 한(漢)나라 사람들은 점차 분리되었다.

(漢武帝伐朝鮮, 分其地爲四郡. 自是之後, 胡·漢稍別.)

예(濊)에는 전체를 다스리는 대군장(大君長)은 없고, 한(漢)나라가 건립된 이래 그곳의 관직으로는 후읍군(侯邑君)과 삼로(三老)가 있어서 백성들을 통솔하고 관장하였다. 그곳 노인들은 스스로 말하기를, 옛날에는 자신들과 고구려는 같은 종족이라고 하였다.

(無大君長, 自漢已來, 其官有侯邑君·三老, 統主下戶. 其耆老舊自謂與句麗同種.)

그곳 사람들의 성격은 신중하고 성실하며, 욕심이 적고, 염치가 있어서 남에게 청하거나 비는 일이 없다. 언어와 법, 풍속은 대략 고구려와 같으나 다만 의복은 다르다. 남녀 모두 옷깃이 둥근 옷을 입으며, 남자는 장식으로 넓이가 여러 치(寸) 되는 은(銀)으로 만든 꽃을 단다.

(其人性愿慤, 少嗜慾, 有廉恥, 不請(句麗)匃. 言語法俗大抵與句麗同, 衣服有異. 男女衣皆著曲領, 男子繫銀花廣數寸以爲飾.)

(*역자 주: 원문의 「不請(句麗)」는 「不請匃(개)」의 잘못이며, 언어와 법과 풍속이 고구려와 같았던 것은 동부여(東扶餘)라고 신채호는 교정하였다. 〈조선사연구초〉 〈삼국지〉 동이열전 교정 참조)

단단대령(單單大嶺) 이서(以西)는 낙랑에 속하고 이동(以東)의 7개 현(縣)은 동부도위(東部都尉)가 그곳을 관리하였는데, 그 백성들은 모두 예(濊) 사람들이었다. 후에 동부도위란 관직을 없애고 그들의 수령을 후(侯)로 봉하였다. 지금의 불내예후(不耐濊侯)는 그 종족이다. 한(漢) 말기에는 다시 고구려에 귀속되었다.

(自單單大山領以西屬樂浪, 自領以東七縣, 都尉主之, 皆以濊爲民. 後省都尉, 封其渠帥爲侯, 今不耐濊皆其種也. 漢末更屬句麗.)

그곳의 풍속은 산천(山川)을 중시한다. 산천에는 경계가 있어서 다른 부락 소유의 산천으로 함부로 들어가지 못한다. 동성(同姓)끼리는 혼인하지 않는다. 꺼리고 피하는 것이 많은데, 질병으로 사망하는 자가 있을 경우 그가 살던 옛집을 버리고 새로 집을 짓는다. 마포(麻布)가 생산되며, 누에를 쳐서 솜옷을 만든다. 새벽에 별자리를 관찰하여 한 해의 풍년과 흉년을 미리 안다. 주옥(珠玉)을 보물로 여기지 않는다. 항상 10월이면 하늘에 제사를 지내는데, 이때에는 밤낮으로 술 마시며(飮酒) 노래하고 춤을 추는데(歌舞) 이 행사를 무천(舞天)이라 한다. 또 호랑이를 신(神)으로 섬기면서 제사를 지낸다.

(其俗重山川, 山川各有部分, 不得妄相涉入. 同姓不婚. 多忌諱, 疾病死亡輒捐棄舊宅, 更作新居. 有麻布, 蠶桑作緜. 曉候星宿, 豫知年歲豊約. 不以珠玉爲寶. 常用十月節祭天, 晝夜飮酒歌舞, 名之爲舞天, 又祭虎以爲神.)

부락 간에 서로 침범하는 일이 생기면 그 벌(罰)로 산 소(牛)와 말(馬)을 바치게 하는데, 이를 책화(責禍)라고 한다. 사람을 죽인 자는 그 벌로 사형에 처한다. 도적(盜賊)이 적다. 길이가 세 길(丈)이나 되는 긴 창(矛)을 때로는 여럿이서 이것을 함께 사용하기도 한다. 보병전에 능숙하다. 낙랑군의 단궁(檀弓)은 바로 이곳에서 산출된다. 바다에서는 무늬 있는 물고기 가죽(班魚皮)이 산출되고, 뭍에서는 무늬 있는 표범(文豹) 가죽이 많이 산출된다. 또 과하마(果下馬)라는 왜소한 말이 산출되는데, 한(漢)나라 환제(桓帝) 때에는 이것을 중국에 조공으로 바친 적도 있다.

(其邑落相侵犯, 輒相罰責生口牛馬, 名之爲責禍. 殺人者償死. 少寇盜. 作矛長三丈, 或數人共持之, 能步戰. 樂浪檀弓出其地. 其海出班魚皮, 土地饒文豹, 又出果下馬, 漢桓時獻之.(一))

(*原註: (一)臣松之按: 果下馬高三尺, 乘之可于果樹下行, 故謂之果下. 見博物志·魏都賦.)

(*원주: (一) 신(臣) 배송지(裴松之)가 생각하기에, 과하마(果下馬)는 그 높이가 겨우 세 자(尺: 약 90cm)로, 이것을 타고 과일나무 아래를 지나갈 수 있기 때문에 果下(과하)라고 부른 것 같다. 〈박물지(博物志)〉와 〈위도부(魏都賦)〉에 이에 대한 내용이 보인다.)

위(魏) 제왕(帝王)의 정시(正始: 기원 240~249년) 6년(기원 245년)에 단단대령 이동(以東)의 예(濊)가 고구려에 예속된 것을 이유로 낙랑태수 유무(劉茂)와 대방태수 궁준(弓遵)이 군사를 일으켜 예(濊)를 치니, 예(濊)의 수령인 불내후(不耐侯) 등이 성읍(城邑)을 들어 투항하였다.

정시 8년(기원 247년)에 그들이 찾아와서 조공을 바치므로, 황제는 다시 조서를 내려서 그들의 수령을 불내예왕(不耐濊王)에 봉하였다. 이때부터 예왕(濊王)은 민간에 섞여 거처하면서, 계절마다 군(郡) 정부로 찾아와 인사하였다. 낙랑과 대방 두 군에서 군사상의 필요에서 인원 징집이나 물자 징발을 하게 될 때에는 예국(濊國) 사람들에게도 부담시켰는데, 그들에 대한 대우는 관내의 일반 중국 백성들과 똑같이 하였다.

(正始六年, 樂浪太守劉茂·帶方太守弓遵以領東濊屬句麗, 興師伐之, 不耐侯等擧邑降. 其八年, 詣闕朝貢, 詔更拜不耐濊王. 居處雜在民間, 四時詣郡朝謁. 二郡有軍征賦調, 供給役使, 遇之如民.)

〈三韓(삼한)〉

한(韓)은 대방(帶方)의 남쪽에 있다. 동쪽과 서쪽은 모두 바다이고, 남쪽은 왜국(倭國)과 접해 있다. 면적은 약 4천리이다. 한(韓)은 다시 세 개 종족으로 나뉘는데 마한(馬韓), 진한(辰韓), 변한(弁韓)이 그것이다. 진한(辰韓)은 곧 고대의 진국(辰國)이다.

(韓在帶方之南, 東西以海爲限, 南與倭接, 方可四千里. 有三種, 一曰馬韓, 二曰辰韓, 三曰弁韓. 辰韓者, 古之辰國也.)

마한(馬韓)은 서쪽에 있다. 그곳 백성들은 정착생활을 하며, 농사를 짓고, 뽕나무를 심어 누에를 기르고 베를 짤 줄 안다. 부락(나라)마다 수령이 있는데, 큰 수령은 스스로를 신지(臣智: 신치)라 부르고, 그 다음 수령은 스스로를 읍차(邑借: 일치)라 부른다. 산과 바다 사이에 흩어져 살며, 성곽(城郭)은 없다.

(馬韓在西. 其民土著, 種植, 知蠶桑, 作綿布. 各有長帥, 大者自名爲臣智, 其次爲邑借, 散在山海間, 無城郭.)

다음과 같은 여러 작은 나라들이 있다.

원양국(爰襄國) · 모수국(牟水國) · 상외국(桑外國) · 소석색국(小石索國) · 대석색국(大石索國) · 우휴모탁국(優休牟涿國) · 신분고국(臣濆沽國) · 백제국(伯濟國) · 속로불사국(速盧不斯國) · 일화국(日華國) · 고탄자국(古誕者國) · 고리국(古離國) · 노람국(怒藍國) · 월지국(月支國) · 자리모로국(咨離牟盧國) · 소위건국

(素謂乾國) · 고원국(古爰國) · 막로국(莫盧國) · 비리국(卑離國) · 점리비국(占離卑國) · 신흔국(臣釁國) · 지침국(支侵國) · 구로국(狗盧國) · 비미국(卑彌國) · 감해비리국(監奚卑離國) · 고포국(古蒲國) · 치리국국(致利鞠國) · 염로국(冉路國) · 아림국(兒林國) · 사로국(駟盧國) · 내비리국(內卑離國) · 감해국(感奚國) · 만로국(萬盧國) · 벽비리국(辟卑離國) · 구사오단국(臼斯烏旦國) · 일리국(一離國) · 불미국(不彌國) · 지반국(支半國) · 구소국(狗素國) · 첩로국(捷盧國) · 모로비리국(牟盧卑離國) · 신소도국(臣蘇塗國) · (막로국(莫盧國)) · 고랍국(古臘國) · 임소반국(臨素半國) · 신운신국(臣雲新國) · 여래비리국(如來卑離國) · 초산도비리국(楚山塗卑離國) · 일난국(一難國) · 구해국(狗奚國) · 불운국(不雲國) · 불사분야국(不斯濆邪國) · 원지국(爰池國) · 건마국(乾馬國) · 초리국(楚離國) 등 50여 개 국이 있다.

(有爰襄國·牟水國·桑外國·小石索國·大石索國·優休牟涿國·臣濆沽國·伯濟國·速盧不斯國·日華國·古誕者國·古離國 · 怒藍國·月支國·咨離牟盧國·素謂乾國·古爰國·莫盧國·卑離國·占卑離國·臣釁國·支侵國·狗盧國·卑彌國·監奚卑離國·古蒲國·致利鞠國·冉路國·兒林國·駟盧國·內卑離國·感奚國·萬盧國·辟卑離國·臼斯烏旦國·一離國·不彌國·支半國·狗素國·捷盧國·牟盧卑離國·臣蘇塗國 ·莫盧國·古臘國·臨素半國·臣雲新國·如來卑離國·楚山塗卑離國·一難國·狗奚國·不雲國·不斯濆邪國·爰池國·乾馬國·楚離國, 凡五十餘國.)

큰 나라는 1만여 호(戶)이고 작은 나라는 수천 호(戶)로 총 10여만 호이다. 진왕(辰王)은 월지국(月支國)을 다스린다. 신지(臣智)를 때로는 더욱 높여서 신운견지(臣雲遣支) 보안야축(報安邪踧) 지분신리(支濆臣離) 아불예구(兒不例拘) 야진지렴(邪秦支廉)이란 칭호로 부른다. 관직으로는 위솔선읍군(魏率善邑君) · 귀의후(歸義侯) · 중랑장(中郎將) · 도위(都尉) · 백장(伯長) 등이 있다.

(大國萬餘家, 小國數千家. 總十餘萬戶. 辰王治月支國. 臣智或加優呼臣雲遣支 報安邪踧(축) 支濆臣離 兒不例 拘邪秦支廉(; 이곳에서는 어떻게 단구(斷句)를 해야 하는지 알 수 없다) 之號. 其官有魏率善·邑君·歸義侯·中郎將·都尉·伯長.)

(*역자 주: 신채호의 고증에 의하면, 원문의 신운견지(臣雲遣支)는 신견지(臣遣支: 신크치)의 오기이다. 앞에 나온 臣雲新國(신운신국)의 雲(운)이 여기에서 잘못 이중으로 쓰이게 된 것이다. 〈삼국지〉 동이열전 교정 참조)

조선후(朝鮮侯) 기준(箕準)이 왕(王)이라 참칭하다가 연(燕)에서 도망쳐온 위만(衛滿)의 공격을 받아 왕의 자리를 빼앗기자 좌우 수행자들과 궁녀(宮女)들을 거느리고 바다로 달아나서 한(韓)의 땅으로 옮겨가 살면서 스스로 한왕(韓王)이라 칭하였다.

그 후대(後代)는 끊어졌으나 지금 한인(韓人)들 중에는 아직도 그들을 제사지내는 자들이 있다. 한(漢) 나라 때 낙랑군에 속하게 되자 계절마다 군 정부에 찾아와 인사하였다.

(侯準既僭號稱王. 爲燕亡人衛滿所攻奪,(一) 將其左右宮人走入海, 居韓地, 自號韓王.(二) 其後絕滅, 今韓人猶有奉其祭祀者. 漢時屬樂浪郡, 四時朝謁.(三))

(*原註: (一) 魏略曰: 昔箕子之後朝鮮侯, 見周衰, 燕自尊爲王, 欲東略地, 朝鮮侯亦自稱爲王, 欲興兵逆擊燕以尊周室. 其大夫禮諫之, 乃止. 使禮西說燕, 燕止之, 不攻. 後子孫稍驕虐, 燕乃遣將秦開攻其西方, 取地二千餘里, 至滿番汗爲界, 朝鮮遂弱.)

(*원주: (一) 〈위략(魏略)〉에서 말하기를, 옛날 기자(箕子)의 후손인 조선후(朝鮮侯)는, 주(周) 왕실이 쇠미해지자 연(燕)의 태수가 스스로 왕(王)이라 칭하면서 동쪽 땅을 침략하려 하는 것을 보고, 그 자신도 스스로 왕(王)이라 칭

하고 군사를 일으켜 연(燕)의 군대를 맞아 격파함으로써 주(周) 왕실을 받들어 높이고자 하였다. 그러나 조선의 대부 예(禮)가 말려서 그만두었다. 조선후는 대부 예(禮)를 서쪽으로 보내어 연(燕)을 설득하게 하니, 연(燕)도 조선 침공 계획을 중지하고 쳐들어오지 않았다. 후에 와서 조선후의 자손들이 점차 교만해지고 포악해지자, 연(燕)에서는 장군 진개(秦開)를 파견하여 조선의 서방을 공략하여 조선의 땅 2천여 리를 빼앗고, 만번한(滿番汗)에 이르러 그곳을 경계로 정하였다. 이후 조선은 마침내 쇠약해졌다.)

(及秦并天下, 使蒙恬築長城, 到遼東. 時朝鮮王否立, 畏秦襲之, 略服屬秦, 不肯朝會. 否死, 其子準立. 二十餘年而陳·項起, 天下亂, 燕·齊·趙民愁苦, 稍稍亡往準, 準乃置之於西方.)
(후에 진(秦)이 천하를 통일하고 난 후에 장군 몽념(蒙恬)으로 하여금 장성(長城)을 쌓게 하였는데, 동쪽 끝은 요동(遼東)에까지 닿았다. 이때 조선에서는 기부(箕否)가 왕으로 즉위하였는데, 그는 진(秦)이 조선을 습격해 올까봐 겁을 먹고 전략상 진(秦)에 복속하고서도 조회(朝會)는 하지 않았다. 조선왕 기부(箕否)가 죽은 후 그 아들 기준(箕準)이 조선왕으로 즉위하였다.
20여년이 지난 후 진승(陳勝)과 항적(項籍) 등이 진(秦)나라에 대하여 반기를 들고 일어나자 천하가 크게 어지러워졌으므로 연(燕)·제(齊)·조(趙)의 백성들은 난리 통에 고통을 당하다가 점차 기준(箕準)에게로 도망쳐 오니, 기준은 그들을 서쪽 땅에서 살아가게 해주었다.)

(及漢以盧綰爲燕王, 朝鮮與燕界於浿水. 及綰反, 入匈奴, 燕人衛滿亡命, 爲胡服, 東度浿水, 詣準降, 說準求居西界, 收中國亡命爲朝鮮藩屏. 準信寵之, 拜爲博士, 賜以圭, 封之百里, 令守西邊. 滿誘亡黨, 衆稍多, 乃詐遣人告準, 言漢兵十道至, 求入宿衛, 遂還攻準, 準與滿戰, 不敵也.)
(한(漢)의 노관(盧綰)이 연왕(燕王)으로 있을 때 조선과 연(燕)은 패수(浿水)를 경계로 삼았었다. 노관이 한(漢)을 배반하고 흉노 땅으로 달아나자 노관의 휘하에 있던 연(燕)나라 사람 위만(衛滿)도 망명하였다. 그는 조선인의 옷을

입고 **동으로 패수(浿水)를 건너** 조선왕 기준(箕準)을 찾아가 투항하면서, 만약 자신에게 서쪽 변경에서 살 수 있도록 허락해 준다면 중국에서 도망해 오는 자들을 거두어 모아서 이들로써 조선의 번병(藩屛: 변경 울타리)이 되겠다고 하였다. 기준은 그를 신뢰하고 총애하여 박사(博士)로 임명하고 직첩(圭)을 내려주고 그에게 1백 리의 땅을 봉지로 하사하면서 서쪽 변경을 지키도록 하였다.
위만은 한(漢)나라에서 망명해 오는 무리들을 꾀어서 그 무리의 수가 점차 많아지자, 이에 사람을 기준에게 보내어, 한(漢)나라 병사들이 여러 갈래의 길로 쳐들어오고 있으니 도성으로 들어와서 왕을 호위할 수 있도록 해달라고 거짓 보고를 하였다. 마침내 기준의 승낙을 얻어 도성에 들어온 위만은 조선왕 기준을 쳤는데, 기준은 위만과 싸웠으나 당해내지 못하였다.)

(*原註: (二) 魏略曰: 其子及親留在國者, 因冒姓韓氏. 準王海中, 不與朝鮮相往來.)
(*원주: (二) 〈위략(魏略)〉에서 말하기를, 그의 아들과 친척들로서 국내에 남아 있던 자들은 이로부터 한씨(韓氏) 성을 쓰게 되었다. 기준(箕準) 왕은 바다(남쪽)에 있으면서 (위만에게 점령당한) 조선과는 서로 왕래하지 않았다.)

(*原註: (三) 魏略曰: 初, 右渠未破時, 朝鮮相歷谿卿以諫, 右渠不用, 東之辰國, 時民隨出居者二千餘戶, 亦與朝鮮貢蕃不相往來.
至王莽地皇時, 廉斯鑡爲辰韓右渠帥, 聞樂浪土地美, 人民饒樂, 亡欲來降. 出其邑落, 見田中驅雀男子一人, 其語非韓人. 問之, 男子曰: 「我等漢人, 名戶來, 我等輩千五百人伐材木, 爲韓所擊得, 皆斷髮爲奴, 積三年矣.」 鑡曰: 「我等降漢樂浪, 汝欲去不?」 戶來曰: 「可.」 (辰)鑡因將戶來出詣含資縣, 縣言郡.)
(*원주: (三) 〈위략(魏略)〉에서 말하기를, 전에 조선의 우거(右渠)가 아직 한(漢)에 패망하지 않았을 때, 조선의 대신 역계경(歷谿卿)이 한(漢)나라와 싸우지 말라고 말렸으나 우거는 듣지 않았다. 그래서 그는 동쪽 진국(辰國)으

로 떠나갔는데, 이때 조선의 백성으로서 그를 따라서 조선을 떠난 자가 2천여 호나 되었다. 그 후 이들은 조선에 조공을 바치는 나라나 조선의 번국(藩國)들과는 서로 왕래도 하지 않았다.

왕망(王莽) 지황(地皇) 연간에(기원 20~22년) 염사착(廉斯鑡)은 진한(辰韓)의 우거수(右渠帥)로 있었는데, 낙랑의 토지가 비옥하고 인민들은 풍요롭고 즐겁게 산다는 말을 듣고 낙랑군으로 망명하여 투항하고자 하였다. 그가 마을을 나서면서 밭에서 참새를 쫓고 있는 남자 한 사람을 보았는데, 그의 말이 한(韓)나라 사람의 말이 아니었다. 그에게 물어보니, 그 남자가 말하였다.

「저희들은 한(漢)나라 사람으로, 저의 이름은 호래(戶來)라고 합니다. 저희 무리 1천 5백 명이 벌목을 하고 있다가 한(韓)나라 사람들의 습격을 받고 붙잡혀서 모두들 머리를 깎이고 종이 된 지 3년이나 되었습니다.」

염사착이 말하기를, 「나는 지금 한(漢)의 낙랑군에 투항하러 가는데, 너도 가고 싶지 않으냐?」하니, 호래가 대답하였다. 「가고 싶습니다.」

이리하여 염사착은 호래를 데리고 나가서 함자현(含資縣)에 이르니, 함자현(縣)에서는 이 일(이들의 망명 사실)을 낙랑군(郡)에 보고하였다.)

(郡則以鑡爲譯, 從芩中乘大船入辰韓, 逆取戶來. 降伴輩尙得千人, 其五百人已死. 鑡時曉謂辰韓:「汝還五百人. 若不者, 樂浪當遣萬兵乘船來擊汝.」辰韓曰:「五百人已死, 我當出贖直耳.」. 乃出辰韓萬五千人, 弁韓布萬五千匹, 鑡收取直還. 郡表鑡功義, 賜冠幘·田宅, 子孫數世, 至安帝延光四年時, 故受復除.)

(그들이 낙랑군에 투항하니) 군(郡)에서는 곧 염사착을 통역인으로 삼아 금중(芩中)에서 큰 배를 타고 진한(辰韓)으로 들어가서 호래와 함께 진한에 항복하였던 무리들을 되찾아오게 하였는데, 그들 중 1천 명은 되찾았으나 그 나머지 5백 명은 이미 죽고 없었다. 이때 염사착이 상황을 눈치 채고 진한(辰韓) 왕에게 말하였다.

「너희는 한(漢)나라 사람 5백 명을 돌려보내라. 만약 그렇지 않으면 낙랑군에서 당장 1만 명의 군사들이 배를 타고 와서 너희 나라를 칠 것이다.」

그러자 진한 왕이 말하였다. 「5백 명은 이미 죽고 없으니 우리들이 마땅히 속죄(贖罪)의 값을 내겠다.」
그리고는 진한(辰韓) 사람 1만 5천 명과 변한(弁韓)에서 생산된 베 1만 5천 필을 내어놓았다. 염사착은 그 속죄의 값을 거두어 가지고 곧바로 돌아왔다. 낙랑군(郡)에서는 염사착의 공로를 한나라 조정에 보고하니, 조정에서는 관(冠)과 두건(幘)과 전지(田)와 집(宅)을 상으로 하사하였다. 그리고 자손 여러 대에 걸쳐 그 공으로, 안제(安帝) 연광(延光) 4년에(기원 125년) 이르기까지, 나라의 부역과 조세를 면제해 주었다.)

후한(後漢)의 환제(桓帝: 재위기간 기원 147~167년)와 영제(靈帝: 재위기간 기원 168~189년) 말엽에 한예(韓濊)가 강성하여 한(漢)의 군(郡)이나 현(縣)에서 그들을 통제할 수 없었다. 그래서 내지의 한인(漢人)들이 한국(韓國)으로 많이 흘러 들어갔다.
헌제(獻帝) 건안(建安) 건안(建安) 연간에(기원 196~219년) 공손강(公孫康)이 둔유현 이남의 황무지를 분할하여 대방군으로 삼고 공손모(公孫模)·장창(張敞) 등을 보내어 유민들을 거두어 모으게 하고 한편으로 군사를 일으켜 한예(韓濊)를 치니, 비로소 한국(韓國)으로 들어갔던 한인(漢人)들이 차차 돌아왔다. 그 후로 왜(倭)·한(韓) 두 나라는 결국 대방군의 지배 하에 놓이게 되었다.

(桓·靈之末, 韓濊彊盛, 郡縣不能制, 民多流入韓國. 建安中, 公孫康分屯有縣以南荒地爲帶方郡, 遣公孫模·張敞等收集遺民, 興兵伐韓濊, 舊民稍出, 是後倭·韓遂屬帶方.)

위(魏) 경초(景初) 연간(기원 237~239년)에 명제(明帝)는 비밀리에 대방태수 유흔(劉昕)과 낙랑태수 선우사(鮮于嗣)를 파견하여 바다를 건너가서 두 군(郡)을 평정하게 하고, 한국(韓國)의 여러 신지(臣智)들에게 「읍군(邑

君)」의 칭호와 그에 해당하는 인수(印綬)를 내려주고, 그보다 작은 나라에는 「읍장(邑長)」의 칭호를 내려주었다.

(景初中, 明帝密遣帶方太守劉昕·樂浪太守鮮于嗣越海定二郡, 諸韓國臣智加賜邑君印綬, 其次與邑長.)

마한(馬韓)의 풍속은 옷(衣)과 두건(幘)을 차려 입기를 좋아한다. 일반 백성들까지도 군(郡)에 찾아와 관리들을 만나는 경우 모두 다른 사람에게서 빌려서라도 옷과 두건을 차려입고 온다. 자기 자신의 인수(印綬)와 옷과 두건을 갖고 입는 자도 1천여 명이나 된다.

(其俗好衣幘, 下戶詣郡朝謁, 皆假衣幘. 自服印綬衣幘千有餘人.)

유주(幽州)의 부종사(部從事: 관직명) 오림(吳林)은, 낙랑군이 본래 한국(韓國)을 통치하였다고 생각하여, 진한(辰韓)에 속한 여덟 소국(小國)들을 떼어서 낙랑군에 귀속시키려 하였다. 통역관이 이 일을 전달하는 과정에서 그 뜻을 잘못 전하여, 한국의 신지(臣智)가 그 나라 백성들을 선동하여 대방군의 기리영(崎離營)을 공격하였다. 당시의 대방태수 궁준(弓遵)과 낙랑태수 유무(劉茂)가 군사를 일으켜 이들을 진압하였는데, 이때 궁준은 전사하였다. 두 군(郡)의 군사들은 마침내 한국(韓國)을 멸망시켰다.

(部從事吳林以樂浪本統韓國, 分割辰韓八國以與樂浪, 吏譯轉有異同, 臣智激韓忿, 攻帶方郡崎離營. 時太守弓遵·樂浪太守劉茂興兵伐之, 遵戰死, 二郡遂滅韓.)

마한(馬韓)의 풍속은 무질서하다. 나라 안의 부락마다 비록 수령(主帥)이 있기는 하나 마을에 섞여서 같이 살기 때문에 서로 잘 통제할 수가 없다. 무릎을 꿇고 절하는 예절은 없다. 집은 풀로 지붕을 덮고 흙으로 방을 만드는데 그 모양은 무덤과 같고, 문은 위쪽으로 나 있다. 온 가족이 그 안에 함께 지내며 남녀노소의 구별이 없다.

(其俗少綱紀, 國邑雖有主帥, 邑落雜居, 不能善相制御. 無跪拜之禮. 居處作草屋土室, 形如冢, 其戶在上, 擧家共在中, 無長幼男女之別.)

죽은 자를 매장할 때에는 겉 널은 있으나 속 널은 없다(즉, 관을 하나만 쓴다). 소나 말을 탈 줄 모르며, 소나 말은 모두 죽은 사람을 장사지낼 때(즉, 순장(殉葬)하는 데) 쓴다. 주옥(珠玉)을 귀한 재물이나 보물로 여기는데, 혹은 옷에 꿰매어 장식하기도 하고, 혹은 목걸이나 귀걸이를 쓴다. 금·은·자수비단 등은 진귀한 것으로 여기지 않는다.

(其葬有槨無棺, 不知乘牛馬, 牛馬盡於送死. 以瓔珠爲財寶, 或以綴衣爲飾, 或以(縣)懸頸垂耳, 不以金銀錦繡爲珍.)

사람들의 성격은 강인하고 용감하다. 상투를 틀고 모자를 쓰지 않아 상투의 뾰족한 모양이 마치 날카로운 창끝과 같다. 겉옷을 입고 가죽신을 신는다.

(其人性彊勇, 魁頭露紒(계), 如炅(경)兵, 衣布袍, 足履革蹻蹋(교답).)

나라 안에 큰 일이 있거나 관청에서 백성들에게 성곽 쌓는 일을 시킬 경우, 용감하고 건장한 청년들은 이때 모두 등의 가죽을 뚫어 굵은 노끈을 꿰고 또 길이가 한 길(丈)쯤 되는 나무를 거기다 꿰어서 하루 종일 소리지르며 일을 하면서도 아프다고 하지 않음으로써 남들로 하여금 열심히 일하도록 권할 뿐 아니라 자신의 용감함과 건장함을 과시한다.

(其國中有所爲, 及官家使築城郭, 諸年少勇健者, 皆鑿脊皮, 以大繩貫之, 又以丈許木鍤之, 通日嚾呼作力, 不以爲痛, 旣以勸作, 且以爲健.)

해마다 5월에 파종(播種)을 마치고 나서 귀신에게 제사를 지내는데, 함께 모여서 밤낮 쉬지 않고 노래하고 춤추고(歌舞) 술을 마신다(飮酒). 그 춤추는 모습은, 수십 명이 다같이 일어나서 서로 따르며 음악에 맞추어 한 발로 땅을 차듯이 밟으며 허리를 숙였다 폈다 하면서 손발을 흔들며 춤을 춘다. 그 춤사위의 절주(節奏)는 중국의 탁무(鐸舞: 중국인들이 추는 무도(舞蹈) 이름)와 비슷하다. 10월에 농사를 모두 끝내고 나서 또 다시 이와 같이 한다.

(常以五月下種訖, 祭鬼神, 羣聚歌舞, 飮酒晝夜無休. 其舞, 數十人俱起相隨, 踏地低昂, 手足相應, 節奏有似鐸舞. 十月農功畢, 亦復如之.)

이들은 귀신을 섬긴다. 각 부락마다 한 사람을 선출해서 천신(天神)에게 제사지내는 일을 주관하게 하는데, 이 사람을 천군(天君)이라 한다. 또 모든 소국(小國)들마다 각기 별도의 작은 마을(別邑)을 만들어 놓았는데, 이를 소도(蘇塗)라고 한다. 소도 가운데다 큰 나무를 세우고 그 위에 방울과 북을 매달아서 귀신을 섬긴다. 그곳으로 도망오는 자가 있으면 (그가 무슨 이유로 도망왔던 간에) 모두 돌려보내지 않으므로, 도둑질하기를 꺼려하지 않는다. 본래 소도를 세운 목적은 불교에서 사찰을 세운 목적과 비슷하지만, 결과적으로 사찰은 선(善)을 행하도록 권장하고 소도는 악(惡)을 행하도록 조장한다는 점에서 서로 다르다.

(信鬼神. 國邑各立一人主祭天神. 名之天君. 又諸國各有別邑, 名之爲蘇塗. 立大木, (縣)懸鈴鼓, 事鬼神. 諸亡逃至其中, 皆不還之, 好作賊. 其立蘇塗之義, 有似浮屠, 而所行善惡有異.)

북방의 한(漢)나라 변경 군(郡)에 가까이 있는 여러 소국(小國)들은 예의범절을 조금은 알지만, 그곳에서 멀리 떨어진 기타 소국들은 마치 죄수나

노비들이 함께 모여 있는 곳과 같다.

(其北方近郡諸國差曉禮俗, 其遠處直如囚徒奴婢相聚.)

다른 진귀한 보물은 없다. 금수(禽獸)와 초목들은 대체로 중국과 같다. 큰 밤(大栗)이 나는데 그 크기가 배(梨)만하다. 또 가는 꼬리를 가진 닭이 나는데, 그 꼬리의 길이가 무려 다섯 자 남짓이나 된다. 남자들은 수시로 문신을 한다.

(無他珍寶. 禽獸草木略與中國同. 出大栗, 大如梨. 又出細尾雞, 其尾皆長五尺餘. 其男子時時有文身.)

또 마한(馬韓)의 서쪽 바다 가운데 있는 큰 섬에 주호(州胡: 제주도를 가리키는 듯하다)라는 곳이 있는데, 그곳 사람들의 몸집은 대체로 왜소하고, 언어는 한국(韓國)과 같지 않으며, 모두 선비족(鮮卑族) 사람들처럼 머리를 빡빡 깎고, 가죽 옷을 입고, 소와 돼지 기르기를 좋아한다. 그들은 윗도리는 입지만 아랫도리는 입지 않으므로 거의 나체와 다름없다. 배를 타고 왕래하며 한국(韓國)에 와서 물건을 매매한다.

(又有州胡在馬韓之西海中大島上, 其人差短小, 言語不與韓同, 皆髡(곤)頭如鮮卑, 但衣韋, 好養牛及豬. 其衣有上無下, 略如裸勢. 乘船往來, 市買韓中.)

진한(辰韓)은 마한의 동쪽에 있는데, 그곳의 노인들은 전세(前世)의 역사를 전하면서, 자신의 조상들은 옛적에 진(秦)나라의 노역을 피하여 한국(韓國)으로 도망온 사람들로서, 마한이 그 동쪽 변경의 땅을 갈라 주어 그들에게 살도록 해주었다고 하였다.

(辰韓在馬韓之東, 其耆老傳世, 自言古之亡人避秦役來適韓國, 馬韓割其東界地與之.)

(*역자 주: 신채호의 고증에 의하면, 진한(辰韓) 사람들이 진(秦)에서 노역을 피하여 한국으로 도망온 사람들이라고 한 것은 전혀 근거 없는 주장이다. 〈삼국지〉 동이열전 교정 참조)

진한에는 성(城)과 목책(木柵)이 있다. 그 언어는 마한(馬韓)과 같지 않은데, 나라(國)를 방(邦)이라 하고, 활(弓)을 호(弧)라고 하며, 도적(賊)을 구(寇)라 하고, 술잔 돌리는 것을 행상(行觴)이라 하고, 서로 부를 때에는 항상 도(徒)라고 하는데, 이것은 진(秦)나라 사람들의 말과 흡사하다. 옛날 연(燕)과 제(齊)나라 사람들이 쓰던 명칭과는 다르다.

그들은 낙랑군 사람들을 아잔(阿殘)이라고 부른다. 동방 사람들은 자기 자신을 가리켜서 「아(阿)」라고 하므로, (따라서 아잔(阿殘)이란 「우리의 남아 있는 자」란 뜻이 되므로) 낙랑군 사람들은 본래 「우리들 중에서 그곳에 남아 있는 사람(殘餘人)」이라는 뜻이다. 지금도 이 나라(辰韓)를 「진한(秦韓)」이라고 말하는 자들이 있다. 처음에는 여섯 나라가 있었으나 점차 나뉘어 열두 나라가 되었다.

(有城柵. 其言語不與馬韓同, 名國爲邦, 弓爲弧, 賊爲寇, 行酒爲行觴. 相呼皆爲徒, 有似秦人, 非但燕·齊之名物也. 名樂浪人爲阿殘; 東方人名我爲阿, 謂樂浪人本其殘餘人. 今有名之爲秦韓者. 始有六國, 稍分爲十二國.)

(*역자 주: 신채호 선생에 의하면, 진한(辰韓) 사람들이 진(秦)에서 한국으로 도망온 사람들이라고 한 앞의 근거 없는 말을 위증하기 위하여 이런 터무니없는 말들을 동원하고 있다고 하였다. 〈삼국지〉 동이열전 교정 참조)

변진(弁辰) 또한 각각 12개의 소국(小國)들로 이루어져 있으며, 또한 별도의 작은 부락들이 있다. 각 부락에는 수령(渠帥)이 있는데, 큰 수령을 신지(臣智)라 부르고, 그 다음으로 험측(險側), 그 다음으로 번예(樊濊),

그 다음으로 살해(殺奚), 그 다음으로 읍차(邑借: 일치)라 부른다.

(弁辰亦有十二國, 又有諸小別邑, 各有渠帥, 大者名臣智, 其次有險側, 次有樊濊, 次有殺奚, 次有邑借.)

변한(弁韓)과 진한(辰韓)의 각각 12개 소국(小國)들은 다음과 같다.
이저국(已柢國) · 불사국(不斯國) · 변진미리미동국(弁辰彌離彌凍國) · 변진접도국(弁辰接塗國) · 근기국(勤耆國) · 난미리미동국(難彌離彌凍國) · 변진고자미동국(弁辰古資彌凍國) · 변진고순시국(弁辰古淳是國) · 염해국(冉奚國) · 변진반로국(弁辰半路國) · 변(진)낙로국(弁(辰)樂奴國) · 군미국(軍彌國)(변군미국)(弁軍彌國) · 변진미오야마국(弁辰彌烏邪馬國) · 여담국(如湛國) · 변진감로국(弁辰甘路國) · 호로국(戶路國) · 주선국(州鮮國)(마연국)(馬延國) · 변진구야국(弁辰狗邪國) · 변진주조마국(弁辰走漕馬國) · 변진안야국(弁辰安邪國)(마연국)(馬延國) · 변진독로국(弁辰瀆盧國) · 사로국(斯盧國) · 우유국(優由國). 변한(弁韓) · 진한(辰韓)은 합하여 모두 24개 소국으로 이루어져 있다.
큰 나라는 4, 5천 호(戶), 작은 나라는 6, 7백 호(戶)로 총 4, 5만 호이다.

(有已柢國 · 不斯國 · 弁辰彌離彌凍國 · 弁辰接塗國 · 勤耆國 · 難彌離彌凍國 · 弁辰古資彌凍國 · 弁辰古淳是國 · 冉奚國 · 弁辰半路國 · 弁(辰)樂奴國 · 軍彌國(弁軍彌國 · 弁辰彌烏邪馬國 · 如湛國 · 弁辰甘路國 · 戶路國 · 州鮮國 · 馬延國 · 弁辰狗邪國 · 弁辰走漕馬國 · 弁辰安邪國 · 馬延國 · 弁辰瀆盧國 · 斯盧國 · 優由國. 弁 · 辰韓合二十四國, 大國四五千家, 小國六七百家, 總四五萬戶.)

(*역자 주: 신채호 선생에 의하면, 여기 나오는 소국의 이름들 중에서 彌烏邪馬(미오야마)는 彌烏馬邪(미오마야)이다. 즉, 馬邪(마야)를 邪馬(야마)로 뒤집어 잘못 쓴 것이다. 〈삼국지〉 동이열전 교정 참조)

변진(弁辰)의 각 12개 소국들은 진왕(辰王: 신한)에게 예속되어 있는데, 진왕(辰王: 신한)은 항상 마한(馬韓) 사람이 맡아 하면서 대대로 계승하였고, 진왕(辰王: 弁·辰의 왕)이 스스로 자립하여 왕(신한)이 될 수는 없다.

(其十二國屬辰王. 辰王常用馬韓人作之, 世世相繼. 辰王不得自立爲王.(一))

(* 原註:(一) 魏略曰: 明其爲流移之人, 故爲馬韓所制.)

(*원주: (一) 〈위략(魏略)〉에서 말하기를, 이들은 흘러 들어온 사람들이 분명하므로 마한의 통제를 받는 것이다.)

(*역자 주: 이 부분의 기록은 사실과 거짓이 마구 뒤섞여 있음을 신채호 선생은 고증하였다. 〈조선사연구초〉 전후삼한고(前後三韓考) 및 〈삼국지〉 동이열전 교정 참조)

토지는 비옥하여 오곡과 벼를 재배하기에 적합하며, 누에를 쳐서 그 실로 천을 짤 줄 알고, 소나 말을 타고 부릴 줄 안다.

(土地肥美, 宜種五穀及稻, 曉蠶桑, 作縑布, 乘駕牛馬.)

결혼 예법과 풍속에는 남자 쪽과 여자 쪽이 서로 다르다. 죽은 사람을 장사지낼 때에는 큰 새의 깃을 함께 묻어주는데, 그 뜻은 죽은 사람의 영혼이 새의 깃을 타고 날아가도록 하려는 것이다.

국내에서는 쇠가 산출되는데, 한(韓)·예(濊)·왜(倭) 등이 모두 필요한 쇠를 이곳에서 쇠를 가져간다. 각종 매매(賣買)는 모두 쇠로써 그 대가를 지급하는데, 중국인들이 매매할 때 돈(錢)을 사용하는 것과 같다. 이곳에서 나는 쇠는 낙랑과 대방 두 군(郡)에도 공급된다.

(嫁娶禮俗, 男女有別. 以大鳥羽送死, 其意欲使死者飛揚.(一) 國出鐵, 韓·濊·倭皆從取之. 諸市買皆用鐵, 如中國用錢, 又以供給二郡.)

(*原註: (一) 魏略日: 其國作屋, 橫累木爲之, 有似牢獄也.)

(*원주: (一) 〈위략〉에서 말하기를, 이 나라에서 집을 짓는 모습을 보면 나무를 가로 걸쳐 쌓아서 만드는데, 중국의 감옥과 비슷하다.)

이곳 풍속은 가무(歌舞)와 음주(飮酒)를 즐긴다. 가야금(瑟)이 있는데 그 모양은 중국의 악기 축(筑)과 비슷하다. 이것으로 악곡(樂曲)을 연주할 수 있다. 아이를 낳으면 곧 머리를 돌로 눌러 놓아서 평평하게 만든다. 그래서 지금의 진한(辰韓) 사람들은 모두 머리가 넙적하다. 남자와 여자들은 왜인들처럼 문신(文身)을 하기 좋아한다. 보병전(步兵戰)을 잘 하며, 무기는 마한과 같다. 이 지역의 풍속은 사람들이 길 위에서 마주치면 언제나 멈춰 서서 상대에게 길을 양보한다.

(俗喜歌舞飮酒. 有瑟, 其形似筑, 彈之亦有音曲. 兒生, 便以石(厭)壓其頭 , 欲其褊. 今辰韓人皆褊頭. 男女近倭, 亦文身. 便步戰, 兵仗與馬韓同. 其俗, 行者相逢, 皆住讓路.)

변진(弁辰)은 진한(辰韓)과 섞여 살며 또한 성곽이 있다. 의복과 집 등은 진한(辰韓)과 같다. 언어와 법률, 풍속은 진한과 비슷하지만 귀신에게 제사를 지내는 데 있어서는 차이가 있다. 부엌은 집의 서쪽에 둔다.

그 중의 독로국(瀆盧國)은 왜국(倭國)과 접경하고 있다. 12개 소국(小國)에도 국왕이 있다. 그곳 사람들은 모두 체구가 크다. 옷은 깨끗하게 입고 머리는 길게 기른다. 또 폭이 넓고 올이 가는 베를 짠다. 그곳의 법은 특히 엄하다.

(弁辰與辰韓雜居, 亦有城郭. 衣服居處與辰韓同. 言語法俗相似, 祠祭鬼神有異, 施竈(조)皆在戶西. 其瀆盧國與倭接界. 十二國亦有王, 其人形皆大. 衣服(絜)潔淸, 長髮. 亦作廣幅細布. 法俗特嚴峻.)

옮긴이 박 기 봉(朴琪鳳) 약력

경북고등학교 졸업(1966)
서울상대 경제학과 졸업(1970)
비봉출판사 대표(現)
한국출판협동조합 이사장(前)

〈저서〉
214 한자 부수자 해설(1995)
비봉한자학습법(1998)

〈역서〉
孟子(1992)　漢字正解(1994)
교양으로 읽는 논어(2000)
교양으로 읽는 맹자(2001)
성경과 대비해 읽는 코란(2001)
을지문덕전(2006)　충무공 이순신 전서 전4권(2006)
조선상고사(2006)　삼국연의(2014)

조선상고문화사

초판 1쇄 발행 | 2007년 2월 26일
초판 5쇄 발행 | 2020년 7월 10일

지은이 | 단재 신채호
옮긴이 | 박기봉
펴낸이 | 박기봉
펴낸곳 | 비봉출판사
주　소 | 서울 금천구 가산디지털2로 98, 2-808(가산동, IT캐슬)
전　화 | (02)2082-7444~8
팩　스 | (02)2082-7449
E-mail | bbongbooks@hanmail.net
등록번호 | 317-2007-57 (1980년 5월 23일)
ISBN | 978-89-376-0349-5 93910

값 22,000원

〈조선상고문화사 배경지도〉

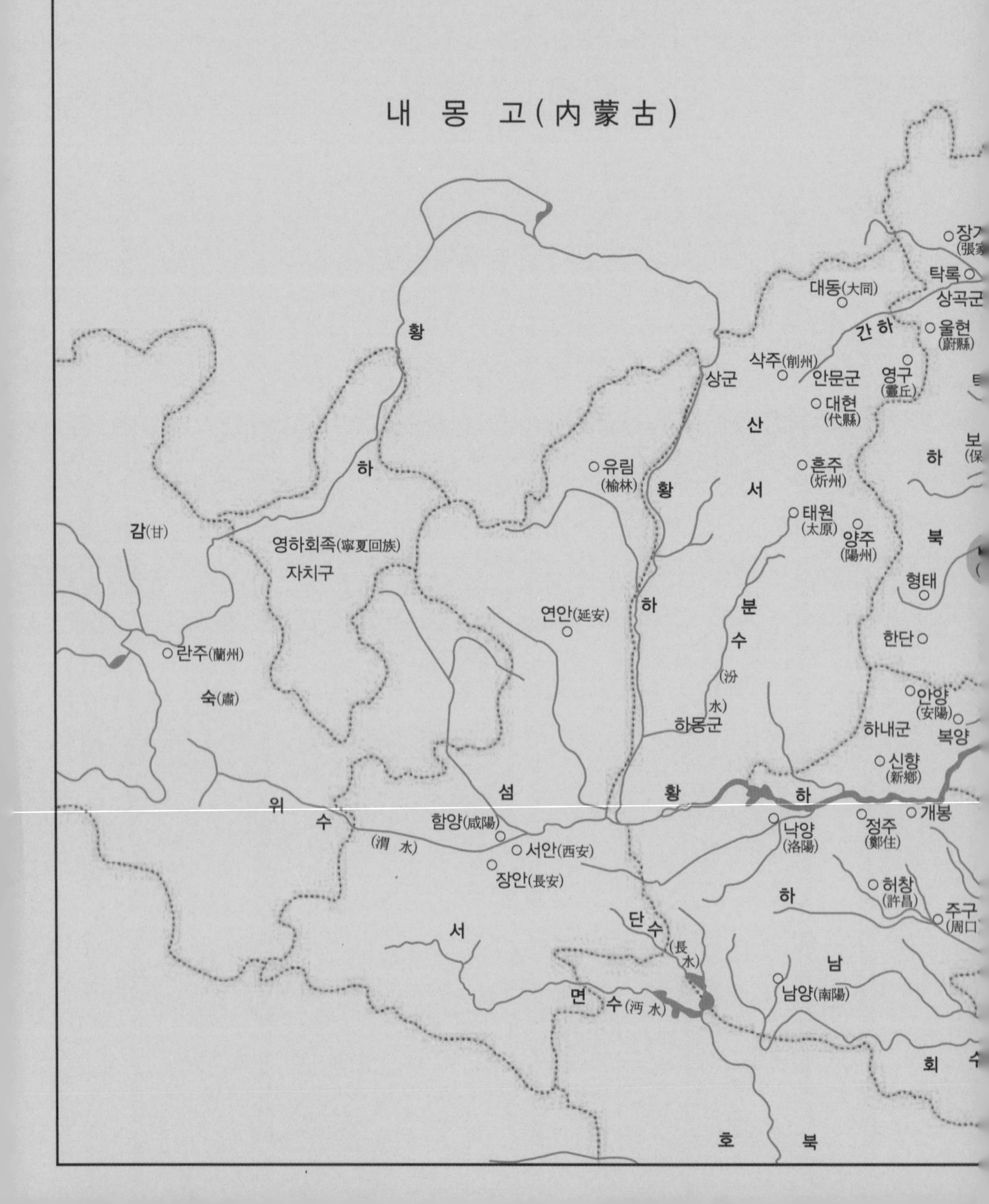